KATZEN

RASSEN, PFLEGE, GESCHICHTE

KATZEN

RASSEN, PFLEGE, GESCHICHTE

Entwurf und Realisation:
Foundry Design & Production

Parragon
Queen Street House
4 Queen Street
Bath BA1 1HE, UK

Übersetzung aus dem Englischen:
Beate Felten-Leidel, Köln; Birgit Lamerz-Beckschäfer, Datteln;
Simone Wiemken, Oldendorf; Dr. Detlef Wilske, Köln
Lektorat:
Helene Weinold-Leipold, Aystetten; Susanne von Somm, Berlin
Satz:
Roman Bold & Black, Köln
Koordination:
Antje Seidel, Köln

ISBN 1-40541-441-3

Printed in China

KATZEN

RASSEN, PFLEGE, GESCHICHTE

MICHAEL POLLARD

p

Inhalt

Zu diesem Buch

Ob zugelaufen oder Zuchterfolg – hier erfahren Sie alles Wissenswerte über Ihre Katze.

- **Sieben Kapitel mit detaillierten Auskünften** zu allen Aspekten der Pflege und Haltung von Katzen, ihrer Geschichte und ihrer Stellung in der Welt der Menschen. Fotografien, Illustrationen, ausführliche Bildunterschriften und Einschübe mit Wissenswertem begleiten Sie auf jeder Doppelseite mit vertiefenden Informationen.
- **Beschreibung von 44 Katzenrassen** Lang- und Kurzhaarrassen, wild lebende Katzen sowie ein Extra-Abschnitt mit Informationen zu neueren und seltenen Züchtungen.
- **Rassemerkmale auf einen Blick** gewährleisten eine kompakte Übersicht über variierende Bezeichnungen, geben Kurzbeschreibungen des Körperbaus und verzeichnen die zulässigen Farbvariationen innerhalb der Zucht.
- **Ein abschließender Serviceteil** enthält neben einem ausführlichen Register Hinweise auf weiterführende Literatur, die Kontaktadressen wichtiger nationaler und internationaler Zuchtverbände sowie ein Glossar der wichtigsten Fachbegriffe.

ZU DEN BILDSYMBOLEN

Mit den folgenden Piktogrammen können Sie die wichtigsten Eigenschaften einer Rasse auf den ersten Blick einschätzen:

GRÖSSE: klein, mittelgroß oder groß.

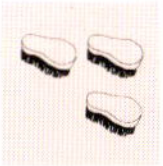

FELLPFLEGE: Ein bis vier Bürsten symbolisieren den hierfür notwendigen Aufwand.

TEMPERAMENT: Den Grad an Aufmerksamkeit, den ein Exemplar der jeweiligen Rasse von Ihnen einfordert, zeigt eine sitzende, schreitende oder laufende Katze an.

Einleitung

Rechte Seite
Katzen mit ihrer würdevollen Erscheinung haben immer eine majestätische Ausstrahlung, egal, ob es sich um Großkatzen oder um Hauskatzen handelt. Letztere sind heute unser beliebtestes Haustier.

Oben
Seit Jahrtausenden sind Katzen Hausgenossen des Menschen. Diese ägyptische Plastik stammt aus dem Jahr 600 v. Chr.

DIE BEZIEHUNG ZWISCHEN Katze und Mensch begann vor mindestens 4000 Jahren. Im Laufe der Geschichte durchlief sie Höhen und Tiefen, war jedoch nie so eng wie heute. Allein bei uns gibt es 6,5 Millionen Katzen, zudem hat die Katze längst den Hund als beliebtestes Haustier abgelöst. Das mag auch daran liegen, dass Katzen in unserer hektischen Lebenswelt heute leichter zu halten sind als Hunde, da sie weniger Zeit und Platz brauchen. Wie auch immer: Katzen scheinen heute weltweit höher im Kurs zu stehen als jemals zuvor.

Über sein eigenes Haustier Bescheid zu wissen und es zu verstehen, ist immer interessant und lohnenswert. Dabei möchte Ihnen dieses Buch helfen. Geschrieben wurde es von einem Katzenfreund, der seit über 30 Jahren Samtpfoten hält und weiß, dass sie immer wieder Überraschungen für uns bereithalten, auch wenn wir schon sehr viel über sie wissen. Vielleicht ist das ja gerade das Schöne an Katzen, dass wir sie nie so genau kennen wie Hunde oder unsere besten Freunde. Sir Walter Scott schrieb in diesem Zusammenhang: „Katzen sind ein geheimnisvolles Volk. In ihren Köpfen geht weit mehr vor, als wir uns vorstellen können."

Zwei kurze Hinweise möchte ich meinen Lesern an dieser Stelle nicht vorenthalten. Der eine bezieht sich auf den Teil über die Rassen, der andere auf das Kapitel über die Gesundheit der Katze:

In einem Buch dieses Umfangs müssen die Beschreibungen auf „Idealtypen" der jeweiligen Rasse beschränkt bleiben, wobei sich die Anforderungen an das Ideal von einem Land zum anderen etwas unterscheiden können. Präzise Angaben zu Ausstellungen im eigenen Land erhalten Sie beim entsprechenden nationalen Zuchtverband oder einer übergeordneten Organisation.

Bei den Katzenkrankheiten werden lediglich die gängigsten Probleme behandelt, denen Sie als Katzenhalter begegnen könnten. Es gibt bei Katzen jedoch sehr wenig Spielraum für eigene Therapieversuche. Sofern Zweifel am Gesundheitszustand Ihrer Katze bestehen, sollten Sie deshalb unbedingt einen Tierarzt zu Rate ziehen. Im Notfall helfen Ihnen auch Tierschutzvereine weiter oder nennen Ihnen zumindest Ansprechpartner.

Die Welt der Katzen

JEDER FÜNFTE HAUSHALT in Großbritannien und Nordamerika besitzt mindestens eine Katze, bei uns ist es jeder siebte. In Großbritannien und bei uns gibt es jeweils über sechs Millionen Hauskatzen, in den USA fünfmal so viele. Schon lange werden in Nordamerika mehr Katzen als Hunde gehalten und spätestens seit 1998 haben die Samtpfoten auch bei uns den Hund als beliebtestes Haustier abgelöst. In manchen Ländern gibt es sogar noch mehr Katzenhalter, etwa in Frankreich und Australien, wo man in fast jedem dritten Haushalt eine Katze antrifft.

WISSENSWERTES
Hauskatzen können in Einzelfällen über 30 Jahre alt werden. Auch Wildkatzen werden im Zoo viel älter als in ihrer natürlichen Umgebung.

Unten links
Katzen ohne Stammbaum wie dieser kleine Tiger machen das Gros der Hauskatzen aus.

Unten rechts
Intensive Zuchtbemühungen mit dem Ziel, erwünschte Merkmale zu betonen, hatten bei manchen Rassen negative Folgen.

KATZEN OHNE STAMMBAUM

DIE MEISTEN DIESER Tiere haben keinen Stammbaum, das heißt, sie sind nicht reinrassig und werden von keinem Zuchtverband anerkannt. Man bezeichnet sie schlicht als Hauskatzen. Sie sind in der Regel das Ergebnis vieler zufälliger Kreuzungen in den Generationen der Vorfahren, obwohl durchaus auch die Merkmale einer bestimmten Rasse vorhanden sein können. Hauskatzen sind ihren vornehmeren Verwandten in keiner Weise unterlegen. Oft trifft sogar eher das Gegenteil zu, denn bei ihnen sondert die Natur durch natürliche Selektion die schwächeren Exemplare aus, während durch intensive Zucht und gezielte genetische Veränderung gesundheitliche Probleme entstehen können. Ein extremes Beispiel dafür sind die in Deutschland und Großbritannien nicht anerkannten, in den USA und Kanada jedoch höchst beliebten Peke-Faced Perser, bei denen die Nase so verkürzt ist, dass sie wie Pekinesen aussehen. Diese Tiere leiden unter Atemnot, verstopften Tränenkanälen und einer Kieferfehlstellung, die die Nahrungsaufnahme behindert.

EDELKATZEN

ETWA EINE VON 15 Hauskatzen weist einen Stammbaum auf, was bedeutet, dass in Großbritannien rund 400.000 und in den USA über 1,5 Millionen Edelkatzen leben. Eine Anerkennung als Edelkatze setzt voraus, dass der Stammbaum des Tieres mindestens vier Generationen zurückreicht: Eltern, Großeltern, Urgroßeltern und Ururgroßeltern müssen allesamt derselben Rasse

angehört haben und ordnungsgemäß registriert gewesen sein. Die meisten Hauskatzen können sich dagegen glücklich schätzen, wenn ihre Eltern bekannt sind.

Anerkannt sind über hundert Rassen, in Großbritannien durch das Governing Council of the Cat Fancy (GCCF), die einzige britische Registrierungsstelle, in Deutschland durch den 1. Deutschen Edelkatzenzüchterverband (1. DEKZV), der dem internationalen Dachverband der FIFe (Fédération Internationale Féline) angehört. In den USA ist die Situation komplizierter, weil es mehrere Verbände gibt, deren Rassekriterien abweichen. Zudem werden einige Rassen als eigenständig anerkannt, die bei uns lediglich als Varianten innerhalb eines Standards gelten und umgekehrt.

DIE KATZE ALS NUTZTIER

KATZEN SIND nicht nur als Haustiere, sondern weltweit auch als Nutztiere beliebt, denn schließlich sind sie hervorragende Jäger. Oft sind sie völlig frei und unabhängig und ernähren sich von Ratten und Mäusen. So lebt auf den meisten Bauernhöfen mindestens eine solche „Arbeitskatze". Aber auch auf Fabrikgeländen, in öffentlichen Gebäuden und sogar auf Schiffen sind Katzen heute noch nützliche Gefährten des Menschen, wenn auch in viel geringerer Zahl als zu Zeiten der großen Segelschiffe.

VERWILDERTE KATZEN

AUSSERDEM LEBEN ZAHLLOSE verwilderte Katzen so gut es geht von dem, was sie in der Stadt oder auf dem Land an Nahrung finden. Es sind keine richtigen Wildkatzen, sondern ehemalige Hauskatzen oder ihr Nachwuchs. Dazu gehören Tiere, die entlaufen sind, von ihren Besitzern ausgesetzt wurden oder nach der Schließung von Fabriken oder Bergwerken zurückblieben. Manche sind seit Generationen auf sich gestellt, andere müssen sich erst an die neue, zwiespältige Freiheit gewöhnen. In Städten findet man verwilderte Katzen in Hafenanlagen, auf verlassenen Industriegeländen oder Müllkippen, an Marktplätzen und ähnlichen Orten. Gebäude mit warmen Heizungsrohren, wie Krankenhäuser oder Wohnanlagen, sind für solche Katzen sehr attraktiv. Man schätzt, dass es in Großbritannien über 1,5 Millionen „werktätige" und verwilderte Katzen gibt, die Zahl in Nordamerika dürfte drei- bis viermal größer sein.

KATZENFREUNDLICHE LÄNDER

ZAHLEN WIE DIESE verraten einiges über Katzen und ihre Beziehung zum Menschen. Ins Auge springt, dass sie aufgrund ihrer hervorragenden Jagdinstinkte zwar ihre Unabhängigkeit bewahrt haben, aber dennoch im Laufe der Geschichte mit dem Menschen eine enge Bindung eingegangen sind. Diese beruht einerseits auf ihrer Nützlichkeit im Kampf gegen Schädlinge, andererseits aber auch auf ihrem Bedürfnis nach Zuwendung. Außerdem fällt auf, dass Katzen auch ohne menschliche Hilfe zurechtkommen und sich erfolgreich fortpflanzen (selbst wenn verwilderte Katzen oft von Tierfreunden gefüttert und versorgt werden). Zudem lässt sich beobachten, dass verwilderte Katzen, die in Gruppen zusammenleben, ein ebenso harmonisches Sozialleben führen können wie die behüteten Lieblinge fürsorglicher Katzenbesitzer.

WISSENSWERTES
Obwohl in den vergangenen Jahren fast keine Wildkatzenart mehr ausgestorben ist, sind mehrere Unterarten von Löwe, Tiger und Jaguar für immer verschwunden.

Oben links
Katzen auf Bauernhöfen sind in der Regel geschickte Jäger.

Unten links und rechts
Auch in einem tierlieben Land wie dem unseren brauchen viele ausgesetzte und streunende Katzen ein neues Zuhause.

Katzen in der Welt des Menschen

KATZEN SIND ANGENEHME und liebevolle Haustiere. Obwohl sie Einzelgänger und gerne für sich sind, suchen und brauchen sie Gesellschaft. Ihre ersten Lebensmonate sind vom Zusammenleben mit anderen Geschöpfen geprägt, und das Bedürfnis nach Nähe bleibt ein Leben lang bestehen.

WISSENSWERTES
In spätrömischer Zeit traten Gladiatoren im Zirkus gegen Großkatzen an. Die aus Asien stammenden Löwen sind heute vom Aussterben bedroht.

DAS ZUSAMMENLEBEN VON MENSCH UND KATZE

KATZEN VERFÜGEN ÜBER zwei besondere Eigenschaften, die ihnen das freundschaftliche Zusammenleben mit den Menschen ermöglichen. Zum einen sind sie Opportunisten und gerade deshalb haben sie ursprünglich die Nähe menschlicher Siedlungen gesucht. Man braucht nur eine Katze beim Jagen zu beobachten: Selbst wohlgenährte Tiere gehen mit hellwachen Sinnen jedem viel versprechenden Reiz nach, sei es das Rascheln einer Maus, ein Vogelnest oder ein neuer Gegenstand im Garten, der sich als Aussichtspunkt eignet. Andererseits sind sie sehr anpassungsfähig, was es ihnen ermöglicht hat, sich auf ein Leben im Haus ebenso einzustellen wie auf das Überleben in der Wildnis.

Selbst an das Leben auf Schiffen haben Katzen sich gewöhnt. Erst 1975 wurden sie aus hygienischen Gründen von britischen Hochseeschiffen verbannt. Auch in den Kolonien fanden sie ihr Auskommen, wie etwa die auf der Mayflower nach Amerika ausgewanderten Hauskatzen. Im Falle der von Siedlern nach Australien mitgebrachten Katzen wurden sie selbst auf einem Kontinent, auf dem sie bis dahin unbekannt waren, heimisch. Unglücklicherweise sind Katzen gerade wegen ihrer Anpassungsfähigkeit als Versuchstiere in der Forschung beliebt, auch wenn die öffentliche Meinung Tierversuche eher ablehnt.

Unten links
Diese Hauskatze liegt auf der Lauer. Selbst wenn zu Hause ein gefüllter Napf wartet, setzt sich der Jagdtrieb, ein Überlebensinstinkt, durch.

Unten rechts
Prinzessin Samtpfote in ihrem Boudoir.

FREIGÄNGER ODER STUBENTIGER?

AM WOHLSTEN FÜHLEN sich Katzen, wenn sie sich wahlweise im Haus oder im Freien aufhalten dürfen, doch sind auch reine Stubenhocker oft rundum zufrieden, solange sie Gesellschaft, eine ausgewogene Ernährung und Zuneigung genießen und ihren Bewegungstrieb mit Jagen und Klettern befriedigen können. Wenn eine reine Hauskatze allerdings einmal entwischt, kommt sie mit den Gefahren draußen, insbesondere dem Straßenverkehr, meist nicht gut zurecht. Vermutlich muss sie sich zudem in einem Revier einen Platz erkämpfen, das bereits von anderen Katzen beansprucht wird.

EIGENWILLIGE CHARAKTERE

KATZEN SIND STETS WÜRDEVOLL und zurückhaltend. Anders als Hunde versuchen sie nicht zu gefallen. Dass man ihnen kaum Kunststücke beibringen kann liegt nicht daran, dass sie weniger intelligent wären als Hunde, sondern dass sie keinen Sinn darin sehen. Wenn sie eine besondere Aufgabe bewältigen wollen, etwa sich so zu recken, dass sie eine Türklinke herunterdrücken und ins Warme gelangen können, gelingt das sofort, weil damit ein unmittelbares Ergebnis verbunden ist. Ob Frauchen das süß oder clever findet, spielt dabei keine Rolle. Beim Spielen gelten natürlich andere Regeln, und selbst uralte Katzen jagen gern hinter einer Fellmaus her.

Auffallend ist, dass Katzen, die sich einmal in der Menschenwelt zurechtgefunden haben, dieses Verständnis in ihr Instinktrepertoire aufnehmen. Während ein entlaufener Hund meist ziellos bis zur Erschöpfung umherirrt, sucht eine Katze lange, bevor die Lage ernst wird, Wärme und Nahrung dort, wo sie sie zu suchen gelernt hat: in und an menschlichen Behausungen. Eine verirrte Katze

findet ein neues Zuhause einfach, indem sie hartnäckig an das Mitleid einer Familie appelliert, die ihr Wohlwollen signalisiert. Selbst eher widerwillige Gastgeber können einer Katze in Not meist nicht widerstehen.

Manche Katzen wissen das sehr wohl zu ihrem Vorteil zu nutzen und wandern einfach aus, wenn es ihnen zu bunt wird. Sie wissen genau, dass sie auch anderswo ihr Auskommen finden.

KATZEN ALS FAMILIENMITGLIEDER

OBWOHL KATZEN Regelmäßigkeit und feste Gewohnheiten schätzen, legen sie keine Treue an den Tag wie etwa ein Hund. Nur selten hört man, dass Katzen ihren verstorbenen Besitzern nachtrauern oder die Familie aufwecken, wenn Feuer ausgebrochen ist. Katzen sind pragmatisch: Für sie steht das eigene Überleben im Vordergrund. Könnten Katzen lachen, würden sie Lassie zum Piepen finden. Stünde ihr Zuhause in Flammen, wären sie jedenfalls die ersten, die sich durchs Fenster ins Freie retteten.

Das heißt jedoch nicht, dass sie für ihre Besitzer oder auserwählte Familienmitglieder nicht so etwas wie Liebe empfinden. Samuel Johnsons Kater Hodge genoss die Zuwendung des Schriftstellers vermutlich mindestens genauso wie dieser die Liebesbeweise seines Stubentigers. Im Grunde ist es wahrscheinlich so, dass Katzen einfach für den Augenblick leben, während Hunde stets auf die Zukunft hoffen. Ganz gleich, wie gelassen und selbstsicher eine Katze wirkt, ihr ist stets klar, wie nah die raue Wildnis ist, wo sie jederzeit gegen Rivalen gewappnet sein und für Nahrung und ein sicheres Schlafplätzchen selbst sorgen muss.

WISSENSWERTES

Weiße Katzen mit blauen Augen sind oft von Geburt an taub, weil das Gen für die Fellfarbe mit dem mutierten Gen gekoppelt ist, das die Taubheit bedingt.

Oben links

Hungrige Katzen finden immer etwas Fressbares.

Unten rechts

Diese Statue stellt Samuel Johnsons Lieblingskatze Hodge dar.

Anatomie und Sinne der Katze

MIT DER KATZE hat die Evolution eine hoch entwickelte Jagdmaschine hervorgebracht, deren Skelett aus 245 Knochen besteht, während das des Menschen nur 206 Knochen aufzuweisen hat. Die zusätzlichen Knochen sind vor allem in ihrer Wirbelsäule zu finden, die bei den meisten Rassen in einem relativ langen Schwanz endet.

EINHEITLICHER KÖRPERBAU

ANDERS ALS BEI HUNDEN, deren Körperbaumerkmale durch die Zucht unterdrückt oder verstärkt wurden, damit die Rassen bestimmte Eigenschaften aufweisen (Ausdauer bei Hütehunden oder Schnelligkeit bei Windhunden), weisen alle Katzenrassen außer den wenigen Exoten wie Manx oder Japanese Bobtail durchweg in etwa das gleiche Skelett auf. Ebenfalls im Unterschied zu Hunden gibt es bei der Körpergröße ausgewachsener Katzen nur eine kleine Variationsbreite, und die reicht von rund 3,5 bis 7 kg für unkastrierte Kater und 2,5 bis 4,5 kg für Kätzinnen. Im Durchschnitt weist eine Katze eine Schulterhöhe von rund 30 cm und eine Länge von etwa 80 cm einschließlich Kopf und Schwanz auf. Anders gesagt: Alle Hauskatzen sind ähnlich gebaut und etwa gleich groß, während es bei Hunden große Unterschiede gibt.

Dennoch finden sich innerhalb der Kategorie „Katze" Abweichungen im Körperbau. Man unterscheidet drei Typen: Der Plumptyp ist gedrungen und kompakt mit

WISSENSWERTES

Ein „schwarzer Panther" ist eigentlich nichts anderes als ein einfarbiger Leopard. Die dunkle Färbung (Melanose) kommt bei Leoparden so häufig vor, dass diese Tiere früher als eigene Art galten.

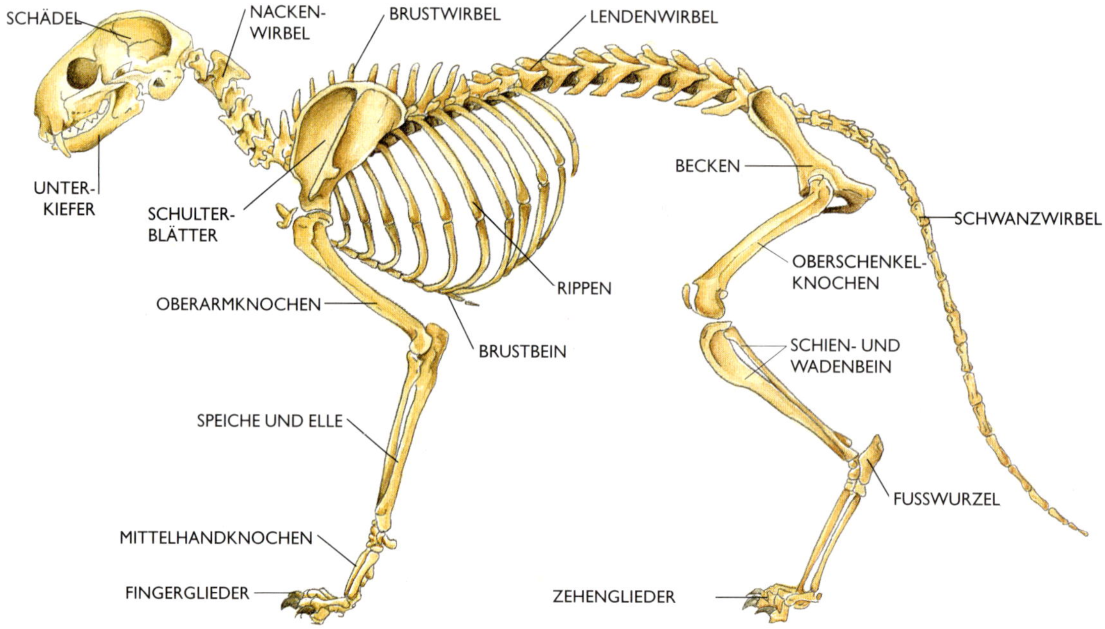

Mitte
Das Skelett der Katze hat 245 Knochen und damit 39 mehr als das des Menschen. Der kräftige, aber leichte Knochenbau ermöglicht der hoch entwickelten Muskulatur, geschmeidige und exakte Bewegungsabläufe auszuführen.

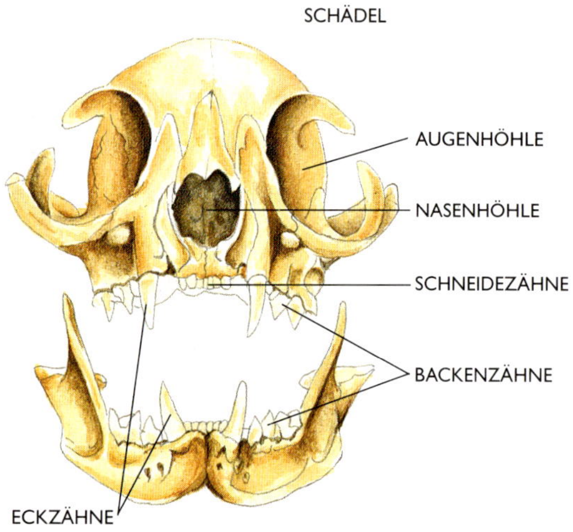

Rechts
Das Auffallende am Katzenschädel sind die Kiefer. Die dolchartigen Eckzähne dienen zum Festhalten und Töten der Beute und zum Abreißen von Fleisch, während die Backenzähne es in mundgerechte Stücke zerteilen.

kurzem, rundem Kopf und flachem Gesicht, er hat breite Schultern und Hüften und kurze Beine. Typische Vertreter dieses Typs sind Britisch Kurzhaar und Perser. Der „muskulöse" Typ, dem Rexkatzen angehören, haben einen schmaleren Kopf und mittellange Beine und weniger kräftige Schultern und Hüften. Der Schlanktyp, wie etwa die Siamkatze, hat einen lang gestreckten, keilförmigen Kopf, lange, dünne Beine sowie schmale Schultern und Hüften.

FLEXIBEL UND GESCHMEIDIG

DAS AUFFALLENDSTE MERKMAL am Skelett der Katze ist die Biegsamkeit ihrer Wirbelsäule. Sie beruht auf der relativ lockeren Verbindung zwischen den Wirbelkörpern, zwischen denen wie beim Menschen Bandscheiben sitzen. Diese Flexibilität ermöglicht es der Katze, zahlreiche bequeme Haltungen einzunehmen, sich zu strecken, hervorragend zu springen und den Kopf in jede Richtung zu drehen, sodass sie beim Putzen fast alle Körperteile erreicht. Die Wirbelsäule erstreckt sich vom Schädel bis zur Spitze des Schwanzes. Dieser ist ebenfalls sehr beweglich und dient der Katze nicht nur als Ausdrucksmittel beim Kommunizieren, sondern zudem als Gleichgewichtshilfe beim Klettern oder Balancieren auf schmalen Mauern oder Vorsprüngen.

Die für die Beweglichkeit entscheidenden Bereiche sind dabei die Übergänge von der Wirbelsäule zu den Schulterblättern und dem Becken.

Ausgeformte Schlüsselbeine wie der Mensch hat die Katze nicht, und die kleinen, dreieckigen Schulterblätter liegen mehr seitlich am Brustkorb als auf dem Rücken wie bei uns. Das ist für viele Bewegungsabläufe der Katze sinnvoller, etwa wenn sie klettert, balanciert oder sich waagerecht oder senkrecht durch eine enge Öffnung zwängt. Die Schulterblätter sind direkt mit den Oberarmknochen verbunden, was eine enorme Beweglichkeit und weit ausholende Sprünge ermöglicht. Dies wird deutlich sichtbar, wenn eine Katze einen großen Sprung mit vorgestreckten Vorderläufen macht oder sich auf ein Beutetier stürzt. Ebenso sind die Oberschenkelknochen durch Kugelgelenke mit dem Becken verbunden, sodass eine für die Jagd äußerst nützliche Bewegungsvielfalt entsteht.

FÜR DIE JAGD GESCHAFFEN

GENAUSO WIE HUNDE sind Katzen Zehengänger, das heißt, sie treten nicht mit der Fußsohle auf wie wir Menschen, sondern nur mit dem vorderen, kleinen Teil ihrer Pfoten. Das kommt ihnen bei der Jagd entgegen, da sie längere Schritte machen und schneller laufen können. Dabei sind vor allem die muskulösen Hinterläufe der Katze in Aktion. Sie liefern den nötigen elastischen Schub für Vorwärtsbewegungen und Sprünge. Die Muskeln der Vorderläufe kommen dann zum Einsatz, wenn die Katze sich an einem Baum oder Zaun hochzieht.

Katzen können zwar beachtliche Kraft entfalten, doch sind ihre Pfoten bei Bedarf auch zu sehr feinen Bewegungen fähig. Katzen, die ihrer Beute auflauern, bleiben oft lange Zeit völlig regungslos sitzen. Oft erstarren sie mitten in einer Bewegung und bleiben dann mit einer Vorderpfote in der Luft stehen, bis der richtige Moment da ist und sie zuschlagen. So geschickt zu jagen, müssen Hunde erst mühsam lernen. Man braucht nur einem ungeübten Hund und einer Katze beim Jagen zuzusehen, um den Unterschied zwischen hoffnungsfrohem Umhertapsen und souveränem Handwerk zu erkennen. Andererseits sind Hunde sehr gut, wenn es um das Verfolgen von Beutetieren geht, was Katzen nicht liegt. Sie sind nur auf kurzen Strecken schnell und verlassen sich beim Beutefang auf ihre Geduld, das Überraschungsmoment und tödliche Präzision.

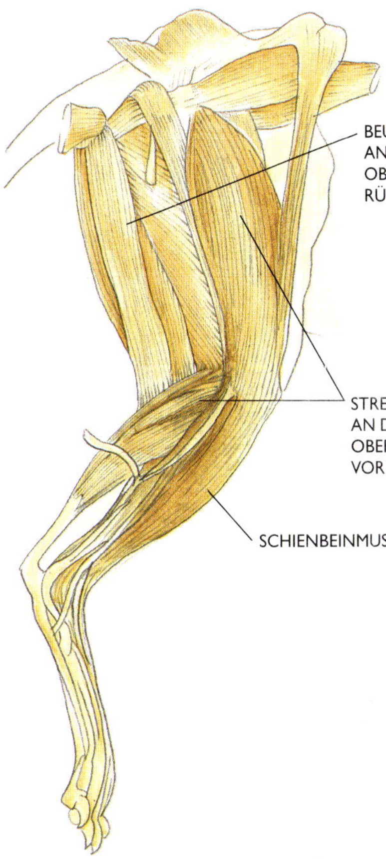

WISSENSWERTES
Eine Besonderheit unter den Hauskatzen bildet die Türkisch Van, die anders als die meisten Kleinkatzen keineswegs wasserscheu ist und sogar gerne schwimmt.

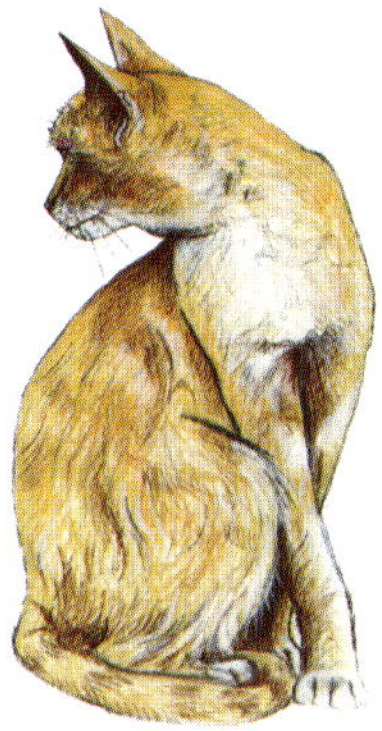

WISSENSWERTES
Katzen können mit Süßigkeiten von Natur aus nichts anfangen, denn als typische Fleischfresser können sie Zucker schlecht verdauen. Fett bekommt ihnen besser.

Oben links
Ihre bewegliche Wirbelsäule verleiht Katzen Geschmeidigkeit und macht sie zu wahren Kletterkünstlern.

Unten
Die Muskeln am Hinterlauf einer Katze sind für kraftvolle Vorwärtsbewegungen ideal und eignen sich für kurze, schnelle Sprints bei Jagd und Flucht. Für längere Strecken fehlt Katzen dagegen die Ausdauer.

Krallen und Zähne

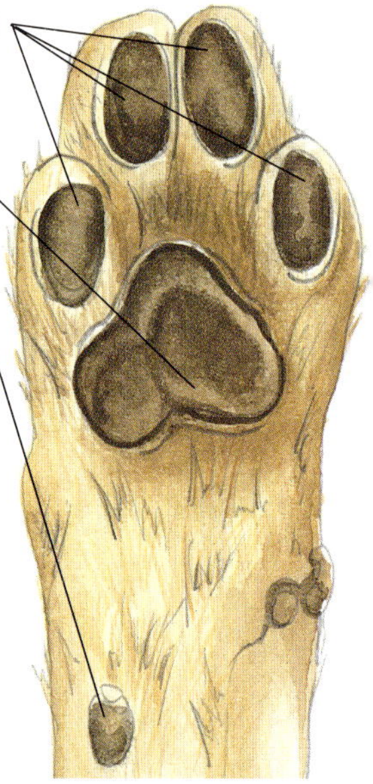

DIE KRALLEN – fünf vorn, vier hinten – sind die Jagdwaffen der Katze. Sie dienen dem erfolgreichen Jagen ebenso wie dem Töten. Die Pfoten haben empfindliche haarlose Ballen, die bei einer normal gehenden oder entspannt liegenden Katze die eingezogenen Krallen verbergen.

DIE KRALLEN

DIE KRALLEN WERDEN ausgefahren, wenn die Katze klettert, rennt, tötet und, wie jeder Katzenbesitzer aus schmerzlicher Erfahrung weiß, wenn sie ungehalten ist. Deshalb sollte man Kindern beibringen, selbst mit vertrauten Katzen stets vorsichtig und respektvoll umzugehen. Manche Katzen fahren die Krallen auch aus, wenn sie sich wohl fühlen, während einige wenige die Krallen aufgrund eines genetischen Defekts nicht einziehen können.

WISSENSWERTES

Dank ihrer kräftigen Hinterläufe und der beweglichen Wirbelsäule können Katzen ausgezeichnet und weit springen, oft über das Sechsfache ihrer eigenen Körperlänge.

EINZIEHBARE KRALLEN

ALLE MITGLIEDER DER Katzenfamilie mit Ausnahme des Geparden sind in der Lage, ihre Krallen willkürlich einzuziehen und auszufahren. Das schnellste Landtier der Erde dagegen benötigt seine Krallen ständig, um die sagenhafte Geschwindigkeit zu erreichen, die es für seine Jagdtechnik benötigt.

Der Krallenmechanismus besteht aus einem elastischen Band zwischen den letzten zwei Zehengliedern, die über Sehnen mit den Beinmuskeln verbunden sind. Die eingezogene Kralle wird durch das Band in einer Hautfalte verborgen. Bei einem entsprechenden Reiz ziehen die Muskeln die Sehnen straff, das Zehenendglied streckt sich und drückt die Kralle nach vorne unten. Gleichzeitig ziehen die Sehnen die beiden Zehenendglieder zusammen und fixieren so das Gelenk.

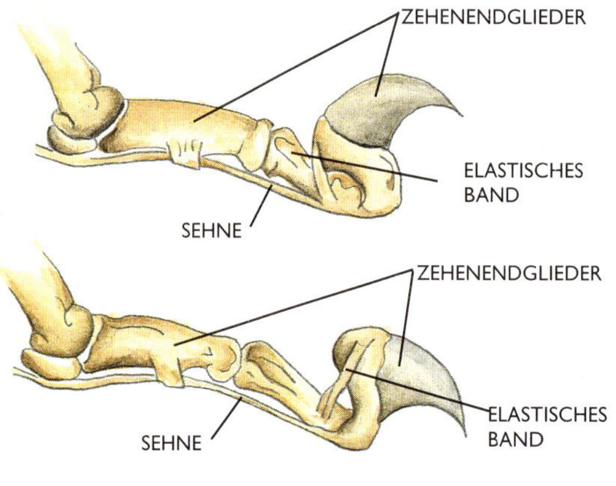

Oben
Die Vorderpfote einer Katze. Die Ballen an den Zehenenden entsprechen unseren Fingerspitzen, der große Ballen in der Mitte der Handfläche, der Karpalballen dem Handgelenk. Diese Polster sind druck- und temperaturempfindlich und enthalten Drüsen, mit deren Sekreten die Katze Duftmarken setzt.

Unten links
Elastische Bänder zwischen den Endknochen der Pfote ermöglichen es der Katze, die Krallen einzuziehen. Beim „Ausfahren" ziehen sich die starken Sehnen an der Unterseite zusammen, sodass die Kralle aus ihrer Hautfalte gedrückt wird.

SCHARFE KRALLEN

KRALLENWETZEN IST FÜR Katzen ein Instinktverhalten. Katzen, die draußen herumstromern dürfen, wetzen ihre Krallen an Bäumen und Zaunpfosten, oft Tag für Tag an demselben. Im Haus gehaltene Katzen finden instinktiv einen passenden Gegenstand, und wer Wert auf unversehrte Möbel und Teppiche legt, sollte unbedingt einen Kratzbaum oder ein Kratzbrett anschaffen und der Katze beibringen, diese zu benutzen. Es ist sinnlos, einer Stubenkatze das Kratzen an Möbeln abgewöhnen zu wollen, ohne ihr eine Alternative zu bieten. Ein Katze mit Freigang hält ihre Krallen meist so gut in Schuss, dass sie nicht beschnitten werden müssen. Bei reinen Hauskatzen ist dies manchmal nötig, doch gehört die nicht ungefährliche Prozedur in die Hand eines Fachmanns.

In den USA lässt man reinen Hauskatzen oft die Krallen der Vorderpfoten operativ entfernen. Das wird nicht überall gebilligt; in Großbritannien und Deutschland ist es sogar verboten, und die Tiere werden bei Katzenausstellungen außerhalb der USA meist nicht zugelassen. Die meisten Tierärzte finden das Entfernen der Krallen grausam, entstellend und widernatürlich, da man der Katze ein physiologisch wichtiges Werkzeug nimmt. In der Tat ist eine krallenlose Katze in freier Natur praktisch zum Tode verur-

teilt, da sie nicht jagen, sich gegen Feinde verteidigen oder fliehen kann.

Obwohl die Krallen hervorragende Werkzeuge zum Hinaufklettern darstellen, sind sie nicht hilfreich, wenn eine Katze nach unten klettern möchte, denn aufgrund ihrer Krümmung bieten sie keinen Halt beim Abstieg. Abwärts müssen sich Katzen deshalb oft unelegant herunterrutschen lassen, dann rasch umdrehen und das letzte Stück in einem Sprung zurückzulegen. Die Kletterkünste der Katzen und ihr Ungeschick beim Abstieg haben schon so manchen Besitzer in Angst und Schrecken versetzt oder sogar die Feuerwehr auf den Plan gerufen.

FRESSWERKZEUGE

WILDKATZEN UND HAUSKATZEN mit Auslauf ernähren sich von Fleischstücken, die sie von erlegten Beutetieren abreißen und im Ganzen herunterschlucken.

Die Nahrung wandert unzerkaut in den Magen, wo sie verdaut wird. Auffallend unter den 30 Zähnen (26 Milchzähnen) der Katze sind die vier langen Eckzähne an der Maulvorderseite, mit denen sie ihre Beute festhält, tötet und das Fleisch vom Knochen reißt. Hinter den Eckzähnen sitzen seitlich in Ober- und Unterkiefer insgesamt 14 Reißzähne, mit denen das Fleisch in mundgerechte Stücke zerteilt wird.

Zwischen den Eckzähnen vorne sitzen oben und unten je sechs Schneidezähne, die auch dem Zerkleinern der Nahrung dienen. Wird eine Katze nur mit Dosenfutter ernährt, benötigt sie ihre Eckzähne nicht, sondern schlingt die Nahrung einfach herunter. Trockenfutter dagegen wird mit den Backenzähnen zermalmt und dann erst geschluckt.

Freigänger finden meist genügend Beutetiere, um Zähne und Zahnfleisch gesund und kräftig zu erhalten. Katzen ohne Auslauf müssen dagegen abwechslungsreiche Kost bekommen, denn Dosenfutter allein reicht dafür nicht aus.

Auch die Zunge der Katze spielt bei der Nahrungsaufnahme eine Rolle. Ihre extrem raue Oberfläche dient dazu, harte Nahrung aufzuweichen oder Fleisch vom Knochen zu raspeln. Beim Trinken wird die Zunge wie ein Löffel geformt und damit jeweils kleine Mengen Flüssigkeit ins Maul befördert, bevor alles geschluckt wird. Darüber hinaus ist die Zunge elementar für die Fellpflege.

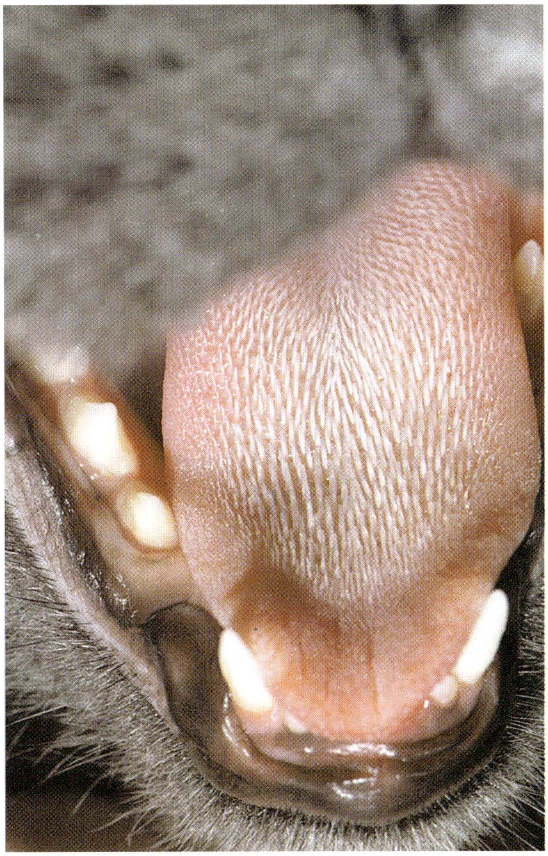

WISSENSWERTES

Katzen landen so gut wie immer auf ihren Füßen, weil sie eine flexible Wirbelsäule besitzen und ihren Körper mit Hilfe des Gleichgewichtsorgans im Innenohr exakt ausrichten können.

Oben
Freigänger finden reichlich Gelegenheit zum Krallenschärfen.

Unten rechts
Diese Nahaufnahme der Zunge zeigt ihre raue Oberfläche.

Unten links
Katzen besitzen vier lange Eckzähne, mit denen sie Beutetiere festhalten und töten.

Gegenüberliegende Seite unten rechts
Auch Stubenkatzen müssen ihre Krallen schärfen. Ein Kratzbaum ist die ideale Alternative zu den Möbeln.

Haut und Haare

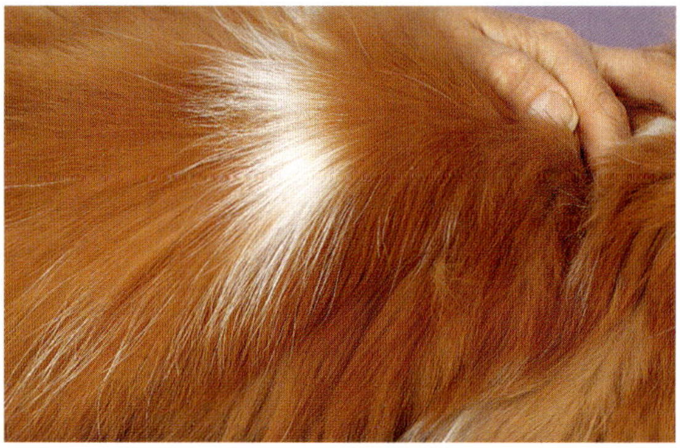

WISSENSWERTES
Manche Geparden kommen mit Streifen statt Tupfen zur Welt. Diese so genannten Königsgeparden galten einst in der Zoologie als eigenständige Art.

Mitte rechts
Devon-Rexkatzen haben ein eigentümlich gewelltes Fell.

Oben rechts
In diesem Perserfell sind die Leithaare deutlich zu erkennen.

Unten links
Die Zeichnung zeigt die drei verschiedenen Haartypen, aus denen das Fell besteht.

DAS KATZENFELL

DAS FELL IST DAS attraktivste Attribut einer Katze und das wesentliche Identifikationsmerkmal der Rassen. Doch auch wenn es normalerweise mit seiner Schönheit besticht, ist das Haarkleid in erster Linie funktional. Es schützt seine Besitzerin vor Umwelteinflüssen wie Hitze, Kälte, Wind und Regen sowie Verletzungen. Dem Besitzer einer Katze zeigt das Fell an, ob es dem Tier gut geht.

EIN KATZENFELL BESTEHT aus bis zu 200 Haaren pro Quadratmillimeter. Abgesehen von wenigen Rassen wie den Rexkatzen, die eine völlig andere Haarstruktur aufweisen, besteht das Fell aus drei verschiedenen Haarsorten. Die Leithaare bilden die robuste Deckschicht. Auf dem Rücken und an den Flanken gibt es fast doppelt so viele davon wie am Bauch und an der Brust. Die Haarwurzeln sitzen in separaten Follikeln in der Haut, die die Leithaare mit dem Nervensystem verbinden, sodass sie auf Wut, Angst, Kälte und Jagdeifer reagieren: Sie sträuben sich und lassen die Katze aggressiv, „aufgeplustert" aussehen. Sie registrieren auch Luftbewegungen und gehören insofern quasi zu den Sinnesorganen der Katze.

Zwischen den Leithaaren sind die gröberen Grannenhaare verteilt. Sie sind an der Spitze verdickt und wachsen büschelweise aus je einem Follikel. Unter den Leit- und Grannenhaaren gibt es noch die weichen Wollhaare, die wie eine Isolierschicht die Haut bedeckt. Bei Kälte stellen sich die Leithaare auf und verhindern so einen größeren Wärmeverlust, da Katzen im Gegensatz zu Hunden keine wärmende Fettschicht besitzen.

DAS HAARKLEID

WIE BEIM MENSCHEN wachsen auch Katzenhaare ständig, sterben ab und werden durch neue ersetzt. Bei Langhaarkatzen vollzieht sich dieser Haarwechsel das ganze Jahr über, bei Kurzhaarkatzen dagegen vor allem im Frühling, wenn das dicke Winterfell abgestoßen wird. Bei Kurzhaarkatzen, die nur im angenehm warmen Haus leben, ist dieser Wechsel weniger ausgeprägt.

Die Haarfollikel haben noch eine zweite Funktion, die für die Gesundheit der Katze unerlässlich ist. Sie sondern nämlich Talg ab, eine ölige Flüssigkeit, die sich auf den Haaren verteilt und sie glänzen lässt. Talg enthält Cholesterin, ein natürliches Steroid, das durch Sonnenlicht in Vitamin D umgewandelt wird. Katzen nehmen einen Teil dieses lebenswichtigen Vitamins durch Fischöl und tierische Fette auf, die in handelsüblichem Futter enthalten sind, können jedoch unter Sonneneinstrahlung kleine, aber wichtige Mengen selbst herstellen.

Die Haarfollikel enthalten außerdem Schweißdrüsen. Ihre Hauptfunktion ist die Bildung der Duftstoffe, mit denen Katzen ihr Revier markieren und unkastrierte Tiere Sexualsignale aussenden. Am ausgeprägtesten sind diese Drüsen an Kinn und Ohren sowie an der Schwanzwurzel. Das Fell verhindert jedoch, dass Katzen durch Schwitzen Wärme abgeben können und die einzigen Drüsen, die den menschlichen

Schweißdrüsen ähneln, sitzen an der unbehaarten Unterseite der Pfoten, die bei Wärme oder Angst feucht werden. Hinterlässt eine Katze feuchte Fußabdrücke oder hechelt stark, weist dies auf einen Wärmestau hin. Die Katze sollte dann rasch abgekühlt werden. Normalerweise regulieren Katzen ihre Körpertemperatur beim Putzen durch die Verdunstung von Speichel.

An manchen Körperteilen erfüllen die Haare eine spezielle Funktion und haben deshalb eine besondere Form. Am deutlichsten ist dies bei den extrem empfindlichen Schnurrhaaren, mit denen die Katze die Breite von Durchgängen misst, Umweltbedingungen erfühlt und Stimmungen ausdrückt. Solche Sinushaare finden sich auch an der Rückseite der Vorderbeine. Sie helfen der Katze vermutlich dabei, sich in unbekanntem Terrain geräuschlos zu bewegen.

DIE HAUT DER KATZE

DIE HAUT EINER Katze sitzt erstaunlich locker, vor allem im Nacken. Manchmal hat man geradezu den Eindruck, die Katze könnte sich darin herumdrehen. Diese lose Verbindung beugt Verletzungen bei Kämpfen vor, ermöglicht der Katze ihre akrobatischen Sprünge und Stürze und hilft, Wärme abzugeben. Die Haut besteht aus zwei Schichten. Die Haarwurzeln sitzen in der Innenschicht, der so genannten Dermis. Die äußere Epidermis dient im Wesentlichen dem Schutz des Körpers. Die Zellen dieser Hautschicht werden ständig erneuert, wobei die abgestorbenen Zellen durch das Fell herausfallen oder beim Putzen entfernt werden.

An Nase und Füßen ist die Epidermis bis zu 75-mal so dick wie am übrigen Körper, reagiert jedoch zugleich äußerst empfindlich auf Druck und Temperatur. Schweißdrüsen befinden sich nur an den Pfoten. Anders als ein Hund können Katzen keine Wärme über den Nasenspiegel abgeben, sodass die Feuchtigkeit dort immer von den Schleimhäuten in der Nase stammt.

WISSENSWERTES

Wenn Katzen auf Bäume klettern oder mühelos auf Ästen balancieren, setzen sie ihre Krallen und ihre Greifzehen ein; der Schwanz dient dabei als Balancierstange.

Oben
Gesunden Glanz bekommt ein Katzenfell nicht nur durch den lebenswichtigen Talg, sondern auch durch Sonnenlicht.

Mitte
Bei reinen Hauskatzen ist der Fellwechsel nicht so stark ausgeprägt.

Links
Katzen brauchen ihre Schnurrhaare für ihr Gleichgewicht und zum Messen von Abständen.

Ein Katzenleben

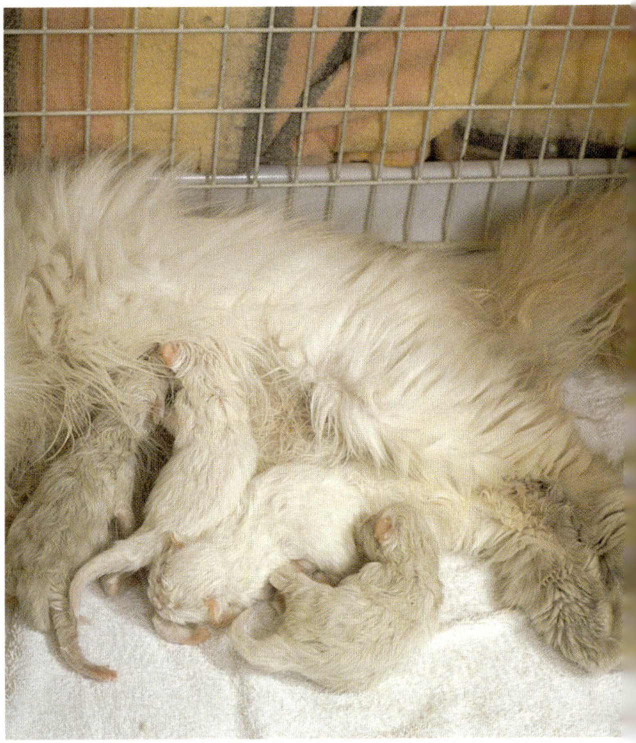

LEBENSERWARTUNG

DIE LEBENSERWARTUNG einer durchschnittlichen Hauskatze liegt zwischen 12 und 15 Jahren, obwohl viele Tiere erheblich älter werden, manche sogar über 20. Selbst Exemplare, die 34 oder sogar 43 Jahre alt wurden, sind nachweislich schon vorgekommen. Hauskatzen sind in dieser Hinsicht besser dran als ihre wilden Artgenossen, die meist nur halb so alt werden, weil sie Unfällen, Vergiftungen, Kälte und Nässe, Viruserkrankungen, Hunden, Hunger oder bösartigen Menschen zum Opfer fallen.

WISSENSWERTES
Mit den Schnurrhaaren erspürt eine Katze die unmittelbare Umgebung. Berührungen der empfindlichen Sinushaare werden von speziellen Zellen an der Haarwurzel registriert und weitergeleitet.

EIN FREUND FÜRS LEBEN

OFT HEISST ES, kastrierte Hauskatzen würden älter als unkastrierte, doch das hat keine medizinischen Gründe und liegt lediglich daran, dass die Tiere nach der Kastration nicht mehr so viel umherstreunen und deshalb seltener Unfälle erleiden. Generell leben Katzen dann am längsten, wenn sie zufrieden sind und ein sorgenfreies Zuhause haben, wo man sie gut versorgt, mit ihnen spielt und sie lieb hat.

Die zu erwartende Lebensspanne eines Tieres, die oft länger währt als so manche Ehe, muss natürlich bei der Anschaffung einer Katze beachtet werden, vor allem, wenn man ein Jungtier zu sich nimmt. Ist ein Kind, das mit neun Jahren ganz aufgeregt ein Kätzchen umhegt hat, erst einmal erwachsen und geht aus dem Haus, stellt sich die Frage, wer dann für das Tier sorgt. Und wer kümmert sich um eine Katze, deren betagtes Frauchen stirbt? Muss der Katzenbesitzer aus privaten oder beruflichen Gründen häufig umziehen oder viel auf Reisen sein?

Angesichts der vielen unerwünschten Katzen, die sang- und klanglos ausgesetzt oder zurückgelassen werden und nur in seltenen Fällen ein neues Heim oder wenigstens Zuflucht bei einem Tierschutzverein finden, darf man solche Fragen nicht leichtfertig abtun.

JUNGE KÄTZCHEN

EIN WURF KANN AUS zwei bis sechs Kätzchen (Kitten) bestehen. Bei der Geburt sind sie blind und zahnlos. Nach etwa einer Woche öffnen sich die anfangs immer blauen Augen, und eine weitere Woche später beginnen die Kätzchen, sich mit Augen und Geruchssinn zurechtzufinden. Für die Erforschung der unmittelbaren Umgebung reicht das zunächst aus.

In dieser Phase beginnt der „Unterricht". Die Mutter schleppt die Kleinen zurück zum Nest, wenn sie zu weit weggetapst sind, und bringt ihnen bei, wie man spielt. Sie versorgt ihre Jungen liebevoll und

Oben
Eine Perserkatze säugt ihre Welpen. Nach etwa einer Woche öffnen die Kleinen die Augen.

Unten links
Leider werden viele Katzen ihrem Schicksal überlassen. Ihre Lebenserwartung reduziert sich dadurch drastisch.

Unten rechts
Junge Kätzchen haben durchweg blaue Augen.

verteidigt sie mit Zähnen und Klauen. In dieser Phase entwickeln sich die Welpen sehr rasch.

Mit etwa drei Wochen beginnen sie zu spielen, meist indem sie zuerst nach dem zuckenden Schwanz der Mutter haschen. Es folgen Rangeleien und Verfolgungsjagden, wobei die Rollen von Jäger und Gejagtem abrupt wechseln können. Das sieht putzig aus und macht den Kätzchen Spaß, ist aber vor allem eine wichtige Vorbereitung auf das Erwachsenenleben. Dass sie vielleicht niemals selbst Beute erlegen oder ihr Revier gegen den Nachbarskater verteidigen müssen, spielt dabei keine Rolle. Das Spielen befriedigt ein tiefes emotionales Bedürfnis und früh verwaiste Kätzchen, die nicht gelernt haben zu spielen, sind als erwachsene Tiere oft ängstlich oder aggressiv.

UNABHÄNGIGKEITSSINN

MIT DREI MONATEN sind die Kätzchen entwöhnt und fähig, auf sich allein gestellt zu leben, auch wenn sie nach wie vor die Gesellschaft ihrer Geschwister suchen und zur Freude ihrer Besitzer noch sehr kindlich wirken, obwohl alle Fertigkeiten bereits entwickelt sind. Das endgültige Gebiss erscheint mit vier bis sechs Monaten, mit etwa einem Jahr sind die Kätzchen ausgewachsen. Kätzinnen werden mit etwa sechs Monaten geschlechtsreif, Kater rund einen Monat später.

Das erste Lebensjahr eines Kätzchens entspricht insofern ungefähr den ersten 15 Lebensjahren eines Menschenkindes, die folgenden fünf Jahre entsprechen etwa dem frühen Erwachsenenleben eines Menschen und mit sieben Jahren kommt die Katze allmählich in die „besten Jahre". Ab acht oder neun bemerkt man, dass die Katze ruhiger wird, doch bewahren sich viele Tiere ihre Munterkeit, Jagdfreude und jugendliche Art viel länger. Die bei Ausstellungen des britischen GCCF-Züchterverbandes vorgegebenen Altersklassen spiegeln diese Lebensabschnitte wider: Jungtiere zwischen neun und fünfzehn Monaten heißen „Heranwachsende"; alle unter zwei Jahren gehören zur Gruppe „Junioren", alle über zwei Jahre gelten als „Senioren", Katzen über sieben als „Veteranen".

DIE KATZE IM ALTER

AB ETWA NEUN JAHREN kann man von einer „alten" Katze sprechen. Manche verlieren die Lust an der Jagd oder lauern nur noch auf leichte Beute. Augen und Ohren sind nicht mehr so gut wie einst, und so mancher ältere Stubentiger macht es sich lieber im Haus gemütlich. Sichtbare Alterszeichen sind ein grauer „Bart" um das Maul, trübe Augen, glanzloses Fell, lockere Haut und hervortretende Hüftknochen und Wirbel. Allerdings können Katzen einen Verlust des Hör- und Sehvermögens gut ausgleichen. Ab zwölf Jahren gilt eine Katze als betagt, obwohl manche bis zu ihrem seligen Ende ein aktives Leben führen.

WISSENSWERTES

Warum und wie Katzen schnurren, ist noch nicht geklärt. Erstaunlicherweise können sie ununterbrochen schnurren, obwohl sie atmen oder nebenher trinken.

Oben
Dieser kurzhaarige Tiger ist im besten Mannesalter – Kater werden mit etwa sieben Monaten geschlechtsreif.

Mitte
Katzen werden zahnlos geboren. Dieses Kätzchen zeigt sein neues Milchgebiss.

Unten
Diese betagte Katze weist als äußerliche Anzeichen für ihr Alter graue Haare am Mäulchen und leicht hervorstehende Hüftknochen auf.

Das Sehvermögen

ANDERS ALS ALLGEMEIN angenommen, können Katzen nicht in völliger Dunkelheit sehen, doch bei Dämmerlicht ist ihr Sehvermögen bereits doppelt so gut wie das eines Menschen mit durchschnittlich guten Augen. Da Katzen von Natur aus Nachtjäger sind, ist diese Fähigkeit natürlich ein enormer Vorteil. Praktisch alle Charakteristika der Katzenaugen haben mit dem Jagdinstinkt des Tieres zu tun.

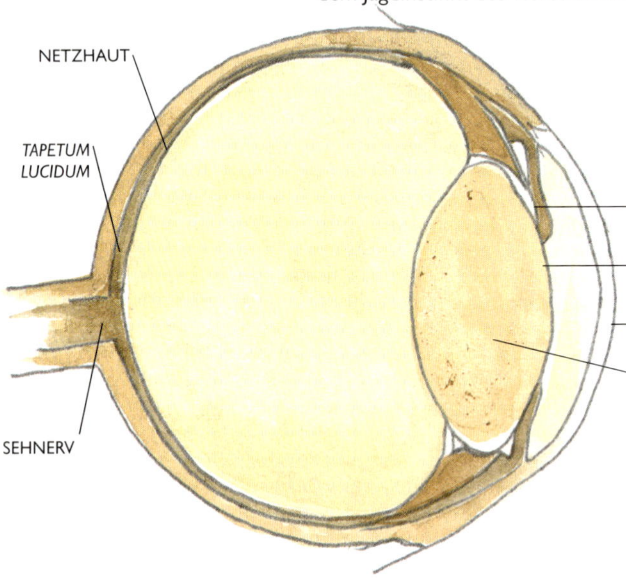

HERVORRAGENDE AUGEN

DIE STELLUNG DER WEIT VORNE im Kopf sitzenden und genau geradeaus gerichteten Katzenaugen sorgt für ein optimales dreidimensionales Bild. Nach vorne beträgt das Gesichtsfeld einer Katze 120 Grad, auf den Seiten jeweils weitere 80 Grad, was zusammen erstaunliche 280 Grad ergibt. Dank der im Auge verankerten Bänder kann die Linse präzise auf Gegenstände in der Ferne oder Nähe eingestellt werden, obwohl die Katze im Nahbereich nicht allzu gut sieht. Am schärfsten sieht sie Gegenstände in zwei bis sechs Metern Distanz.

Die Fähigkeit, in der Dämmerung zu sehen, beruht zum Teil auf der Flexibilität der Muskeln, die die Iris steuern, also jene Membran, die sich öffnet und schließt und für die Pupillengröße verantwortlich ist. Bei hellem Licht, etwa in der Sonne, zieht sich die Iris zusammen und lässt die Pupille zu einem schmalen Schlitz werden. Dadurch wird das Innenauge vor Schäden geschützt und die Katze kann weiterhin sehen. Im Dunkeln dagegen erweitert sich die Pupille bis zu einem Durchmesser von zwölf Millimetern. Dadurch fällt mehr Licht auf die Netzhaut an der Augenrückseite und der Sehnerv kann mehr Informationen an das Gehirn weiterleiten.

Oben und unten
Die Augen einer Katze können sich hervorragend an unterschiedliche Lichtverhältnisse anpassen, denn als Raubtier muss sie kleinste Bewegungen wahrnehmen und Entfernungen abschätzen können. Die sehr flexible Iris und das reflektierende Tapetum lucidum *spielen dabei die Hauptrolle.*

IM DUNKELN SEHEN KÖNNEN

GEHT ES UM DIE Fähigkeit, im Dunkeln zu sehen, profitiert die Katze von einer weiteren Besonderheit ihrer Augen: Das so genannte *Tapetum lucidum*, eine reflektierende Schicht auf der Netzhaut. Sie erhöht deren Empfindlichkeit und verstärkt damit das entstehende Bild. Außerdem bewirkt sie das überraschende Leuchten der Katzenaugen, etwa wenn sie im Dunkeln von Autoscheinwerfern angestrahlt werden. Genau diesen Effekt haben sich die Ingenieure bei den reflektierenden Straßenmarkierungen zu Nutze gemacht. Das *Tapetum lucidum* ist allerdings nicht nur bei Katzen zu finden, sondern auch bei vielen anderen nacht- und dämmerungsaktiven Tierarten.

Allerdings sind die Informationen, die das Katzenauge selbst bei schlechtem Licht sammeln kann, nicht sehr detailgenau, und die Nachtsicht ist eher verschwommen. Für eine Katze ist das nicht schlimm, denn ihr liegt vor allem daran, die Bewegungen ihrer Beutetiere wahrzunehmen, wobei ihr Geruchssinn und Gehör helfen.

FARBENSEHEN

FACHLEUTE SIND SICH uneinig, ob und wie intensiv Katzen Farben sehen. Es ist davon auszugehen, dass sie nicht die gleiche Farbwahrnehmung wie wir besitzen, doch können sie mit Sicherheit Farbschattierungen unterscheiden, das können viele Katzenbesitzer bestätigen. Es heißt, Katzen könnten Rot, Blau und Weiß unterscheiden, während Grün, Gelb und Weiß nebeneinander für sie grau aussehen. Möglicherweise haben Farben für Katzen nicht denselben Stellenwert wie für uns, weil ihre optische Wahrnehmung auf die Bewegung spezialisiert ist.

Dagegen können die Augen von Katzen alle möglichen Farben annehmen, darunter Rot, Blau, Grün und Gold. Für die Sehkraft hat die Augenfarbe natürlich keine Bedeutung, wohl aber für die Züchter, da für bestimmte Farbschläge und Rassen nur festgelegte Augenfarben zugelassen sind.

DAS BESONDERE AN KATZENAUGEN

EINE WEITERE BESONDERHEIT ist die Nickhaut, das dritte Lid, das sich bei Bedarf von der Seite her über die Hornhaut schiebt. Bei offenen Augen ist die Nickhaut normalerweise zurückgezogen. Ist eine Katze jedoch ernsthaft krank, kann es vorkommen, dass die Nickhaut das Auge dauerhaft bedeckt und die Sicht des Tieres beeinträchtigt. Bei einer gesunden Katze trägt die Nickhaut ebenso wie die beiden anderen Lider dazu bei, die Hornhaut zu befeuchten.

Katzen können schier endlos einen Gegenstand anstarren. Das fällt auf, wenn sie „ihren" Menschen unverwandt anschauen oder am Fenster sitzen und Vögeln oder wirbelnden Blättern nachblicken. Dieses Verhalten ist Teil ihres Jagdinstinktes und man kann sicher sein, dass ihnen in einer solchen Situation nicht die geringste Bewegung in ihrem Gesichtsfeld entgeht. Im Freien würde sie sich letztlich auf die Beute stürzen.

Siamkatzen weisen manchmal einen genetischen Defekt auf, der dazu führt, dass sie statt normaler räumlicher Bilder alles doppelt sehen. Der Versuch, dies auszugleichen, führt zu dem für diese Rasse typischen Schielen.

WISSENSWERTES
Das Fell der meisten Katzen weist zur Tarnung Streifen, Tupfen oder Farbschattierungen auf, sodass sie sich bei der Jagd unauffällig bewegen können.

Oben
Bei dieser Flachkopfkatze ist das reflektierende Tapetum lucidum *gut zu erkennen.*

Unten links
Die Nickhaut, das „dritte Lid".

Unten rechts
Diese Siamkatze gleicht ihr rassetypisches Doppelsehen durch Schielen aus.

Das Gehör

KATZEN KÖNNEN IM VERGLEICH zum Menschen zwar Farben weniger gut wahrnehmen, dafür ist ihr Gehör unvergleichlich viel besser. Wie leistungsfähig Ohren sind, hängt davon ab, wie gut Geräusche aufgefangen und vom Gehirn verarbeitet werden. Bei Katzen ist jede Ohrmuschel mit unzähligen Muskeln ausgestattet, sodass sie einzeln in einem Winkel von 180 Grad in alle Richtungen gedreht und auch auf entfernte Laute fokussiert werden können. Dadurch lässt sich die Geräuschquelle ausmachen und lokalisieren. Katzen hören Frequenzen ab etwa 60 Hertz, während wir Menschen bereits in einem Bereich von 20 Hertz Töne wahrnehmen.

Oben
Eine Katze kann ihre Ohrmuscheln um 180 Grad drehen, was ihr beim Aufspüren der Beute zugute kommt.

Unten links
Geräusche erreichen die Katze durch das Trommelfell, dessen Vibrationen durch die Gehörknöchelchen (Hammer und Amboss) verstärkt werden. Durch sie gelangen die Schallwellen an die Nervenenden in der Innenohrschnecke, von wo sie zum Gehirn weitergeleitet werden. Die halbrunden Bogengänge gehören zum Gleichgewichtsorgan.

Unten rechts
Die Sinneseindrücke einer Katze sind ganz anders als unsere. Sie hören sehr hohe Töne und können direkt nebeneinander liegende Geräuschquellen unterscheiden.

SCHARFE OHREN

IM BEREICH DER HOHEN TÖNE sind Katzen uns jedoch weit überlegen, denn sie nehmen bis zu 65 000 Hertz wahr, der Mensch dagegen kaum mehr als 20 000 Hertz. Der Unterschied macht also mehr als zwei Oktaven aus. Das bedeutet, dass die Tiere in einer völlig anderen Geräuschumwelt leben, in der das leise Quieken einer Maus oder anderer Kleintiere alltäglich ist. Die für uns manchmal unhörbaren Laute ihrer Jungen ermöglichen es der Katzenmutter, sie notfalls wiederzufinden.

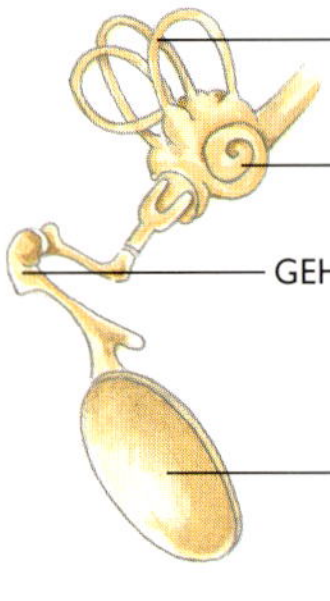

Aufgrund ihres ausgezeichneten Gehörs in den hohen Tonlagen reagieren die meisten Katzen eher auf Frauen- und Kinderstimmen als auf Männer. Es erklärt auch, warum Katzen sich manchmal plötzlich aufsetzen und lauschen, obwohl wir gar kein Geräusch wahrnehmen. Der Glaube, Katzen hätten „hellseherische" Fähigkeiten, weil sie manche Veränderung viel früher wahrnehmen als wir Menschen, geht vermutlich auf ihr überlegenes Gehör zurück, das sicherlich auch erklärt, warum Katzen häufig schon am Gartentor warten, wenn ihre Besitzer mit dem Auto heimkommen. Das typische Motorengeräusch des Autos, vor allem der obere Frequenzbereich, ist für die Katze ein Signal, das uns entgeht.

Eine weitere Besonderheit der Katzenohren ist ihre Fähigkeit, Töne exakt zu lokalisieren. Aus einem Meter Entfernung kann die Katze zwei verschiedene Geräuschquellen unterscheiden, zwischen denen nur acht Zentimeter liegen. Ihr Gehirn kann die Zeitverzögerung beim Eintreffen der beiden Reize berechnen. Dies ist beim Auffinden und Verfolgen der Beute sehr nützlich.

EIN STILLES LEBEN

KATZEN LIEBEN DIE STILLE. Krach stört sie enorm, weshalb lautes Händeklatschen und ein energisches „Nein!" bei der Erziehung völlig ausreichen. Leben Katze und Hund zusammen in einem Haushalt, zieht sich der Stubentiger oft zurück, wenn der Hund bellt, und zwar nicht, weil er Angst hätte, sondern weil er einfach den Krach nicht ausstehen kann. Aus demselben Grund mögen Katzen lärmende Kinder nicht besonders. Die meisten Katzen finden es ideal, wenn „ihre" Menschen sich ruhig und freundlich unterhalten und leise Musik hören. Die meisten Katzen mögen sogar ein wenig Radioberieselung, wenn sie allein sind. Vielleicht können sie mit ihrem guten Gehör die Musik sogar besser genießen als wir.

DAS GEHÖR BEI ALTEN KATZEN

MANCHE KATZEN NEIGEN im Alter zu Taubheit. Es stimmt zwar nicht, dass alle weißen Katzen taub sind, wie es manchmal heißt, doch hat die weiße Farbe sicher etwas damit zu tun, vor allem, wenn die Katze zudem blaue Augen hat. Bei Katzen mit verschiedenfarbigen Augen ist oft das Ohr auf der Seite des blauen Auges taub. Die Behinderung kann ein oder beide Ohren betreffen und ist unheilbar. Obwohl das Gehör für Katzen so wichtig ist, scheint Taubheit keine große Beeinträchtigung darzustellen, wenn sie von Geburt an besteht. Vermutlich gleichen die übrigen Sinne den Mangel aus. Benachteiligt sind allerdings taube Katzenmütter, weil sie die hohen Hungerschreie oder Hilferufe ihrer Kleinen nicht hören können. Das ist ein Grund unter anderen, weshalb von der Zucht mit tauben Katzendamen abgeraten wird. Vereinzelt wurde von Kätzchen berichtet, die taub geboren wurden, jedoch mit Eintritt der Geschlechtsreife plötzlich hören konnten. Sie hatten Mühe, sich in der neuen Welt der Klänge zurechtzufinden, was kaum verwunderlich ist.

Taubheit im Alter dagegen tritt allmählich ein und geht meist mit anderen alterstypischen Symptomen einher. Schüttelt die Katze häufig den Kopf oder kratzt an ihren Ohren, kann dies auf einen Ohrinfekt hindeuten, aber auch auf nachlassendes Hörvermögen, vor allem, wenn die Katze zudem verdutzt dreinschaut. Gegen Altersschwerhörigkeit gibt es leider kein Mittel, doch kann man der Katze das Leben erleichtern, indem man darauf achtet, sie nicht zu erschrecken und sich ihr möglichst von vorne zu nähern.

Abgesehen vom Gehör haben die Ohrmuscheln noch eine ganz andere Funktion: Sie sind ein wichtiges Instrument in der Körpersprache der Katze. Zusammen mit anderen Körperteilen zeigen sie Angst, Stress, Zufriedenheit, Kampfgeist, Zorn und andere Gefühle an.

WISSENSWERTES
Aufgrund ihrer perfekten Anatomie fallen Katzen so geschickt, dass sie sich eher am Unterkiefer verletzen als am Rücken oder den Beinen.

Oben
Weiße Katzen mit verschiedenfarbigen Augen sind oft auf der Seite des blauen Auges taub.

Unten
Taubheit zeigt sich bei älteren Katzen oft am verdutzten Gesichtsausdruck.

Riechen, Schmecken, Fühlen

WENN MAN EINER Katze Futter vorsetzt, schnuppert sie erst einmal daran. Erst wenn es den Nasentest besteht, wird es auch gefressen. Der Geruchssinn ist bei Katzen sehr entwickelt, und vermutlich ist er ihr wichtigster Sinn. Ihre Nasenhöhle enthält rund 200 Millionen Riechzellen, während wir Menschen nur die Hälfte besitzen. Katzenbesitzer wundern sich oft über die Fähigkeit selbst junger Katzen, interessante Gerüche wie rohe Leber oder Schinken im Einkaufskorb oder eine eben geöffnete Dose Thunfisch oder Sardinen sofort wahrzunehmen.

GERUCHSSINN

DA KATZEN VON NATUR aus Fleischfresser sind, wecken pflanzliche Gerüche (abgesehen von Katzenminze und Baldrian, siehe unten) wenig Interesse, obwohl auch eine Katze lernen kann, den Geruch von Zwiebeln mit Leber zu assoziieren, falls Herrchen und Frauchen das häufiger zubereiten. Katzen brauchen ihren Geruchssinn auch, um Beute aufzuspüren, fremde Territorien zu identifizieren und ihre Umgebung zu erkunden. Auch ihr Sexualverhalten wird von Gerüchen beeinflusst.

Oben links
Katzen schnuppern zunächst am Futter und fressen erst, wenn sie es identifiziert haben.

Oben rechts
Aus den vielen verschiedenen Gerüchen der Umwelt zeichnen sich Katzen eine Art Duftlandkarte.

Unten
Diese Katze schnuppert intensiv, um herauszufinden, ob das Revier bereits von einem Artgenossen markiert wurde.

GERUCHSSINN ENTWICKELN

JUNGE KATZEN entwickeln ihren Geruchssinn früh. Erste Erfahrungen machen sie, wenn sie lernen, ihre Mutter und ihr Nest am Geruch zu erkennen. Bringt man den Wurf an einen anderen Ort, oder beschließt die Mutter, sie fortzutragen, zeigen sie zunächst Unbehagen, bis die Mutter wieder bei ihnen ist und ihr Geruch sie beruhigt. Selbst im Alter von wenigen Tagen ist der Geruchssinn bereits sehr ausgeprägt. Er ermöglicht den Welpen beispielsweise, eine bestimmte Zitze der Mutter wiederzufinden.

Ebenso wie die übrigen Sinne entwickelt sich auch der Geruchssinn bei Kätzchen rasch bis zur Vollkommenheit. Je weiter sie sich vom Nest entfernen, desto besser lernen sie die „Sprache" der Gerüche ihrer Umwelt verstehen.

EINE DUFTKARTE ENTSTEHT

WENN EIN KÄTZCHEN schließlich sein Nest verlässt und selbstständig wird, entsteht seine eigene Geruchswelt, die noch größer wird, wenn es sich ins Freie wagt. Es hinterlässt seine Duftmarken, indem es Kopf oder Flanken an Möbeln, Bäumen, Zaunpfosten, seinem Besitzer, anderen Menschen oder Tieren im Haushalt oder an anderen Katzen reibt, die es draußen trifft. Dieses Verhalten gleicht einer „Kartierung" der Welt anhand von Düften.

Vor allem nimmt jede Katze mit ihrem Geruchssinn jedoch Informationen aus der Umwelt auf. Wenn ihre Besitzer Freunde besuchen, die auch eine Katze haben, nimmt diese „Geruchsinformationen" der fremden Katze auf. Bei der Rückkehr entdeckt die eigene Katze diese Neuigkeiten ebenfalls. Mit unserem relativ unentwickelten Riechvermögen können wir uns gar nicht vorstellen, wie reich an Gerüchen die Welt einer Katze ist. Vielleicht können wir die Erfahrungen einer Katze

am besten nachvollziehen, wenn wir daran denken, wie ein ganz bestimmter Duft – Blumen in einem Garten, das Meer, ein Parfüm – die Erinnerung an einen lange zurückliegenden Moment wachrufen kann. Genau das passiert, wenn eine Katze eine umfassende „Datenbank" der Düfte anlegt, die ihr ein Leben lang zur Verfügung steht. Derartige „Geruchserinnerungen", die für uns Menschen nur gelegentlich von Bedeutung sind, spielen im Katzenleben offenbar eine zentrale Rolle.

DAS EMPFINDLICHE GERUCHSORGAN

DIE FÄHIGKEIT, GERÜCHE wahrzunehmen und zu identifizieren, wird durch eine physiologische Besonderheit, das Jacobson'sche oder Vomeronasalorgan, noch verstärkt. Es kommt auch bei anderen Tierarten vor, nicht jedoch bei Mensch oder Hund, und besteht aus einer kleinen, mit sensorischen Zellen ausgekleideten Schleimhauttasche oberhalb des harten Gaumens. Nimmt eine Katze einen ungewöhnlichen oder besonders interessanten Geruch wahr, atmet sie mit geöffnetem Maul ein, sodass die Duftmoleküle von der Zunge eingefangen und an das Gaumendach weitergeleitet werden. Von dort aus gelangt die Information direkt ins Gehirn. Die Katze nimmt dabei eine bestimmte Haltung ein: Sie reckt den Hals, öffnet das Maul, rümpft die Nase und zieht die Oberlippe zurück. Dieses so genannte „Flehmen" beobachtet man vor allem bei unkastrierten Katern, die Lockstoffe von rolligen Weibchen wahrnehmen, doch kann es auch durch andere Gerüche ausgelöst werden, insbesondere Katzenminze.

Diese Krautpflanze, wissenschaftlich *Nepeta cataria,* wächst in gemäßigten Zonen Europas und Nordamerikas und trägt weiße, rot gefleckte Blüten. Für die meisten Katzen, sogar für Wildkatzen, sind vor allem die duftenden Blätter interessant. Sie schnüffeln daran, kauen darauf herum, reiben sich daran oder wälzen sich auf der ganzen Pflanze und geraten dabei für Sekunden in eine Art Trance, die sogar von einer Art Phantomkampf begleitet sein kann. So rasch wie der „Rausch" beginnt, so abrupt wird die Katze wieder „nüchtern" und benimmt sich vollkommen normal. Es handelt sich dabei um eine völlig harmlose biochemische Reaktion auf die von der Pflanze abgesonderten ätherischen Öle. Sie können Ihrer Katze eine große Freude machen, wenn Sie eine der pflegeleichten Stauden in den Garten setzen oder als Zimmerpflanze halten. Auch der in Nordeuropa und Nordamerika beheimatete Baldrian *(Valeriana officinalis)* mit seinen weißen oder rosa Blüten ruft bei Katzen eine ähnliche Reaktion hervor. Ein Öl aus getrockneten Baldrianwurzeln wurde bezeichnenderweise früher in der Medizin zur Behandlung der Hysterie eingesetzt und im Europa des 16. Jahrhunderts sogar als Parfüm verwendet.

WISSENSWERTES
Mit den Schnurrhaaren orientiert sich die Katze im Dunkeln im Raum. Sie liefern aber auch Informationen über Beutetiere, die sie bereits in den Fängen hält und deshalb nicht mehr sehen kann.

Oben
Mit erhobener Nase und geschlossenen Augen konzentriert sich diese Katze auf das Erschnüffeln eines Geruchs.

Unten
Dieses Jungtier spielt mit einer Stoffmaus, die mit Katzenminze gefüllt ist.

GESCHMACKSSINN

GERUCHS- UND GESCHMACKSSINN hängen bei Katzen vermutlich noch stärker zusammen als bei anderen Säugetieren. Das erklärt vielleicht, warum Katzen ihr Futter grundsätzlich erst einmal beschnuppern und manche eine Vorliebe für bestimmte Sorten haben. Weshalb sie bisher akzeptiertes Futter plötzlich ablehnen und manchmal zum Ärger ihrer Besitzer sogar in Hungerstreik treten, bis sie ihren Willen bekommen, ist allerdings noch immer ein Rätsel.

Die Geschmacksknospen liegen vorne, seitlich und hinten auf der Katzenzunge. Als einzige Säugetiere scheinen sämtliche Katzen Süßes nicht zu mögen. Sie vertragen Zucker nur in geringen Mengen und bekommen davon Durchfall, sodass ihre bekannte Vorliebe für Milch ziemlich eigenartig ist. Die meisten Katzen mögen sie zwar, doch ist sie aufgrund ihres Milchzuckergehaltes schlecht verdaulich und nicht so gesund wie Wasser. Kindern sollte man deshalb beibringen, dass Süßigkeiten für Katzen keine geeignete Leckerei sind.

Ebenso wie Menschen haben auch Katzen mit verstopfter Nase wenig Appetit, doch dürften kräftig riechende Speisen wie gegrillte Leber, Sardinen oder Thunfisch sie reizen. Vor allem Thunfisch aus der Dose scheint bei Katzen sehr gut anzukommen. Manche Besitzer fangen gar nicht erst damit an, Thunfisch zu füttern, weil sie fürchten, dass ihre Stubentiger dann nichts anderes mehr fressen.

WISSENSWERTES

Die Füße von Luchsen sind behaart, damit sich ihr Gewicht beim Gehen auf einer Schneedecke besser verteilt. Dasselbe Prinzip hilft Sandkatzen auf Sanddünen und Wüstenböden.

TASTSINN

OBWOHL KATZEN ÜBER entsprechende Rezeptoren verfügen, scheint der Tastsinn bei ihnen weniger gut entwickelt zu sein als die anderen Sinne. Vielleicht weil er für ihr instinktgesteuertes Jagdverhalten nicht so elementar ist. Zunge, Nase und Pfoten sind in dieser Reihenfolge die empfindlichsten Körperteile der Katze. Man erkennt dies daran, dass sie ungewohntes Futter nicht nur beschnuppert, sondern auch mit der Nase betastet. Und unbekannte Gegenstände werden zuerst mit den Pfoten erkundet.

Ist eine Katze in Bewegung, nehmen die Rezeptoren an den Pfoten Informationen über die Oberfläche und Temperatur des Bodens sowie seine Neigung und mögliche Unebenheiten auf. Dadurch kann sie ihr Bewegungsverhalten jedem Untergrund optimal anpassen. Man nimmt an, dass Katzen mit den Pfoten selbst kleinste Vibrationen im Boden registrieren können, was erklären würde, warum Katzen Erdbeben vor uns wahrnehmen.

Oben links
Auf der Zunge dieser Katze sind die Geschmacksknospen ebenso gut erkennbar wie die raue Oberfläche.

Mitte rechts
Katzen brauchen immer frisches Wasser, das gesünder ist als Milch.

Unten
Katzen sind schwierige Esser und verschmähen oft ohne erkennbaren Grund urplötzlich ihr Lieblingsfutter.

Oben

Dieses Abessinierkätzchen „ertastet" seine Umgebung mit den Pfoten.

Unten links

Die Schnurrhaare dienen der Orientierung im Raum. Katzen mit langen Barthaaren bewegen sich besonders sicher.

Unten rechts

Wenn Sie Ihre Katze regelmäßig bürsten, stärkt dies die Bindung zwischen Ihnen und dem Tier. Dass Streicheln angenehm ist, erfahren Katzen schon in ihrer Kinderstube.

BERÜHRUNGSEMPFINDLICHKEIT

AUCH DIE SCHNURRHAARE sind sehr sensibel. Für die Verortung im Raum sind sie enorm wichtig, sodass sich Katzen, deren Barthaare etwa bei einer Rauferei beschädigt oder ausgerissen wurden, viel unsicherer fortbewegen, während Tiere mit langen, kräftigen Schnurrhaaren sehr selbstbewusst ihre Umwelt erkunden.

Auch die Haarwurzeln des Katzenfells reagieren auf Berührungen. Das erklärt, warum sich Katzen gerne streicheln lassen und lautstark protestieren, wenn es einmal nicht genehm ist. Ihre Vorliebe für das Streicheln entwickeln kleine Katzen, wenn sie von ihrer Mutter geputzt werden. Sensoren in der Haut registrieren aber auch Wärme und Kälte, sodass die Tiere sich zum Schlafen einen warmen Platz suchen können. Kältereize bewirken, dass das Fell sich sträubt und besser wärmt. Dieselben Sensoren reagieren auch auf Luftzug. Wer es wagt, seine Katze zu baden und anschließend mit dem Föhn zu trocknen, weiß nur zu gut, wie empfindlich die Katzenhaut auf einen allzu kräftigen Luftstrom reagiert. Die meisten Katzen hassen Wind und bevorzugen geschützte Stellen. Im Herbst sind sie allerdings häufig zwischen der Abneigung gegen den Sturm und der Freude an den wirbelnden Blättern hin- und hergerissen.

Eigenartigerweise scheinen Hitze und heiße Oberflächen für Katzen nicht besonders unangenehm zu sein. Menschen empfinden Temperaturen über 44 °C als schmerzhaft, Katzen dagegen erst ab 52 °C. Das erklärt, warum Katzen oft näher an Wärmequellen liegen, als es uns angenehm wäre, und sich sogar manchmal das Fell am Feuer versengen. Da der Nasenspiegel kälteempfindlich ist, „vergräbt" die Katze ihr Näschen oft im Schwanzfell, um es sich richtig gemütlich zu machen.

Bewegung und Gleichgewicht

DIE BEWEGUNGEN einer Katze sind ebenso anmutig wie präzise. Ganz gleich, ob sie seelenruhig von einem warmen Plätzchen zum nächsten schlendert, routiniert in ihrem Revier patrouilliert oder vom Jagdtrieb erregt ist, sie setzt ihre Muskeln unglaublich sparsam, effizient und elegant ein. Der Schlüssel zu ihrem Jagderfolg ist das Zusammenspiel der äußerst leistungsfähigen Sinne Gehör, Sehvermögen und Geruchssinn, die dem Aufspüren der Beute dienen, mit einem Körperbau, der ihnen je nach Bedarf vorsichtige oder zielgerichtete Bewegungen ebenso erlaubt wie rasches, tödlich exaktes Zuschlagen.

ERSTAUNLICHE FLINKHEIT

DIE VERBLÜFFENDE FÄHIGKEIT, fast augenblicklich von ruhiger Aufmerksamkeit auf Kampfbereitschaft umzuschalten, ist typisch für alle Katzen und ein Beweis für die exakt abgestimmte sensorische Welt, in der sie leben. Die Kontrolle ihres Gehirns über den Körper ist so zuverlässig, dass sich Katzen, die bei einem Unfall ein Bein verlieren, nach ihrer Genesung rasch an die veränderten Umstände gewöhnen können. Trotz Einschränkungen sind sie in der Regel immer noch so beweglich, dass sie mehr oder weniger wie vor dem Unfall leben.

Beim Gehen setzt eine Katze stets das rechte Vorderbein zuerst auf, dann das linke Hinterbein, das linke Vorderbein und schließlich das rechte Hinterbein. Beim Traben verkürzen sich die Intervalle, sodass die gegenüberliegenden Vorder- und Hinterbeine gleichzeitig angehoben werden. Wird aus dem Trab ein Galopp, drücken sich die kräftigen Hinterläufe gleichzeitig vom Boden ab, bis die Vorderläufe das Gewicht auffangen und die Hinterläufe erneut den typischen Satz nach vorne machen. Meint es die Katze ernst, hat sie dabei die Krallen ausgefahren und ist zum Angriff bereit. Das einzige Problem für die Katze ist ihr mangelndes Durchhaltevermögen bei höheren Geschwindigkeiten.

Oben
Beim Rennen setzen Katzen vor allem die kräftigen Hinterläufe ein, um sich vom Boden abzudrücken.

Unten
Beim Gehen führt stets das rechte Vorderbein.

Dies trifft auf alle Mitglieder der Katzenfamilie zu, mit Ausnahme lediglich des Geparden, der zwar auch kein Langstreckenläufer ist, aber beeindruckende Sprints vollbringt. Vom Tiger bis zur winzigsten asiatischen Wildkatze verlassen sich alle Katzen bei der Jagd nicht auf Schnelligkeit, sondern auf Geduld und Schlauheit. Beim Jagen oder auf der Flucht ziehen Katzen das Springen oder Klettern dem Rennen vor, denn dadurch gewinnen sie meist einen Vorteil gegenüber ihrem Verfolger oder Beutetier.

SPRINGEN UND KLETTERN

KATZEN KÖNNEN BEI genau abgewogenen Sprüngen Distanzen überwinden, die dem Fünf- bis Sechsfachen ihrer eigenen Körperlänge entsprechen und klettern oft zum eigenen Vergnügen. Das Klettern ermöglicht ihnen, zu ihren Lieblingsplätzen in luftiger Höhe zu gelangen, von denen sie auf das Geschehen herabschauen können. Eine Katze kann beispielsweise von einem Flachdach aus lange Zeit mit Interesse die Vorgänge im angrenzenden Garten betrachten. Das Klettervermögen der Katze ist eng mit ihrem Überlebensinstinkt verknüpft, denn nur wenige ihrer potenziellen Feinde können es damit aufnehmen.

Ein Zufluchtsort hoch über dem Boden ist ideal, um mögliche Gegner zu beobachten. Im Haus springen Katzen oft auf einen Schrank, etwa wenn ein fremder Hund kommt. Aber auch die Biegsamkeit ihrer Wirbelsäule kommt der Katze zugute, wenn sie gejagt oder bedroht wird, da sie sich durch kleine Öffnungen zwängen und in unzugänglichen Winkeln verkriechen kann.

Der Abstieg von einem erhöhten Sitzplatz ist allerdings schwieriger und längst nicht so elegant wie der Aufstieg. Die Krallen zeigen in die falsche Richtung, sodass die Katze meist Stück für Stück rückwärts nach unten rutscht, bevor sie sich umdreht und das letzte Stück mit einem Satz zurücklegt. Normalerweise können Katzen ganz gut einschätzen, ob sie nach einer Kletterpartie wieder zurück auf den Boden gelangen. Wenn sie tatsächlich auf einem allzu hohen Ast oder an einer unzugänglichen Stelle in Bedrängnis geraten, dann meist, weil sie in Panik nach oben geflüchtet sind oder im Jagdfieber waren. Erfahrene Katzen wissen normalerweise, was machbar ist und was nicht, und lassen sich erst gar nicht auf eine voraussichtlich erfolglose Jagd ein.

WISSENSWERTES
Schwarzfelligkeit (Melanose) kommt bei 13 Katzenarten vor. Wie dunkel das Fell ist, hängt von der Art ab, doch ist die normale Fellzeichnung bei den meisten Tieren noch zu erkennen.

Oben
Durch ausgreifende Sprünge haben Katzen einen Vorteil gegenüber ihren Beutetieren. Da sie bei Hetzjagden nicht lange durchhalten, verlassen sie sich lieber auf das Anschleichen.

Unten
Hauskatzen suchen erhöhte Standorte auf, um ihre Umgebung zu beobachten. Diese Vorliebe dient meist dem Vergnügen, ist aber bei Wildkatzen oft lebensrettend.

WISSENSWERTES
Nur die kleinen Wildkatzenarten können schnurren wie unsere Hauskatzen. Sie alle gehören zur Gattung *Felis*. Die größeren Arten drücken ihre Gefühle mit Brüllen aus.

BRUCHLANDUNGEN

TROTZ IHRER SPRUNGKRAFT und der vorsichtigen Einschätzung von Höhe und Entfernung vor einem schwierigen Sprung machen Katzen gelegentlich Fehler. Haben sie sich verschätzt, kann ein Satz auf einen Vorsprung oder eine Tischplatte unversehens zu einem hektischen Strampeln mit den Hinterläufen führen und dem verzweifelten Bemühen, sich das fehlende Stück mit den Vorderläufen hochzuziehen. In solchen Momenten erkennt man, wie kraftvoll die vorderen Krallen und die Hinterläufe von Katzen wirklich sind. Schaffen sie es nicht, drehen sie sich beleidigt zur Seite und springen wieder herunter. Ein gewagter Sprung von einem ungünstigen Ort wie einem steilen Satteldach hat manchmal eine unsanfte Landung zur Folge, auf die die Tiere mit energischem Schütteln und Lecken der Pfoten reagieren. Katzen machen ungern Fehler und wenn ihnen dabei auch noch jemand zusieht, ist es ihnen besonders peinlich. Nach einem unangenehmen Vorfall bemühen sie sich, ihre Würde wiederzufinden. Oft stellt aufwändiges Putzen das seelische Gleichgewicht wieder her. Es ist eine Übersprungshandlung, die Katzen häufig einsetzen, um Enttäuschung, Stress oder Missfallen zu kaschieren.

SICHERE LANDUNGEN

VON ALLEN akrobatischen Begabungen der Katze ist ihre Fähigkeit, den Körper beim Fallen zu drehen, die eindrucksvollste. Verantwortlich dafür ist das Gleichgewichtsorgan im Innenohr, das bei Katzen hoch entwickelt ist. Es überwacht sämtliche Kopfbewegungen und setzt sie in Beziehung zur Stellung der übrigen Körperteile, sodass die Tiere stets eine perfekte Wahrnehmung ihrer Position im Raum haben. Dieser so genannte Vestibularapparat besteht aus mehreren miteinander verbundenen Kammern und Bogengängen, die mit Flüssigkeit gefüllt und mit Millionen feinster Flimmerhaare ausgestattet sind. Bei jeder Lageveränderung des Kopfes bewegt sich die Flüssigkeit und damit die Flimmerhaare. Diese wiederum sind mit Nerven verbunden, die alle Bewegungsinformationen aufnehmen und an das Gehirn weiterleiten. Jede plötzliche Veränderung im Verhältnis zwischen Kopf und Körper löst einen Reflex aus, der Abhilfe schaffen soll.

Stürzt eine Katze, sendet der Vestibularapparat Reize an das Gehirn, was dazu führt, dass die Halsmuskeln den Kopf in der Waagerechten halten. Die Katze kann sich nun um die eigene Achse drehen und auf allen vier Füßen landen, wobei der gewölbte Rücken den Aufprall abfängt. Dieser Reflex ist angeboren, und man kann ihn bereits bei winzigen Kätzchen beobachten, wenn sie beim Spielen hinfallen.

DER SCHWANZ ALS NAVIGATIONSINSTRUMENT

DER SCHWANZ ist für viele Bewegungen der Katze unerlässlich. Er dient als Balancierstange, wenn die Katze auf schmalen Zäunen und Mauern herumklettert oder auf

Oben links
Katzen sind Meister im Hochsprung.

Oben rechts
Diese Zeichnung verdeutlicht, wie sich eine Katze im Fallen um die eigene Achse dreht, um unversehrt auf allen vier Pfoten zu landen.

Unten
Das Gehen auf einem schmalen Zaun ist viel einfacher, wenn der Schwanz als Balancierstange dient.

einem Pfosten kauert. Auch bei der oben beschriebenen Reflexdrehung wird der Schwanz als Balancehilfe eingesetzt, damit die Füße zuerst auftreffen. Er kann zudem als Steuerruder die Richtung eines Sprungs bestimmen, wenn die Katze versucht, an einer bestimmten Stelle zu landen.

BLITZSCHNELLE REAKTIONEN

SÄMTLICHE Körperbewegungen der Katze werden von einem Netzwerk aus über 500 Muskeln ausgeführt, deren Koordination einem hoch entwickelten Steuerzentrum im Gehirn unterliegt. Es verarbeitet alle Informationen extrem schnell und ermöglicht der Katze, genauso schnell auf Reize wie den Geruch oder den Anblick eines Beutetiers zu reagieren wie auf ein Abrutschen oder Abstürzen. Das Gehirn junger Kätzchen wächst sehr rasch und ist mit fünf bis sechs Monaten bereits voll entwickelt. In dieser Zeit erhält das Jungtier von Mutter und Wurfgeschwistern unzählige Reize, mit deren Hilfe es seine körperlichen Fähigkeiten verbessern sowie seine Seh-, Hör- und Tastorgane entwickeln kann, die ihrerseits Muskeln aktivieren.

DAS KATZENHIRN

DAS GEHIRN EINER KATZE wiegt nur 20 bis 30 Gramm, ist aber im Verhältnis zur Körpermasse schwerer als bei den meisten Säugetieren außer Primaten und Menschen. Das für Motorik und Gleichgewicht zuständige Kleinhirn ist bei Katzen ebenso hoch entwickelt wie die für den Geruchssinn zuständigen Zentren. Für Bewegungsvermögen und Balance ist es wichtig, dass Katzen aus Erfahrungen lernen und erworbene Fähigkeiten in neuen Situationen einsetzen können. Sie sind oft sehr beharrlich und probieren verschiedene Lösungen aus, bis sie erreichen, was sie wollen. Andererseits wird sich ein Stubentiger, der einen schmerzhaften oder erschreckenden Sturz hinter sich hat, künftig besser in Acht nehmen, denn Katzen lernen aus Erfahrungen.

Beispiele hierfür sind Tricks wie das Öffnen von Türen oder das beharrliche Kratzen, bis jemand öffnet, das Trinken an tropfenden Wasserhähnen und das Angeln nach Gegenständen an kaum zugänglichen Stellen. Gerade dabei zeigen Katzen eine erstaunliche Ausdauer und versuchen es mit jeder Pfote und aus unterschiedlichen Winkeln. Die meisten Katzen tun das, weil es ihnen Vergnügen bereitet, nicht um Herrchen und Frauchen zu gefallen, denen ihr Streben nach Unabhängigkeit manchmal ganz und gar übertrieben vorkommt.

Oben links
Diese Katze prüft vor dem Absprung die Höhe ihres Zieles.

Oben rechts
Die meisten Katzen lernen, dass man ihnen die Tür öffnet, wenn sie daran kratzen.

Unten
Eine neugierige Katze erforscht ein Pflanzgefäß.

Instinkte und Lernverhalten

WIE ALLE TIERE besitzen auch Katzen angeborene arttypische Instinkte. Sie sind nachtaktive Raubtiere, revierbezogen, vorsichtig und anders als die im Rudel lebenden Hunde im wesentlichen Einzelgänger, wenn es um die Jagd geht. Einige dieser Instinkte haben sich zwar durch die Domestizierung verändert, sind jedoch erhalten geblieben. Vielleicht erklärt das, warum wilde und verwilderte Katzen bessere Überlebenschancen haben als Hunde in einer vergleichbaren Situation, obwohl sie natürlich immer noch gefährdeter sind als Katzen, die gemütlich bei einer Familie wohnen. Denn ganz gleich, wie verwöhnt und behütet eine Hauskatze ist, sie behält stets ihren starken Überlebensinstinkt und kann sich auf ihre scharfen Sinne, blitzschnellen Reaktionen und ihr gutes Jagdvermögen verlassen.

WISSENSWERTES
Bei Katzen ist die große Zehe völlig verkümmert, denn ihre Hinterläufe dienen nur zum Laufen und Springen. Eine Afterklaue wäre dabei eher hinderlich.

FRÜHE INSTINKTE

DIE ERSTE INSTINKTHANDLUNG eines neugeborenen Kätzchens ist das Trinken. Es muss innerhalb weniger Stunden nach der Geburt damit anfangen, sonst würde es sterben. Die erste Milch ist nicht nur Nahrung, sondern enthält zugleich Antikörper, die die Jungtiere vor Krankheiten schützen. Die Kätzin legt die Kleinen zwar neben sich und drückt sie an ihre Zitzen, doch das Saugen selbst ist allein vom Instinkt bestimmt. Weist eine Kätzin eines ihrer Jungen zurück, bedeutet das meist, dass mit ihm etwas nicht stimmt, doch sollte man die Entscheidung darüber stets einem Tierarzt überlassen.

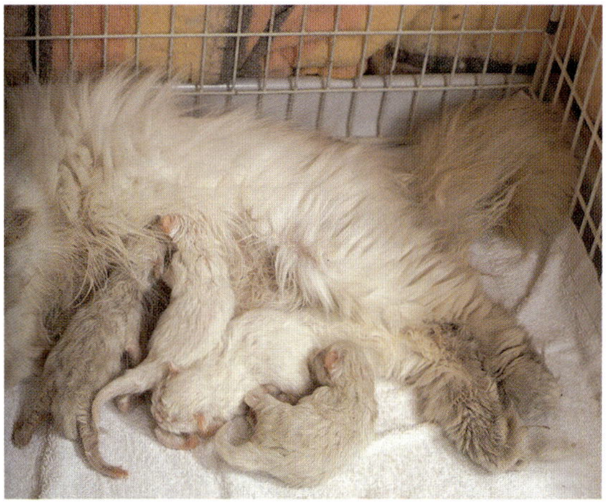

Im Alter zwischen zwei und sechs Monaten lernen die Jungen ständig. Ihre Mutter bringt ihnen alles bei, was sie zum Überleben wissen müssen. Zunächst werden die Kleinen entwöhnt und ermuntert, anderes Futter zu fressen. Dabei entwickelt die Katzenmutter eine Beharrlichkeit und sogar Grobheit, die die Besitzer manchmal verwundert. Sie bringt ihnen bei, das Futter vor dem Fressen erst mit Nase und Schnurrhaaren zu prüfen. Sobald die Kätzchen etwas robuster sind, nimmt sie sie mit auf die Jagd und macht ihnen die Sache mit Stücken der eigenen Beute schmackhaft.

REINLICHKEIT

VON DER MUTTER lernen die Kleinen auch das Putzen, das sie zunächst selbst übernimmt, sowie Sinn und Zweck des Katzenklos. Das Vergraben des Kots ist für Katzen in der Wildnis überlebenswichtig, denn es verhindert, dass mögliche Feinde ihre Spur verfolgen. Vor allem aber bietet die Kätzin ihren Jungen Nestwärme. Wenn sie sich verlaufen, stoßen sie immer wieder klagende Rufe aus, bis die Mutter sie findet, im Genick packt und zurückbringt. Man weiß heute ziemlich sicher, dass Katzen, die diese frühe Form der Erziehung und Zuwendung entbehren mussten, später nicht zurechtkommen und oft aggressiv sind. Sie missverstehen die streichelnde Hand als Angriff und zeigen die Krallen, wehren sich gegen das Bürsten oder vertragen sich nicht mit den Menschen oder anderen Tieren im Haushalt.

Mitte rechts
Katzen lernen früh, ihren Kot zu verscharren, was in der Wildnis ein lebenswichtiges Verhalten ist.

Unten links
Instinktiv wissen Welpen, dass sie trinken müssen. Die Mutter hilft ihnen, indem sie die Kleinen an ihre Zitzen zieht.

Unten rechts
Dieses Jungtier wird gerade von seiner Mutter getadelt.

DIE KÄTZIN UND IHR WURF

DAS ÜBERAUS AUFMERKSAME Verhalten der Katzenmutter in den ersten Wochen schafft eine enge Bindung zwischen der Mutter und ihren Jungen, die sich noch vertieft, wenn sie nicht getrennt werden. Selbst den erwachsenen Jungen bringt die Mutter dann gelegentlich Leckerbissen, spielt mit ihnen und zeigt ansatzweise das Verhalten wie direkt nach der Geburt. Trotzdem macht es der Kätzin offenbar wenig aus, wenn die Kleinen im Alter von zehn bis zwölf Wochen von ihr getrennt werden. Bei einer späteren Begegnung erkennen sie sich nicht unbedingt wieder und kämpfen gelegentlich sogar gegeneinander. Die frühe Bindung beruht vermutlich auf dem gemeinsamen Nestgeruch und erlischt offenbar, wenn die Kätzchen fortgehen und einen fremden Geruch annehmen.

ANGEBORENES REVIERVERHALTEN

SÄMTLICHE KATZEN ZEIGEN EIN ausgeprägtes instinktives Revierverhalten. Die mittlerweile umfangreichen Forschungsergebnisse zeigen, dass die Größe des Territoriums vom Lebensstil der Katze, dem Nahrungsangebot (bei Stadtkatzen eher der Anzahl der Haushalte, wo sie Futter bekommt) sowie bei unkastrierten Katern der Anzahl paarungswilliger Weibchen bestimmt wird. Das natürliche Revier einer Katze be steht aus zwei Bereichen. Die Kernzone bildet der Lieblingsschlafplatz und gegebenenfalls die Wohnung. Hier ist sie zu Hause und besonders Kätzinnen verteidigen diesen Bereich energisch gegen Eindringlinge. Über diese unmittelbare „Heimatzone" hinaus erstreckt sich das Jagdrevier, das über Pfade damit verbunden ist. In ihm halten sich die Tiere seltener auf. Im Allgemeinen verfügen Kater über ein zehnmal größeres Revier als weibliche Katzen; manchmal ist es bis zu 40 ha groß.

Diese Angaben gelten für frei lebende Tiere und halbwild lebende Bauernhofkatzen. Bei Hauskatzen sieht das Revierverhalten natürlich anders aus. Haben sie Auslauf, beschränkt sich ihr Kernrevier auf den eigenen Garten oder Hof, das Jagdrevier meist auf ein paar Nachbargärten.

Diese Gebiete werden mit Duftstoffen markiert, die von Drüsen am Kopf und an der Schwanzwurzel sekretiert werden, aber auch im Urin enthalten sind. Die Heimatzone wird regelmäßig kontrolliert und verteidigt, entweder in Kämpfen oder häufiger noch durch Anstarren, bis der Rivale sich trollt. In Vororten mit großen Gärten, wo viele Katzen leben, sind die verfügbaren Flächen und Pfade säuberlich aufgeteilt. Manchmal gibt es sogar ein System von Zeitfenstern für verschiedene Katzen, und es kommt zum Streit, weil ein Tier zur falschen Uhrzeit im Revier auftaucht.

WISSENSWERTES

Wenn Katzen sich die Krallen wetzen, werden diese nicht stumpf, sondern scharf, denn die äußeren Schichten werden abgestoßen und eine neue, nadelspitze Kralle kommt zum Vorschein.

Oben
Türkische Van beim Markieren ihres Reviers.

Unten
Gerüche können an unterschiedlichsten Oberflächen, hier einem Stein, wahrgenommen werden.

gutes Zeitgefühl, das sich vor allem an der Lichtmenge orientiert. Nur deshalb können die oben erwähnten „Zeitfenster" im geteilten Revier funktionieren. Eine Katze, die gewohnt ist, von Kindern auf dem Schulweg gestreichelt und bewundert zu werden, sorgt dafür, dass sie zweimal täglich just im rechten Moment auf der Gartenmauer sitzt – um sich während der Schulferien um so mehr zu wundern.

Sobald die Eckpunkte des Tagesablaufes klar sind, verbringt eine Hauskatze die restliche Zeit zum guten Teil mit Schlafen. Wie lange eine Katze schläft, ist unterschiedlich, doch zwischen 16 und 18 Stunden sind die Regel. Wildkatzen sind nachtaktive Jäger und verschlafen den Tag. Während reine Hauskatzen diese Gewohnheit offenbar bereitwillig ändern, kehren Freigänger, die nachts herausgelassen werden, wieder zur „wilden" Zeiteinteilung zurück. Jungtiere und alte Katzen schlafen am meisten. Die Schlafgewohnheiten einer Katze richten sich nach den Gepflogenheiten des Haushalts, in dem sie lebt. Ist tagsüber die ganze Familie außer Haus, verschläft sie den größten Teil dieser Zeit. Finden Katzen ein besonders warmes, gemütliches Plätzchen, lassen sie sich allerdings nie von einem Nickerchen abbringen, vor allem nach dem Fressen und anschließendem Putzen.

WISSENSWERTES

Katzen schleichen sich gerne von hinten an, nicht nur um das Überraschungsmoment auszunutzen, sondern auch, um die Krallen optimal einzusetzen und die Beute festzuhalten.

DAS REVIER IM HAUS

IM HAUSE GEHALTENE Katzen zeigen ein noch stärker verändertes Revierverhalten, das aber auch bei ihnen nicht völlig verschwunden ist. Im Haus hat die Katze diverse Schlafplätze, die zum Teil scheinbar willkürlich gewählt wurden (obwohl im Boden verlaufende Heizungsrohre oft eine Rolle spielen). Die Hauskatze sucht zudem Beobachtungsposten auf Fensterbänken und anderen strategischen Punkten auf, von denen aus sie ihr theoretisches Jagdrevier im Blick hat. Der Instinkt geht jedoch bei allen Katzen über die Verteidigung des Kernreviers gegen Eindringlinge hinaus. Wird ein Möbelstück verstellt oder draußen ein neuer Gartenschuppen gebaut, macht sich die Katze sofort daran, das Neue gründlich zu untersuchen und Duftmarken zu setzen.

GEWOHNHEITSTIERE

KATZEN SIND VON Natur aus konservativ. Sie haben es am liebsten, wenn alles bleibt, wie es ist und der Tagesplan möglichst demselben Zeitplan folgt. Überraschungen mögen sie gar nicht. In einer neuen Umgebung gewöhnen sie sich rasch an die Abläufe: Wann und wo es Futter und Wasser gibt, wo die warmen Plätzchen zu finden sind, wo und wann die Sonne durch das Fenster auf einen passenden Sims scheint, wann die Kinder aus der Schule kommen und Spielen angesagt ist, welche Anzeichen darauf hinweisen, dass die Familie demnächst ins Bett geht und so weiter. Katzen haben ein außerordentlich

Oben
Katzen verschlafen im Durchschnitt 16–18 Stunden des Tags.

Unten
Hauskatzen haben gewöhnlich einen Lieblingsschlafplatz, idealerweise in Hörweite der Familie.

Ein friedlich schlafender Stubentiger strahlt absolute Zufriedenheit aus. Dieser Eindruck wird noch verstärkt, wenn die Katze schnurrt. Schnurren ist ein Instinktverhalten und das erste Geräusch, das ein Kätzchen in seinem Leben hört, denn die meisten Katzenweibchen schnurren während der Geburt laut und anhaltend. Was es genau bedeutet, ist ebenso rätselhaft wie die Frage, wie es erzeugt wird. Es ist keine Kommunikation im üblichen Sinne, außerdem besitzen Katzen andere Alternativen für stimmliche Mitteilungen. Die Schnurrgeräusche variieren vom leisen Seufzen bis zu kehligem Brummen, scheinen aber immer mühelos und fast unabsichtlich einfach aus Zufriedenheit zu entstehen. Manche Experten meinen, es handle sich um eine Resonanz im Schädel aufgrund von Veränderungen des Blutflusses. Die gängigere Erklärung ist allerdings, dass die Katze zwei Membranen hinter den Stimmbändern besitzt, die den Laut durch Vibrationen erzeugen. Dass man das Schnurren am stärksten fühlt, wenn man den Finger an die Kehle der Katze legt, spricht für diese These.

WISSENSWERTES

Mit Ausnahme des Margay, auch Baumozelot genannt, klettern alle Katzen rückwärts an Bäumen herab, weil sie sich mit den Krallen an der Rinde festhalten müssen, um nicht herunterzufallen.

EIN NICKERCHEN IN EHREN...

DIE TIEFSCHLAFPHASEN dauern bei Katzen jeweils nur wenige Minuten. Zwischen ihnen liegen lange Phasen leichten Schlafs, in denen sie möglicherweise träumen, wie ihre unwillkürlichen Bewegungen andeuten: Die Ohren zucken, Beine und Schwanz zittern, die Schnurrhaare beben. Man nimmt an, dass Katzen von früheren oder künftigen Jagderlebnissen träumen, obwohl das natürlich nicht zu beweisen ist.

Oben
Katzen sind von Natur aus Sonnenanbeter und suchen sich gerne ein sonniges Plätzchen.

Unten
Diese „Schoßkatze“ genießt die Körperwärme ihres Besitzers.

Fellpflege

ALLE VERTRETER der Katzenfamilie sind von Natur aus reinlich. Selbst Leoparden, die sich beim Erlegen ihrer Beute äußerst blutrünstig und brutal zeigen, achten sehr darauf, sich nicht das Fell zu beschmutzen. Hauskatzen sind manchmal geradezu putzsüchtig.

FRÜH ÜBT SICH …

DIE REINIGENDE Zunge der Mutter ist das erste, was ein Kätzchen erlebt, noch bevor es zum ersten Mal gesäugt wird. Es überrascht deshalb nicht, dass die Fellpflege lebenslang ein wesentliches Verhaltenselement darstellt. Gleich nach der Geburt wird jedes Junge sauber abgeleckt und damit seine ersten Atemzüge stimuliert. Von diesem Zeitpunkt bis zum Alter von etwa drei Wochen werden die Kleinen mindestens einmal täglich von der Mutter geputzt und zu jeder Mahlzeit von der mütterlichen Zunge geweckt. Auch wenn Katzenmutter und Welpen sich aneinander kuscheln, wird viel geleckt und geschmust. Mit drei Wochen beginnen die Jungen dann, sich selbst und die Wurfgeschwister zu lecken, und wenn sie später schon Übung besitzen, putzen sie sich und die Mutter noch gegenseitig.

Bleibt der Wurf beisammen, setzt sich dies auch im Erwachsenenalter fort. Auch zwei nicht verwandte Katzen, die sich mögen, putzen sich gegenseitig. Die meisten Katzen „putzen" auch Herrchen oder Frauchen und vertiefen so die Bindung zwischen Lebewesen, die sich ein Revier teilen. Es kann sogar vorkommen, dass ein freundlicher und vertrauter Hund geputzt wird.

Die Pflege des eigenen Fells ist ein wesentlicher Faktor im Leben einer Katze. Das Putzen ist ihr ganz offensichtlich sehr angenehm, vielleicht weil es in der Kindheit Geborgenheit vermittelte. Es dient aber auch der Hygiene und ist zudem wichtig für die Aufnahme von Vitamin D, das von den Haarfollikeln mit dem Talg produziert und auf dem Fell verteilt wird.

DIE KUNST DER FELLPFLEGE

DIE MIT KLEINEN Widerhaken ausgestattete Zunge, die auch als Raspel für hartes Futter dient, ist dabei das wichtigste Werkzeug. Dank ihrer biegsamen Wirbelsäule erreicht die Katze fast jeden Körperteil. Den Auftakt zum Putzen bildet meist ausgiebiges Kratzen mit einer Hinterpfote. Anschließend leckt sie sich systematisch den

Oben links
Gegenseitiges Putzen fördert die enge Bindung zwischen Mutter und Jungen oder wie hier zwischen erwachsenen Katzen.

Oben rechts
Ausgedehnte Körperpflege ist eine wesentliche Voraussetzung für das körperliche und seelische Wohlbefinden der Katze, denn es versorgt sie mit Vitamin D, hält sie sauber und baut Stress ab.

Unten
Befreundete Katzen im selben Haushalt putzen sich.

ganzen Körper, dann sind Vorder- und Hinterpfoten, schließlich Kopf und Ohren an der Reihe. Dafür befeuchtet sie eine Vorderpfote mit Speichel und wischt sich damit über das Gesicht. Zähne und Krallen werden eingesetzt, um klebrigen Schmutz, Pflanzensamen oder andere grobe Verunreinigungen aus Fell und Pfoten zu lösen. Zum Schluss wendet sich die Katze oft noch einmal einem Körperteil zu, der offenbar noch mehr Aufmerksamkeit braucht. Problemstellen, etwa wo das Fell verklebt ist, widmet sie sich mehrmals, was gefährlich sein kann, wenn es sich um giftige Stoffe wie Teer oder Lack handelt. Solche Verschmutzungen sollten vom Besitzer mit etwas Waschbenzin gelöst und gut nachgespült werden.

EINE NOTWENDIGE PROZEDUR

BEIM PUTZEN werden auch abgestorbene Haare und Parasiten aus dem Fell entfernt. Die Haare werden verschluckt und normalerweise problemlos als Haarbälle wieder ausgewürgt. Aber auch wenn eine Katze sich regelmäßig putzt, sollten Sie sich als Besitzer um die Fellpflege kümmern, vor allem bei Langhaarkatzen, deren Zunge nicht gegen die dichten, langen Haare ankommt.

Bei heißem Wetter dient das Putzen vor allem der Abkühlung durch den an der Luft verdunstenden Speichel. Darüber hinaus kann Putzen auch eine Übersprungshandlung sein, mit der die Katze Stress abbaut, etwa nach einem ungeschickten Sturz oder einer Konfrontation mit einem fremden Artgenossen. Man vermutet, dass dies eine automatische Reaktion auf die durch Angst oder Verlegenheit gestiegene Körpertemperatur darstellt. Sicher ist, dass sich Katzen nach einer aufregenden Jagd oder einem anstrengenden Spiel besonders ausgiebig putzen. Beim Spiel mit Menschen dient das Putzen als Signal dafür, dass sie aufhören und nunmehr ihre Ruhe haben möchten.

AUS DER ÜBUNG GEKOMMEN

MANCHE KATZEN LEGEN mehr Wert auf die Fellpflege als andere und meist lässt die Reinlichkeit im Alter ohnehin nach. Vielleicht sind sie körperlich eingeschränkt und können sich beispielsweise die Ohren nicht mehr so gut mit den Pfoten säubern. Bei älteren Katzen müssen deshalb die Ohren regelmäßig auf Milbenbefall oder andere Parasiten untersucht werden.

Obwohl die Putzgewohnheiten stark variieren, kann eine abrupte Veränderung ein Warnsignal sein, vor allem, wenn das Tier zugleich den Appetit verliert. Fühlen Katzen sich krank, vernachlässigen sie meist die Fellpflege, doch kommt es auch vor, dass sie sich unter Stress vermehrt putzen. Dies kann aber auch Folge einer anderen Störung sein, etwa einer längeren Abwesenheit einer vertrauten Person, lautem Streit oder dem Umstellen von Möbeln. Um das Putzverhalten zu testen, kann man ein wenig abgekühlte zerlassene Butter ins Fell streichen, denn diesem Aroma kann keine gesunde Katze widerstehen.

WISSENSWERTES

Eine Katze mit weißem Fell (Leukismus) ist nicht unbedingt ein Albino. Die sehr selten auftretenden Albinos haben rote Augen und sind weiß, weil ihnen Farbpigmente fehlen.

Oben links
Zwischen den Zehen sitzender Schmutz wird mit den Zähnen entfernt.

Oben rechts
Wechselt eine Katze vom Spielen zum Putzen, heißt das, dass sie sich ausruhen möchte.

Unten
Selbst wenn eine Katze sich ausgiebig putzt, sollten Sie sie bürsten, um Parasiten aufzuspüren, die sie selbst nicht entfernen kann.

Die Neugier der Katze

DASS KATZEN extrem neugierig sind, ist kein Märchen, sondern Ausdruck ihrer Intelligenz, denn es zeigt, dass sie ein gutes Gedächtnis haben und in der Lage sind, Informationen zu deuten. Auch dies gehört zu ihrem Überlebensinstinkt, der sie veranlasst, möglichst viel über ihre Umgebung in Erfahrung zu bringen, um Gefahren, aber auch eine mögliche Beute rasch zu erkennen.

VON NATUR AUS WISSBEGIERIG

KATZEN WECHSELN nicht aus freien Stücken ihr Revier, sondern nur dann, wenn die Hierarchie der Katzengemeinde sie dazu zwingt. Sie versuchen sofort, alles Ungewohnte in ihrem Revier kennen zu lernen. Alles Neue, sei es ein frisch aufgeschütteter Sandhaufen, herumliegende Gartengeräte oder größere Veränderungen wie ein umgestürzter Baum, wird mit Vorsicht untersucht und möglichst markiert. Offene Schuppen oder Autos ziehen Katzen magisch an und wird eine Katze vermisst, lohnt es sich immer, an solchen Stellen nachzusehen.

Neugier kann bekanntlich fatale Folgen haben, was auch für Katzen gilt, die so manchen Schlamassel selbst verursachen. Schon Kätzchen von zwei bis drei Wochen, die kaum krabbeln können, erkunden bereits ihre Umgebung, wobei die Mutter ein wachsames Auge auf sie hat und vor allem ihre exzellente Nase einsetzt, um ihren Nachwuchs vor möglichen Gefahren zu retten. Oft ist die Neugier stärker als die ebenfalls angeborene Vorsicht, die in manchen Situationen angebrachter wäre. Dies gilt vor allem für Welpen und Jungtiere. Reifere Katzen haben so viel Erfahrung, dass sie wissen, was möglich ist und was nicht, aber den jüngeren Tieren fehlt dieses Wissen noch.

Aber auch erfahrene, vernünftige Katzen sind vor Neugier nicht gefeit. In einem katzenfreundlichen Haus und Garten sind die Gefahren daher auf ein Minimum reduziert, etwa indem man Wassertonnen fest verschließt, offene Rohrleitungen abdeckt, Gifte unzugänglich aufbewahrt, Gartenschuppen sichert und alle verlockenden Öffnungen verschließt, in die eine Katze hineinpassen könnte. Manche Zimmerpflanzen sind für Katzen giftig und sollten vermieden werden, außerdem muss sich jeder im Haus angewöhnen, Schranktüren gut zu verschließen.

Oben links
Im Garten verwendete Chemikalien müssen stets gut verwahrt werden, denn selbst ein Schuppen kann zum Katzenspielplatz werden.

Oben rechts
Aufgrund ihrer Neugier und Verspieltheit bringen sich Jungtiere eher in Gefahr als erwachsene Katzen.

Unten
Obwohl die meisten Katzen eher wasserscheu sind, ist dieses Tier offenbar von der Regentonne fasziniert.

Sind kleine Kätzchen im Haus, sollten Sie besondere Vorsicht walten lassen. Mit zunehmendem Lebensalter, etwa ab acht Jahren, lässt die Neugier der Katze nach, und sie interessiert sich jetzt mehr für die angenehmen Dinge des Lebens wie Wärme, Bequemlichkeit und regelmäßige Mahlzeiten.

PATROUILLENGÄNGE

WENN EINE NEUGIERIGE Katze in ihrem Revier „Streife geht", nimmt sie mit all ihren Sinnen Informationen auf, vor allem aber Gerüche. Vielleicht hat ja eine fremde Katze Duftmarken hinterlassen oder neue Vogel- oder Mäusenester sind entstanden? Andere Tiere könnten beim Durchstreifen des Reviers ihre Gerüche verbreitet haben. All das muss genau untersucht und geprüft werden. Zugleich finden sich auch die alten, vertrauten Gerüche, die der Katze Sicherheit geben.

Bei reinen Hauskatzen drückt sich die Neugier darin aus, dass sie von einem Aussichtspunkt etwa auf der Fensterbank beobachten, was sich draußen tut. Die Bewegungen von Vögeln, Katzen, anderen Tieren und Menschen

werden genau verfolgt, auch wenn sie für die Sicherheit der Katze keine Rolle spielen und keine Gelegenheit zur Jagd darstellen. Vom gerade angeschafften Korb bis zum leeren Pappkarton wird alles Neue in der Wohnung analysiert. Stellt eine Katze fest, dass etwas Unangenehmes bevorsteht – etwa wenn die Transportbox einen Tierarztbesuch ankündigt – taucht sie zur Sicherheit ab.

Oben
Dank ihrer hervorragenden Sinne nimmt die Katze viele interessante Reize in ihrer Umwelt wahr.

Unten links
Fensterbänke sind beliebte Aussichtsposten.

Unten rechts
Diese Katze schnuppert nach Spuren möglicher Eindringlinge.

PRIVATSPHÄRE

TROTZ IHRER NEUGIER schätzen es Katzen gar nicht, wenn andere Geschöpfe sich für ihr Privatleben interessieren. Zwar trifft es für Hauskatzen meist nicht zu, dass sie das Alleinsein dem Miteinander vorziehen, doch wissen sie es zu schätzen. Alle Katzen gehen gerne auf Beobachtungsposten, ohne selbst gesehen zu werden, indem sie geduckt und reglos im Unterholz liegen. Meister in dieser Kunst sind natürlich die Großkatzen, deren Fellzeichnung sie so mit ihrer Umgebung verschmelzen lässt, dass man einen Leoparden oder Tiger aus sechs Meter Entfernung nicht bemerken würde. Viele Katzen sind beleidigt, wenn ein anderes Tier sie beim Fressen oder beim Benutzen des Katzenklos stört. Und auch wenn sie eigentlich gesellig sind, bleiben sie bei der Jagd oder der Revierkontrolle lieber allein. Nicht zu Unrecht wird behauptet, man könne eine Katze nie so gut kennen wie einen Hund.

WISSENSWERTES
Bei Katzen ist die fünfte, dem Daumen entsprechende Zehe zum Daumenballen verkümmert. Er befindet sich an der Rückseite der Vorderläufe etwas erhöht über den Zehen und dient dem Festhalten der Beute.

Killer auf Samtpfoten

IN FREIER WILDBAHN verbringt eine Katze einen großen Teil ihrer aktiven Zeit mit der Jagd. Bauernhofkatzen sind besonders fleißig, vielleicht, weil das Angebot so groß ist. Manche Bauernkatzen sollen über 1000 Mäuse pro Jahr fangen. Nicht viele Katzen besitzen so viel Ausdauer, doch schätzen Landwirte ihre Katzen vor allem als Ratten- und Mäusefänger.

INTAKTER JAGDTRIEB

TRADITIONELLERWEISE werden Katzen auf Bauernhöfen nicht gefüttert, damit sie eifrig Mäuse fangen. Wenn sich die Tiere dem Hof als Nahrungs- und Wärmequelle jedoch nicht ausreichend verbunden fühlen, jagen sie nicht in der unmittelbaren Umgebung, sondern suchen sich die nötige Beute in Wald und Feld, was eigentlich nicht erwünscht ist.

Obwohl Hauskatzen die Jagd zum Überleben nicht mehr nötig haben, ist ihr Jagdinstinkt intakt und muss irgendwie befriedigt werden, wenn sie ein ausgefülltes Leben führen sollen.

Jungtiere lernen das Jagen von ihrer Mutter. In der Natur, wo die Beute der Kätzin die einzige Nahrung für alle darstellt, muss sie ihre Kleinen um jeden Preis dazu bringen, so bald wie möglich selbst zu jagen. Dass das Jagdverhalten sogar bei Hauskatzen sehr früh auftritt, zeigt, wie dringend diese Fertigkeit in freier Wildbahn ist. Den jungen Katzen bleibt nur wenig Zeit zum Lernen, denn sehr schnell brauchen sie mehr Nahrung, als ein Jäger allein besorgen kann. Schon mit vier bis fünf Monaten muss ein Jungtier in der Wildnis für sich selbst sorgen können, deshalb bleibt nicht viel Zeit.

WISSENSWERTES
Die Katzenzunge ist mit rauen Papillen überzogen, die wie grobe Haare aussehen und zum Abraspeln von Blut und Fleisch von Knochen dienen, aber auch zum Kämmen des eigenen Fells.

Oben
Geparden setzen bei der Jagd auf kurze Sprints. Dieses Jungtier muss von seiner Mutter lernen, allein zurechtzukommen.

Mitte
„Beutetiere“ im Spiel zu überfallen ist für junge Katzen unterhaltsam und lehrreich.

Unten
Vor dem Beutefang muss erst einmal ein passendes Opfer gefunden werden.

ÜBUNG MACHT DEN MEISTER

EBENSO WIE IHRE wilden Verwandten beginnt die Hauskatzenmutter bei ihren Jungen so früh wie möglich mit dem Training, indem sie mit dem Schwanz schlägt und die Kleinen zum Spielen auffordert. Sie präsentiert ihnen jeden halbwegs passenden Gegenstand zum „Erlegen“ und ermuntert sie zum Raufen als Imitation des Jagdverhaltens. In der Wildbahn nimmt sie die Jungtiere schließlich mit auf die Jagd und bringt ihnen bei, wie man Beute aufspürt und erlegt. In der Geborgenheit des Nests wird das Jagen als Spiel weiterhin geübt. Als Katzenbesitzer sollten Sie dies später möglichst einfallsreich weiterführen, damit die Kleinen sich nicht langweilen. Hauskatzenwelpen, die von ihrer Mutter aus irgendwelchen Gründen kein Jagdtraining bekommen haben, sind typischerweise später kaum an der Jagd interessiert oder sehr ungeschickt, sodass sie schnell die Lust daran verlieren und zu einer Art Schatten ihrer selbst werden, als fehlte ihnen ihr wichtigster Lebenszweck.

Verglichen mit dem Jagdverhalten von Hunden gehen Katzen ökonomisch, vorausschauend und sehr effizient vor. Der wesentliche Unterschied ist, dass Katzen mit ihrer Kraft sehr sparsam umgehen und erst in der letzten Phase der Jagd richtig aktiv werden. Mit Ausnahme ausgebildeter Jagdhunde neigen Hunde dagegen meist dazu, hektisch und oft völlig planlos umherzurennen, ohne zu überlegen, ob die Beute den Aufwand überhaupt lohnt. Eine Katze dagegen jagt ebenso zielstrebig wie präzise.

DAS HAUSTIER ALS RAUBTIER

DIE JAGD IST meist in drei Phasen gegliedert: Aufspüren, Anschleichen und Erlegen. Wird eine Katze auf eine mögliche Beute aufmerksam, geht sie erst einmal für eine Weile auf Beobachtungsposten und sammelt dabei mit äußerst wachen Sinnen Informationen. Hat sie sich für das Opfer entschieden, schleicht sie sich an. Sie macht sich ganz flach und bewegt sich langsam vorwärts, die Ohren nach vorne gerichtet, die Augen weit offen und völlig auf die Beute konzentriert. Bewegt sich das Opfer, hält die Katze kurz inne und schleicht sich dann wieder und wieder an, bis sie die richtige Position zum Anspringen hat. Ihr Körper bebt und die Hinterfüße treteln lautlos am Boden. Stimmen Timing und Ausgangsposition, stürzt sie sich mit ausgestreckten Vorderläufen auf die Beute, wobei die Hinterpfoten meist am Boden bleiben.

Dass dies der heikelste Moment der Jagd ist, konnten viele Katzenbesitzer schon beobachten. Denn kleine Tiere wie Mäuse oder Vögel können der Katze buchstäblich durch die Pfoten schlüpfen, vor allem, wenn sie wenig Jagderfahrung hat. So kann sich ein richtiges Katz-und-Maus-Spiel entwickeln. Es gibt auch selbstsichere Katzen, die ihre Beute extra entwischen lassen, um die Jagd spannender zu machen.

Zum Schluss wird die Beute erlegt. Im Idealfall geschieht dies mit einem Tötungsbiss, bei dem die Eckzähne im Nacken des Beutetiers angesetzt werden und ihm das Genick brechen, doch das klappt oft nicht sofort. Manchmal ist das Opfer nur bewegungsunfähig und die Katze spielt mit ihm, bevor sie es endlich tötet. Größere Beutetiere wie Ratten oder Kaninchen müssen sogar angesprungen und mit den Vorderpfoten kampfunfähig gemacht werden. Fast immer schätzen Katzen Größe und Kraft eines potenziellen Opfers sehr vorsichtig ab und wagen sich deshalb wohl an ein junges oder krankes Kaninchen, nicht aber an ein ausgewachsenes gesundes Exemplar, das mit seinen kräftigen Hinterläufen schmerzhafte Tritte austeilen kann. Aber auch vor Ratten haben Katzen Respekt, denn sie beißen sich im Todeskampf oft fest. Trotzdem soll so manche Katze etliche Ratten erlegt haben.

JAGDMETHODEN

VERWILDERTE UND echte Wildkatzen fressen ihre Beute sofort restlos auf. Hauskatzen lassen sich dabei meist mehr Zeit; sie halten immer wieder inne und schauen sich um,

WISSENSWERTES

Schnurren drückt meist Wohlbehagen aus, kann aber auch anzeigen, dass eine Katze krank oder verletzt ist. Offenbar wirkt es auch in Stressmomenten beruhigend.

Oben

Typische Haltung einer Katze beim Beobachten eines Beutetiers, bevor sie zuschlägt.

Unten links

Beim Anschleichen duckt sich die Katze und richtet die Ohrmuscheln nach vorne.

Unten rechts

Katzen tragen ihre Beute oft nach Hause, um sie mit Herrchen und Frauchen zu teilen. Man sollte sie dafür nicht ausschimpfen.

vielleicht, weil sie nicht besonders hungrig sind. Wird eine Maus gefressen, so beißt die Katze zunächst den Kopf vom Körper. Dann kaut sie einmal und schluckt den Happen praktisch im Ganzen herunter, gefolgt vom Oberkörper der Maus. Anschließend arbeitet sich die Katze von einem Hinterlauf des Opfers zu dessen Bauch vor. Manche Katzen fressen ihre Beute mit Haut und Haaren, andere lassen Gallenblase, Dünndarm und andere Teile des Verdauungstraktes liegen. Fell und Haut werden meist mit heruntergeschluckt, später jedoch wieder ausgebrochen.

Tote Beutetiere oder Teile davon werden oft nach Hause getragen. Ursprünglich wohl, um sie mit den Wurfgeschwistern zu teilen, wobei die Katze Herrchen und Frauchen offenbar als solche einordnet. Abstoßend finden viele Katzenbesitzer auch, dass Katzen mit dem getöteten Beutetier spielen, als wiederholten sie genüsslich die Aufregung von Jagd und Töten. Sie werfen ihr Opfer in die Luft, stürzen oder wälzen sich darauf, verstecken sie und holen sie wieder hervor.

Trotz der hoch entwickelten Jagdinstinkte von Katzen verlaufen nicht alle Attacken erfolgreich. Bis zu 90 Prozent aller Vögel und 75 Prozent der Mäuse entkommen den scharfen Krallen der Samtpfoten, wobei diese Schätzwerte sich sogar auf Bauernhofkatzen beziehen, die nicht gerade für Trägheit und mangelnde Übung bekannt sind.

Oben
In der Wildnis sind Großkatzen wie diese Löwin gezwungen, ihre Beute sofort zu verzehren, da sie ihr sonst von Aasfressern oder anderen Raubkatzen weggeschnappt wird.

Unten
Katzen lieben es, mit ihrer Beute zu spielen.

Sturzflug anzugreifen und vor allem ihre Fähigkeit, im Ernstfall einfach davonzufliegen, gibt Vögeln einen klaren Vorteil. Kleine Vögel sind zudem in der Lage, sich tot zu stellen und dann bei der ersten Gelegenheit die Flucht zu ergreifen. Ernsthaften Schaden richten Katzen leider bei noch unflüggen Jungvögeln an, doch auch daran werden sie von erbosten Vogeleltern wie zum Beispiel Amseln durch schrille Rufe und gezielte Attacken oft gehindert. Wer in seinem Garten sowohl Katzen als auch Vögel haben möchte, sollte Futterhäuschen und Vogeltränke auf jeden Fall außerhalb der Reichweite seiner Samtpfoten aufstellen.

WISSENSWERTES
Das Schnurren der Kleinkatzen hat sich vermutlich entwickelt, weil die Gefahr, dass der leise, tiefe Laut von größeren Raubtieren gehört und das Nest verraten wird, gering ist.

WOHER DIE NÄCHSTE MAHLZEIT NEHMEN

WOHLGENÄHRTE HAUSKATZEN scheinen meist genauso scharf auf die Jagd zu sein wie ihre Artgenossen, die sich davon ernähren müssen. Katzen leben offenbar generell nach dem Prinzip, man könne nie wissen, wo die nächste Mahlzeit herkommt. Großkatzen wie Löwen oder Tiger überfressen sich oft regelrecht, sodass sie anschließend satt und faul ein Nickerchen machen müssen. Die geschickten Jäger unter den Hauskatzen sind unermüdlich auf der Suche nach Beute, verzehren diese aber unter Umständen gar nicht. Überhaupt töten Katzen so manches Lebewesen, das sie nie fressen würden. Spitzmäuse und Maulwürfe etwa werden gejagt, obwohl die Katzen genau wissen, dass sie nicht schmecken. Aber auch wohlschmeckende Mäusearten bleiben nach dem Töten und Spielen einfach liegen. Vögel allerdings sind für die meisten Katzen wohl eine Delikatesse, die sie mit Begeisterung verschlingen. Oft bleiben nur ein paar Federn zurück, die von der grausigen Tat zeugen.

KATZEN UND VÖGEL

DASS KATZEN SINGVÖGEL erlegen, gehört zu den negativen Aspekten, die man als Katzenbesitzer hinnehmen muss, wenn man sein Tier ins Freie lässt. Der Umstand führt leider immer wieder zu Zank zwischen Katzen- und Vogelfreunden, zumal sich angesichts eines verräterischen Federhäufchens auf dem Gartenweg praktisch jede Diskussion erübrigt. Zum Glück fangen Katzen letztlich gar nicht so viele Vögel, wie es immer heißt. Ihr weites Sehfeld und hervorragendes Frühwarnsystem, ihre Bereitschaft, wildernde Katzen im

STUBENTIGER AUF DER JAGD

DIE JAGD IST EIN SO wesentlicher Bestandteil des Katzenlebens, dass einer reinen Hauskatze von ihren Menschen Ersatz geboten werden muss, etwa ausgiebiges Spielen. Zoohandlungen bieten eine ganze Palette teurer, aufwändiger Spielzeuge an, doch haben Katzen an Pingpongbällen, Papierstreifen, die mit Hilfe einer Schnur über den Boden gezogen werden, Bändseln (nur unter Aufsicht) und anderen alltäglichen Dingen genauso viel Spaß.

WISSENSWERTES
Die Skelette verschiedener Katzenarten sehen sich abgesehen von der Schwanzlänge erstaunlich ähnlich. Der Gepard besitzt die meisten Schwanzwirbel (28), der Luchs die wenigsten (14).

Oben
Katzen sind bei der Vogeljagd nicht besonders erfolgreich.

Unten
Spielzeuge bieten eine hervorragende Alternative zur Jagd.

Katzenpsychologie

DAS VERHÄLTNIS einer Katze zu ihrem Besitzer, seiner Familie und anderen Haustieren ist ziemlich komplex. Es wird bestimmt von Impulsen, die noch aus dem Leben in freier Wildbahn stammen, aber auch von ihrer Bereitschaft, sich dem domestizierten Dasein anzupassen. Beides hält sich die Waage. Hauskatzen tauschen ihre Freiheit, was die Jagd, die Wahl des Reviers und das Paarungsverhalten angeht, gegen die Vorteile von Schutz, Wärme und stets verfügbarem Futter. Diese Ausgangssituation kann natürlich zu Konflikten führen; es ist fast verwunderlich, dass sie nicht häufiger auftreten und die meisten Katzen so zufrieden leben.

PRIVATSPHÄRE

KÄTZINNEN SIND FAST durchweg gute Mütter und bieten ihren Kleinen Fürsorge, Wärme und Geborgenheit. Schon früh lernen Katzen also Bequemlichkeit schätzen. Das bleibt ein Leben lang so und spiegelt sich in ihrer Vorliebe für einen Schlafplatz in der Sonne, einen Platz am Kamin, ein Lieblingskissen oder Frauchens Bett. Außerdem benötigt jede Katze ihre Privatsphäre, das heißt einen Raum von rund 50 Zentimetern um sich herum, in dem sie alles unter Kontrolle hat. Sie bestimmt selbst, wer oder was dort hinein darf und was dort geschieht. Hierhin ziehen sie sich bei Stress zurück. Deshalb sollte ihr angestammter Platz in einem ruhigen Teil des Hauses liegen, wo sie schlafen oder in Ruhe die Geschehnisse beobachten kann, ohne selbst gestört zu werden. Leben mehrere Katzen in einem Haushalt, sollte jede ausreichend Platz haben, denn allzu viel Enge setzt Katzen immer unter Stress.

Darüber, wo sich die Katze aufhalten darf und welches Verhalten erwünscht oder verboten ist, muss die Familie klare Regeln aufstellen. Genau wie für Kinder ist es auch für Katzen verwirrend, wenn ein Familienmitglied etwas erlaubt, was ein anderes verbietet. Wenn ein Bett erlaubtes Gebiet ist, versteht eine Katze kaum, dass ein anderes Bett verboten sein soll, vor allem, wenn dieses obendrein in einem wärmeren oder sonnigeren Raum steht. Auch die Tatsache, dass manche Menschen nachts gerne eine Katze auf ihren Füßen liegen haben, andere genau das aber hassen, leuchtet ihnen nicht unbedingt ein. Allein aus hygienischen Gründen ist es vermutlich am besten, Schlafzimmer zur katzenfreien Zone zu erklären.

Oben rechts
Katzen benötigen Freiraum und müssen die Wahl haben, ob sie die Nähe zu Artgenossen oder Menschen suchen.

KATZEN IN GESELLSCHAFT

GENAUSO SCHWIERIG IST es, wenn Besucher kommen, die keine Katzen mögen. Der Gast sitzt ahnungslos in einem Sessel, auf den die Katze normalerweise springt, wenn sie gestreichelt werden möchte. Wird sie vom entsetzten Besucher unsanft weggestoßen, ist sie natürlich verdutzt. Doch auch Katzen haben Rechte, vor allem bei sich zu Hause. Als Besitzer können Sie die Wogen nur glätten, indem Sie ihr anbieten, auf einem anderen Sessel mit ihr zu schmusen. Leider trifft es zu, dass Kat-

Unten
Ob eine Katze bestimmte Möbelstücken oder alle Räume betreten darf, muss geregelt und konsequent befolgt werden.

ROUTINE UND SICHERHEIT

KATZEN MÖGEN EINE Umgebung, in der sie sich auskennen und sicher fühlen. Ihr Zeitgefühl verleiht ihnen diese Sicherheit, solange die Routineabläufe unverändert bleiben. Kleinere Veränderungen wie das Verrücken von Möbeln oder große Umstellungen wie die Ankunft eines Babys oder eines anderen Haustiers werden von Katzen als sehr beunruhigend empfunden, selbst wenn sie sich sehr heimisch fühlen. Angesichts solcher Stressfaktoren oder eines extrem ungewöhnlichen Verhaltens ihrer menschlichen Mitbewohner neigen Katzen dazu, sich zu verstecken oder sogar wegzulaufen.

Wer erstmals eine Katze hält, ist oft überrascht, dass sie anstehende Veränderungen wie einen Umzug oder eine Reise vorauszuahnen scheint. Dies wird gern dem angeblichen „sechsten Sinn" der Katze zugeschrieben, doch ist die Erklärung viel einfacher: Das Leben einer Katze ist so fest im Hier und Jetzt verankert, dass sie auf jede Veränderung aufmerksam reagiert. In freier Wildbahn könnte sie eine Bedrohung darstellen, etwa wenn ein Rivale auftaucht, den man vertreiben und von den eigenen Futterquellen fern halten muss. Veränderungen sind daher nichts für Katzen; sie ziehen allemal die Beständigkeit vor.

Merkwürdige Geräusche auf dem Dachboden, wenn Koffer gesucht werden, das Auftauchen von Umzugskisten, ungewohntes Kommen und Gehen und unvertraute

zen das Bedürfnis haben, ausgerechnet mit Katzenhassern Freundschaft zu schließen.

Andererseits geben sich manche Samtpfoten viel Mühe, allen die kalte Schulter zu zeigen. Das heißt nicht unbedingt, dass sie Gesellschaft nicht insgeheim doch genießen. Die meisten Katzen lieben Geselligkeit, vor allem abends, wenn allmählich Ruhe im Haus einkehrt. Ihre Unabhängigkeit bewahren sie sich trotzdem, und während manche Katzen energisch ihre Streicheleinheiten einfordern, möchten andere lediglich im selben Raum sein wie „ihre" Menschen. Kindern sollte man früh beibringen, auf solche Zeichen zu achten und die Tiere dann in Ruhe zu lassen.

WISSENSWERTES

Die Krallen werden bei Katzen durch spezielle Muskeln „ausgefahren". Erschlaffen diese Muskeln, ziehen sie sich automatisch wieder zurück. So stören sie die Katze nicht beim Gehen.

Oben
Katzen schlafen gerne im Bett, weil es vertraut riecht und viel Platz bietet.

Unten
Manchmal fühlen sich Katzen unter Möbelstücken sicherer, vor allem, wenn sie für sich sein möchten.

Gerüche beim Ein- und Auspacken erregen deshalb die Aufmerksamkeit einer Katze. Sie kann die Vorgänge zwar nicht deuten, reagiert jedoch mit Verunsicherung darauf. Katzenbesitzer vergessen oft auch, dass Katzen ein ausgezeichnetes Gedächtnis besitzen. Das erklärt beispielsweise, warum sie sich allein beim Anblick des Katzenkorbs in der hintersten Ecke verkriechen. Schließlich könnte ja ein Besuch beim Tierarzt oder ein Aufenthalt in der Tierpension anstehen.

Solche Aktionen sind oft mit einer Autofahrt verbunden, die für viele Katzen ein rotes Tuch ist. Sie bleiben keineswegs so gelassen wie Hunde, was vielleicht nicht verwundert, wenn man bedenkt, wie Katzen und Hunde in der Wildnis leben: Hunde im gemeinsam jagenden Rudel, Katzen dagegen fast ganz auf sich gestellt. Im Auto ist die Katze von allem abgeschnitten, was sie zu Hause mit Augen, Ohren und Nase wahrnimmt. Statt dessen ist sie einer lauten, nach Benzin und Öl stinkenden Umgebung ausgesetzt.

WISSENSWERTES

Ein Katzenfell besteht aus zwei Schichten. Die Leithaare halten Schmutz und Staub ab, während die Unterwolle vor Hitze und Kälte schützt.

KATZEN UND MENSCHEN

DIE THESE, DASS HUNDE dazu neigen, sich selbst als Menschen und Mitglieder des menschlichen Rudels Familie zu betrachten, während Katzen die Menschen in ihrem Haushalt als Katzen einstufen, ist nicht völlig abwegig. In vielerlei Hinsicht verhalten sich Katzen Menschen gegenüber so, wie sie sich Wurfgeschwistern gegenüber benehmen würden: Sie „putzen“ sie, schmusen mit ihnen und setzen bei der Kommunikation die gleichen Mittel ein wie bei Artgenossen. Besitzer einer ruhigen Katze sind sich vielleicht nicht klar darüber, wie stark diese auf die Geräusche, Gerüche und das sichtbare Verhalten der Haushaltsmitglieder reagiert, selbst wenn die Wirkung eher unauffällig ist.

Alleinstehende Katzenbesitzer haben manchmal Probleme damit, dass ihre Katze allzu sehr von ihrer Gesellschaft abhängig wird, vor allem, wenn sie als Jungtier ins Haus kam und keinen Auslauf hat. Die Katze konzentriert ihr Bedürfnis nach Bindung zwangsläufig auf diese eine Person. Kommt noch Langeweile hinzu, zeigt das Tier Anzeichen von Stress, sobald der Besitzer das Haus verlässt. Die Katze läuft vielleicht weg und versteckt sich, verschmäht ihr Futter oder weigert sich, das Katzenklo zu benutzen, bis Herrchen oder Frauchen wieder daheim sind. Manche Katzen lassen ihren Unmut an Möbeln, Polstern und Gardinen aus. Solche Probleme lassen sich verhindern, wenn man zwei Wurfgeschwister zu sich nimmt, die sich miteinander vergnügen können, wenn sie ein wenig Spielzeug haben. Zwei Kätzchen machen nicht viel mehr Arbeit als eines, und die Gesellschaft macht das Leben für beide viel interessanter.

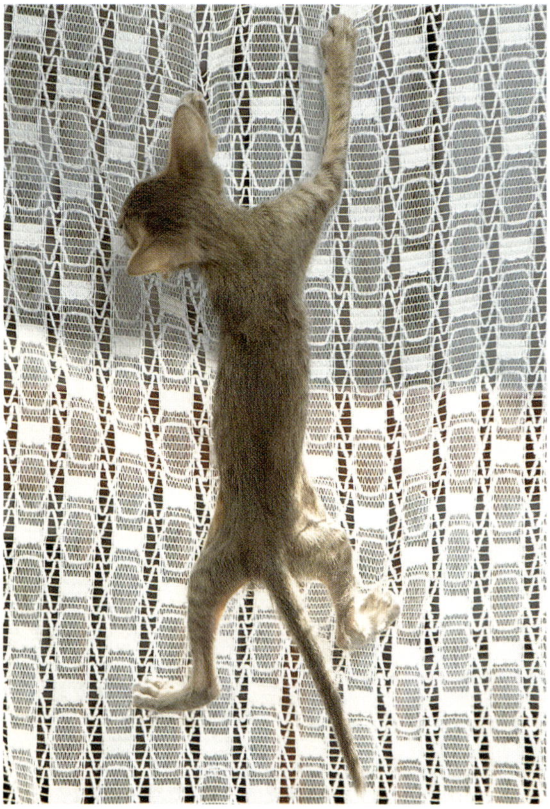

Oben links
Die Transportkiste ist für Katzen oft mit unangenehmen Erinnerungen an einen Tierarztbesuch oder einen Aufenthalt in einer Katzenpension verbunden.

Oben rechts
Jungtiere müssen beschäftigt werden, damit sie nichts kaputt machen.

Unten
Einer Katze, die viel allein gelassen wird und sich zwangsläufig langweilt, kann ein Artgenosse die richtige Ablenkung bieten.

WISSENSWERTES
Kleinkatzen wie die Hauskatze haben eine natürliche Scheu vor Wasser, weil es in der Wildnis eine Gefahr darstellt: Man kann ertrinken, und Feinde können darin lauern.

DIE FREIGÄNGERIN

HAUSKATZEN MIT FREIEM Auslauf haben es vermutlich von allen Mitgliedern der Katzenfamilie am besten. Zu Hause haben sie ein sicheres, warmes Nest; gleichzeitig können sie ihren natürlichen Bedürfnissen weitgehend gerecht werden. Sie können ein Revier erobern und bewachen, ein wenig jagen, diverse Schlafplätze ausfindig machen, die je nach Tageszeit Sonne bieten, und oft sogar den typischen nachtaktiven Rhythmus ihrer Art einhalten. Sie sind von ihren Besitzern weniger abhängig und bekommen ausreichend Bewegung. Die Kehrseite ist natürlich, dass Freigänger in Unfälle und Kämpfe verwickelt werden können oder manche sogar ohne jeden Anlass plötzlich verschwinden und sich eine neue Bleibe suchen. Selbst wenn es nicht so weit kommt, haben manche Katzen ein recht großes Netzwerk von Familien, wo sie sich reihum mit Streicheleinheiten und Leckerbissen verwöhnen lassen, ohne dass die Besitzer davon wissen. Dieses Verhalten spiegelt das Revierverhalten von Wildkatzen, die verschiedene Stellen in ihrem Territorium „abklappern", weil sie wissen, dass sie dort Futter und Unterschlupf finden.

DER KATZENKNIGGE

NIMMT MAN EINEN STREUNER oder eine Katze unbekannter Herkunft zu sich, weiß man nie, ob sie als Jungtier die Grundlagen des Sozialverhaltens gelernt hat. Eine gute Mutter hält ein übermäßig aggressives Junges mit Pfotenhieben im Zaum, ermuntert aber die Kleinen zugleich zu harmlosen, konstruktiven Spielen und lässt sich in ruhigen Momenten zum zufriedenen Schmusen mit ihnen nieder. Einer Katze, die solche Erfahrungen nicht gemacht hat, fehlen sie wie einem Kind. Sie wird im Erwachsenenleben mit ähnlichen Problemen konfrontiert sein: Sie kann sich nicht anpassen, benimmt sich aggressiv oder flegelhaft. All das spricht dafür, ein erwachsenes Tier bekannter Herkunft anzuschaffen und sich bei Jungtieren die Katzenmutter mit ihrem Wurf genau anzusehen.

Oben
Ein sonniges Plätzchen mit Ausblick auf ihr Revier ist der Katze besonders angenehm.

Unten
Manche Katzen lieben Autos, was sie draußen oft in große Gefahr bringt.

Katzensprache

HAUSKATZEN BEHERRSCHEN das gesamte Repertoire an körpersprachlichen Gesten, Gesichtsausdrücken und Lauten, die auch ihre wilden und verwilderten Artgenossen einsetzen. Der einzige Unterschied ist, dass Hauskatzen eine größere Bandbreite an stimmlichen Äußerungen haben, vermutlich, weil sie aus Erfahrung wissen, dass sie damit bei Menschen am ehesten Gehör finden.

STIMMLICHE KOMMUNIKATION

KATZEN KOMMUNIZIEREN MIT Hilfe von Körpersprache und Gerüchen miteinander, kommen aber damit beim Menschen nicht sehr weit. Deshalb verwenden sie einen bestimmten Laut, wenn sie Hunger haben, und einen anderen, wenn sie hinausgelassen werden möchten – beide Situationen würden in der Wildbahn nicht vorkommen. Manche Rassen wie beispielsweise Siamkatzen entwickeln unzählige Miau-Variationen für spezielle Gelegenheiten, was als rudimentäres „Gespräch" mit dem Besitzer gewertet werden kann. Allerdings erreichen Katzen kaum ein so gutes Einvernehmen mit Menschen wie Hunde, was natürlich nicht heißt, dass Hunde intelligenter sind. Katzen beschränken ihre Lautäußerungen eher auf das, was ihnen nützt, während Hunde eindeutig ihrem Herrn gefallen wollen.

Oben rechts
Mit gefletschten Zähnen und Fauchen zeigt diese weiße Katze eindeutig Unmut.

Oben links
Siamkatzen sind von allen Rassen die „gesprächigsten".

Unten links
Doch nicht jedes Zähnezeigen muss auf eine Missstimmung hindeiten.

EIN EIGENES VOKABULAR?

SCHON VOR ÜBER 50 Jahren identifizierte die US-Psychologin Mildred Moelk 16 verschiedene bedeutungsvolle Laute im akustischen Katzenvokabular, wobei sie das Schnurren als Reflex nicht mitzählte. Sie analysierte diese Laute genau und unterteilte sie in drei Gruppen, vom Murmeln mit geschlossenem Maul über das mit offenem Maul beginnende und mit geschlossenem Maul endende Miauen bis zu drängenden, lauteren Geräuschen mit geöffnetem Maul.

Einige davon, etwa die geschlechtstypischen Paarungsrufe oder das Knurren, Grollen und Kreischen einer wilden Prügelei, werden von kastrierten Hauskatzen niemals geäußert. Die meisten Katzenbesitzer können aber einige Laute unterscheiden, die typisch für die Kommunikation zwischen ihnen und ihrer Katze oder zwischen den verschiedenen Katzen im Haushalt sind. Gelegentlich bekommen sie zudem ein Jaulen zu hören, das allgemein Wut oder Schmerz ausdrückt, oder das eigentümliche Schnattern, mit dem eine Katze ihre Frustration über unerreichbare (meist geflügelte) Beute ausdrückt.

DAS ALLTÄGLICHE REPERTOIRE

DIE VERTRAUTESTE UND WOHL angenehmste Lautäußerung der Hauskatze ist das hohe, leise Gurren, mit dem sie Herrchen und Frauchen oder andere Familienmitglieder freudig begrüßt. Oft streckt sie dabei den Schwanz steil nach oben, macht einen Buckel und einen kleinen Satz mit den Vorderpfoten. Mit ähnlichen Lauten begrüßen Katzen befreundete Artgenossen auf neutralem Boden in einer Katzenkolonie. Das zeigt, dass sie „ihre" Menschen als Mitglieder dieser Gemeinschaft wahrnehmen, die eben ausnahmsweise auch andere Arten umfasst.

Ein weiterer vertrauter Laut ist das „Guck doch mal!", ein langgezogener Ruf, den die Katze zum Beispiel einsetzt, wenn sie an der Tür darauf wartet, hinausgelassen zu werden. Dieses oder ein kürzeres Miauen verwenden Katzen auch, wenn sie um Futter betteln. Die diversen Laute haben natürlich keine spezifische „Bedeutung" wie die Wörter unserer Sprache, sondern dienen der Katze lediglich als erprobtes Mittel zum Zweck. Wenn die Tür auf ein Knurren hin genauso schnell geöffnet würde, dann würde sie dieses Signal verwenden. Allerdings drückt Knurren bei Katzen eindeutig Unmut aus. Da Katzenmütter knurren, wenn ihre Kätzchen beim Spielen übermütig werden, zu gierig fressen oder sich allzu weit vom Nest entfernen, hat dieses Geräusch für Katzen einen besonderen Stellenwert. Das gleiche gilt für das Fauchen, das in der kätzischen „Richterskala" ziemlich weit oben steht und einigermaßen bedrohlich wirkt. Fauchen ist eine Warnung, vor der sich selbst der Besitzer einer Katze in Acht nehmen sollte. Als nächstes folgt ein Angriff.

FRÜHE LAUTÄUSSERUNGEN

KATZENKINDER lernen als erstes, einen angeborenen Hilferuf auszustoßen, der sofort ihre Mutter auf den Plan ruft und für Zuwendung oder Nahrung sorgt. Das Lautrepertoire wird allmählich größer und mit drei Monaten beherrschen Katzen bereits zahlreiche Laute. Je länger sie mit ihren Geschwistern zusammenbleiben, desto umfangreicher können sie kommunizieren. Erwachsene Katzen verfügen über sehr unterschiedliche Ausdrucksmöglichkeiten, wobei Siamkatzen mit Abstand am „gesprächigsten" sind. Je mehr man mit einer Katze redet, desto aufmerksamer wird sie reagieren, vor allem, wenn alle Familienmitglieder dieselben Wendungen und Stimmlagen einsetzen.

WISSENSWERTES
Senkrechte Flächen können Katzen auch ohne Einsatz ihrer Krallen hochklettern, indem sie Anlauf nehmen und dann mit Schwung die Wand „hinauflaufen".

Oben
Bei der freudigen Begrüßung ihres Besitzers reibt sich die Katze an seinen Beinen. Dabei ist der Schwanz steil nach oben gestreckt und der Rücken gerundet.

Unten
Katzen lernen schon früh, auf ihren Namen zu reagieren, vor allem, wenn sie immer zum Fressen gerufen werden.

WISSENSWERTES
Die Haut sitzt bei Katzen locker am Körper, denn das bietet einen gewissen Schutz vor ernsten Verletzungen durch kämpfende Beutetiere, Rivalen und Feinde.

Oben links
Ein archetypischer Ausdruck von Aggression sind der Katzenbuckel, die angelegten Ohren und das gesträubte Fell.

Oben rechts und unten links
Bevor eine von ihnen zum Angriff übergeht, umkreisen sich kämpfende Katzen normalerweise.

Unten rechts
Die halb geschlossenen Augen lassen Wohlbehagen erkennen.

KÖRPERSPRACHE

KATZEN bedienen sich untereinander eher der Körpersprache als der Stimme. Dazu gehören Bewegungen von Ohren, Schnurrhaaren, Haaren, Wirbelsäule, Beinen und Schwanz. Fachleute haben neun verschiedene Gesichtsausdrücke und 16 Körper- und Schwanzhaltungen identifiziert. Sie können in Abwandlungen eingesetzt werden, um Bedeutungsnuancen oder Reaktionen auszudrücken.

Aggression wird durch das Aufstellen des Schwanzes mit gesträubtem Fell angezeigt, wobei der Schwanz meist leicht vibriert. Die Schnurrhaare werden nach vorne aufgefächert, die Ohren gespitzt, aber leicht nach hinten gedreht. Die Pupillen verengen sich zu Schlitzen. Je wütender eine Katze wird, desto stärker werden die Ohren angelegt und die Barthaare gesträubt. Wird aus der Geste ein Angriff, liegen die Ohren flach am Schädel, und der Schwanz peitscht heftig hin und her.

DEFENSIVE HALTUNG

GEHT EINE KATZE in Verteidigungshaltung, sind die Ohren angelegt, jedoch seitlich weggedreht. Fell und Schnurrbart sind gesträubt, der Rücken ist gebuckelt und das Maul leicht geöffnet und bereit, zu knurren, zu fauchen und zu spucken. Will eine Katze Unterwerfung signalisieren, duckt sie sich, legt das Fell an und lässt die Schnurrhaare hängen. Der Schwanz sinkt schlagend zu Boden und die Pupillen erweitern sich.

Bei einer feindlichen Begegnung zweier fremder Katzen wird das ganze Repertoire aggressiver und defensiver Gesten eingesetzt. Es beginnt meist mit anhaltendem Anstarren des Gegners, worauf die Herausforderung zum Kampf folgt, indem eine der beiden Katzen die andere knurrend am Schwanz beschnuppert und so in die Defensive zwingt. Bleibt der Angreifer weiter standhaft, gibt die andere Katze manchmal auf und zieht sich zurück, während der Sieger selbstbewusst davonstolziert. Manchmal bleibt sie jedoch stehen und nimmt ihrerseits eine aggressive Haltung ein. Dies ist dann der Auftakt zu einem ernsthaften Kampf. Eine Katze greift an, die andere wirft sich auf den Rücken und fährt die Krallen aus, um sich zu verteidigen. Eine derart heftige Katzenkeilerei kann mitten in der Nacht die ganze Nachbarschaft aufwecken. Sie endet erst, wenn eine der beiden genug hat und das Weite sucht. In sicherem Abstand setzen sich beide erst einmal hin und putzen sich gründlich. Meist ist der Streit aber noch lange nicht endgültig beigelegt und die Rauferei wird bei nächster Gelegenheit fortgesetzt.

INSTINKTIVE SPRACHE

ABGESEHEN VOM Kampf setzen Katzen natürlich auch Gesten ein, die aus der Zeit der Kinderstube stammen. Sie werden oft im Umgang mit Menschen verwendet. Legen sie etwa die Ohren seitlich an und schlagen ohne Krallen mit der Pfote nach etwas, ist das eine Aufforderung zum Spiel. Eine zufriedene Katze trägt die Ohren aufgerichtet; streicht man mit der Hand darüber, merkt man, wie gespannt sie sind. Die Augen sind meist halb geschlossen und die Katze hockt bequem auf den Fersen.

Aber nicht nur wir Menschen deuten das

Verhalten unserer Katze; sie tut mit uns natürlich dasselbe. Sitzt Herrchen gemütlich vor dem Fernseher, weiß sie aus Erfahrung, dass dies eine günstige Gelegenheit für ein paar Streicheleinheiten auf dem Schoß ist. Eine Katze weiß genau, in welchem Schrank ihr Futter steht und streicht ihrem Besitzer mit erwartungsvollem Gurren um die Beine, wenn er sich in diese Richtung bewegt. Genauso hat Ihre Katze längst erfasst, welche Zeichen darauf hinweisen, dass Sie ausgehen, sich schlafen legen, die Kinder von der Schule holen wollen und so weiter.

Eine bemerkenswerte Ausdrucksform im körpersprachlichen Repertoire von Katzen ist die typische „Hohlkreuzhaltung", mit der eine rollige Kätzin ihre Paarungsbereitschaft kundtut. Sie drückt den Oberkörper zu Boden und schiebt das Hinterteil steil nach oben, wobei sie den Schwanz auf die Seite hält und mit den Hinterbeinen auf der Stelle trippelt. Zwischendurch wälzt sie sich hin und her (was zu der Bezeichnung „Rolligkeit" führte), reibt sich an Menschen und Gegenständen und schreit viel. Findet keine Paarung statt, hält dieses Verhalten drei bis fünf Tage an, bei manchen Rassen (vor allem Siamesen) sogar erheblich länger. Unkastrierte Jungtiere werden mit sechs bis sieben Monaten zum ersten Mal rollig.

KOMMUNIKATION ÜBER DUFTSTOFFE

ÜBER DIE KÖRPERLICHE und stimmliche Sprache hinaus verfügen Katzen über ein weiteres Kommunikationsmittel, das der Verständigung mit Artgenossen und der eigenen Information dient: Gerüche. Wenn sich zwei Katzen begegnen, beschnuppern sie sich vorsichtig an Nase und Kopf, wo Duftdrüsen sitzen. Sind sie sich wohlgesonnen, reiben sie sich sogar aneinander. Bei den Patrouillen durch ihr Revier halten Katzen häufig inne, um eigene und fremde Duftmarken an Blumentöpfen, Bäumen, Zäunen und Büschen zu prüfen. Beim Krallenschärfen hinterlassen sie ebenfalls Duftmarken auf dem benutzten Gegenstand, dessen Auswahl ihnen oft genug besondere Mühen wert ist. Meist kehren sie immer wieder an die bevorzugten Stellen zurück.

Die instinktive Form der Kommunikation mittels Duftspuren findet sich wieder, wenn sich eine Katze am Bein ihrer Besitzer reibt. Im Gegenzug sammelt sie dabei auch Informationen über die Menschen, die vielleicht bemerken, dass ein bestimmtes Duschgel oder Parfüm auf das Tier besonders anziehend wirkt. Das Versprühen von Urin ist eine weitere eher unangemessene Methode, Duftmarken zu setzen.

WISSENSWERTES
Nicht alle Katzen sind wasserscheu. Großkatzen und vor allem Fischkatzen nehmen ab und an ein Bad, jagen in Sümpfen, Flüssen und Bächen oder durchqueren Gewässer.

Oben rechts
Zwei befreundete Katzen begrüßen sich durch wechselseitiges vertrauensvolles Beschnuppern.

Oben links
Diese Katze demonstriert die typische Hohlkreuzhaltung des Weibchens während der Rolligkeit. Sie zeigt Paarungsbereitschaft an.

Unten
Beim Schärfen der Krallen und Kratzen hinterlassen Katzen zugleich Duftstoffe als Markierung.

Eine Katze halten

KATZEN GELTEN ALS pflegeleichte Haustiere, die keine hohen Kosten verursachen. Dennoch braucht jede Katze eine gewisse Grundausstattung, Futter, einen sicheren Schlafplatz und liebevolle Zuwendung. Viele Katzen geben sich zwar reserviert und unabhängig, doch wenn sie sich erst einmal an ihre Menschen gewöhnt haben, möchten sie deren Gesellschaft nicht mehr missen – obwohl sie das natürlich nie zugeben würden!

DIE FAMILIENKATZE

VIELE KATZEN sind damit zufrieden, einfach nur anwesend zu sein, während andere aktiver sind, gestreichelt werden wollen und erwarten, dass man ab und an mit ihnen spielt und sich gelegentlich mit ihnen „unterhält". Denn Katzen leben nicht nur mit Menschen zusammen, weil sie ein warmes Zuhause suchen, sondern auch, weil sie Gesellschaft suchen, die sie an ihre Kinderstube erinnert. Sie sind darauf angewiesen, dass ihr Mensch sie füttert, liebt und für ihre Gesundheit sorgt. Das bedeutet, dass ein Mitglied des Haushalts jeden Tag etwas Zeit der Katze widmen muss und dafür zuständig ist, ihre Toilette zu reinigen, sie zu füttern, zu bürsten und mit ihr zu spielen. Am besten, Sie entscheiden von Anfang an, wer das übernimmt. Wichtig ist auch, dass alle Familienmitglieder der Anschaffung einer Katze zustimmen. Denn sie sollte in ihrem eigenen Zuhause keine Feinde haben. Vergessen Sie nicht, dass viele gemeinsame Jahre vor Ihnen liegen: Die Lebenserwartung einer Hauskatze liegt bei zwölf Jahren und mehr.

Oben
Nehmen Sie sich täglich die Zeit, mit Ihrer Katze zu spielen und zu sprechen. Vor allem junge Katzen brauchen viel Aufmerksamkeit.

Unten links
Damit sich die Katze bei Ihnen willkommen fühlt, müssen alle Familienmitglieder mit dem neuen Haustier einverstanden sein.

GEWISSENSFRAGEN

VOR DER ANSCHAFFUNG einer Katze sollten Sie sich überlegen, ob Ihre Familie dem Tier gerecht werden kann. Ein wichtiger Aspekt ist ein geregelter Tagesablauf, denn Katzen lieben und brauchen Routine. Müssen Sie aber immer wieder zu unregelmäßigen Zeiten und über viele Stunden das Haus verlassen, sollten Sie keine Katze halten. Zwar gewöhnen sich Katzen recht gut daran, tagsüber allein zu sein, vor allem, wenn sie Freigang haben oder mit Spielzeug und einem guten Aussichtsposten wie zum Beispiel einer Fensterbank versorgt sind. Dennoch legen sie Wert darauf, zu wissen, wann ihre Besitzer nach Hause kommen, und lernen recht schnell, wann sie mit ihnen rechnen können. Wenn Sie häufig nachts unterwegs sind, sollten Sie keine Katze halten – es sei denn, Sie haben jemanden, der sich zuverlässig um das Tier kümmert.

Außerdem sollten Sie sich überlegen, was mit der Katze passiert, wenn Sie wegfahren. Viele Katzen werden in dieser Zeit leider sich selbst überlassen und leiden. Am besten ist es, wenn Sie Verwandte oder Freunde finden, die bereit sind, Ihre Katze in der gewohnten Umgebung zu ver-

sorgen. Natürlich können Sie Ihre Katze auch in einer Katzenpension unterbringen, doch das ist relativ teuer und außerdem vertragen Katzen die Zwingerhaltung weniger gut als Hunde. Viele Probleme, die auftreten, wenn Sie oft außer Haus sind, lassen sich durch die Anschaffung von zwei Katzen vermeiden. Die beiden unterhalten sich dann miteinander und gegenseitig, wodurch die Wahrscheinlichkeit, dass sie Symptome wie Unsauberkeit oder Aggression gegen Möbel und Einrichtung entwickeln, viel geringer ist. Um sicherzugehen, dass die Katzen sich vertragen, sollten Sie zwei Kätzchen aus dem gleichen Wurf nehmen.

KATZEN UND KINDER

WENN IHRE KINDER noch sehr klein sind, sollten Sie mit der Anschaffung eines Kätzchens warten. War die Katze schon vor dem Baby da, gibt es meist keine Probleme. Vorausgesetzt Sie achten darauf, Ihre Katze in der ersten Zeit nicht zu vernachlässigen. Dann wird sie sich schnell an die veränderte Situation gewöhnen. Kinder, die noch keine Erfahrung mit Katzen haben, müssen zuerst einige Grundregeln lernen. Dazu gehört, dass sie sich der Katze immer von vorne nähern, nie von hinten oder von oben. Sie müssen begreifen, dass Katzen irgendwann genug vom Spielen haben und ein Nickerchen machen wollen und dass man sie dabei nicht stören darf. Vor allem sollten sie lernen, dass die Krallen einer Katze gefährlich sind. Katzen kratzen nicht nur, wenn sie wütend sind, sondern manchmal auch im Eifer eines Spiels. Ermahnen Sie Ihre Kinder, mit dem Gesicht nie zu nah an eine Katze heranzugehen.

Außerdem müssen Sie von Anfang an festlegen, wohin die Katze darf und wohin nicht, zum Beispiel nicht in die Küche, nicht auf Tische oder Arbeitsplatten, nicht ins Schlafzimmer und so weiter.

ANDERE HAUSTIERE

WENN EINE KATZE IN einen Haushalt kommt, in dem schon andere Tiere leben, können sich Probleme ergeben. Achten Sie darauf, dem Tier mit den älteren Rechten besonders viel Zuwendung zu geben, damit es sich nicht zurückgesetzt fühlt. Ihre neue Katze wird auf jeden Fall etwas Zeit brauchen, um sich einzuleben, und sich irgendwann mit den vorhandenen Tieren arrangieren. Sie sollten jedoch dafür sorgen, dass sie ein sicheres Plätzchen hat, wo sie sich zurückziehen kann, wenn sie von den anderen Tieren zu sehr bedrängt wird.

WISSENSWERTES

Katzenminze *(Nepeta cataria)* enthält einen Duftstoff, der Katzen zum „Flehmen" veranlasst. Bei diesem lustvollen Verhalten ziehen sie die Oberlippe hoch und entblößen die Zähne.

WISSENSWERTES

Katzen reiben Wangen und Schwanz an Gegenständen und auch ihren Besitzern, weil sie auf diese Weise Duftmarken hinterlassen, mit denen sie ihr Revier markieren.

Oben

In einer Katzenpension sind die Tiere während der Abwesenheit der Besitzer zwar sicher untergebracht, aber über einen längeren Zeitraum sollte ihnen diese Form der Haltung nicht zugemutet werden.

Unten

Katzen- und Hundewelpe sind zur selben Zeit ins Haus gekommen, wodurch Rivalitäten von vornherein vermieden wurden.

Die Qual der Wahl

ZU EINER KATZE kann man auf ganz unterschiedliche Weise kommen. Manchmal sucht die Katze sich ihre Menschen selbst aus. Viele herrenlose Katzen werden von tierlieben Menschen gefüttert und beschließen dann eines Tages, bei ihnen einzuziehen. Aber auch das Gegenteil kann passieren. Manchmal fühlt sich eine Katze zu Hause so unwohl – vielleicht wegen der Ankunft eines neuen Haustiers, der Geburt eines Kindes oder eines Umzugs –, dass sie abwandert und sich ein ruhigeres Heim sucht. Auf diese Weise demonstriert die Hauskatze Abhängigkeit und Unabhängigkeit.

Oben links
Alle Kätzchen sind entzückend, aber suchen Sie sich nur eines aus, das ein trockenes Fell und klare Augen hat.

Oben rechts
Kätzchen sollten mindestens zehn, besser noch zwölf Wochen alt sein, bevor sie in ein neues Zuhause einziehen.

Unten
Die Kastration gehört zu den wenigen, aber notwendigen Ausgaben, die auf jeden Katzenbesitzer zukommen.

EINE RASSEKATZE KAUFEN

DIE MEISTEN MENSCHEN kommen zu ihrer Katze, indem sie die Kleinanzeigen in Zeitungen oder in Geschäften aufgehängte Zettel lesen oder ihr Tier bei einem Züchter kaufen. Letzteres ist natürlich unabdingbar, wenn Sie vorhaben, mit Ihrer Katze an Ausstellungen teilzunehmen. Dann brauchen Sie für Ihre Katze einen Abstammungsnachweis, einen so genannten Pedigree, in dem mindestens die letzten vier Generationen der Vorfahren aufgeführt sind. Sie sollten aber bedenken, dass ein solches Zertifikat nichts über die Qualitäten Ihrer Katze als Ausstellungsteilnehmer aussagt und natürlich auch nichts über ihre Gesundheit.

Manche Züchter verlangen, dass der Käufer einer Rassekatze einen Vertrag unterschreibt, in dem er sich zum Beispiel verpflichtet, sie nicht mit fremdrassigen Tieren zu paaren. Manchmal enthält ein solcher Vertrag auch ein zeitlich begrenztes Rückgaberecht für den Fall, dass die Katze ernsthaft krank wird oder sich bei ihrem neuen Besitzer nicht einlebt. Auch wenn es keinen derartigen Vertrag gibt, sollten Sie darauf achten, dass Sie zu Ihrem Kätzchen eine Registrierungsurkunde, ein Formular über die Übertragung des Eigentums (ohne das Sie

keine Ausstellung besuchen können) und natürlich einen Kaufvertrag bekommen, in dem mögliche Absprachen zwischen altem und neuem Besitzer genau festgehalten sind.

Viele Züchter verkaufen Rassekatzen, die „fehlerhaft" sind, also dem Rassestandard nicht entsprechen, ansonsten aber gesund und munter sind. Wenn Sie keine Ambitionen haben, die Katze auf Ausstellungen vorzuführen, ist dies eine preiswerte Methode, an ein reinrassiges Haustier zu kommen. Es kann allerdings sein, dass Sie sich verpflichten müssen, Ihre Katze innerhalb eines bestimmten, vertraglich festgelegten Zeitraums kastrieren zu lassen.

Die Namen seriöser Züchter erfahren Sie vom Katzenzuchtverband oder aus den einschlägigen Zeitschriften. Oft können Tierärzte einen guten Züchter empfehlen oder kennen eine gesunde Hauskatze, die ein neues Zuhause sucht. Beim Kauf einer Rassekatze sollten Sie beachten, dass nicht alle Züchter dem Zuchtverband angeschlossen und demzufolge auch nicht „anerkannt" sind.

EINE KATZE AUS DEM TIERHEIM

AUCH IM TIERHEIM können Sie Katzen und Kätzchen kaufen. Viele ältere Tiere kennen das Leben in einer Familie und gewöhnen sich leicht ein. Manche Katzen haben jedoch traumatische Erlebnisse hinter sich. Seriöse Einrichtungen werden Ihnen zwar keine Katze anbieten,

die als Haustier ungeeignet ist, aber eine Katze aus dem Heim braucht möglicherweise etwas mehr Aufmerksamkeit oder kommt für einen Haushalt mit anderen Tieren oder Kleinkindern nicht in Frage. Es kann auch passieren, dass Sie vor dem Kauf Besuch von einem Tierschutzinspektor bekommen, der sich unter anderem

darüber informieren will, was die Katze erwartet und wie oft und wie lange sie alleine bleiben muss. Manche seiner Fragen werden Ihnen vielleicht aufdringlich erscheinen, aber Tierschützer, die eine Katze aus schlechten Umständen gerettet haben, wollen natürlich nicht, dass sie erneut in falsche Hände gerät.

Auf Straßenmärkten sollten Sie auf keinen Fall ein Haustier kaufen und auch vom Kauf in einer Zoohand-

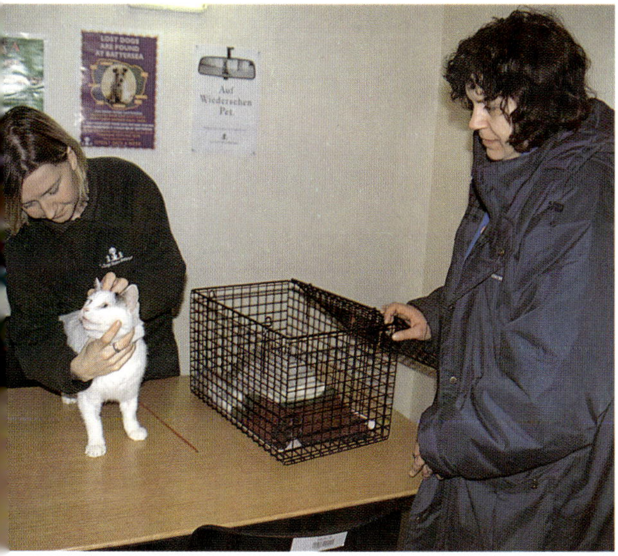

lung raten die meisten Tierärzte ab, weil die Katzen sich dort leicht mit Krankheiten infizieren können. Auch wenn Sie von privat kaufen, ist Vorsicht geboten. Allerdings haben Sie dann die Möglichkeit sich anzusehen, wie die Katze in ihrem alten Zuhause gehalten wurde. Bei kleinen Kätzchen können Sie den gesamten Wurf beobachten und sich so ein Bild machen.

WORAUF MUSS MAN ACHTEN?

WENN SIE EINE KATZE aussuchen, sollten Sie Ihre Kinder nicht mitnehmen oder sich zumindest nicht von ihnen beeinflussen lassen. Denn ein traurig aussehendes Kätzchen, das sicherlich dringend ein neues Zuhause braucht, ist nicht die beste Wahl. Als Neuling sollten Sie jemanden mitnehmen, der sich mit Katzen auskennt. Das muss nicht unbedingt ein Experte sein, aber doch jemand, der eine gesunde Katze erkennt. Suchen Sie sich keine Katze aus, die entzündete oder tränende Augen, eine Schnupfennase oder ein stumpfes oder verfilztes Fell hat. Kätzchen sollten mindestens zehn, besser noch zwölf Wochen alt sein, bevor sie von ihrer Mutter getrennt werden. Obwohl alle Kätzchen niedlich sind, sollten Sie sich für das lebhafteste und zutraulichste Tier des Wurfs entscheiden. Es sollte zu einer ausgestreckten Hand kommen, um diese zu beschnüffeln, und sich nach kurzer Zeit auch streicheln und hochheben lassen. Dann können Sie es genauer betrachten. Achten Sie auf Ausfluss aus Augen, Nase oder Mund, saubere Ohren und ein sauberes Fell, das sich trocken anfühlen muss. Wählen Sie nicht irgendein Tier aus, sondern sprechen Sie vorher mit Ihrer Familie ab, welche Art Katze Sie haben wollen. Letztlich folgt die Entscheidung meist doch dem persönlichen Geschmack und nicht den praktischen Erwägungen.

KATZE ODER KATER?

DA ALLE HAUSKATZEN, DIE NICHT zur Zucht verwendet werden, ohnehin kastriert werden sollten, bestehen in Bezug auf Verhalten, Gesundheit oder Lebensdauer kaum Unterschiede zwischen Katzen und Katern. Kater werden meistens etwas größer, aber dass alle kas-

WISSENSWERTES
Auf Manets Gemälde *Olympia* steht eine schwarze Katze am Fußende des Bettes. Sie symbolisiert die Korruption und den sittlichen Verfall der Gesellschaft.

Oben
Im Tierheim finden Sie sicher eine Katze, die Ihnen gefällt.

Mitte
Bevor Sie sich endgültig für eine Katze entscheiden, sollten Sie sie vom Tierarzt untersuchen lassen.

Unten
Wenn tagsüber niemand im Hause ist, empfiehlt es sich, zwei Katzen anzuschaffen, die einander Gesellschaft leisten.

WISSENSWERTES
Schwarze Katzen gelten in Europa oft als Unglücksboten oder werden mit Hexerei in Verbindung gebracht. Das liegt an dem Aberglauben, dass der Teufel in Gestalt einer schwarzen Katze erscheint.

trierten Kater fett und faul werden, ist ein Ammenmärchen.

HAUSKATZE ODER RASSEKATZE?

AUCH DIESE FRAGE IST irrelevant, wenn Sie Ihre Katze nur als Gefährten haben wollen. Viele Hauskatzen sind

genauso hübsch wie Rassekatzen und unterscheiden sich nicht in Bezug auf Gesundheit, Anhänglichkeit und Eignung als Haustier. Allerdings haben Sie bei Rassekatzen den Vorteil, dass Sie wissen, ob Ihre Katze eher „gesprächig" und lebhaft sein wird, ob sie ein ruhiges Leben vorzieht oder aber ständig Gesellschaft braucht. Diese Merkmale sind nämlich stark von der Rasse abhängig. Sie werden gegebenenfalls im zweiten Teil dieses Buches, der die verschiedenen Katzenrassen behandelt, erwähnt.

KÄTZCHEN ODER AUSGEWACHSENE KATZE?

DIESE ENTSCHEIDUNG SOLLTEN Sie nicht leichtfertig treffen. Bei einer ausgewachsenen Katze besteht das Risiko, dass sie sich in ihrer neuen Umgebung nur mit Mühe einlebt, obwohl das keineswegs immer der Fall sein muss. Auch wenn Sie die Katze ins Freie lassen wollen, sollten Sie sie in der ersten Zeit im Haus behal-

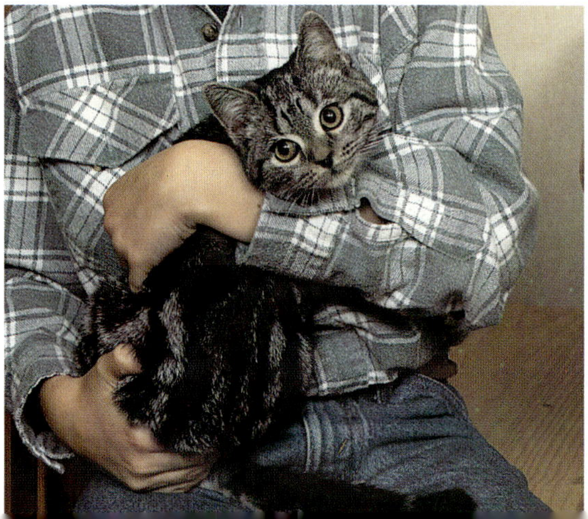

ten, denn andernfalls könnte es passieren, dass sie versucht, zu ihrem alten Zuhause zurückzukehren. Für ein Kätzchen spricht, dass vor allem Kinder viel Freude daran haben, es aufwachsen zu sehen, dass Kätzchen leichter zu erziehen sind und dass sie sich schneller einleben.

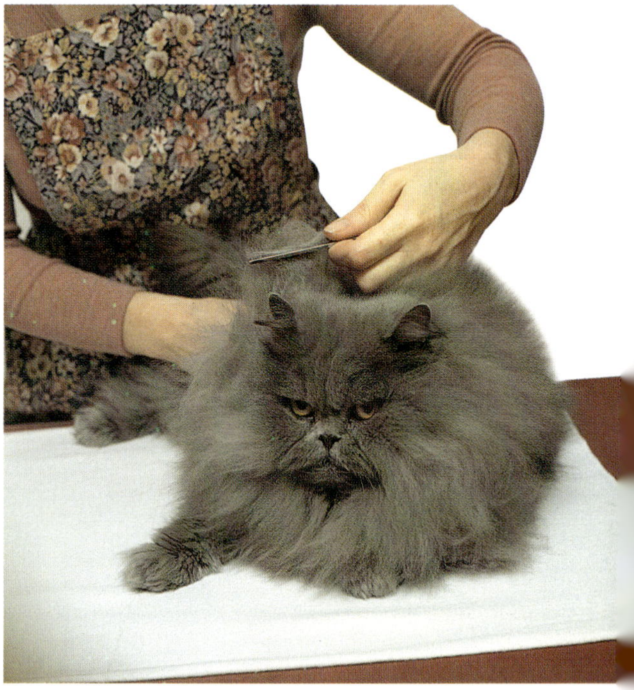

Oben links
Diese Hauskatze ist genauso hübsch wie eine Rassekatze.

Oben rechts
Langhaarkatzen müssen regelmäßig gekämmt werden.

Unten
Kinder haben meist viel Freude daran, ihr Kätzchen heranwachsen zu sehen.

LANGHAAR ODER KURZHAAR?

DIES IST DIE LETZTE ENTSCHEIDUNG, die Sie unter Berücksichtigung praktischer Überlegungen treffen sollten. Langhaarkatzen haben feineres Fell und haaren stärker. Sie werden leichter staubig und eher von Parasiten heimgesucht. Das sollten Sie bedenken, wenn jemand in ihrer Familie an Asthma, Heuschnupfen oder Hautausschlägen leidet. Bei starken Allergien ist die Haltung einer Katze vielleicht gar nicht möglich. Lassen Sie vorsichtshalber rechtzeitig einen Allergietest machen.

IMPFUNGEN

WENN SIE SICH FÜR EIN KÄTZCHEN entscheiden, erfragen Sie beim Kauf unbedingt, ob es schon gegen gefährliche Krankheiten wie Katzenschnupfen und Tollwut geimpft ist. Junge Katzen können im Alter von zwei Monaten zum ersten Mal geimpft werden. Die Wiederholungsimpfungen sind im Abstand von einem Jahr fällig. Wenn Ihre Katze bereits geimpft ist, muss sie einen Impfpass haben, in dem alle verabreichten Impfungen eingetragen sind. Ist kein Impfpass vorhanden, sollten Sie davon ausgehen, dass die Katze nicht geimpft ist und dies schnellstens nachholen.

Auch eine geimpfte Katze sollten Sie vor der endgültigen Kaufentscheidung Ihrem Tierarzt vorstellen, unab-

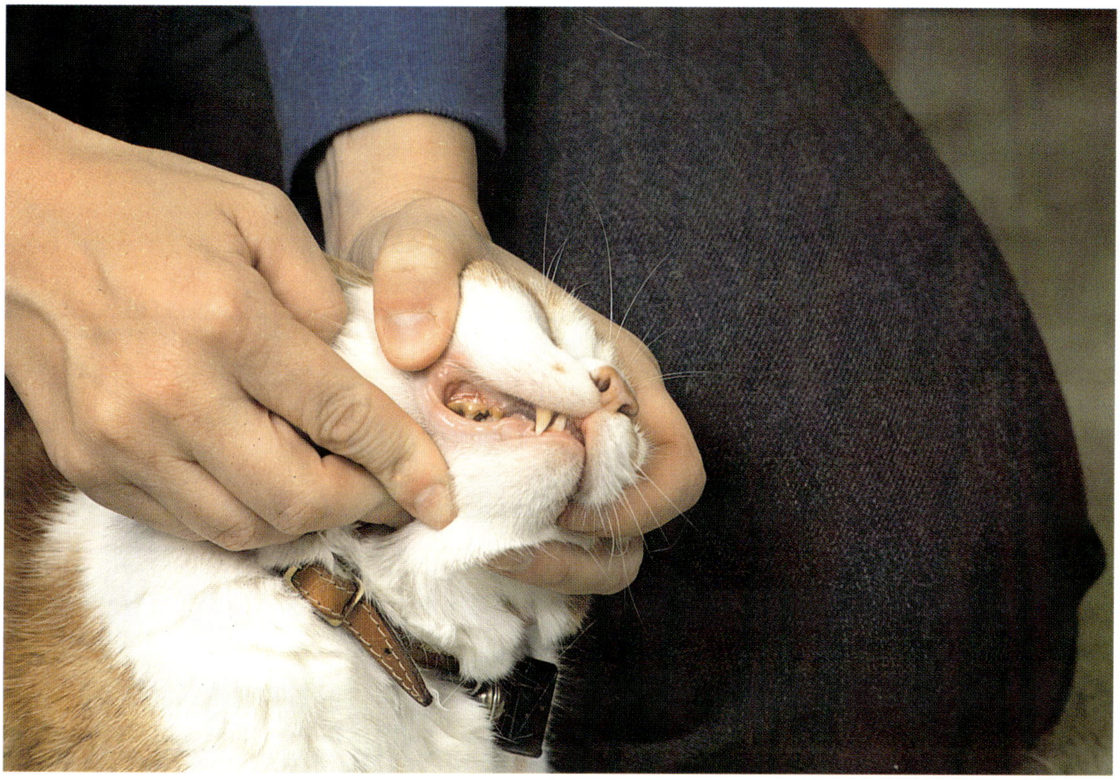

WISSENSWERTES
Da sich Katzen nicht dressieren lassen, galten sie schon bei den Römern als Symbol der Unabhängigkeit. Oft wurde eine Katze zu Füßen der Göttin der Freiheit abgebildet.

hängig davon, ob Sie bei einem Züchter kaufen wollen oder bei Ihrem Nachbarn. Bei einer erwachsenen Katze unbekannten Alters kann der Tierarzt anhand der Zähne ungefähr abschätzen, wie alt sie ist.

KASTRATION

KATER WERDEN IM ALTER von sechs bis acht Monaten geschlechtsreif, Kätzinnen etwa zwei Monate früher. Wenn Sie nicht züchten wollen, sollten Sie Ihre Katze spätestens in diesem Alter kastrieren lassen. Eine rollige Katze ist missmutig, miaut viel und verspritzt eventuell Urin. Kater werden manchmal aggressiv und markieren mit Urin, der besonders unangenehm riecht. Die Kastration verhindert nicht nur diese Probleme und natürlich auch unerwünschten Nachwuchs, sondern sorgt zudem dafür, dass die Tiere häuslicher werden und weniger streunen. Dass kastrierte Tiere schlechtere Mäusefänger sind, stimmt übrigens nicht, denn der Jagdtrieb hat mit dem Sexualtrieb nichts zu tun. Unsinn ist auch, dass Katzen vor der Kastration wenigstens einmal Nachwuchs gehabt haben sollen. Es gibt keinen Beweis dafür, dass dies medizinische oder psychologische Vorteile für die Tiere hat. Auch dass kastrierte Katzen öfter an Harnwegserkrankungen oder anderen Krankheiten leiden, wird von Tierärzten bestritten. Tatsächlich ist es so, dass kastrierte Tiere eine höhere Lebenserwartung haben, was aber wohl eher an ihrer Häuslichkeit liegt und weniger an der Kastration als medizinischer Ursache.

Die Operation wird gewöhnlich vorgenommen, bevor die Katze geschlechtsreif ist. Sie ist bei beiden Geschlechtern nicht sehr aufwändig und nach ein paar ruhigen Tagen im Haus ist die Wunde gewöhnlich verheilt. Auch bei ausgewachsenen Katzen ist die Kastration kein Problem.

Oben
Anhand der Zähne kann ein Tierarzt das Alter einer Katze schätzen.

Unten
Kater werden meistens größer als Kätzinnen.

Eine Katze kommt ins Haus

DIE WENIGEN Dinge, die man für eine Katze braucht, kosten nicht viel. Die einzige Ausnahme ist vielleicht der Katzenkorb, den Sie unbedingt brauchen, wenn Sie mit Ihrer Katze zum Tierarzt, in eine Katzenpension oder in den Urlaub fahren wollen. Versuchen Sie niemals, die Katze frei im Auto zu transportieren. Das führt fast zwangsläufig zu einer Katastrophe, da nicht nur die Innenausstattung Ihres Autos leidet, sondern auch der Fahrer möglicherweise so abgelenkt ist, dass die Unfallgefahr steigt.

WISSENSWERTES
Es ist unmöglich, eine Katze auf eine vegetarische Ernährung einzuschwören. Katzen müssen Fleisch fressen, weil sie ohne das darin enthaltene Eiweiß und die Aminosäure Taurin nicht überleben können.

KATZENBETT

ANDERE Bestandteile der Grundausstattung sind preiswert oder umsonst. Natürlich können Sie ein schickes Schlafkörbchen mit entsprechender Wohlfühlmatratze kaufen, aber Ihre Katze freut sich genauso über einen Karton, der mit Zeitungspapier und einem Handtuch oder einem alten Pullover ausgelegt ist. Schütteln Sie die Unterlage mindestens einmal pro Woche gründlich aus und waschen Sie sie gelegentlich. Schaumstoffunterlagen sollten Sie nicht verwenden, weil sie schwer zu reinigen sind und die Katze eventuell daran kaut und Stückchen verschluckt.

Oben links
Da Katzen eine ausgesprochene Abneigung gegen Transportkörbe hegen, sollten Sie ein ausbruchsicheres Modell wählen.

Unten
Katzen suchen sich ihre Schlafplätze gerne selber aus. Beliebt sind zum Beispiel warme Fensterbänke oder offene Schubladen.

Körbchen oder Karton fungieren nicht nur als Schlafplatz, sondern auch als Zufluchtsort, an den die Katze sich zurückziehen kann. Stellen Sie ihn deshalb am besten an einer warmen und zugfreien Stelle auf, außerhalb des größten Trubels, aber immer noch in Sicht- und Hörweite der Familie. Sie müssen allerdings damit rechnen, dass sich Ihre Katze einen neuen Schlafplatz sucht, sobald sie sich eingelebt hat, zum Beispiel auf dem Teppich über der Fußbodenheizung oder in der Nähe eines Heizkörpers.

PRAKTISCHE DINGE

AUSSER DEM Schlafkorb braucht Ihre Katze noch Futter- und Wassernapf, eine Katzentoilette und ein Halsband mit Adressanhänger. Katzen stecken ihre Nase nicht gern in tiefe Schüsseln; wählen Sie also einen eher flachen, weiten Futternapf, der so schwer ist, dass er nicht umkippt oder wegrutscht. Es spricht auch nichts gegen eine normale Untertasse, abgesehen davon, dass die Katze das Futter leicht über den Rand schieben kann. Eine abwaschbare Matte unter den Näpfen ist aber ohnehin empfehlenswert. Stellen Sie Ihrer Katze stets Wasser hin und wechseln Sie es täglich aus.

HALSBAND ODER MIKROCHIP?

EIN HALSBAND MUSS elastisch sein oder zumindest einen elastischen Einsatz haben, damit die Katze es abstreifen kann, falls sie damit zum Beispiel in einem Baum hängen bleibt. Selbst wenn eine Katze eigentlich nur im Haus

an raffiniertem und relativ preiswertem Katzenspielzeug, aber Katzen spielen genauso gern mit zerknülltem Papier, Tischtennisbällen, leeren Toiletten- oder Küchenpapierrollen und Ähnlichem. Achten Sie darauf, dass die Katze ihr Spielzeug nicht zerrupfen und Teile davon verschlucken kann. Zerkautes Papier ist harmlos, aber verschluckte Plastikteile können tödlich sein. Abenteuerlustige Katzen freuen sich über einen Tunnel aus Wellpappe, der gerade groß genug ist, dass sie hindurchkriechen können. Wenn Sie genug Platz und Geld haben, können Sie Ihrer Katze einen ganzen Abenteuerspielplatz kaufen, aber nötig ist das nicht. Außerdem ist es nicht nur möglich, sondern sogar wahrscheinlich, dass die Katze das teure Spielzeug links liegen lässt und sich stattdessen mit Dingen vergnügt, die sie zwischen Ihren Möbeln findet.

WISSENSWERTES
Der ägyptische Katzengott Ailurus repräsentierte den Mond. Das ist wahrscheinlich auf die nächtliche Aktivität der Katzen und ihre mondförmigen Pupillen zurückzuführen.

leben soll und alle Familienmitglieder aufpassen, kann es vorkommen, dass sie einmal entwischt. Aus diesem Grund sollten nicht nur Freigänger, sondern auch reine Hauskatzen einen Adressanhänger am Halsband tragen. Das kann entweder eine gravierte Plakette oder ein Anhänger mit eingelegtem Zettelchen sein. Auf jeden Fall sollte der Name der Katze, des Besitzers und seine Telefonnummer vermerkt sein. Sie sollten immer ein Halsband und einen Anhänger in Reserve haben, weil Katzen wahre Meister darin sind, ihr Halsband zu verlieren.

Aus diesem Grund und auch als Schutz gegen Diebstahl lassen viele Leute ihrer Katze einen Mikrochip implantieren, wodurch sie dauerhaft und eindeutig zu identifizieren ist. Dabei wird ein reiskorngroßer Chip mit einem speziellen Code im Genick unter die Haut gespritzt. Mit einem Lesegerät können die auf dem Chip gespeicherten Daten abgerufen werden. Informationen zum „Chippen" bekommen Sie beim Tierarzt, der auch die Implantation vornimmt.

WEITERES ZUBEHÖR

JETZT BRAUCHEN SIE nur noch eine weiche Putzbürste, einen Stahlkamm und etwas Spielzeug für Ihre Katze. In Zoogeschäften finden Sie eine große Auswahl

Katzen hassen Veränderungen und sind in einer neuen Umgebung in den ersten Tagen meist etwas nervös. Viele suchen sich ein sicheres Versteck hinter einem Stuhl oder unter dem Bett, wo sie bleiben, bis sie sich an ihr neues Zuhause gewöhnt haben. Verbarrikadieren Sie gefährliche Verstecke wie Kamine oder andere Öffnungen rechtzeitig und lassen Sie Fenster, Schubladen und Schränke geschlossen. Halten Sie Kinder und andere Haustiere so lange fern, bis die Katze freiwillig aus ihrem Versteck kommt.

Jetzt ist es zunächst wichtig, dass Sie eine Beziehung zu Ihrer Katze aufbauen. Ist sie etwas zutraulicher geworden, sollten Sie ihr jeden Tag etwas Zeit widmen, mit ruhiger Stimme zu ihr sprechen und häufig ihren Namen verwenden. Nicht alle Katzen sind darauf versessen, gestreichelt zu werden. Nutzen Sie diese ersten Tage des gegenseitigen Kennenlernens, um herauszufinden, was Ihre Katze mag und was nicht.

Oben
Wenn den ganzen Tag niemand zu Hause ist, um die Katze in den Garten zu lassen, ist eine Katzenschleuse die ideale Lösung.

Mitte
Diese Katzen haben ein Versteck gefunden, wo sie dem Familientrubel entkommen.

Unten
Die billigsten Spielsachen sind oft am beliebtesten.

Katzenkinder

ABGESEHEN VON AUSNAHMEFÄLLEN wie zum Beispiel dem Tod der Katzenmutter oder einer unglücklichen Trennung vom Rest des Wurfs, wird ein Kätzchen normalerweise im Alter von zehn bis zwölf Wochen in sein neues Heim übersiedeln. In diesem Alter ist es schon an feste Nahrung gewöhnt und stubenrein. Allerdings kann der Umzug dazu führen, dass es vor Aufregung seine Manieren vergisst und daran erinnert werden muss.

UMZUG INS NEUE ZUHAUSE

FÜR EIN KÄTZCHEN ist sein neues Leben bei fremden Menschen möglicherweise ziemlich Furcht einflößend. Es kennt das angebotene Futter vielleicht nicht und die Geräusche und Gerüche seines neuen Heims sind völlig unbekannt. Es hat keine Vorstellung davon, wo seine Mutter und Geschwister geblieben sind. Alle Sicherheiten seines bisherigen Leben sind auf einmal verschwunden; alles ist ungewiss. Die bekannte Umgebung des Nestes hat sich in eine fremde Welt verwandelt, die von riesigen Zweibeinern beherrscht wird.

All dies kann natürlich zu Verhaltensweisen führen, die beunruhigend sind, wenn man nicht auf sie vorbereitet ist. Aus dem lebhaften, zutraulichen Kätzchen, das Sie sich ausgesucht haben, scheint plötzlich ein nervöses, verhuschtes Wesen geworden zu sein. Vielleicht versteckt es sich irgendwo und kommt einfach nicht zum Vorschein. In diesem Fall können Sie nur eines tun – abwarten. Halten Sie Kinder und andere Haustiere fern und vermeiden Sie plötzliche oder laute Geräusche. Stellen Sie Futter, Wasser und ein Körbchen in die Nähe des Verstecks, denn dadurch lässt sich das Kätzchen eventuell animieren, herauszukommen. Wenn es sich schließlich zum ersten Mal gründlich putzt, ist das ein Zeichen dafür, dass es angekommen ist.

Wenn Sie noch andere Tiere haben, sollten Sie diese zunächst nicht ins selbe Zimmer lassen. Denn in ihrer Gegenwart wagt das Kätzchen vielleicht nicht, zum Fressen hervorzukommen und ist möglicherweise auch zu nervös zum Schlafen. Die anderen Tiere können ihm außerdem das Futter wegfressen. Später, wenn sie sich aneinander gewöhnt haben, können Sie Näpfe und Schlafkörbe ruhig zusammenstellen. Jedes Tier sollte jedoch einen eigenen Futter- und Wassernapf und ein eigenes Bettchen bekommen. Katzen, die sich eingelebt haben, kuscheln sich oft an andere Tiere an. Das gilt besonders für Kätzchen aus demselben Wurf, die sich von Anfang an gerne ein Körbchen teilen, weil sie es so gewohnt sind.

Oben
Mit elf Wochen ist dieses Kätzchen alt genug, um in ein neues Heim zu übersiedeln.

Mitte
Dieses zwei Wochen alte Kätzchen ist noch völlig von seiner Mutter abhängig.

Unten
Jeder Neuankömmling braucht ein eigenes Körbchen. Sie sollten Ihr Kätzchen aber nicht zwingen, es zu benutzen.

Wie Kleinkinder brauchen auch junge Katzen viel Schlaf, und vor allem Kindern, die sich auf das neue Haustier gefreut haben, kommen sie oft enttäuschend inaktiv vor. Solange die Kätzchen noch bei der Mutter sind, spielt sie immer nur kurz mit ihnen und lässt sie dann schlafen. Dieser Regel sollten auch Sie folgen. Erklären Sie Ihren Kindern, dass auch kleine Kätzchen schon kratzen können, wenn man sie ärgert oder wenn sie übermüdet sind. Mit zunehmendem Alter nimmt das Schlafbedürfnis ab und der Spieltrieb zu, aber bis es so weit ist, sollten alle Familienmitglieder Geduld haben.

VORSICHT, ZERBRECHLICH!

KÄTZCHEN SIND SEHR ZART und sollten entsprechend vorsichtig behandelt werden. Sie heftig zu drücken, ist gefährlich, weil die Knochen noch nicht widerstandsfähig sind und leicht brechen. Heben Sie Ihr Kätzchen nicht am Nackenfell hoch. Das tut die Katzenmutter zwar auch, aber nicht mehr, wenn die Jungen schon entwöhnt werden. Ein Kätzchen in diesem Alter heben Sie hoch, indem Sie die flache Hand unter seinen Körper schieben und mit der anderen Hand seine Hinterbeine hochheben. Wenn es strampelt, halten Sie es so dicht über den Boden, dass es gefahrlos abspringen kann.

Oben
Der Napf eines Kätzchens muss einen flachen Rand haben, sauber gehalten werden und immer am selben Platz stehen.

Unten links
Diese beiden Stubentiger entstammen demselben Wurf und sind daran gewöhnt, aneinander gekuschelt zu schlafen.

Unten rechts
Die richtige Art, ein Kätzchen hochzuheben.

WISSENSWERTES
Obwohl Katzen im Vergleich zu Hunden einen eher schwachen Geruchssinn haben, verlassen sie sich bei der Kommunikation mit Artgenossen auf Duftmarken.

RICHTIG FÜTTERN

EIN JUNGES KÄTZCHEN, das gerade von seiner Mutter getrennt wurde, braucht weiterhin Milch- oder Milchprodukte, denn das darin enthaltene Kalzium fördert die Ausbildung starker Knochen und gesunder Zähne. Kaufen Sie einen speziell für Katzen angebotenen Milchersatz.

Mit zwölf Wochen sollten Kätzchen ein spezielles Aufzuchtfutter bekommen, das alle Nährstoffe enthält, die für ein gesundes Heranwachsen nötig sind. Wie viel Sie füttern müssen, hängt nicht nur von der Sorte ab, sondern auch davon, ob Sie Trocken- oder Dosenfutter füttern. Wenn Ihr Tierarzt nichts anderes empfiehlt, richten Sie sich nach der Fütterungsanweisung auf der Verpackung. Bedenken Sie aber, dass Kätzchen einen sehr kleinen Magen haben und deshalb über den Tag verteilt immer wieder winzige Futtermengen zu sich nehmen.

Bieten Sie Ihrem neuen Haustier von Anfang an die verschiedensten Geschmacksrichtungen an, damit es sich später nicht zu einem wählerischen Fresser entwickelt. Servieren Sie Futter und Katzenmilch nie direkt aus dem Kühlschrank, sondern holen Sie die Mahlzeiten rechtzeitig heraus und lassen Sie sie stehen, bis sie Zimmertemperatur haben.

WISSENSWERTES
Catgut (wörtlich „Katzendarm"), das früher für die Bespannung von Tennisschlägern und Saiteninstrumenten benutzt wurde, stammte in Wirklichkeit nicht von Katzen, sondern von Schafen.

FESTE NAHRUNG

MIT ZUNEHMENDEM ALTER verringern Sie die Milchmahlzeiten, bis sich Ihr Kätzchen mit etwa sechs Monaten von zwei festen Mahlzeiten täglich ernährt. Natürlich müssen Sie auch die Futtermenge allmählich steigern.

Da das Kätzchen immer lebhafter wird, steigt auch sein Energiebedarf. Am besten orientieren Sie sich am Appetit des Tieres. Wenn es alles auffrisst, geben Sie ihm bei der nächsten Fütterung etwas mehr; wenn es etwas stehen lässt, bekommt es bei der nächsten Mahlzeit etwas weniger. Übrig gebliebenes Dosenfutter sollten Sie wegwerfen, weil es schnell verdirbt oder von Fliegen verschmutzt wird. Wenn Ihr Kätzchen grundsätzlich etwas Dosenfutter übrig lässt, stellen Sie ihm versuchsweise Trockenfutter hin. Das kann stehen bleiben, sodass das Kätzchen immer etwas Futter vorfindet, wenn es Hunger hat.

Mit etwa zehn Monaten brauchen Jungkatzen kein spezielles Futter für Katzenkinder mehr, sondern können dieselben Sorten und Portionen fressen wie ausgewachsene Tiere.

DRINNEN ODER DRAUSSEN?

KLEINE KATZEN WERDEN mit zunehmendem Alter und Selbstbewusstsein immer verspielter und abenteuerlustiger. Wenn Ihre Katze acht oder neun Monate alt ist, sollten Sie entscheiden, ob Sie sie draußen herumstreifen lassen wollen. In diesem Fall sind einige Vorsichtsmaßnahmen angebracht.

Denn eine junge Katze, die bisher nur im Haus gelebt hat, steht draußen einer ganz neuen, aufregenden Welt aus unbekannten Geräuschen, Gerüchen und Anblicken gegenüber, von denen sie möglicherweise überwältigt wird. Außerdem besteht die Gefahr, dass Sie Ihre Katze unwissentlich in das Revier einer Nachbarkatze entlassen, die

versuchen wird, sie zu vertreiben. Aus diesem Grund sollten die ersten Ausflüge kurz sein. Lassen Sie ihre Katze am besten vor der gewohnten Futterzeit hinaus, begleiten Sie sie durch den Garten und rufen Sie sie immer

Oben
Kätzchen nehmen viele kleine Mahlzeiten am Tag zu sich. Trotzdem braucht jedes seinen eigenen Napf.

Mitte
Diese kleinen Abessinier erforschen eine aufregende neue Welt.

Unten
Kleine Katzen können versehentlich in das Revier einer erwachsenen Katze geraten.

wieder beim Namen. Halten Sie dabei Ausschau nach fremden Katzen. Es kann nicht schaden, wenn Sie sich mit einem stark riechenden Leckerbissen wie Ölsardinen oder etwas Thunfisch aus der Dose bewaffnen, mit dem Sie ihr Kätzchen zurücklocken können, falls es sich zu weit entfernt. Manche Katzenhalter ziehen es vor, ihre Katze bei diesen ersten Ausflügen an einer Leine zu führen.

Schon bald wird die Katze anfangen, mit dem Kopf und den Flanken an Bäumen und Zaunpfosten entlangzustreichen. Auf diese Weise erstellt sie eine „Landkarte" ihres Reviers, an der sie sich in Zukunft orientieren kann. Außerdem verkündet sie den Katzen in der Nachbarschaft damit, dass dies von nun an ihr Garten ist. In diesem Stadium können Sie Ihre Katze länger draußen lassen, sollten aber für den Fall, dass es zu Streit mit einer fremden Katze kommt, Augen und Ohren offen halten. Beenden Sie jeden Ausflug, indem Sie Ihre Katze rufen und sofort füttern, damit sie lernt, dass ihr Zuhause dort ist, wo es Futter gibt. Wenn Sie eine Katzenschleuse besitzen, ist jetzt ein guter Zeitpunkt, um die Katze mit ihrer Funktionsweise vertraut zu machen. Gewöhnen Sie sich an, abends zu kontrollieren, ob die Katze im Haus und die Klappe verriegelt ist.

FELLPFLEGE

DAMIT EIN Kätzchen Vertrauen zu seinem Besitzer entwickelt, sollte die Fellpflege vor allem in den ersten Tagen, solange es die Aufmerksamkeit seiner Mutter vermisst, eine wichtige Rolle spielen. Durch sanftes Streicheln mit der Hand und einer weichen Bürste, verbunden mit freundlichem Zuspruch, erfährt das Tier, wie angenehm die Gesellschaft von Menschen ist und baut eine enge Beziehung auf, die ein ganzes Katzenleben lang hält. Beim Bürsten ihres Kätzchens haben Sie außerdem Gelegenheit, den Zustand von Fell, Haut, Augen und Ohren zu kontrollieren. Das gilt natürlich auch für ausgewachsene Katzen.

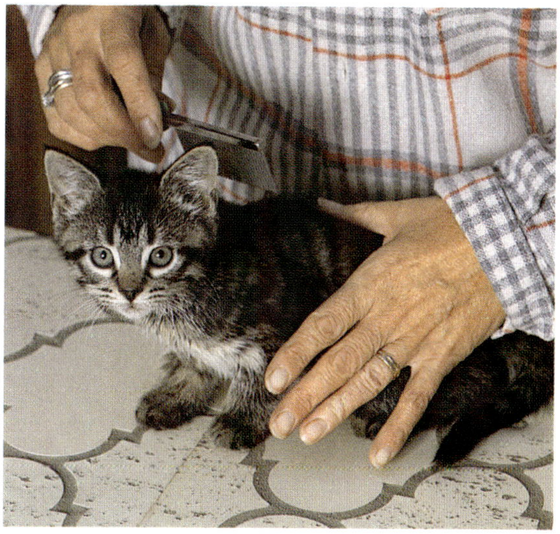

Kleine Katzen sind besonders anfällig für Ohrmilben, die sie oft schon mitbringen. Das erste Anzeichen dafür ist ein dunkelbraunes, wächsernes Sekret in den Gehörgängen. Ohrmilben vermehren sich schnell und verursachen Reizungen, Schmerzen und manchmal ein etwas irrationales Verhalten. Wenn Sie den Verdacht haben, dass Ihre Katze befallen sein könnte, sollten Sie mit ihr zum Tierarzt gehen. Davon abgesehen sind junge Katzen selten krank. Wenn sie alt genug sind, um von der Mutter getrennt zu werden, haben sie die gefährlichste Zeit ihres Lebens überstanden und sind kerngesund.

WISSENSWERTES

Kannibalismus kann bei Katzen schon mal vorkommen, wenn auch nur selten. Großkatzen allerdings betrachten kleinere Arten als Beute und töten sie, wenn es sich anbietet.

Oben
Katzen müssen lernen, wie eine Katzenschleuse funktioniert, denn es kann sein, dass sie zunächst Angst davor haben.

Mitte
Die Fellpflege sorgt für ein inniges Verhältnis zwischen Katze und Besitzer.

Unten
Zwei kerngesunde Somalikätzchen.

Katzenerziehung

MANCHMAL HÖRT MAN, dass Katzen schwierig oder gar nicht zu erziehen seien. Das ist natürlich übertrieben, aber es stimmt schon, dass sie nicht so gerne Kommandos befolgen wie Hunde. Als Rudeltier ordnet sich der Hund seinem Herrn freudig unter, denn er betrachtet ihn als Rudelführer, dem er gefallen möchte.

WISSENSWERTES
Über die Kolostralmilch, die erste Milch, die neugeborene Katzen trinken, versorgt die Katzenmutter sie mit Abwehrstoffen, die ihnen Schutz vor Infektionen bieten.

TRAINING MIT KÖPFCHEN

KATZEN FEHLT DER angeborene Drang, zu gefallen. Sie sind pragmatischer veranlagt und tun nur Dinge, von denen sie sich einen Vorteil versprechen. Das bedeutet, dass Sie bei der Erziehung Ihrer Katze mit Belohnungen nicht sparen dürfen. Natürlich lässt sich daraus nicht ableiten, dass Katzen keine intelligenten Tiere sind. Oft haben sie ein ausgezeichnetes Gedächtnis für Personen und Orte und gewöhnen sich schnell an zeitliche Abläufe. So wissen viele Katzen zum Beispiel genau, wann die Kinder aus der Schule kommen oder um welche Zeit die Familie morgens aufsteht. Belohnungen und das gute Gedächtnis machen es möglich, Katzen trotz ihrer Unabhängigkeit zu erziehen. Genauso machen es auch die Wildkatzen. Wenn wilde Katzenmütter ihren Jungen das Jagen beibringen, wiederholen sie die notwendigen Abläufe immer wieder und belohnen richtige Reaktionen mit kleinen Beutehäppchen.

Oben
Dieses Mädchen zeigt seiner Katze, wie man die Katzentoilette benutzt, indem sie deren Pfoten Scharrbewegungen ausführen lässt.

Mitte
Selbst junge Kätzchen können lernen, was erlaubt ist und was nicht.

Unten
Jede neue Streusorte wird zunächst misstrauisch geprüft.

Hauskatzen sollten einige Dinge lernen wie zum Beispiel, auf Ruf zu kommen oder ihre Krallen nicht an den Möbeln zu wetzen. Konzentrieren Sie sich stets nur auf ein Trainingsziel und wappnen Sie sich mit Geduld und viel Zeit.

STUBENREINHEIT

KLEINE KATZEN LERNEN DAS Benutzen der Katzentoilette meistens schon von ihren Müttern, aber in einer neuen Umgebung vergessen sie es manchmal wieder oder sind verwirrt, weil eine Streu benutzt wird, die sie nicht kennen. Etwas Nachhilfe reicht normalerweise aus, um die Katze an ihre guten Manieren zu erinnern. Stellen Sie das Kätzchen mit den Vorder-

pfoten in die Streu und machen Sie scharrende Bewegungen mit seinen Pfoten. Katzen vergraben Kot und Urin instinktiv und es sollte nicht lange dauern, bis Ihr Kätzchen begriffen hat, was Sie von ihm erwarten. Belohnen Sie richtiges Verhalten immer mit einer Streicheleinheit, lobenden Worten und eventuell auch einem Leckerbissen. Reinigen Sie die Katzentoilette sofort, damit das Kätzchen immer saubere Streu vorfindet.

AUF RUF KOMMEN

ES SPART VIEL ZEIT und Nerven, wenn Sie Ihrer Katze beibringen, auf Ruf zu kommen, vor allem, wenn sie ins Freie darf. Es gibt allerdings Katzen, die grundsätzlich nicht kommen, wenn man sie ruft. Sprechen Sie Ihre Katze häufig mit ihrem Namen an, vor allem, wenn Sie sie füttern. Alle Familienmitglieder, die vorhaben, in Zukunft nach der Katze zu rufen, sollten sich an diesem Programm beteiligen, damit sie sich an die verschiedenen Stimmen und Betonungen gewöhnt. Sprechen Sie dann den Befehl „Komm her" zusammen mit dem Namen aus. Der nächste Schritt besteht darin, die Katze zwischen den Mahlzeiten zu rufen und ihr Erscheinen mit einer Streicheleinheit und einem Leckerbissen zu belohnen. Bei einem Freigänger sollten Sie einen Ruf wählen, der auch in einiger Entfernung noch zu hören ist. Sie können Ihrer Katze aber auch beibringen, zu kommen, indem Sie mit einem Löffel gegen den Napf klopfen oder eine Glocke läuten.

WISSENSWERTES
Nach einem Wechsel des Leittiers in einem Löwenrudel ist es üblich, dass das dominante Männchen alle Jungen tötet, damit nur Jungtiere aufwachsen, die seine Gene tragen.

SCHÄDEN AN MÖBELN

EINE UNERZOGENE KATZE KANN in einem möblierten Zimmer ziemliche Verwüstungen anrichten, wenn sie Möbel und Vorhänge zerkratzt oder mit Urin bespritzt. Einer der Vorteile der Kastration ist, dass das Markieren danach weitgehend aufhört. Gelegentlich kann es aber nach wie vor passieren, vor allem, wenn Katzen das Gefühl haben, dass ihr Revier bedroht wird. Das Umstellen der Möbel, die Ankunft eines neuen Haustiers oder ähnliche Veränderungen können dazu führen, dass eine Katze kurzzeitig wieder markiert.

Katzen, die ins Freie dürfen, setzen ihre Duftmarken normalerweise draußen und nicht im Haus.

Mitte rechts
Katzen, die ins Freie dürfen, markieren gewöhnlich nicht in der Wohnung.

Unten
Kätzchen lieben es, an Vorhängen hochzuklettern, können aber lernen, es nicht zu tun.

Unten links
Für Wohnungskatzen ist ein Kratzbaum eine gute Alternative zu den Polstermöbeln.

Unten rechts
Kleine Katzen müssen schnell lernen, dass gefährliche Dinge wie Elektrokabel kein Spielzeug sind.

WISSENSWERTES
Wildkatzen werfen zwischen einem und sieben Junge. Die Anzahl ist bei den verschiedenen Arten relativ konstant, kann aber in Abhängigkeit vom Nahrungsangebot variieren.

ABSCHRECKUNGSMANÖVER

ES HAT KEINEN Sinn, mit einer Katze zu schimpfen, nachdem sie markiert hat. Wenn Sie sie in flagranti erwischen, sind ein lautes „Nein!", Händeklatschen oder heftiges Rascheln mit einer Zeitung oder einem Stück Folie wirksame Abschreckungsmethoden. Problematischer ist das Spritzen, wenn die Besitzer nicht im Hause sind. Für solche Fälle gibt es im Zoohandel Präparate, die für Menschen recht angenehm, für Katzennasen aber furchtbar riechen. Eine preiswertere Lösung ist Zitronellaöl aus der Apotheke, das zwar intensiv, aber nicht unangenehm riecht. Verwenden Sie es sparsam und verteilen Sie einen oder zwei Tropfen mit einem Lappen auf den gefährdeten Stellen.

Diese Mittel können Katzen möglicherweise auch davon abhalten, Möbel und Teppiche zu zerkratzen, aber eine wirksamere und dauerhaftere Lösung dieses Problems ist die Anschaffung eines Kratzbaums. Das Schärfen der Krallen, der wichtigsten Jagd- und Verteidigungswaffen, ist ein angeborener Instinkt, den man keiner Katze abgewöhnen kann. Katzen können aber durchaus lernen, diesem Instinkt nur an einem bestimmten und akzeptierten Ort nachzugehen. Einen Kratzbaum können Sie im Zoohandel kaufen, aber wer halbwegs geschickt ist, kann ihn auch selbst bauen. Er sollte zwischen 60 und 90 Zentimeter hoch sein und eine stabile Bodenplatte haben. Für den aufrechten Teil eignet sich am besten weiches Holz, vorzugsweise solches, an dem noch Rinde ist. Manche Leute überziehen den Pfosten auch mit einem Teppichrest, der immer wieder erneuert wird. Dieser Rest sollte jedoch nicht Ihrer Auslegeware gleichen, denn sonst wird die Katze nie begreifen, was erlaubt ist und was nicht. Eine andere Möglichkeit sind Sisal- oder Korkmatten, die an der Wand befestigt werden. Zeigen Sie der Katze, was sie tun soll, indem Sie sie vorne anheben und mit den Vorderpfoten Kratzbewegungen am richtigen Gegenstand machen. Auch hier belohnen Sie jeden Erfolg.

Auch Katzen, die hinaus dürfen, wollen manchmal in der Wohnung kratzen, um ihre Krallen zu schärfen. Das Kratzen draußen dient nämlich eher der Markierung des Reviers.

KATZENFREIE ZONEN

GANZ WICHTIG IST, dass Sie eine Möglichkeit finden, Ihre Katze davon abzuhalten, sich an „verbotenen" Plätzen wie bestimmten Polstermöbeln breitzumachen, auf Tische oder Arbeitsplatten zu springen oder mit gefährlichen Dingen wie Elektrokabeln zu spielen. Auch hier können ein strenges „Nein!" oder lautes Rascheln mit einer Zeitung zur Abschreckung ausreichen. Sie können die Katze aber auch einfach vom Ort des Vergehens wegtragen. Die Hauptsache ist, dass alle Familienmitglieder sich an die gleichen Regeln halten. Sprechen Sie vorher ab, was Sie ihr erlauben wollen. Verbieten Sie ihr aber

nicht alles. Katzen lieben bequeme Sessel genauso wie wir und ein guter Kompromiss ist zum Beispiel eine alte Decke, um die Katzenhaare fern zu halten. Bedenken Sie auch, dass Katzen bestimmte Schlafplätze bevorzugen, weil es dort nicht zieht oder weil sie einen guten Ausblick in den Garten bieten.

DIE KATZENSCHLEUSE

KATZEN, DIE NOCH KEINE ERFAHRUNG mit der Katzenschleuse haben, müssen erst lernen, wie sie funktioniert. Sie müssen erleben, dass sich die Klappe von beiden Seiten durch Anstoßen mit der Pfote in Schwingung versetzen lässt, und dann ermutigt werden, durch die offene Klappe zu gehen. Belohnen Sie das mit viel Lob und einem Leckerbissen. Schließen Sie die Klappe allmählich immer weiter und wiederholen Sie die Übung, bis es die Katze alleine kann. In diesem Stadium können Sie ein Spiel daraus machen und ein zerknülltes Papier an einer Schnur durch die geschlossene Klappe ziehen. Vergessen Sie nicht, Ihrer Katze die Funktion der Klappe von drinnen und draußen zu zeigen.

ANKLOPFEN

WENN SIE EINEN FREIGÄNGER, ABER keine Katzenschleuse besitzen, macht es Sinn, ihm beizubringen, sich zu melden, wenn er eingelassen werden will – zum Beispiel durch Klopfen am Küchenfenster. Manche Katzen kommen sogar von selbst auf diese Idee oder lernen, Türen mit Klinken aufzumachen. Zeigen Sie Ihrer Katze immer wieder das erwünschte Verhalten, üben Sie häufig mit ihr und belohnen Sie jeden Erfolg.

AN DER LEINE GEHEN

WENN SIE IHRE KATZE nicht unbeaufsichtigt draußen herumstreifen lassen wollen, können Sie ihr beibringen, an der Leine spazieren zu gehen. Manche Rassekatzen, unter ihnen die Siamesen, lernen es recht schnell, doch die meisten anderen akzeptieren zwar Geschirr und Leine, wandern dann aber ziellos herum. Am besten machen Sie Ihre Spaziergänge kurz vor dem Füttern und benutzen die Fütterung als Belohnung nach der Rückkehr. Legen Sie Ihrer Katze ein leichtes Geschirr an, am besten eines mit elastischen Einsätzen, und beginnen Sie die Ausbildung, indem Sie die Leine auf dem Boden schleifen lassen. Dann nehmen Sie die Leine auf und beginnen allmählich, die Kontrolle zu übernehmen. Halten Sie die Ausflüge zunächst kurz. Gehen Sie mit Ihrer Katze anfangs nur im Garten, später auch in der Nachbarschaft spazieren. Sie sollten jedoch nicht damit rechnen, dass sie irgendwann so „bei Fuß" läuft wie ein Hund.

DIE KATZE IM GARTEN

KATZENFREUNDE, die außerdem noch begeisterte Hobbygärtner sind, haben oft ein Problem, das auch die Besitzer der Nachbargärten betrifft. Es ist wirklich nicht schön, wenn die Katze ausgerechnet das Beet mit den preisgekrönten Blumen als Toilette benutzt, und es ist noch ärgerlicher, wenn es nicht einmal die eigene Katze ist. Eine Wasserpistole, mit der über die Katze gezielt wird, sodass es auf sie regnet, kann da Wunder vollbringen und bei wiederholtem Einsatz sogar eine dauerhafte Abschreckung bewirken. Außerdem gibt es Katzenfernhalte-Mittel, die Katzen von bestimmten Bereichen fern halten. Sie haben beim Einsatz im Freien allerdings den Nachteil, dass man sie immer wieder ausbringen muss. Wer keine Chemie in seinem Garten haben will, kann auch Katzenminze *(Nepeta cataria)* oder Baldrian *(Valeriana officinalis)* an den Stellen pflanzen, an denen die Katze erwünscht ist, und Gartenraute *(Ruta graveolens)* an denen, die sie meiden soll.

WISSENSWERTES
Auf der Isle of Man (Großbritannien) leben Katzen ohne Schwanz. Diese Manxkatzen entstanden wahrscheinlich aus einem einzigen Wurf, in dem es zu einer Mutation kam.

Oben
Diese Katze weiß genau, wie die Katzenklappe funktioniert.

Unten
Katzen können zwar lernen, an der Leine zu gehen, bleiben aber immer wieder stehen, um zu schnuppern.

Richtig füttern

KATZEN SIND GEBORENE Fleischfresser. Wildkatzen ernähren sich ausschließlich von Beutetieren, und Jahrhunderte der Domestizierung haben nichts am Nahrungsbedarf von Katzen geändert. Sie brauchen neben Fett bestimmte Aminosäuren und Nährstoffe, die nur in tierischem Eiweiß enthalten sind.

GEBORENE JÄGER

IM GEGENSATZ zu anderen Säugetieren kann der Stoffwechsel der Katze diese lebenswichtigen Bausteine nicht aus anderer Nahrung gewinnen, sodass sie ständig aufgenommen werden müssen. Das bedeutet, dass das Futter von Katzen sehr viel Protein enthalten muss – etwa doppelt so viel wie das von Hunden. Mindestens ein Drittel des Futters sollte daher aus tierischem Eiweiß bestehen. Gutes Katzenfutter enthält auch viel Fett, mit dem das Verdauungssystem von Katzen problemlos fertig wird.

Oben rechts
Gutes Dosenfutter sorgt für eine ausgewogene Ernährung.

Oben links
Wie alle Katzen ist auch der Gepard ein ausgesprochener Fleischfresser. Dieser verspeist gerade einen Springbock.

Unten
Diese Katze kommt nach Hause, wenn ihre Besitzerin mit der Gabel gegen den Napf klopft.

REGELMÄSSIGE MAHLZEITEN

KATZEN sind Gewohnheitstiere, die es mögen, zweimal am Tag etwa zur selben Zeit an einem Ort gefüttert zu werden, wo sie in Ruhe fressen können. Üblich ist eine kleine Mahlzeit morgens und eine größere abends, aber Sie sollten sich in dieser Frage ruhig vom Appetit Ihrer Katze leiten lassen. Wenn Sie Frisch- oder Dosenfutter verwenden, sollten Sie nicht morgens die ganze Tagesration hinstellen, weil das Futter schnell verdirbt und Fliegen anzieht. Räumen Sie die Reste weg, wenn die Katze nicht mehr mag, und reinigen Sie den Napf für die nächste Mahlzeit.

DOSENFUTTER

ES IST DER Futtermittelindustrie zu verdanken, dass Katzen heute besser ernährt werden als jemals zuvor. Noch vor 40 Jahren mussten Katzen von Essensresten und einem gelegentlichen Schälchen Milch leben. Heute ist es einfach, für eine ausgewogene Ernährung zu sorgen, denn die hochwertigen Katzenfuttersorten enthalten die perfekte Mischung aus Eiweiß und Fett. Auch Mineralien und Vitamine sind bereits enthalten. Kontrollieren Sie anhand des Etiketts, ob es sich um ein „Alleinfuttermittel" handelt, und meiden Sie die billigeren Sorten, bei denen ein mehr oder weniger bedeutender Teil des tierischen Proteins durch pflanzliches Eiweiß ersetzt wurde. Sie enthalten meistens auch chemische Geschmacksstoffe.

So genannte „Gourmethäppchen" können gelegentlich als Leckerbissen dienen (nicht alle Katzen sind davon begeistert), aber sie sind eventuell nicht so ausgewogen wie die hochwertigen Standardprodukte. Geben Sie Ihrer Katze kein Hundefutter, auch wenn es billiger ist. Es enthält durchweg weniger tierisches Eiweiß und dafür mehr Getreide und Gemüse. Offene Katzenfutterdosen gehören in den Kühlschrank, aber vergessen Sie nicht, sie eine halbe Stunde vor dem Füttern herauszunehmen, damit das Futter Zimmertemperatur hat.

WELCHE SORTE?

ES GIBT ZWAR KATZEN, die ihr Leben lang begeistert immer dieselbe Geschmacksrichtung der immer gleichen Futtersorte fressen, aber andere sind wählerischer und

verweigern plötzlich das gewohnte Futter. Glücklicherweise ist dies den Herstellern bekannt, sodass es jede Sorte in allen möglichen Geschmacksrichtungen gibt und normalerweise für jede Katze etwas dabei ist. Legen Sie aus diesem Grund keine großen Vorräte an, vor allem, wenn Sie Ihre Katze noch nicht lange kennen. Eine mäkelige Katze stellt ihren Besitzer vor immer neue Herausforderungen. Deshalb empfiehlt es sich, junge Katzen so bald wie möglich an verschiedene Futtersorten zu gewöhnen.

Machen Sie nicht den Fehler, einem Kätzchen immer dieselbe Sorte zu geben, denn wenn Sie Pech haben, frisst es für den Rest seines Lebens nichts anderes mehr. Erwachsene Katzen lassen sich kaum dazu bringen, etwas zu probieren, das sie nicht kennen. Katzen können unglaublich stur sein und die Nahrungsaufnahme so lange verweigern, bis sie endlich bekommen, was sie möchten. Aber seien Sie unbesorgt: Ihre Katze wird nicht verhungern. Stellen Sie einfach immer wieder einen frischen Napf mit dem verhassten Futter hin. Der Dickschädel mit dem längeren Atem wird schließlich gewinnen, was bedeutet, dass Ihre Chancen gar nicht schlecht stehen.

WISSENSWERTES
Die Tragezeit der verschiedenen Katzenarten hängt von der Größe der Tiere ab. Sie liegt zwischen 56 Tagen bei der Afrikanischen Wildkatze und 114 Tagen bei Löwen.

WISSENSWERTES
Löwen gelten als die einzigen Wildkatzen, die in einem Sozialverband leben, aber auch bei Tigern und Geparden hat man eine Art Gruppenverhalten beobachtet.

Oben
Durch intensives Beschnuppern prüfen Katzen, ob ihr Futter frisch ist.

Unten
Katzen haben es am liebsten, wenn ihr Futter Zimmertemperatur hat.

TROCKENFUTTER

TROCKENFUTTER HAT DIVERSE VORTEILE, aber auch einige Nachteile. Zu den Vorteilen gehört die Haltbarkeit im Napf, was bedeutet, dass Sie die gesamte Tagesration auf einmal geben können. Das ist besonders praktisch, wenn Sie tagsüber nicht zu Hause sind. Außerdem beansprucht Trockenfutter die Zähne und das Zahnfleisch ebenso, wie das Zerlegen der Beute in freier Wildbahn, was der Bildung von Zahnstein vorbeugt. Gegen Trockenfutter spricht, dass es kaum Wasser enthält. Dieses muss entweder hinzugefügt oder zusätzlich angeboten werden. Achten Sie darauf, ob Ihre Katze genug trinkt. Wenn das nicht der Fall zu sein scheint, sollten Sie mit dem Trockenfutter sparsam umgehen und zusätzlich Dosenfutter geben. Früher kam es durch das Füttern von Trockenfutter manchmal zu Blasen- oder Nierenproblemen, aber die heutigen Futtersorten sind so ausgewogen, dass diese Gefahr nicht mehr besteht. Ältere Katzen oder Katzen mit Harnwegsproblemen brauchen aber trotzdem eine spezielle, nierenschonende Diät, die Sie am besten mit Ihrem Tierarzt absprechen.

Oben
Trockenfutter verhindert die Entstehung von Zahnstein.

Unten rechts
Ein Futter- und Wasserspender.

Unten links
Trocken- und Dosenfutter sind die billigste und einfachste Art, eine Katze gesund zu ernähren.

EIGENE REZEPTE

MANCHE KATZENBESITZER sind irrtümlich der Ansicht, dass es nur die zweitbeste Lösung ist, einer Katze Fertigfutter zu geben, und kochen mit großem Aufwand für ihre Katze. Doch eine ausgewogene Mahlzeit selbst zuzubereiten, ist keineswegs billiger und erfordert außerdem viel Zeit und Mühe. Dazu kommt, dass das selbst gekochte Futter noch mit Mineralien und Vitaminen ergänzt werden muss. So braucht zum Beispiel eine Katze, die mit gekochtem Fleisch oder Fisch ernährt wird, zusätzlich Kalzium, Thiamin und Taurin und regelmäßige Gaben Lebertran, der die Vitamine A und D enthält. Natürlich muss auch darauf geachtet werden, dass keine Überversorgung entsteht.

Gegen ein Stück Fleisch oder Fisch ab und an ist natürlich nichts einzuwenden – vorausgesetzt, es ist wirklich nur gelegentlich und die Katze erwartet nicht, jeden Tag einen Anspruch darauf zu haben! Nach einer Operation oder einem Schockerlebnis fahren Sie sicher am besten, wenn Sie eine kleine Portion des gewohnten Futters anbieten. Etwas angewärmt entfaltet sich das Aroma besser. Leckerbissen wie Hackfleisch, Hühnchen, Fisch oder Leber können einer gesunden Katze zwar nicht schaden, werden von Tierärzten aber nicht empfohlen.

NÄHRSTOFFBEDARF

IM REGELFALL BRAUCHT eine gesunde, ausgewachsene Katze 31 Prozent Eiweiß, 41 Prozent Fett und 28 Prozent Kohlenhydrate. Die Informationen auf der Verpackung beziehen sich jedoch nicht auf die Trockenmasse

und das Umrechnen ist schwierig. Außerdem brauchen heranwachsende und alte Katzen eine andere Futterzusammensetzung. Die beste Lösung ist also, ein hochwertiges Futter zu kaufen, das dem Alter des Tieres angemessen ist. In Zweifelsfällen lassen Sie sich von Ihrem Tierarzt beraten.

Wenn die Katze grundsätzlich einen Teil des Futters stehen lässt, verkleinern Sie die Ration auf eine Menge, die sie bewältigen kann. Anders als Hunde fressen Katzen in der Regel langsam und manche heben sich gern etwas Futter für später auf.

OHNE WASSER GEHT ES NICHT

KATZEN NEHMEN durchschnittlich rund 200 ml Wasser am Tag auf (die tatsächliche Menge hängt von der Ernährung ab). Wildkatzen decken einen Großteil ihres Wasserbedarfs über ihre soeben erlegte Beute, die zum Teil bis zu 70 Prozent Wasser enthält. Hauskatzen nehmen mit dem Dosenfutter viel Wasser auf, sollten aber trotzdem immer frisches Wasser zur Verfügung haben. Achten Sie stets darauf, wie viel Ihre Katze trinkt. Wenn sie ihren Wassernapf immer leert und medizinische Gründe wie Diabetes oder eine Schilddrüsenüberfunktion ausgeschlossen sind, können Sie ihr ein wenig warmes Wasser unter das Dosenfutter mischen. Das empfiehlt sich auch bei Katzen, die zu wenig trinken. Mangelnde Flüssigkeitsaufnahme kann zu Harnwegsproblemen führen.

APPETITMANGEL

IN DER NATUR fressen Wildkatzen sehr unregelmäßig. Meist fressen sie sich satt, wenn sich die Gelegenheit dazu bietet, und schlafen dann ausgiebig. Wenn Ihre Katze plötzlich kein Interesse mehr an ihrem Futter zeigt, sollte Sie das also nicht beunruhigen. Natürlich kann es sein, dass sie krank ist, aber meistens steckt etwas Harmloseres dahinter, vor allem, wenn Sie einen Freigänger haben. Die meisten Katzen gehen unterwegs auf die Jagd. Es ist auch möglich, dass sich Ihre Katze bei netten Nachbarn durchfüttern lässt.

Auch kleine Veränderungen im Tagesablauf, zum Beispiel die Rückkehr der Kinder aus den Ferien, können den Appetit einer Katze beeinflussen. Eine andere Möglichkeit ist eine Störung beim Fressen. Für Katzen ist die Futteraufnahme kein soziales Ereignis und sie sind dabei gern ungestört. Wenn Ihre Katze länger als einen oder zwei Tage das Futter verweigert und sich auch mit Leckerbissen wie Sardinen oder Leber nicht locken lässt, sollten Sie sie vom Tierarzt untersuchen lassen.

KATZENSNACKS

ES GIBT DIVERSE SNACKS, die Katzen zur Belohnung oder einfach nur zwischendurch bekommen können. Die im Handel erhältlichen Produkte sind gesünder und sicherer als frisches Fleisch oder Fisch. Das Öl aus einer Sardinendose wird allerdings immer gern genommen; träufeln Sie es einfach auf kleine Brotstückchen. Süßigkeiten oder Schokolade sollten Katzen nicht bekommen, aber die meisten können süßen Speisen ohnehin nichts abgewinnen.

Vergessen Sie nicht, dass auch Katzensnacks Kalorien enthalten. Wenn Sie häufig solche Häppchen füttern, sollten Sie die nächste Futterration entsprechend verkleinern. Ersetzen Sie aber immer nur einen kleinen Teil der Tagesration durch Leckerbissen und bringen Sie Ihre Katze zum Tierarzt, falls sich ihr Gewicht auffällig verändert.

WISSENSWERTES

Der ägyptische Katzengott Ailurus war so gefürchtet, dass jeder, der eine Katze tötete, zum Tode verurteilt wurde. Die römische Jagdgöttin Diana verärgerte die Riesen, indem sie die Gestalt einer Katze annahm.

Oben links
Katzen müssen immer frisches Wasser zur Verfügung haben.

Oben rechts
Übermäßiges Trinken kann ein Anzeichen für Diabetes oder eine Schilddrüsenüberfunktion sein.

Unten
Bei alten Katzen bedarf es manchmal der Überredung, um sie zum Fressen zu bewegen.

Die Fellpflege

DIE SPRICHWÖRTLICHE Sauberkeit der Katzen ist ein Grund dafür, warum sie als Haustiere so beliebt sind. Doch obwohl sie sich wirklich ausgiebig putzen, gibt es drei gute Gründe, ihnen zusätzliche Fellpflege angedeihen zu lassen.

VERTRAUEN SCHAFFEN

DIE FELLPFLEGE IST EINE WICHTIGE Gelegenheit, um eine Verbindung zu seiner Katze aufzubauen. Schließlich gefällt Bürsten und Kämmen nach einer kurzen Phase der Gewöhnung fast allen Katzen, weil es sie an die liebevolle Zuwendung erinnert, die sie als Jungtiere von ihrer Mutter bekamen. Außerdem lassen sich Haare entfernen, die sonst möglicherweise als Haarballen im Magen oder in den Eingeweiden der Katze enden würden. Diese Gefahr besteht besonders bei Langhaarkatzen. Drittens bietet das Bürsten eine Gelegenheit, regelmäßig den Zustand des Fells, der Augen, der Ohren, der Nase und der Pfoten zu überprüfen. Es ist besonders im Frühjahr wichtig, wenn Katzen (mit Ausnahme der Rex- und Sphinxkatzen) das Fell wechseln. Regelmäßiges Bürsten verringert außerdem die Menge der Katzenhaare, die sich auf Teppichen und Polstern sammeln.

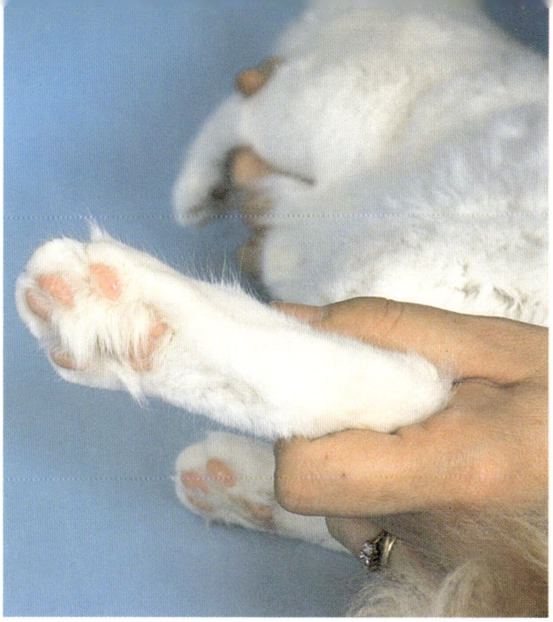

Oben
Die Fellpflege ist eine gute Gelegenheit, um die Pfoten zu untersuchen.

Mitte
Auch wenn Katzen sich selbst sauber halten, sollten Sie auf zusätzliche Fellpflege nicht verzichten.

Unten
Kämmen Sie immer in Wuchsrichtung des Haares, also vom Kopf zum Schwanz, nie gegen den Strich.

Die hier beschriebenen Pflegemaßnahmen sind für den Hausgebrauch gedacht und nicht als Vorbereitung auf eine Ausstellung. Sie brauchen dazu eine Bürste mit langen, weichen Naturborsten – eine Babybürste eignet sich hervorragend – und einen feinzinkigen Metallkamm.

DIE TECHNIK

SCHON JUNGE KÄTZCHEN sollten regelmäßig gebürstet werden, sodass sie sich unter dem beruhigenden Zuspruch ihres Besitzers schnell daran gewöhnen. Bei älteren Katzen, vor allem ehemaligen Streunern oder Katzen aus dem Tierheim, kann der Lernprozess schwieriger sein. Hier führen nur sanftes, geduldiges und entschlossenes Vorgehen zum Erfolg.

Stellen Sie Ihre Katze auf eine alte Zeitung, auf der tote Flöhe, Schmutz und Haare landen, und halten Sie sie vorsichtig mit einem Arm fest, damit sie sich nicht hinlegt und Sie die Vorderpfoten unter Kontrolle haben. Wenn Sie fertig sind, falten Sie die Zeitung zum Wegwerfen nach innen zusammen. Kämmen Sie das Fell zunächst vorsichtig durch und bürsten Sie dann von vorne nach hinten langsam den ganzen Körper der Katze bis zum Schwanz und zu den Hinterläufen. Bei Kurzhaarkatzen ist das eine Sache von wenigen Minuten; bei langhaarigen Rassen ist es etwas aufwändiger.

Lösen Sie zunächst verfilzte Partien mit den Fingern oder dem Kamm, ohne dabei an der Haut zu ziehen. Wenn Sie das Haar etwas anfeuchten, geht es leichter.

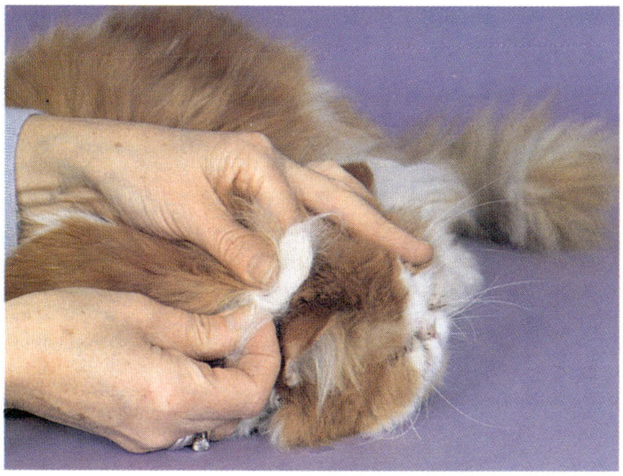

Zu Verfilzungen kommt es oft unter dem Kinn und zwischen den Vorderbeinen. Wenn sie sich nicht lösen lassen, schneiden Sie sie vorsichtig heraus. Dann bürsten Sie das Fell und führen die Bürste bei jedem Strich steil nach oben, um die Haare zu lockern. Vorsicht: Die meisten Katzen lassen sich das Bürsten am Schwanz und an den Hinterbeinen nur ungern gefallen. Sie sollten Ihre Katze dabei also gut festhalten.

WORAUF SIE ACHTEN SOLLTEN

BESONDERS AUF Verschmutzungen durch Teer, Farbe oder Öle sollten Sie Ihr Augenmerk richten. Weichen Sie die betroffenen Stellen zunächst mit Pflanzenöl ein und entfernen Sie den Schmutz dann mit etwas Alkohol. Gehen Sie damit aber sparsam um und halten Sie ihn von Augen, Nase und Mund der Katze fern. Katzen können sich an den Dämpfen vergiften und dann Symptome von Trunkenheit zeigen. Sie lassen zwar nach wenigen Minuten nach, aber es ist doch besser für das Tier, es nicht so weit kommen zu lassen.

Kontrollieren Sie regelmäßig, dass die Augen nicht tränen und die Ohren sauber sind. Verschmutzungen am äußeren Teil des Ohrs können mit etwas Watte entfernt werden, doch in den Gehörgang sollten Sie nicht eindringen. Wenn es geht, sollten Sie Ihre Katze auch daran gewöhnen, dass Sie ihr ins Maul schauen. Legen Sie Zeigefinger und Daumen einer Hand an die Maulwinkel und ziehen Sie mit der anderen Hand vorsichtig den Kiefer nach unten. Das ist nicht einfach und wird der Katze vermutlich nicht gefallen, aber wenn Sie schon in jungen Jahren mit der Zahnkontrolle beginnen, lassen sich viele Probleme im Alter vermeiden. Bei Verfärbungen der Zähne oder Entzündungen des Zahnfleischs sollten Sie Ihre Katze vom Tierarzt untersuchen lassen. Den Zustand der Haut kontrollieren Sie, indem Sie beim Kämmen die Haare an einigen Stellen so weit anheben, dass die Haut zu sehen ist.

Wählen Sie eine Zeit für die Fellpflege, in der die Katze ruhig und entspannt ist. Wenn Sie danach noch eine

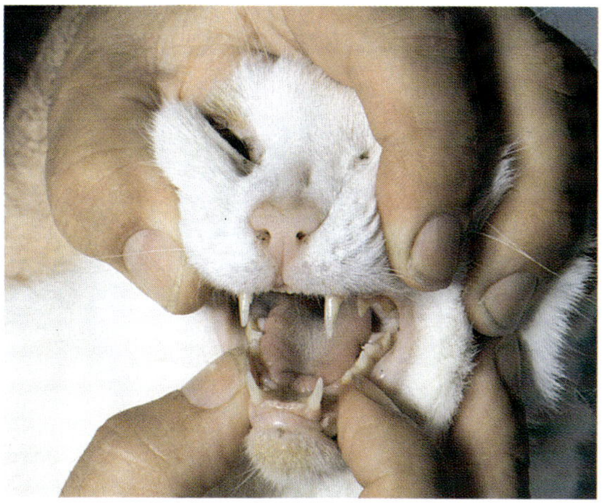

Weile mit ihr spielen, wird sie diese Momente als besonders angenehm empfinden. Bei Kurzhaarkatzen reicht eine Pflegesitzung pro Woche, aber die langhaarigen Stubentiger müssen etwa alle drei Tage gekämmt werden, vor allem in der Zeit des Fellwechsels.

WISSENSWERTES
Der Maler Balthazar Klossowski de Rola, genannt Balthus, war ein großer Katzenliebhaber, was Werke wie *Katerfrühstück* und *König der Katzen* beweisen.

WISSENSWERTES
Die so genannte „neunschwänzige Katze" war eine Peitsche, mit der früher in der britischen Marine Bestrafungen durchgeführt wurden. Sie hatte neun Lederriemen.

Oben links
Verfilzte Haare werden vorsichtig mit den Fingern auseinander gezupft.

Oben rechts
So öffnet man das Maul einer Katze.

Unten
Reinigen Sie nur die Innenseite der Ohrmuschel, nie den Gehörgang.

Mit der Katze verreisen

FAST JEDE KATZE MUSS irgendwann transportiert werden, auch wenn es nur zum Tierarzt ist. Wenn sie erst einmal unterwegs ist, wird sie sich wahrscheinlich missmutig in ihr Schicksal fügen, aber die Reisevorbereitungen können ein wahrer Albtraum sein. Die meisten Katzen verschwinden blitzschnell, sobald sie den Katzenkorb sehen, oder sie schlagen die Krallen in den Teppich, um nur ja nicht in diesen Korb zu müssen.

DIE VORBEREITUNGEN

DAS LIEGT zweifellos daran, dass die meisten Katzen ihren Transportkorb mit einem Besuch in der Tierarztpraxis verbinden, wo man an ihnen herumzerrt, sie piesackt und sie allen möglichen würdelosen Prozeduren unterwirft. Am besten ist es, den Katzenkorb außer Sichtweite zu halten, solange es geht, und sich möglichst alltäglich zu benehmen. Greifen Sie kurz bevor Sie gehen müssen blitzschnell zu. Eine Katze in ihren Transportkorb zu stecken ist normalerweise eine Aufgabe für zwei Personen: Eine bändigt und verlädt die Katze, die andere schließt die Tür, sobald sie drinnen ist.

WISSENSWERTES

Die Redewendung „die Katze im Sack" stammt von einem alten Verkaufstrick: Dem Käufer wurde auf dem Viehmarkt statt des Ferkels eine Katze überreicht.

Oben

Diese luftige Transportbox aus Drahtgeflecht und Plastik ist ideal, weil sie leicht gereinigt und desinfiziert werden kann.

Unten

Eine verletzte Katze wird in ein Handtuch eingewickelt und sicher zum Tierarzt gebracht.

DER RICHTIGE KORB

WIE BEREITS ERWÄHNT, ist ein stabiler Katzenkorb ein Muss. Auf ihn können Sie höchstens dann verzichten, wenn Ihre Katze sehr krank oder verletzt ist. Dann ist es sinnvoller, sie in eine Decke einzuwickeln und gut festzuhalten, eventuell vom Beifahrer. Machen Sie nicht den Fehler, sich auf die Pappkartons zu verlassen, die man im Tierheim bekommt, wenn man eine Katze adoptiert. Auch aus einer Verpackungsschachtel wird sich jede Katze, die etwas auf sich hält, mit Hilfe ihrer Krallen in wenigen Minuten befreien. Die besten Katzenkörbe bestehen aus plastiküberzogenem Drahtgeflecht, denn sie lassen sich nach Gebrauch leicht reinigen und desinfizieren. Das ist besonders wichtig, wenn darin eine kranke Katze transportiert wurde. Manche Katzen fühlen sich in einer geschlossenen Transportbox aber sicherer. In jedem Fall sollten Sie den Korb mit Küchenpapier oder Zellstoff auslegen, damit Urin oder Erbrochenes nicht auslaufen.

UNTERWEGS

IM AUTO GEHÖRT DIE Katze in den Fahrgastraum und nicht in den Kofferraum. Wenn Sie einen Mitfahrer haben, kann er den Katzenkorb auf dem Rücksitz festhalten. Ein untergelegter Müllbeutel schützt Ihre Sitze vor Urin oder Erbrochenem. Stellen Sie den Katzenkorb nicht auf den Boden, weil Ihre Katze dort unnötigen Geräuschen und Erschütterungen ausgesetzt ist.

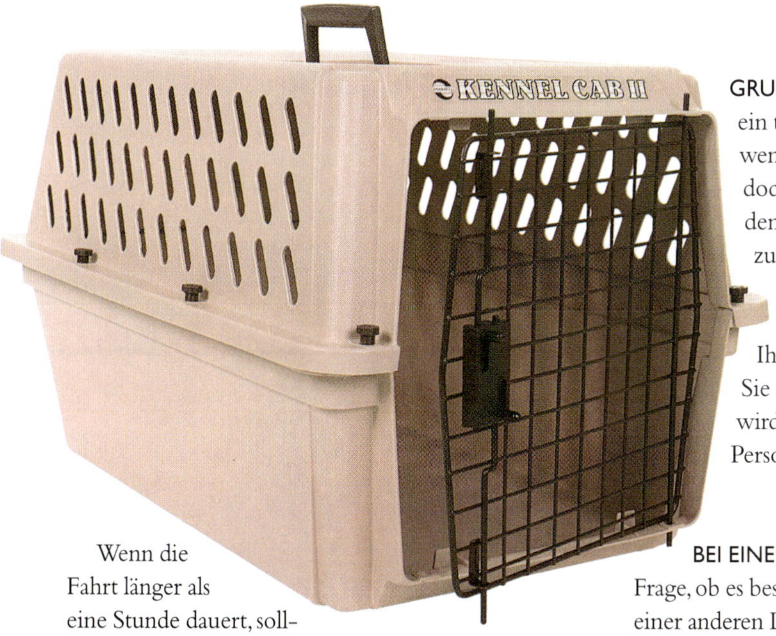

Wenn die Fahrt länger als eine Stunde dauert, sollten Sie Wasser für Ihre Katze mitnehmen. Füttern Sie sie lieber nicht, weil sie eventuell reisekrank wird. Achten Sie im Sommer darauf, dass es im Wagen nicht zu warm wird, und sorgen Sie für Frischluft. Lassen Sie Ihre Katze nie allein im Auto, auch wenn das bedeutet, dass Sie nicht in der Raststätte speisen können, sondern Ihre mitgebrachten Brote im Auto verzehren müssen.

Wenn Sie mit öffentlichen Verkehrsmitteln fahren müssen, erkundigen Sie sich vorher, ob Sie die Katze mitnehmen dürfen und was Sie dabei zu beachten haben. Eine sichere Unterbringung wird normalerweise immer verlangt. Fluggesellschaften bestehen meistens darauf, dass Katzen (genau wie Hunde) im beheizten Teil des Frachtraums reisen, und schreiben oft auch die Art des Behälters vor. Auch bei der Bahn kann es passieren, dass Ihre Katze zum Frachtgut wird und im Gepäckabteil reisen muss.

QUARANTÄNE

GRUNDSÄTZLICH KANN MAN sagen, dass es ein traumatisches Erlebnis für eine Katze ist, wenn sie allein auf die Reise geschickt wird, doch manchmal lässt sich das nicht vermeiden. Bei der Einreise nach Großbritannien zum Beispiel reisen die Tiere allein an und kommen zunächst in Quarantäne. Erkundigen Sie sich rechtzeitig, was Sie Ihrer Katze mitgeben müssen, und sorgen Sie dafür, dass sie am Zielflughafen abgeholt wird. Darum kümmert sich in der Regel das Personal der Quarantänestation.

DIE KATZENPENSION

BEI EINER Inlands-Urlaubsreise stellt sich oft die Frage, ob es besser ist, die Katze mitzunehmen oder nach einer anderen Lösung zu suchen. Wenn die Reise nicht

lange dauert, ist es für die Katze in einer Katzenpension wahrscheinlich weniger stressig. Noch besser ist es, wenn Sie jemanden finden, der sie in ihrer gewohnten Umgebung betreut. Wenn sie mit auf Reisen geht, besteht immer die Gefahr, dass sie sich in der unbekannten Umgebung verläuft oder dass sie verletzt wird.

Dasselbe gilt bei einem Umzug, der noch aufreibender ist, wenn Sie ständig darauf achten müssen, dass Ihr Haustier nicht verloren geht. Nach der Rückkehr aus der Katzenpension kann sie sich in Ruhe ihr neues Heim ansehen. Ist der größte Trubel erst vorbei, haben Sie auch wieder Zeit, ihr beim Eingewöhnen zu helfen.

WISSENSWERTES

Der Penis von Katern ist mit kleinen Widerhaken besetzt, die bei der Kätzin den Eisprung stimulieren. Aus diesem Grund reagieren Katzen nach der Paarung oft heftig.

Oben
Manche Katzen ziehen einen geschlossenen Transportkorb vor.

Mitte
Eine Fahrt in die Katzenpension kann dazu führen, dass die Katze den Transportkorb in Zukunft mit diesem Erlebnis assoziiert.

Unten
Katzen sollten nicht im Kofferraum transportiert werden.

Die Katze im Haus

ÜBER DIE VOR- UND NACHTEILE der ausschließlichen Haltung im Haus streiten nicht nur Katzenliebhaber, sondern auch Tierärzte. In Gegenden, in denen es relativ gefahrlos möglich ist, neigt die Mehrzahl der Katzenhalter dazu, die Tiere hinauszulassen, aber in Großstädten gibt es dazu oft keine Gelegenheit.

GEFAHREN LAUERN ÜBERALL

DER STRASSENVERKEHR STELLT für Katzen, die draußen herumstreifen, die größte Gefahr dar und in größeren Städten werden jedes Jahr zahlreiche Katzen überfahren. Sicher handelt es sich dabei überwiegend um verwilderte Katzen, aber die Statistik ist doch viel sagend und erschreckend. Die Zahl der überfahrenen Katzen wäre erheblich kleiner, wenn mehr Leute ihre Tiere zumindest nachts im Haus behalten würden.

Davon abgesehen gibt es kaum ernsthafte Bedrohungen für Katzen. So stimmt es zum Beispiel nicht, dass Tierfänger durch die Straßen ziehen, um Katzen zu fangen und an Versuchslabors zu verkaufen. Die bedrückende Wahrheit ist, dass diese Labors die Katzen für ihre Versuche selbst züchten oder züchten lassen.

EIN LEBEN IM HAUS

GANZ ALLGEMEIN KANN GESAGT werden, dass eine Katze, die nur im Haus gehalten werden soll, die Freiheit nach Möglichkeit gar nicht erst kennen lernen sollte. Wenn sie nichts anderes kennt, wird sie ihr Leben im Haus eher hinnehmen. Das bedeutet natürlich nicht, dass sie nicht versuchen wird, ins Freie zu entkommen. Es ist nicht ratsam, eine ausgewachsene Katze, die das Umherstreifen gewöhnt ist, plötzlich nur noch im Haus zu halten. Das gilt natürlich nicht für alte Katzen, die unter irgendwelchen Gebrechen leiden und ohnehin kein Interesse mehr an ausgedehnten Streifzügen haben. Ein Umzug der Katze kann notwendig werden, wenn das Alter des Besitzers oder andere Umstände ihn zu einer Umsiedelung zwingen, zum Beispiel von einem Haus in eine Wohnung oder in eine Seniorenwohnanlage, in der Katzen nicht erlaubt sind. In solchen Fällen ist es vielleicht das Beste, ein neues Zuhause für die „Draußenkatze" zu finden, wo sie weiterhin ins Freie kann, und mit einem – besser noch zwei – Kätzchen einen neuen Anfang zu machen, die von vornherein an das Leben in der Wohnung gewöhnt werden. Vorher muss natürlich mit dem Vermieter abgesprochen werden, ob die Katzenhaltung erlaubt ist.

Das Umherstreifen gehört ebenso wie das Jagen zum instinktiven Verhaltensrepertoire von Katzen. Ein Leben als Wohnungskatze kann unter diesem Gesichtspunkt nur als unnatürlich bezeichnet werden. Das bedeutet, dass Sie sich als Katzenhalter bemühen sollten, Ihrer Katze möglichst viel Abwechslung zu bieten. Eine gelangweilte Hauskatze leidet unter Stress, der zu Aggressionen, Verfettung oder Unsauberkeit führen kann. Wir halten Haustiere zu unserem eigenen Vergnügen und sind von daher verpflichtet, dafür zu sorgen, dass auch sie ein glückliches Leben führen.

Oben links
Einen erwachsenen Freigänger an ein Leben im Haus zu gewöhnen, ist schwierig und dem Tier gegenüber nicht fair.

Unten
Alte Katzen legen oft keinen Wert mehr auf Spaziergänge und ziehen ein Leben im Haus vor.

ALLEIN ZU HAUS

ES IST ZU BEZWEIFELN, DASS EINE einzelne Katze, die nur im Haus lebt, ein glückliches Leben führen kann, wenn ihre Besitzer den ganzen Tag nicht da sind. Manche Experten sind der Ansicht, dass Katzen ihr Leben lang dieselben Bedürfnisse wie Jungtiere haben und daher immer die Gemeinschaft brauchen, die sie im Kreis ihrer Wurfgeschwister und ihrer Mutter erfahren haben. Für frisch gebackene Katzenbesitzer kommt es oft ein wenig überraschend, dass ihre Katze zwar zwei Drittel des Tages verschläft, den Rest der Zeit aber Aufmerksamkeit und Unterhaltung erwartet.

Die beste Möglichkeit, eine Katze auch tagsüber zu beschäftigen, ist die Anschaffung von zwei Tieren; auch ein katzenfreundlicher Hund ist eine Alternative. Es hilft auch, wenn sich ein Nachbar oder zuverlässiger Jugendlicher bereit erklärt, mittags die Katze zu besuchen und ein wenig mit ihr zu spielen. Auch ein leise spielendes Radio kann die Einsamkeit der Katze lindern.

KATZENSPORT

HAUSKATZEN MÜSSEN sich bewegen können und sollten auch immer wieder zum Spielen animiert werden. Große stabile Kartons (natürlich keine, in denen gefährliche Substanzen wie etwa Bleichmittel verpackt waren), Pappröhren oder Tunnel aus Wellpappe sind beliebte Spielgeräte. „Kletterbäume" für das Haus sind in Zoogeschäften erhältlich, und mit Fellmäusen (am besten mit Katzenminze gefüllt) und ähnlichem Spielzeug können Katzen ihren Jagdtrieb ausleben. Unbedingt erforderlich ist ein Kratzbaum.

EIN FENSTERPLATZ

AUCH WENN EINE Katze nicht hinaus darf, sollte sie die Möglichkeit haben, zu beobachten,

WISSENSWERTES

Verhaltenweisen wie knurren, fauchen, Fell aufrichten, katzbuckeln, Zähne blecken, Ohren anlegen oder Breitseite zeigen dienen dazu, bei Streitereien zu gewinnen, ohne verletzt zu werden.

Oben
Diese beiden Katzen vergnügen sich mit ihrer Kratz- und Spielpyramide.

Unten links
Auch Hunde können gute Gefährten für Katzen sein.

Unten rechts
Mit etwas Einfallsreichtum lässt sich preiswertes Katzenspielzeug selbst herstellen.

was draußen vor sich geht. Wenn keine geeigneten Fensterbretter vorhanden sind, können Sie Ihrer Katze eine Aussichtsplattform bauen, von der aus sie ins Freie schauen kann. Wenn möglich, wählen Sie dazu ein Fenster, das nicht von der Mittagssonne beschienen wird und das einen interessanten Ausblick bietet. Auch wenn der Anblick einer scheinbar sehnsüchtig aus dem Fenster starrenden Katze ein wenig traurig wirkt, findet die Katze das spannend, Vögel, vorbeifliegende Blätter, Passanten oder den Verkehr zu beobachten.

FLUCHTWEGE

BESONDERE VORSICHT ist bei Fenstern und Türen geboten. Wenn eine reine Hauskatze entkommt, schwebt sie in großer Gefahr, weil sie die nötigen Überlebensstrategien nicht kennt und weder an winterliche Temperaturen noch an den Straßenverkehr gewöhnt ist. Katzen können sehr erfinderisch sein und zwängen sich sogar durch gekippte Fenster. Um das zu verhindern, bauen oder kaufen Sie ein passendes Gitter aus plastiküberzogenem Maschendraht, mit dem sie halb geöffnete oder gekippte Fenster sichern. Praktisch ist auch eine Innentür hinter der Haustür, damit Sie und Ihre Besucher das Haus betreten und verlassen können, ohne befürchten zu müssen, dass die Katze entwischt.

WISSENSWERTES

Das Sprichwort, dass Katzen neun Leben haben, kommt von ihrer erstaunlichen Fähigkeit, Stürze aus größerer Höhe zu überleben und sich vor Hunden in Sicherheit zu bringen.

GEFAHREN IM HAUS

WENN SIE EINE ODER MEHRERE Katzen im Haus allein lassen müssen, achten Sie darauf, dass alle Schränke verschlossen sind – vor allem in Küche und Bad, wo Medikamente und Haushaltschemikalien untergebracht sind. Verschließen Sie den offenen Kamin und decken Sie Elektrokabel ab, damit sie nicht zum Spielzeug werden. Halten Sie ein, zwei größere Flächen auf Möbeln frei, damit die Katzen dort schlafen können. Schütteln Sie die Schlafunterlagen täglich auf.

BEDÜRFNISSE

DIE MEISTEN KATZEN FRESSEN gelegentlich Gras und auch Hauskatzen sollten die Gelegenheit dazu haben. Katzengras können Sie aus Samen selbst ziehen; fertige Pflanzschalen gibt es im Zoo- oder Blumenhandel. Giftige Zimmerpflanzen wie zum Beispiel alle Arten von Efeu sollten Sie katzensicher unterbringen oder verschenken.

Wenn Sie Ihre Katze tagsüber allein lassen müssen, sollten Sie sich vor dem Verlassen des Hauses eine bestimmte Routine angewöhnen. Reinigen Sie die Katzentoilette. Stellen Sie frisches Wasser hin. Geben Sie etwas Trockenfutter in den Napf, auch wenn die Katze bereits ihr Frühstück hatte und Sie die übrig gebliebenen Reste entsorgt haben. Kontrollieren Sie, ob alle Schränke und Fenster geschlossen sind.

Bei Hauskatzen besteht immer die Gefahr, dass sie nicht genug Bewegung haben und deshalb verfetten. In diesem Fall muss die Futteraufnahme genau überwacht werden, und alle Leckereien zwischendurch sind vom Speiseplan zu streichen. Um festzustellen, ob Ihre

Oben
Diese Katze genießt den freien Blick nach draußen.

Mitte
Auch Hauskatzen müssen Gras fressen können.

Unten
Katzen finden jeden Fluchtweg, wenn sie wollen.

Katze zu dick ist, tasten Sie nach ihren Rippen. Sind sie nicht zu fühlen, ist die Katze zu dick und sollte weniger Futter bekommen. Setzen Sie sie aber nicht radikal auf Diät. Am besten fragen Sie Ihren Tierarzt nach einem Diätplan. Vielleicht kann er Ihnen auch ein spezielles, kalorienarmes Futter empfehlen.

ALTERNATIVEN

AUCH WENN SIE nicht wollen, dass Ihre Katze draußen umherstreift, gibt es Möglichkeiten, ihr eine gewisse Freiheit zu gewähren. Sie können ihr zum Beispiel beibringen, an der Leine zu gehen. Das verschafft ihr Bewegung und ist außerdem eine aufregende Abwechslung. Sie können ihr aber auch aus stabilen Latten und Maschendraht ein Außengehege bauen. Diese Lösung ist ideal für Rassekatzen, die nicht unbeaufsichtigt herumlaufen, aber trotzdem ein möglichst freies Leben führen sollen.

Schon ein kleiner Auslauf von 2 x 1 Meter verbessert die Lebensumstände einer Hauskatze ungemein. In den Auslauf gehören eine Katzentoilette oder ein leicht auswechselbarer Haufen Sand oder weiche Erde, etwas Gras und eine befestigte Fläche. Ein Baum zum klettern und Krallen schärfen, verschiedene Sitzgelegenheiten und Spielzeug wie etwa ein von der Decke herabhängendes dickes Seil tragen zusätzlich zum Wohlbefinden bei. Legen Sie den Auslauf so an, dass er nicht der prallen Sonne oder starkem Wind ausgesetzt ist. Ein überdachter Bereich schützt die Katze vor Sonne und Regen. Ideal wäre es, wenn die Katze ihren Auslauf durch eine Katzenschleuse vom Haus aus erreichen kann. Eine Alternative zum frei stehenden Katzenzwinger ist der Anbau an ein Gartenhaus, besonders wenn sich bei einer Rassekatze das Freilaufen aus verständlichen Gründen von selbst verbietet.

WISSENSWERTES

Wenn es genug Futter gibt, leben verwilderte Hauskatzen friedlich in Gruppen zusammen. Es kommt dann selten zu Kämpfen zwischen ihnen.

Oben links
Eine Katzentoilette muss vorhanden sein, wenn die Katze keine Möglichkeit hat, ihr Geschäft im Freien zu verrichten.

Oben rechts
Übergewicht ist ein Aspekt, den Katzenhalter bedenken sollten, wenn sie überlegen, ob ihre Katze hinaus darf oder nicht.

Unten
Diese Birmakatze genießt die Bewegung, die ihr der Auslauf bietet.

Der Freigänger

ES BESTEHT KEIN ZWEIFEL: Eine Katze, die draußen herumstreifen kann und darüber hinaus ein warmes Zuhause hat, in das sie zurückkehren kann, hat Glück. Sie kann ihren Jagdtrieb ausleben, ist aber im Gegensatz zur verwilderten oder wilden Katze nicht gezwungen, um ihr Überleben zu kämpfen.

GEFAHREN

NATÜRLICH DROHEN der Katze draußen auch viele Gefahren. Die schlimmste ist der Straßenverkehr, auch wenn man sich wundern muss, dass die Zahl der Verkehrsopfer nicht noch viel höher ist. Stadtkatzen scheinen ein gewisses Gespür für den Verkehr zu entwickeln. Man sieht immer wieder besonnene Katzen am Straßenrand sitzen, in beide Richtungen schauen und dann über die Fahrbahn flitzen. Das größte Problem für diese Katzen (ebenso wie für Kinder) sind vermutlich geparkte Autos, die ihnen die Sicht versperren. Auf dem Land sind Katzen im Gegensatz dazu gefährdet, weil dort zum Teil so wenig Autos fahren, dass die Katzen sie gar nicht als Gefahr ansehen.

Ein anderes Risiko sind Kämpfe mit Rivalen. Ernsthafte Katzenkämpfe sind jedoch relativ selten, vor allem unter Kastraten. Abgesehen vom Verletzungsrisiko besteht die Gefahr, dass durch Blut und/oder Speichel Krankheiten wie Feline Leukämie oder FIV übertragen werden.

Die meisten Konfrontationen gehen jedoch relativ glimpflich ab und enden, wenn eine Entscheidung gefallen ist. Manchmal passiert es, dass eine neugierige Katze in einem Schuppen oder einer Garage eingeschlossen wird. Weites Streunen ist die Ausnahme. Katzen haben einen guten Orientierungssinn und verlassen ihr Revier eigentlich nur, wenn sie erschreckt oder von einer anderen Katze verjagt werden. Wenn das passiert und sie aufgrund fehlender Duftspuren und Orientierungspunkte nicht mehr nach Hause finden, wandern sie ziellos umher.

GEFAHREN BEI NACHT

BESONDERS GEFÄHRDET sind Katzen, die nachts ausgesperrt werden. Katzen sind zwar Nachttiere, gehen aber am liebsten in der Morgen- und Abenddämmerung auf die Jagd. Auch Hauskatzen sind zu diesen Zeiten gerne unterwegs, aber das ist kein Grund, die Katze die ganze Nacht draußen zu lassen. Es ist ziemlich einfach, eine Katze daran zu gewöhnen, dass sie abends ins Haus kommt, vor allem, wenn sie weiß, dass es dann das Abendfutter gibt. Katzenschleusen sollten nachts verriegelt sein, sonst müssen Sie damit rechnen, dass fremde Katzen, die ausgesperrt sind, bei Ihnen Unterschlupf suchen. Und das könnte unter Umständen morgens Ärger geben.

Oben
Diese Katzen genießen es, kommen und gehen zu dürfen, wie es ihnen gefällt.

Unten
Die Wärme von Motor und Reifen wird von Katzen als angenehm empfunden, aber das damit verbundene Risiko ist unübersehbar.

WICHTIGE ÜBERLEGUNGEN

EINE KATZE hinauszulassen, kann zwei entschiedene Nachteile haben. Der eine ist die mögliche Feindseligkeit der Nachbarn. Es gibt genug

Katzenhasser, vor allem unter Vogelfreunden und Gartenliebhabern. Außerdem gibt es noch die echten Ailurophoben, also Menschen, die panische Angst vor Katzen haben. Das Einzige, was Sie in diesem Fall tun können, ist, mit diesen Leuten zu sprechen. Sie können dem Gartenfreund zum Beispiel anbieten, ein Katzenfernhaltemittel für seine Blumenbeete zu kaufen, oder ihm erlauben, Ihre Katze mit einem Strahl aus der Wasserpistole aus seinem Garten zu verjagen. Vogelliebhaber sind meist schwerer zufrieden zu stellen. Ihnen können Sie lediglich erläutern, dass Katzen nur in Ausnahmefällen einen Vogel erbeuten. Manche Katzenhalter behaupten auch, ihrer Katze die Vogeljagd abgewöhnt zu haben, aber das ist eher unwahrscheinlich. Die Reaktion der Katze auf das Zwitschern und Flattern der Vögel ist so tief in ihrem Instinkt

verwurzelt, dass man die Evolution neu starten müsste, um diesen Instinkt auszulöschen.

Das zweite Problem ist, dass die Katze ihre Jagdbeute vermutlich vor die Haustür oder auf Ihren Wohnzimmerteppich legen wird. Auch wenn dies ein Kompliment ist (die Katze möchte ihre Beute und ihren Jagderfolg mit Ihnen teilen), ist es nicht jedermanns Sache, die Überreste einer womöglich erst halbtoten Maus oder eines Vogels zu entsorgen. Sie können Ihrer Katze aber beibringen, die Beute wenigstens nicht ins Haus zu bringen, indem Sie sie ihr schon an der Haustür abnehmen und sie mit einem Leckerbissen und einer Strei-

Oben links
Diese weiße Perserkatze hofft auf einen guten Fang.

Oben rechts
Eine Somalikatze belauert ihre Beute.

Unten
Zwei Siamkatzen auf Klettertour im Garten.

WISSENSWERTES

Dass Hunde und Katzen sich oft nicht verstehen liegt daran, dass ihre Körpersprache so verschieden ist. Bei Hunden bedeutet Schwanzwedeln Freude, bei Katzen Aggression.

cheleinheit für ihr Geschenk belohnen. Jedesmal ein großes Geschrei anzustimmen, ist sinnlos und verwirrend für die Katze, die es doch nur gut gemeint hat.

REVIERE

DAS WICHTIGSTE FÜR EINE Katze, die ins Freie darf, ist ihr Revier. Seine Größe hängt vom Geschlecht (selbst kastrierte Kater beanspruchen ein deutlich größeres Revier als weibliche Tiere) und von der Katzendichte

Oben links
Eine Katze erforscht ihr Revier.

Unten links
In ländlichen Gebieten können Katzenreviere riesig sein und viele Lieblingsplätze, wie zum Beispiel das Dach des Nachbarhauses, umfassen.

Unten und oben rechts
Durch Kratzen und „Köpfchengeben" markieren diese Katzen ihr Revier.

an Ihrem Wohnort ab. In Gegenden, wo viele Katzen leben, umfasst das Revier vielleicht nur Ihren eigenen Garten und die der Nachbarn. Diese muss sich die Katze dann vermutlich noch mit anderen teilen.

Auf dem Land kann sich das Revier eines Katers auf ein ganzes Dorf erstrecken. Wenn Sie sich nicht bemühen, es herauszufinden, werden Sie vielleicht nie erfahren, wie weit Ihr Kater läuft. Es ist schon öfter vorgekommen, dass Katzenhalter nach dem Tod ihrer Katze von weit entfernt wohnenden Nachbarn gefragt wurden, was denn aus der Katze geworden sei, die immer bei ihnen zu Besuch war. Zu einem typischen Revier gehören Schlafplätze wie flache Garagen- oder Autodächer und schattige Sträucher für sonnige Tage, Aussichtspunkte auf Bäumen oder Dächern, Jagdplätze wie Schuppen, in denen Mäuse leben, und eventuell auch Futterstationen bei freigiebigen Nachbarn.

Es können auch einige Zugangswege dazugehören, die an das Revier einer anderen Katze angrenzen. Diese Wege haben den Status des „Niemandslandes". Auch Katzen, die keine Artgenossen in ihrem Revier dulden, erlauben das Vorbeiziehen an den Außenrändern ihres

Reichs. Auf dem Land sind die Reviere meistens größer und können auch Kaninchenställe, ganze Bauernhöfe, Kornfelder oder Scheunen miteinbeziehen.

Katzen markieren ihr Revier, indem sie Urin verspritzen (das tun auch kastrierte Katzen). Sie hinterlassen aber auch Duftmarken, indem sie Kopf und Flanken an Gegenständen reiben und an Pfosten und Bäumen kratzen. Die Reviere sind räumlich, aber auch zeitlich begrenzt, was bedeutet, dass ein bestimmtes Gebiet zum Beispiel morgens

dieser Katze gehört und abends jener. Wird eine Katze morgens ungewöhnlich früh hinausgelassen, kann es ihr passieren, dass sie in die Revierzeit einer anderen gerät.

EINE NEUE HEIMAT

NACH EINEM Umzug sollte die Katze ein paar Tage im Haus bleiben, bis sie den Umzugsstress überwunden und gemerkt hat, dass das Leben in der neuen Umgebung seinen gewohnten Gang geht. Erst dann sollten Sie mit Ihrer

Katze hinausgehen. Achten Sie darauf, dass sie mit einer zuverlässigen Identifizierung versehen ist (Halsband mit Adressanhänger oder Mikrochip).

Man hört immer wieder abenteuerliche Geschichten von Katzen, die sich sofort auf den Rückweg an ihren alten Wohnort machen. Das hat zu der Theorie geführt, dass Katzen mehr an Orten hängen als an Menschen. Natürlich stimmen einige dieser Geschichten, aber Katzen, die sich der Liebe ihrer Menschen sicher sind, überstehen den Umzugsstress meistens recht gut und bleiben ihrer Familie treu; schließlich schätzen Katzen Bequemlichkeit über alles. Es ist daher sehr unwahrscheinlich, dass sich Ihre Katze beim ersten Spaziergang davonmacht. Manche Besitzer sind trotzdem extrem vorsichtig, wogegen nichts einzuwenden ist. Eine Vorsichtsmaßnahme ist es, die Katze bei ihren ersten Ausflügen an die Leine zu nehmen. Nach ihrem ersten Rundgang durch den Garten hat sie bereits ihre eigenen Duftmarken hinterlassen, an denen sie sich orientieren kann.

REVIERKÄMPFE

IN DEN MEISTEN STÄDTEN und Dörfern gibt es nur wenige Flächen, die nicht zum Revier irgendeiner Katze gehören. Auch wenn Hauskatzen ihr Revier nicht so aggressiv verteidigen wie Wildkatzen – wahrscheinlich, weil es bei ihnen nicht ums Futter geht –, muss sich ein Neuankömmling doch seinen Platz erkämpfen. So weit es Ihren eigenen Garten betrifft, können Sie Ihrer Katze helfen, indem Sie sie möglichst oft nach draußen begleiten und ihre Anwesenheit dort deutlich gut heißen. Bis zu einem gewissen

Grad gewinnt sie dadurch bei anderen Katzen an Ansehen und außerdem stärkt es das Selbstvertrauen Ihrer Katze. Natürlich wird es trotzdem zu Auseinandersetzungen kommen. Sie reichen von langen „Anstarr-Sitzungen" bis zu erbitterten Kämpfen, die aber nur selten vorkommen und sich meistens schlimmer anhören als sie tatsächlich sind.

DIE VERSCHWUNDENE KATZE

TROTZ VORSICHTSMASSNAHMEN kann Ihre Katze einmal verschwinden. Sie haben immer wieder nach ihr gerufen und auch alles abgesucht – vergeblich. Was nun?

Die erste Regel lautet: Keine Panik. Es kommt vor, dass eine Katze drei Tage lang verschwindet, dann aber wieder auftaucht und ihr Futter verlangt, als wäre nichts gewesen. In der Zwischenzeit sollten Sie die Polizei und die umliegenden Tierheime anrufen und nachfragen, ob eine Katze aufgegriffen wurde oder verunglückt ist. Manche Ladenbesitzer erlauben, dass Suchanzeigen in ihren Geschäften ausgehängt werden. Vielleicht hat Ihre Katze nur ihr Halsband verloren und ist als vermeintlicher Streuner von einer anderen Familie adoptiert worden. Informieren Sie die Tierärzte der Umgebung, denn gewissenhafte Menschen gehen mit einer „Fundkatze" gewöhnlich recht bald zum Tierarzt, um sie durchchecken zu lassen.

Überlegen Sie auch, ob Sie in der letzten Zeit irgendwelche Besucher im Haus hatten. Dazu gehören auch Handwerker und Vertreter. Es gibt Katzen, die keinem offenen Auto widerstehen können.

WISSENSWERTES
Wenn Hauskatzen mit den Vorderpfoten „pföteln", ist das ein Rückfall in die Kindheit. Mit dem so genannten Milchtritt regen die kleinen Kätzchen den Milchfluss bei der Mutter an.

Oben
Wenn Katzen sich auf neutralem Boden begegnen, kommt es meist nur zu friedlichem Schnupperkontakt.

Mitte
Diese Katze genießt die Zuwendung ihres Besitzers.

Unten
Diese Katze trägt ein Halsband mit Glöckchen und Adressanhänger.

Gewohnheitstiere

ALS ÜBERAUS ANPASSUNGSFÄHIGE Tiere haben Hauskatzen einen Teil ihrer Unabhängigkeit freiwillig gegen das bequeme Leben in der Obhut des Menschen eingetauscht. Wir halten Katzen, um uns an ihnen zu erfreuen, aber darüber darf nicht vergessen werden, dass die Tiere gewisse Bedürfnisse haben. Auf den folgenden Seiten werden einige Aspekte der Katzenhaltung beleuchtet, die Sie vor der Anschaffung einer Katze überdenken sollten.

WISSENSWERTES
Zahlenmäßig sind Katzen mittlerweile die beliebtesten Haustiere der Welt. Es sagt viel über das moderne Leben aus, dass so viele Menschen die pflegeleichte Katze einem Hund vorziehen.

REGELMÄSSIGKEIT

KATZEN SIND GEWOHNHEITSTIERE. In der Natur folgen sie einem Tag- und Nachtrhythmus, der von der Intensität des Lichts bestimmt wird. Sie durchstreifen systematisch ihr Revier und machen unterwegs öfters Halt, um zu ruhen oder zu beobachten. Auf Veränderungen ihrer Umgebung, die eine Störung oder Gefahr bedeuten können, reagieren sie sehr empfindlich.

Oben
Diese Katze hat gelernt, dass sie auf einem bestimmten Sessel schlafen darf.

Mitte
Stress oder Veränderungen veranlassen viele Katzen, sich zu verstecken.

Unten
Streicheleinheiten für die Katze sollten ein fester Bestandteil der täglichen Routine sein.

Auch Hauskatzen lieben Routine. Sie bevorzugen es, wenn ein Tag verläuft wie der andere. Das betrifft nicht nur die Futterzeiten, sondern auch die Spiel- und Schlafzeiten, die Zeiten, zu denen sie gestreichelt, gebürstet und hinausgelassen oder hereingerufen werden. Sie haben ein gutes Zeitgefühl und lernen schnell, wann es Futter gibt, wann die Familie morgens aufsteht, wann die Kinder zur Schule gehen und wieder nach Hause kommen und wann abends alle schlafen gehen. Sie registrieren auch kleinste Veränderungen, die zum Beispiel auf einen Umzug oder eine Reise hindeuten, und sie merken, wenn ein Mitglied der Familie abwesend ist. Ereignisse dieser Art verursachen Stress, der sich in Appetitmangel, Verkriechen oder sogar Fortlaufen offenbaren kann. In solch stressigen Zeiten brauchen Katzen besonders viel Zuwendung.

Natürlich können Sie nicht Ihren gesamten Alltag nach den Bedürfnissen Ihrer Katze ausrichten, aber Sie

sollten doch wissen und, soweit möglich, berücksichtigen, dass ihr die Sicherheit eines geregelten Tagesablaufs enorm wichtig ist.

Ein anderer Aspekt der Routine ist die Konsequenz, mit der Sie und Ihre Familie die Katze behandeln. Katzen verstehen es nicht, wenn sie an einem Tag auf dem Sessel schlafen dürfen und am nächsten Tag nicht oder wenn ein Familienmitglied sie aus einem Zimmer aussperrt, in dem sie von anderen geduldet werden. Die meisten Katzen finden sich mit Verboten ab, aber man kann nicht von ihnen erwarten, dass sie inkonsequente Regeln befolgen.

Oben links
In der Jugend sammeln die Kätzchen mit ihren Geschwistern Erfahrungen. Aber auch später sind Katzen zufriedener, wenn sie einen Gefährten haben.

Oben rechts
Spielerische Kämpfe haben einen ebenso hohen Unterhaltungswert wie Jagdspiele.

Unten
Diese beiden Katzen haben den Wäschekorb als Schlafplatz gewählt.

GESELLSCHAFT

AUSGEWACHSENE Wildkatzen sind zwar fast immer Einzelgänger, aber ihre Kindheit ist von engen Bindungen zur Mutter, die sie nährt und erzieht, und zu den Wurfgeschwistern, mit denen sie spielen, geprägt. Das Bedürfnis nach solchen Bindungen scheint bei Hauskatzen erhalten geblieben zu sein und manche Experten behaupten sogar, dass die Domestizierung eine Art verlängerter Kindheit sei, sodass Katzen nie erwachsen werden.

Sicher ist auf jeden Fall, dass Katzen Gesellschaft brauchen. Das bedeutet vielleicht nur, dass sie im selben Raum sein möchten wie ihre Bezugsperson oder dass sie auf seinem Schreibtisch, seinem Schoß oder seinem Bett liegen möchten, was vor allem bei Kleinkindern nicht empfehlenswert ist. Es kann auch bedeuten, dass sie einen aktiveren Kontakt suchen und mit ihren Menschen spielen oder jagen wollen oder spielerische Fingerkämpfe lieben. Auch „Gespräche" schätzen Katzen sehr. Je mehr Sie mit Ihrer Katze sprechen, desto aufmerksamer wird sie reagieren.

Eine Katze, die tagsüber viele Stunden allein verbringen muss, ist daher glücklicher, wenn sie einen Gefährten hat. Nach einer gewissen Phase der Reserviertheit gewöhnen sich kastrierte Katzen desselben Geschlechts meist gut aneinander. Ideal ist es, sich gleich zwei Kätzchen aus demselben Wurf anzuschaffen, denn sie haben bereits eine enge Beziehung zueinander.

Eine Katze sollte nie über Nacht allein gelassen oder nachts ausgesperrt werden. Wenn Sie über Nacht außer Haus sind, sollten Sie versuchen, einen Freund, Nachbarn oder Verwandten zu finden, der die Katze füttert und etwas Zeit mit ihr verbringt. Das ist für das Tier besser und außerdem billiger, als es in einer Katzenpension unterzubringen, auch wenn einige davon wirklich ausgezeichnet sind.

EIN RUHIGES PLÄTZCHEN

AUCH WENN WILDKATZEN als Raubtiere nur selten zur Beute werden, sind ihre Jungen doch sehr gefährdet. Sie lernen vermutlich von ihren Müttern, dass sie vorsichtig sein müssen. Das Nest dient ihnen dabei als sicherer Zufluchtsort. Auch Hauskatzen brauchen eine solche Ruhezone, wobei es keine Rolle spielt, ob es sich dabei um einen Pappkarton oder ein teures Körbchen handelt. Dieses Nest sollte in Sicht- und Hörweite der Familie stehen, aber nicht in einem Bereich, in dem mit lauten Geräuschen oder plötzlichen Bewegungen zu rechnen ist. Die meisten Katzen suchen sich selbst ein Lieblingsplätzchen, wenn ihnen der angebotene Standort nicht zusagt.

WISSENSWERTES
Die größte Hauskatzenrasse ist die Ragdoll, bei der die Kater sieben bis neun Kilo schwer werden. Es wird behauptet, dass Ragdolls keinen Schmerz fühlen, was aber nicht stimmt.

DAUERSCHLÄFER

KATZEN VERSCHLAFEN RUND drei Viertel des Tages – am liebsten an einem warmen, gemütlichen Ort. Katzen, die ins Freie dürfen, benutzen wie ihre wilden Verwandten tagsüber mehrere Schlafplätze. In der größten Mittagshitze verschwinden sie vielleicht unter einem Strauch, während sie auf einem Flachdach die letzten Strahlen der Nachmittagssonne genießen. Auch Katzen, die im Haus gehalten werden, folgen oft dem Lauf der Sonne von einem Zimmer zum nächsten. Sie richten ihre Schlafintervalle eher nach der Routine ihrer Besitzer aus. Wenn tagsüber niemand zu Hause ist, verschlafen sie den Großteil dieser Zeit und wollen dann, wenn jemand nach Hause kommt, gefüttert und beschäftigt werden. Wie Menschen können auch Katzen es nicht leiden, wenn man ihren Schlaf stört. Wenn sie immer wieder von Kindern oder anderen Tieren gestört werden, ist es kein Wunder, wenn sie schließlich wütend werden.

Bei Lärm oder Aufruhr verziehen sich die meisten Katzen. Gedämpfte Unterhaltungen dagegen hören sie gern, und ein Radio, das eine leise Sprechstimme in den Raum bringt, vermittelt ihnen die Illusion, Gesellschaft zu haben, auch wenn niemand im Haus ist.

RESPEKT

BESONDERS FASZINIEREND ist die Würde der Katzen. Während viele Hunde alles tun, um einen Lacher zu erzielen, scheint Katzen jeder Sinn für Humor zu fehlen. Eine Katze, die einen Sprung falsch einschätzt und als würdeloser Haufen auf dem Boden landet, ist meistens sehr verlegen und wird sich zur Beruhigung erst einmal ausgiebig putzen. Lachen Sie bloß nicht, wenn Ihrer Katze ein solches Missgeschick passiert! Sie sollten auch davon absehen, Ihre Katze zu verkleiden oder ihr irgendwelche Partytricks beizubringen, wenn auch manche Exemplare von selbst auf so etwas kommen. Erklären Sie Ihren Kindern, dass die Katze kein Spielzeug ist, sondern ein ernst zu nehmendes Mitglied Ihrer Familie.

FREIHEIT

WILD LEBENDE KATZEN haben die Freiheit, sich ein Revier zu erobern, es zu markieren und hinzugehen, wohin sie wollen. Ein Leben als Haustier beschneidet diese Freiheiten, bewahrt die Katze aber auch vor deren unangenehmen Seiten: Hunger, Kälte und Nässe. Das scheint für die meisten Katzen ein fairer Handel zu sein. Wenn Sie eine Katze in Ihr Haus holen, müssen Sie als Erstes entscheiden, ob sie im Haus bleiben soll oder hinaus darf.

Ein Freigänger hat zweifellos ein natürlicheres und interessanteres Leben, aber ihm drohen auch Gefahren durch Autos, Kämpfe mit anderen Tieren, die Übertragung von Krankheiten oder Parasiten durch andere Katzen, das Verlaufen und vieles andere. Andererseits müssen Sie bei einer Wohnungskatze damit rechnen, dass sie markiert, die Möbel zerkratzt und durch mangelnde Bewegung Übergewicht bekommt. Die Entscheidung können nur Sie allein treffen – mit einer Einschränkung: Wenn Sie eine ausgewachsene Katze zu sich nehmen, sollte sie weiterhin so leben dürfen, wie sie es gewohnt ist. Es ist grausam, einen eingefleischten Freigänger plötzlich nur noch in der Wohnung zu halten, und es ist gefährlich, eine Wohnungskatze, die die Gefahren des Draußenseins nicht kennt, unvermittelt an die Luft zu setzen.

Oben
Diese Katze hat sich ein warmes Plätzchen unter einem Sessel gesucht.

Unten
Diese Tigerkatze ist wach und spielbereit, weil sie weiß, dass ihre Besitzer jeden Moment nach Hause kommen werden.

WAS KOSTET EINE KATZE?

NUR EIN TEIL DER AUSRÜSTUNG, die Sie für eine Katze brauchen, ist etwas teurer in der Anschaffung: der Transportkorb. Wenn Sie einen gebrauchten Korb kaufen, desinfizieren Sie ihn vor Gebrauch mit einem

Mittel, das Ihrer Katze nicht schaden kann. Hauskatzen bekommt man bei Freunden oder Bekannten oft geschenkt. Im Tierheim ist es üblich, eine Spende zu geben. Eine Rassekatze, die gut genug ist, um auf Ausstellungen zu bestehen, kostet deutlich mehr, und wenn Sie regelmäßig Ausstellungen besuchen wollen, kommen noch Reise-, Anmelde- und Tierarztkosten in beträchtlicher Höhe dazu.

Die laufenden Kosten für eine normale Hauskatze halten sich dagegen im Rahmen. Ein Wochenvorrat Katzenfutter kostet etwa so viel wie eine Flasche Wein aus dem Supermarkt. Es macht Sinn, das bessere Futter zu kaufen, auch wenn es ein wenig teurer ist, denn dann können Sie auf die Zufütterung von Vitamin- und Mineralpräparaten verzichten. Weitere Posten, die nicht außer Acht gelassen werden dürfen, sind die Tierarztkosten, die in jedem Fall bei der jährlichen Auffrischungsimpfung anfallen, und die Kosten für die Katzenpension, wenn Sie für die Dauer Ihres Jahresurlaubs keine andere Lösung finden können. Die Tatsache, dass auch viele ältere Menschen mit einer kleinen Rente Katzen halten, beweist aber, dass die Katzenhaltung wirklich nicht teuer ist.

GEWISSENSFRAGE

EINE LETZTE BITTE: Gesundheit, Wohlbefinden und Glück Ihrer Katze hängen ausschließlich von Ihnen ab, und sie hat ein Anrecht auf einen Teil Ihrer Zeit und Aufmerksamkeit. Wenn Sie nicht in der Lage oder bereit sind, ihr das zu geben, sollten Sie sich besser keine anschaffen.

WISSENSWERTES
Die Pupillen von Katzen sind so groß, damit sie bei Nacht möglichst viel Licht aufnehmen können. Eine Hauskatze kann im Dunkeln sechsmal besser sehen als ein Mensch.

Oben links
Eine gelangweilte Katze oder eine, die keinen Kratzbaum hat, kann Möbel schwer beschädigen.

Mitte links
Diese Katze wartet im Tierheim auf neue Besitzer.

Mitte rechts
Dieser Junge weiß, wie man ein Kätzchen glücklich macht.

Unten
Eine zufriedene Katze widmet der Fellpflege viel Zeit.

Die gesunde Katze

KATZEN SIND VON NATUR aus gesund und robust. Tierarztbesuche sind deshalb bei den meisten Hauskatzen nur für Routineuntersuchungen, Impfungen und gegebenenfalls für eine Kastration erforderlich. Durch die Domestizierung fielen mit einem Schlag viele der Gefahren weg, denen Wildkatzen ausgesetzt sind: Wind und Wetter, Hunger, Fressfeinde sowie die für Wildkatzenpopulationen typischen Infektionskrankheiten und Parasiten.

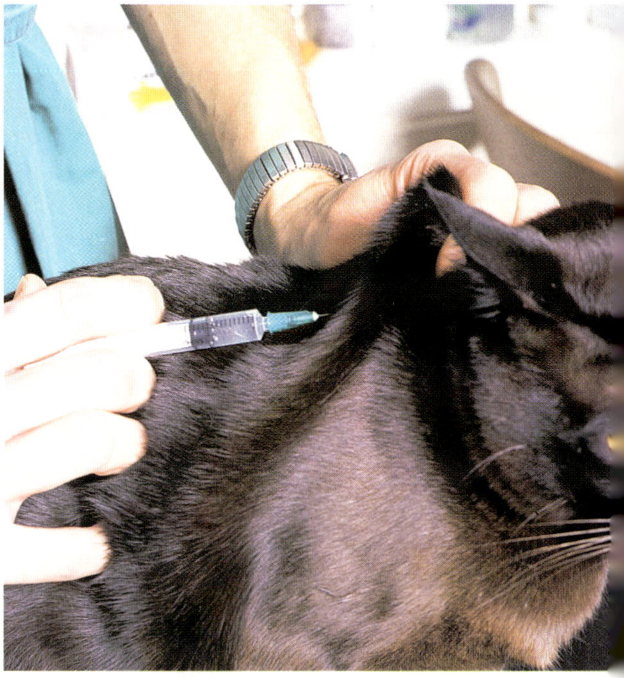

WISSENSWERTES

Katzen sind exzellente Pfadfinder, denn sie müssen bei der Jagd oft weite Wege zurücklegen und natürlich wieder nach Hause zurückfinden können.

DAS HÄLT FIT UND GESUND

ABER WIE ANDERE Lebewesen sind auch wohl behütete Stubentiger vor Erregern, die unterschiedlich schwere Erkrankungen vom banalen Schnupfen bis hin zu lebensbedrohlichen Infekten auslösen können, nicht völlig sicher. Allerdings können Katzenhalter einiges tun, um ihr Tier gesund zu erhalten.

Impfungen: Am wichtigsten ist die Immunisierung gegen die zwei gängigsten Katzenkrankheiten: Katzenseuche (Panleukopenie) und Katzenschnupfen. In den meisten Ländern mit Ausnahme von Großbritannien sollten Katzen zudem gegen Tollwut geimpft werden. Gegen Leukose und FIP stehen inzwischen ebenfalls Impfstoffe zur Verfügung, sodass man Hauskatzen auch gegen diese beiden, meist tödlich verlaufenden Krankheiten schützen kann.

Welpen werden etwa acht Wochen nach der Geburt erstmals geimpft. Ein Kätzchen aus einer angesehenen Zucht ist beim Verkauf bereits ein- bis zweimal geimpft und besitzt einen Impfpass. Danach sollten die Impfungen regelmäßig aufgefrischt werden, was zudem Gelegenheit für einen tierärztlichen Check-up bietet. Die meisten Katzenpensionen nehmen nur Tiere mit gültigem Impfpass auf, der generell auch für die Teilnahme an Ausstellungen nötig ist.

Oben links
Katzen mit Auslauf sind besonders anfällig für Infektionen, weil sie mit anderen Katzen kämpfen.

Oben
Schutzimpfungen sind wichtig für ein gesundes Katzenleben.

Unten
Jungtiere werden mit etwa acht Wochen erstmals geimpft.

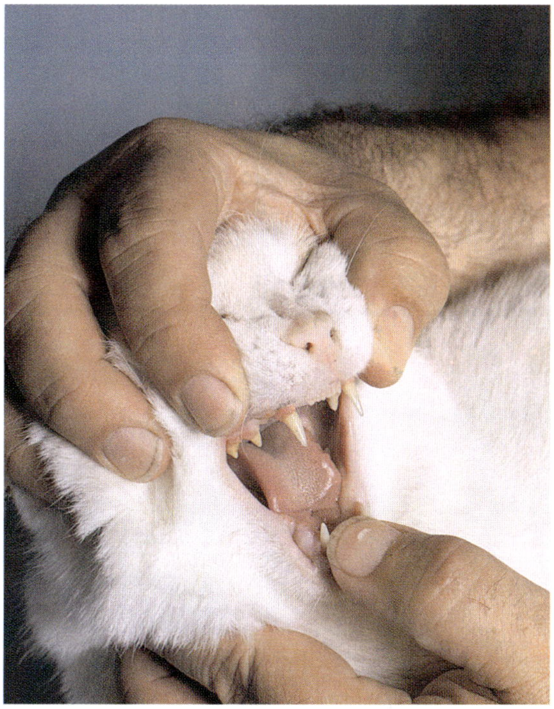

Wöchentliche Kontrolle: Eine zweite wichtige Präventivmaßnahme ist die routinemäßige „Inspektion" der Katze einmal pro Woche. Sie kann mit der Fellpflege verbunden werden (außer bei Langhaarrassen, die häufiger gekämmt werden müssen). Kämmen Sie das Fell gegen den Strich und achten Sie auf Anzeichen für Parasiten. Aus Augen, Ohren und Nase dürfen keine Sekrete austreten, der Afterbereich muss sauber sein. Bei Katzen mit Freigang sollte man auch nachsehen, ob die Pfoten womöglich wund oder verletzt sind. Das Maul soll rosa sein, das Gebiss weiß. Jungtieren kann man beibringen, sich die Zähne putzen zu lassen, doch bei ausgewachsenen Tieren macht das lieber der Tierarzt. Dazu verwendet man einen Wattebausch oder eine Tierzahnbürste (beim Tierarzt oder im Zoogeschäft erhältlich) und eine spezielle „Katzen-Zahnpasta".

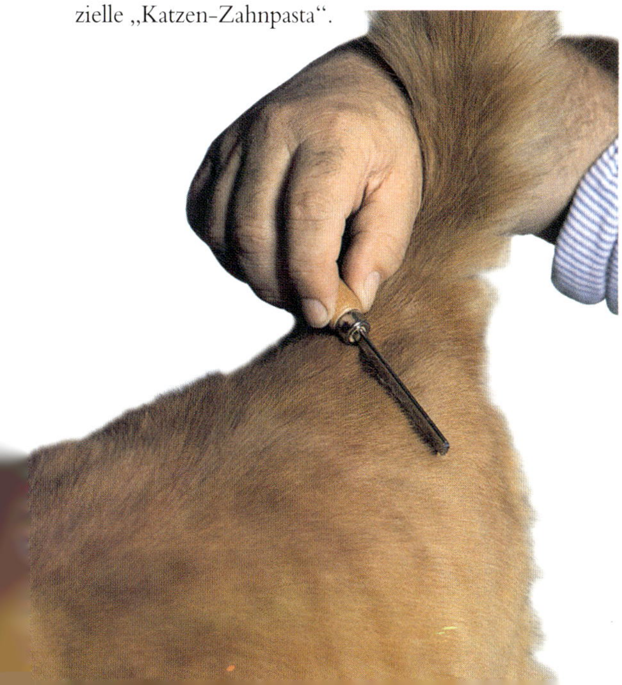

Hygiene: Der dritte wesentliche Faktor für ein gesundes Katzenleben ist peinliche Sauberkeit. Das Katzenklo muss nach jedem Gebrauch gereinigt werden, indem man die Exkremente mit einem Schäufelchen entfernt und grobe Verunreinigungen säubert. Mindestens einmal pro Woche muss das Katzenklo ausgeleert, gründlich gereinigt und desinfiziert werden. Katzenfreundliche Desinfektionsmittel sind im Fachhandel erhältlich.

Ernährung: Der vierte Grundpfeiler der Katzengesundheit ist die ausgewogene Ernährung. In der Wildbahn nehmen Katzen mit frisch erlegter Beute alles auf, was sie brauchen. Gute Fertignahrung imitiert diese Vollwertkost durch Vitamin- und Nährstoffergänzungen. Oft wird vergessen, dass Katzen viel Wasser trinken müssen. Einige trinken von sich aus wenig, doch kann man Abhilfe schaffen, wenn man heißes Wasser zum Futter gibt, sodass sich eine „Sauce" bildet, die man vor dem Füttern abkühlen lässt. Viele Katzen trinken lieber, wenn das Trinkgefäß nicht direkt neben dem Futternapf steht. Das hat damit zu tun, dass die Beute in freier Wildbahn meist entfernt von der Wasserstelle erlegt wird und kein Blut ins Wasser gelangt.

Die meisten Katzenhalter geben ihren Stubentigern ab und an Leckereien, doch sollte man sparsam damit umgehen, denn zu viel ist ungesund.

WISSENSWERTES

Wie Katz und Hund sein bedeutet, zwei Menschen können sich nicht ausstehen. In Wirklichkeit ist die Erbfeindschaft zwischen den beiden Arten ein Märchen.

Oben links
An Zähnen und Zahnfleisch kann der Tierarzt sehen, ob eine Entzündung oder sonstige Erkrankung vorliegt.

Oben rechts
Bei solchen Katzenklos muss auch der Deckel gründlich gereinigt werden.

Unten links
Mit einem Flohkamm wird man die Plagegeister los.

Unten rechts
Diese Katzen sind auf der Suche nach einer Leckerei.

KRANKHEITSSYMPTOME

Appetitmangel: Er ist ein recht zuverlässiges Krankheitszeichen, doch muss man dazu seine Samtpfote sehr genau kennen. Viele Katzen haben ständig Hunger und verputzen ohne Zögern alles, was man ihnen vorsetzt, doch gibt es auch bedächtige und sogar mäkelige Esser unter ihnen. Wenn Sie die Fressgewohnheiten Ihrer Katze kennen und eine markante Veränderung bemerken, ist das ein zuverlässiges Warnzeichen. Wie bei uns Menschen kann Appetitmangel natürlich auch ganz andere Ursachen haben. Vielleicht hat die Katze eine Maus gefangen oder bei den Nachbarn etwas bekommen. Oft ist auch Stress die Ursache, etwa wenn sie in einen Revierkampf verwickelt war, der ihr den Appetit verdorben hat.

Im Haus kann ein neues Haustier, ein veränderter Tagesablauf oder schon eine Möbelumstellung Stress auslösen. Außerdem ist nur allzu bekannt, dass Katzen ein bestimmtes Fertigfutter monatelang begeistert verschlingen, um es dann unvermittelt angewidert stehen zu lassen.

Als Test kann man einmalig einen Leckerbissen wie Dosensardinen anbieten. Zeigt sich, dass die Katze nicht krank, sondern nur heikel ist, sollte man allerdings sofort wieder zu normaler Kost zurückkehren, denn sonst versteift sie sich auf das attraktivere Futter und wartet darauf. Damit wäre keine ausgewogene Ernährung mehr gewährleistet.

Andere Symptome: Geht der Appetitmangel auf eine Erkrankung zurück, ist er meist von weiteren Symptomen begleitet, etwa Abgeschlagenheit, Gereiztheit, „Verkriechen" an ungewohnten Stellen oder der Weigerung, nach draußen zu gehen. Auch in dieser Hinsicht sollten Sie ihr Tier gut kennen. Bei anhaltendem Fasten können bei Katzen allerdings gefährliche Stoffwechselstörungen auftreten, sodass ein Tierarzt zu Rate gezogen werden sollte, wenn die Katze länger als 24 Stunden gar nichts frisst. Wie die meisten Tiere (und Menschen) neigen auch Katzen, denen es nicht gut geht, dazu, sich zu „verkriechen" und zu schlafen, bis sie sich besser fühlen. Oft reicht das auch aus. Werden die Nickhäute vorgezogen, ist dies meist ebenfalls ein Krankheitszeichen, denn bei einer gesunden, wachen Katze sind sie nicht zu sehen, außer sie ist sehr müde. Auch der Zustand des Fells zeigt an, ob eine Katze sich wohl fühlt oder nicht. Gesträubte Haare können bedeuten, dass dem Tier heiß ist.

Weitere Symptome können sein: Schwierigkeiten beim Absetzen von Kot oder Urin, Speicheln, lautes, übermäßiges Trinken und mangelnde Fellpflege, vor allem nach den Mahlzeiten.

Erbrechen: Nicht unbedingt beunruhigend ist gelegentliches Erbrechen, auch wenn es für unerfahrene Katzenbesitzer zunächst höchst alarmierend wirkt. Katzen übergeben sich leicht (und meist alles andere als diskret) aus verschiedenen Gründen: Sie spucken dabei Haarballen aus, die sich im Magen gebildet haben. Vielleicht bekommt ihnen ein Beutetier nicht oder sie haben einfach zu schnell gefressen. Das Futter erreicht den Magen bei Katzen ungekaut, sodass es vollständig im Verdauungstrakt aufgespalten werden muss. Bei vielen Tierarten und bei uns Menschen beginnt der Verdauungsprozess bereits im Mund. Der Katzenmagen wird deshalb oft überdehnt, was die Katze durch Pausen auszugleichen versucht. Anhaltendes oder wiederholtes Erbrechen dagegen ist sehr wohl

Oben
Katzen mit einem Infekt sollten im Haus gehalten werden.

Unten
Wenn sich eine Katze nicht putzt, kann das bedeuten, dass sie sich nicht wohl fühlt.

ein Krankheitszeichen. Auch gelegentlicher Durchfall oder ein Niesen ist nicht Besorgnis erregend, wohl aber, wenn solche Symptome häufiger auftreten.

Harnspritzen: Beginnt eine Katze im Haus plötzlich zu markieren, kann auch dies auf eine Erkrankung hindeuten. In jedem Fall zeigt es an, dass sie unter Stress steht und man die Ursache ergründen sollte, notfalls mit Hilfe des Tierarztes. Ist die Katze körperlich gesund, wird dieser vielleicht einen Tierpsychologen hinzuziehen oder vorübergehend ein Beruhigungsmittel verschreiben.

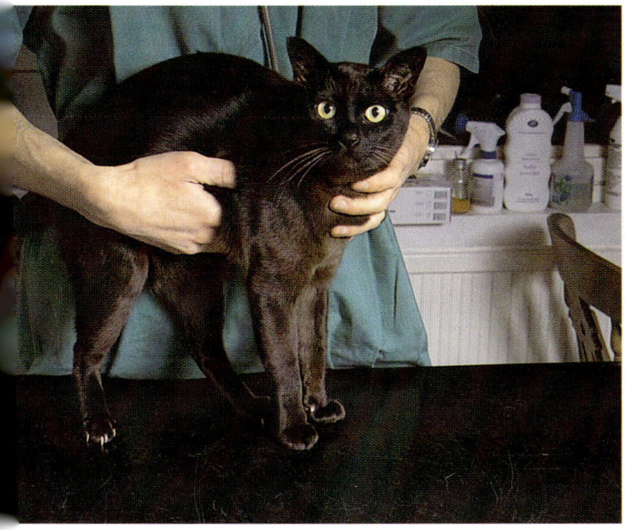

AUF DEN MENSCHEN ÜBERTRAGBARE KRANKHEITEN

IMMER WIEDER WIRD in der Presse über ansteckende Krankheiten berichtet, die von Tieren auf Menschen übertragen werden können. Solche Zoonosen, so der Fachbegriff, gibt es bei Katzen zum Glück relativ wenige.

Tollwut: Gefürchtet ist vor allem die mit Ausnahme von Australien und Ozeanien, Großbritannien und einigen anderen Inseln, wo die Kontrollen sehr streng sind, weltweit verbreitete Tollwut. In den meisten betroffenen Ländern sind Schutzimpfungen für Haustiere möglich, oft sogar vorgeschrieben. Die Ansteckung erfolgt meist durch den Biss eines infizierten Tieres, wobei als Überträger diverse Wildtiere wie Füchse, Waschbären, Fledermäuse und Wildkatzen, in anderen Erdteilen auch Mungos oder Stinktiere in Betracht kommen. Sie geben den Erreger an Haustiere weiter, die ihrerseits Menschen gefährden. Ist die Krankheit erst einmal ausgebrochen, ist sie unheilbar. Der qualvolle Todeskampf kann bis zu zehn Tage dauern.

Toxoplasmose: Nicht ganz so dramatisch, jedoch ebenfalls gefährlich ist diese Erkrankung, die durch im Darm der Katze lebende Einzeller (Toxoplasmen) ausgelöst wird und über den Katzenkot auf den Menschen übertragen werden kann. Eine Toxoplasmose verläuft meist symptomlos und bleibt beim Menschen oft unerkannt, kann jedoch während der Schwangerschaft beim ungeborenen Kind Missbildungen verursachen. Schwangere sollten deshalb möglichst nicht mit Katzenkot in Berührung kommen, also auch nicht das Katzenklo säubern. Generell sollte man dabei Gummihandschuhe tragen und sich hinterher gründlich die Hände waschen.

Ringelflechte (Mikrosporie): Zu den gängigsten Zoonosen gehört Pilzbefall an Haut und Haaren. Auf den Menschen übertragen wird er meist durch Kontakt mit Katzen, die den Pilz haben, jedoch selbst keine Symptome zeigen. Bei Verdacht auf Mikrosporie sollte das Tier umgehend isoliert und dem Tierarzt vorgestellt werden. Das Risiko einer Pilzerkrankung ist der Hauptgrund dafür, dass man sich nach jedem Berühren von Katzen gründlich die Hände waschen sollte.

Flöhe: Die kleinen Plagegeister sind weniger problematisch, obwohl sie mühelos zwischen Katzen, Hunden, anderen Haustieren und Menschen hin und her wandern. Auch wenn Katzenflöhe den Menschen nicht auf Dauer besiedeln, sind ihre Bisse ziemlich lästig. Zudem können Bandwürmer übertragen werden. Massiver Flohbefall bei Katzen muss fachgerecht behandelt werden, doch ist eine Reihe von Produkten zur Vorbeugung im Handel erhältlich.

Bisswunden: Katzenspeichel enthält immer Bakterien. Jeder ernsthafte Katzenbiss muss deshalb gut gereinigt, desinfiziert und abgedeckt werden. Das gilt natürlich auch für Kratzer durch Katzenkrallen. Wenn die Verletzungen schmerzen oder anschwellen, sollten Sie einen Arzt zu Rate ziehen, denn in sehr seltenen Fällen kommt es durch offene Wunden zur Übertragung der so genannten Katzenkratzkrankheit, die unbedingt ärztlich behandelt werden muss.

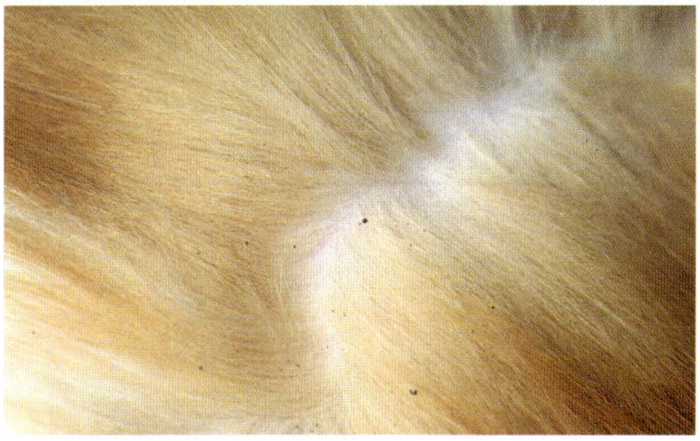

WISSENSWERTES

In Lewis Carrolls *Alice im Wunderland* begegnet Alice unter anderem der Grinsekatze, die sprechen und verschwinden kann. Nur ihr Grinsen bleibt zurück.

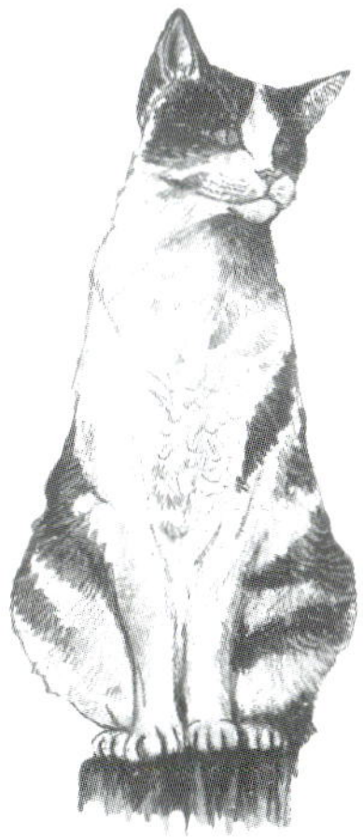

WISSENSWERTES

Von manchen Menschen sagt man, sie bewegen sich katzenhaft. Gemeint sind damit geschmeidige, flüssige Bewegungsabläufe, die an unsere Stubentiger erinnern.

Oben
Bei Symptomen wie Erbrechen, Durchfall oder Spritzen sollte ein Tierarzt zu Rate gezogen werden, wenn sie länger anhalten.

Unten
Flohkot im Fell einer Perserkatze.

Tierärztliche Betreuung

ROUTINEBESUCHE BEIM TIERARZT sollten für jede Hauskatze zum normalen Leben gehören. Selbst Katzen mit eiserner Konstitution müssen gelegentlich zum Arzt und wenn es nur zur Impfauffrischung oder zur Kontrolle ist. Einen Tierarzt sollte man ebenso sorgfältig auswählen wie den eigenen Hausarzt, denn er soll Ihr Tier ja langfristig betreuen.

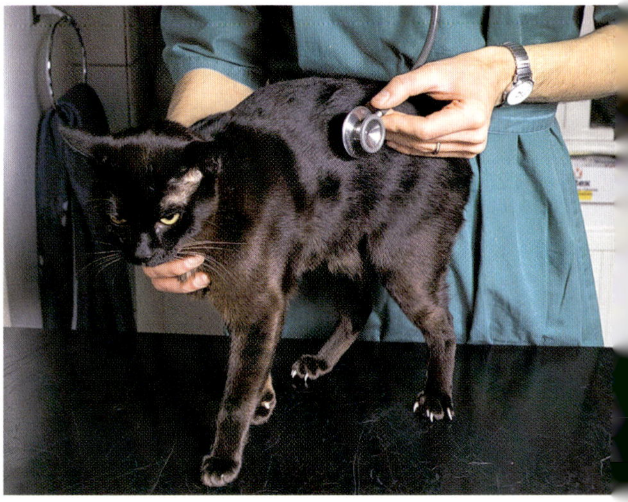

WANN MUSS DER TIERARZT HELFEN?

INFEKTIONSKRANKHEITEN SETZEN bei Katzen teilweise erschreckend abrupt ein, doch lassen sich die meisten schweren Infekte durch die regelmäßige Auffrischung der Schutzimpfungen verhüten. Für alle anderen Erkrankungen gilt als Faustregel: Halten die Symptome länger als 24 Stunden an, sollte man einen Tierarzt zu Rate ziehen. Bis dahin hält man die Katze am besten im Haus und beobachtet sie. Meist empfiehlt es sich nicht, selbst bei seiner Katze Fieber oder den Puls zu messen, und auch Medikamente sollten nur in Abstimmung mit dem Tierarzt verabreicht werden.

Wenn Sie nach Ablauf von 24 Stunden noch immer besorgt sind, sollten Sie Ihren Tierarzt anrufen und sich telefonischen Rat oder einen Untersuchungstermin geben lassen. Wichtig ist dabei, dass Sie dem Arzt genau sagen können, welche Symptome wann aufgetreten sind. Am besten machen Sie sich Notizen, sobald Sie vermuten, dass etwas nicht in Ordnung ist. Vermerken Sie auch, was die Katze die letzten ein bis zwei Tage gefressen oder unternommen hat, beispielsweise, ob sie draußen war oder Reste von Beutetieren mitgebracht hat.

TIERARZTKOSTEN

BEI DER ANSCHAFFUNG EINER KATZE muss man sich darüber klar sein, dass zwangsläufig Tierarztkosten anfallen. Wer nicht oft zum Tierarzt geht, ist meist über deren Höhe erschrocken, doch muss man sich vor Augen halten, dass sie alle Aufwendungen für den Betrieb der Praxis, das Personal, Hausbesuche und andere Leistungen sowie nicht zuletzt den tierärztlichen Notdienst abdecken, den der Arzt selbst anbietet oder delegiert. Für Medikamente muss natürlich separat bezahlt werden. Man kann eine Versicherung für Tierarztkosten abschließen, die jedoch Routineuntersuchungen, Impfungen, Kastration und dergleichen nicht umfasst.

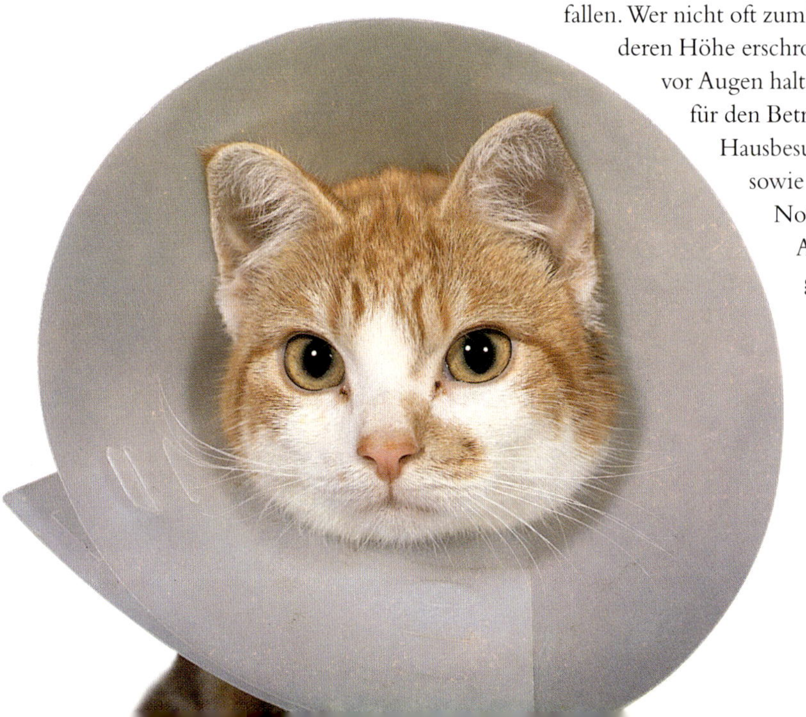

Oben
Ein Tierarzt hört eine Katze mit dem Stethoskop ab.

Unten
Nach einer Operation wird Katzen oft ein solcher Kragen angelegt, damit sie sich nicht die Nähte aufbeißen.

DIE WAHL DES RICHTIGEN ARZTES

MIT ZUNEHMENDER ZAHL verantwortungsbewusster Tierhalter in den Industriestaaten hat sich auch das Angebot an Tierarztpraxen in den letzten 50 Jahren deutlich verbessert und nur in wenigen abgelegenen städtischen oder ländlichen Gegenden ist bis heute kein Tierarzt unmittelbar erreichbar. Einen Tierarzt sollte man ebenso umsichtig wählen wie den eigenen Hausarzt, denn die Beziehung zwischen ihm und dem Tier soll ja möglichst lange dauern, vor allem, weil der Arzt anhand der Karteikarte leichter Diagnosen stellen kann. Zudem wird man als Tierhalter von der Praxis normalerweise an Auffrischungsimpfungen und Kontrolluntersuchungen erinnert. Wie der Humanmediziner sollte Ihnen auch der Tierarzt mit verständlichen Worten Auskunft geben und Ihre Fragen beantworten können. Das Personal sollte hilfsbereit sein und gut mit Tieren umgehen können. Die Räumlichkeiten müssen sauber sein, und es sollte möglichst ein OP-Raum zur Verfügung stehen.

Wenn Sie die Wahl haben, entscheiden Sie sich für einen auf Kleintiere spezialisierten Arzt. Nach einem Umzug oder bei der erstmaligen Anschaffung eines Haustiers können Sie bei örtlichen Katzenzüchtern, Tierschutzvereinen oder Tierheimen nach geeigneten Praxen fragen. Bevor Sie sich für einen Arzt entscheiden, können Sie sich darüber informieren, welche Kosten voraussichtlich auf Sie zukommen. Die Vergütungen für die einzelnen Leistungen sind in Deutschland nach der Gebührenordnung für Tierärzte gesetzlich festgelegt.

NOTFÄLLE

IN NOTFÄLLEN MACHEN Tierärzte auch Hausbesuche (gegen entsprechende Gebühr), doch in der Regel ist es ihnen lieber, wenn die Patienten zu ihnen in die Praxis kommen, wo sie alle Geräte für die Untersuchung und Behandlung zur Hand haben. Sie sollten stets die Möglichkeit haben, telefonisch Fragen zu stellen, was natürlich mehr Sinn macht, wenn der Arzt das betroffene Tier bereits kennt. Steht eine Operation an, erkundigen Sie sich, wie lange vor dem Termin das Tier fasten sollte (meist 12 Stunden vor dem Eingriff) und ob die Katze womöglich mehrere Tage in der Praxis bleiben muss. Selbstverständlich sollten Sie das Tier in einem sicheren Transportkorb in die Praxis bringen und diesen erst im Behandlungsraum öffnen.

WISSENSWERTES
Die Songtexte für Andrew Lloyd Webbers Musical *Cats* basieren auf T. S. Eliots 1939 erschienenem Gedichtband *Old Possums Katzenbuch.*

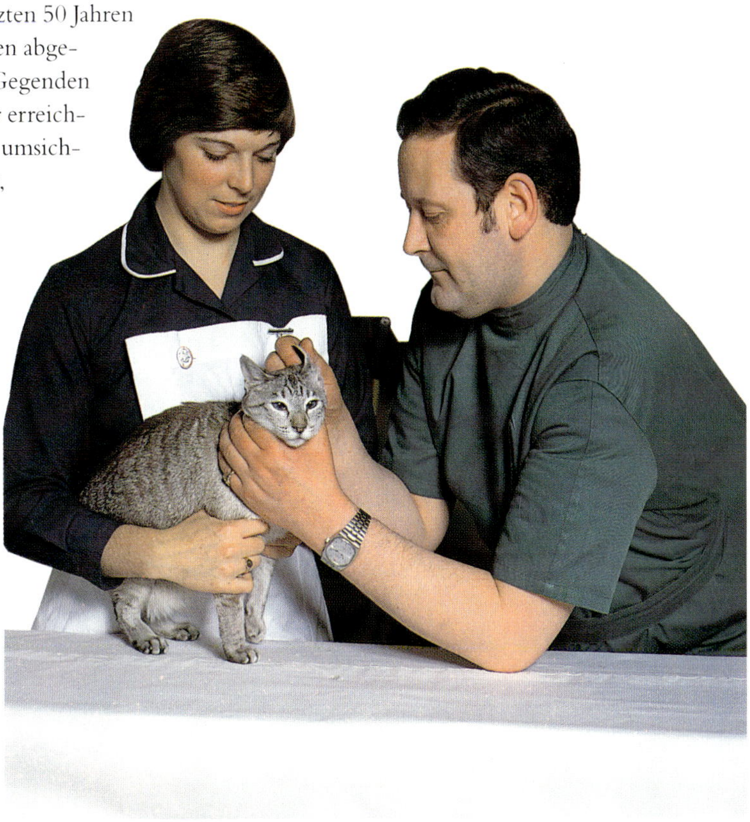

WISSENSWERTES
Der gestiefelte Kater aus dem gleichnamigen Märchen verdiente sich seine Stiefel damit, dass er seinem Herrn Glück brachte und ihm sogar zu einer Prinzessin als Braut verhalf.

Oben
Den Weg zum Tierarzt legen Katzen am sichersten in einem stabilen Transportkorb zurück.

Unten
Beherztes Zugreifen ermöglicht es dem Tierarzt, die Katze rasch zu untersuchen. Das Tier hat dadurch weniger Stress.

Erkrankungen der Katze

VIRUSINFEKTE DER OBEREN Atemwege („Katzenschnupfen"), Katzenseuche, FIP, Leukose und Tollwut sind Krankheiten, vor denen Sie Ihre Katze mit Impfungen schützen können. Gesunde Welpen können ab einem Alter von acht Wochen grundimmunisiert werden, anschließend muss der Impfschutz jährlich aufgefrischt werden. Fragen Sie Ihren Tierarzt, wann genau die Impfungen für Ihre Katze anstehen.

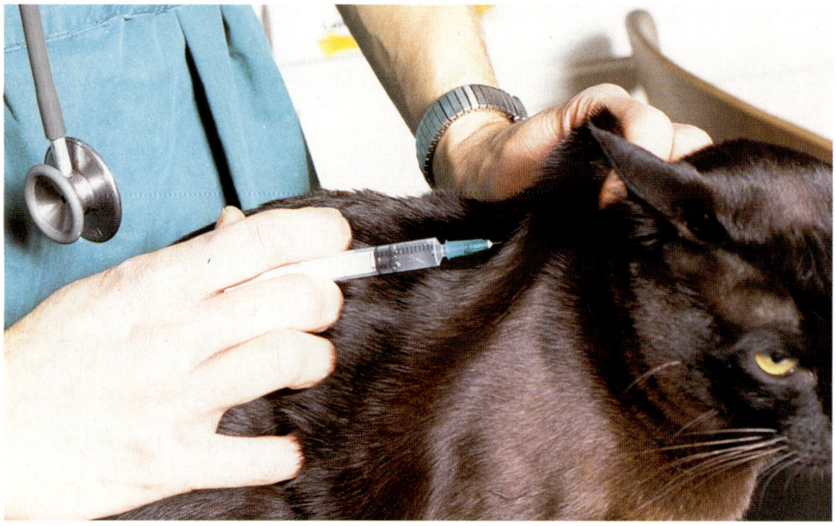

Oben rechts
Bei Ausstellungen ist das Risiko einer Ansteckung erhöht, weil so viele Tiere auf engstem Raum zusammentreffen.

Oben links
Mit einer Schutzimpfung kann man Katzenschnupfen wirksam vorbeugen.

Unten rechts
Dieses kleine Kätzchen hat die Augen noch geschlossen.

KATZENSCHNUPFEN:

VIRUSINFEKTE DER OBEREN Atemwege betreffen Nase und Rachen. Ausgelöst werden sie durch verschiedene Viren, am häufigsten durch das Feline Herpesvirus (FHV) oder das Feline Calicivirus (FCV). Beide sind sehr ansteckend und breiten sich überall rasch aus, wo viele Katzen auf engem Raum zusammen sind, etwa in Katzenpensionen, bei Ausstellungen und Züchtern. Gegen beide Viren kann man Katzen wirkungsvoll durch Impfungen schützen.

Eine Infektion mit Herpesviren (Rhinotracheitis) geht mit Ausfluss aus Augen und Nase sowie übermäßigem Speicheln, Appetitmangel und Abgeschlagenheit einher. Die Inkubationszeit beträgt zwei bis zehn Tage. Das erkrankte Tier bekommt Fieber, das etwa am fünften Tag seinen Höhepunkt erreicht, es niest und leidet oft auch an einer Bindehautentzündung der Augen. Bei Verdacht auf Katzenschnupfen muss das Tier sofort isoliert und dem Tierarzt vorgestellt werden. Welpen und ältere Katzen überleben einen Infekt nur selten, und wenn, dann gibt es oft Komplikationen wie völlige oder teilweise Blindheit. Außerdem bleiben diese Tiere meist Überträger und gefährden so andere Artgenossen.

Typisches Symptom einer Infektion mit Caliciviren sind Geschwüre der Mundschleimhaut, die von den Anzeichen einer Rhinotracheitis und Fieber begleitet sein können. Die Hauptgefahr hierbei sind die Komplikationen bis hin zur Lungenentzündung. Auch in diesem Fall sollte umgehend ein Tierarzt aufgesucht werden.

Katzenseuche (Panleukopenie): Diese Krankheit setzt plötzlich ein und führt rasch zum Tode. Bei Verdacht auf eine Infektion ist deshalb höchste Dringlichkeit geboten. Symptome sind Durchfall, Appetitverlust und Erbrechen von Galle. Das Tier schreit vor Schmerzen, wenn man es nur berührt, und kollabiert schließlich. Die Panleukopenie befällt alle Altersgruppen; die wenigen überlebenden Tiere scheinen anschließend lebenslang immun dagegen zu sein.

Den besten Schutz bieten allerdings regelmäßige Impfungen ab dem Welpenalter.

Leukose: Diese extrem ansteckende, unheilbare Krankheit verläuft so gut wie immer tödlich. Da die Übertragung durch Körperflüssigkeiten wie Blut und Speichel erfolgt, sind vor allem Tiere mit Auslauf gefährdet, die in Kämpfe verwickelt werden, Zuchttiere sowie alle Katzen, die in Pensionen oder Haushalten mit mehreren Artgenossen auf engstem Raum leben. Vor allem Welpen sind sehr anfällig. Vor der Entwicklung des Impfstoffs in den 1980er Jahren war diese Krankheit der Schrecken jedes Züchters. Inzwischen steht eine jährlich aufzufrischende Schutzimpfung zur Verfügung, die jedoch bei bereits infizierten, aber symptomfreien Tieren keine Wirkung hat und sogar gefährlich sein kann. Die Katze muss deshalb vor der ersten Impfung getestet werden, damit symptomfreie Überträger nicht durch die Impfung in Gefahr geraten.

Zu den Symptomen der Leukose gehören Erbrechen, Durchfall, Atemnot, Fieber und Anämie, doch oft ist das einzige Anzeichen die allmähliche Auszehrung des Tieres über einen längeren Zeitraum. Die Diagnose erfolgt mit Hilfe eines Bluttests. Ist der Erreger nachgewiesen, empfiehlt der Tierarzt meist, die Katze isoliert zu halten, um Artgenossen nicht anzustecken. Die Beschwerden

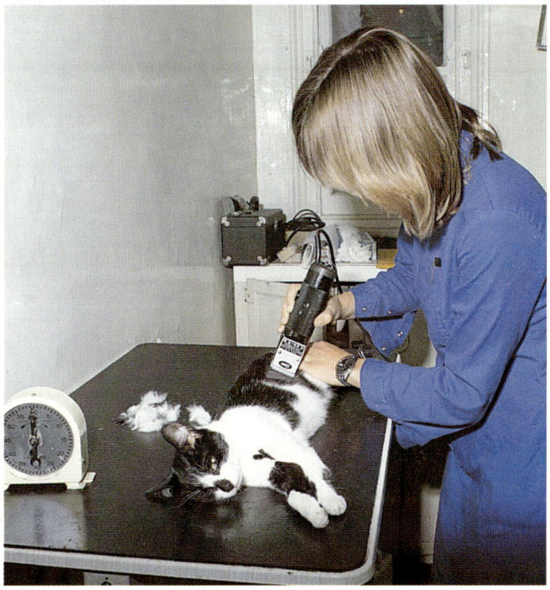

des Tieres können so lange gelindert werden, bis es eingeschläfert werden muss.

FIP und FIV: Zwei weitere unheilbare Krankheitsbilder sind die durch ein Virus ausgelöste Feline Immunschwäche (FIV) und die Feline infektiöse Peritonitis (FIP). Gegen FIP gibt es mittlerweile einen Impfstoff, doch lässt sich FIV derzeit noch nicht verhüten. Durch eine Kastration kann man Katzen, die nicht zur Zucht vorgesehen sind, einigermaßen schützen, da sie meist nicht so erbitterte Revierkämpfe führen wie unkastrierte Tiere. Lassen Sie Ihr Tier nicht mit offensichtlich kranken Tieren in

WISSENSWERTES
Das aus dem Englischen stammende Wort „Pussy" kommt vom lateinischen „lepus" für „Hase". Als französisches Wortspiel („le pus") bezeichnete es schließlich die Katze.

WISSENSWERTES
Spielerische Kämpfe mit den Eltern oder Wurfgeschwistern sind sehr wichtig für junge Katzen, denn dabei lernen sie gefahrlos die für den Ernstfall benötigte Koordination und das richtige Timing.

Oben links
Vor allem Welpen sind anfällig für Krankheiten, doch mit der Muttermilch nehmen sie schützende Antikörper auf.

Oben rechts
Diese Kätzin wird vor der Kastration rasiert.

Unten rechts
Erreger wie das Leukosevirus werden oft bei Prügeleien weitergegeben.

Da Durst auch Anzeichen für eine (vor allem bei älteren Tieren nicht seltene) Schilddrüsenüberfunktion oder eines Diabetes mellitus sein kann, sollte man stets den Tierarzt zu Rate ziehen, wenn eine Katze übermäßig viel trinkt.

HAUTKRANKHEITEN

VIELE HAUTKRANKHEITEN BEI Katzen werden durch Parasiten ausgelöst, die weiter unten besprochen werden. Besonders die so genannte Ringelflechte (Mikrosporie) ist ernst zu nehmen, weil sie durch Kontakt auf Menschen und andere Tiere übertragbar ist und die befallenen Katzen selbst manchmal keine Symptome zeigen. Hat eine Infektion stattgefunden, ist die nachhaltige Behandlung sehr schwierig.

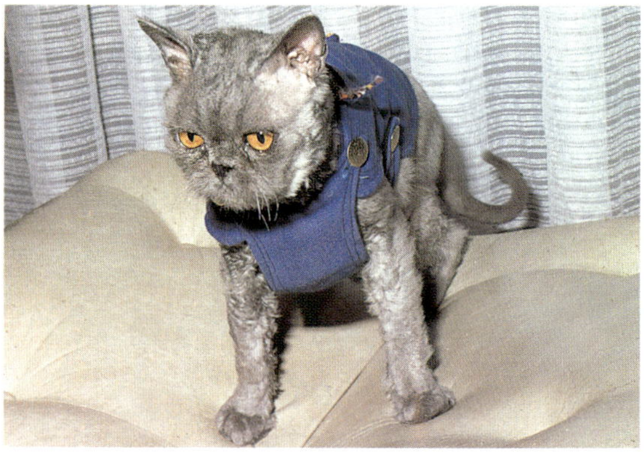

Mikrosporie: Auslöser sind Pilze, die sich auf der Haut und im Fell ansiedeln. Die von ihnen abgesonderten Toxine dringen tief in die Haut ein und verursachen Entzündungen und Juckreiz. Die Haare sterben ab und fallen aus, sodass die kreisrunden kahlen und schuppigen Stellen an Kopf, Ohren, Vorderpfoten und Rücken entstehen, die der Krankheit ihren Namen gaben. Durch Kratzen versuchen die erkrankten Tiere, den Juckreiz zu lindern, machen aber dadurch alles noch schlimmer. Weitere Krankheitszeichen fehlen meist, die Tiere wirken überraschenderweise weder unwohl noch appetitlos.

Die Behandlung dieser Pilzerkrankung erfolgt mit Salben und /oder Tabletten. Wichtig ist außerdem strikte Hygiene. Die Katze muss von anderen Tieren isoliert werden und sollte möglichst wenig unmittelbaren Kontakt zu Menschen haben. Vor der Pilzinfektion verwendete Decken und Polster müssen weggeworfen und durch Einwegmaterialien ersetzt werden. Bis der Pilz nachweislich besiegt ist, gilt das auch für Fress- und Wassernäpfe und das Katzenklo.

Dermatitis/Ekzem: Genau wie beim Menschen können Ekzeme bei Katzen eine Reihe von Ursachen haben. Eine sinnvolle Behandlung ist nur möglich, wenn man die richtige findet. Meist treten Ekzeme als schuppi-

WISSENSWERTES

Im englischen Cheshire wurde Käse früher im Spaß zu grinsenden Katzengesichtern geformt, als „Schutz" vor hungrigen Mäusen. Lewis Caroll machte daraus seine magische „Grinsekatze".

Berührung kommen und achten Sie bei Zuchtkatzen darauf, dass sie von erregerfreien Eltern stammen. FIV und FIP sind nicht ganz so häufig wie die anderen der hier aufgeführten Krankheiten.

VERDAUUNGSSTÖRUNGEN

VERSTOPFUNG KANN LANGHAARKATZEN und älteren Tieren Probleme bereiten. Sie kann durch unheilbare Darmtumoren ausgelöst werden, ist jedoch in den meisten Fällen die Folge eines zu schwachen Muskeltonus der Darmwand oder einer Blockierung der Darmpassage durch verschluckte Haare. Gelegentliche Verstopfung lässt sich gut durch die einmalige Gabe fetthaltigen Futters wie zum Beispiel Ölsardinen beheben, oder indem man der Katze einfach ein wenig Öl einflößt und sie viel trinken lässt. Bei hartnäckiger Verstopfung sollte man jedoch einen Tierarzt zu Rate ziehen.

Auch gelegentlicher Durchfall ist kein Grund zur Besorgnis, sofern keine weiteren Symptome vorliegen. Meist wird er von etwas ausgelöst, das die Katze gefressen hat. Hält er länger als ein oder zwei Tage an, sollte man einen Tierarzt konsultieren.

HARNWEGSBESCHWERDEN

VOR ALLEM ÄLTERE Katzen sind anfällig für Blasenentzündungen und Zystenbildung. Anzeichen sind häufiges Wasserlassen und manchmal Blut im Urin. Zu den Symptomen von Blasen- und Nierenerkrankungen gehören übel riechender Atem, deutlich verstärkter Durst und häufiges Wasserlassen oder erfolglose Versuche, zu urinieren.

Oben links
Diese Chinchilla-Perser besitzt ein wunderschönes, weißes Langhaarfell mit leichter Schattierung.

Oben rechts
Diese blaue Perserkatze musste wegen einer Pilzerkrankung geschoren werden. Ihr Fell ist eigentlich genauso lang wie das der Chinchilla daneben.

ge Hautstellen auf, an denen sich nässende Pusteln bilden können. Durch Kratzen verschlimmert sich das Bild erheblich. Ein Kontaktekzem wird durch Kontakt mit allergenen Stoffen ausgelöst, meist durch Wasch- und Putzmittel.

Das kann etwa der Fall sein, wenn eine Katze sich am frisch geputzten Küchenschrank reibt oder wenn Decken und Kissen mit einem Enzymwaschmittel gereinigt wurden. Eine Dermatitis kann auch die allergische Reaktion auf ein Futtermittel sein oder durch Sonneneinstrahlung verursacht werden, wobei sie ähnlich wie ein Sonnenbrand aussieht und vor allem weiße und weiß gescheckte Katzen betrifft. Als weitere Auslöser kommen Parasiten (siehe unten) und Stress in Betracht. Wichtig für die Behandlung ist vor allem, dass die Katze sich nicht kratzt, denn dadurch verschlimmern sich kleine Hautdefekte zu großflächig entzündeten Stellen. Beim Tierarzt bekommt man Puder oder Cremes, die den Juckreiz lindern, doch im Extremfall muss die Katze einen Plastikkragen tragen, bis die Haut abgeheilt ist.

Das Ekzem zu behandeln ist meist kein Problem, die Suche nach dem Auslöser jedoch umso mehr. Alles, was das Leben der Katze in den letzten zehn bis vierzehn Tagen tangiert hat, muss berücksichtigt werden. Gab es eine Futterumstellung, ein neues Putzmittel oder ist die Katzendecke gewaschen worden? Wenn ja, womit? Gab es ungewohnten Stress für die Katze? Hat sie ein neues Halsband bekommen? Zudem sollte man prüfen, ob andere Tiere oder Haushaltsmitglieder ebenfalls betroffen sind. Die Ursachen für Hautreizungen lassen sich bei Katzen und Menschen in der Regel nur schwer exakt bestimmen,

doch erweist sich das Ausschlussverfahren meist als hilfreich. Die akuten Hautprobleme bekommt der Tierarzt mit Kortisonsalben gut in den Griff.

Störungen der Talgdrüsen: Eine übermäßige Sekretion der Talgdrüsen an den Haarwurzeln kann Hautprobleme auslösen, die nicht schlimm sind, aber unschön aussehen. Dazu gehört der so genannte Fettschwanz, bei dem fettige Stellen an der Schwanzwurzel entstehen. Er tritt meist bei unkastrierten Katern auf. Katzen können darüber hinaus an feliner Akne leiden, die vor allem in Form von Pickelchen an Lippen und Kinn auftritt.
Die Behandlung besteht in beiden Fällen in häufigem Waschen mit Spezialshampoo und der Anwendung antiseptischer Cremes nach Anweisung des Tierarztes. In Extremfällen sind manchmal Antibiotika erforderlich.

WISSENSWERTES
Schwarze Katzen gelten dem Volksmund zufolge als Glücksboten oder Unheilverkünder, je nachdem, ob sie von rechts nach links laufen oder umgekehrt.

WISSENSWERTES
Als „Katzenaugeneffekt" bezeichnet man das durch parallel gelagerte Schichten entstehende Schillern mancher Halbedelsteine wie Tiger-, Katzen- und Falkenauge sowie Mondstein.

Oben rechts
Katzenakne kann sich an Lippen und Kinn ausbreiten.

Unten links
Weiße Katzen sind anfällig für Sonnenbrand.

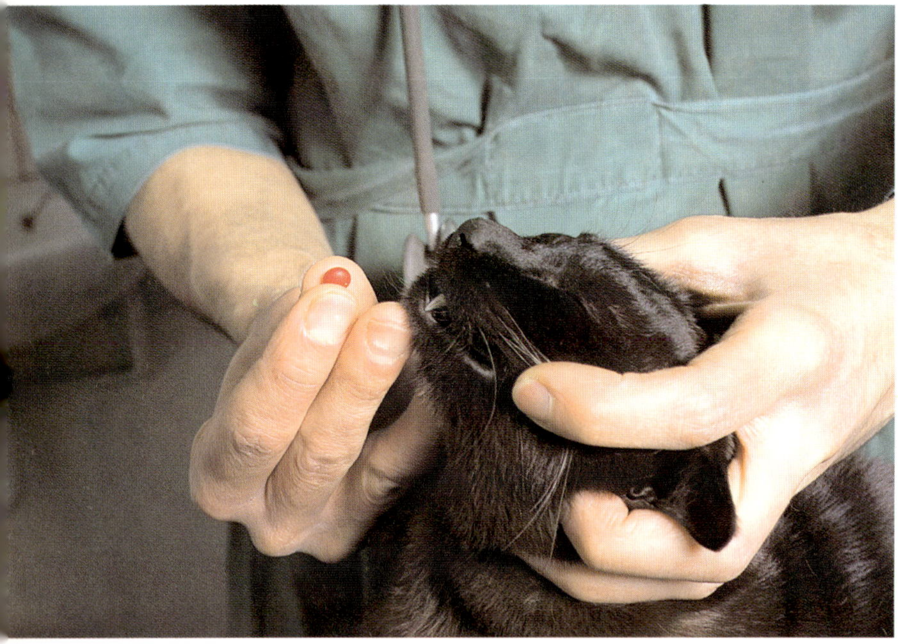

ABSZESSE

ABSZESSE BILDEN sich, wenn eine Kratz-, Schnitt- oder Bisswunde mit Keimen infiziert wird und eitrig anschwillt. Einen kleinen Abszess können Sie selbst behandeln, indem Sie einen Wattebausch mit abgekochtem Salzwasser tränken und die Schwellung durch sanften Druck zum Aufplatzen bringen. Sobald der Abszess offen ist, muss die Stelle peinlich sauber gehalten werden. Bei schlechter Heilung muss der Tierarzt eventuell Antibiotika verabreichen.

EKTOPARASITEN

KATZEN KÖNNEN von einigen äußeren Parasiten heimgesucht werden, die sich in Haut und Fell einnisten. Manche davon sind lediglich lästig, andere können jedoch unbehandelt Allergien auslösen oder bei Jungtieren ernsthafte Anämien bedingen. Katzen mit Auslauf sind am meisten gefährdet, doch können sich auch Tiere, die nur im Haus leben, durchaus ungebetene Gäste „einfangen".

Oben
Zum Verabreichen einer Tablette hält der Tierarzt den Kopf der Katze fest und öffnet ihr Maul.

Unten rechts
Entdeckt man beim Kämmen Flohkot, müssen auch Polster und Decken gründlich gereinigt und entfloht werden.

Unten links
Freigänger sind leider sehr anfällig für Parasiten aller Art, die oft von anderen Tieren überspringen.

Flöhe: Der Katzenfloh ist der gängigste Parasit, und fast jede Katze lernt ihn irgendwann in ihrem Leben kennen. Flohpulver und -halsbänder sind nicht absolut zuverlässig. Katzenflöhe sind stecknadelkopfgroße, dunkelbraune, flügellose Insekten, die in die Haut beißen und Blut saugen. Die Katze kratzt sich an den Bissstellen, was zu wunden Stellen führen kann. Ist sie zudem gegen Flohspeichel allergisch, kann es zu einem Flohekzem kommen. Flöhe können außerdem auch Bandwürmer übertragen und sollten auch aus diesem Grund beseitigt werden.

Beim Kämmen einer befallenen Katze lassen sich lebende Flöhe nicht immer ausfindig machen, sehr wohl aber tote Flöhe und Flohkot. Die Behandlung der Katze ist relativ einfach. Flohpulver, -sprays und -halsbänder bekommt man im Zoogeschäft, beim Tierarzt wirksamere Produkte wie Pumpsprays, „Spot-on"-Tropfen, die der Katze in den Nacken geträufelt werden, oder Futterzusätze, mit denen die Fortpflanzung der Flöhe unterbunden wird. Die Anweisungen auf der Packung sind unbedingt zu befolgen, und es darf nie mehr als ein Produkt angewendet werden, da die Katze sonst an einer Überdosis Wirkstoff sterben kann.

Möbel und Polster müssen ebenfalls mit einem Spezialmittel besprüht werden, da die auf der Katze lebenden Flöhe lediglich die Spitze des Eisbergs darstellen. Floheier, -larven und -puppen lauern in Teppichen, Teppichböden und Textilien.

Räude: Diese unschöne, quälende Hautkrankheit wird durch Milben übertragen, die sich im Fell oder unter der Haut der Katze einnisten. Man unterscheidet mehrere Milbenarten, doch alle bedingen ein ähnliches Krankheitsbild mit Abschuppung der Haut zu ungleichmäßig großen kahlen Stellen. Da die einzelnen Milbenarten auf unterschiedliche Wirkstoffe reagieren, muss der Tierarzt zunächst ermitteln, um welche es sich handelt.

Ohrmilben: Ausgesprochen lästig und weit verbreitet sind die winzig kleinen Ohrmilben. Viele Katzen sind Träger, ohne irgendwelche Probleme damit zu haben, doch können sich die kleinen Plagegeister so stark vermehren, dass sie Entzündungen im Gehörgang (Otitis) und Reizungen auslösen. Entdecken Sie beim wöchentlichen Check-up Ihrer Katze schwarzbraunes Ohrenschmalz, dann sind meist Milben die Ursache. Befallene Katzen schütteln außerdem häufig den Kopf und kratzen sich an den Ohren. Die Behandlung erfolgt mit Ohrentropfen, die Sie beim Tierarzt bekommen. Möglicherweise muss die Katze durch einen Kragen am Kratzen gehindert werden.

Zecken: Bei frei laufenden Katzen beißen sich Zecken oft an Ohren, Nacken, Hals und Pfoten fest. Meist entdeckt man sie beim Kämmen, wenn sie sich mit dem aufgesaugten Blut auf fast einen Zentimeter Länge aufgebläht haben. Vor dem Entfernen sollte man die Zecke stets mit etwas Alkohol betupfen. Nach ein paar Sekunden fasst man sie mit einer Pinzette oder einer Zeckenzange und dreht sie vorsichtig heraus, sodass der Kopf mit herausgelöst wird. Einige Flohmittel töten auch Zecken ab, sobald sie die behandelte Katze beißen. Manchmal entfernen die Katzen Zecken selbst durch Kratzen, doch bleibt dann nicht selten der Kopf in der Haut zurück und löst Entzündungen aus. Zecken können auch Menschen befallen und die gefährliche Lyme-Borreliose sowie in bestimmten Gegenden die Frühjahrs-Enzephalitis auslösen.

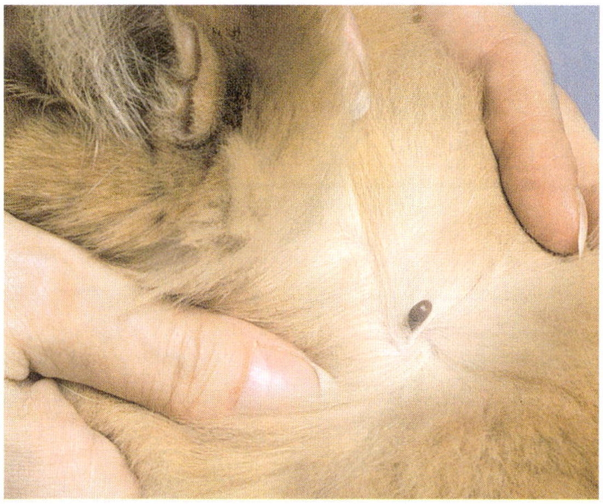

Haarlinge: Diese Parasiten sind bei Hauskatzen ebenfalls sehr selten zu finden, doch werden frei laufende Tiere durchaus befallen, vor allem, wenn sie ohnehin krank sind. Obwohl Haarlinge nicht auf den Menschen übergehen, ähneln sie Kopfläusen. Die an den Haaren klebenden weißlichen Nissen sind ein sicheres Zeichen. Bei starkem Befall kann das Tier erheblich geschwächt werden, zudem wirkt es gereizt und unwohl. Die Behandlung erfolgt unter Anleitung des Tierarztes mit flüssigem oder puderförmigem Insektenmittel.

Sind die Läuse beseitigt, empfiehlt sich oft ein nährstoffreiches Spezialfutter, das die Katze rasch wieder fit macht.

ENDOPARASITEN

VOR ALLEM KATZEN mit Auslauf sind anfällig für eine Reihe von inneren Parasiten, die sie meist mit Beutetieren aufnehmen. Dazu gehören beispielsweise

WISSENSWERTES

Sich vor Hitze zu schützen ist für Katzen schwierig, denn schwitzen können sie nur an den Pfotenballen. Meist liegen sie bei hohen Temperaturen im Schatten und geben durch Hecheln Wärme ab.

WISSENSWERTES

„Katz und Maus spielen" bedeutet, jemanden hinhalten, um ihm letztlich doch eine unangenehme Entscheidung zu präsentieren.

Oben links
Diese beiden Wurfgeschwister haben das Kuscheln aus der Kinderstube beibehalten.

Oben rechts
Eine Zecke im Fell einer Perserkatze.

Unten
Der Tierarzt sucht nach dunklem Ohrenschmalz, das auf Milbenbefall hindeuten würde.

Kokzidien. Das sind Einzeller, die dem Katzenkot einen üblen Geruch verleihen.

Die Endoparasiten der Katze sind diverse Wurmarten, die bei wild lebenden und verwilderten Tieren fast durchweg vorhanden sind, aber bei wohl genährten, gut gepflegten Hauskatzen eher selten vorkommen. Katzen mit freiem Auslauf sind natürlich nicht gegen Würmer gefeit, zumal, wenn sie Mäuse jagen und fressen. Die Würmer siedeln sich im Darm der Katze an und leben entweder vom Speisebrei oder von der Darmwand selbst. Ihre Eier werden mit dem Kot ausgeschieden und so weiter übertragen. Kätzinnen können manche Würmer mit der Muttermilch an ihre Jungen weitergeben, mit der Folge, dass die Kleinen von Anfang an schwach und unterernährt wirken, obwohl sie einen gesunden Appetit entwickeln. Die Behandlung erfolgt ab dem Alter von drei Wochen durch den Tierarzt.

Wurmbefall lässt sich verhüten, indem man Katzen regelmäßig mit speziellen Medikamenten entwurmt, die man zum Teil bereits im Zoogeschäft bekommt. Sicherer ist es, die Katze dem Tierarzt vorzustellen, der den Parasiten genau bestimmt und dann erst die Behandlung festlegt. Wichtig ist aber vor allem strikte Hygiene beim Beseitigen des Katzenkots und bei der Reinigung des Katzenklos.

Oben links und rechts
Frei laufende Katzen infizieren sich häufig bei Beutetieren, vor allem Mäusen, mit Würmern. Die Wurmeier werden oft mit dem Kot ausgeschieden, sodass sich auch andere Tiere anstecken können.

Unten
Welpen können Wurmeier mit der Muttermilch aufnehmen.

Spulwürmer: Askariden sind die häufigsten Endoparasiten der Katze. Es handelt sich um dicke weiße Würmer von bis zu zehn Zentimeter Länge, die manchmal mit dem Katzenkot ausgeschieden werden. Die Eier werden meist von Mäusen übertragen. Verdacht auf Spulwürmer besteht stets, wenn eine ansonsten gesunde Katze mit Appetit frisst und dennoch mager und unansehnlich wirkt. Meist ist das Fell stumpf, der Bauch ist oft aufgetrieben.

Hakenwürmer: Diese Blutsauger sind in feuchtwarmen Klimazonen heimisch und in Nord- und Mitteleuropa sehr selten. Wenn sie ein Tier befallen, kann es an Blutverlust eingehen. Frühe Warnzeichen sind extreme Schwäche, Anämie, Durchfall und Blut im Kot.

Peitschen- und Fadenwürmer: Katzen in unseren Breiten bekommen diese Parasiten nur selten. Beide Arten sind klein und können die Katze besiedeln, ohne ihr Schaden zuzufügen oder sich bemerkbar zu machen. Schwerer Befall kann allerdings eine zunehmende Schwächung, Verschlechterung des allgemeinen Gesundheitszustandes und ständige Durchfälle bedingen.

Bandwürmer: Beim Putzen lecken Katzen häufig Flöhe oder womöglich Haarlinge auf, die Bandwürmer übertragen können. Außerdem fressen sie die Wurmeier mit befallenen Beutetieren. Die wie Reiskörner aussehenden Bandwurmsegmente mit den Eiern werden mit dem Kot ausgeschieden. Bandwürmer sind nur bei starkem Befall ein Gesundheitsproblem für die Katze, können aber ebenso wie Spulwürmer auf den Menschen übergehen.

MEDIKAMENTE

GEBEN SIE MEDIKAMENTE grundsätzlich nur nach Anweisung des Tierarztes. Vor allem Aspirin oder Paracetamol sind für Katzen unter Umständen tödlich und dürfen niemals verabreicht werden. Kinder müssen entsprechend gewarnt werden, damit sie nicht aus Sorge und in bester Absicht dem Tier schaden.

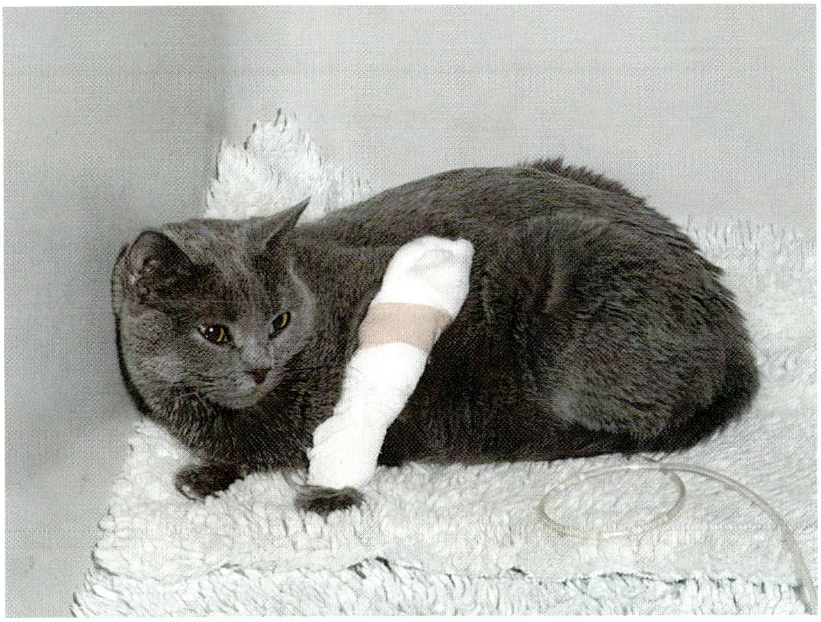

PFLEGE EINER KRANKEN KATZE

WENN SIE BEI DER Pflege einer kranken Katze genauso vorgehen wie bei einem kranken Kind, dann kann nichts schief gehen. Bringen Sie die kleine Patientin in einem ruhigen Teil des Hauses warm und gemütlich unter und lassen Sie sie so viel schlafen, wie sie möchte. Falls möglich, sollte sie von ihrem Schlafplatz aus hören können, was im Haus vor sich geht, denn das finden Katzen beruhigend. Kleinkinder und andere Haustiere sollten fern gehalten werden, aber manche Katzen mögen leise Radiomusik. Bei einer schweren Erkrankung fragen Sie den Tierarzt, welches Futter Sie anbieten sollen, ansonsten reichen Sie kleine Portionen von dem, was Ihre Katze gern mag. Stellen Sie reichlich Wasser zur Verfügung. Futter- und Wassernapf sowie Katzenklo sollten möglichst nahebei sein.

Kranke Katzen neigen zum Trübsinn und verlieren die Lebensfreude, sodass man sich möglichst intensiv um sie kümmern sollte. Häufige Besuche und „Gespräche“, Streicheln und vorsichtiges Spielen helfen meist. Lager, Näpfe und Katzenklo sollten ebenso peinlich sauber gehalten werden wie das ganze Umfeld, doch muss beim Einsatz von Desinfektionsmitteln darauf geachtet werden, dass sie verträglich für das Tier sind. Viele Haushaltsreiniger und Desinfektionsmittel enthalten Phenole, Kresole und Chloroxyphenole, die für Katzen extrem giftig sind. Am besten fragen Sie Ihren Tierarzt oder besorgen sich ein für Katzen unschädliches Mittel in der Zoohandlung. Halten Sie sich genau an die Gebrauchsanleitung.

Leidet eine Katze an einem Infekt oder an Ektoparasiten, müssen Decken und Kissen, auf denen sie während der Krankheit und Genesungszeit gelegen hat, entsorgt werden. Am besten verbrennt man sie, doch ist das nicht möglich, gibt man sie in einer stabilen Plastiktüte in den Hausmüll. Möglicherweise riskieren Sie eine erneute Infektion, wenn beim Waschen nicht alle Erreger beseitigt wurden. Auch sämtliche weichen Spielzeuge, mit denen die kranke Katze gespielt hat, sollten weggeworfen und alle übrigen gründlich desinfiziert werden.

WISSENSWERTES

Der Kauz und das Kätzchen ist eines von Edward Lears Unsinnsgedichten aus dem *Book of Nonsense* von 1846: Eine weitere „literarische“ Katze.

Oben links
Diese kranke Katze erholt sich an einem ruhigen Platz in ihrem warmen, gemütlichen Körbchen.

Oben rechts
Diese Katze bleibt wegen eines Beinbruchs in der Tierklinik.

Unten
Dieses Kätzchen ist schon so weit genesen, dass es spielt. Das vertreibt die Langeweile und macht wieder fit.

Die neun Leben der Katze

KATZEN SIND ZÄH UND ÜBERLEBEN so manche Gefahr, aber ihre Neugier und oft unbekümmerte Risikobereitschaft bringen sie nicht selten in unfallträchtige Situationen.

VERKEHRSUNFÄLLE

DIE HÄUFIGSTE URSACHE für schwere Verletzungen ist der Straßenverkehr, obwohl man oft überrascht ist, wie clever viele Katzen sich in den Städten darauf einstellen. Dennoch werden auf unseren Straßen Jahr für Jahr unzählige Samtpfoten überfahren. Selbst auf dem Lande oder in Gegenden mit wenig Verkehr sind sie nicht sicher, da sie gerade dort oft von Autos überrascht werden. Bei älteren Katzen lässt das Gehör deutlich nach, zudem sind sie nicht mehr so flink wie früher und können auch Entfernungen und Geschwindigkeiten nicht mehr so sicher einschätzen. Deshalb fallen gerade die Senioren unter den Stubentigern oft dem Straßenverkehr zum Opfer.

Die meisten Katzen werden dabei – vielleicht zum Glück – sofort getötet. Wer eine verletzte Katze findet, sollte sie sofort vorsichtig in Sicherheit bringen, möglichst ohne sie viel zu bewegen, und sie bald einem Tierarzt vorstellen. Im Notfall wendet man sich am besten an einen Tierschutzverein oder die Polizei. Im Übrigen sollte man die Katze warm und ruhig halten, um einem Kreislaufschock vorzubeugen, und ihr kein Futter oder Wasser anbieten. Bitten Sie Passanten oder Anwohner um einen Behälter, etwa einen Karton, in dem Sie das Tier sicher transportieren können. Denken Sie daran, dass eine Katze, die verletzt, aber bei Bewusstsein und bewegungsfähig ist, sich instinktiv wehren wird und vermutlich versucht, zu fliehen und sich zu verstecken. Trägt das Tier ein Halsband mit Adressanhänger, notieren Sie sich die Anschrift des Halters und informieren Sie ihn.

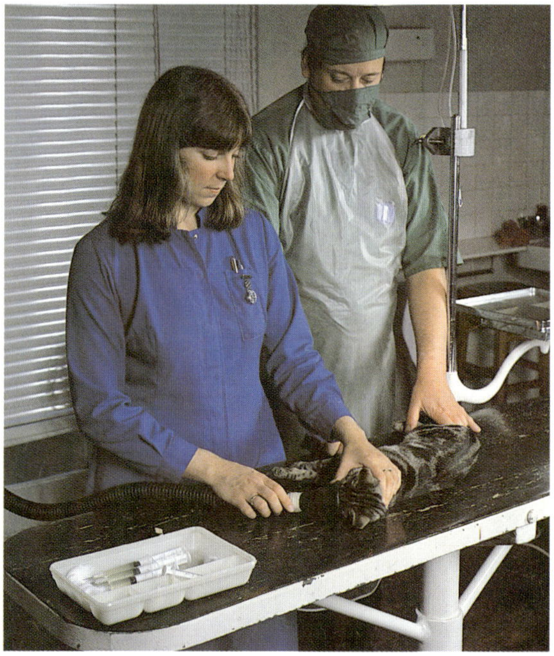

Oben
Eine akrobatisch veranlagte Siamkatze spielt mit einem ihrer neun Leben.

Unten rechts
Nach einem Verkehrsunfall sollte eine Katze sofort zum Tierarzt gebracht werden.

Unten links
Katzen verstecken sich gern unter geparkten Autos.

Auch wenn die Katze nur leicht verletzt zu sein scheint, sollte man sie vom Tierarzt untersuchen lassen, denn es könnten beispielsweise innere Blutungen vorliegen. Zudem hat die Katze höchstwahrscheinlich einen Schock erlitten.

STÜRZE

HIER GILT IM PRINZIP das Gleiche. Eine erwachsene Katze überlebt Stürze aus einer Höhe von bis zu sechs Metern unverletzt, zieht sich aber bei größeren Höhen fast immer Verletzungen zu. Dabei kann es zu einer Gehirnerschütterung mit Ohnmacht oder Benommenheit kommen, die man zunächst wie einen Schock behandelt. Selbst wenn die Katze auf ihren vier Füßen landet, verletzt sie sich meist Vorderpfoten und Kopf, was nicht immer sofort offensichtlich ist, sodass man immer einen Tierarzt zu Rate ziehen sollte. Halten Sie die Katze bis dahin warm und ruhig.

STROMSCHLÄGE

STROMKABEL SIND VOR ALLEM für Jungtiere interessante Spielzeuge. Sie kauen darauf herum, beißen sie womöglich durch und können dann einen Stromschlag bekommen oder sich Maul und Pfoten verbrennen. Meist führt ein Stromschlag sofort zum Tode. Findet man ein Tier in einer solchen Situation lebend oder tot, ist der erste Schritt grundsätzlich immer, den Stecker herauszuziehen oder die Stromversorgung ganz auszuschalten, falls die Sicherung nicht bereits herausgesprungen ist. Lebt die Katze noch, behandeln Sie sie gegen Schock, bis der Tierarzt sie untersuchen kann. Die beste Vorsorge gegen Stromschläge besteht darin, Stromkabel möglichst gut zu sichern und Kätzchen vom ersten Tag an niemals damit spielen zu lassen. Geben Sie Katzen am besten gar keine Spielzeuge, die einem Stromkabel ähneln.

HITZSCHLAG

VOR ALLEM LANGHAARKATZEN sind anfällig für Hitzschlag, etwa auf langen Autofahrten an heißen Sommertagen. Denken Sie daran, dass ein Transportkorb nur wenig Luftzirkulation bietet und die Bewegungsfreiheit der Katze stark einschränkt. Die Anzeichen für einen Hitzschlag sind Hecheln, vorgezogene Nickhäute und erhöhte Temperatur. Sie können erstaunlich schnell auftreten. Halten Sie auf längeren Reisen stets Wasser, einen Napf und ein altes Handtuch parat und geben Sie der Katze beim ersten Anzeichen von Überhitzung etwas zu trinken. Feuchten Sie das Handtuch an und wickeln Sie das Tier hinein, achten aber darauf, dass es genügend Luft bekommt. Halten die Symptome an, sollten Sie einen Tierarzt aufsuchen, ganz gleich, wie lästig dies unterwegs ist. Meist erholen sich die Katzen ohne bleibende Schäden. Verhüten kann man einen Hitzschlag, indem man den Transportkorb luftig und schattig aufstellt. In den Pausen muss der Wagen offen bleiben oder der Korb ins Freie gebracht werden. Lassen Sie eine Katze niemals allein im Wagen, auch nicht bei geöffneten Fenstern.

Unten links
Für Katzen sind Stromkabel interessante Spielzeuge, doch sollte man ihnen dies abgewöhnen.

Unten rechts
Langhaarkatzen wie diese Birma sind besonders empfindlich gegen Hitze.

WISSENSWERTES

Gähnen dient bei Katzen wie bei allen anderen Tieren dazu, Sauerstoff in die Lungen zu bringen. Das hilft bei der Verdauung, während die Katze schläft.

WISSENSWERTES
Jungtiere von Haus- und Großkatzen verfallen sofort in die so genannte Tragstarre, wenn sie am Genick angehoben werden. Die Mutter kann ihre Jungen so leichter zu einem neuen Nest tragen.

GIFTE

DA IHR VERDAUUNGSSYSTEM GIFTIGEN Substanzen kaum etwas entgegenzusetzen hat, sind betroffene Katzen sehr gefährdet, zum einen aufgrund ihrer Neugier, vor allem aber wegen ihrer Vorliebe für Nagetiere, die ihrerseits Gift gefressen haben können. Auf dem Lande kommen Katzen in Feld, Wald und Wiese direkt oder indirekt mit Herbiziden oder Pestiziden in Berührung. Die meisten davon enthalten Wirkstoffe, die für Katzen sehr schädlich sind. Selbst alltägliche Stoffe wie frische Lackfarbe, Kreosot, Terpentin oder Frostschutzmittel sind für Katzen extrem giftig und können Krämpfe bis hin zum Koma auslösen. Meist nimmt die Katze sie auf, wenn sie sich beim Putzen Verunreinigungen aus dem Fell oder von den Pfoten leckt. Deshalb sollte man solche Rückstände möglichst bald gründlich entfernen. Flüssigkeiten wäscht man mit einem milden Spülmittel aus und spült mit reichlich klarem Wasser nach. Hartnäckige Flecken wie Farbe oder Teer müssen vor dem Auswaschen zunächst mit Pflanzenöl oder Butter aufgeweicht werden. Hat die Katze bereits daran herumgeleckt, sollten Sie einen Tierarzt zu Rate ziehen.

Leider entwickeln Katzen oft Symptome einer Vergiftung (Erbrechen, Durchfall, Taumeln, zwanghaftes Putzen, Speicheln und Krämpfe), ohne dass die Ursache bekannt ist. Sobald Verdacht auf eine Vergiftung besteht, behandelt man die Katze gegen Schock und lässt sich vom Tierarzt Ratschläge geben, bevor man ihm die Katze bringt. Versuchen Sie nicht, der Katze selbst ein Brechmittel zu verabreichen. Alles, was Sie über die Art des Gifts herausfinden können, ist hilfreich (beispielsweise die Handelsnamen von Gartenchemikalien), doch gibt es gegen viele Gifte kein spezielles Antidot, sodass der Tierarzt lediglich versuchen kann, den Zustand der Katze zu stabilisieren und sie zu beobachten.

Oben
Beim Putzen können Katzen giftige Substanzen aus ihrem Fell auflecken.

Unten
Katzen sind wahre Kletterkünstler. Nur gelegentlich versteigen sie sich und wissen nicht mehr weiter.

FALLEN ALLER ART

IN LOKALEN TAGESZEITUNGEN finden sich immer wieder Geschichten über Katzen, die von der Feuerwehr von Bäumen oder Dächern gerettet werden müssen. In Wirklichkeit kommt das gar nicht so oft vor, da die Tiere meist clever genug sind und sich nicht allzu weit vorwagen. Manchmal vergessen sie im Eifer der Jagd jedoch jede Vorsicht oder werden selbst verfolgt.

Die erste Regel lautet: Ruhe bewahren! Die Feuerwehr ist sicher nur in Ausnahmefällen nötig. Die meisten Katzen können ihre Lage recht gut einschätzen und finden nach ein paar Anläufen irgendwann einen Weg zurück. Das kann durchaus etwas länger dauern, vielleicht sogar einen ganzen Tag. Am besten lässt man sie ganz in Ruhe und wartet, bis sie selbst eine Lösung finden. Als zusätzlichen Anreiz kann man ein intensiv riechendes Futter hinstellen. Ist die Katze wieder unten, achtet man auf Hinweise auf Verletzungen oder leichten Schock.

KLEINERE VERLETZUNGEN

DIE MEISTEN KATZEN erleiden hin und wieder geringfügige Verletzungen bei Kämpfen mit Hunden, anderen Katzen oder Beutetieren. Betroffen sind meist Ohren, Gesicht und Vorderpfoten. Bemerken Sie Verunreinigungen oder Fremdkörper in der Wunde, entfernen Sie sie vorsichtig mit Watte und Kochsalzlösung (1 Teelöffel Salz auf 0,5 Liter abgekochtes, aber kaltes Wasser). Handelsübliche Desinfektionsmittel für Menschen sollten nicht verwendet werden, da sie für Katzen schädlich sein können. Sofern die Wunde sich nicht entzündet oder eitert, brauchen Sie dafür keinen Tierarzt.

SCHWERE VERLETZUNGEN

BEI GRÖSSEREN WUNDEN muss vor allem durch Druck mit dem Finger die Blutung unterbunden oder abgeschwächt werden. Halten Sie sich aber nicht lange mit erster Hilfe auf, sondern bringen Sie das Tier rasch zum Tierarzt. Je nachdem, wie die Wunde entstanden ist, sind vielleicht Antibiotika nötig.

ATEMBESCHWERDEN

DER RAUCH VON BRENNENDEM Fett, wie er bereits beim normalen Kochen und Braten entsteht, ist für Katzen oft sehr unangenehm und kann Atemnot auslösen. Bringen Sie das Tier an die frische Luft und behandeln es notfalls gegen Schock. Neben hygienischen und anderen Überlegungen ist gerade diese Gefahr ein guter Grund, Katzen prinzipiell von der Küche fern zu halten.

WISSENSWERTES
Katzen können Farben unterscheiden, verlassen sich jedoch beim Jagen eher auf Konturen und Bewegungen, da sie ihrer Beute meist in der Dämmerung oder im Dunkeln auflauern.

Oben und Mitte
Katzenkämpfe können Verletzungen zur Folge haben. Kontrollieren Sie, ob es sich um tiefe Wunden handelt, die versorgt werden müssen.

Unten
Bei oberflächlichen Wunden reicht es, mit einem Wattebausch ein wenig Kochsalzlösung aufzutupfen.

Pflege der alten Katze

IHRE KATZE KOMMT IN DIE JAHRE

DIE LEBENSERWARTUNG EINER Hauskatze liegt im Schnitt bei rund 14 Jahren, wobei viele erheblich älter werden. Kastrierte Katzen leben offenbar länger als unkastrierte. Das hat vermutlich weniger mit gesundheitlichen Vorteilen zu tun als vielmehr mit der Tatsache, dass sie nicht so zum Streunen neigen und deshalb seltener in Unfälle verwickelt werden.

AUCH WENN die meisten Katzen verspielt und geistig fit bleiben, ist ab einem Alter von zehn Jahren (rund 60 Menschenjahre) meist eine Veränderung zu beobachten. Die Katze ist dann natürlich noch nicht wirklich „alt“, aber ihre Reaktionen werden langsamer, Augen und Ohren lassen nach, die aktiven Phasen verkürzen sich, während die Nickerchen immer länger werden. Andererseits findet man auch zahlreiche Katzen, die bis zum letzten Lebenstag auf die Jagd gehen.

Ab zehn Jahren sollte man Katzen zweimal im Jahr untersuchen lassen. Die Schutzimpfungen müssen natürlich weiterhin aufgefrischt werden, zumal im Alter die Widerstandskraft des Immunsystems nachlässt.

Oben rechts
Ältere Katzen schlafen in der Regel viel mehr als jüngere Artgenossen.

Mitte
Ältere Katzen bevorzugen warme, gemütliche Schlafplätze und verzichten gerne auf Spaziergänge im Regen.

Unten
Anhand der Zähne kann der Tierarzt das ungefähre Alter einer Katze bestimmen.

Die ersten Anzeichen dafür, dass eine Katze alt wird, sind kleine Verhaltensänderungen: Sie geht nicht mehr so gerne nach draußen, vor allem bei Kälte und Nässe, sie schläft viel und liebt die Wärme, der Appetit lässt etwas nach. Beim Spielen ist sie nicht mehr so begeistert bei der Sache und verliert schneller die Lust. Das Fell verliert seinen Glanz, die Haare rings um die Schnauze werden grau. Männchen entwickeln oft „Katerbacken“.

In mittlerem und höherem Alter werden Katzen meist eher dünner als dicker, aber aufgrund von allzu üppiger Kost und Bewegungsmangel entwickeln manche dennoch Übergewicht. Gerade für ältere Tiere ist körperliche Bewegung wichtig und sollte gefördert werden. Freigänger mögen sich meist nicht mehr so lange draußen aufhalten, vor allem bei schlechtem Wetter, und verlieren ein wenig das Interesse an der Jagd, obwohl eine an freien Auslauf gewöhnte Katze kaum ganz auf ihren Ausgang verzichten wird.

ALTERSGERECHTE ERNÄHRUNG

DIE KOST ÄLTERER KATZEN sollte reich an leicht verdaulichem Eiweiß und gegebenenfalls durch Vitamine und Mineralstoffe ergänzt sein, obwohl dies der Arzt entscheiden sollte. Füttern Sie von sich aus keine Zusätze, da zu viele Vitalstoffe ebenso schädlich sein können wie zu wenige. Manche älteren Katzen bevorzugen mehrere kleine Portionen am Tag anstelle der üblichen zwei großen Mahlzeiten, jedoch sollten sie das Interesse am Fressen nicht verlieren. Achten Sie auf Anzeichen dafür, dass die Katze Schwierigkeiten beim Fressen hat, denn im Alter kommt es oft zu Mund- und Zahnproblemen, vor allem aufgrund von Zahnfleischentzündungen.

Appetitmangel kann auch auf ein Nierenversagen als eine der typischen Gesundheitsstörungen älterer Katzen hindeuten. Noch mehr als bei Jungtieren muss bei Senioren auf ausreichende Flüssigkeitszufuhr geachtet und notfalls das Futter mit Wasser angereichert werden. Ein weiteres Problem im Alter sind Blasenschwäche und möglicherweise sogar Stuhlinkontinenz sowie zunehmend Diabetes.

KÖRPERLICHE BESCHWERDEN

NACHLASSENDE SEH- UND Hörkraft scheint Katzen nicht groß zu behindern, solange sie nicht Symptome für ernsthaftere Erkrankungen sind. Vielleicht müssen Sie etwas lauter oder höher sprechen, damit Ihr Stubentiger Sie hört. Ein völlig taubes Tier gehört natürlich nicht mehr nach draußen.

Ebenso wie ältere Menschen neigen auch alternde Katzen zu gut- und bösartigen Tumoren. Sie entwickeln sich meist langsam und werden oft erst entdeckt, wenn es zu spät für eine Behandlung und die Katze zu alt für eine Operation ist. Angesichts von Krebserkrankungen und anderen schweren Leiden steht irgendwann die Frage im Raum, ob die Katze eingeschläfert werden sollte und wann der Moment gekommen ist. Diese Entscheidung fällt niemandem leicht, vor allem, wenn Kinder im Haus sind. Grundsätzlich sollte man sich zwei Fragen stellen: Ist die Katze so krank oder so alt, dass das Leben für sie eine Last ist? Und ist es nicht humaner, das Tier fachgerecht einschläfern zu lassen (wobei sie innerhalb von Sekunden nach der Injektion einschläft und stirbt, ohne etwas davon zu merken) anstatt mit anzusehen, dass sie sich vom Instinkt getrieben irgendwo verkriecht und dort langsam und womöglich qualvoll stirbt? Die Antwort dürfte für jeden echten Katzenfreund feststehen.

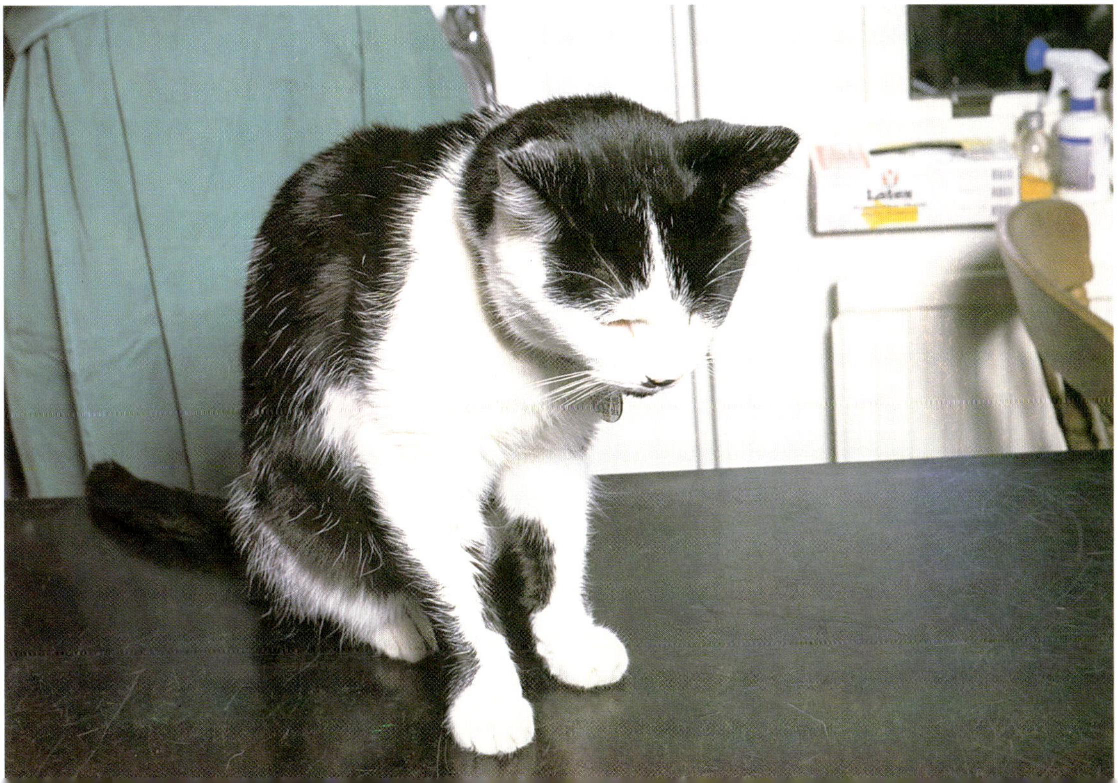

WISSENSWERTES
Der Himalajafaktor, also die dunklere Spitzenfärbung etwa bei Siamkatzen, bewirkt, dass das Fell an kühleren Körperteilen wie Gesicht, Pfoten und Schwanz dunkler ist.

WISSENSWERTES
Katzenmütter bringen ihren Jungen oft stark angeschlagene Beutetiere mit, an denen die Kleinen unter sachkundiger Aufsicht ihre Jagdinstinkte trainieren können.

Oben links
Senioren spielen meist nicht mehr so viel und bevorzugen ein ruhiges Leben.

Mitte
Ältere Katzen bewegen sich weniger und können übergewichtig werden, wenn sie zu viel Futter bekommen.

Unten
Dieses alte Tier wirkt erschöpft und lustlos. Es fühlt sich sichtlich unwohl.

Nachwuchs für Ihre Katze

DAS ZÜCHTEN VON Katzen ist ein faszinierendes, wenn auch zeitraubendes und kostspieliges Hobby, das einiges Fachwissen erfordert. Profite macht man damit nicht, doch kann aus dem Zeitvertreib ein wichtiger Faktor im Leben des Züchters werden. Viele Katzenhalter möchten allerdings nur, dass ihre Kätzin einen Wurf zur Welt bringen darf, bevor sie kastriert wird.

WISSENSWERTES
Dass viele Katzen so viel schlafen, hängt unter anderem damit zusammen, dass ihre Nahrung schwer verdaulich ist, aber auch lange vorhält.

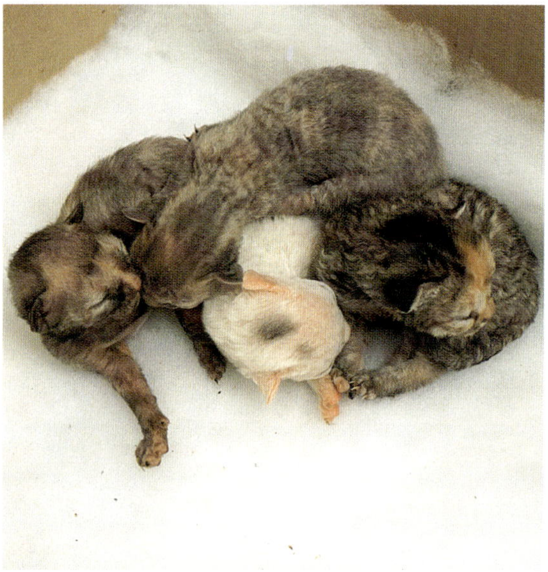

Oben rechts
Somalikatze mit ihrem Jungen.

Oben links
Obwohl Kätzinnen im Prinzip das ganze Jahr über trächtig werden können, gedeihen so genannte „Maikatzen" wegen der sommerlichen Temperaturen am besten.

Unten
Diese Perserkatze zeigt deutlich, dass sie rollig ist. Der aufgestellte Schwanz, das Rollen, Schreien und übermäßige Schmusebedürfnis sind eindeutige Zeichen.

WENN NACHWUCHS ERWÜNSCHT IST …

MANCHE KATZENHALTER meinen, es sei nur gerecht, wenn sie ihre Katze wenigstens einmal die Erfahrung der Mutterschaft machen lassen. Tierärzte gehen allerdings davon aus, dass die Tiere weder psychische noch physische Vorteile davon haben. Andere Katzenbesitzer wollen ihren Kindern Gelegenheit geben, die Trächtigkeit und Geburt mitzuerleben und sich um die kleinen Kätzchen zu kümmern. Dieses zweifellos schöne Erlebnis ist jedoch auch möglich, wenn Sie einen Züchter fragen, ob die Kinder bei einer Geburt dabei sein und hinterher bei der Aufzucht der Jungtiere ein wenig helfen dürfen.

Bevor Sie sich auf einen Zuchtversuch mit Ihrer Katze einlassen, sollten Sie auf jeden Fall klären, ob auf die Kätzchen ein neues und gutes Zuhause wartet. Fragen Sie also zunächst herum, wer ein Katzenkind haben möchte, und lassen Sie sich feste Zusagen geben. Auf keinen Fall sollten Sie Welpen zum Weiterverkauf abgeben, da ihr Verbleib dann höchst unsicher ist.

DAS IST ZU BEACHTEN

AUFGRUND DER UNANGENEHMEN Gewohnheit unkastrierter Kater, ihr Revier mit Urin zu markieren, ist es nicht ratsam, beim Züchten von Katzen wie bei anderen Kleintieren vorzugehen, indem man einfach ein Pärchen kauft und abwartet, bis die beiden „zur Sache kommen". Bei Katzen gibt es zwei Möglichkeiten, von denen die eine – die unkastrierte Kätzin draußen selbst einen Liebhaber suchen zu lassen – nur bedingt zu empfehlen ist.

Wenn Sie etwas Besonderes wollen oder gar eine Rassekatze besitzen, ist es natürlich sinnvoller, wenn der Deckkater einen Abstammungsnachweis besitzt. Zudem sollte er möglichst bereits Erfahrung haben, denn gerade beim ersten Mal reagieren Kätzinnen nach dem Deckakt oft aggressiv. Ein erfahrener Zuchtkater weiß sehr wohl, rechtzeitig in Deckung zu gehen. Im Alltag sieht es allerdings häufig so aus, dass die Besitzer einer unkastrierten Kätzin mit einer ungeplanten Trächtigkeit ihrer Katzendame konfrontiert werden.

PAARUNGSTRIEB

KÄTZINNEN WERDEN IM Alter zwischen vier und zwölf Monaten erstmals rollig; gewöhnliche Hauskatzen meist zwischen dem sechsten und achten Monat. Erkennbar ist dies an unmissverständlichen Verhaltensweisen. Die Katze ist ungewöhnlich anschmiegsam, läuft rastlos hin und her, wälzt sich auf dem Boden, will unbedingt nach draußen und „ruft nach dem Kater", wobei ihre Schreie mit jedem Tag schriller werden. Dazu nimmt sie die typische Paarungshaltung ein, bei der sie das Hinterteil anhebt, den Schwanz seitlich wegstreckt und auf der Stelle trippelt. Rollige Katzen nutzen jeden Trick, um aus dem Haus zu kommen und springen möglicherweise sogar aus dem Fenster.

ROLLIGKEIT

NACH DEM EINSETZEN der Geschlechtsreife wird eine Katze im Frühling und Sommer alle zwei bis drei Wochen rollig, in geheizten, hellen Innenräumen praktisch das ganze Jahr über. Die Rolligkeit dauert jeweils sieben bis zehn Tage. Es wird empfohlen, dass Kätzinnen erst ab neun Monaten, jedoch spätestens anlässlich ihrer dritten oder vierten Rolligkeit erstmals verpaart werden sollten. Lassen Sie Ihre Katze sicherheitshalber vom Tierarzt untersuchen, bevor Sie sich auf einen Paarungsversuch einlassen. Da die Rolligkeit sehr regelmäßig einsetzt, kann man recht sicher vorhersagen, wann eine Katze das nächste Mal paarungsbereit sein wird, und entsprechende Vorkehrungen treffen (beispielsweise mit dem Halter des Katers einen Deckvertrag aushandeln). Ideal ist es, wenn die Kätzchen im Frühling oder Frühsommer geboren werden, denn sie und ihre Mutter können in dieser Zeit körperlicher Schwäche Wärme und Sonne gut gebrauchen.

DER DECKAKT

NORMALERWEISE wird die Kätzin am zweiten oder dritten Tag der Rolligkeit zum Kater gebracht und bleibt dort drei bis vier Tage lang. Am ersten Tag bleibt sie in einem Zwinger neben dem des Katers, aber durch einen Maschendraht von ihm getrennt. Am zweiten Tag bringt man Kätzin und Kater, die inzwischen hoffentlich Lustgefühle füreinander entwickelt haben, zusammen und wartet ab, bis sie sich mehrfach gepaart haben. Manche Katzenpaare bleiben außer während des Deckakts eher auf Distanz, während andere sich aneinander kuscheln.

Nachdem man die Kätzin wieder nach Hause geholt hat, darf sie ein paar Tage lang nicht nach draußen, denn trotz Paarung hält die Rolligkeit noch an und wird vermutlich einige frei laufende Kater veranlassen, ihr am Fenster ein Ständchen zu bringen. War die Paarung erfolgreich, kommen rund 63 Tage später die Jungen zur Welt, sodass einige Vorkehrungen getroffen werden sollten.

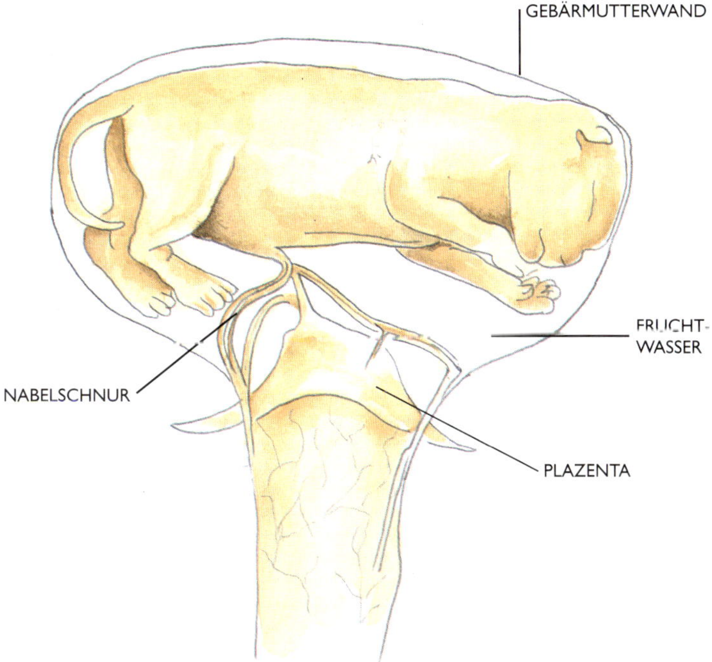

Oben
Bevor man eine Kätzin decken lässt, sollte man bereits für alle Jungtiere Abnehmer gefunden haben, da sonst die Gefahr besteht, dass Kätzchen „sitzen bleiben".

Unten
Rund acht Wochen alter Katzenfötus, kurz vor der Geburt. Nahrung und Sauerstoff erhält das Jungtier durch die Nabelschnur von der Plazenta der Mutter. Es liegt gut geschützt im Fruchtwasser der Gebärmutter. Bei der Geburt geht das Fruchtwasser mit ab, Plazenta und Nabelschnur werden als Nachgeburt ausgestoßen.

WISSENSWERTES

Als Katzenköpfe bezeichnet man im Deutschen rundliche Pflastersteine, deren Form ein wenig an den Kopf unserer Stubentiger erinnert.

Trächtigkeit und Geburt

TRÄCHTIGKEIT IST FÜR eine Kätzin ein ganz normaler Lebensabschnitt, den Herrchen und Frauchen sachlich und gelassen begleiten sollten. Jede Aufregung überträgt sich auf die Katze und kann schaden. Macht man allzu viel Wirbel um die Mutter und ihre Jungen, kann es zudem passieren, dass sie sich zu sehr auf ihre Menschen verlässt, anstatt sich selbst um ihren Nachwuchs zu kümmern.

WISSENSWERTES
Hauskatzen besitzen oft einen ausgezeichneten Ortssinn und legen nach einem Umzug manchmal hunderte von Kilometern zurück, um wieder in ihr Revier zu gelangen.

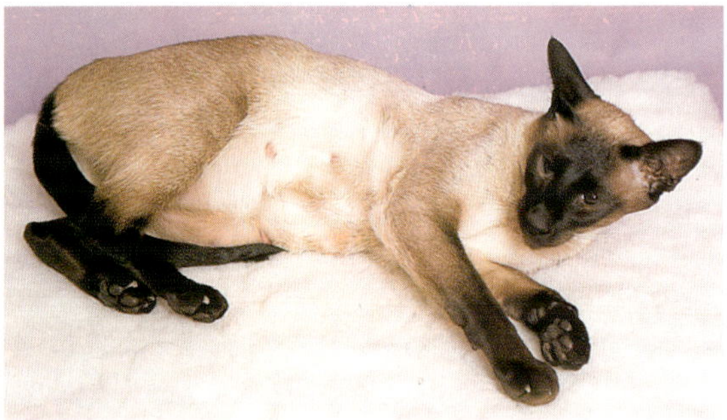

Oben links
Diese trächtige Siamesin ist in sehr guter Verfassung.

Mitte rechts
Eine hochträchtige Kätzin wie diese sollte nicht mehr nach draußen gelassen werden, um zu verhindern, dass sie dort ein Nest sucht.

Unten
In der letzten Phase der Trächtigkeit ist das Putzen für die Katzendame anstrengend und oft erreicht sie nicht mehr alle Körperteile.

VORBEREITUNG DER KÄTZIN

WENN DIE KATZENDAME AN Ausgang gewöhnt ist, sollte man sie bis zur sechsten Woche der Trächtigkeit nicht davon abhalten. Reine Hauskatzen kann man weiterhin zum Spielen animieren. Die Fellpflege darf selbstverständlich auch während der Tragzeit nicht vernachlässigt werden. Die meisten schwangeren Katzendamen sind topfit und in erstklassiger Verfassung, sodass bis unmittelbar vor der Geburt keine zusätzliche Pflege erforderlich ist. Schwangerschaft

ist schließlich keine Krankheit, bei Katzen ebenso wenig wie bei Menschen.

VERLAUF DER TRÄCHTIGKEIT

DIE ERSTEN ANZEICHEN für eine Trächtigkeit werden nach rund drei Wochen sichtbar, wenn die Zitzen größer und rosiger werden. Um diese Zeit wäre eigentlich die nächste Rolligkeit fällig. Bleibt sie aus, bestätigt dies die Vermutung. Der Bauch der Katze ist zu dieser Zeit noch nicht dicker und man fühlt auch noch nichts. Um ganz sicher zu gehen, muss man die Katze deshalb vom Tierarzt untersuchen lassen. Als Laie sollte man niemals selbst versuchen, die Kätzchen im Mutterleib zu ertasten.

Um die vierte Woche wölbt sich der Bauch ein wenig und die angeschwollenen Zitzen treten jetzt deutlich in Erscheinung. Die Katze entwickelt erheblich

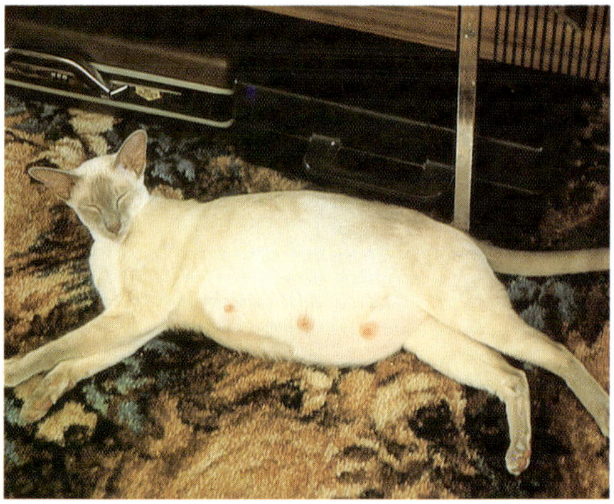

mehr Appetit, dem man ab der fünften Woche nach Anweisung des Tierarztes durch einen Wechsel zu Spezialfutter Rechnung tragen sollte. In der sechsten Woche frisst die Kätzin noch mehr. Die Trächtigkeit ist jetzt auch für den Laien auf den ersten Blick sichtbar. Die Katze bewegt sich vorsichtiger und vermeidet es, sich zu strecken oder zu verdrehen. Die meisten Kätzinnen gehen nun nicht mehr nach draußen, doch da regelmäßige Bewegung wichtig für sie ist, kann man sie vorsichtig zum Spielen mit Papierbällchen oder Fellmäusen ermuntern. Dabei sollte die Katze das Tempo vorgeben und den Übergang zur Ruhephase bestimmen dürfen. Kleine Kinder sollten wenn möglich fern gehalten werden. Außerdem muss man ihnen erklären, dass sie das Tier nicht hochheben oder herumschleppen dürfen.

In der siebten Woche verändert sich das Verhalten der Kätzin merklich. Sie wird unruhig, sobald sich die Föten im Mutterleib zu bewegen beginnen. Die Kätzin wälzt und streckt sich und sucht allmählich nach einem geeigneten Ort für die Niederkunft, sodass sie jetzt lieber im Haus gehalten werden sollte, damit sie sich nicht draußen ein Nest sucht. Im Haus sind offene Schubladen oder Schränke für sie attraktiv, sodass man alles gut verschlossen halten und statt dessen eine Wurfkiste vorbereiten sollte.

DAS BENÖTIGT MAN FÜR DIE GEBURT

IN ZOOGESCHÄFTEN BEKOMMT man spezielle Wurfkisten, und Profi-Züchter verwenden stabile Holz- oder Kunststoffbehälter. Doch ein Pappkarton ist genauso gut und hat zudem den Vorteil, dass er entsorgt und durch einen neuen ersetzt werden kann, wenn er schmutzig ist. Achten Sie darauf, dass keine schädlichen Substanzen wie Haushaltsreiniger darin verpackt waren und dass keine Heftklammern oder sonstigen scharfen Teile herausragen. Klappen Sie den Deckel lose herunter, um der Mutter und ihren Jungen das Gefühl der Geborgenheit zu geben. Schneiden Sie eine ausreichend große Öffnung als „Tür" in eine Seite und ein kleineres Loch, durch das Sie Ihre Katze während und nach der Geburt beobachten können. Halten Sie ein oder zwei Kartons in Reserve.

Als Unterlage sollte kein Zeitungspapier verwendet werden, weil die Druckerschwärze schädliche Lösungsmittel enthält. Kaufen Sie beim Malerbedarf ein paar Rollen preiswertes Abdeckpapier, falten Sie Stücke davon zusammen und machen Sie ein weiches Lager daraus. Wenn Ihre Katze richtig gemütlich liegen soll, legen Sie noch eine Schicht Küchenpapier darauf. Der Karton sollte an einem warmen, zugfreien Platz aufgestellt sein, von dem aus die Katze die Geräusche im Haus mithören kann. Die Temperatur sollte Tag und Nacht möglichst bei konstant 22 °C liegen. Verschmäht die Kätzin den von Ihnen vorgesehenen Platz und sucht sich einen anderen, sollten Sie sich danach richten, sofern dies möglich ist und es dort ebenfalls warm und zugfrei ist. Manchen Katzen muss man erst zeigen, wozu die Kiste gut ist, indem man auf das Lager klopft und sie hineinsetzt, ihr die Eingangsöffnung zeigt und vorführt, wie gemütlich das Nest mit heruntergeklapptem Deckel ist.

WISSENSWERTES
„Der Katze die Schelle umhängen" bedeutet, selbst ein Risiko einzugehen, um eine Gefahr für sich und andere abzuwenden.

Oben
Diese Katzenmutter putzt ihre vier Tage alten Welpen.

Unten
Ein Pappkarton reicht als Wurfkiste vollkommen aus und hat zudem den Vorteil, dass er nach Gebrauch entsorgt werden kann.

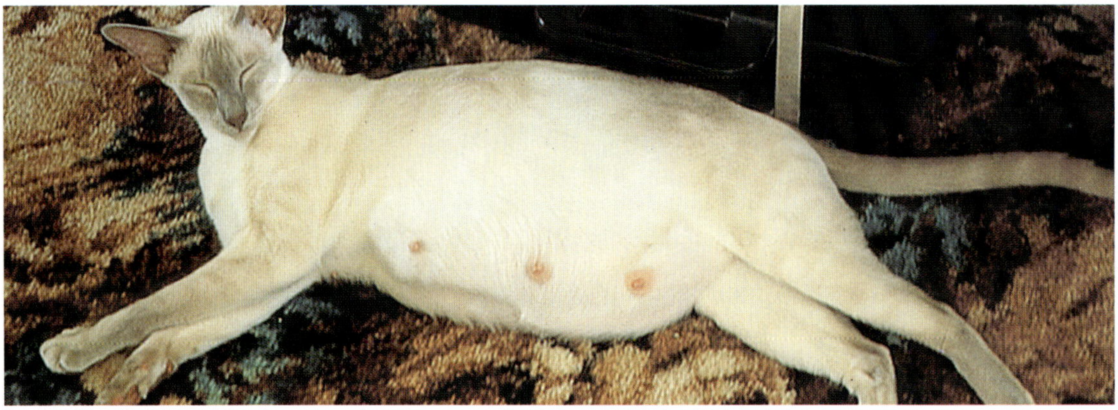

WISSENSWERTES
Wenn jemand um etwas herumgeht „wie die Katze um den heißen Brei“, dann redet er lang und breit über ein Thema, ohne auf den Punkt zu kommen.

PFLEGE DER TRÄCHTIGEN KATZE

DIE KÄTZIN SOLLTE nun viermal täglich gefüttert werden. Hochträchtige Weibchen neigen zu Verstopfung, der man durch gelegentliche Gabe von Ölsardinen oder Thunfisch abhelfen kann. Auch sollte man die Katze weiterhin vorsichtig bürsten.

Zu Beginn der achten Trächtigkeitswoche sollten Sie täglich den Analbereich der Kätzin kontrollieren, da sie ihn wahrscheinlich beim Putzen aufgrund ihrer Leibesfülle nicht mehr selbst erreicht. Falls nötig, waschen Sie sie mit milder Seife und warmem Wasser und trocknen mit einem Papiertaschentuch nach.

Auch die Zitzen müssen regelmäßig nachgesehen werden. Bilden sich Krusten oder wirken sie ausgetrocknet, hilft ein wenig Vaseline.

Wichtig ist vor allem, die Kätzin mit der Wurfkiste vertraut zu machen, denn manchmal schauen die Damen sich sogar jetzt noch nach Alternativen um. Man kann versuchen, die Kiste mit einem Lieblingsspielzeug auszustatten, sodass die Katze gerne hineingeht. Sobald man Anzeichen dafür wahrnimmt, dass sie nach einem anderen Platz sucht, sollte man sie vorsichtig, aber bestimmt wieder in die Kiste setzen. Dabei kann ein verständiges Kind als „Wachhund“ helfen. Anzeichen dafür, dass die Geburt unmittelbar bevorsteht, sind das deutliche Anschwellen von Zitzen und Bauch, große Anhänglichkeit, häufiges Aufsuchen des Katzenklos und manchmal Appetitlosigkeit, die jedoch nicht Besorgnis erregend ist, solange die Mieze genügend Flüssigkeit zu sich nimmt.

GEBURTSVORBEREITUNG

WENN ES DANN „losgeht“, ist es sinnvoll, Wurfkiste, Katzenklo und Futternapf in eine Art Laufstall zu stellen, zu dem Sie jedoch jederzeit Zugang haben müssen. Katzen bekommen ihre Jungen normalerweise problemlos ohne menschliche Hilfe, doch sollte man für alle Fälle einige Dinge zur Hand haben, etwa Küchenpapier, Watte, einige Handtücher, ein für Katzen verträgliches Desinfektionsmittel (fragen Sie Ihren Tierarzt danach), eine Wärmflasche, ein paar Plastiktüten und einen Abfalleimer aus Kunststoff oder Metall. Wenn Sie einen guten Draht zu Ihrem Tierarzt haben, sagen Sie ihm Bescheid, dass er unter Umständen notfallmäßig gerufen wird, doch meist ist das gar nicht erforderlich.

Oben
Die rosigen, prallen Zitzen sind bei dieser hellen Siamesin sehr gut sichtbar.

Unten
Diese Hauskatze hat keinerlei Mühe, in den Käfig zu gelangen, in dem ihre Jungen liegen.

WEHEN

DIE WEHEN KÖNNEN komplikationslos bereits am 61. Tag oder erst am 70. Tag einsetzen. Bei einer zufälligen Paarung lässt sich der genaue Zeitpunkt der Empfängnis meist nicht ermitteln, sodass man vorsichtshalber vom frühesten Termin ausgehen sollte. Wichtig ist, dass Sie da sind, wenn die Katze wirft, auch wenn Sie deshalb die Nacht auf einem Klappbett neben der Wurfkiste verbringen müssen.

Zu Beginn des Geburtsvorgangs ist die Katze unruhig, sie knurrt und schnurrt. Diese Phase kann bis zu 24 Stunden dauern, bevor die ersten Wehen einsetzen. Diese kommen zunächst im Abstand von etwa 30 Minuten oder länger. Sie treten dann immer häufiger und zum Schluss alle 30 Sekunden auf, bis das erste Katzenkind geboren wird. Dabei knurrt die Katze und leckt sich immer wieder die äußeren Geschlechtsteile, um die Geburt voranzutreiben.

In dieser Phase wollen manche Kätzinnen im Dunkeln allein in ihrer Wurfkiste sein und ganz in Ruhe gelassen werden, während andere, die zum ersten Mal

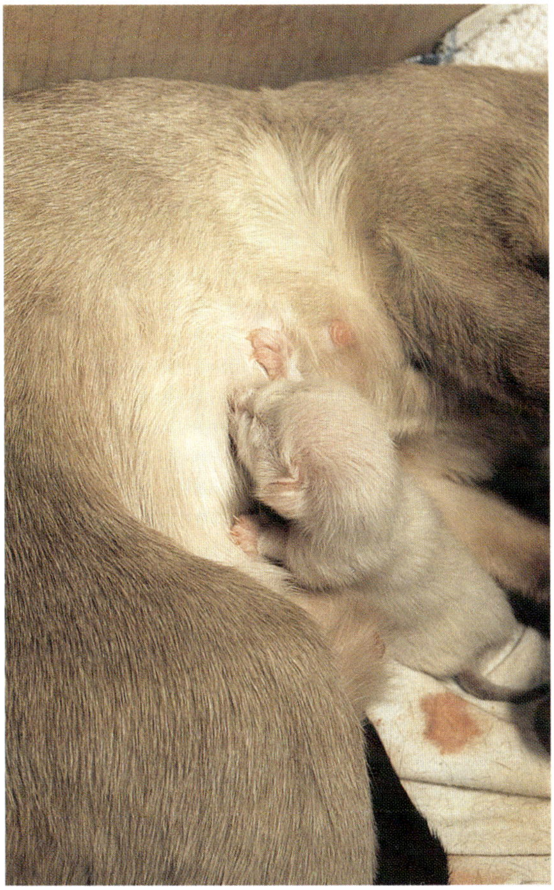

werfen, vielleicht verstört oder verängstigt sind und von ihren Menschen Unterstützung brauchen. Bleiben Sie auf jeden Fall in Reichweite und richten Sie sich mit Radio, Fernseher oder einem Buch bewaffnet auf eine längere Wartezeit ein. Lassen Sie die Kätzin hin und wieder merken, dass Sie bei ihr sind. Kinder sollten das Geschehen lieber aus einiger Entfernung verfolgen; andere Haustiere dürfen nicht in die Nähe der Wurfkiste kommen.

WISSENSWERTES
Hauskatzen spielen oft ausgiebig mit Beutetieren, weil sie gar keinen Hunger haben und obendrein bis ins hohe Alter hinein verspielt sind.

GEBURT

DAS ERSTE KÄTZCHEN kommt rund 20 Minuten nach Einsetzen der häufigen Wehen zur Welt. Die übrigen – meist sind es vier – werden rasch nacheinander geboren oder

aber in größeren Zeitabständen, in denen die Wehen aussetzen. Vor allem bei großen Würfen kommt es vor, dass der ganze Geburtsvorgang bis zu 24 Stunden dauert. Die Kätzin ist in diesen Fällen nach einer Weile erschöpft und kann eine kleine Stärkung für die übrigen Geburten brauchen, am besten ein wenig von ihrem Lieblingsfutter.

Die Kätzchen werden einzeln, üblicherweise mit dem Kopf voran, geboren und sind jedes für sich in eine Eihaut gehüllt. Die Kätzin reißt diese Membran mit der Zunge auf und beginnt sofort, das Junge zu putzen, Fruchtwasser vom Gesicht zu lecken und so die Atmung in Gang zu bringen. Die Kätzchen schreien und krümmen sich, was darauf hindeutet, dass alles in Ordnung ist. Nach dem Putzen beißt die Kätzin die Nabelschnur durch und frisst sie einschließlich Plazenta und Eihaut auf. Das Jungtier krabbelt zur Mutter hin, sucht sich eine Zitze und beginnt zu trinken, was im Normalfall den Mutterinstinkt der Katze weckt.

KOMPLIKATIONEN

FAST JEDE GEBURT verläuft so glatt und komplikationslos wie gerade beschrieben, doch ist es sinnvoll, über mögliche Komplikationen Bescheid zu wissen. Grundsätzlich sollten Sie nur dann in den Geburtsprozess

Oben links
Eine Colourpoint-Kätzin mit ihren Jungtieren im Nest.

Oben rechts
Katzenmütter helfen ihren Welpen manchmal dabei, eine Zitze zu erobern.

Mitte und unten links
Neugeborene Burmakätzchen in Creme. Obwohl die Augen noch geschlossen sind, finden sie „ihre“ Zitze.

eingreifen, wenn die Kätzin deutlich erkennbare Schwierigkeiten hat oder leidet. Die natürlichen Vorgänge während und nach der Geburt sind wichtig für die Bindung zwischen Katzenmutter und Welpen und für die Jungtiere der ideale Start ins Leben.

Gelegentlich kommt es vor, dass die Kätzin beim Lecken ihrer Vagina eine Eihaut aufreißt, bevor das darin befindliche Junge ausgetrieben wird. Kommt dieses mit dem Kopf zuerst zur Welt, ist das kein Problem; selbst in Steißlage dauert es nur ein paar Wehen länger, wobei die Kätzin sich mit den Hinterbeinen an der Kartonwand oder Ihrer Hand abstützt. Bleibt jedoch ein Bein im Geburtskanal hängen, kann die Kätzin das Junge nur mit Mühe austreiben, sodass beide vermutlich bald erschöpft sind. In diesem Fall sollten Sie den Tierarzt rufen oder die Katze sofort in die Praxis bringen.

Oben
Die Natur sorgt nach der Geburt für eine enge Bindung zwischen der Katzenmutter und den Welpen.

Unten
Kätzchen wie dieses von Hand aufzuziehen, erfordert vom Halter eine Menge Aufmerksamkeit und Zeit.

DIE NEUGEBORENEN

WERDEN DIE Welpen in rascher Folge geboren, hat die Kätzin manchmal nicht genügend Zeit, sich um jedes einzelne zu kümmern. Normalerweise fängt sie wenige Sekunden nach der Geburt an, das Junge sauber zu lecken. Tut sie das längere Zeit nicht (vielleicht, weil sie durch die nächste Geburt abgelenkt wird oder als Erstgebärende einfach unerfahren ist), sollten Sie den Kopf des Kätzchens von der Eihaut befreien und warten, bis sich das Muttertier wieder um ihr Junges kümmert. Macht sie nach einer Viertelstunde noch keinerlei Anstalten dazu, sollten Sie den Tierarzt rufen. Vermeiden Sie es wenn möglich, ein Neugeborenes von der Mutter zu trennen, denn dann nimmt sie es womöglich hinterher nicht mehr an, was Aufzucht durch eine Ersatzmutter oder von Hand bedeutet.

Letzteres aber ist ebenso zeitaufwändig wie schwierig und sollte nach Anweisung des Tierarztes erfolgen. Vielleicht kennt er auch eine Katze, die als Ersatzmutter in Frage kommt, was viel einfacher und für das Junge günstiger ist. Bedenken Sie dabei auch, was weiter unten über schwache oder kranke Welpen gesagt wird.

DIE JUNGE FAMILIE

WENN ALLE KÄTZCHEN ZUR Welt gekommen sind, putzt sich die Kätzin erst einmal gründlich selbst und lässt sich dann zufrieden mit ihrem Wurf zur Ruhe. Geben Sie ihr eine frische Unterlage und eine warme Decke. Ist die Wurfkiste verschmutzt, sorgen Sie für Ersatz. Manche Kätzinnen nehmen jetzt gern eine ausgiebige Mahlzeit zu sich, die meisten warten damit jedoch noch ein paar Stunden, vor allem, wenn sie die Nachgeburt gefressen haben. Die Kätzin braucht jetzt nicht viel Aufmerksamkeit und will oft

NACHSORGE

IM NORMALFALL erholen sich Kätzinnen innerhalb weniger Tage von der Geburt und sind dann ständig damit beschäftigt, ihre Welpen zu säugen, sauber zu halten und zu wärmen. Sofern die übliche Kost ausgewogen und reich an Vitaminen und Mineralien ist, behält man sie am besten bei, denn wenn die Kätzin jetzt nährstoffreicheres Futter erhält, kann Durchfall die Folge sein. Hat sie jedoch zu wenig Milch oder liegen andere Anzeichen für Unterernährung vor, sollten Sie mit dem Tierarzt entsprechendes Futter oder Nahrungszusätze abstimmen.

nur ihre Ruhe haben. Vergewissern Sie sich jedoch, ob alle Jungen „ihre" Zitze gefunden haben und trinken und ob kranke oder missgebildete Tiere dabei sind. Verstößt eine Kätzin eines ihrer Kinder, ist es meist missgebildet, schwach oder aus irgendwelchen Gründen nicht lebensfähig. Sie sollten den Tierarzt fragen, ob es nicht vielleicht das Beste ist, das Kleine einzuschläfern, wenn es aus ärztlicher Sicht wenig oder keine Chancen hat, zu einer gesunden Katze heranzuwachsen.

WISSENSWERTES
Seit in Afrika vor Urzeiten die ersten Hominiden auftauchten, machen Großkatzen Jagd auf Menschen. Fossile Schädel zeigen Spuren von scharfen Raubkatzenzähnen.

WISSENSWERTES
Wissenschaftler haben nachgewiesen, dass Katzenwelpen ihre Jagdfertigkeit von den Eltern lernen, jedoch instinktiv wissen, wie sie die Beute packen und erlegen müssen.

Oben links
Welpen wie diese drei verschlafen den größten Teil ihres jungen Lebens.

Mitte
Die Jungen lernen auch bei den ersten Ausflügen ins Freie von ihrer Mutter.

Unten
Alle neugeborenen Kätzchen brauchen ihren Teil der Muttermilch.

Aufzucht der Welpen

DREI WOCHEN LANG sind die Jungen auf die Mutter angewiesen, die sie füttert, säubert und beschützt. Katzen sind bei der Geburt blind, die Ohrmuscheln sind weich und über das Ohr geklappt. Sie richten sich erst mit rund zwei Wochen auf. Die Augen öffnen sich zwischen dem fünften und zehnten Tag, doch dauert es dann noch zwei bis drei Tage, bis das Kätzchen etwas sieht.

Oben rechts
Alle Welpen haben bis zu einem Alter von etwa zwölf Wochen blaue Augen.

Mitte
Meist kommen weniger als sechs Wurfgeschwister zur Welt.

Unten links
Bei diesem Kätzchen haben sich gerade die Augen geöffnet, die Ohren sind aber noch nicht aufgestellt.

Unten rechts
Als Faustregel sollten Welpen jede Woche so viel zunehmen, wie sie bei der Geburt gewogen haben.

PFLEGE VON MUTTER UND KINDERN

IN DIESER ZEIT tränen die Augen manchmal. Man kann diesen Ausfluss vorsichtig mit einem Papiertaschentuch und warmem Wasser abwischen. Alle Katzenwelpen haben zunächst blaue Augen, die frühestens nach zwölf Wochen ihre endgültige Farbe annehmen; bei manchen Rassen dauert das sogar ein Jahr.

NAHRUNGSAUFNAHME

IN DEN ERSTEN Tagen sollten Sie darauf achten, dass jedes Jungtier ausreichend Muttermilch abbekommt. In der Regel hat jedes von ihnen eine „eigene" Zitze, die es schon bald am eigenen Körpergeruch erkennt. Es schreit laut, wenn die Mutter es wegschubst, etwa weil die Zitze wund ist. In diesem Fall sollten Sie einen Tierarzt hinzuziehen, denn die Kätzin leidet möglicherweise

Analbereich sauber, um das Absetzen von Kot und Urin zu fördern. Sie putzt ihnen auch Gesicht, Körper und Beine mit geradezu übertriebener Sorgfalt.

Nach ein paar Tagen entschließen sich Kätzinnen manchmal zu einem Umzug. Eines nach dem anderen packt sie ihre Kinder im Genick und trägt sie in ein neues Nest. Bei Wildkatzen ist dieses Verhalten sinnvoll, um Fressfeinden zu entgehen, die das Nest beobachten konnten. Meist kann man einer Kätzin weismachen, sie sei „umgezogen", indem man die Wurfkiste an eine andere (ebenso warme, zugfreie) Stelle verschiebt und das Lagermaterial wechselt, wobei vom alten Lager wegen des vertrauten Geruchs etwas behalten werden sollte.

WISSENSWERTES
Dass Katzen Einzelgänger sind, hängt vor allem damit zusammen, dass die im Revier verfügbare Beute normalerweise nicht für mehrere Tiere ausreicht.

unter Mastitis. Da sie acht Zitzen besitzt, dürfte keines ihrer Kinder zu kurz kommen. Um sicherzustellen, dass sie genügend nahrhafte Milch für ihre Welpen hat und selbst gesund und munter bleibt, sollte sie vier Mahlzeiten am Tag erhalten, solange sie säugt, zudem muss stets frisches Wasser bereitstehen.

DIE ERSTEN TAGE

DIE ALLERERSTE ZEIT verbringen die Welpen abwechselnd mit Schlafen und Saugen. Das Geburtsgewicht liegt zwischen 60 und 120 g und sollte um rund 15 g pro Tag zunehmen. Als Faustregel sollten die Kleinen jede Woche so viel zulegen, wie sie bei der Geburt gewogen haben. Wenn sich nach einigen Tagen eine gewisse Routine eingestellt hat, sollten Sie die Kätzchen täglich „inspizieren" und möglichst auch wiegen. Schieben Sie eine Hand unter das Jungtier und halten es mit der anderen Hand beim Hochheben im Genick fest, sodass es keine Angst bekommt. Ein gesundes, wohl genährtes Kätzchen fühlt sich fest und pummelig an. Gesicht und Hinterläufe müssen sauber sein. Vom ersten Tag an leckt die Kätzin ihren Kindern den

ZWEI WOCHEN ALTE KÄTZCHEN

SCHON MIT VIERZEHN Tagen beginnen die Welpen, in der Wurfkiste herumzukrabbeln. Geraten sie dabei nach draußen, werden sie von der Mutter schnurstracks zurückbefördert. Bewegen sie sich zu weit weg, bevor sie erwischt werden, fangen sie an zu jammern. Ihre Mutter reagiert sofort mit einem Antwortruf und holt sie zurück. Sobald sie mit rund drei Wochen laufen können, wagen sich die Kleinen unter den wachsamen Blicken ihrer Mutter immer weiter vor, werden aber sofort zurückgeholt oder -gerufen, wenn sie sich zu weit entfernen. Nun kommen bereits die Milchzähne durch, was meist völlig problemlos ist. Beim Erkunden ihrer Umwelt untersuchen die Kleinen alles Neue und Ungewohnte mit Schnauze und Zunge, sodass Sie auf die Verwendung von Polier- und Putzmitteln in der Kinderstube von Anfang an verzichten sollten.

WISSENSWERTES
Eine „neunschwänzige Katze" ist keine biologische Sensation, sondern eine grausame Peitsche mit neun Lederriemen, die in Knoten enden.

Oben
Mit kleinen Kätzchen muss man sehr vorsichtig umgehen. Dazu gehört, dass sie nie länger von der Mutter getrennt werden.

Unten
Kätzchen beginnen mit etwa zwei Wochen zu krabbeln, wie auch diese drei.

ENTWÖHNUNG

MIT VIER WOCHEN IST DER Gleichgewichtssinn bereits gut entwickelt, und die Jungen können allmählich entwöhnt werden. Dazu wird die Muttermilch zunächst durch andere, milchähnliche Kost und dann durch festes Futter ersetzt. Spezielle Welpenmilch bekommt man im Zoogeschäft. Sie wird nach den Anweisungen auf der Packung für das jeweilige Alter angemischt. Jedes Kätzchen sollte möglichst eine eigene Futterschale bekommen, separat vom Napf der Mutter, die sonst meinen könnte, die Extraportion sei für sie.

Einige Tage später können Sie ein wenig Spezialkost für Welpen anbieten. Der Magen der Jungen ist so winzig, dass Sie ruhig vier bis fünf kleine Mahlzeiten pro Tag geben können. Bei der Menge richtet man sich am besten nach den Anweisungen des Herstellers. Viele Kätzchen haben anfangs Schwierigkeiten, feste Kost aufzunehmen. Es fällt ihnen leichter, wenn Sie drei oder vier kleine Häufchen daraus formen. Mit rund acht Wochen sollten die Kätzchen allmählich auf die Muttermilch verzichten und ganz auf Welpenkost und Wasser umgestellt werden.

WISSENSWERTES

Katzen scheuen unnötige Risiken, denn schon geringfügige Verletzungen können tödlich enden, wenn sie das Tier bei der Jagd so sehr behindern, dass es verhungern muss.

Oben
Mit der Fellpflege kann man bei Jungtieren ab einem Alter von vier Wochen beginnen, dann gewöhnen sie sich rasch daran.

Mitte
Diese Kätzchen sind bereits auf feste Kost umgestellt.

Bis zum Alter von sechs Monaten gewöhnt man die Kleinen allmählich daran, pro Tag nur zwei Portionen normales Katzenfutter oder Kost „für Katzenkinder" zu fressen, doch richtet man sich bei Menge und Häufigkeit am besten nach dem Appetit der Kleinen. Füttern Sie verschiedene Sorten, damit die Kätzchen sich nicht auf einen bestimmten Geschmack versteifen und zu heiklen Essern werden. Dabei kann man durchaus auf Vorlieben eingehen und natürlich nützt es nichts, auf einem Futter zu beharren, das konsequent verweigert wird.

SAUBERKEITSERZIEHUNG

SOLANGE SICH DIE Welpen ausschließlich von Muttermilch ernähren, kümmert sich die Kätzin um die Ausscheidungen ihrer Kinder. Später schubst sie sie vielleicht sogar in Richtung Katzenklo und zeigt ihnen, was sie dort tun sollen. Eine erfahrene Mutterkatze trainiert ihre Kinder regelrecht bis zur Stubenreinheit, während man sich bei einer Katze, die ihren allerersten Wurf hat, nicht darauf verlassen sollte. Sobald die Kleinen entwöhnt werden, verliert sie allerdings das Interesse. Dann ist deren Erziehung Sache des Halters. Wichtig ist vor allem, dass die Streu stets sauber ist und Exkremente nach jeder Benutzung entfernt werden.

IMPFUNGEN

SOBALD DIE KÄTZCHEN ganz entwöhnt sind, können sie erstmals geimpft werden. Stimmen Sie den Zeitpunkt mit dem Tierarzt ab. Sie müssen unbedingt geimpft sein, bevor sie erstmals mit anderen, nicht verwandten Katzen in Kontakt treten. Solange sie sich von Muttermilch ernähren, sind sie dadurch geschützt, sofern die Mutter ordnungsgemäß geimpft ist, doch hält dieser Schutz nicht lange vor.

SPIELEN

MIT ETWA DREI Wochen beginnen die Welpen, miteinander zu spielen. Ihre Balgereien sehen oft dramatisch aus, sind aber harmlos und werden von der Mutter überwacht, die allzu rüde Attacken sofort unterbindet.

Die Spiele der Jungen werden mit der Zeit immer ausgefeilter, die Bewegungen vielfältiger und schon bald können auch Herrchen und Frauchen die Kleinen mit Papierstreifen, Bändern oder Tischtennisbällen locken. Die Mutter ermuntert ihre Kleinen oft, indem sie selbst mitspielt.

Neben Hochheben und Streicheln ist es gerade der spielerische Kontakt zum Menschen, der die Kätzchen zu vertrauensvollen Hausgenossen macht. Auch die Fellpflege gehört dazu, obwohl Welpen sie eigentlich noch nicht benötigen. Wird das Bürsten und Kämmen als Vorwand für die wöchentliche „Gesundheitskontrolle" mit rund vier Wochen begonnen, gewöhnt sich das Jungtier daran und wird die Fellpflege später genießen.

Bei Edelkatzen werden die Welpen frühzeitig beim Zuchtverband angemeldet (ungefähr ab der sechsten Woche). Sie bekommen dann einen Abstammungsnachweis (Pedigree), der zusammen mit einem Formular über einen späteren Eigentümerwechsel ausgestellt wird. Die Besitzer von Deckkatern haben unter Umständen Anspruch auf die von ihren Tieren gezeugten Welpen, beispielsweise auf ein Jungtier aus dem Wurf. Solche Vereinbarungen werden im Deckvertrag festgehalten und müssen beachtet werden.

WISSENSWERTES

Katzen vergraben ihren Kot nur, wenn er den Standort ihres Nests verraten könnte, bei Hauskatzen die Lage „ihres" Hauses. Offen liegende Exkremente dienen als Reviermarkierung.

EIN NEUES ZUHAUSE

FRÜHESTENS MIT zehn Wochen sollten die Kätzchen in fremde Hände abgegeben werden, vorzugsweise sogar erst mit drei Monaten. Um diese Zeit sollten sie stubenrein, ein- oder zweimal geimpft und entwurmt sein. Führen Sie Buch über die Tierarztbesuche und lassen Sie für jedes Jungtier einen Impfpass ausstellen, aus dem sich der Termin für die Impfauffrischung ergibt. Dass der Halter der Katzenmutter die Kätzchen nur an jemanden abgibt, der sich liebevoll und zuverlässig um sie kümmert, versteht sich von selbst.

Die ersten Tage in einem neuen Zuhause sind für ein Jungtier ziemlich aufregend, doch meist leiden sie nicht unter Stress. Die Kätzin dagegen vermisst ihre Jungen und sollte mit Leckerbissen und Streicheleinheiten über den Verlust hinweggetröstet werden. Interessanterweise erkennt sie sie nach einer gewissen Zeit der Trennung nicht mehr wieder.

Oben links
Spielzeuge dienen Katzenkindern als „Beutetiere", an denen sie ihren Jagdinstinkt erproben können.

Oben rechts
Wie man jagt, lernen junge Katzen von ihrer Mutter.

Unten
In einer neuen Umgebung sind alle Katzenkinder zunächst etwas schüchtern.

Die Anfänge

DIE HAUSKATZE ist eine von 38 Spezies in der Familie der *Felidae* oder Katzenartigen. Um ihre Entwicklung zu verfolgen, müssen wir 200 Millionen Jahre zurückgehen, in eine Zeit, in der die ersten Säugetiere – warmblütige Lebewesen, die ihre Jungen lebend gebären und säugen – auf der Erde auftauchten. Sie waren kleiner und völlig anders als die großen Eier legenden Dinosaurier, die damals die Erde beherrschten. Vor etwa 65 Millionen Jahren kam es für die Dinosaurier dann zur Katastrophe. Niemand weiß, was genau geschah, doch am wahrscheinlichsten ist, dass ein riesiger Asteroid auf die Erde traf. Durch den Aufprall wurde eine Staubwolke aufgewirbelt, die viele Jahre lang das Sonnenlicht verdunkelte. Was immer auch geschah, es führte zum Ende der Dinosaurier und zum Aufstieg der Säugetiere, die ihren Platz einnahmen. Von diesem Zeitpunkt an nahmen sie an Größe, Vielfalt und Zahl zu.

WISSENSWERTES
Katzenaugen leuchten im Dunkeln, weil eine phosphoreszierende Schicht hinter der Netzhaut, das *Tapetum lucidum*, das einfallende Licht wie ein Spiegel reflektiert.

Oben rechts
Diese Katzenmutter bringt ihrem Jungen die Finessen der Jagd bei.

Unten links
Maul eines prähistorischen Smilodon mit den charakteristischen langen Fangzähnen.

Unten rechts
Schädel einer in Kalifornien gefundenen Säbelzahnkatze.

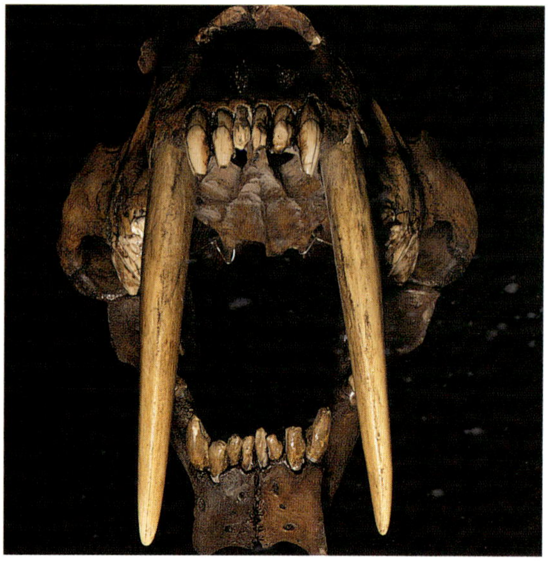

DIE MIACIDEN

VON ALLEN SÄUGETIEREN gehörte die Gruppe der *Miacidae* zu den erfolgreichsten. Sie waren geschickte Jäger, nutzten ihre Intelligenz zur Lokalisierung ihrer Beute und ihre gewaltigen Klauen zum Töten. Ihre Zähne waren wie dafür geschaffen, das Fleisch ihrer Opfer zu zerschneiden und herauszureißen. Vor etwa 40 Millionen Jahren begannen sich unterschiedliche Gruppen von Miaciden zu entwickeln, von denen die meisten kleine Baumbewohner waren. Einige waren jedoch von gewaltiger Größe, wie man an Fossilien sehen kann. Eine der erfolgreichsten Miaciden-Arten war die Säbelzahnkatze, Smilodon, der man in einer prähistorischen Nacht sicher nicht hätte begegnen wollen. In ihrem Maul befanden sich zwei gewaltige, an Dolche erinnernde Eckzähne.

SMILODON

SMILODONS BLÜTEZEIT begann vor etwa 35 Millionen Jahren. Im Gegensatz zu anderen Miaciden, die auf Bäumen lebten und jagten, ernährte es sich von Weidetieren, die damals in großen Herden die Kontinente bevölkerten. Die bisher ältesten Überreste einer Säbelzahnkatze wurden in der englischen Grafschaft Derbyshire gefunden und sind 30 000 Jahre alt. Überreste von in Kalifornien gefundenen Säbelzahnkatzen sind dagegen erst 13 000 Jahre alt (Radiokarbondatierung). Smilodons Herrschaft war also ziemlich lang.

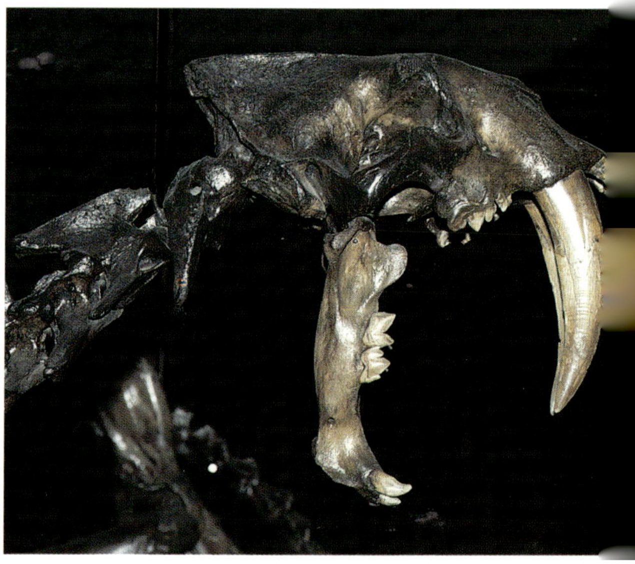

DINICTIS

ANDERE NACHKOMMEN der Miaciden wurden Urahnen der heutigen Katzen. Diese Spezies hieß Dinictis und war noch kleiner und schneller. Als vor etwa drei Millionen Jahren die großen Eiszeiten einsetzten, war die Art Dinictis, die den heutigen Kleinkatzen ähnelte, offensichtlich weit verbreitet. Die ältesten Fossilien dieser Lebewesen sind schätzungsweise 12 Millionen Jahre alt. Den harten Lebensbedingungen während der Eiszeiten, die zum Verschwinden der Weidetiere führten und die Jagd mehr zu einer Frage von Intelligenz und Geschicklichkeit machten, waren sie besser gewachsen als größere Arten. So begannen sich Katzen zu entwickeln, die denen der Neuzeit schon ähnlich waren. Sie stammten von Dinictis ab und bildeten etwa 100 Arten. Fossilienfunde belegen, dass sie in der Evolution lange vor dem ersten menschenähnlichen Wesen auftraten.

VERBREITUNG EINER ART

DER OBEN BESCHRIEBENE Evolutionsprozess begann, bevor die Kontinente ihre heutige geografische Position erreicht hatten. Damals hatten die Landmassen, die später die südlichen Kontinente bilden sollten (Südamerika, Antarktis und Australien), begonnen, sich von den nördlichen Massen (Nordamerika, Europa, Asien und Afrika) zu trennen. Als sich die Ur-Katzenarten entwickelten, gelang es ihnen, sich über die nördliche Landmasse zu verbreiten, indem sie (wie die ersten amerikanischen Siedler) eine Landbrücke von Asien nach Nordamerika überquerten, wo sich heute die Beringstraße befindet. Fossilienfunde lassen darauf schließen, dass viele Katzen in vorgeschichtlicher Zeit diese Wanderung unternahmen, obwohl die einzige neuzeitliche Art, die heute sowohl in Nordamerika als auch in Asien vorkommt, der Luchs ist. Die Antarktis und Australien dagegen waren damals bereits zu abgelegen, um von einer Katzenart erreicht zu werden. In Australien nahm die Evolution eine völlig andere Richtung und brachte etwa Beuteltiere wie Känguru und Wallaby hervor. Bis heute sind die einzigen Katzen in Neuseeland und Australien Nachkommen von Tieren, die von Siedlern eingeführt wurden.

Als sich die ersten Menschen in Asien und Afrika zu entwickeln begannen, gab es also auf der nördlichen Landmasse bereits verschiedene Katzenarten. Zweifellos fanden die größeren Arten ihre Beute in der Nähe menschlicher Siedlungen. Die kleineren Arten sahen vermutlich in den fortgeworfenen Fleischresten der Jäger eine leicht eroberte Ergänzung ihrer Nahrung. Doch so lange Homo sapiens ein Nomadenleben führte, das er mit Jagen und Sammeln und später mit der Ziegenhaltung verbrachte, waren seine Kontakte mit der Familie der Katzen wohl eher selten und zufällig. Erst als der Mensch sesshaft wurde und den Boden bestellte, um Getreide anzubauen, begann die lange Beziehung zwischen Katze und Mensch.

WISSENSWERTES

Tiger, die ursprünglich aus dem Orient stammen, spielen seit langer Zeit eine wichtige Rolle in der chinesischen Medizin. Dadurch ist es schwierig, die Jagd auf sie zu beenden.

Links

Der Luchs ist die einzige Katze, die sowohl in Nordamerika als auch in Asien vorkommt.

Rechts

Diese verwilderte australische Katze stammt von den Katzen ab, die von europäischen Siedlern mitgebracht wurden.

Die Evolution der Hauskatze

ALLE HEUTIGEN HAUSKATZEN sind aus drei oder vielleicht vier der wilden *Felidae*-Arten entstanden. Die ersten Hauskatzen, von denen wir tatsächlich Funde besitzen, lebten im alten Ägypten. Ihre mumifizierten Überreste wurden 1889 von Archäologen in Beni Hasan in Zentralägypten gefunden.

Oben rechts
Im alten Ägypten wurde die Katzengöttin Bastet verehrt.

Oben links
Mumifizierte Katze aus der Zeit um 800 v. Chr.

Unten
Die Afrikanische Wildkatze, Felis libyca, *sieht den mumifizierten ägyptischen Katzen am ähnlichsten.*

DER URSPRUNG DER SPEZIES

ES WAR EIN bemerkenswerter Fund, der hunderttausende, vielleicht sogar Millionen mumifizierter Katzenkörper umfasste, von denen die meisten gemahlen und entweder im Land selbst als Dünger verwendet oder exportiert wurden. Über 19 Tonnen, schätzungsweise etwa 180 000 Mumien, fanden ihren Weg nach England und wurden dort auf einer Landwirtschaftsauktion versteigert.

DIE ÄGYPTISCHE KATZE

DIE ÜBERRESTE stammten aus der Zeit um 2000 v. Chr., als die Verehrung der Katze offenbar sehr verbreitet war. Der in Ägypten am häufigsten gefundene Typ ähnelte der leicht getigerten afrikanischen Wild- oder Falbkatze, *Felis libyca,* die aus dem Mittelmeerraum stammt. Doch es gab auch Exemplare von *Felis chaus,* der Rohr- oder Dschungelkatze, die ebenfalls aus dem Nahen Osten stammt und einen geringelten Schwanz hat.

Wenn die Katze um 2000 v. Chr. Kultstatus erreicht hatte, muss sie lange zuvor in die Siedlungen und Städte des alten Ägypten gelangt sein. Die altägyptische Zivilisation basierte auf dem Kornreichtum, denn es gab zwei, drei Ernten im Jahr. Angebaut wurde das Getreide auf dem jährlich überschwemmten fruchtbaren Land des Niltals und -deltas. Um etwa 3000 v. Chr. war Ägypten ein vereintes Königreich und befand sich am Anfang seiner Blütezeit. Zweifellos wurden wilde Katzen von den ägyptischen Bauernsiedlungen und Städten angezogen, denn in den Scheunen und Speichern versprachen die vielen Ratten und Mäuse reiche Beute. Durch ihre Anpassungsfähigkeit wurden die Katzen rasch zu einem festen Bestandteil des ägyptischen Lebens. Daraus ergab sich die Domestizierung und spätere Vergöttlichung.

DIE EUROPÄISCHE WILDKATZE

DER DRITTE VORFAHR der zeitgenössischen Katze ist die Mitteleuropäische Wildkatze, *Felis silvestris,* mit ihrem dicken, buschigen Schwanz und der schwarzen Schwanzspitze. Sie ähnelt der Afrikanischen Wildkatze, ist jedoch gedrungener und besitzt eine dunklere, ausgeprägtere Tabbyzeichnung, die sich vielleicht aufgrund ihres natürlichen Lebensraumes in gemäßigteren Regionen entwickelt hat. Wie *Felis silvestris* überhaupt ins genetische Gemenge kam, weiß man nicht genau, doch sie war (und ist mit Ausnahme der Britischen Inseln) eine in Nordeuropa verbreitete Art und wurde wahrscheinlich

genau wie die Afrikanische Wildkatze in Ägypten von bäuerlichen Siedlungen angezogen. Möglicherweise wurden auch ägyptische Katzen von Händlern in das antike Rom gebracht oder fuhren als blinde Passagiere auf Schiffen mit, breiteten sich mit den römischen Legionen nach Norden aus und verpaarten sich mit ihren europäischen Verwandten. Man weiß, dass die Römer bei ihren Streifzügen durch Westeuropa Katzen mitführten, um ihre Vorräte zu schützen, und dass die Verpaarung zwischen *libyca* und *silvestris* genetisch erfolgreich sein kann.

ASIATISCHE VORFAHREN

EIN MÖGLICHER VIERTER Bestandteil der „Mischung" Hauskatze ist die Pallaskatze (auch Manul genannt), *Felis manul*. Sie stammt aus Zentralasien, besitzt ein längeres Fell als die anderen drei Arten und könnte im Laufe der fortschreitenden Domestizierung der Katze das Langhaar-Gen in die Mischung eingebracht haben.

In Südostasien gab es bereits früh domestizierte Hauskatzen, und es ist gut möglich, dass sich *Felis manul* – eine furchtlose Katze, die sich zweifellos in menschliche Siedlungen gewagt hätte – mit den anderen Katzenarten verpaart hat.

DOMESTIZIERUNG

DIE ANNAHME, diese wilden Arten hätten sich einfach dem Menschen angeschlossen und wären dadurch automatisch domestiziert worden, wäre eine arge Vereinfachung und entspricht sicher nicht der Realität. Viele

Wildkatzen halten sich in der Nähe von Siedlungen auf und nehmen mit, was sie bekommen können, bleiben aber wild wie bei ihrer Geburt. Domestizierte Katzen dagegen sind von Geburt an zahm und gewöhnen sich leicht an menschliche Gesellschaft. Verwilderte Hauskatzen, die menschlichen Kontakt erfahren haben, gewöhnen sich schnell wieder an Menschen.

Im Wechsel der vielen Generationen, die vergangen sind, seit sich die ersten Katzen menschlichen Siedlungen näherten, müssen also genetische Veränderungen stattgefunden haben. Der anhaltende Kontakt mit dem Menschen, die Wärme, Bequemlichkeit und der Futterreichtum, haben offenbar dafür gesorgt, dass die Hauskatze einen ruhigeren (oder pragmatischeren) Charakter aufweist als ihre wilden Verwandten. Dass dafür eine allmähliche genetische Veränderung und nicht bloße Gewohnheit verantwortlich ist, zeigt sich auch im deutlich kleineren Gehirn der Hauskatze.

WISSENSWERTES

Katzen können aufgrund der besonderen Beschaffenheit ihres Schädels extrem kräftig zubeißen. Ihre kurzen Kiefer sind mit Muskeln versehen, die bis an den Hinterkopf reichen.

WISSENSWERTES

Der „Champawat Tiger" ist der bisher „erfolgreichste" bekannte Menschenfresser. Das Tier soll bis zu 436 Menschen getötet haben, bevor es 1907 erlegt wurde.

Oben
Europäische Wildkatzen können selbst als Jungtiere nicht gezähmt werden.

Mitte
Zu Füßen der Frauen auf diesem ägyptischen Wandbild sitzt eine Katze, was ihre Stellung als Familienmitglied hervorhebt.

Unten
Die Pallaskatze hat bei der Evolution der Hauskatze vermutlich zur Entwicklung langhaariger Rassen geführt.

Freunde und Feinde

Oben
Die Darstellung zeigt eine Ägypterin, die sich aus Trauer um ihre tote Katze die Augenbrauen abrasiert.

Unten links
Eine altägyptische Statue einer Katze, die in dieser Kultur als Göttin Bastet verehrt wurde.

Unten rechts
In Ägypten wurden unzählige mumifizierte Katzen gefunden.

UM ETWA 8000 v. Chr. begannen die Menschen, ihr Nomadendasein als Jäger und Hirten aufzugeben. Sie wurden sesshaft und beschäftigten sich mit Ackerbau und Viehzucht. Die ersten Siedlungen gab es im Nahen Osten. Das Auftauchen der kleinen Wildkatzen am Rande dieser Siedlungen war eine – wenn auch relativ unbedeutende – von vielen Veränderungen, die dieser wichtige Wendepunkt in der Entwicklung des Menschen mit sich brachte. Die Siedlungen waren unerschöpfliche Futterquellen für die vierbeinigen Besucher. Millionen von Ratten und Mäusen wurden von den primitiven Getreidespeichern und den Ansammlungen von Küchenresten und anderen Abfällen im Umfeld der Wohnhütten angelockt. Im Gegensatz zu den Wildhunden, die durchaus zum Problem werden konnten, waren Katzen keine Konkurrenten, was die Nahrung des Menschen betraf, und für Herden und Menschen ungefährlich.

ZEUGNISSE AUS DEM ALTEN ÄGYPTEN

KATZEN TAUCHEN auf den Höhlenzeichnungen und anderen Artefakten, die von diesen frühen Kulturen zurückgelassen wurden, nicht auf. Diese ersten Siedler beschäftigten sich in ihrer Kunst offenbar lieber mit den größeren Säugetieren, die sie entweder als Jäger oder Gejagte darstellten; gelegentlich wurden auch Herdentiere zum Motiv. Erst in der Zivilisation des alten Ägypten, also um etwa 3000 v. Chr., erscheint die Katze als wichtige Gestalt im Leben des Menschen.

Im Laufe von etwa 1000 Jahren entwickelte sie sich im alten Ägypten vom nützlichen Schädlingsbekämpfer zur religiösen Ikone. Auch in den alten Zivilisationen Griechenlands, Roms, Chinas und Japans wurde sie sehr geschätzt und sogar verehrt, wenn auch weniger enthusiastisch als von den Ägyptern.

MYSTISCHE EIGENSCHAFTEN

AUFGRUND ZAHLREICHER Funde weiß man über die Rolle der Katze in der altägyptischen Kultur recht viel. Den Katzen wurden mystische Fähigkeiten zugesprochen, die vielleicht mit ihrer guten Sehkraft im Dunkeln zu tun hatten. Zudem galten sie als geachtete Mitglieder des Haushalts. Starb die Katze einer Familie, trauerte der gesamte Haushalt um sie, und das Familienoberhaupt rasierte sich als Ausdruck der Trauer die Augenbrauen ab. Wenn in einem ägyptischen Haus ein Feuer ausbrach, wurde zuerst die Katze in Sicherheit gebracht. Noch mehr geachtet waren die Tempelkatzen und königlichen Katzen, die zeitlebens verwöhnt und nach ihrem Tod durch eine Mumienbestattung geehrt wurden.

KATZENDARSTELLUNGEN

DIE KUNST DES alten Ägyptens ist voller Katzendarstellungen, davon zeugen Wandbilder, Palastdekorationen, Bronze- und Holzfiguren, Schmuck und andere Artefakte. Katzen werden im häuslichen Umfeld dargestellt, sitzen zu Füßen ihres Besitzers

oder auf dem Schoß einer Frau, oder sie werden bei der Jagd in den Feldern gezeigt, wo sie anscheinend von den Jägern eingesetzt wurden, um Wildvögel aufzuscheuchen und zu apportierten. Doch viele Kunstwerke verbinden Katzen mit der Fruchtbarkeitsgöttin Bastet oder Pasht. Der Pasht-Kult währte etwa 1500 Jahre. In dieser Zeit war es streng verboten, in irgendeiner Weise eine Katze zu verletzen, da man fürchtete, die Göttin zu erzürnen.

KATZENVEREHRUNG

DIE ÄGYPTISCHE Katzenverehrung war außerhalb von Ägypten wohl bekannt und wurde als ziemlich lächerlich angesehen. Ein zweifelhafter Bericht beschreibt einen Kampf zwischen Ägypten und Persien im Jahre 525 v. Chr., bei dem der persische Kommandeur angeblich Katzen in vorderster Front mitführen ließ. Aus Angst, die Tiere zu verletzen, weigerten sich die Ägypter anzugreifen und verloren die Schlacht. Die Geschichte mag unwahrscheinlich sein, zeigt jedoch, was die restliche Welt von der Katzenverehrung in Ägypten hielt.

Doch die ägyptische Kunst porträtierte Katzen auch durchaus humorvoll, auf ganz ähnliche Art wie moderne Postkarten. Papyrus- und Kalksteinstücke, die man an altägyptischen Fundstätten entdeckte, zeigen karikaturartige Darstellungen von Katzen in diversen merkwürdigen Rollen. Eine Katze balanciert eine Stange mit einem Krug und einem Korb auf der Schulter; eine andere hütet eine Entenschar. Eine weitere sitzt mit Serviette und Fächer am Tisch und bietet ihrem Gast, einer großen Ratte, eine gebratene Gans an. Man nimmt an, dass diese Darstellungen zum Zeitvertreib von Steinmetzen angefertigt wurden, die mit dem Bau der Tempel und Königsgräber beauftragt waren. Wie dem auch sei, sie zeigen, dass Katzen nicht nur verehrt, sondern auch geliebt wurden.

In Ägypten war die Ausfuhr von Katzen verboten, doch phönizische Händler – die großen Geschäftsmänner der damaligen Zeit – schmuggelten Hauskatzen aus Ägypten in das gesamte Mittelmeergebiet. Die Griechen des Altertums assoziierten Katzen mit Frauen und vor allem mit der Göttin Venus. Da Venus sowohl die Göttin des Ackerbaus als auch der Fruchtbarkeit war, mag sich diese Verbindung vielleicht aus der Geschicklichkeit der Katze bei der Schädlingsbekämpfung erklären. Doch in Griechenland genossen Katzen nicht die gleiche Verehrung wie in Ägypten und man nutzte auch Wiesel, Marder und Iltisse als Schädlingsvernichter. Anscheinend waren sie als Haustiere auch nicht sonderlich beliebt. Katzendarstellungen finden sich in der griechischen Kunst relativ selten und für gewöhnlich nur auf Münzen.

WISSENSWERTES

Die Verwendung von Katzenfellen als Kleidung lässt sich in der Zeit um 6500 v. Chr. nachweisen. Damals war das Erlegen einer Großkatze eine äußerst gefährliche Angelegenheit.

Oben
Dieses ägyptische Gemälde zeigt die besondere Rolle, die Katzen im täglichen Leben spielten. Hier hilft eine Katze Bauern beim Vogelfang.

Unten links
Diese ägyptische Bronzefigur der Katzengöttin Bastet stammt aus der 22. Dynastie.

Unten rechts
Eine Statue der Bast, der Katzengöttin der Stadt Bubastis.

Oben
Römisches Mosaik (1. Jh. n. Chr.), auf dem eine Katze, die gerade einen Vogel fängt, und andere Tiere zu sehen sind.

RÖMISCHE KATZEN

IM ANTIKEN ROM hatte man Katzen gegenüber eine ziemlich pragmatische Haltung. Sie waren zwar beliebte Mäusejäger, wurden jedoch nicht mit Zuneigung überhäuft. Obwohl die Göttin der Freiheit manchmal mit einer Katze zu ihren Füßen dargestellt wurde – wahrscheinlich ein Hinweis auf das freiheitsliebende Wesen der Katze – zeigen die meisten römischen Darstellungen Katzen in Alltagsszenen, ohne jeglichen Hinweis auf Verehrung oder mystische Kräfte. Auf einem Mosaik aus Pompeji fängt eine Tigerkatze gerade eine Taube. Sie ist realistisch dargestellt und überhaupt nicht idealisiert. Doch der Wert der Katze als Vorratshüterin wurde von der römischen Armee durchaus erkannt. Die römischen Soldaten brachten Katzen mit nach Gallien und schließlich auch nach Britannien. Römische Kolonialfamilien wurden zu enthusiastischen Haustierbesitzern und viele hielten außer Hauskatzen auch größere Katzen. Sicherlich verwilderten immer wieder Exemplare und verpaarten sich mit der Wildkatze, *Felis silvestris,* die damals in höher liegenden Gebieten Britanniens und Westeuropas weit verbreitet war. Als sich die Römer im 4. Jahrhundert n. Chr. zurückzogen, ließen sie ihre Katzen zurück.

MOHAMMEDS KATZE

NACH MOHAMMEDS TOD im Jahr 632 n. Chr. verbreitete sich der Islam in Südasien und in westliche Richtung an der nordafrikanischen Küste entlang. Katzen nahmen im Islam eine ganz besondere Stellung ein. Mohammed liebte seine Katze Muessa und soll einmal sogar den Ärmel seines Gewandes abgeschnitten haben, um ihren Schlaf nicht zu stören. Außerdem wusch er sich mit dem Wasser, von dem er Muessa hatte trinken sehen.

KATZENLIEBHABER IN ASIEN

IN DER ZWISCHENZEIT hatten die Katzen auch im Leben der asiatischen Völker ihren Platz gefunden. Ungefähr seit Beginn der christlichen Zeitrechnung hielt man in Indien Hauskatzen, und es gab eine Katzengöttin als Symbol der Fruchtbarkeit. In China waren die Katzen bereits 1000 Jahre früher eingetroffen. Die Chinesen des Altertums wussten aber nicht recht, was sie von ihnen halten sollten, denn Katze und Schlange galten im Buddhismus damals als ehrlos, weil sie angeblich die einzigen Tiere waren, die bei Buddhas Tod nicht geweint hatten. Außerdem wurden Katzen in der chinesischen Kultur mit Armut in Verbindung gebracht, vielleicht aufgrund der eben angeführten Bedenken, vielleicht weil ein florierender, gut geführter Bauernhof keine Katzen zur Schädlingskontrolle nötig haben sollte. Merkwürdi-

Unten
Humorvolle Darstellung von chinesischen „Zauberkatzen" bei der Bewachung von Seidenraupen.

gerweise glaubten jedoch viele Menschen, sich vor Armut schützen zu können, indem sie Porzellankatzen vor dem Haus aufstellten und das Innere des Hauses mit Katzenbildern schmückten. Aus dem alten China stammt übrigens die erste Erwähnung, dass schwarze Katzen Unglück bringen sollen. Wahrscheinlich ist dies der hartnäckigste Katzenmythos überhaupt – nur in Großbritannien glaubt man das Gegenteil.

In Japan, wo Katzen im Mittelalter aus China eingeführt wurden, spielten sie vor allem in den Seidenraupen-Zuchten, wo es von Mäusen wimmelte, eine Rolle. Als es um 1000 n. Chr. in Mode kam, Hauskatzen zu halten, sollen diese Katzen in Scharen in die bequemeren Quartiere geflohen sein. Mehrere Jahrhunderte lang mussten Katzenbilder an den Wänden als Ersatz dienen, doch als die Seidenbauern und die von ihnen abhängigen wichtigen Handels- und Industriezweige vom Ruin bedroht waren, beschloss der Kaiser, dass die verwöhnten Hauskatzen wieder in die Zuchtanlagen zurückkehren sollten.

KATZEN ALS SCHÄDLINGSJÄGER

DIE AUSBREITUNG des Christentums in Westeuropa und die Gründung religiöser Stätten führte dazu, dass Katzen als Schädlingsjäger hohe Wertschätzung erleben. Klöster waren damals auch Zentren der Landwirtschaft, wo das Korn monatelang gelagert werden musste, bevor es von Hand gedroschen und geworfelt werden konnte, sodass Katzen dort sehr nützlich waren. Aus den Scheunen zogen die Katzen in die Zellen der Mönche, denn tatsächlich waren sie die einzigen Tiere, deren Haltung Mönchen und Nonnen erlaubt war. In dem reich bebilderten *Lindisfarne Gospels* und dem *Book of Kells* aus dem 8. Jahrhundert finden sich auch liebevolle Darstellungen von Katzen.

Pangur Ban war nur eine von vielen Klosterkatzen, wurde allerdings von ihrem Besitzer in einem altirischen Gedicht verewigt, das sich in vielen Anthologien findet. Doch später fielen die Klosterkatzen in Ungnade, wurden getötet und ihre Felle dienten der Verzierung und Fütterung klerikaler Kleidung. Katzenfelle waren die einzigen Felle, die das Kirchenrecht für diesen Zweck zuließ.

AMERIKANISCHE UND INDIANISCHE MYTHOLOGIE

DIE INDIANER SCHEINEN – vielleicht aufgrund ihres Nomadenlebens – Katzen als Haustiere nicht geschätzt zu haben, bewunderten jedoch das Jagdgeschick der Wildkatze. In den Stammesmythen der Pawnees erscheint sie als eines der Tiere, die der Schöpfergott Tirawa gemeinsam mit dem Schwarzbären und dem Puma oder Berglöwen als Wächter des Abendsterns einsetzt.

WISSENSWERTES
Der amerikanische Puma oder Berglöwe ist insofern ungewöhnlich, als er die einzige „Kleinkatzenart" mit runden statt schlitzförmigen Pupillen ist.

WISSENSWERTES
Die größten Würfe kommen offenbar bei Hauskatzenrassen vor. Burmesen und Siamesen können in einem einzigen Wurf bis zu 15 Junge haben.

Oben
Auf diesem japanischen Bild aus dem 19. Jahrhundert eilt eine alte Dame ihrer Katze zur Hilfe.

Unten
Der Puma wurde von den Indianern sehr bewundert und taucht in ihrer Mythologie auf.

Vom Teufelstier zum Rattenfänger

ES IST NICHT klar, wie es dazu kam, dass sich in Europa ungefähr ab 1400 das Verhältnis zwischen Mensch und Katze immer mehr verschlechterte. Mitte des 14. Jahrhunderts, als Flöhe im Fell von Wanderratten, die über die Karawanenstraßen von China nach Europa gelangten, den schwarzen Tod verbreiteten, waren Katzen noch gern gesehen. Denn da Landarbeiter fehlten und die Nagetiere für Ernteverluste sorgten, kam es zu schlimmen Hungersnöten. Katzen kämpften an der Seite der Menschen in vorderster Front gegen die gefräßigen Schädlinge. Dennoch wurden sie nur kurze Zeit später, scheinbar aus heiterem Himmel, zu gefürchteten und verhassten Kreaturen, die es zu vernichten galt.

WISSENSWERTES
Katzen nehmen selbst die extrem hohen Lautäußerungen (Ultraschall) von Nagetieren wahr. Sie liegen im Frequenzbereich von 20 bis 50 kHz und sind für Menschen unhörbar.

KATZENHASSER

DIE CHRISTLICHEN KIRCHEN, sowohl die katholische als später auch die protestantische, scheinen bei diesem Gesinnungswechsel eine wichtige Rolle gespielt zu haben. Wir wissen nicht, was in den Köpfen der mittelalterlichen Theologen vorging, doch die abergläubische Vorstellung, der Teufel zeige sich häufig in Gestalt einer schwarzen Katze, verbreitete sich immer mehr. Von hier aus war es ein kleiner Schritt, Katzen mit Hexen, den Dienern Satans auf Erden, als deren „Hausgeister" oder Hausgenossen in Verbindung zu bringen.

Oben
Arthur Rackhams Darstellung des nordischen Freya-Mythos zeigt die Göttin, deren Wagen von zwei Katzen gezogen wird, in Begleitung ihrer Katzen.

Unten
Seit dem Mittelalter gelten Katzen als Tiere des Satans.

Zwei Quellen, beide aus dem Reich der Mythen, könnten die Grundlage für diese Bewegung gewesen sein. Die eine stammt aus dem antiken Griechenland und betrifft Hekate, Zaubergöttin, Herrin der Unterwelt und Heimsucherin der Friedhöfe. Einer ihrer Diener war Galenthius, der in eine Katze verwandelt worden war und die Geister der Toten beschwören konnte. Die andere entstammt der nordischen Mythologie. Im Rheinland kam es im 13. Jahrhundert zur Wiederbelebung eines heidnischen Fruchtbarkeitskultes, der auf Freya, die nordische Göttin der Fruchtbarkeit und Liebe, zurückging, deren Wagen von zwei

mit dem Teufel geritten sein. Verschiedene Organe der Katze spielten angeblich eine Rolle bei der Zubereitung von Zaubertränken und Quacksalbermitteln. Die Tatsache, dass Frauen, die man für Hexen hielt, oft Heilmittel feilboten, warf auch ein schlechtes Licht auf die Katze.

Anfang des 16. Jahrhunderts war die Verfolgung von Hexen und Katzen in vollem Gange. Sie basierte auf einer unheiligen Allianz zwischen der Kirchenlehre und dem weit verbreiteten Aberglauben. Ältere Frauen, die allein lebten (was oft der Fall war, weil Männer früher starben und man damals bereits ab 40 als alt galt), waren verdächtig, besonders wenn sie Katzen besaßen und diese auch noch schwarz waren. Auch herrenlose Katzen galten als verdächtig. Insbesondere während der Fastenzeit wurden Katzen getötet. In vielen Teilen Westeuropas wurden sie erhängt, auf Scheiterhaufen verbrannt oder, wie in Frankreich, in Körben geröstet, die an langen Stangen hingen.

Der Glaube an die Schlechtigkeit der Katze konnte im Protestantismus ebenso leicht Fuß fassen wie im Katholizismus. In dem 1563 als Angriff auf die katholische Kirche veröffentlichten *Buch der Märtyrer* von John Fox war eine hingerichtete Katze in Ketten dargestellt, die wie ein katholischer Priester gekleidet war.

Katzen gezogen wurde. Und Katzen spielten in den kultischen Ritualen der Freya-Anhänger eine wichtige Rolle.

Doch beide Geschichten waren wohl nur ein schwacher Vorwand für die gnadenlose Verfolgung der Katze durch das Christentum, auch wenn man die oft vermerkte Tatsache in Betracht zieht, dass Katzen in der Bibel nicht erwähnt werden. (Die einzige Ausnahme findet sich in den Apokryphen, im Brief des Jeremia, Bar, 6,21.) Katzen wurden zu Sündenböcken für alles und jedes und zu Symbolen des Bösen, besonders im Zusammenhang mit Hexerei. Ende des 15. Jahrhunderts befahl Papst Innozenz VIII., ein fanatischer Gegner von Zauberern, Hexen und dem Freya-Kult, dass man beim Verbrennen von Hexen deren Katzen mitverbrennen sollte.

KATZEN UND HEXEN

ALS HEXE GALT der Kirche eine Person, die mit dem Teufel im Bunde stand und seinen Weisungen folgte. Hexen wurden für Katastrophen wie Überschwemmungen, Seuchen, Schiffsunglücke, Feuersbrünste, Stürme und Unfälle verantwortlich gemacht, also alle Arten von Heimsuchungen, die wir heute als höhere Gewalt betrachten. Von Hexenkatzen nahm man an, dass sie diese Katastrophen vorhersagen konnten. Hexen konnten sich angeblich neunmal in eine Katze verwandeln (vielleicht der Ursprung der Vorstellung von den neun Leben einer Katze). Außerdem sollen sie auf Katzen zu ihren Treffen

WISSENSWERTES
In den Haarballen in einem Löwenmagen sammeln sich im Laufe der Zeit so viele mineralische Rückstände an, dass sie zum Schluss so glatt sind wie polierte schwarze Steine.

Oben
Gemeinsam mit tausenden von Frauen wurden Katzen der Hexerei angeklagt und auf Scheiterhaufen verbrannt.

Unten
Im Volksglauben werden Katzen oft mit dem Bösen in Verbindung gebracht.

ELISABETHANISCHE ZEIT

1566, WÄHREND DER Regierungszeit von Königin Elisabeth I., erreichte der Katzenhass in England einen neuen Höhepunkt mit dem ersten einer Reihe von Hexenprozessen in Chelmsford, Essex. Die drei Angeklagten waren Elizabeth Francis, Agnes („Mother") Waterhouse und deren Tochter Joan. Angeblich sollen sie mittels einer grau-weißgescheckten Katze namens Satan mit dem Teufel kommuniziert haben. Agnes Waterhouse wurde für schuldig befunden und zusammen mit ihrer Katze hingerichtet. Im Laufe der folgenden 20 Jahre gab es allein in Essex 150 Hexenprozesse.

Eine Hexe, der 1579 in Windsor der Prozess gemacht wurde, gestand, einen Dämon in Gestalt einer schwarzen Katze zu besitzen, die sie täglich mit einem Gemisch aus Brot, Milch und ihrem Blut gefüttert habe. 1646 berichtete eine Frau den Geschworenen, eine Hexe habe ihr geraten, einen Fluch auszustoßen, sich in den Finger zu stechen und das Blut von ihrer Katze ablecken zu lassen, wenn sie jemanden töten wollte. Eine angebliche Hexe aus Schottland, Isobel Gowdie, sagte 1622 aus, sie könne sich nach Belieben in eine Katze verwandeln und zitierte sogar die Zaubersprüche, die sie dabei benutzte. Richter und Geschworene warteten nur darauf, Geschichten von Katzen zu hören, die aus offenen Fenstern sprangen, Türen öffneten oder andere katzentypische Aktivitäten ausführten, um dies sofort bösen übernatürlichen Mächten zuzuschreiben.

Gelegentlich wurden Katzen erstaunliche Leistungen nachgesagt. In Leyland in der englischen Grafschaft Lancashire erzählte man sich, die Steine der Kirche seien aus dem einige Kilometer entfernten Dorf Whittle dorthin gebracht worden. Der Teufel, so hieß es, erscheine nachts in Gestalt einer großen Katze und bringe Stein für Stein herbei. Wer ihn davon abhalten wolle, werde angesprungen und erwürgt. Schließlich baute man die Kirche an der Stelle, die sich die Teufelskatze ausgesucht hatte.

WISSENSWERTES
„Menschenfresser" kann man abwehren, wenn der Mensch eine Maske auf dem Hinterkopf trägt. Denn Katzen springen einen am liebsten von hinten an und können somit getäuscht werden.

THE
WONDERFVL
DISCOVERIE OF THE
Witchcrafts of *Margaret* and *Phillip*
Flower, daughters of *Joan Flower* neere *Beuer Castle*: executed at Lincolne, *March* 11. 1618.

Who were specially arraigned & condemned before Sir *Henry Hobart*, and Sir *Edward Bromley*, Judges of Assize, for confessing themselues actors in the destruction of *Henry*, Lord *Rosse*, with their damnable practises against others the Children of the Right Honourable Francis Earle of *Rutland*.

Together with the seuerall Examinations and Confessions of *Anne Baker*, *Ioan Willimot*, and *Ellen Greene*, Witches in *Leicestershire*.

Printed at London by *G. Eld* for *I. Barnes*, dwelling in the long Walke neere Christ-Church. 1619.

Oben
Darstellung einer der Chelmsford-Hexen mit ihrer Katze.

Unten
Ein Buch von 1619, in dem die Prozesse gegen angebliche Hexen beschrieben werden.

KATZEN UND VAMPIRE

DER GLAUBE, KATZEN hätten Gewalt über Leichen und könnten die Toten in Vampire verwandeln, war im 16. und 17. Jahrhundert in Mitteleuropa weit verbreitet und entsprang vielleicht der Verknüpfung von Katzen mit der Hexerei. Möglicherweise ging er aber auch auf den griechischen Hekate-Mythos zurück. Katzen wurden aus Räumen fern gehalten, in denen Tote aufgebahrt lagen. Kam eine Katze zufällig ins Zimmer, wurde sie hinausgejagt und getötet. In den ursprünglichen Vampirgeschichten saugte der Vampir seinen Opfern nicht nur das Blut aus, sondern injizierte es danach auch einem frischen Leichnam, den er auf diese Weise wieder zum Leben erweckte und willenlos machte. Der Wiedergänger wurde zum Werkzeug des Teufels. Bis zur Veröffentlichung von Bram Stokers *Dracula* 1897 gab es keine Verbindungen zwischen Vampiren und Fledermäusen, denn traditionellerweise waren Vampire entweder Katzen oder Wölfe.

ENDE DER VERFOLGUNG

ENDE DES 17. JAHRHUNDERTS ließ die zwanghafte Haltung der Kirche gegenüber der Hexerei auf ebenso mysteriöse Weise nach, wie sie begonnen hatte. Der letzte Hexenprozess in England fand 1684 statt, in Schottland 1722. Die berüchtigte Hexenhysterie in Salem, Massachusetts, die 1692 zu 20 Hinrichtungen führte, richtete sich allerdings nicht gegen die Katzen der angeblichen Hexen. In Nordamerika stand man den Samtpfoten in dieser ganzen Zeit offenbar wohlwollender gegenüber als in Europa, vielleicht weil die Katzen, die mit der Mayflower den Atlantik überquert hatten, die Vorräte der Siedler so erfolgreich vor Schädlingen geschützt hatten.

RATTENFÄNGER

WIEDER EINMAL WURDE die Stellung der Katze in der Gesellschaft durch eine große Seuche aufgewertet. Anfang des 17. Jahrhunderts begann sich ein bedrohlicher Eindringling aus Zentralasien in Europa zu verbreiten: die Wanderratte. Sie war größer, aggressiver und intelligenter als die bereits weit verbreitete Hausratte und brachte wie ihre Vorgängerin den schwarzen Tod mit. 1707 brach die Pest in Deutschland aus, 1720 in Frankreich. Bis 1730 hatten Schiffsratten die Pest auch nach England gebracht und verdrängten dort mehr oder weniger die Hausratte. Höchste Zeit also, die Katze auf Schiffen, in den Docks und Häfen und auf den Straßen der Städte wieder willkommen zu heißen.

WISSENSWERTES
In freier Wildbahn können kleine Katzenarten 10 bis 15 Jahre alt werden, Großkatzen mit sehr viel Glück sogar 20 bis 25 Jahre.

Das 18. Jahrhundert war das Zeitalter der Aufklärung, und der Aberglaube wich der Vernunft, zumindest in den gebildeteren Schichten. Zu den Nutznießern dieser Wende gehörten auch die Katzen. In Frankreich wurden Landhäuser mit einer damals gebräuchlichen Katzenschleuse versehen, die angeblich der britische Wissenschaftler Sir Isaac Newton um 1700 erfunden hatte, sodass die Tiere nach Belieben kommen und gehen konnten. Katzen erschienen in der holländischen Interieurmalerei. Die Beliebtheit der Katze in besseren Kreisen spiegelte sich auch in einfachen Häusern wider, wo man Katzen erlaubte, vom Schuppen in die warme Küche überzusiedeln.

Damals wuchsen die Großstädte Europas und Nordamerikas, besonders die Hafenstädte am Atlantik, gefährlich schnell. Der Wohnungsbau konnte mit dem Bevölkerungswachstum nicht Schritt halten; die Städte waren überfüllt und schmutzig. Haushaltsabfälle und Unrat wurden einfach auf die Straße geworfen, wo sie gelegentlich zu Haufen zusammengeschaufelt wurden, die vielleicht irgendwann weggeschafft wurden. Ratten und Mäuse kamen in Scharen zu diesem Festessen, was wiederum Katzen anlockte, die reiche Beute und menschliche Zustimmung fanden. Die lange und grausame Zeit der Katzenverfolgung ging zu Ende.

Oben links
Ihr Erfolg als Mäusefänger auf der Mayflower schützte die Katzen in den USA vor Verfolgung.

Mitte
Schiffsratten gelangten in die Hafenstädte Europas.

Unten links
Ende des 17. Jahrhunderts hörte das Interesse an der Hexerei auf.

Volksglaube und Mythologie

NICHT NUR IM Zusammenhang mit Hexerei haben Katzen im Laufe der Jahrhunderte in der Mythologie und im Volksglauben vieler Kulturen eine große Rolle gespielt. Noch heute warnt man Mütter, eine Katze nicht im selben Zimmer mit einem Baby schlafen zu lassen, aus Angst, sie würde es erdrücken, „seinen Atem aufsaugen" oder mit ihrem Fell ersticken.

ADAM, EVA UND LILITH

DER URSPRUNG DIESES Irrglaubens könnte auf einen alten hebräischen Volksmythos zurückgehen. Danach hatte Adam vor Eva bereits eine Frau namens Lilith. Als sie sich weigerte, ihm zu Willen zu sein, wurde sie aus dem Garten Eden verbannt und suchte die Erde als Dämon heim. Sephardische Juden glaubten, dass Lilith die Gestalt einer riesigen schwarzen Katze namens El Broosha annahm, die das Blut Neugeborener trank.

BUDDHISTISCHE VORSTELLUNGEN

EINE GÄNZLICH ANDERE Stellung hatten Katzen in einer Variante des Buddhismus, die in Südostasien praktiziert wurde. Hier glaubte man, beim Tod eines Menschen, der die höchste Stufe der Spiritualität erreicht hatte, kehre die Seele in den Körper einer Katze ein. Dort bliebe sie, bis die Katze stürbe und käme dann ins Paradies. Dieser Glaube spiegelt sich vielleicht in den gelegentlichen Darstellungen von Katzen zu Füßen von Buddhastatuen, auch wenn Katzen in anderen buddhistischen Legenden eine völlig andere Rolle spielen. Die wohlwollendere Haltung herrschte anscheinend besonders im 20. Jahrhundert vor. Als König Prajadhipok von Siam (heute Thailand) 1925 gekrönt wurde, nahm eine Katze als Verkörperung seines Vaters, König Rama VI., an den Feierlichkeiten teil.

Oben
In Tempeln wie diesem in Thailand findet man oft Katzen zu Füßen von Buddhastatuen.

Mitte
Schwarze Katzen galten lange als Unglücksboten.

Unten
Dem Volksglauben nach müsste dieses Mädchen dereinst als alte Jungfer sterben, weil es seine Katze liebt.

VOLKSGLAUBE

KATZEN HABEN AUCH das „einfache" Volk zu vielen abergläubischen Vorstellungen inspiriert. Vom 17. bis zum 19. Jahrhundert war es in Großbritannien Sitte, beim Bau von Häusern Katzen als Glücksbringer einzumauern oder unter die Schwelle zu legen – glücklicherweise waren sie meistens schon tot. Im englischen Volksglauben wimmelte es nur so von Katzengeschichten. Maikatzen sollten angeblich Schlangen ins Haus bringen, und nur geschenkte Katzen schienen gute

Mäusefänger zu sein. Mädchen im heiratsfähigen Alter mussten sich besonders vor Katzen hüten. Ein junges Mädchen, das eine Katze auf dem Schoß hielt, sollte unverheiratet bleiben, und Mädchen, die Katzen mochten, starben als alte Jungfern.

Doch die meisten Legenden ranken sich um ihre angebliche Rolle als Wetterprophetin. Dies mag mit der Verknüpfung der Katzen und der Fruchtbarkeit in vielen alten Kulturen liegen oder an der angeblichen Fähigkeit von Hexen und ihren Katzen, Unwetter heraufzubeschwören. Die Bauernregeln können dabei regional durchaus widersprüchlich sein. So gibt es beispielsweise Regen, wenn Katzen sich die Ohren waschen. In Nordengland dagegen kündigt genau dies gutes Wetter an. Als ein britischer Fernsehsender eine Zuschauerbefragung unter Katzenhaltern veranstaltete, kam es zu keinem eindeutigen Ergebnis.

Mit der Voraussage von Regen befassen sich auch zwei andere, ebenfalls widersprüchliche Redensarten. Jonathan Swift, der Autor von *Gullivers Reisen,* zitierte in einem Gedicht die Bauernregel, Katzen würden zu spielen aufhören und ruhig und nachdenklich werden, wenn Regen anstehe. Da Swift Ire war, mag es sich um eine irische Beobachtung gehandelt haben. In den übrigen Teilen Großbritanniens hört man häufig, Katzen seien aufgeregt und übermäßig verspielt, kurz bevor es zu regnen beginne.

SPUKENDE KATZEN

WENN MAN DIE traditionelle Verknüpfung der Katze mit Nacht und Unterwelt bedenkt, ist es verwunderlich, dass sie nicht häufiger in Spukgeschichten auftaucht. In vielen Gegenden wird zwar von spukenden Hunden berichtet, doch Katzen sind eher selten. Eine Katze soll in der Nähe von Chetwynd Hall in Shropshire gespukt haben, bis man sie und ihre spukende Besitzerin Mitte des 19. Jahrhunderts durch Exorzismus erlöste. Die Katze gehörte einer gewissen Madam Pigott, die etwa 70 Jahre zuvor im Kindbett gestorben war. In mondhellen Nächten wurde sie mit einer schwarzen Katze im Park von Chetwynd Hall gesehen. Sie soll am Fuße eines Baumes gesessen und ihr Baby gekämmt haben.

Eine andere Spukgeschichte stammt aus Ropley in Hampshire, wo vor etwa 100 Jahren eine alte Frau auf der Treppe vor ihrem Haus oder am Kaminfeuer häufig eine Katze vorgefunden haben will, die durchs Zimmer gegangen und sich in Luft aufgelöst habe. Doch die Frau verspürte angeblich keine Angst, denn sie war davon überzeugt, dass es der Geist ihrer Mutter war. Das wisse sie so genau, lautete ihre etwas merkwürdige Erklärung, weil die Katze denselben Gang habe wie ihre Mutter.

WISSENSWERTES
Die Azteken in Mittelamerika verehrten einen Jaguargott. Einen Jaguar zu töten und sein Fell zu tragen verlieh dem Träger angeblich überragende Kräfte.

Oben
Dieser Holzschnitt aus der Zeit um 1600 zeigt Hexen mit ihren Katzen.

Unten
Die Körpersprache der Katze verrät angeblich, wie das Wetter wird.

Berühmte Katzen

WÄHREND DES 18. JAHRHUNDERTS wurden Katzen in Intellektuellenkreisen immer beliebter. Es war das Zeitalter der Philosophie, und wahrscheinlich sagte die zurückhaltende Katze, die häufig so ruhig und selbstversunken dasitzt, der Philosophennatur mehr zu als der extrovertierte Hund.

Oben
Dr. Samuel Johnson, Boswell und Kater Hodge in trauter Runde.

WISSENSWERTES
Der Puma gehört trotz seiner Gesamtlänge von 2,7 Metern zu den Kleinkatzen, obwohl er damit größer ist als der Gepard, der wiederum zu den Großkatzen gehört.

LITERARISCHE KATZENFREUNDE

„WER WEISS SCHON", meinte der französische Philosoph Montaigne, „ob sich meine Katze nicht mehr mit mir amüsiert, als ich mich mit ihr, wenn ich mit ihr spiele?" Im 18. Jahrhundert kam die Vorliebe für Salons auf, und in diese Umgebung passten die friedlichen Katzen besser als die lebhaften Hunde. Hunde assoziierte man damals fast ausschließlich mit dem Landleben.

Das literarische Leben im England des 18. Jahrhunderts war ebenfalls von Katzenfreunden geprägt. Der wohl bekannteste ist Dr. Samuel Johnson, Dichter, Essayist und ein kluger Kopf. Von seiner Zuneigung zu seinem Kater Hodge berichtet sein Biograf James Boswell. „Ich werde nie die Nachsicht vergessen", schrieb Boswell, „mit der er Hodge, seinen Kater, behandelte. Er ging persönlich Austern für ihn kaufen, damit die Diener aufgrund der zusätzlichen Mühe nicht eine Abneigung gegen die arme Kreatur fassten. Ich erinnere mich, wie der Kater eines Tages offenbar mit großem Behagen an Dr. Johnsons Brust emporkletterte, während mein Freund lächelnd und leise pfeifend seinen Rücken streichelte und ihn am Schwanz zog. Als ich bemerkte, das sei ein schöner Kater, sagte er: ‚Nun ja, Sir, aber ich habe Kater gehabt, die ich noch lieber mochte als diesen.' Und dann, als sähe er den empörten Blick des Katers, fügte er hinzu: ‚Aber er ist ein sehr schöner Kater, wirklich ein sehr schöner Kater.'"

Als er von einem jungen Herrn hörte, der in London Katzen schoss, besann sich Johnson, so berichtet Boswell, seines eigenen Katers und sagte: „Aber Hodge wird nicht erschossen, nein, nein, Hodge wird nicht erschossen." Boswell selbst war allerdings kein Katzenfreund. Er gestand, dass er leider eine Antipathie gegen Katzen hege und unter der Gegenwart von Katzen litt.

HORACE WALPOLE UND DIE ANGORAKATZEN

EIN ZEITGENOSSE Samuel Johnsons war Horace Walpole, der Schriftsteller und jüngste Sohn des ersten britischen Premierministers. Er verfasste Essays, Romane, Gedichte und Bücher über so unterschiedliche Themen wie Malerei und Gartenbau, wurde jedoch besonders berühmt durch seine Briefe, die heute viele Bände füllen. So schrieb er mehr als 1600 Briefe an die französische Salondame Marie du Deffand, die trotz ihrer Erblindung in Paris einen der führenden literarischen Salons leitete.

Sie liebte Angorakatzen und beschrieb in vielen ihrer Briefe die Tugenden und Vorzüge dieser Rasse. Sie wollte Walpole ein Katzenpärchen schenken, doch es ist nicht bekannt, ob er das Angebot annahm. Walpole berichtete Madame du Deffand unter anderem über den traurigen Tod von Selima, der Katze seines Freundes Thomas Gray, die in einem Goldfischglas ertrunken war. Gray verfasste sogar ein inzwischen berühmtes Gedicht über Selimas unglückseliges Ende.

GELIEBTE HAUSGENOSSEN

HODGE, SELIMA, The Reverend Doctor John Longbourne sowie die Angorakatzen von Madame du Deffand waren zahme Haustiere, denn zumindest in Intellektuellenkreisen pflegte man ab Mitte des 18. Jahrhunderts Katzen eher im Wohnzimmer zu verwöhnen als sie draußen als Mäusefänger einzusetzen. Inzwischen interessierte man sich auch für verschiedene Rassen. 1756 illustrierte der französische Zoologe Comte de Buffon in seiner *Histoire Naturelle* fünf verschiedene Katzenrassen, unter anderem auch die Angora. Sein Werk entstand wenige Jahre vor dem Briefwechsel zwischen Madame du Deffand und ihrem Freund Walpole.

Manche Katzen traten sogar Erbschaften an. Als John, der zweite Herzog von Montagu, 1749 verstarb, hinterließ er seinen Katzen sein Vermögen. Da er keine Erben besaß, blieb das Testament unangefochten. Die Katzen der französischen Harfenspielerin Mademoiselle Dupuy hatten weniger Glück. Nachdem diese ihnen ihr Vermögen vermacht hatte, begann ein Gerichtsprozess, der zur Anullierung des Testaments führte.

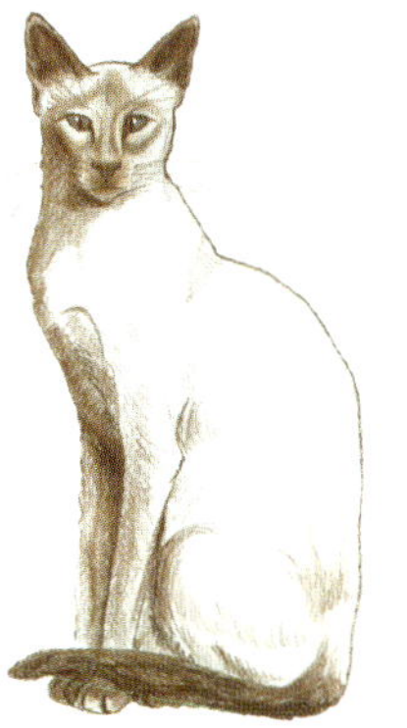

WISSENSWERTES

In Afrika glaubte man, dass ein „Stein" aus dem Magen eines Löwen vor wilden Tieren schütze. Für die Jäger war es daher sehr wichtig, Löwen zu erlegen.

KATZEN UND EXZENTRIKER

DER ENGLISCHE PHILOSOPH Jeremy Bentham gehörte zu den exzentrischen Katzenliebhabern des 18. Jahrhunderts. Er besaß viele Katzen, von denen jede einen wohlklingenden Namen mit dazugehörigem Titel besaß, beispielsweise The Reverend Doctor John Langbourne. Wenn er zum Dinner lud, führte er seine verwunderten Gäste zunächst in einen Raum, in dem mehrere Katzen zu Tische saßen, und stellte sie ihnen der Reihe nach vor.

Oben
Angorakatzen kamen im 18. Jahrhundert durch Salondamen wie Marie du Deffand in Mode.

Unten links
Porträt des Dichters Gray, der seine Katze Selima in einem Gedicht verewigte.

Unten rechts
Der exzentrische Katzenfreund Jeremy Bentham.

Katzen in der Literatur

DIE ERSTE KATZE, die in der westlichen Literatur eine tragende Rolle spielte, war wohl der gestiefelte Kater *(Le Chat Botte)*, der seinen großen Auftritt in einem 1697 veröffentlichten Märchen des französischen Schriftstellers Charles Perrault hatte.

WISSENSWERTES

Im Tierpark Hamm brachte die Leopardin Lena 1995 kleine Jaguarparden zur Welt, nachdem sie durch ein Loch im Zaun zu Jaguar Onka gelangt war.

DIE GRINSEKATZE

LEWIS CARROLL, Dekan in Oxford und Kinderbuchautor, trug ebenfalls zum literarischen Ruhm der Katze bei. In seinem 1865 veröffentlichten Buch *Alice im Wunderland* erscheint die berühmte Grinsekatze, deren Lächeln ihre scharfen Zähne entblößt. Lewis Carrolls Einstellung Katzen gegenüber scheint mit der Zeit milder geworden zu sein, denn 1871, als *Alice hinter den Spiegeln* erschien, schilderte er die Katzenmutter Dinah und ihre beiden Kätzchen Snowdrop und Kitty als viel liebenswertere Geschöpfe. Die zahlreichen Briefe Carrolls an seine jungen Freun-

MÄRCHEN

PERRAULT WAR AUCH der ursprüngliche Verfasser oder zumindest Sammler der Geschichten von Rotkäppchen, Blaubart und Dornröschen. Seine Märchen wurden rasch in andere europäische Sprachen übersetzt und hatten bald einen festen Platz in europäischen Kinderzimmern. 150 Jahre nach der Erstveröffentlichung wurde *Puss in Boots* zu einem der beliebtesten Stoffe der traditionellen englischen Weihnachtsspiele.

Oben rechts
„Hier sind alle verrückt", sagte die Katze. „Ich bin verrückt. Du bist verrückt." Aus Alice im Wunderland.

Oben links
Jugendstildarstellung des gestiefelten Katers von Kay Nielsen.

Unten
Die freundliche Katze Dinah und Alice, zwei Protagonisten aus Lewis Carrolls späteren Texten.

de in Oxford, meist kleine Mädchen, zeigen, dass er Katzen sehr mochte und sie problemlos in das fantastische Leben einbeziehen konnte, das er seinen kleinen Brieffreunden schilderte. So schrieb er, dass er streunenden Katzen erlaube, in sein Haus zu kommen und zwischen seinen Schreibutensilien zu schlafen. Zum Frühstück serviere er ihnen „Rattenschwanzgelee mit gebutterten Mäusen".

K WIE KATZE

ALS FÜR ALLE KINDER die Schulpflicht eingeführt wurde, gab es plötzlich einen Riesenbedarf an Fibeln. Bis heute finden Kinder, die das Alphabet lernen, beim Buchstaben K fast immer das Wort Katze. Auch aus Kinderreimen („A,B,C, die Katze läuft im Schnee"), Kinderliedern, Sprichwörtern und Redewendungen sind Katzen nicht wegzudenken. Zu den berühmten literarischen Katzen gehören hier zu Lande sicher Minz und Maunz, Kater Mikesch, Kater Murr, Spiegel, das Kätzchen und Krimikater Francis.

DICK WHITTINGTON

EINE GESCHICHTE, DIE in englischen Schulbüchern des 19. Jahrhunderts (und englischen Weihnachtsspielen) eine wichtige Rolle einnahm, handelt von Dick Whittington und seiner Katze. 1605 tauchte sie zum ersten Mal in einem inzwischen vergessenen Theaterstück auf. Es basierte recht frei auf der wahren Begebenheit von Richard Whittington, der im 15. Jahrhundert dreimal Bürgermeister von London gewesen war. Dieser echte Dick Whittington stammte aus einer reichen Adelsfamilie, die ihr Vermögen dem Wollhandel verdankte. Im Märchen wird er als armer Waisenknabe dargestellt, der mit seiner Katze nach London wandert, um dort sein Glück zu suchen. Nach vielen Abenteuern, in denen ihm die Katze immer Glück bringt, heiratet er die Tochter seines Meisters und lebt glücklich und zufrieden bis ans Ende seiner Tage. Leider war Dicks „cat" im wahren Leben kein Tier, sondern ein Boot, das zwischen Newcastle und London Kohle hin und her transportierte. Angeblich hatte ein Künstler Whittington auf einer frühen Illustration mit einem Totenschädel dargestellt. Dies erregte jedoch Missfallen und man ersetzte den Schädel durch eine Katze. Die Geschichte vom Waisenkind und seiner Katze ähnelt auf frappierende Weise dem Märchen vom armen Müllerburschen und seinem Kätzchen. Ähnliche Motive sind in vielen Kulturen bekannt und finden sich auch in persischen, skandinavischen und italienischen Märchen.

In Großbritannien ist die Geschichte inzwischen durch Kinderbücher und Weihnachtsspiele so berühmt, dass sie aus London nicht mehr wegzudenken ist.

DER AL CAPONE DER KATZENWELT

ZU DEN BERÜHMTESTEN literarischen Katzen des 20. Jahrhunderts gehören die Stars aus T. S. Eliots 1939 erstmals erschienenem *Old Possums Katzenbuch* (Eliots Spitzname war Possum). Eliots Freunde und Bewunderer, die es gewöhnt waren, seine vieldeutige, „schwierige" Lyrik für Erwachsene zu entschlüsseln, waren überrascht, als diese Sammlung charmanter und zugänglicher Verse erschien, die sofort enorm populär wurde. Innerhalb von zehn Jahren folgten neun Auflagen, zudem eine ebenso erfolgreiche illustrierte Ausgabe. Die Gedichte fanden rasch ihren Weg in die Lyrikanthologien für Schulen. Generationen von Kindern kennen heute den exzentrischen Bösewicht Macavity, den Eisenbahnkater Skimbleshanks, der mit Vorliebe den Nachtexpress unsicher macht, und den feinen „Gentlekater" Bustopher Mürr.

WISSENSWERTES

Die Molaren einer Katze, auch Reißzähne genannt, sind für den Verzehr von Fleisch optimiert. Wie eine „Brechschere" zerschneiden sie das Fleisch. Abgebissen und gekaut wird seitlich.

Oben

Das Musical Cats *wurde viele Jahre lang erfolgreich im Londoner West End aufgeführt, ein Beweis für die Beliebtheit der Katze in der Kunst.*

Links

Darstellung des älteren und wohlhabenderen Dick Whittington und seiner Katze.

Katzen in der bildenden Kunst

ES IST NICHT VERWUNDERLICH, dass Katzen einen besonderen Reiz auf Künstler ausüben. Einmal ist ihre grazile Gestalt mit den vielen verschiedenen Bewegungen und Posen eine wahre Herausforderung für Pinsel, Feder, Stichel oder Meißel. Zum anderen fasziniert sie als distanziertes, geheimnisvolles Wesen, dessen Innenleben durch die Kunst nur angedeutet oder erahnt werden kann. Und schließlich gibt es unzählige Möglichkeiten, sie darzustellen – als Jägerin, Haustier, Gesprächsgegenstand oder einfach als hübsche Verzierung.

WISSENSWERTES
Die verschiedenen Unterarten des Tigers sind aufgrund der Anpassung an das veränderte Klima deutlich größer und heller, je weiter nördlich sie leben.

Oben
Eine archetypische Darstellung eines englischen Heims aus dem 19. Jahrhundert. Die Katze im Vordergrund symbolisiert Wärme und Behaglichkeit.

Unten
Auf französischen Porträts des 18. Jahrhunderts spielten Katzen eine wichtige Rolle.

FRÜHE DARSTELLUNGEN

DIE KÜNSTLER UND Kunsthandwerker des alten Ägypten erforschten viele Facetten des Katzencharakters, als Jägerin, Göttin und manchmal sogar Komödiantin. In *The Cat-Book Poems* spürten frühe thailändische Illustratoren ähnlichen Themen nach, ebenso wie frühe japanische Tusche- und Aquarellkünstler und europäische Mönche im Mittelalter. Katzen finden sich auch als beiläufige Verzierungen auf den Schlusssteinen und Chorgestühlen mittelalterlicher Kirchen und Kathedralen. Dabei handelt es sich um Werke von Kunsthandwerkern, denen man bei der Gestaltung ihrer Fantasien relativ freie Hand gelassen hatte. Sogar auf dem Höhepunkt der katholischen Katzenverfolgung konnte der italienische Maler Pinturicchio im 15. Jahrhundert der Versuchung nicht widerstehen, eine unschöne Leerstelle in seinem Gemälde von der Verkündigung der Jungfrau Maria mit einer weißen Katze zu schmücken.

Als Katzen im 18. Jahrhundert langsam wieder zu Ehren kamen, tauchten sie auch auf Porträts auf. Besonders die französischen Maler waren große Katzenfreunde, und diese Tradition wurde auch im 19. Jahrhundert fortgeführt, vor allem von Manet. Für englische Maler, die das viktorianische Landleben darstellten, war es fast obligatorisch, eine Katze hinzuzufügen, beispielsweise im Inneren eines Cottage als Symbol für ein gemütliches Heim. Vielleicht war es die zärtliche Fürsorge, die die Katzenmutter ihren Jungen zuteil werden lässt, die die Katzen zu einem geeigneten Symbol für die viktorianische Familie machte. Kunsthandwerker verzierten Kissenbezüge, Kaminschirme und Stickarbeiten mit Katzenmotiven; Porzellankatzen schmückten viele Kaminsimse.

Ende des 19. Jahrhunderts begann sich ein neues Thema herauszubilden. Der Begründer war höchstwahrscheinlich der in Paris lebende Schweizer Maler Theophile Steinlen, der Katzen auf Werbeplakaten für Nahrungsmittel abbildete. Damals entdeckten Maler gerade die profitable Verbindung von Kunst und Kommerz und die Katzendarstellungen wurden deutlich sentimentaler und anthropomorpher. Katzen wurden als Damen der feinen Gesellschaft porträtiert, als Blumenverkäuferinnen, Tänzerinnen, Babys, Milchmädchen und Hausangestellte. Die eigentliche Natur der Katze verschwand unter einem Mantel aus Sentimentalität: ein Vorgeschmack dessen, was im 20. Jahrhundert folgen sollte.

EDWARD LEAR

DER ENGLISCHE Künstler, Humorist und liebenswürdige Exzentriker Edward Lear (1812 bis 1888), schwankte bei seinen Katzendarstellungen zwischen den Extremen. Er war einerseits der Verfasser des hübschen Nonsense-Gedichts *Der Kauz und das Kätzchen,* hinterließ aber andererseits eine Reihe realistischer, liebevoller Skizzen seiner eigenen Tigerkatze Foss. Er war ihr so zugetan, dass er in eine exakte Kopie seines alten Hauses zog, als er sich in San Remo in Italien zur Ruhe setzte, nur um Foss durch den Umzug nicht zu verstören.

BELIEBTES MOTIV

EIN TYPISCHES MERKMAL des ausgehenden 19. Jahrhunderts war die Gebrauchskunst in Form von Anzeigen, Grußkarten, Magazinillustrationen und Schildern, die sich aus der Weiterentwicklung des Farbdruckverfahrens ergab. Auch die Werbung wurde anspruchsvoller, konzentrierte sich jedoch hauptsächlich auf Haushaltsprodukte von Seife bis Kakao. Was eignete sich besser zur Darstellung der Annehmlichkeiten von Heim und Herd als eine Katze? Doch die Katzen wurden vermenschlicht, die eigentliche Katzennatur rückte in den Hintergrund.

Ein Maler, der sich im Bereich der Gebrauchsgrafik auf anthropomorphe Katzen spezialisierte, dies jedoch mit einer echten Zuneigung zu Katzen verband, war der 1860 geborene Louis Wain. Wains Katzen, die unzählige Postkarten und illustrierte Jahrbücher schmückten, trugen Brillen und Fliegen, stolzierten auf den Hinterbeinen, nahmen ihren Nachmittagstee ein und benahmen sich wie Angehörige der Mittelschicht.

Dennoch war Wain durchaus in der Lage, realistische und unsentimentale Katzenporträts zu schaffen. Er war unter Katzenfreunden so geachtet, dass er sogar zum Präsidenten des „British National Cat Club" gewählt wurde. Sein Fort- oder eher Rückschritt als Katzenmaler könnte von psychiatrischem Interesse sein: Mit zunehmendem Alter versank er immer mehr in seelischer Umnachtung (er starb 1939), und seine Katzen wurden immer bizarrer und gefährlicher. Aus den knuddeligen Tierchen seiner Erfolgsjahre wurden struppige, bedrohliche Monster.

WISSENSWERTES

Im Gegensatz zum Hund hat die Katze eine kurze Schnauze und muss sich daher beim Jagen mehr auf ihren Gesichts- und Gehörsinn als auf ihren Riecher verlassen.

Oben
Illustration aus dem 19. Jahrhundert von Edward Lear zu seinem berühmten Gedicht vom Kauz und der Katze, das im Original The Owl and the Pussy Cat *heißt.*

Mitte
Der englische Maler Louis Wain verdankte seinen Ruhm vor allem seinen Katzenbildern.

Unten rechts
Impressionisten wie Renoir zeigten ebenfalls eine Vorliebe für Katzen: Nackter Knabe mit Katze.

Katzen im Film und auf der Bühne

AUF DER KINOLEINWAND gab es nie Katzen als Pendants zu Rin-Tin-Tin, Lassie oder anderen Hundestars. Wahrscheinlich wird sich daran auch nichts ändern. Der Grund liegt auf der Hand: Katzen lassen sich im Allgemeinen nicht gern dressieren und vorführen. Doch ihre Bewegungen machen sie zu einem geeigneten Objekt für Zeichner. Die besten Filmkatzen finden sich daher auch in Zeichentrickfilmen.

TRICKFILMSTARS

DIE ERSTE TRICKFILMKATZE erschien in den 1920er Jahren mit *Felix the Cat,* aber die berühmteste Filmkatze ist wohl Tom aus *Tom und Jerry,* eine Schöpfung der amerikanischen Zeichner William Hanna und Joseph Barbera. Die beiden trafen sich 1937 in den MGM-Trickfilmstudios in Hollywood und produzierten 1939 den Film *Puss gets the Boot,* in dem eine Katze und eine Maus vorkamen. Tom und Jerry waren geboren und agierten danach in über 200 Filmen. Kritiker tadeln die Zwistigkeiten zwar als grausam und sadistisch und sicher würde sich niemand die Filme wegen ihrer realistischen Darstellung von Katzenverhalten ansehen, doch nach wie vor haben Generationen von Kindern an den beiden ihre helle Freude. Dies kann man von dem nicht jugendfreien *Fritz the Cat* aus den 1960er Jahren nicht behaupten. Ein anderer seinerzeit sehr beliebter Trickfilmstar war die New Yorker Katze aus *Menschenfeind auf Samtpfoten* (1948 als *The Cat that Hated People* erschienen), die dem Großstadtlärm entfliehen will und zum Mond fliegt, um dort ein wenig Ruhe und Frieden zu finden. Doch auf dem Mond ist es noch lauter, und sie kehrt reumütig zurück.

WALT DISNEY

AUCH WALT DISNEY hat Katzenfilmgeschichte geschrieben. Der Film *Zurück nach Hause – die unglaubliche Reise* (1963) handelt von den Abenteuern eines Bullterriers,

eines Labradors und der Siamkatze Tao, die auf der Suche nach ihren Besitzern 400 Kilometer quer durch Kanada reisen. Die *Katze aus dem Weltraum* (1978) ist eine geheimnisvolle, hochintelligente Katze, die aufgrund eines Reparaturschadens mit ihrem Raumschiff auf der Erde landen muss. Das bekannteste Disney-Katzenabenteuer ist sicher der 1970 erstmals gezeigt Film *Aristocats.* Duchess und ihre Kinder Marie, Toulouse und Berlioz müssen sich gegen den bösen Butler ihres Frauchens behaupten, der belauscht hat, dass diese ihr Vermögen den Katzen hinterlassen will. Er setzt die Tiere aus, um sich selbst das Geld zu sichern, wird jedoch von Duchess und

ihrer Familie, dem gutmütigen Straßenkater Thomas O'Malley und einigen anderen Tieren überlistet.

NEBENROLLEN

AUCH RICHTIGE KATZEN haben in vielen Filmen mitgespielt, wenn auch nur in Nebenrollen. So spielt die weiße Perserkatze Solomon eine etwas bedrohliche Rolle in dem James-Bond-Film *Diamantenfieber,* und in *Frühstück bei Tiffany* teilt Audrey Hepburn ihr Appartement mit einem Kater ohne Namen. In *Der dritte Mann* spielt eine Katze sogar eine Schlüsselrolle: Im Wien der Nachkriegszeit verschwindet der Kriminelle Harry Lime, nachdem er seinen Tod vorgetäuscht hat. Er wird von der Militärpolizei und von seinem alten Freund, gespielt von Joseph Cotten, gesucht. Die Katze seiner Geliebten verrät ihn schließlich, als sie sich im nächtlichen Wien in einem dunklen Hauseingang an ihn schmiegt.

Während Katzen die Filmleinwand meist nur als Trickfiguren erobern, werden sie auf der Bühne durch Menschen in Katzenkostümen dargestellt. (Backstage sind „echte" Katzen übrigens durchaus anzutreffen. T. S. Eliots „Theaterkatze Gus" gibt es in vielen realen Varianten. Allein in London gab es mehrere Backstage Stars: Ambrose im Drury Lane Theatre, Plug im Adelphi und Bouncer im Garrick.) *Der gestiefelte Kater* und Dick Whittingtons Katze erfreuen sich in englischen Weihnachtsspielen seit Ende des 19. Jahrhunderts bis heute großer Beliebtheit.

BÜHNENSTARS

BIS IN DIE 1970ER Jahre waren die bekanntesten Bühnenkatzen sicher die in Tschaikowskys Ballett *Dornröschen,* das auf einem Märchen von Charles Perrault basiert und 1889 in St. Petersburg uraufgeführt wurde. Zu den Charakteren gehören der gestiefelte Kater und eine weiße Katze. Die weiße Katze erscheint auf einem Kissen sitzend bei der Hochzeitsfeier und putzt sich. Der gestiefelte Kater ist so entzückt, dass er ihr in einem Pas-de-deux, einem der Highlights des Balletts, den Hof macht. Tschaikowsky wählte die Oboe, um die Katzenstimmen zu imitieren. *Dornröschen* fiel bei der Uraufführung bei den Kritikern durch, doch nach Tschaikowskys Tod (1893) wurde das Stück als Meisterwerk seines Genres erkannt und übte einen nachhaltigen Einfluss auf das Ballett des 20. Jahrhunderts aus.

Katzen, oder zumindest Sänger, die Katzen darstellen, gab es sogar in der Oper. 1925 schrieb Ravel eine kurze Oper, *L'Enfant et les Sortileges* („Das Kind und die Zaubereien"), in dem ein musikalisch brillantes und realistisch umgesetztes Katzenduett vorkommt.

Der bisher größte „kätzische" Theatertriumph ist zweifellos Andrew Lloyd Webbers Musical *Cats,* das auf T. S. Eliots *Old Possums Katzenbuch* basiert. Es wurde 1981 in London uraufgeführt, eroberte bald die ganze Welt und begeistert das Publikum bis heute. In London wurde es am 11. Mai 2002 zum letzten Mal aufgeführt und war damit 21 Jahre lang auf der Bühne.

Gegenüberliegende Seite
In Film und Theater sind Katzen in den verschiedensten Rollen aufgetaucht, von Trickfilmstars wie Tom und Felix bis zu echten Filmkatzen.

Diese Seite
Katzenstars in Der dritte Mann *(links),* Der gestiefelte Kater *(unten links) und* Cats *(unten rechts).*

WISSENSWERTES

Der erste bekannte „Menschenfresser" war ein Löwe. Die Strichzeichnung wurde um 800 v. Chr. auf ein assyrisches Elfenbeinplättchen geritzt.

Katzen im 20. Jahrhundert

MEDIENPRÄSENZ

IN DEN 1990ER JAHREN übertrumpfte die Katze in vielen Ländern Westeuropas den Hund als beliebtestes Haustier und erreichte damit eine Stellung, die Katzen in den USA schon seit Jahrzehnten innehaben. Dies lässt sich leicht erklären. Die meisten modernen Familien stehen unter Zeitdruck. Wenn beide Eltern arbeiten oder ein allein erziehender Elternteil zahlreiche Anforderungen bewältigen muss, hat ein Haustier, das den ganzen Tag allein gelassen werden kann oder nach Belieben kommt und geht, natürlich große Vorteile gegenüber einem Tier, das ein- bis zweimal am Tag ausgeführt werden muss. Außerdem sind moderne Häuser und Gärten in der Regel kleiner und Katzen sind auch mit kleinen Wohnungen durchaus zufrieden. Für Kinder sind sie zudem die „ungefährlicheren" Haustiere.

WISSENSWERTES
Der Sibirische Tiger ist die größte Katzenart, mit einer durchschnittlichen Gesamtlänge von etwa drei Metern und einer Schulterhöhe von gut einem Meter.

Links und rechts unten
Ihre Unabhängigkeit macht Katzen in unserer hektischen Zeit zum beliebten Haustier.

Oben rechts
Downing-Street-Kater Humphrey posierte 1997 für die Kamera.

BELIEBTE HAUSTIERE

HUNDE HABEN IN DEN LETZTEN Jahren an Beliebtheit eingebüßt. Horrorgeschichten über Hunde, die sich auf die Kinder ihres Besitzers stürzen, Berichte über Infektionen durch Hundekot und Gesetze zur Leinenpflicht und Entsorgung der Hinterlassenschaften der bellenden Vierbeiner haben dazu beigetragen, dass die friedliche, saubere und unabhängige Katze zur beliebteren Alternative wurde.

MEDIENPRÄSENZ

IM GEGENSATZ ZU Hunden hatten Katzen im 20. Jahrhundert eine recht gute Presse. 1997 interessierten sich britische Zeitungsleser wochenlang brennend für den Verbleib von Humphrey, der ehemaligen Hauskatze im Amtssitz des Premierministers in der Downing Street Nr. 10. Man munkelte, dass Cherie Blair, die Frau des neuen Premierministers, Humphrey nicht mochte und einfach vor die Tür gesetzt hat – oder noch Schlimmeres. War die Gattin des neuen Premiers etwa eine Katzenhasserin? Die Nation hielt den Atem an, bis schließlich enthüllt wurde, dass man Humphrey in den Ruhestand versetzt und dem bejahrten Kater ein schönes Heim in einem Londoner Vorort gesucht hatte, weit weg vom Lärm und der Hektik der City. Frau Blair verkündete der Nation zwischenzeitlich durch den Pressesprecher der Downing Street, dass sie Katzen durchaus gewogen sei.

Ein anderer Kater von Amts wegen erreichte übrigens noch größere Berühmtheit. Er hieß Peter, war im Londoner Sitz des Innenministeriums beschäftigt, erhielt eine jährliche staatliche Zuwendung von 6,50 Pfund (doppelt so viel wie sein Vorgänger) und gehörte von 1949 bis zu seinem Ableben 1964 zur Belegschaft. Peter hatte gelegentliche Kurzauftritte im britischen Fernsehen und seine Heldentaten bei der Ausübung seiner Pflicht wurden in der Presse stets ausführlich gewürdigt.

WERBETRÄGER

FERNSEHKATZEN, OB IN DER Werbung oder in Shows, haben ebenfalls ihre Fans. In Deutschland erfreuen sich momentan die hübschen Whiskas-Katzen besonderer Beliebtheit. Es sind British-Kurzhaar-Katzen mit Silver-tabby-Fell, um die bei Züchtern oft nachgefragt wird. Die bekannteste Fernsehkatze in England war sicher Arthur, dessen großer Auftritt jahrelang darin bestand, mit der Pfote Futter aus einer Dose zu angeln, um zu zeigen, wie gut ihm das Produkt schmeckte. Es war lange Zeit ein Geheimnis, dass Arthur, der 1976 im Alter von 17 Jahren starb, in Wirklichkeit eine Katze war und auf den Namen Samantha hörte. Doch wer war sein rechtmäßiger Besitzer? Hätte es sich um einen menschlichen Fernsehstar gehandelt, wäre der Rechtsstreit, der über diese Frage entbrannte, sicher als Werbegag abgetan worden. Arthur beantwortete sogar seine Fanpost – sie ging in die Tausende – mit einem Pfotenabdruck und freundlichen Grüßen des Katzenfutterherstellers.

Arthurs Dosentrick sah einfach aus, doch die Fertigstellung des kurzen Films dauerte viele Stunden. Für Kamerateams können Katzen ein wahrer Alptraum sein. 1992 wollte ein Team einen etwa 30 Minuten langen Videofilm über das Verhalten von Katzen drehen. Ein Kinderspiel, dachten die Kameraleute. Doch sie benötigten volle 35 Stunden Bildmaterial, bis sie die gewünschten Aufnahmen endlich hatten.

WISSENSWERTES
Zu den Göttern im alten Ägypter gehörte auch die Katzengöttin Bastet. Katzen wurden daher mit großer Ehrerbietung behandelt und nach ihrem Tod sogar als Mumien bestattet.

DER KATER VON PADDINGTON STATION

ANFANG DER 1970ER Jahre trat eine weitere Katze ins britische Rampenlicht. Es war Tiddles, ein herrenloser Kater, der hungrig und verwahrlost in Londons Paddington Station auftauchte und von der Toilettenfrau Miss June Wilson adoptiert wurde. Tiddles fand ein neues gemütliches Heim in Miss Wilsons Damentoilette. Nachdem die Zeitungen über den Fall berichtet hatten, erklärten sich mehrere Katzenfreunde bereit, ihn aufzunehmen. Zwar wurde eines der Angebote angenommen, aber Tiddles machte nach einiger Zeit deutlich, dass er die Bequemlichkeit und die zweifellos besseren Jagdgründe des Bahnhofs vorzog. Danach ließ er es sich gut gehen, freute sich über Fanpost und Bitten um Fotos und genoss die Fürsorge der Fahrgäste und die unzähligen Weihnachtsgeschenke. 1986, im Alter von 16 Jahren, war der 11,8 Kilo schwere Kater immer noch putzmunter.

Oben
Postkater Sam auf einem „seiner" Postautos.

Unten
„Kater" Arthur bei seinem erfolgreichen Dosentrick.

Wie heißen die Katzen?

JEDER FRISCH GEBACKENE Katzenbesitzer steht vor dem gleichen schwierigen Problem, das sogar einen Familienstreit vom Zaun brechen und schlaflose Nächte bereiten kann: Wie soll sie heißen? Eine höchst knifflige Frage, wie schon der Dichter T. S. Eliot in seinem berühmten Gedicht *Wie heißen die Katzen?* bemerkte. So knifflig, dass darüber sogar Bücher verfasst wurden.

LITERARISCHE NAMEN

VIELLEICHT LIEGT DIE Schwierigkeit darin, dass wir durch den Namen, den wir unserer Katze (oder auch unserem Baby) geben, einiges über uns selbst verraten. Wer literarische Ambitionen hat, kann seinen Stubentiger vielleicht Hodge nennen wie der berühmte Dr. Johnson, Blatherskate wie Mark Twain oder Grimalkin wie Christina Rosetti. Allerdings kann es peinlich sein, die so getaufte Samtpfote laut rufend draußen zu suchen. Filmfans erinnern sich vielleicht an Orangey, den Katzenstar in *Frühstück bei Tiffany,* der im Film einfach „Kater" hieß, und andere Katzen aus Filmen der 1950er und 1960er Jahre, oder an Solomon, die Katze in den James-Bond-Filmen *Man lebt nur zweimal* und *Diamantenfieber.* Wer eine Vorliebe für „politische" Namen hat, könnte seinen Liebling Slippers nennen (wie Theodore Roosevelt), Socks (nach Chelsea Clintons schwarzweißer Kurzhaarkatze) oder Humphrey (nach dem Kater, der während der Thatcher- und Major-Regierung in der Downing Street residierte). Wer möchte schon so phantasielos sein und seine Mieze einfach Tommy oder Pussi taufen? Andererseits sollte man bedenken, dass ein Name, der heute lustig und originell klingt, dies vielleicht in zehn Jahren nicht mehr tut. Und die Katze muss ihn schließlich ihr Leben lang tragen.

WISSENSWERTES
Der Schwanz der Afrikanischen Goldkatze wird von den Pygmäen Kameruns sehr geschätzt. Sie tragen ihn während der Elefantenjagd als Talisman bei sich.

Oben
Kater Solomon in Man lebt nur zweimal.

Unten
Orangey und Audrey Hepburn genießen Champagner in Frühstück bei Tiffany.

BERÜHMTE PERSÖNLICHKEITEN

FLORENCE NIGHTINGALE NANNTE ihre Katzen Bismarck, Cavour, Gladstone und Disraeli und orientierte sich dabei an berühmten Zeitgenossen. Da sie zeitweise bis zu 60 Perserkatzen gleichzeitig besessen haben soll, war es sicher nicht leicht, so viele ehrwürdige Namen für die Lieblinge zu finden. Wahrscheinlich überrascht es nicht sonderlich, dass der für seinen Patriotismus bekannte Winston Churchill den Kater, der mit ihm die Bombardierung Londons durchlebte, Nelson nannte. Charles Dickens taufte seine Katze William, musste sie jedoch in Williamina umbenennen, als sie unerwartet Nachwuchs bekam. Ein anderer Katzenfreund, Ernest Hemingway, teilte sein Haus in Key West, Florida, zeitweise mit bis zu 50 Katzen. Ihre Namen waren ebenso exzentrisch wie ihr Besitzer: Nuisance Value, Dillinger, Fats, Friendless und Friendless's Brother. Den Rekord für den längsten Katzennamen hält wahrscheinlich der Kater des Dichters Robert Southey. Er hieß The Most Noble the Archduke Rumpelstiltskin, Marquis Macbum, Earl Tomemange,

Baron Raticide, Waowler and Skaratchi. Das war vermutlich ziemlich unpraktisch und wenn Southey den Kater rief, beschränkte er sich auf die Kurzform Rumpel.

EINGÄNGIGE NAMEN

IM GRUNDE MUSS natürlich ein eingängiger und gut artikulierbarer Name her, wenn man sein Tier draußen rufen will, ohne vor Scham im Boden zu versinken. Bei zwei Katzen sollten die Namen möglichst unterschiedlich klingen. Ansonsten kann man seiner Phantasie

natürlich freien Lauf lassen. Glücklicherweise finden Katzen im Gegensatz zu vielen Kindern ihre Namen nicht peinlich, wenn sie erwachsen werden.

Manchmal hilft die Katze bei der Namensfindung auch selbst. Stimmgewaltige Kater sind sicher stolz auf Namen wie Beethoven, Pavarotti oder Caruso. Häufig stehen auch Figuren aus Kinderbüchern Pate, etwa Mikesch, Balu, die rote Zora, Momo oder Max und Moritz. Ein besonders hübscher Kater einer deutschen Familie wurde Panama getauft, in Anlehnung an das Bilderbuch von Janosch *Oh, wie schön ist Panama!*

Man kann sich natürlich auch von Filmstars inspirieren lassen und seinen Liebling Woody, Humphrey oder Kevin nennen. Auch Namen wie Tacitus Crallus und Klammadeus Pfotzart sollen schon vorgekommen sein!

BELIEBTE NAMEN

NATÜRLICH GIBT ES auch traditionelle Katzennamen. Viele sind genau wie Kindernamen modeabhängig. Andere, wie Kitty, Miezi, Molly, Susi, Felix, Mäxchen, Mohrle, Tiger und Tom scheinen zeitlos zu sein. Ein Faible für ungewöhnliche Namen hat offenbar der Gastro-Kritiker Wolfram Siebeck, dessen Katze Frau Hoffmann gerade ihr erstes Buch verfasst hat. Der Dichter Peter Huchel nannte einen seiner vielen Kater Fürst Myschkin und eine von Erich Kästners Katzen hieß Lollo. Auch Garfield, Minz und Maunz mit ihren warnend erhobenen Tatzen, Akif Pirinccis Francis aus *Felidae* und Elke Heidenreichs *Nero Corleone* haben in der Katzenwelt sicher Spuren hinterlassen. Merkwürdig ist übrigens, dass viele deutsche Katzenfreunde ihre Lieblinge „Mäusle" oder „Bärchen" nennen.

WISSENSWERTES

Das englische Sprichwort „Curiosity killed the cat" verweist auf die notorische Neugier, die Hauskatzen oft unerwartet und unnötig in Gefahr bringt.

Oben links
Als Beweis dafür, dass er noch unter den Lebenden weilt, wird Humphrey der Presse präsentiert.

Unten links
Diese Katze wohnte 1939 in der berühmten Downing Street Nr. 10 in London.

Die ersten Ausstellungen

DIE HÖCHST INTERESSANTE Welt der Katzenshows ist geprägt von Hektik und Konkurrenzdenken, bietet aber auch Gelegenheit, faszinierende vier- und zweibeinige Ausstellungsteilnehmer zu beobachten.

DIE ERSTEN AUSSTELLUNGEN

DIE ERSTE VERBÜRGTE Katzenshow fand 1598 anlässlich des Saint-Giles-Marktes im südenglischen Winchester statt. Wie und nach welchen Kriterien die Tiere beurteilt wurden, ist nicht überliefert. In den USA wurden im 19. Jahrhundert gelegentlich Maine-Coon-Katzen von Bauern bei Country Fairs vorgeführt, doch die erste Ausstellung im modernen Sinne fand erst 1871 im Londoner Kristallpalast statt.

Als Katzenhalter damit begannen, Tiere im Hinblick auf ihr Aussehen und bestimmte Vorgaben hin zu züchten, wollten sie ihre eigenen Resultate natürlich mit denen anderer Züchter vergleichen. Die erste englische Ausstellung war die Idee des Schriftstellers, Künstlers und bekannten Katzenfreundes Harrison Weir. Er organisierte nicht nur die Show an einem damals sehr populären Ort, sondern definierte auch die Standards, nach denen die gemeldeten Tiere beurteilt werden sollten. Außerdem war er einer der drei Preisrichter. Später erweiterte Weir seine Vorgaben zum lange Zeit verbindlichen Handbuch für die Veranstalter von Katzenshows, *Our Cats.*

Darin erzählt er, er sei „auf die Idee gekommen, dass es sinnvoll ist, ‚Katzen-Shows' abzuhalten, damit die unterschiedlichen Rassen, Farbschläge, Zeichnungen usw. sorgfältiger gepflegt werden und die vor dem Kaminfeuer sitzende Hauskatze für ihren Besitzer jene Schönheit und Attraktivität bekommt, die ihm bis dahin entgangen ist, weil sie nicht kultiviert wurde." Weir war bekümmert über die „lange Zeit der Vernachlässigung, Misshandlung und tiefen Grausamkeit," die Katzen erleiden mussten. Er hatte mit der ersten Ausstellung vor allem das Wohlergehen der Samtpfoten im Auge und wollte nicht etwa eine Arena für den Konkurrenzkampf zwischen den Züchtern schaffen. Später zog er sich genau aus diesem Grund aus dem Zuchtbetrieb zurück.

Die Londoner Show lockte tausende von Katzenliebhabern an, und viele von ihnen riefen anschließend zu Hause in der Provinz ähnliche Veranstaltungen ins Leben. Von Anfang an bemühte man sich dabei, neben den exotischen Edelrassen in gewissem Rahmen auch gewöhnliche Hauskatzen zu berücksichtigen. Bei einigen Ausstellungen gab es sogar die Klasse „Katzen, die Arbeitern gehören", für die niedrigere Meldegebühren, aber auch geringere Preisgelder ausgeschrieben waren. Der finanzielle Aspekt stand bei den Ausstellern allerdings nie im Vordergrund, denn damals wie heute geht es um geringfügige Summen.

ORGANISIERTER ZUCHTBETRIEB

IN DEN USA fand die erste nationale Katzenausstellung 1895 im New Yorker Madison Square Garden statt. Auch jenseits des Atlantiks brachte diese erste Show die Züchter in Schwung und führte zur Gründung eines Zuchtvereins. Schon bald wurden in allen angelsächsischen Ländern und danach auf dem europäischen Kontinent Katzenausstellungen abgehalten.

Inzwischen unterscheiden sich Art und Ablauf der Ausstellungen in den einzelnen Ländern. In Groß-

britannien beispielsweise dauern die Shows in der Regel nur einen Tag, weil die Entfernungen für die Anreise relativ gering sind. In Nordamerika und auf dem europäischen Kontinent dagegen dauern die größeren Ausstellungen oft zwei Tage.

DIE SITUATION IN GROSSBRITANNIEN

AB 1902 WAR BEI DER EINFUHR von Tieren nach Großbritannien zur Tollwutverhütung eine sechsmonatige Quarantäne gesetzlich vorgeschrieben. Das machte es ausländischen Züchtern praktisch unmöglich, Tiere in Großbritannien auszustellen. Ebenso waren britische Züchter von großen Shows auf dem Kontinent so gut wie abgeschnitten. Seit dem Jahr 2000 entfällt die Quarantänepflicht innerhalb der EU für Hunde und Katzen, die einen Mikrochip tragen, gegen Tollwut geimpft und nachweislich tollwutfrei sind (Bluttest 6 Monate vor der Einreise). Damit ist der Weg für kontinentale Züchter auf die britische Insel und umgekehrt für englische Züchter zu so renommierten Ausstellungen wie der des Cat Club de Paris geebnet.

AUSSTELLUNGEN WELTWEIT

DER WESENTLICHE UNTERSCHIED zwischen den verschiedenen Ländern ist die Arbeit der Preisrichter. In Nordamerika, Japan und den meisten europäischen Ländern erfolgt das Richten als offenes oder Ringrichten, das heißt, die Tiere werden aus den Käfigen genommen, zu einem abseits liegenden Ring oder Bereich gebracht und vor Zuschauern begutachtet. In Großbritannien und den meisten Commonwealth-Ländern dagegen gehen die Richter zu den Käfigen mit den Tieren und das Richten erfolgt anonym unter Ausschluss der Öffentlichkeit. Keines der beiden Systeme hat besondere Vorteile, außer vielleicht, dass das offene Richten den Zuschauern mehr Unterhaltung bietet, während es in England eher nüchtern zugeht. In den USA jedenfalls tragen die Cat „Shows" ihren Namen durchaus zu Recht.

WISSENSWERTES

Dass Großkatzen Menschen fressen, ist aus Asien und Afrika bekannt. Löwen, Tiger und Leoparden können für Menschen zu einer Gefahr werden.

Gegenüber oben
Zuschauer bewundern die Katzen bei der ersten Ausstellung 1871 im Londoner Kristallpalast.

Gegenüber unten
Illustration des Katalogs von 1871 mit Abbildungen der Preissieger.

Diese Seite
Diese drei Fotos von einer National Cat Club Show zeigen, wie Ausstellungen heute aussehen. Hunderte von Ausstellern sind keine Seltenheit.

Zuchtvereine und -verbände

Oben rechts
Harrison Weir veranstaltete die erste Katzenausstellung Großbritanniens.

ZU VEREINEN UND Verbänden schlossen sich Katzenbesitzer erstmals im 19. Jahrhundert zusammen, als man begann, einzelne Katzenrassen zu unterscheiden.

VEREINE IM 19. JAHRHUNDERT

DAS HAUPTINTERESSE GALT zunächst den Perserkatzen, die noch heute generell die beliebteste Edelkatzenrasse sind. Die Halter stellten fest, dass sie durch sorgfältige Zucht die Qualität ihrer Katzen in Bezug auf Körperbau, Farbschläge und nicht zuletzt Gesundheit verbessern konnten.

Oben links
Perserkatzen werden in Großbritannien offiziell als „Longhair" geführt.

Dabei verließen sie sich zunächst auf empirische Erfahrungen, denn obwohl Gregor Mendels Forschungen zur Genetik Mitte des 19. Jahrhunderts in wissenschaftlichen Kreisen bereits bekannt waren, profitierte die breite Öffentlichkeit noch lange nicht davon. Die Züchter begannen, die Paarungen systematisch über Generationen hinweg zu dokumentieren und so wurde allmählich eine Zentralstelle nötig, die Normen für die einzelnen Rassen erstellte.

DER NATIONAL CAT CLUB

AUSSTELLUNGEN WAREN BEREITS gängige Praxis, als 1887 in London der National Cat Club gegründet wurde. Seine Aufgabe war die Förderung der Rassekatzenzucht und die Veranstaltung von Shows. Der erste Präsident war der Schriftsteller und Künstler Harrison Weir, der bereits 16 Jahre zuvor die allererste britische Ausstellung organisiert hatte. Er trat jedoch bald zurück, weil er meinte, den Mitgliedern gehe es mehr um die Preise als um das Wohl der Katzen.

Sein Nachfolger wurde der Künstler Louis Wain, doch herrschten weiterhin Unstimmigkeiten. Deshalb gründete die Züchterin Lady Marcus Beresford 1898 einen Konkurrenzverein mit dem Namen The Cat Club. Obwohl zu dessen Mitgliedern angeblich einige der „bedeutendsten Persönlichkeiten des Landes" gehörten, ging der Verein schon fünf Jahre später wieder ein. Ihm folgte eine neue Vereinigung, die Cat Fanciers' Association.

GRÜNDUNG DES ERSTEN DACHVERBANDES

1910 SCHLIESSLICH FAND ein Treffen statt, bei dem die Interessen der verschiedenen Zuchtvereine vereint werden sollten. Das Ergebnis dieses Treffens war die Gründung des Governing Council of the Cat Fancy (GCCF). Dessen Aufgaben waren (und sind) die Registrierung von Katzen, das Ausstellen von Abstammungsnachweisen, die Anerkennung und Klassifizierung der Katzenrassen, die Genehmigung von Ausstellungen der zugehörigen Vereine und die allgemeine Förderung des Katzenwohls. Damit oblag dem GCCF generell die Aufsicht über den Zuchtbetrieb, doch blieb genügend Spielraum für die vielen regionalen und spezialisierten Zuchtvereine, die teilweise auch eigene Ausstellungen veranstalten. Abgesehen von seiner jährlichen Supreme Show, dem bedeutendsten Event der britischen Züchtergemeinde, erteilt das GCCF lediglich die Genehmigungen für alle übrigen Ausstellungen und legt die Regeln dafür fest.

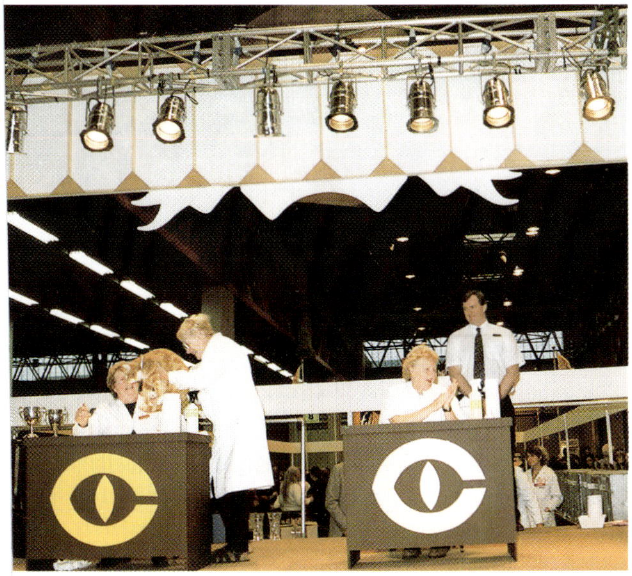

1983 wurde als neue Organisation die Cat Association of Britain (CA) gegründet. Sie führt ein separates Register und ist enger mit der Fédération Internationale Féline d'Europe (FIFe) verknüpft, die auf dem europäischen Festland als Dachverband fungiert.

US-VEREINE

IN DEN USA weist der Zuchtbetrieb eine komplexere Struktur und Geschichte auf, allein schon aus geografischen Gründen. Die erste Organisation dieser Art war der American Cat Club, der ab 1896 Zuchtbücher führte, jedoch später aufgelöst wurde. Der älteste noch bestehende US-Verein ist die 1906 gegründete Cat Fanciers' Association (CFA). Daneben gibt es eine Vielzahl von Organisationen mit verwirrend ähnlichen Namen sowie mehrere Entsprechungen in Kanada.

Auf den ersten Blick erscheint es für die US-Züchter unnötig kompliziert, dass es so viele Vereine gibt, doch hat das auch seine Vorteile. Zwar kann eine Katze nur dann ausgestellt werden, wenn sie von der Organisation, die die Veranstaltung durchführt, registriert ist, also in deren Einzugsbereich lebt. Angesichts der Größe der Vereinigten Staaten bedeutet das in der Praxis jedoch keine merkliche Einschränkung, zumal die überregionalen Shows, etwa das Jahrestreffen in Flushing, New York, zum Teil von mehreren Vereinen getragen werden. Der Vorteil ist, dass es mehr und vielfältigere Shows gibt und die Chancen für die Anerkennung einer neuen Rasse besser stehen.

In allen westlichen Ländern ist der Zuchtbetrieb gut organisiert. Im kontinentalen Europa fungiert die FIFe als Dachorganisation mit Mitgliedern in zwölf Staaten, erkennt aber nur die Registrierungen der eigenen Vereine an. In Deutschland gibt es daneben diverse Zuchtvereine, darunter etwa den 1. Deutschen Edelkatzenzüchter Verband, die Vereine Deutsche Edelkatze, Deutsche Rassekatzen-Union e.V. und viele andere Organisationen.

WISSENSWERTES
Menschenfressende Großkatzen sind in der Regel Weibchen oder schwache Tiere, die schnell und einfach Nahrung beschaffen müssen.

WISSENSWERTES
Die kleinen Schneidezähne dienen Katzen dazu, Beutetiere vor dem Fressen zu häuten, aber auch, um sich Parasiten wie Flöhe oder Zecken aus dem Fell zu ziehen.

Oben
Bei einer Supreme Show trägt der Steward eine Katze von einem Richter zum nächsten.

Unten links
Dieses Burma-Jungtier ist Sieger in der „Supreme"-Klasse.

Unten rechts
Für Besitzer von Rassekatzen sind Shows auch eine Gelegenheit, sich selbst auszustellen.

DER WEG ZUM CHAMPIONTITEL

IN GROSSBRITANNIEN BEGINNEN samtpfötige Championanwärter ihre Laufbahn üblicherweise bei Sanction Shows, wo ihre Halter testen können, wie sie sich im Ausstellungsrummel benehmen und gegen die Konkurrenz abschneiden. Danach folgen die nächsten Stufen auf der Karriereleiter bis zur „richtigen" Championship-Show. Zunächst müssen sie bei drei verschiedenen Richtern und Veranstaltungen drei Challenge Certificates (Premior Certificates für Kastraten) erhalten, um sich für einen Champion-Wettbewerb zu qualifizieren. Mit drei Champion (bzw. Premior) Certificates von drei verschiedenen Richtern bei drei Veranstaltungen werden sie Champions (Premiors) und dürfen in der Klasse der Grand Champions geführt werden. Damit gehören sie sozusagen zu den Aristokraten unter den Katzen.

Auf dem europäischen Kontinent wird ein ähnliches System praktiziert; das Challenge Certificate heißt hier „Certificat d'Aptitude au Championnat" (CAC). Doch können die Katzen hier eine weitere Stufe erklimmen und mit drei „Certificats d'Aptitude au Championnat International de Beauté" (CACIB) internationaler Champion werden. In Nordamerika gibt es einige Unterschiede zwischen den Organisationen, doch brauchen sich die Champions dort nicht bei verschiedenen Veranstaltungen zu qualifizieren. Der Titel des Grand Champion wird anhand der in mehreren Shows erzielten Punkte zuerkannt.

Championtitel sind Zuchttieren vorbehalten, doch können Kastraten unter der Bezeichnung „Premior" ebenfalls Titel erringen. Hauptanliegen der Titel ist allerdings für die Züchter neben der Freude am Erfolg in erster Linie die Aufwertung der Welpen in den Augen potenzieller Käufer oder anderer Züchter, die gegen eine Deckgebühr Kater für ihre Kätzinnen mieten.

WISSENSWERTES
Verglichen mit anderen Fleischfressern haben Katzen ein kleines Gebiss, weil ihre Schnauze so kurz ist. Die meisten Arten haben nur 16 obere und 14 untere Zähne.

EXEMPTION SHOWS

NOCH UNTER dem Niveau der Sanction Show ist die Exemption Show angesiedelt. Die Regeln sind die gleichen, die Atmosphäre ist jedoch lockerer und bei allem Konkurrenzdenken freundlicher. In Nordamerika findet man stattdessen informelle Ausstellungen bei Country Fairs oder anderen Gemeindefesten, doch haben die dort erworbenen Preise keine Auswirkungen auf den Erwerb des Championstatus. Auf dem Kontinent sind solche Shows ebenfalls unbekannt, dafür werden von lokalen Vereinen gelegentlich kleinere Ausstellungen veranstaltet.

Oben rechts
Kinder werden gerne zu Ausstellungen mitgenommen, damit sie von den erfahrenen Züchtern lernen.

CHAMPIONSHIP SHOWS

DIE HIERFÜR ANGEMELDETEN Katzen müssen als Jungtiere bei der für die jeweilige Rasse zuständigen Organisation registriert worden sein. Meist gibt es neben den Rassen eine Abteilung für Hauskatzen („Non-pedigree"), die sich als Übungsgelände für Anfänger im Showgeschäft anbietet. Die ICA in den USA und die CAB in Großbritannien erlauben die Anmeldung von Hauskatzen, die verschiedene, dem Championstatus ähnliche Titel erwerben können. Über diese Schiene ist schon mancher begeisterte Katzenfan erst mit dem Zuchtbetrieb in Berührung gekommen. Auch der Kontakt zwischen Züchtern und „normalen" Katzenfreunden ist

Unten links
Diese Perserkatze wurde bei der International Cat Show im New Yorker Madison Square Garden als „Best in Show" ausgezeichnet.

Unten rechts
Eine Japanese Bobtail mit ihren Preisen als Rassesiegerin im Madison Square Garden.

1983 wurde als neue Organisation die Cat Association of Britain (CA) gegründet. Sie führt ein separates Register und ist enger mit der Fédération Internationale Féline d'Europe (FIFe) verknüpft, die auf dem europäischen Festland als Dachverband fungiert.

US-VEREINE

IN DEN USA weist der Zuchtbetrieb eine komplexere Struktur und Geschichte auf, allein schon aus geografischen Gründen. Die erste Organisation dieser Art war der American Cat Club, der ab 1896 Zuchtbücher führte, jedoch später aufgelöst wurde. Der älteste noch bestehende US-Verein ist die 1906 gegründete Cat Fanciers' Association (CFA). Daneben gibt es eine Vielzahl von Organisationen mit verwirrend ähnlichen Namen sowie mehrere Entsprechungen in Kanada.

Auf den ersten Blick erscheint es für die US-Züchter unnötig kompliziert, dass es so viele Vereine gibt, doch hat das auch seine Vorteile. Zwar kann eine Katze nur dann ausgestellt werden, wenn sie von der Organisation, die die Veranstaltung durchführt, registriert ist, also in deren Einzugsbereich lebt. Angesichts der Größe der Vereinigten Staaten bedeutet das in der Praxis jedoch keine merkliche Einschränkung, zumal die überregionalen Shows, etwa das Jahrestreffen in Flushing, New York, zum Teil von mehreren Vereinen getragen werden. Der Vorteil ist, dass es mehr und vielfältigere Shows gibt und die Chancen für die Anerkennung einer neuen Rasse besser stehen.

In allen westlichen Ländern ist der Zuchtbetrieb gut organisiert. Im kontinentalen Europa fungiert die FIFe als Dachorganisation mit Mitgliedern in zwölf Staaten, erkennt aber nur die Registrierungen der eigenen Vereine an. In Deutschland gibt es daneben diverse Zuchtvereine, darunter etwa den 1. Deutschen Edelkatzenzüchter Verband, die Vereine Deutsche Edelkatze, Deutsche Rassekatzen-Union e.V. und viele andere Organisationen.

WISSENSWERTES

Menschenfressende Großkatzen sind in der Regel Weibchen oder schwache Tiere, die schnell und einfach Nahrung beschaffen müssen.

WISSENSWERTES

Die kleinen Schneidezähne dienen Katzen dazu, Beutetiere vor dem Fressen zu häuten, aber auch, um sich Parasiten wie Flöhe oder Zecken aus dem Fell zu ziehen.

Oben
Bei einer Supreme Show trägt der Steward eine Katze von einem Richter zum nächsten.

Unten links
Dieses Burma-Jungtier ist Sieger in der „Supreme"-Klasse.

Unten rechts
Für Besitzer von Rassekatzen sind Shows auch eine Gelegenheit, sich selbst auszustellen.

Der Ausstellungsbetrieb

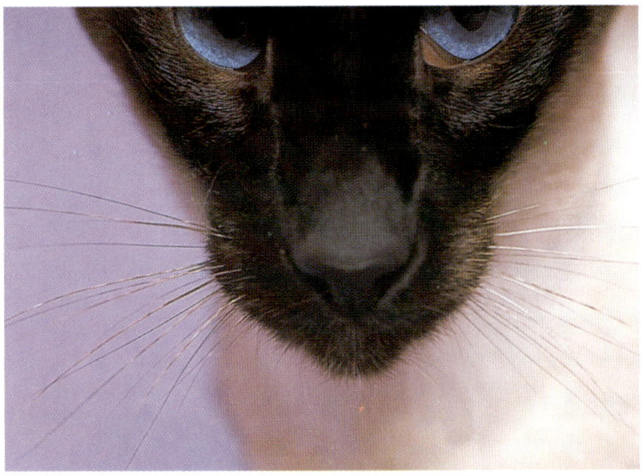

WER AUF EIGENE Faust anfangen möchte, seine Katzen auszustellen, sollte sich auf eine längere Lernphase einstellen, um die sprachlichen und praktischen Besonderheiten des Zucht- und Ausstellungsbetriebs kennen zu lernen. Schließlich gilt es, hohe Ansprüche zu erfüllen und um die Feinheiten eines Spezialgebiets zu wissen.

WISSENSWERTES
Man schätzt, dass die Domestizierung von Katzen vor etwa 9000 Jahren begann. Die ersten Ackerbauern dürften sie als Schädlingsvertilger schätzen gelernt haben.

DEN AUSSTELLUNGSBETRIEB KENNEN LERNEN

AUSSTELLUNGEN BIETEN ZUNÄCHST einmal Gelegenheit, die einzelnen Rassen kennen zu lernen und zu sehen, in welcher Vollendung edle Katzen präsentiert werden können. Dabei ist es immer sinnvoll, jemanden dabei zu haben, der sich auskennt und im Detail erklären kann, was die Sieger von den übrigen Tieren unterscheidet, was in einer ganzen Halle voller wunderschöner Katzen für einen Neuling nicht immer ersichtlich ist. Die meisten Katzenbesitzer reden gern über ihre Tiere, allerdings am liebsten, wenn der Wettbewerb abgeschlossen ist.

AUSSTELLUNGSARTEN

AUSSTELLUNGEN FINDEN AUF verschiedenen Niveaus statt, von der informellen Veranstaltung lokaler Zuchtvereine über Ausstellungen, die einzelnen Rassen gewidmet sind, bis hin zu großen nationalen Events wie der jedes Jahr im Dezember in Großbritannien stattfindenden National Cat Show oder der Empire Cat Show in New York. Bei solchen Anlässen sind tausende von Ausstellungstieren zu bewundern. Während sich die britischen Züchter meist auf einen Tag beschränken, dauern die Shows in Nordamerika und Europa oft zwei Tage, sodass Übernachtungsmöglichkeiten für Mensch und Tier organisiert werden müssen. In Großbritannien durften bisher nur dort registrierte Katzen ausgestellt werden, doch ist in dieser Hinsicht seit der Lockerung der Quarantänebestimmungen einiges in Bewegung.

Oben
Es dauert lange, bis man sicher erkennt, was einen Champion von einer „normalen" Katze unterscheidet.

Unten links
Diese Halterin freut sich über die Auszeichnung „Best in Show" für ihre Hauskatze ohne Stammbaum.

Unten rechts
Blick in die Halle der National Cat Show.

REGELN

DIE AUSSTELLUNGEN UNTERLIEGEN den Vorschriften der jeweiligen Dachverbände oder Vereine, doch gelten für die höchsten Auszeichnungen strikte Zugangsbedingungen. In Großbritannien beispielsweise müssen Shows entweder durch die 1871 gegründete und damit weltweit älteste Katzenzuchtorganisation, das GCCF (Governing Council of the Cat Fancy), oder die jüngere, erst 1983 entstandene CAB (Cat Association of Britain) genehmigt werden. Bei Shows mit GCCF-Lizenz werden die Tiere in ihren Käfigen unter Ausschluss der Öffentlichkeit begutachtet und die Ergebnisse zum Schluss bekannt gegeben. Die CAB dagegen geht nach dem auf dem europäischen Kontinent und in den USA üblichen offenen oder Ringrichten vor.

Auch in Deutschland hängt das angewendete System vom Veranstalter ab, doch ist bei fast allen der

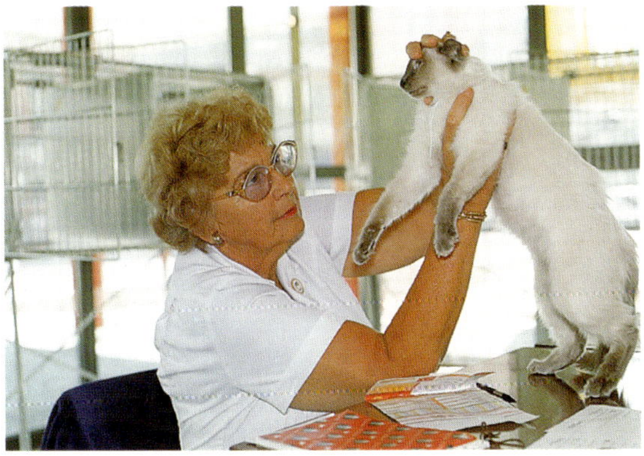

FIFe unterliegenden Ausstellungen das offene Richten üblich.

GCCF

DER HAUPTUNTERSCHIED beider Verfahren für den Ablauf der Veranstaltung besteht darin, dass das GCCF strengste Anonymität der Tiere und Käfige fordert und als einziges individuelles Merkmal eine Karte mit der Käfignummer zulässt. Die Käfige dürfen nicht dekoriert werden und das gesamte Zubehör wie Wasser- und Futternapf, Katzenklo und Schlafdecke muss weiß sein. Hält sich ein Züchter nicht daran, wird die Katze vom Richter schlicht übergangen.

CAB

DIESE ANONYMITÄT IST bei Ausstellungen von CAB oder FIFe nicht erforderlich, denn die Richter bekommen die individuellen Käfige gar nicht erst zu Gesicht. Bevor das Richten beginnt, werden alle Katzen in spezielle Käfige im Ring gebracht, sodass ihre eigenen, in der übrigen Zeit benutzten Behausungen nach Belieben dekoriert und die Besitzer erkennbar sein dürfen. Viele Halter machen sich enorme Mühe, um einen ansprechenden Rahmen zu schaffen, in dem ihr Tier besonders gut zur Geltung kommt. So werden etwa Vorhänge, die zum Farbschlag passen, Fotos der Eltern des Tieres, bereits gewonnene Schleifen und dergleichen aufgehängt, oder farblich abgestimmtes Zubehör ausgewählt.

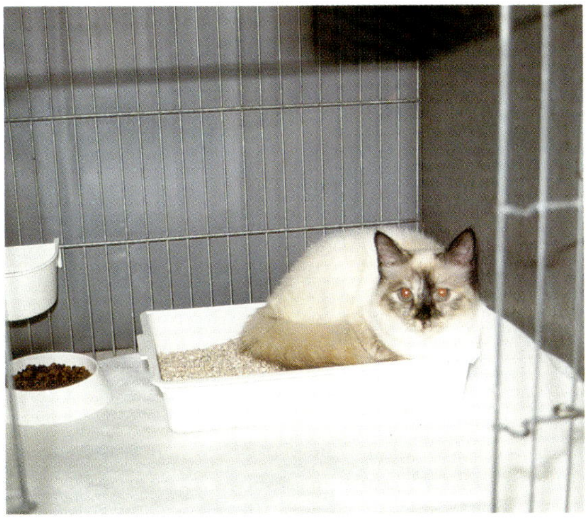

WISSENSWERTES

Die mexikanische Onza, eine extrem scheue Wildkatzenart, ist nur deshalb bekannt, weil seit 1938 vier Exemplare erlegt wurden. Schon die Azteken hielten diese Tiere in Zoos.

Oben links
In Europa werden die Tiere nicht in ihren Käfigen begutachtet, sondern in einen eigens abgetrennten „Ring“ gebracht.

Oben rechts
In den USA ist es üblich, die Käfige kunterbunt zu dekorieren.

Unten links
Bei Ausstellungen der GCCF ist ein Käfig ohne Namensschild mit neutral weißer Ausstattung vorgeschrieben.

Unten rechts
Diese Katze ist mit dem Ausstellungsgeschehen vertraut und hat die Ruhe weg.

DER WEG ZUM CHAMPIONTITEL

IN GROSSBRITANNIEN BEGINNEN samtpfötige Championanwärter ihre Laufbahn üblicherweise bei Sanction Shows, wo ihre Halter testen können, wie sie sich im Ausstellungsrummel benehmen und gegen die Konkurrenz abschneiden. Danach folgen die nächsten Stufen auf der Karriereleiter bis zur „richtigen“ Championship-Show. Zunächst müssen sie bei drei verschiedenen Richtern und Veranstaltungen drei Challenge Certificates (Premior Certificates für Kastraten) erhalten, um sich für einen Champion-Wettbewerb zu qualifizieren. Mit drei Champion (bzw. Premior) Certificates von drei verschiedenen Richtern bei drei Veranstaltungen werden sie Champions (Premiors) und dürfen in der Klasse der Grand Champions geführt werden. Damit gehören sie sozusagen zu den Aristokraten unter den Katzen.

Auf dem europäischen Kontinent wird ein ähnliches System praktiziert; das Challenge Certificate heißt hier „Certificat d'Aptitude au Championnat“ (CAC). Doch können die Katzen hier eine weitere Stufe erklimmen und mit drei „Certificats d'Aptitude au Championnat International de Beauté“ (CACIB) internationaler Champion werden. In Nordamerika gibt es einige Unterschiede zwischen den Organisationen, doch brauchen sich die Champions dort nicht bei verschiedenen Veranstaltungen zu qualifizieren. Der Titel des Grand Champion wird anhand der in mehreren Shows erzielten Punkte zuerkannt.

Championtitel sind Zuchttieren vorbehalten, doch können Kastraten unter der Bezeichnung „Premior“ ebenfalls Titel erringen. Hauptanliegen der Titel ist allerdings für die Züchter neben der Freude am Erfolg in erster Linie die Aufwertung der Welpen in den Augen potenzieller Käufer oder anderer Züchter, die gegen eine Deckgebühr Kater für ihre Kätzinnen mieten.

EXEMPTION SHOWS

NOCH UNTER dem Niveau der Sanction Show ist die Exemption Show angesiedelt. Die Regeln sind die gleichen, die Atmosphäre ist jedoch lockerer und bei allem Konkurrenzdenken freundlicher. In Nordamerika findet man stattdessen informelle Ausstellungen bei Country Fairs oder anderen Gemeindefesten, doch haben die dort erworbenen Preise keine Auswirkungen auf den Erwerb des Championstatus. Auf dem Kontinent sind solche Shows ebenfalls unbekannt, dafür werden von lokalen Vereinen gelegentlich kleinere Ausstellungen veranstaltet.

CHAMPIONSHIP SHOWS

DIE HIERFÜR ANGEMELDETEN Katzen müssen als Jungtiere bei der für die jeweilige Rasse zuständigen Organisation registriert worden sein. Meist gibt es neben den Rassen eine Abteilung für Hauskatzen („Non-pedigree“), die sich als Übungsgelände für Anfänger im Showgeschäft anbietet. Die ICA in den USA und die CAB in Großbritannien erlauben die Anmeldung von Hauskatzen, die verschiedene, dem Championstatus ähnliche Titel erwerben können. Über diese Schiene ist schon mancher begeisterte Katzenfan erst mit dem Zuchtbetrieb in Berührung gekommen. Auch der Kontakt zwischen Züchtern und „normalen“ Katzenfreunden ist

WISSENSWERTES

Verglichen mit anderen Fleischfressern haben Katzen ein kleines Gebiss, weil ihre Schnauze so kurz ist. Die meisten Arten haben nur 16 obere und 14 untere Zähne.

Oben rechts
Kinder werden gerne zu Ausstellungen mitgenommen, damit sie von den erfahrenen Züchtern lernen.

Unten links
Diese Perserkatze wurde bei der International Cat Show im New Yorker Madison Square Garden als „Best in Show“ ausgezeichnet.

Unten rechts
Eine Japanese Bobtail mit ihren Preisen als Rassesiegerin im Madison Square Garden.

wichtig. Da sich alle Zuchtorganisationen für das Wohlergehen der Katzen ebenso einsetzen wie für den reinen Zuchtbetrieb in Form von Zuchtbüchern oder Ausstellungskontrollen, sind ganz gewöhnliche Katzenbesitzer in aller Regel bei Shows willkommen.

Einzelheiten über anstehende Ausstellungen erscheinen in speziellen Zeitschriften oder können bei

den Organisationen direkt abgefragt werden. Wer einem örtlichen Katzenzuchtverein oder -verband beitritt, bekommt solche Informationen automatisch. Um Mitglied zu werden, muss man meist keine eigene Katze dieser Rasse besitzen. Manche Ausstellungen sind den Mitgliedern bestimmter Vereine vorbehalten, während andere Nichtmitglieder generell zwar zulassen, aber nicht bei den Ausscheidungen für die höchsten Titel. Weitere Vorteile einer Mitgliedschaft sind ermäßigte Meldegebühren und andere Vergünstigungen.

Für Anfänger ist sie zudem sinnvoll, um Informationen und Ratschläge von erfahrenen Züchtern und Ausstellern zu bekommen.

ANMELDUNG

DER ERSTE SCHRITT zur Ausstellung besteht darin, sich ein detailliertes Programm und Formulare zu besorgen, denn je nachdem, wer die Ausstellung veranstaltet, gibt es unterschiedliche Klassen, bestimmte Regeln und Anmeldefristen, die bei der Nennung zu beachten und einzuhalten sind. Ferner gibt es spezielle Vorschriften, etwa dass Kätzinnen in den ersten zwei Monaten nach dem Werfen nicht zugelassen werden und dergleichen. Bei der Meldung von Rassekatzen müssen Sie Nachweise zur Abstammung Ihres Tieres vorlegen. Achten Sie bei Jungtieren auch darauf, ob sie zum Zeitpunkt der Ausstellung noch in die Junior-Klasse fallen oder dann schon als Erwachsene gelten. Falsche Angaben können die Disqualifikation oder Aberkennung von Preisen zur Folge haben.

Sorgen Sie für Ihre rechtzeitige Anmeldung und die Einzahlung der Startgebühr. Meist sendet Ihnen der Veranstalter Ihre Meldenummer und andere Einzelheiten zusammen mit seiner Bestätigung umgehend zu. Wenn Sie noch Fragen haben, wenden Sie sich am besten vor der Meldung an den Zuchtverein oder notfalls an den Veranstalter.

VORBEREITUNG

RÜCKT DAS DATUM näher, müssen Sie (außer bei lokalen Ausstellungen) die nötigen Unterlagen zusammenbringen, die Sie zur Show mitnehmen.

WISSENSWERTES
Hauskatzen in Schildpatt mit Weiß, so genannte Glückskatzen, sind fast immer weiblich, weil die für die Farbe zuständigen Gene beide auf dem X-Chromosom liegen.

Oben
Bei Shows haben „alte Hasen“ und neue Aussteller Gelegenheit zum Erfahrungsaustausch.

Unten
Bei vielen Ausstellungen auf dem europäischen Kontinent dürfen Jungtiere direkt verkauft werden.

Teilweise sind weitere Regeln zu beachten, etwa dass für manche Ausstellungen die Krallen der Katze beschnitten sein müssen. Katzen mit amputierten Krallen, wie in den USA verbreitet, sind in Europa grundsätzlich von Ausstellungen ausgeschlossen. Stellen Sie sicher, dass der Impfschutz der Katze aktuell ist und Sie einen gültigen Impfpass vorlegen können. Die Katze muss gesund sein, obwohl bei kontinentaleuropäischen Ausstellungen eine tierärztliche Eingangskontrolle („Vetting-in“) nicht üblich ist. Treten im letzten Moment Gesundheitsprobleme auf, etwa Ausfluss aus Nase oder Augen, müssen Sie die Meldung zurückziehen und dies dem Veranstalter mitteilen.

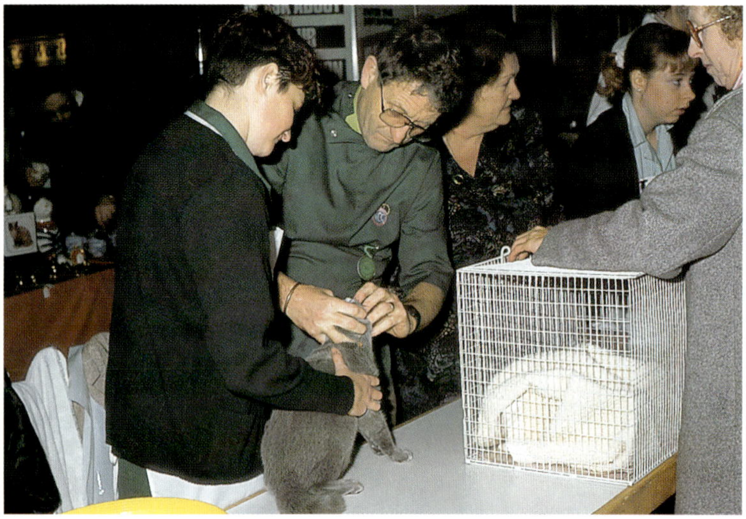

Oben
Oft gibt es eine Eingangsuntersuchung durch den Tierarzt (Vetting-in).

ERFAHRUNGEN BEI SHOWS

WER KATZEN AUSSTELLT, macht ganz andere Erfahrungen als etwa mit Hunden. Gute Show-Hunde sind meist regelrecht eitel und lieben es, ihr Können vor Publikum unter Beweis zu stellen. Außerdem hängt es natürlich auch vom Geschick des Halters ab, das Beste aus seinem Tier herauszuholen. Bei Katzen sieht die Sache völlig anders aus. Am Tag der Ausstellung wird die Katze allein anhand ihrer Qualität beurteilt. Alles, was der Halter dafür tun kann, muss vorab geschehen sein. Erfahrene Show-Katzen nehmen den Trubel recht gelassen hin und zeigen weder Begeisterung noch Unwillen.

Allerdings ist nicht jede Katze ein geborener Showstar. Manche hassen das Baden und intensive Kämmen, das sie für eine Ausstellung schön machen soll. Andere fahren nicht gerne Auto oder verabscheuen die Atmosphäre in der Halle. Es hat keinen Sinn, solche Tiere unnötigem Stress auszusetzen, zumal eine gestresste Katze niemals erstklassig aussieht und deshalb sehr wahrscheinlich nicht einmal Preise gewinnen würde. Wenn Sie fest entschlossen sind, an Ausstellungen teilzunehmen, kaufen Sie sich ein Jungtier und trainieren es von Anfang an für den Show-Ring, indem sie es häufig mit Fremden konfrontieren, es ausgiebig baden und kämmen und auf längere Reisen mitnehmen.

Die Alternative ist natürlich die Teilnahme an Katzenshows als Zuschauer oder Helfer. Die Organisation und Durchführung einer Ausstellung kostet viel Zeit und Mühe und die Veranstalter sind immer froh über freiwillige Helfer, selbst wenn es um schlichte Aufgaben wie Ticketverkauf oder Auf- und Abbau der Halleneinrichtung geht.

Unten links und rechts
Manche Katzen hassen es, gekämmt oder auf Ausstellungen gebracht zu werden.

VERWALTUNGSFRAGEN

DIE WICHTIGSTEN PERSONEN bei einer Ausstellung sind die Richter, Stewards und Clerks. Richter sind immer Fachleute für eine oder mehrere Rassen und selbst seit Jahren erfolgreich in der Zucht und Ausstellung der Rasse engagiert. Wie man sich als Richter qualifiziert, ist in den einzelnen Vereinen unterschiedlich, manche veranstalten sogar mündliche und schriftliche Prüfungen, um die Kenntnisse der Bewerber zu prüfen. In anderen Vereinen arbeiten sich die Kandidaten vom Steward zum vorläufigen und dann zum vorsitzenden Richter hoch; sie werden meist aufgrund ihrer kontinuierlichen Mitarbeit beurteilt.

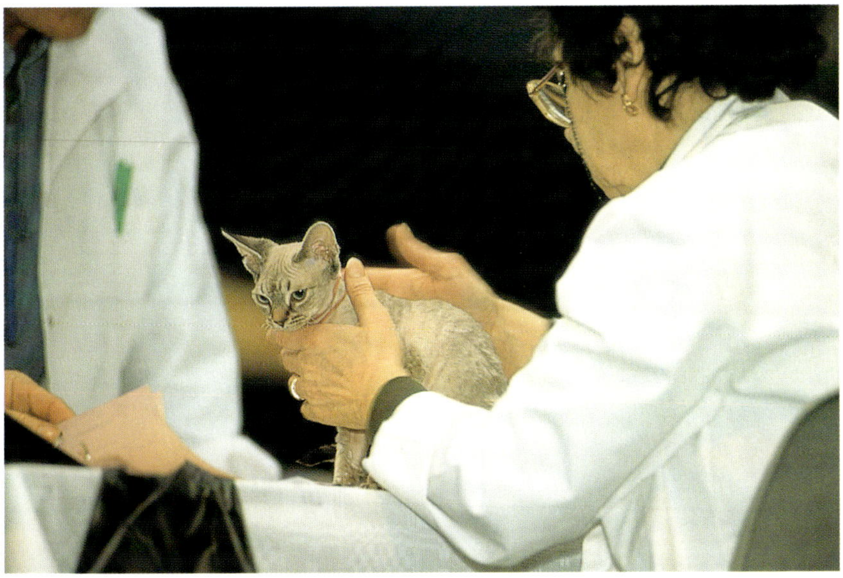

Best" und dergleichen. Diese Entscheidungen werden von drei bis fünf erfahrenen Richtern gefällt, die die Katzen begutachten und dann ihre Stimmen abgeben. Dabei tragen sie zwar die Verantwortung gemeinsam, doch ist es nicht einfach, unter den besten und schönsten Tieren der gesamten Ausstellung, zwischen denen qualitativ nur geringe Unterschiede bestehen, die Allerbesten auszuwählen.

Die Richter üben eine sehr verantwortungsvolle Tätigkeit aus. Bei britischen Ausstellungen, wo die Katzen anonym gerichtet werden und nicht einmal die Besitzer bekannt sind, wissen sie nichts über das Tier vor ihnen, außer dass es offenbar die erforderliche Punktzahl erworben hat, um in der jeweiligen Klasse gemeldet zu werden. Für die Begutachtung der Katze und den Vergleich mit anderen Tieren steht nur eine begrenzte Zeit zur Verfügung. Wenn sämtliche Tiere begutachtet sind, werden die Ergebnisse miteinander verglichen und die Sieger bekannt gegeben.

DAS RICHTEN

NACH DEM RICHTEN in den einzelnen Klassen kommt der Höhepunkt der Ausstellung mit der Ermittlung der Titel „Rassesieger", „Best in Show", „Best of

Den Richtern zur Seite stehen die Stewards und Clerks. Die Stewards kümmern sich um das Wägelchen des Richters, das von Käfig zu Käfig geschoben wird. In Großbritannien nimmt der Steward jeweils die Katze aus dem Käfig und hält sie auf dem Wägelchen fest, während der Richter sie begutachtet. Sitzt die Katze wieder in ihrem Käfig, werden Wagen und Hände des Stewards desinfiziert. Beim offenen Richten werden die Katzen von den Stewards zum Richterring gebracht und dort dem Richter vorgestellt. Die Clerks notieren die Nummern der Katzen und das Urteil des Richters sowie die vergebene Punktzahl und geben später die Ergebnisse an die Veranstaltungsleitung weiter.

In England dürfen Besitzer oder Zuschauer vor dem Ende der Begutachtung mit keinem der Richter sprechen, aber danach geben die meisten Richter gern Auskunft und Ratschläge für spätere Shows.

WISSENSWERTES
Löwen spielen in der europäischen Kultur traditionell eine große Rolle. Besonders in England begegnet man ihnen auf Schritt und Tritt in den Namen von Gasthäusern und Sportvereinen.

Oben
Ausstellungskatzen müssen von frühester Jugend an daran gewöhnt werden, sich von Fremden anfassen zu lassen.

Unten
Die beste ausgewachsene Burma und beste Burma der Show bei einer Ausstellung des National Cat Club.

Rassestandards

DAS WICHTIGSTE DOKUMENT für die Welt der Katzenzucht ist der für die jeweilige Rasse gültige Standard. Er wird vom zuständigen Dachverband für jedes Land und jede anerkannte Rasse separat festgelegt.

STANDARDS

DER RASSESTANDARD BESCHREIBT das Erscheinungsbild der Rasse zunächst generell und dann in Bezug auf einzelne Merkmale wie beispielsweise die Augenform, Ohrgröße oder Schwanzlänge.

Sehr detailliert wird jeder Farbschlag beschrieben, und zwar nicht nur die Farbe, sondern auch Struktur und Aufbau des Fells. Bei manchen Farbschlägen müssen spezielle Zeichnungen vorhanden sein, bei anderen (etwa Schildpatt mit Weiß) müssen die anteiligen Verhältnisse der einzelnen Farben oder ihre Anordnung bestimmten Vorgaben entsprechen. Der Rassestandard legt darüber hinaus fest, welche Augenfarben zulässig sind, wie der Schwanz gezeichnet ist und inwieweit dunklere Abzeichen vorhanden sein sollen. Einige Standards führen zudem Fehler auf, etwa Knickschwanz oder Schielen bei Siamkatzen.

IDEAL UND REALITÄT

DER STANDARD BESCHREIBT im Grunde ein nach Ausstellungsvorgaben perfektes Exemplar einer Rasse und eines Farbschlags. So ein perfektes Tier gibt es in Wirklichkeit natürlich nicht, doch kommen alle in dieser Klasse gemeldeten Tiere bei großen Shows dem Ideal sehr nahe. Deshalb ist es für Zucht-Anfänger sinnvoll, in Begleitung eines erfahrenen Züchters zu Ausstellungen zu gehen, um sich die feinen Qualitätsunterschiede erklären zu lassen. Erfahrene Züchter lernt man am besten in einem entsprechenden Zuchtverein kennen, was ein weiterer Grund für einen Beitritt ist. Man sollte sich darüber klar sein, dass nicht jede Katze, die dem vorgegebenen Idealbild nahezu entspricht, auch automatisch Preissieger wird, denn die Meinung des Richters wird durch andere Faktoren mit beeinflusst. Wenn eine Katze etwa auf die Begutachtung nervös reagiert, nicht völlig gesund ist oder im Extremfall sogar beißt, kann das für manchen Richter ein Grund für eine Disqualifikation sein. Und die Richter haben in der Sache das letzte Wort.

Oben rechts *Eine Richterin beurteilt das Gesicht einer Katze, um sicherzustellen, dass es dem Rassestandard entspricht.*

Oben links *Profil einer Burma Lilac.*

Unten *Der Rassestandard legt ganz genau den für eine bestimmte Katze geforderten Farbschlag und Felltyp fest.*

DIE „DREI C“

HAUPTZWECK DER STANDARDS ist die Festlegung der Anforderungen für das äußere Erscheinungsbild der Katze, sodass Züchter und Aussteller auf dieses Ideal hinarbeiten und Richter die Tiere danach beurteilen können. Die Kernpunkte der Standards für jede Rasse lassen sich im angelsächsischen Bereich auf die „drei C“ reduzieren: Colour, Coat und Conformation, also Farbe, Fell und Körperbau.

Eine als blau bezeichnete Katze muss „blau“ im Sinne der Definition für ihre Rasse sein. Ihre Fellfarbe kann sich aber von der anderer Rassen unterscheiden. Natürlich gibt es keine richtig blauen Katzen und so sieht der eine Standard ein Blaugrau vor, der andere vielleicht ein bläuliches Weiß. Für das Fell wird Länge und Struktur festgelegt. Perserkatzen müssen nun einmal grundsätzlich langhaarig sein und Britisch Kurzhaar das typische dichte Haarkleid aufweisen, denn bei beiden gehört das Fell zu den wesentlichen Rassemerkmalen. Genauso ist für jede Rasse ein bestimmter Körperbautyp vorgeschrieben. Wenn eine Siamkatze stämmig ist, dann hat sie bei Ausstellungen ebenso wenig zu suchen, wie eine überschlanke Russisch Blau. Erst nachdem diese generellen Aspekte festgelegt wurden, beschreibt der Standard Details wie Augenfarbe, Zeichnung oder Ohrform.

RASSESTANDARDS DER ZUCHTVEREINE

JEDE ORGANISATION, DIE Zuchtbücher für Edelkatzen führt, legt dafür eigene Regeln fest, die sich oft von Land zu Land oder nicht selten sogar von Verein zu Verein unterscheiden. Die in diesem Buch zu den einzelnen Rassen gemachten Angaben bieten deshalb nur einen groben Überblick, Details müssen bei den jeweiligen Organisationen eingeholt werden.

Wer vorhat, seine Katze auszustellen, muss darauf achten, die neuesten Informationen zur Verfügung zu haben, denn gelegentlich gibt es Änderungen. Rassestandards gibt es für jede Rasse, die vorläufig oder endgültig anerkannt ist oder für die eine Anerkennung beantragt ist. Vor allem Letztere verändern sich meist noch im Laufe des Anerkennungsverfahrens. Im Extremfall wird einer Rasse die Anerkennung verweigert, weil Bedenken wegen genetischer Anomalien bestehen oder nicht genügend reinrassige Tiere vorhanden sind, um übermäßige Inzucht zu vermeiden (im Schnitt werden mindestens 100 gefordert). Änderungen der Standards und die Anerkennung neuer Rassen werden von den Zuchtverbänden streng überwacht.

WISSENSWERTES
Servale sind afrikanische Wildkatzen von höchst elegantem Erscheinungsbild. Ihre riesigen Ohren nützen ihnen bei der Jagd auf Vögel und kleine Säugetiere in der Savanne.

Oben und unten links
Die Richter prüfen Farbe, Fell und Körperbau der Katzen.

Oben rechts
Eine Scottish Fold muss die typischen kleinen Faltohren aufweisen, um dem Rassestandard zu entsprechen.

AUSSTELLUNGSQUALITÄT

ENTSPRICHT EINE EDELKATZE nicht in allen Details dem Rassestandard, wird sie trotzdem registriert, ist aber unbrauchbar für Ausstellungen, weil sie im Vergleich zu anderen Exemplaren, die dem Ideal näher kommen, immer schlechter abschneiden wird. Jeder Züchter hat gelegentlich in einem Wurf ein Jungtier, das nicht die erforderliche „Ausstellungsqualität" aufweist. Er steht dann vor der Alternative, das Kätzchen mit oder ohne Abstammungsnachweis als Hauskatze (natürlich zu einem geringeren Preis) zu verkaufen, wobei möglicherweise gefordert wird, das Tier später kastrieren zu lassen, oder aber es als Zuchttier einzusetzen („Zuchtqualität"), in der Hoffnung, dass der Mangel in der nächsten Generation wieder verschwindet. Ob dies passieren wird, hängt von der Art des Mangels ab, deshalb interessieren sich Züchter so sehr für die Genetik, die zu einem faszinierenden Nebenaspekt der Zucht geworden ist.

WISSENSWERTES
Im Mittelalter wurden Katzen aus Aberglauben oft schrecklich misshandelt und vielfach getötet.

Oben
Obwohl alle Jungtiere dieses Wurfs Edelkatzen sind, haben vermutlich nicht alle Ausstellungsqualität.

Unten
Nicht jede Katze, die dem Standard entspricht, gewinnt auch einen Preis.

PUNKTESYSTEM

AUF DEM RASSESTANDARD BASIERT die Begutachtung des Richters bei der Ausstellung und als erfahrener Züchter kennt er die Anforderungen im Schlaf. Theoretisch kann jede Edelkatze bei einer Ausstellung 100 Punkte von ihrem Standard erreichen, wobei die Punktzahlen je nach Rasse und Organisation für unterschiedliche Aspekte vergeben werden.

So können etwa bei einer Rasse 20 Punkte für den Kopf, 15 für die Augengröße, -form und -farbe, 50 für Farbe und Zustand des Fells sowie 15 für den Körperbau vergeben werden. Würde eine Katze 100 Punkte erreichen, so wäre damit jegliche Konkurrenz in dieser Rasse für ein bis zwei Jahre ausgeschaltet. In der Praxis dienen diese im Standard festgelegten Punkte deshalb eher als Anhaltspunkte für den Richter, der beurteilt, wie nah die Katze an das für jeden Aspekt festgelegte Idealbild heranreicht. Gibt ein Richter zwei Katzen gleich viele Punkte etwa für den Kopf, wird er bei der abschließenden Beurteilung die Katze mit der besseren Gesamtwirkung höher einstufen.

Die American Cat Fanciers' Association (nicht zu verwechseln mit der ebenfalls in den USA ansässigen Cat Fanciers' Association) verwendet ein eher beschreibendes System, das Punkte und sogar Teilpunkte viel präziser zuordnet. Doch selbst dort gewinnt letzten Endes meist die Katze mit dem gefälligeren Gesamtbild.

HAUSKATZENKLASSE

JE NACHDEM, WER die Ausstellung organisiert hat, gibt es Klassen für die keiner Rasse angehörenden Hauskatzen oder auch für Katzen, die von Kindern einer bestimmten Altersgruppe ausgestellt werden. Für diese Tiere stehen den Richtern natürlich keine Rassestandards zur Verfügung, zumal an der Aufgabe, für alle gewöhnlichen Stubentiger einen einheitlichen Standard festzulegen, selbst der erfahrenste Zuchtverband scheitern müsste. In diesen Klassen legen die Richter weniger Wert auf Feinheiten der Zucht als vielmehr auf ansprechende, gesunde Katzen, die liebevoll versorgt und bestens gepflegt werden. Das heißt jedoch keineswegs, dass es in diesen Klassen locker zuginge, denn es herrscht auch hier ein erbitterter Wettbewerb. Die Anforderungen sind hoch und die Tiere müssen für die Show ebenso intensiv vorbereitet werden wie ihre reinrassigen Verwandten.

Die Richter sind sich dabei aber durchaus im Klaren, dass die Hauskatzen aus einem völlig anderen Umfeld kommen als Edelkatzen, in die der Besitzer viel Geld und Zeit investiert hat. Die Züchter sehen die Hauskatzenklassen durchaus mit Wohlwollen, weil sie das Interesse an Katzen generell fördern und Nachwuchs für den Zuchtbetrieb von morgen anlocken.

US-STANDARDS

IN DEN USA gelten neben den spezifischen Ansprüchen an Rassen und Farbschläge zudem Regeln für den von Ausstellungskatzen geforderten Allgemeinzustand. Der Grund ist, dass dort das in Großbritannien übliche „Vetting-in“, die tierärztliche Eingangsuntersuchung, meist wegfällt. Statt dessen erwartet man von den Haltern, dass sie keine Tiere vorstellen, die diesen Anforderungen nicht gerecht werden. Ein erfahrener Aussteller würde natürlich im Traum nicht daran denken, eine Katze zu melden, die körperlich nicht in Topform ist, doch gibt die Festschreibung solcher Bedingungen den Richtern eine Handhabe, Katzen bei Bedarf zu disqualifizieren.

WISSENSWERTES

Wissenschaftler sind sich weitgehend einig, dass unsere Hauskatzen im Wesentlichen nicht von europäischen, sondern afrikanischen Wildkatzen abstammen.

Oben
Die 15 Monate alte Tigerkatze dieses Mädchens wurde Siegerin in der Hauskatzenklasse.

Unten
Die Katzen werden dem Richter vorgeführt.

Vorbereitung auf Ausstellungen

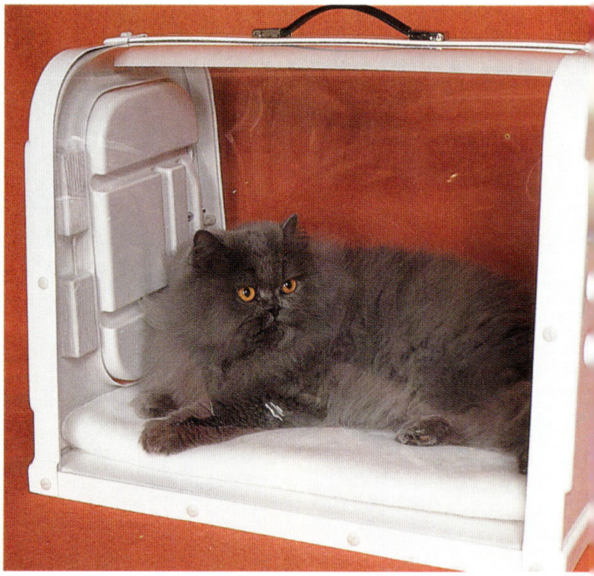

IM IDEALFALL SOLLTEN Sie schon mit dem jungen Tier üben, denn Ausstellungen verlangen einer Katze viel ab, angefangen von den langen Autofahrten über die vielen Stunden, die sie in einem kleinen Käfig verbringt, bis hin zur Tatsache, dass sie sich von Fremden anfassen lassen muss. All das wird sie nur dann gelassen ertragen, wenn sie daran gewöhnt ist.

ERFAHRUNG MACHT DEN MEISTER

JE FRÜHER EINE Ausstellungskatze mit solchen Dingen vertraut gemacht wird, desto besser. Zwar ist das Temperament im Rassestandard nicht festgelegt, doch ist es oft ein entscheidender Faktor, wenn sich ein Richter zwischen zwei ansonsten gleichwertigen Exemplaren entscheiden muss. Selbst eine Hauskatze muss entsprechend Erfahrung haben und sollte bei der Ausstellung nicht nur optimal aussehen, sondern auch ihr bestes Benehmen an den Tag legen.

WISSENSWERTES

Pallaskatzen *(Felis manul)* lebten einst in der Nähe menschlicher Siedlungen und könnten die Erbanlage für langes Haar eingebracht haben.

Oben rechts
Dieser Transportkorb ist luftig und leicht zu reinigen.

Oben links
Eine gute Ausstellungskatze bleibt gelassen.

Unten
Katzen müssen vorsichtig mit den Käfigen vertraut gemacht werden.

KATZEN FÜR SHOWS TRAINIEREN

DAMIT DIE KATZE möglichst gut zur Geltung kommt, muss sie sich bei Ausstellungen vor allem wohl fühlen. Wenn sie jedoch beispielsweise den Transportkorb mit unangenehmen, womöglich schmerzhaften Erfahrungen beim Tierarzt verbindet, reist sie darin sicher nicht gern zur Ausstellung. Dieses Problem kann man auf zweierlei Weise angehen: Entweder „überlagert" man die negativen Erinnerungen, indem man die Katze im Korb zu immer längeren Fahrten mitnimmt und jeweils belohnt. Oder aber man kauft eigens für Ausstellungen einen zweiten, ganz anderen Transportbehälter, den man dem Tier mit solchen „belohnten" Fahrten schmackhaft macht.

Außerdem müssen Sie die Katze an den Ausstellungskäfig gewöhnen. Diese Käfige sind alle gleich groß und in Großbritannien sogar alle gleich ausgestattet. Lassen Sie das Tier immer länger im Käfig und achten Sie darauf, dass es hinterher stets belohnt wird. Transportkörbe sind hierfür zu klein und deshalb ungeeignet. Mit fortschreitendem Training können Sie allmählich Ausstellungsbedingungen schaffen,

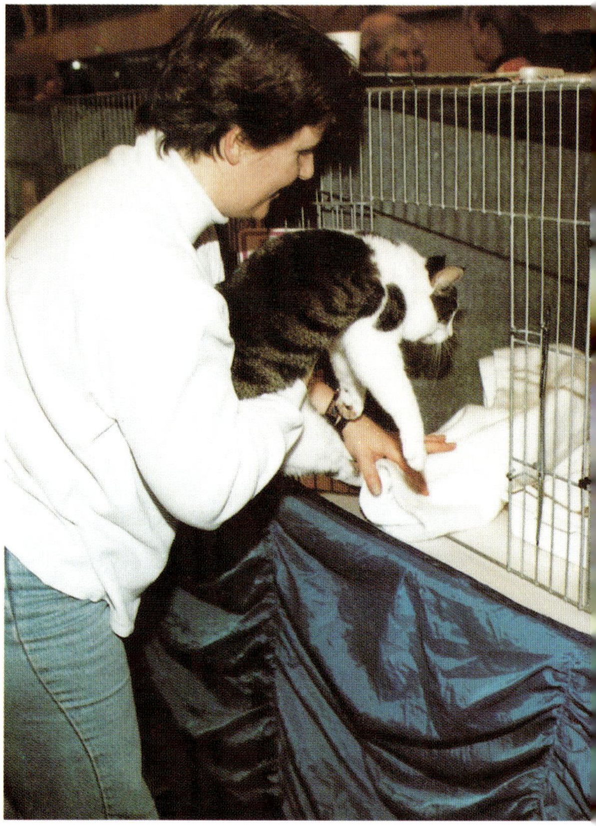

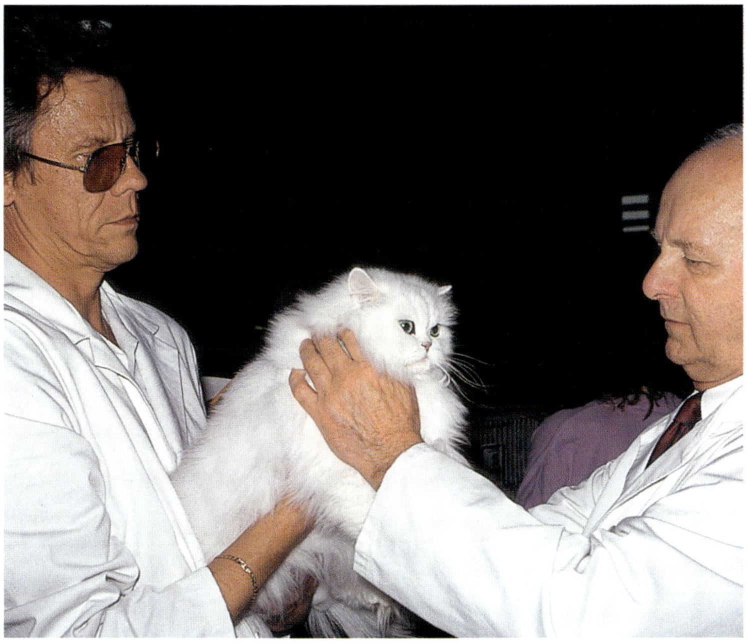

eines der Hauptanliegen von Shows. Deshalb müssen die Ausstellungstiere in erster Linie körperlich in Topform sein. Legen Sie besonderen Wert auf die Ernährung, den Zustand des Fells (ganz abgesehen vom „Schönmachen" vor der Show, das später beschrieben wird) und ausreichend Bewegung. Viele preisgekrönte Zuchtkatzen werden aus verständlichen Gründen ausschließlich im Haus gehalten. Für sie muss eine Art Sportprogramm erarbeitet werden, damit sie sich genügend bewegen und nicht übergewichtig werden. Im Idealfall richten Sie einen möglichst großen, eingezäunten Auslauf im Freien ein. Während man Haus- und edlen Kurzhaarkatzen mehr Freiheit gönnen kann, ist es bei Langhaarkatzen mit Auslauf fast unmöglich, das Fell in Ausstellungsform zu halten.

Die eigentliche Ausstellungsvorbereitung beginnt rund vier Wochen vor dem Termin, doch ist es sinnvoll, die Katze vorab mit Probeläufen allmählich an die intensive Fellpflege heranzuführen. Prüfen Sie, ob der Impfschutz Ihrer Katze rechtzeitig aufgefrischt wurde und Sie alle Unterlagen beisammen haben, die Sie bei der Ausstellung vorlegen müssen. Vielleicht lassen Sie die Katze auch kurz vom Tierarzt durchchecken, um sicher zu stellen, dass sie topfit ist.

HERAUSPUTZEN DER KATZE

DIE FELLPFLEGE BEI einer Ausstellungskatze ist erheblich zeitaufwändiger und sorgfältiger als bei einer schlichten Hauskatze. Das Fell wird zunächst mit einem

indem Sie das vorgesehene Zubehör und Dekor verwenden, damit die Katze sich auch daran gewöhnen kann.

Bei der Ausstellung muss die Katze sich von fremden Menschen anfassen lassen, die professionell, aber sicher mit ihr umgehen. Während die Katze von normalen Besuchern meist nur vorsichtiges Streicheln kennt, verbindet sie das feste Zupacken vermutlich mit Tierarztbesuchen, sodass auch hier bisherige Erlebnisse von angenehmeren Erfahrungen überlagert werden müssen. Ein durchdachtes Training sorgt dafür, dass all diese Elemente – Aufenthalte in Transportkorb und Ausstellungskäfig, das Angefasstwerden und so weiter – im Verständnis der Katze allmählich zu einer Einheit werden. Bitten Sie Freunde und Nachbarn um Mithilfe, damit sich die Katze daran gewöhnen kann, von vielen verschiedenen und auch fremden Menschen angefasst zu werden.

Wenn Sie feststellen, dass Ihre Katze trotz all dieser Bemühungen keinerlei Gewöhnungseffekt zeigt, sollten Sie den Gedanken an eine Ausstellungskarriere mit diesem Tier aufgeben, denn Katzen, die schon gestresst bei der Show eintreffen und sich auch dort kratzbürstig verhalten, gewinnen nie und nimmer Preise.

ALLGEMEINE VORBEREITUNGEN

NEBEN DEM WETTBEWERB zwischen Katzenzüchtern ist auch die Förderung guter Lebensbedingungen für Katzen

WISSENSWERTES

Die winzige afrikanische Schwarzfußkatze ist wegen ihrer Wildheit Gegenstand vieler Mythen und Legenden. Es heißt, sie könne sogar Giraffen töten, indem sie ihnen an die Kehle springt.

Oben

Damit sich Katzen bei einer Ausstellung nicht gestresst fühlen, sollten sie frühzeitig an den Umgang mit Fremden gewöhnt werden.

Unten

Ein geschlossenes Freigehege, hier für eine Türkisch Van, ist eine hervorragende Lösung für Katzen ohne freien Auslauf.

WISSENSWERTES

Androkles half einem Löwen, einen Dorn aus der Pfote zu ziehen. Als der Löwe den römischen Sklaven später in der Arena zerfleischen sollte, bewahrte er ihn davor.

feinzinkigen Kamm ausgekämmt und dabei auf Schuppen, Parasiten oder Fettschwanz geprüft. Anschließend wird es gebürstet, vorzugsweise mit Naturborsten. Bei Langhaarkatzen muss die Halskrause stets nach oben gebürstet werden, sodass sie das Gesicht einrahmt. Knoten im Fell müssen vorsichtig ausgezupft werden. Bei Kurzhaarkatzen erhält das Fell durch Abreiben mit Seide oder Wildleder schönen Glanz. All dies sollte möglichst schonend erfolgen, vielleicht begleitet von leisen, beruhigenden Worten, damit die Katze die Fellpflege als angenehm empfindet. Rexkatzen müssen besonders vorsichtig behandelt werden, da ihr Fell nach allzu energischem Kämmen kahle Stellen aufweisen kann. Fachleute raten hier zu einer Babybürste mit kurzen, weichen Borsten.

Schon frühzeitig, also rund zwei bis drei Wochen vor der Show, sollten die Krallen geprüft werden. Wurden sie nicht ohnehin regelmäßig kurz gehalten, müssen sie nun beschnitten werden. Erfahrene Katzenhalter erledigen das oft selbst, doch sollte man es im Zweifelsfall lieber dem Tierarzt überlassen. Auf jeden Fall benötigt man dazu eine zweite Person zum Festhalten sowie spezielle Werkzeuge und viel Erfahrung. Bitten Sie den Tierarzt auch, die Zähne der Katze nachzusehen und gegebenenfalls Zahnstein zu entfernen. Schlechter Atem macht bei den Richtern keinen guten Eindruck.

Vier bis fünf Tage vor der Ausstellung werden Langhaarkatzen gebadet, Kurzhaarkatzen erhalten eine Kleieabreibung. Ist die Katze von Kindesbeinen an daran gewöhnt, haben Sie dabei leichtes Spiel, auch wenn nur wenige Katzen das Baden genießen. Jungtiere sollten erstmals mit rund sechs Monaten gebadet werden.

BADEN DER KATZE

EBENSO WIE BEIM Krallenschneiden sollte man beim Baden möglichst einen Helfer haben, der das Tier festhält, während man es wäscht. Als Wanne eignet sich eine große Schüssel, die man am besten auf die Arbeitsplatte in der Küche stellt. Ringsum legt man Handtücher aus, denn ohne Spritzer geht es meist nicht ab. Das Wasser sollte gerade lauwarm sein. Man testet es mit dem Ellbogen wie ein Babybad. Verwenden Sie entweder ein spezielles Produkt für Katzen oder ein Babyshampoo, niemals normales Haarwaschmittel.

Vor dem Baden müssen alle groben Verunreinigungen aus dem Fell entfernt werden, sei es Farbe, Teer oder Sonstiges. Am besten stellt man die Katze nur mit den Vorder- oder Hinterpfoten ins Wasser, sodass sie teilweise noch auf einer trockenen, festen Oberfläche steht. Wichtig ist dabei, dass Sie zügig vorankommen. Das Fell komplett anfeuchten und dann das Shampoo einarbeiten, dabei aufpassen, dass nichts davon in Augen, Ohren, Nase und Maul gelangt. Anschließend zweimal rasch abspülen, bis alles Shampoo ausgewaschen ist. Dazu verwendet man einen Krug oder eine Brause. Halten Sie angewärmte Handtücher bereit,

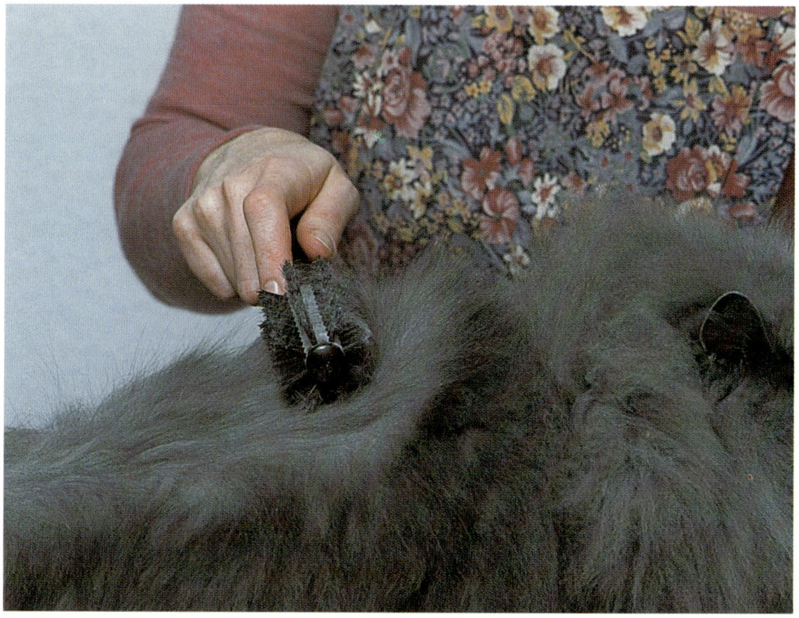

Oben
Für die einzelnen Schritte der Fellpflege stehen die unterschiedlichsten Werkzeuge zur Verfügung.

Unten
Eine blaue Perserkatze wird für eine Ausstellung schön gemacht.

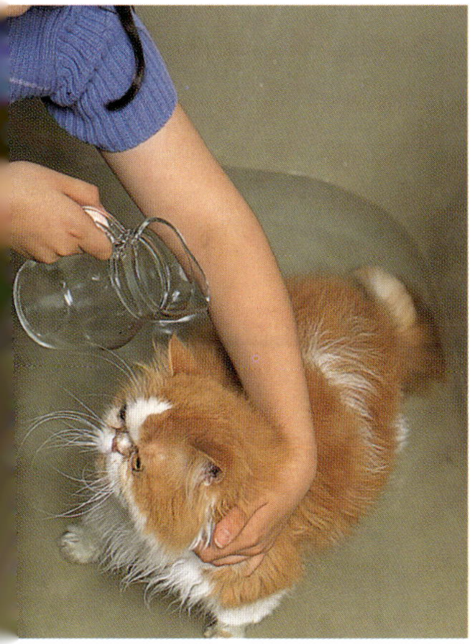

denn Katzen erkälten sich leicht. Manche Katzen lassen sich (auf kleiner Stufe) fönen, doch sollte man nicht darauf beharren, wenn das dem Tier nicht geheuer ist. Nach dem Baden wird die Katze wie immer gekämmt und gebürstet und dann im warmen Zimmer gehalten, bis sie trocken ist.

TROCKEN-ABREIBUNG

WER DAS BADEN der Katze scheut oder wie viele Besitzer von Kurzhaarkatzen der Meinung ist, es sei überflüssig, kann alternativ ein Trockenshampoo oder besser noch eine Kleieabreibung versuchen. Trockenshampoos bekommt man im Zoogeschäft, doch eignet sich genauso gut parfümfreies Talkumpuder, Bleicherde oder Speisestärke. Auch dafür benötigt man einen Helfer. Das Fell wird durch leichtes Bürsten gegen den Strich „geöffnet", das ausgewählte Puder aufgestreut und vorsichtig mit den Händen einmassiert. Lassen Sie es ein paar Stunden einwirken, auch wenn die Katze versucht, es aus dem Fell zu lecken oder zu schütteln. Alle Puderreste müssen sorgfältig ausgekämmt oder -gebürstet werden.

Zu Ausstellungen wird keine Katze zugelassen, deren Fell Spuren von Reiniungsmittel aufweist, sodass man mit Trockenshampoo bis maximal vier Tage vor der Ausstellung arbeiten darf. Verboten sind auch jegliche Färbe- oder Tönungsmittel, die den natürlichen Farbton des Fells verändern.

Bei der Kleieabreibung geht man genauso vor. Man verwendet dazu die als Kaninchenfutter angebotene Kleie. Sie wird angewärmt, sanft in das Fell gerieben, ein paar Stunden darin belassen und dann gründlich wieder ausgebürstet.

Talkum oder das so genannte Showpuder sollten bei dunkelhaarigen Katzen nicht verwendet werden, weil die winzigen Rückstände wie Schuppen aussehen. Um ein dunkles Fell in Form zu bringen, gibt es verschiedene Substanzen wie Jamaika-Rum, Kölnisch Wasser bis hin zu Salmiakgeist, doch können all diese Substanzen Allergien auslösen und sollten grundsätzlich nur unter Anleitung des Tierarztes ausprobiert werden.

KÄMMEN

IM ZOOGESCHÄFT WERDEN diverse Pflegespülungen angeboten. Meist gibt man ein paar Tropfen auf ein saugfähiges Tuch und arbeitet das Mittel systematisch

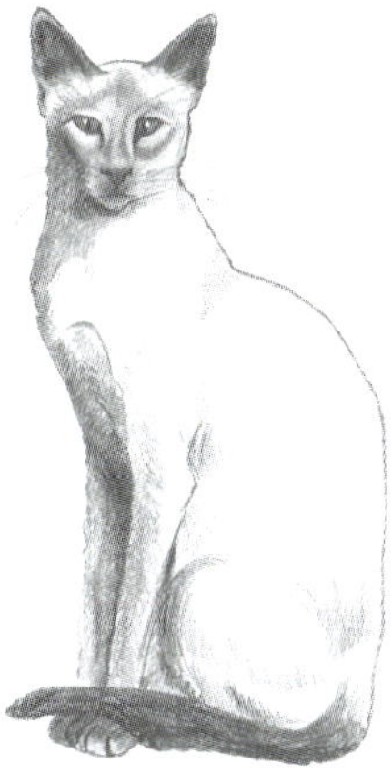

WISSENSWERTES
Die Wildkatzenbestände auf den Mittelmeerinseln bestehen aus afrikanischen Arten, die vermutlich einst von Menschen als Haustiere dort eingeführt wurden.

Oben links
Ausstellungskatzen sollten schon früh an das Baden gewöhnt werden, damit sie ihre angeborene Wasserscheu überwinden.

Oben rechts
Langhaarkatzen werden eingepudert und gebürstet.

Unten links
Fönen Sie Ihre Katze nur, wenn sie das gut ertragen kann.

Unten rechts
Diese Russisch Blau erhält eine Abreibung mit Weizenkleie.

WISSENSWERTES
Servale sind berühmt für ihre Sprungkraft. Sie können rund anderthalb Meter senkrecht in die Luft springen, um auffliegende Vögel wie etwa Perlhühner zu erwischen.

von den Schultern bis zum Schwanz ein, wobei der Kopf ausgelassen wird. Zum Schluss mit einem trockenen Tuch sanft nachreiben.

Bei Langhaarkatzen dürfen verfilzte Stellen in der letzten Woche vor der Show nicht mehr herausgeschnitten werden, da Schnittspuren die Katze unter Umständen disqualifizieren würden. In den USA

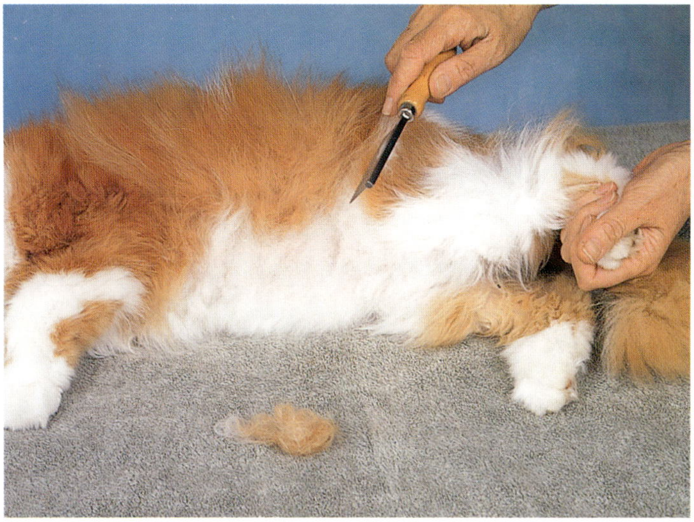

allerdings sind zu manchen Shows sogar rundum getrimmte Katzen zulässig!

LETZTE VORKEHRUNGEN

IN DEN LETZTEN Tagen vor der Show sucht man alles zusammen, was man benötigt. Achten Sie darauf, dass der Transportkorb sauber, desinfiziert und mit einem frischen Liegetuch ausgestattet ist. Sie benötigen zwei bis drei warme Decken: Eine, mit der Sie den Ausstellungskäfig auslegen, und ein bis zwei als Ersatz für Notfälle und Missgeschicke. In England müssen diese rein weiß und schlicht sein und dürfen nicht aus Zellstoff bestehen. In anderen Ländern dürfen auch farbige Tücher verwendet werden. Zur Sicherheit sollten Sie zuvor stets die jeweiligen Regeln überprüfen und im Zweifelsfall nachfragen. Denken Sie auch an Futter- und Wassernapf und ein Katzenklo.

Bei GCCF-Veranstaltungen müssen auch diese Teile weiß sein, anderswo dürfen sie aber farblich auf Decken und Dekorationen abgestimmt werden. Futter und Streu können Sie bei der Ausstellung kaufen, doch empfiehlt es sich, die gewohnten Marken zur Hand zu haben, damit die Katze sich wohl fühlt. Viele Aussteller bringen sogar Wasser von zu Hause mit, da Katzen Wasser fremder Herkunft oft verweigern. Halten Sie ein paar Leckerbissen bereit, die Ihre Katze gern mag, und ein paar Plastiktüten für Katzenstreu und Abfall. Im Winter lohnt sich eine Wärmflasche, die unter der Decke verborgen werden kann. Sinnvoll ist es auch, ein wenig Spielzeug mitzunehmen, doch darf es in Großbritannien erst nach dem Richten mit in den Käfig gegeben werden.

Oben
Bei Langhaarkatzen müssen verfilzte Haare sorgfältig entfernt werden.

Unten
Grundausstattung für eine GCCF-Katzenausstellung.

In den Ländern, in denen das Ringrichten die Norm darstellt, dürfen die Käfige sogar mit bunten Vorhängen, Kissen, Schleifen, Wimpeln und Pokalen früherer Wettbewerbe dekoriert werden. Auf einem Schild können Details über die Katze und den Züchter angegeben werden. Auch diese Dinge sollten Sie rechtzeitig vorbereiten, damit es nicht in letzter Minute vor der Abfahrt noch zu Stresssituationen kommt.

ABYSSINIAN CAT ASSOCIATION

SCHEDULE

of the

THIRTEENTH ANNUAL SHOW CHAMPIONSHIP

(Held under GCCF Rules)

on

Saturday, 20th March 1999

at

Oxford University Sports Centre
Iffley Road, Oxford

Show Manager:
Mrs Lynda Ashmore
7 Ledstone Road, Sheffield. S8 0NS
Telephone: 01142 586866

Assistant Show Manager
Ms Karen Haygreen
18 Sherfield Avenue, Rickmansworth, Herts. WD3 1NH
Telephone: 01923 710301

Open to the public 12.30 - 5.00 pm

ENTRIES CLOSE 15th February 1999 (Postmark)

DER GROSSE TAG IST DA

PRÜFEN SIE GANZ ZUM SCHLUSS noch einmal die Ausstellungsregeln und haken ab, ob Sie alles beachtet haben. Manche Shows vergeben genormte ID-Marken für die Katzen. Wenn diese an einem Bändchen oder Halsband hängt, sollten Sie die Katze schon im Voraus daran gewöhnen. Am Abend vorher findet die letzte umfassende Fellpflege statt. Achten Sie darauf, dass mögliche Puderreste vollständig ausgebürstet werden. Nach der Ankunft in der Halle dürfen Sie Kamm, Bürste und ein Tuch verwenden, andere Pflegemittel sind jedoch in der Regel verboten.

Am Morgen der Ausstellung versuchen Sie möglichst ruhig zu bleiben, denn Aufregung überträgt sich unweigerlich auf Ihr Tier. Erstellen Sie vorab einen Zeitplan, der alles umfasst, was zu tun ist, und planen Sie darin reichlich Zeit ein, das Tier in den Transportkorb zu setzen und Augen und Nase ein letztes Mal auf Sekrete oder andere Krankheitszeichen zu überprüfen. Beim geringsten Zweifel am Gesundheitszustand der Katze dürfen Sie niemals auf einer Teilnahme beharren. Es hat keinen Sinn, sich und das Tier dem ganzen Stress auszusetzen, nur um von den Veranstaltern nach Hause geschickt zu werden. In einem solchen Fall sollten Sie natürlich kurz telefonisch absagen.

WISSENSWERTES
Der in Mittel- und Südamerika heimische Jaguar erlegt See- und Landschildkröten, Schlangen, Echsen und sogar Kaimane.

Oben rechts
Programmheft für eine Katzenausstellung.

Oben links
Diese Katze ist oft Ausstellungssieger geworden.

Unten
Gute Planung hilft, Stress zu vermeiden.

Ausstellungen in den USA und Europa

JEDES JAHR WERDEN in den Vereinigten Staaten rund 400 Katzenausstellungen abgehalten. Veranstalter oder Lizenzgeber sind die großen Verbände: Cat Fanciers' Association (CFA), American Cat Fanciers' Association (ACFA), American Cat Association (ACA), Cat Fanciers' Federation (CFF), United Cat Federation (UCF), American Cat Council (ACC) und The International Cat Association (TICA).

CAT FANCIERS' ASSOCIATION (CFA)

DER GRÖSSTE DIESER Verbände ist die CFA mit über 600 angeschlossenen Vereinen nicht nur in den USA, sondern auch in Kanada und Japan. Die älteste Organisation ist die 1898 gegründete ACA. Einige der Verbände in den USA sind rein regional ausgerichtet. So ist etwa die CFF überwiegend in den Nordoststaaten tätig, während die UCF sich auf den Südwesten konzentriert. Darüber hinaus gibt es eine eigene Canadian Cat Association, die als Dachverband in Kanada fungiert. Um eine Katze bei einer Ausstellung nach den Regeln eines Verbandes melden zu können, muss das Tier in jedem Fall bei dieser Organisation registriert sein.

WISSENSWERTES
Fischkatzen sind so wild und furchtlos, dass sie der lokalen Bevölkerung trotz ihrer Kleinheit Respekt einflößen. Glaubt man den Erzählungen, rauben sie Säuglinge und töten sogar Leoparden.

RINGRICHTEN

DAS OFFENE ODER Ringrichten ist gängige Praxis in den USA und Kontinentaleuropa. Die Tiere werden einzeln von Stewards zu einem „Ring" aus Tischen gebracht, wo der Richter sie begutachtet und Punkte gemäß Rassestandard vergibt. Beides erfolgt öffentlich, und der Richter gibt meist noch einige Kommentare zu den Siegern jeder Klasse und zu den vergebenen Punkten ab. Meist gibt es mehrere solcher Ringe, in denen je ein Richter arbeitet. Anders als die ehrenamtlich tätigen britischen Richter arbeiten US-Richter gegen Bezahlung, folglich sind auch die Anforderungen an ihre Qualifikation strenger. Sie müssen Prüfungen ablegen, praktische Erfahrung nachweisen und Empfehlungen vorlegen.

Ausstellungen in Deutschland folgen den Regeln des jeweiligen Dachverbandes oder Veranstalters, meist FIFe, CFA oder TICA.

Oben
Ein Richter im Madison Square Garden bei der Arbeit.

Unten
Diese Perserkatze hat bei der Madison Square Garden Show einen Pokal gewonnen.

UNTERBRINGUNG DER KATZE

DA DIE RICHTER beim offenen Richten die Haupthalle mit den Ausstellungskäfigen vor der Begutachtung nicht betreten, sind die Vorschriften für die Dekoration viel lockerer. Die Käfige dürfen mit bunten Vorhängen, Werbeschildern und Trophäen, farbigen Decken und Spielzeug ausgestattet werden. Manche Halter installieren sogar Alarmvorrichtungen oder Klimaanlagen, damit die Katzen während der Ausstellung sicher und komfortabel untergebracht sind.

CFA-KLASSIFIZIERUNG

BEI SHOWS nach den Regeln der Cat Fanciers' Association gibt es den Allbreed-Ring, in dem sämtliche Rassekatzen unabhängig der Felllänge um den Titel Best Cat konkurrieren, und den Speciality-Ring, wo

Kurz- und Langhaarkatzen getrennt gerichtet und in einem eigenen Finale bewertet werden (Best in Show).

Man unterscheidet als Klassen Championship, Premior, Kitten, Provisional, AVO und Household Pet,

wobei Championship nochmals in mehrere Kategorien unterteilt ist. Champion kann eine unkastrierte Katze werden, die sechsmal das „Winner Ribbon“ gewonnen hat. Champions treten gegeneinander um den Grand Champion-Titel an. Die Premior-Klasse ist kastrierten Tieren vorbehalten, Kitten den Welpen. Household Pets konkurrieren um den Titel „Beste

Hauskatze“. Noch nicht anerkannte neue Rassen werden in der Provisional Class vorgestellt, während AOV (Any Other Variety) alle übrigen Katzen umfasst, die einer anerkannten Rasse angehören, jedoch nicht dem Standard entsprechen („falscher“ Farbschlag und Ähnliches).

FIFE-KLASSIFIZIERUNG

DIE FIFE SIEHT für unkastrierte Tiere ab zehn Monaten neben der Offenen Klasse fünf prämierte Klassen vor: Champion, International Champion, Grand International Champion, Europa-Champion und Grand Europa-Champion, entsprechend für kastrierte Tiere die Kastratenklasse mit den Kategorien Premior, International Premior, Grand International Premior, European Premior und Grand European Premior. In den Klassen Welt-Champion und Welt-Premior werden lediglich die Ehrenpreise Best in Show und Rassesieger vergeben. Für Jungtiere von drei bis sechs beziehungsweise sechs bis zehn Monaten gibt es zwei Jugendklassen, in denen sie getrennt nach Rasse, Farbe und Geschlecht beurteilt werden. Tiere aus noch nicht anerkannten Rassen werden in der Novizen-Klasse geführt. Darüber hinaus gibt es die Hauskatzen-Klasse und manchmal einen Babysalon für Welpen zwischen zehn Wochen und drei Monaten.

Um Champion zu werden, benötigt eine Katze drei Certificats d’Aptitude au Championnat (CAC) von drei verschiedenen Richtern und drei verschiedenen Ausstellungen, während eine Katze bei CFA-Shows bei ein und derselben Ausstellung Champion werden kann.

Oben links
Diese Jungtiere werden in einem üppig dekorierten Käfig ausgestellt.

Mitte
Bei vielen Shows können Katzen in mehreren Kategorien siegen.

Unten links
Stolze Besitzerin mit preisgekrönter Katze und Schleifen.

Unten rechts
Diese Jungtiere stehen bei der Ausstellung zum Verkauf.

WISSENSWERTES

Die „Katze mit Hut“ ist die ebenso modebewusste wie praktisch veranlagte Katzendame aus den Kinderbüchern von Simon und Desi Ruge.

EINTREFFEN IN DER AUSSTELLUNGSHALLE

BEI DER ANKUNFT BEKOMMT man am Empfang die Käfignummer und einen Katalog; bei großen Ausstellungen werden diese Dinge dem Halter oft im Vorfeld zugesandt. Die Besitzer sollten kontrollieren, dass ihre Tiere darin in der richtigen Klasse aufgeführt und alle Angaben wie Namen, Herkunft und Geburtsdatum korrekt wiedergegeben sind. Fehler müssen sofort dem Sekretariat gemeldet werden.

Die tierärztliche Eingangsprüfung wird heute nicht mehr routinemäßig praktiziert, da man sich darauf verlässt, dass die Halter Tiere mit ansteckenden Krankheiten von sich aus nicht antreten lassen. Ausgeschlossen sind grundsätzlich Tiere aus einem Umfeld, in dem in den letzten drei Wochen vor der Ausstellung Pilz- oder Infektionskrankheiten aufgetreten sind. Daher obliegt es den Ausstellern, dem Ausstellungspersonal oder den Richtern, jede Katze bei Verdacht auf einen Infekt dem Tierarzt vorzustellen. Bestätigt sich der Verdacht, muss dieses Tier ebenso wie alle anderen Katzen desselben Besitzers von der Ausstellung ausgeschlossen werden.

In der Eingangshalle hängt oder liegt ein Lageplan aus, dem die Verteilung der nummerierten Käfige in der Ausstellungshalle zu entnehmen ist. Sobald Sie mit der Katze die Halle betreten haben, unterliegen Sie grundsätzlich den Ausstellungsregeln. Die Verteilung der Käfige wird sorgfältig geplant, sodass alle Katzen eines Besitzers nebeneinander platziert werden. Zwei unkastrierte Kater werden allerdings nie in angrenzenden Käfigen untergebracht. Die Käfige dürfen nach Belieben dekoriert werden, allerdings darf nichts über die Oberseite des Käfigs hinausragen.

WISSENSWERTES

In Schottland kursieren Geschichten von einer geheimnisvollen Katzenrasse, der so genannten Kellas Cat, eine angebliche Kreuzung aus britischen und europäischen Wildkatzen.

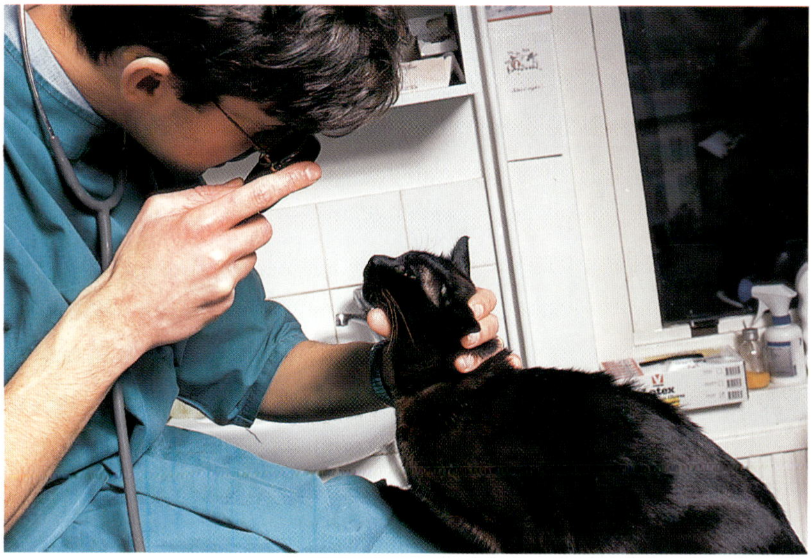

DIE AUSSTELLUNG

BEIM RINGRICHTEN werden die Nummern der Käfige über die Lautsprecheranlage dreimal ausgerufen. Meldet sich niemand, wird die Katze als abwesend abgehakt. Aufgerufene Katzen werden teils von ihren Haltern, teils von Stewards zum Ring gebracht und in die entsprechend nummerierten Käfige gesetzt. Anschließend warten die Halter im Zuschauerbereich auf das Urteil der Richter. Die Aussteller dürfen nicht mit den Richtern sprechen oder in deren Hörweite Kommentare über ihre Katzen abgeben.

Oben
Nicht bei allen Katzenausstellungen ist eine tierärztliche Voruntersuchung erforderlich, doch muss grundsätzlich ein gültiger Impfpass vorhanden sein.

Unten
Ein prunkvoll dekorierter Käfig, der farblich auf die Katze abgestimmt ist.

Beim Richten selbst achtet der Clerk darauf, dass alles ordnungsgemäß abläuft, prüft die Nummern und führt Protokoll für die Unterlagen des Veranstalters. Der Steward bringt das Tier zum Richtertisch, wo es begutachtet und beurteilt wird. Beißt eine Katze oder benimmt sich „widerspenstig oder bedrohlich", wird sie disqualifiziert, aus dem Ring entfernt darf bei CFA-Veranstaltungen in keinem anderen Ring mehr antreten.

Nach jeder Katze desinfiziert ein Steward den Tisch und die Richter tun dasselbe mit ihren Händen. Nach Abschluss des Richtens werden die Ergebnisse bekannt gegeben. Die Sieger erhalten Urkunden, Wimpel oder Schleifen, die anschließend als Käfigdekoration verwendet werden dürfen. Die mit dem Sieg verbundenen Preisgelder sind in aller Regel gering, doch gibt es oft Zeitschriftenabonnements, Bücher und dergleichen als Zugabe.

DAS FINALE

WENN ALLE KLASSEN begutachtet sind, kommt als großes Finale die Wahl der Besten. Bei der CFA gibt jeder Richter „seine" zehn Favoriten bekannt, beginnend mit Platz 10. Best und Second Best Champion beziehungsweise Premior stehen bereits durch die beim Richten erzielte Punktzahl fest, können jedoch noch als Best/Second Best Longhair oder Shorthair ausgezeichnet werden. Ermittelt werden nun auch Best/Second Best Kitten und so weiter, manchmal auch ein „Best of the Bests".

Bei FIFe-Ausstellungen geht es um Best in Show und Rassesieger, die ausgesucht und eventuell noch einmal begutachtet werden. Dies erfolgt am Nachmittag des zweiten Ausstellungstages, während das eigentliche Richten bereits am Vortag stattfindet.

Für Zuschauer und Aussteller ist dies natürlich der aufregendste Teil der Show, zumal der Richter die Sieger dem Publikum einzeln vorstellt und kommentiert. Bei manchen Veranstaltungen werden die Preisträger anschließend in gesonderten Käfigen untergebracht, damit man sie genau betrachten kann. Die Richter sind nun auch meist gern bereit, Einzelheiten ihrer Beurteilung zu diskutieren.

Es ist üblich, dass die Katzen noch bis zum Ende der Veranstaltung in ihren Käfigen bleiben, doch drückt man bei Welpen und Hauskatzen meist ein Auge zu. Vor der Abreise müssen die Käfige gereinigt und alle Abfälle entsorgt werden. Nach der Rückkehr sollte man die Tiere einige Tage lang besonders aufmerksam beobachten, ob sie etwa Anzeichen einer Infektion zeigen. Sollte so etwas vorkommen, muss Meldung an die Veranstalter gemacht werden. Als letzte Amtshandlung schreibt der Halter den Zuchtverband an und bittet um Zusendung der Urkunden für die erlangten Titel.

WISSENSWERTES
Großkatzen gibt es in der Literatur viele, darunter Aslan in C. S. Lewis' *Die Abenteuer im Wandschrank oder der Löwe und die Hexe* oder Shirkan in Rudyard Kiplings *Dschungelbuch*.

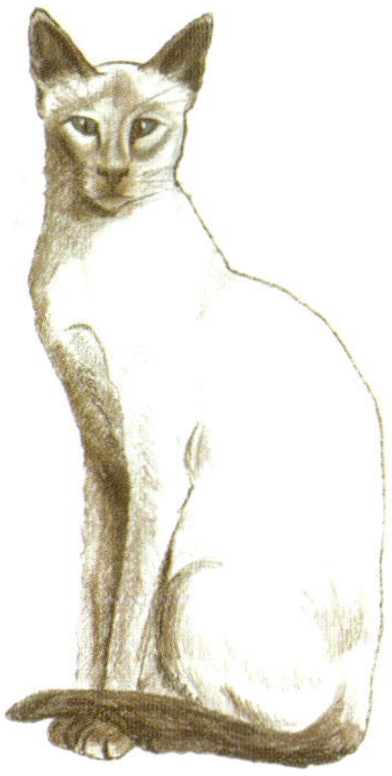

Oben
Eine Ragdoll-Katze bei einer Ausstellung. Bevor das nächste Tier kommt, wird der Tisch desinfiziert.

Unten
Entsprechend den US-Regeln konnte diese Cornish Rex sowohl Rassenbeste als auch „Best in Show" werden.

Katzenausstellungen weltweit

DER BEGRIFF „CAT FANCY" hat sich mittlerweile auch bei uns für die Züchter und Liebhaber von Edelkatzen eingebürgert. In so gut wie allen Industrienationen gibt es entsprechende Vereinigungen, auch wenn nicht immer und überall internationale Ausstellungen möglich sind. Dennoch stehen viele nationale Organisationen in engem Kontakt zueinander und entscheiden gemeinsam über die Anerkennung neuer Rassen oder die Festlegung der Rassestandards.

INTERNATIONALE KOOPERATION

IM RAHMEN DES INTERNATIONALEN Netzwerks können Züchter Edelkatzen importieren und exportieren, was besonders dann von großer Bedeutung ist, wenn eine Seuche den Bestand einer bestimmten Rasse in einem Land dezimiert oder eine bisher unbekannte neue Rasse in einem Land etabliert werden soll.

Jede nationale Organisation geht bei der Definition und Anerkennung von Rassen anders vor, teilweise aufgrund landestypischer Vorlieben, teilweise aufgrund der verfügbaren Zuchtbestände. Generell ist es so, dass eine Rasse nur dann anerkannt werden kann, wenn genügend Individuen vorhanden sind – meist werden 100 Tiere gefordert – damit der Genpool ausreichend groß und keine exzessive Inzucht erforderlich ist.

WISSENSWERTES

Katzen erreichen beim Putzen jeden Körperteil mit Ausnahme ihres Gesichts und ihrer Ohren – dazu müssen sie ihre Pfoten zu Hilfe nehmen.

GESCHICHTE DER EUROPÄISCHEN KATZENZUCHT

IN DEN SKANDINAVISCHEN LÄNDERN, Benelux, Frankreich und Deutschland entwickelte sich die Cat Fancy schon bald, nachdem in Großbritannien Ende des 19. Jahrhunderts der Startschuss gefallen war. Zwischen den Ländern Kontinentaleuropas können Katzen relativ freizügig ausgetauscht werden, meist ist lediglich ein gültiger Tollwutschutz nachzuweisen. Die großen Ausstellungen in Deutschland, den Niederlanden und Frankreich locken seit jeher Teilnehmer und Zuschauer aus vielen Ländern an. Der Erste und vor allem der Zweite Weltkrieg fügten jedoch auch dem Katzenzuchtbetrieb in Europa schweren Schaden zu, weil es an Nahrungsmitteln fehlte, Krankheiten sich ausbreiteten und ein funktionierender Ausstellungsbetrieb im Krieg kaum aufrechtzuerhalten war.

Oben
Richter mit einer Abessinierkatze.

Mitte
Die Richter heben die Katzen hoch, um ihr Gesicht zu begutachten.

Unten rechts
Zu den großen Shows auf dem europäischen Kontinent finden sich üblicherweise Aussteller aus vielen Ländern ein.

Ab 1945 wurde die internationale Zusammenarbeit allmählich wieder enger, zumal man darin eine Möglichkeit sah, den Zuchtbetrieb wieder aufzuwerten. Seit 1949 fungiert die Fédération Internationale Féline (FIFe) als Dachverband, dem zahlreiche europäische Zuchtvereine aus zwölf Ländern angeschlossen sind. Mit über 150 000 registrierten Züchtern und Ausstellern ist die FIFe der größte Katzenzuchtverband der Welt. Die angeschlossenen Vereine in den jeweiligen Mitgliedsländern führen eigene Zuchtbücher, halten sich jedoch grundsätzlich an die Rassestandards und die vom Dachverband anerkannten Rassen. Die FIFe regelt darüber hinaus die Einführung neuer Rassen, die Veranstaltung von Ausstellungen und deren Regeln und dient als Schiedsgericht für Streitfälle und Beschwerden. Der FIFe sind zudem einige außereuropäische Zuchtverbände angeschlossen.

Daneben gibt es in den meisten europäischen Ländern Vereine, die gar keinem oder einem anderen Dachverband angeschlossen sind, in Deutschland etwa der Cat Fanciers' Association (CFA).

Eine der größten Ausstellungen auf europäischer Ebene ist die des Cat Club de Paris, die ein internationales Publikum anzieht, doch gibt es weitere Großveranstaltungen etwa in Deutschland oder den Niederlanden. Sie bieten den Vorteil, dass internationale Championtitel erworben werden können.

GROSSBRITANNIEN

ABGESEHEN VON EINIGEN kleineren Veranstaltungen von Vereinen, die der FIFe oder der CFA angeschlossen sind, erfolgt das Richten in Großbritannien generell nach den GCCF-Regeln vollkommen anonym. Es ist keinerlei Dekoration oder Kennzeichnung erlaubt, weil

WISSENSWERTES
Das Sternzeichen Löwe (21. Juli bis 22. August) wird oft mit Führungsqualitäten und Selbstsicherheit gleichgesetzt.

WISSENSWERTES
Viele historische Herrscher führten den Löwen als Symbol der Stärke im Wappen oder Beinamen, etwa Richard Löwenherz oder Heinrich der Löwe.

Oben
Nur mit Preisen aus verschiedenen Ländern kann eine Katze ein internationaler Champion werden.

Unten links
Deutsche Ausstellungen locken meist zahlreiche internationale Bewerber an.

Unten rechts
Der Cat Club de Paris gehört zu den größten Veranstaltern von Katzenausstellungen.

die Richter zu den Käfigen gehen und die Tiere dort unter Ausschluss der Öffentlichkeit begutachten.

Bei Edelkatzen werden fünf Kategorien unterschieden. In den „Open Classes" werden alle Edelkatzen der jeweiligen Rassen und Farbschläge gerichtet, wobei es eigene Klassen für kastrierte und nicht kastrierte erwachsene Tiere und für Jungtiere gibt. Championtitel sind unkastrierten Tieren vorbehalten, sofern für die Rasse Championstatus vorgesehen ist. Kastraten konkurrieren entsprechend in den Premior-Klassen. In den „Open Grand Classes" treten ausschließlich Champions (respektive Premiors) gegeneinander an.

Die „Assessment Classes" sind für neue Rassen vorgesehen, die ebenso wie die Open Classes gerichtet werden, doch nach einer vorläufigen Punkteskala. Die Besten erhalten ein Merit Certificate.

Außer Konkurrenz ausgestellte Tiere, beispielsweise eines neuen Farbschlages oder einer nicht anerkannten Rasse, fallen in die „Exhibition Class", ebenso preisgekrönte Tiere, die zwar nicht mehr antreten, jedoch als Stars für andere Züchter von Interesse sind.

Die so genannten „Side Classes" fassen diverse andere Kategorien zusammen, etwa „Debutante" (Show-Anfänger) und vor allem Hauskatzen ohne Stammbaum, die nach unterschiedlichen, teilweise eher lockeren Kriterien beurteilt werden.

KANADA

DIE CANADIAN CAT ASSOCIATION mit Sitz in Brampton, Ontario, ist eine für ganz Kanada zuständige Zuchtbuchstelle, die vor allem im Südosten des Landes tätig ist und Publikationen in englischer und französischer Sprache herausgibt. Drei der großen US-Verbände, nämlich die Cat Fanciers' Association (CFA), die American Cat Fanciers' Association (ACFA) und The International Cat Association (TICA), haben kanadische Zweigstellen. Da es zwischen Kanada und den USA keine Quarantänebestimmungen gibt, können Katzen problemlos diesseits und jenseits der Grenze ausgestellt werden. Die meisten kanadischen Shows folgen dem US-Prinzip des Ringrichtens.

Oben links
Anders als in England dürfen die Käfige in kontinentaleuropäischen Ländern dekoriert werden.

Unten
Beim offenen Richten im Ring sind Zuschauer zugelassen.

Ähnlich wie in Europa können Katzen in Kanada International Champions werden. Die dortige Zuchttätigkeit ist im Vergleich zu den USA eher bescheiden, doch wurde dort immerhin bereits in den 1960er Jahren die Tonkanese als Rasse anerkannt.

AUSTRALIEN

IN AUSTRALIEN gibt es zahlreiche, auf die einzelnen Bundesstaaten bezogene Katzenzuchtvereine, die dem in Sydney ansässigen Coordinating Cat Council of Australia (CCC of A) angeschlossen sind. Der Zuchtbetrieb konzentriert sich vor allem auf den Südosten des Kontinents. Australische Ausstellungen werden meist nach den Regeln des britischen GCCF veranstaltet.

Neben den offiziellen Shows gibt es zahlreiche zwanglose Ausstellungen im Rahmen von Country Fairs. In Australien gibt es keine einheimischen Katzenrassen und die ersten Exemplare kamen im 19. Jahrhundert mit Siedlern dort an. Die Ladelisten vieler britischer Schiffe, die ab Mitte des 19. Jahrhunderts in Australien eintrafen, verzeichnen Katzen neben anderen wichtigen Dingen für die Landwirtschaft wie Saatgut und Werkzeug. Zweifellos gesellten sich einige entflohene Schiffskatzen hinzu.

Oben
Bei kanadischen Katzenausstellungen gelten die gleichen Regeln wie bei US-amerikanischen Veranstaltungen.

Unten
Durch Katzenausstellungen in Japan wurde die Japanese Bobtail erst in der westlichen Welt bekannt.

NEUSEELAND

DIE ORGANISATION DER ausgesprochen regen neuseeländischen Katzenzucht (die ebenfalls auf importierten Exemplaren beruht) wird von der New Zealand Cat Fancy mit Sitz in Nelson gesteuert. Ihre Regeln ähneln denen des GCCF.

SÜDAFRIKA

SÜDAFRIKA ENTWICKELTE ERST relativ spät Gefallen an Edelkatzen. Heute gibt es eigenständige Zuchtvereine und eine dem GCCF angeschlossene Zuchtbuchstelle.

JAPAN

WAS DIE KATZENZUCHT ANGEHT, bestehen zwischen den USA und Japan sehr enge Bindungen. CFA, ACFA und ITCA sind in Japan durch angeschlossene Vereine vertreten, die Ausstellungen nach den jeweiligen Regeln veranstalten. Durch diese Kontakte wurde in den 1960er Jahren die Japanese Bobtail im Westen bekannt; andererseits konnten japanische Züchter aufgrund fehlender Quarantänebestimmungen vom umfassenden Import US-amerikanischer Zuchttiere profitieren. Bei japanischen Ausstellungen ist das offene Richten üblich.

WISSENSWERTES
Die südostasiatische Fischkatze ist ein kleines, aber massiges Tier, das mit Schwimmhäuten zwischen den Zehen optimal an seinen extrem feuchten Lebensraum angepasst ist.

Verhalten

DIE MEISTEN LEUTE betrachten ihre oder auch fremde Katzen als Individuen, und tatsächlich sind alle Mitglieder der Katzenfamilie in vieler Hinsicht Einzelgänger, die in vielen Situationen gerne allein sind. Das gilt vor allem für die Jagd (Löwen sind die einzigen Mitglieder der Katzenfamilie, die im Rudel jagen) und für das Durchstreifen des Reviers. Da wir sie in solchen Momenten häufig antreffen, scheint Rudyard Kipling mit seiner Geschichte „Die Katze, die allein herumspazierte" in den *Just So Stories* genau ins Schwarze zu treffen.

WISSENSWERTES

Manche Katzen neigen instinktiv dazu, ihr Futter rasch zu verschlingen, was daran liegen könnte, dass in der Natur meist andere Raubtiere lauern, die ihnen die Beute abjagen wollen.

Mitte
Diese wild lebenden Katzen versammeln sich außerhalb ihrer Reviere an Plätzen, die allen zugänglich sind.

Oben rechts
Zum Schutz vor Räubern zieht diese wilde Katzenmutter mit ihren Jungen um.

Unten
Freundliche Begrüßung zwischen zwei Katzen. Beide prägen sich den Geruch der anderen ein.

DAS SOZIALLEBEN VON KATZEN

DURCH IHRE Domestizierung verfügen Kleinkatzen über Futter, Unterschlupf und menschliche Gesellschaft, sodass der Eindruck entsteht, sie seien nicht auf ihre Artgenossen angewiesen. Aber verwilderte weibliche Katzen leben in Gruppen, ihre Jungen spielen und kuscheln miteinander, sie putzen sich gegenseitig und verteidigen auch gemeinsam ihr Revier. Kommt eine Hauskatze in vergleichbare Umstände, wird sie ähnliche Verhaltensweisen zeigen.

DIE GRÖSSE DES REVIERS

WILD LEBENDE WEIBCHEN haben vergleichsweise kleine Reviere, die sich überschneiden können. Jede Katze hat jedoch ihre eigenen Schlaf- und Futterstellen. Die Bereiche, wo sich die Reviere überlappen, werden von allen zur Kontaktaufnahme genutzt. Kater beanspruchen wesentlich größere Reviere, die in der Regel rund zehnmal so groß sind wie die der Weibchen. Im Revier eines Katers können mehrere weibliche Reviere enthalten sein.

Katzen sind allein erziehende Mütter. Nach der Paarung wandert der Kater ab oder wird von der Katze vertrieben, die sich dann allein auf die Trächtigkeit und Geburt vorbereitet. Sechs oder sieben Wochen später macht sie sich auf die Suche nach einem warmen, geschützten Ort, an dem sie ihre Jungen zur Welt bringen kann. In dieser Zeit ist sie sehr unruhig und sucht verschiedene geeignete Orte auf, bis sie sich schließlich für einen entscheidet.

NACHWUCHS IN DER FREIHEIT

EIN WICHTIGER ASPEKT bei ihrer Suche ist die leichte Verfügbarkeit von Beutetieren, weil sie die Jungen nur ungern länger als ein paar Minuten allein lässt. Die Tragzeit dauert bei Katzen etwa neun Wochen. Nach der Geburt jedes Kätzchens leckt die Mutter es trocken und frisst Fruchthülle, Nabelschnur und Nachgeburt auf. Die folgenden Wochen ist sie damit beschäftigt, ihren Nachwuchs zu füttern, zu versorgen und zu erziehen. Lebensschwache oder missgebildete Jungtiere ignoriert sie sofort nach der Geburt und lässt sie sterben. Sobald sie sich von den Anstrengungen der Geburt erholt hat, bringt sie ihre Familie möglicherweise in ein neues, sauberes Quartier.

Oben
Verwilderte Katzen, die nachts gefüttert werden.

Unten
Diese verwilderte Jungkatze muss sich ihr Revier erkämpfen.

Bei wild lebenden Katzen besteht der Familienverband immer aus einer Mutter und ihrem Nachwuchs. Wenn die Jungtiere im Alter von etwa sechs Monaten geschlechtsreif werden, gehen sie auf Partnersuche, und der Zyklus beginnt von vorne. Junge Kater legen dabei weite Strecken zurück und paaren sich mit jeder Katze, die sie erobern können, während die jungen Weibchen ihrem angestammten Revier treu bleiben. Katzen beider Geschlechter integrieren sich in das soziale Gefüge in ihrem jeweiligen Revier, das vom Angebot an Geschlechtspartnern und Nahrung abhängt.

SOZIALE GRUPPEN

DIE RANGORDNUNG UNTER den Weibchen hängt davon ab, wie oft eine Katze schon geworfen hat; das ranghöchste Tier ist somit die älteste sexuell aktive Katze. In jeder Katzengruppe befinden sich Weibchen aus demselben Wurf, zwischen denen der Kontakt relativ eng ist, was den natürlichen Zusammenhalt der Gruppe stärkt. Eine trächtige Katze hat zum Zeitpunkt der Geburt einen sehr hohen Status und nimmt ihren neuen Rangplatz innerhalb der Gruppe ein, wenn die Jungen entwöhnt sind. Manchmal hilft eine andere Katze, die bereits Nachwuchs hat, beim Versorgen der Neugeborenen und beteiligt sich auch an deren Fütterung und Aufzucht.

Ein wilder Kater, der in die Welt hinauszieht, hat es viel schwerer. Um sich ein Revier zu erobern, muss er manchmal erbitterte Kämpfe ausfechten, bei denen die Rivalen zum Teil schwer verletzt werden. Dem typischen Streuner fehlt ein Auge; er hat zerfetzte Ohren oder beeindruckende Narben im Gesicht. Diese Verletzungen entstehen bei Kämpfen zwischen Katern, die manchmal mehrere Nächte andauern. Nach etlichen Kämpfen hat sich der Kater einen Platz in der Rangordnung erobert, doch wenn er aufsteigen oder sich mit einer bestimmten Katze paaren will, muss er weitere Kämpfe bestehen.

WISSENSWERTES
Es ist bekannt, dass Katzen an zerbrechlichen Hühnerknochen ersticken können. Vor allem bei Katzen, die ihr Futter verschlingen, besteht diese Gefahr auch bei anderen Knochen.

DIE PAARUNG

PAARUNGSBEREIT ODER ROLLIG sind Katzen mindestens zwei, drei Mal im Jahr, allerdings kann die Rolligkeit in Einzelfällen auch viel häufiger auftreten. Bei wild lebenden Katzen beginnt sie gewöhnlich in der ersten Jahreshälfte, und man vermutet, dass sie durch das zunehmende Tageslicht ausgelöst wird. Zuchtkatzen, die bei künstlicher Beleuchtung gehalten werden, sind das ganze Jahr über paarungswillig. Im ersten Abschnitt des Zyklus, der bei Ausbleiben der Paarung und des Eisprungs etwa zehn Tage, bei erfolgreicher Deckung rund fünf Tage dauert, produzieren die Eierstöcke weibliche Geschlechtshormone. Sie locken zusammen mit der besonderen Körperhaltung, dem Treteln der Hinterbeine und dem wiederholten Rufen unkastrierte Kater an.

Diese versammeln sich in der Nähe der Katze, verspritzen Urin, stoßen werbende Schreie aus und kämpfen um das Weibchen. Die endgültige Entscheidung trifft jedoch die Katze und wenn einer der Kater zu forsch ist, stürzt sie sich fauchend und kratzend auf ihn. Dabei bekommen vor allem junge Kater, die die Regeln noch nicht kennen, zum Teil heftige Verletzungen ab. Im Endeffekt macht aber nicht unbedingt der siegreiche oder erfahrenste Kater das Rennen, denn die Katze entscheidet selbst, welcher ihr am besten gefällt. Und diese Entscheidung ist für uns Menschen nicht immer nachvollziehbar.

Sobald sie sich für einen Kater entschieden hat, was bei Tieren, die einander völlig fremd sind, mehrere Stunden dauern kann, kommt es zu einer schnellen Paarung. Der Kater steigt von hinten auf und beißt die Katze in den Nacken. Nach der Ejakulation zieht er sich hastig zurück, um ihren Krallen zu entgehen. Trotz ihrer aufbrausenden Reaktion lässt sie sich vom selben Kater mehrmals decken, manchmal so lange, bis er erschöpft ist. Es kann aber auch vorkommen, dass sie sich einen oder mehrere neue Partner sucht, bis die Paarungsbereitschaft schließlich endet. Dann macht sich auch der Kater auf die Suche nach einer neuen Partnerin.

WISSENSWERTES
Katzen sehen dreidimensional, was bedeutet, dass sie gleichzeitig die Position eines Objekts oder Beutetiers und die Entfernung zu ihm erkennen. Dasselbe gilt für ihr Hörvermögen.

Oben
Diese Katze demonstriert ihre Paarungsbereitschaft durch die typische Körperhaltung.

Unten
Katzen bei der Paarung.

DAS RANGHÖCHSTE TIER

DIE VORTEILE EINER Stellung am oberen Ende der Rangordnung sind bei Katzen und Katern ein Anrecht auf die besten Schlafplätze und die ergiebigsten Jagdreviere, bei Weibchen die sichersten Verstecke für die Geburt. Sobald die Rangordnungsfrage geklärt ist, leben Katzengruppen relativ friedlich und wohlwollend zusammen, bis der nächste Herausforderer auftaucht.

Die Sozialstruktur verwilderter Katzen basiert auf ihrer Paarungsaktivität und bietet keinen Platz für kastrierte Kätzinnen oder Kater. Eine entlaufene oder ausgesetzte kastrierte Hauskatze ist in einer solchen Katzengemeinschaft chancenlos und zu einem einsamen Leben mit ständigen Übergriffen verdammt.

DAS SOZIALLEBEN DER HAUSKATZEN

HAUSKATZEN HABEN KEINE Gelegenheit, ein Sozialgefüge aufzubauen, wie es ihre verwilderten Verwandten tun, denn wenn sie kastriert sind, fehlt ihnen der Geschlechtstrieb, auf dem das Sozialleben der wilden Katzen basiert. Aber Hauskatzen, die nachts hinausgelassen werden, zeigen oft eine abgeschwächte Variante dieses Soziallebens. Sie versammeln sich in Gruppen an geeigneten Orten wie etwa auf einem Flachdach, gewöhnlich außerhalb ihrer angestammten Reviere, und verbringen die Nacht schnurrend, sich putzend oder einfach nur still beobachtend. Solange keine fremde Katze auftaucht, vertragen sich die Tiere recht gut, zumal es weder zu sexuellen Annäherungen noch zu aggressivem Verhalten kommt. Gegen Morgen kehren die Katzen dann wieder in ihre eigenen Reviere zurück. Offensichtlich genießen sie das gesellige Beisammensein.

Ein vergleichbares Verhalten lässt sich in Tierheimen beobachten, wo viele Katzen sich einen weitläufigen, aber begrenzten Raum teilen müssen, aber auch bei wil-

den Kolonien in Großstädten, die zum Beispiel auf dem Gelände eines Krankenhauses, eines Bahnhofs oder einer Kirche leben. Typischerweise legen die Katzen Wert auf ihren eigenen Bereich, rücken aber trotzdem so dicht zusammen, dass ein gewisser sozialer Kontakt gegeben ist. Dafür muss jedoch genügend Platz vorhanden sein. Wie die meisten Säugetiere reagieren auch Katzen auf Gedränge mit Neurosen und Aggression. In solchen Fällen werden die schwächeren und anspruchsloseren Tiere von den stärkeren vertrieben.

GESELLSCHAFT

HAUSKATZEN, VOR ALLEM, wenn sie als Jungtiere ins Haus kommen, modifizieren dieses Verhalten manchmal, indem sie den Kontakt zu Hunden oder anderen Haustieren suchen. Dabei sind sie anfangs sehr vorsichtig. (Kommen andere Tiere nach ihnen ins Haus, reagieren sie meist nicht so freundlich auf die Eindringlinge.) Es kann vorkommen, dass Katzen sogar artfremde Gefährten putzen, sich ankuscheln und mit ihnen spielen. Begrüßt werden auch sie mit dem hoch gestellten Schwanz, der bei der Begegnung von zwei einander freundlich gesinnten Katzen zu beobachten ist. Viele Pferdebesitzer kennen die Freundschaften, die gelegentlich zwischen den Mäusefängern im Stall und den Pferden entstehen.

Der Mittelpunkt im Leben einer Hauskatze ist ihre Familie. Auch wenn sie sie scheinbar die meiste Zeit ignoriert, sich von ihnen fern hält oder schläft, reproduziert sie innerhalb der häuslichen Möglichkeiten Aspekte des Verhaltens wilder Katzen, das vom Wunsch nach stiller Gesellschaft und unaufdringlichem Beistand geprägt ist. Zugleich aber, vielleicht weil ihre natürliche Entwicklung durch die Domestizierung unterbrochen wurde, verlangen sie weiterhin nach kätzchenhaftem Spiel und körperlichem Kontakt, auf den ihre wilden Verwandten keinen Wert mehr legen.

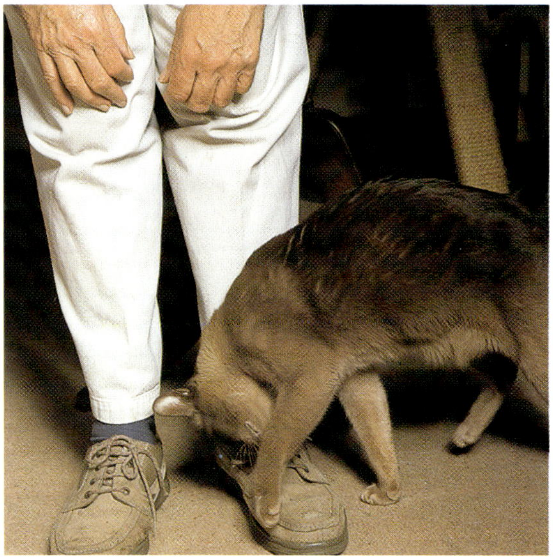

WISSENSWERTES

Dusty, eine Hauskatze aus Texas, hat zwischen 1935 und 1952 angeblich 420 Nachkommen hervorgebracht.

Oben links
Hier sind Katze und Hund gute Freunde.

Oben rechts
Beim „Köpfchengeben" markiert die Katze ihren Besitzer mit ihrem Duft.

Unten
Diese beiden Kätzchen leisten einander beim Spiel mit der Topfpflanze Gesellschaft.

Genetik und Vererbung

DIE KÖRPERLICHEN MERKMALE jeder Katze – Körperform, Länge und Lockigkeit des Fells, Farbe von Fell und „Points", Geschlecht und Ähnliches – werden von den Genen bestimmt. Für die Biologen sind sie der Genotyp.

GENE UND CHROMOSOMEN

BEI DER BEFRUCHTUNG EINER Eizelle durch ein Spermium vereinigen sich zwei verschiedene Gensätze zum Genotyp des Nachwuchses. Die Gene befinden sich auf den Chromosomen, fadenförmigen Strukturen innerhalb der Zellen, die aus DNA-Molekülen zusammengesetzt sind. Jedes Chromosom enthält eine unglaubliche Menge an Genen, also chemischen Verbindungen, von denen einige die körperlichen Merkmale (den Genotyp) der Nachzucht bestimmen. Katzen haben 38 Chromosomenpaare (acht weniger als Menschen) in jeder Zelle; jeweils eine Hälfte stammt von einem Elternteil. Da sich der Genotyp von Vater und Mutter unterscheidet und beide nur die Hälfte ihrer Gene an die befruchtete Eizelle weitergeben, bekommt der daraus entstehende Wurf eine Genauswahl, die sich von der der Eltern unterscheidet, aber auf Elementen ihrer Gene beruht.

WISSENSWERTES

Die Pfotenballen von Katzen sind so wärmeempfindlich, dass sie jeden warmen Schlafplatz finden, sei es die Motorhaube eines Autos oder die Heizungsrohre im Fußboden.

DIE ENTSTEHUNG VON MERKMALEN

MIT ZWEI AUSNAHMEN KOMMEN die Chromosomen, die bestimmen, welche Merkmale die Kätzchen von ihren Eltern erben, paarweise vor. Diese beiden Ausnahmen sind die Geschlechtschromosomen, die sich entweder entsprechen oder nicht. Das Weibchen trägt immer ein X-Chromosom (weiblich). Das Männchen gibt entweder ein X-Chromosom (weiblich) oder ein Y-Chromosom (männlich) weiter. Wenn zwei X-Chromosomen zusammentreffen, wird der Nachwuchs weiblich. Ein X- und ein Y-Chromosom bringen ein männliches Tier hervor. Das Zusammentreffen von Y und Y ist ausgeschlossen, weil weibliche Tiere kein Y-Chromosom haben. Aus diesem Grund sind es immer die Gene des Vaters, die das Geschlecht des Nachwuchses bestimmen. Das ist auch beim Menschen und nahezu allen anderen Tierarten so.

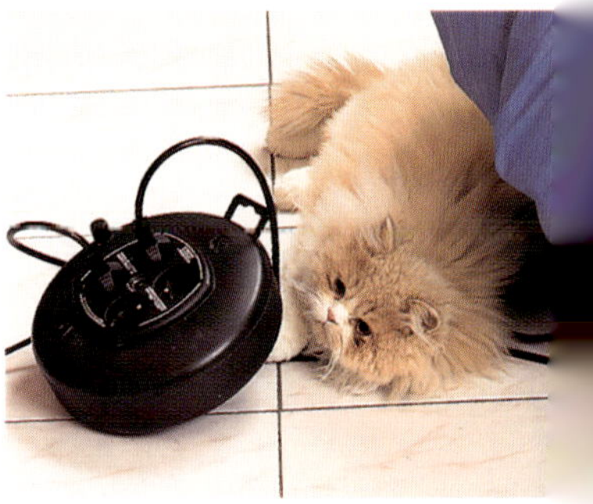

Die übrigen Chromosomen tragen ihre Gene in einer bestimmten Reihenfolge, sodass die Gene, die für bestimmte körperliche Merkmale wie etwa die Haarlänge zuständig sind, in Paaren angeordnet werden, die man Allele nennt. Nur eines der Gene von jedem Allel wird an den Nachwuchs weitergegeben. Wenn beide Gene identisch sind und zum Beispiel kurzes Haar bedingen, wird das Kätzchen ohne Zweifel kurzhaarig sein. In diesem Fall spricht man von einem homozygoten (reinerbigen) Allel für die Haarlänge. Wenn eines der zuständigen

Mitte und oben
Alle körperlichen Merkmale von Lebewesen (deren Phänotypus) werden von den Genen (Genotypus) bestimmt.

Unten
Diese Kätzchen sind aus einem Wurf. Ihr unterschiedliches Aussehen erklärt sich dadurch, dass sie verschiedene Genkombinationen geerbt haben.

Gene kurzes und das andere langes Haar bedingt, werden die Kätzchen kurzhaarig sein. Das Allel für die Haarlänge wird dann als heterozygot (gemischterbig) bezeichnet. Die letzte Möglichkeit ist das Zusammentreffen von zwei Genen für langes Haar (ein homozygotes Allel für Langhaarigkeit). In diesem Fall ist auf jeden Fall mit langhaarigen Kätzchen zu rechnen.

DOMINANT UND REZESSIV

DIE ENTSCHEIDENDE Frage bei diesen drei möglichen Kombinationen ist, was bei heterozygoten Allelen passiert, deren Gene nicht die gleichen Informationen transportieren. Wieso ergibt kurzes Haar plus langes Haar kurzes Haar? Das liegt daran, dass das Gen für Kurzhaarigkeit dominant ist und das für langes Haar rezessiv. Dominante Gene „siegen" immer über rezessive und setzen sich durch. Wenn kein dominantes Gen im Allel vorhanden ist, wie zum Beispiel bei zwei Genen für Langhaarigkeit, dann kommen die rezessiven Gene zum Zug und können sich vererben. Bei den Genen für die Fellfarbe, die Form der Ohren und der Nase, den Körperbau, die Schwanzlänge und Ähnliches verhält es sich wie bei den Genen für die Haarlänge. Manche sind dominant, andere rezessiv, und alle machen mit beim Tanz der Gene, aus dem schließlich ein neues Lebewesen hervorgeht.

Aber das ist nicht alles: Würden in jeder neuen Generation immer nur die dominanten Gene aufeinander treffen, kämen die rezessiven nicht mehr zum Zug. Rezessive Merkmale wie Langhaarigkeit würden von einer Generation zur nächsten seltener werden und schließlich ganz verschwinden. Aber die rezessiven Gene, die bei der Ausprägung eines bestimmten Merkmals in einem Lebewesen keine Rolle spielen, werden trotzdem in seinem Erbgut weitergegeben. Wenn es später zur Paarung mit einem Partner kommt, der ebenfalls dieses rezessive Gen trägt und weitergibt, werden rezessive Merkmale wie Langhaarigkeit aus dieser Verbindung resultieren. Das erklärt, warum manche Merkmale für eine Generation oder länger verschwinden und dann plötzlich wieder auftauchen.

VERERBUNG

ALS VERERBUNG WIRD die Weitergabe von Merkmalen einer Generation an die nächste bezeichnet. Zwei Faktoren komplizieren diesen an sich einfachen Vorgang. Der eine ist, dass es einige wenige Gene gibt, die immer zusammenhängen und auch nur zusammen vererbt werden, obwohl das bei den meisten Genen, wie dem für die Haarlänge, nicht der Fall ist. Ein Beispiel dafür findet sich bei Schildpattkatzen. Die Fellfarbe der Katze ist durch ihre Gene bestimmt. Sie hängt von der Beschaffenheit der Hautzellen ab. Da die Gene für Rot und Schwarz mit den X-Chromosomen zusammenhängen, können weibliche Katzen Rot und Schwarz erben, was die Schildpattfärbung ergibt.

Kater können entweder Rot oder Schwarz erben, aber nicht beides, weil sie nur ein X-Chromosom haben. Das erklärt, warum nahezu alle Schildpattkatzen weiblich sind. Die ganz selten vorkommenden Schildpattkater sind fast immer unfruchtbar. Das Gen für die rote Fellfarbe wird als geschlechtsgebunden bezeichnet. Es gibt aber noch andere Genverbindungen, die nichts mit den X- oder Y-Chromosomen zu tun haben, und ganz bestimmte Merkmale hervorbringen. Beispiele hierfür finden Sie auf den folgenden Seiten.

WISSENSWERTES

Katzen haben ein drittes Augenlid, die so genannte Nickhaut. Sie ist durchscheinend und schützt die Augen, während die Katze döst und auf Beute wartet.

Oben
Die Katzenmutter gibt immer X-Chromosomen weiter und hat daher keinen Einfluss auf das Geschlecht des Nachwuchses.

Mitte
Das Schildpatt-Gen ist geschlechtsgebunden.

Unten
Auch wenn diese Schildpattkatze ganz anders aussieht als die oben, sind doch beide Tiere weiblich.

Anfangs waren alle Katzen kurzhaarige Tiger. Im Laufe vieler Generationen haben mutierte Gene für all die Varianten gesorgt, die wir heute bei Katzen kennen: Die Farben wurden blasser, die Tigerstreifen verschwanden, neue Abzeichen entstanden und verschiedene neue Farben tauchten auf, die die alten verdrängten. Alle so genannten blauen (eigentlich grau-blauen) Katzen zum Beispiel tragen ein mutiertes, nämlich verblasstes Gen für schwarze Fellfarbe. Die meisten mutierten Gene sind rezessiv; es kann also ein paar Generationen dauern, bis die Mutation verlässlich auftritt. Aber sobald es zu einer Mutation gekommen ist, also Gene sich verändert haben, kann der Fehler nicht wieder korrigiert werden. Er wird somit an die folgenden Generationen weitergegeben.

Mutationen, die wichtigere Merkmale betreffen als die Haarfarbe – zum Beispiel die Körperform oder eine größere Toleranz gegenüber Hitze – können zur Grundlage evolutionärer Veränderungen werden. Auch wenn unsere heutige getigerte Hauskatze der Afrikanischen oder Europäischen Wildkatze noch ähnelt, ist sie genetisch doch anders. Auch ohne die Züchter, die in den letzten 100 Jahren auf die Gene der Katze eingewirkt haben, hätten Umwelteinflüsse sie so verändert, dass sie mit dem Tier, das vor 5000 Jahren zum ersten Mal mit Menschen in Kontakt kam, kaum noch was gemein hat.

MUTATIONEN

DER ZWEITE FAKTOR, der die Vererbung kompliziert, ist die Mutation. Sie ist allerdings der Grund für die verschiedenen Körperformen, Fellfarben und -längen und die Merkmale, an denen sich Katzenfreunde erfreuen und die die Spezialzucht erst ermöglichen. Zu Mutationen kommt es, wenn bei der Weitergabe der Gene von einer Generation an die nächste etwas schief geht. Wenn es keine Mutationen gäbe, würden alle Hauskatzen der Welt heute noch aussehen wie die Afrikanische Wildkatze, die Europäische Wildkatze, die Rohrkatze oder vielleicht wie der Manul, obwohl dieser als Langhaarkatze selbst durch eine Mutation entstanden ist.

WISSENSWERTES

Ein aussagekräftiges Zeichen für die Gesundheit einer Katze ist der Nasenspiegel. Ist er kalt und ungewöhnlich feucht, kann die Katze Schnupfen oder sogar Grippe haben.

Oben
Die getigerte Kurzhaarkatze ist der Vorfahr aller Hauskatzen.

Unten
Auch wenn diese Tigerkatze wie eine Europäische Wildkatze aussieht, sind die beiden genetisch doch verschieden.

MUTIERTE RASSEN

MANCHE Mutationen, darunter auch die, die blaue Katzen hervorbringt, sind schon so lange vorhanden, dass es kaum noch jemand weiß. Wir akzeptieren, dass es grau-blaue Katzen gibt, ebenso wie wir akzeptieren, dass andere Katzen getigert sind. Dabei überlegen wir nicht, welche genetischen Schritte nötig waren, um aus einer Tigerkatze eine blaue werden zu lassen. Aber manchmal kommt es durch eine Mutation zu einem besonders spektakulären und neuartigen Ergebnis. Das ist in den letzten Jahrzehnten mit der Schottischen Faltohrkatze (bei der eine Mutation angelegte Ohren hervorgebracht hat), der Sphinx (einer fast haarlosen Katze) und den Rexkatzen (deren Fell lockig ist) passiert. In der Natur sich selbst überlassen, wären diese zufälligen Mutationen wahrscheinlich wieder im Genpool untergegangen und verschwunden. Zum Glück sind sie aber Leuten aufgefallen, die in der Welt der Katzenzucht etwas zu sagen hatten. Sie züchteten von diesen Mutationen ausgehend gezielt weiter, sodass aus jeder von ihnen eine neue Rasse geschaffen werden konnte.

UMWELTBEDINGTE MUTATIONEN

VON DEN GENETISCHEN Abläufen her ähnlich, wenn auch ohne besondere Bedeutung, sind Mutationen, die durch Strahlung oder Umweltgifte ausgelöst werden. Sie führen zu Missbildungen bei den Jungtieren, die jedoch meist eingehen oder unfruchtbar sind, sodass die Mutationen von selbst wieder verschwinden.

Abgesehen von diesen umweltbedingten Mutationen gibt es auch eine Reihe genetischer Defekte, die entstehen können, wenn ein bestimmtes Gen für Fehler anfällig ist. So ist mit dem dominanten Weiß-Gen W, das Weißhaarigkeit bewirkt, eine Neigung zur Taubheit verbunden, die vor allem bei weißen Katzen mit blauen Augen, zum Teil aber auch bei solchen mit orange- oder verschiedenfarbigen Augen auftritt. Die Taubheit beruht auf einer unheilbaren Fehlentwicklung im Innenohr und beginnt kurz nach der Geburt. Den tauben Kätzchen fehlt damit ein lebenswichtiger Sinn. Auch ihr Sozialverhalten ist beeinträchtigt, weil sie nicht auf die Lautäußerungen ihrer Mutter reagieren können. Wenn es sich um ein Weibchen handelt, das seinerseits Junge bekommt, verschlimmert sich die Lage, weil die Katze die Schreie ihres Nachwuchses nicht wahrnimmt und sie deswegen vernachlässigt. Die einzige Lösung ist, mit einer tauben Katze nicht zu züchten und sie möglichst bald kastrieren zu lassen.

Andernfalls kann das Weiß-Gen rezessiv bleiben und sich in einer der nachfolgenden Generationen wieder manifestieren. Es stimmt übrigens nicht, dass alle weißen Katzen taub sind. Eigentlich ist Taubheit leicht festzustellen, aber da taube Katzen über eine gesteigerte Empfindlichkeit der Pfotenballen verfügen, spüren sie die durch Schritte ausgelösten Erschütterungen des Bodens, wenn jemand ins Zimmer kommt, auch wenn sie die Person nicht hören können.

Oben links
Die Farbe dieses blauen Kätzchens ist das Resultat eines mutierten Schwarz-Gens.

Mitte links
Das Rassemerkmal der Schottischen Faltohrkatze sind die anliegenden Ohren – eine genetische Mutation.

Unten
Diese Katze ist auf der Seite ihres blauen Auges wahrscheinlich taub.

WISSENSWERTES
Wenn Katzen nach einem Sprung oder Sturz den Kopf schütteln, tun sie das, um das Gleichgewichtsorgan im Ohr wieder auszurichten. Die darin enthaltene Flüssigkeit gibt Informationen über die derzeitige Lage im Raum.

Oben
Das Schielen der Siamesen ist die Folge einer Genmutation, die zu unscharfem Sehen führt. Die Katze versucht, das auszugleichen.

Unten
Manxkatzen leiden durch Genmutationen besonders oft unter deformiertem und nicht lebensfähigem Nachwuchs.

SCHWIERIGKEITEN DURCH MUTATIONEN

BEI SIAMKATZEN kann das Siam-Gen eine unerwünschte Begleiterscheinung verursachen, die die Nervenverbindung zwischen Augen und Gehirn betrifft. Dadurch wird das räumliche Sehen beeinträchtigt. Betroffene Katzen sehen unscharf und können Distanzen nur schlecht abschätzen. Um dies zu korrigieren, gewöhnen sich manche Siamesen das Schielen an, was bei Zuchtkatzen als Mangel gilt. Als Hauskatzen finden die schielenden Siamesen jedoch immer wieder Liebhaber. Wenn Sie ein solches Tier zu sich nehmen wollen, sollten Sie bedenken, dass es für den Rest seines Lebens behindert sein wird.

Manche Gene sind besonders störanfällig. Ein Beispiel ist das dominante M-Gen, das die Schwanzform der schwanzlosen oder kurzschwänzigen Manxkatzen hervorbringt. Eine homozygote Paarung von Manxkatzen führt unweigerlich zum Absterben der Feten im Mutterleib und auch bei heterozygoten Paarungen kommt es manchmal zu tödlichen Missbildungen. Darüber hinaus ist das M-Gen überaus instabil – das beweisen Manx-Würfe, bei denen Jungtiere ohne Schwanz, mit einem Stummelschwanz und mit fast normalen Schwänzen vertreten sind. Ein Experte bemerkte aufgrund der Häufung von Erbkrankheiten bei dieser Rasse, dass sie, „wäre sie eine moderne Züchtung, keinesfalls anerkannt werden dürfte". Ein solch peinlicher Ausschluss aus den Zuchtbüchern bleibt dieser Rasse nur erspart, weil sie schon vor etwa 300 Jahren nicht durch züchterische Experimentierfreude, sondern durch eine spontane Mutation entstand, die sich nur durch die isolierte Lage der Isle of Man, wo sie auftrat, erhalten konnte.

ERERBT ODER ERLERNT?

DIE GENE, DIE DIE SICHTBAREN Merkmale bestimmen, sind nur ein Bruchteil der unzähligen Geninformationen, die ein Geschöpf wie die Katze ausmachen. Die anderen bilden funktionale Teile wie die Organe, von denen viele unwillkürlich und unbemerkt arbeiten, und andere Eigenschaften wie den Geschmackssinn, den Jagdtrieb und die Aggressionsbereitschaft, die vom Katzenbesitzer wahrgenommen werden. Und hier stellt sich die Frage, ob diese Eigenschaften angeboren oder erlernt sind. Tatsache ist, dass eine träge, faule Katzenmutter keine guten Jäger

> **WISSENSWERTES**
> Die dreifarbige Hauskatze Towser hält wohl den Rekord im Mäusefangen: Sie hat in ihrem Leben schätzungsweise 29 000 Stück erbeutet, also durchschnittlich drei am Tag.

hervorbringt, Stallkatzen dagegen eine Generation von Mäusefang-Champions nach der anderen gebären. Die ersten Lebenswochen eines Kätzchens, in denen es so viel und so intensiv lernt wie kaum ein anderes Tier, spielen hier zweifellos die entscheidende Rolle. Aber ob der Jagdtrieb anerzogen, ererbt oder eine Kombination aus Erziehung und Vererbung ist, werden wir wohl nie erfahren.

ANGEWANDTE GENETIK

KATZENZÜCHTER MACHEN SICH DAS moderne Verständnis der Vererbungslehre auf zweierlei Weise zu Nutze. Wenn sie versuchen, „rein" zu züchten, das heißt, Katzen hervorzubringen, die dem vom Katzenzüchterverband festgelegten Rassestandard möglichst genau entsprechen, achten sie darauf, keine genetischen Variationen einzukreuzen, wenn es sich vermeiden lässt. Natürlich geht das nicht immer, weil rezessive Gene manchmal erst nach Generationen zum Tragen kommen. Die Praxis, Abstammungsnachweise zu erstellen, in denen möglichst viele Vorfahren der Katze beschrieben sind, bietet eine gewisse Sicherheit, aber absolut sicher ist nicht einmal dieser Blick auf die Ahnentafel. Das ist auch der Grund, warum Züchter manchmal Rassekätzchen verkaufen, die vollkommen gesund sind, aber in Körperbau oder Farbe nicht dem Standard entsprechen.

Es gibt aber auch Züchter, die gezielt mit Mutationen weiterzüchten, um bestimmte Merkmale herauszustellen. Zum Teil wurden durch ihre Bemühungen neue Rassen hervorgebracht, die mittlerweile anerkannt sind. Oft wird diese Anerkennung aber auch verweigert, entweder, weil die „neue" Rasse sich kaum von einer vorhandenen unterscheidet, oder weil die Tiere gehäuft unter gesundheitlichen Problemen leiden.

GEHÖRT DER DESIGNERKATZE DIE ZUKUNFT?

DIE ENGE ZUSAMMENARBEIT zwischen Katzenzuchtverbänden und Tierärzten verhindert zum Glück Versuche, durch genetische Manipulation „Designerkatzen" zu schaffen. Zwar hört man gelegentlich von Züchtern, denen es angeblich gelungen ist, zum Beispiel „Zwergkatzen" zu züchten. Aber was die Anerkennung neuer Rassen angeht, sind die Zuchtverbände äußerst streng, sodass die schlimmsten Auswüchse abstruser Zuchtversuche glücklicherweise verhindert werden. Nach rund einem Jahrhundert der Erfahrung wissen diese Organisationen mittlerweile so viel über die Natur der Hauskatze, dass sie alles im Keim ersticken, was ihre Genetik so verändern würde, dass sie kein lebenswertes Leben mehr führen könnte.

Oben
Stallkatzen werden von Geburt an auf ein Leben als Mäusefänger vorbereitet.

Katzen-Terminologie

DIESES KAPITEL ERLÄUTERT die Fachbegriffe, die Tierärzte und Züchter verwenden, um die verschiedenen Katzenrassen, -typen und -varietäten zu beschreiben und die Standards für Zuchtkatzen zu definieren. Zunächst einige Worterklärungen.

WISSENSWERTES

Katzen reagieren sehr empfindlich auf Chlorgeruch im Wasser. Deshalb trinken sie viel lieber aus einer Pfütze oder einem Teich als aus ihrem Wassernapf mit frischem Leitungswasser.

TYP

ALS TYP BEZEICHNET man äußere Merkmale wie Kopf- und Körperform, die eine Rasse charakterisieren. Manchmal wird der Begriff Typ auch verwendet, um die Ähnlichkeit einer Hauskatze zu einer bestimmten Rasse zu beschreiben. So könnte man zum Beispiel von seiner Hauskatze sagen, dass sie im Typ der Europäischen Kurzhaarkatze entspricht. Das bedeutet, dass sie tatsächlich keine reinrassige Europäische Kurzhaarkatze ist, sondern zufällig alle Merkmale dieser Rasse aufweist.

RASSE

DER BEGRIFF RASSE bezieht sich auf Katzen, die dieselben körperlichen Merkmale haben und deren registrierte Abstammung sich über mehrere Generationen zurückverfolgen lässt. Er ist relativ unpräzise, denn was in diesem Land und in dieser Epoche als Rasse anerkannt ist, wird in jenem Land in einer anderen Zeit vielleicht strikt abgelehnt. Alle Exemplare einer Rasse weisen gemeinsame Merkmale, etwa die Körperform, auf, können aber in anderen Punkten, zum Beispiel der Fellfarbe, differieren. So weiß zum Beispiel jeder Katzenfreund, was mit der siamesischen oder abessinischen Rasse gemeint ist, während der Unterschied zwischen einem Siamesen und einem Balinesen für einen Laien eher Haarspalterei ist.

VARIETÄTEN

EINE VARIETÄT IST eine Unterabteilung innerhalb einer Rasse, die sich meist durch ihre Farbe abhebt, manchmal aber auch durch andere Merkmale. (Bei den Manxkatzen zum Beispiel, bei denen nur absolut schwanzlose Katzen dem Rassestandard entsprechen, gibt es drei Varietäten mit verschiedenen Längen des verkümmerten Schwanzes.) Eine Rasse kann aber auch aus nur einer Varietät bestehen; so ist es zum Beispiel bei der Russisch Blau, die in Großbritannien und Nordamerika nur in einer Farbe anerkannt wird, während man in Neuseeland auch Russisch Weiß und Russisch Schwarz züchtet. Bei manchen Rassen ist die Zahl der Varietäten sehr groß. In Großbritannien und Nordamerika sind zum Beispiel rund 60 Perser-Varietäten anerkannt, allerdings nicht alle in beiden Ländern. In manchen

Oben
Dieser rote Tabby ist ein Europäisch Kurzhaar und entspricht zum Beispiel durch sein rundes Gesicht im Typ voll dem Zuchtziel.

Unten
Abessinier haben bestimmte Rassemerkmale, die sie von anderen Rassen unterscheiden.

Fällen gilt die Varietät in einem anderen Land als eigene Rasse und im anderen nicht.

Die Chromosomen, von denen jeder Elternteil die Hälfte beisteuert, enthalten alle genetischen Informationen. Sie bestimmen, welches Geschlecht ein Kätzchen hat und wie es aussieht, sorgen aber auch dafür, dass die Organe, Sinne, Instinkte und so weiter angelegt werden und funktionieren. Jedes neue Lebewesen ist das gemeinsame Produkt der zusammentreffenden Gene. Manche von ihnen wirken einzeln, andere in Gruppen, die man Polygene nennt, aber sie alle tragen dazu bei, dass ein neues Kätzchen geboren wird, das die Art und eventuell auch eine bestimmte Zuchtlinie erhält. Dabei geht es allerdings nur um die Arterhaltung: Genetisch gesehen spielt es keine Rolle, ob das Kätzchen lang- oder kurzhaarig ist, schwarz, getigert oder dreifarbig, hübsch oder hässlich, ein Champion oder eine Straßenkatze, ein Zuchttier oder ein verwöhnter Liebling, eine Katze, die nur das beste Futter bekommt, oder eine, die fressen muss, was sie finden kann. Denn im Moment der Geburt der Nachkommen haben die Genetik und die Natur ihre Arbeit getan.

RASSESTANDARD

IN DIESEM ABSCHNITT geht es um die von Katzenzuchtverbänden und Tierärzten vorgenommene Einteilung der Rassekatzen in verschiedene Standards, die auf bestimmten körperlichen Merkmalen der Tiere basieren. Es wurde zum Beispiel geschätzt, dass die genetischen Möglichkeiten mindestens 2000 verschiedene Fellfarben zulassen. Wenn man diese Zahl mit der Zahl der Katzenrassen multipliziert und dann noch mit den anderen Variablen innerhalb jeder Rasse, kommt man auf eine schier astronomische Zahl, selbst wenn einige der Kombinationen genetisch nicht möglich sind oder die daraus resultierenden Tiere nicht lebensfähig wären. In der Praxis konzentrieren sich die Katzenzüchter daher auf einen kleinen Bruchteil der möglichen Variationen und die Zuchtverbände betrachten jede Neuzüchtung, für die es noch keinen Standard gibt, mit Argwohn. Sie wird vor der Anerkennung einer genauen Untersuchung und Prüfung unterzogen.

Wenn ein Rassestandard für eine neue Katzenrasse aufgestellt wird, bedeutet das nicht automatisch, dass eine neue Rasse entdeckt wurde. Solche Neuentdeckungen sind selten; in den letzten 100 Jahren ist es nur einige Male vorgekommen, und meist hat es sich dabei um Mutationen gehandelt. Das lässt vermuten, dass der Genpool der Katzen noch einige Asse im Ärmel hat. Wenn ein Zuchtverband eine „neue" Rasse oder Farbe anerkennt, bedeutet das nur, dass die Abstimmung unter den Zuchtleitern positiv ausgefallen ist und eine Anerkennung erfolgt. Aber eine Katze bleibt immer eine Katze, und auch wenn Körperform, Haarlänge, Haarfarbe und andere Merkmale aufgrund der genetischen Bandbreite ein wenig differieren, sollten wir darüber nicht vergessen, dass alle Hauskatzen, vom edlen Siamesen bis zur gewöhnlichen Straßenkatze, derselben Art angehören: *Felis catus.*

WISSENSWERTES
Katzen putzen sich nur, wenn sie sich geborgen fühlen. Wenn man ihre Pfoten mit Butter bestreicht, fangen sie an sich zu putzen, was eine beruhigende Wirkung hat.

Oben
In Großbritannien und den USA ist bei der Russisch Blau nur diese Farbe zugelassen.

Unten
Die Abbildungen zeigen die verschiedenen Fellfarben der Katze.

WISSENSWERTES
Weibliche Katzen werden in Züchterkreisen oft als „Kätzinnen" bezeichnet. Die englische Entsprechung lautet übrigens „queens", Zuchtmännchen heißen dort „toms".

SELEKTIVE ZUCHT

WENN DIE MENSCHEN auf die Idee gekommen wären, beispielsweise den Wüstenluchs zu domestizieren, dann könnten Sie jetzt wahrscheinlich etwas über die große Vielzahl von Wüstenluchs-Typen lesen, die gezielt für die Jagd, das Apportieren, als Wachluchs, Hüteluchs und vielleicht sogar als Rennluchs gezüchtet werden. Ein faszinierender Gedanke, nicht wahr? Vermutlich gäbe es eine große Bandbreite von Körperformen und Felltypen.

Wie sich herausstellte, war der Hund diesen Aufgaben jedoch besser gewachsen, sodass es drei oder vier kleinen Wildkatzenarten zukam, eine etwas anders geartete Beziehung zum Menschen aufzubauen. Trotz allem, was ihnen seitdem widerfahren ist, sei es durch die Evolution, sei es durch das Züchtungsbestreben des Menschen, sind sie noch heute in erster Linie Katzen und erst in zweiter Linie Lebewesen, die einem vom Menschen willkürlich festgelegten Standard entsprechen.

Oben links
Die Ägypter spielten mit dem Gedanken, den Wüstenluchs zur Jagd abzurichten.

Oben rechts
Eine junge Faltohrkatze. Auch diese Rasse entstand durch eine natürliche Mutation.

Unten
Manxkatzen entstanden durch die Mutation eines einzelnen Gens.

KÖRPERBAU

DAS GRUNDLEGENDE MERKMAL jeder Katze ist ihre Körperform: ihr Typ. Er ergibt sich aus Größe und Form, dem Verhältnis zwischen Beinen und Körper, der Länge und Form des Schwanzes, der Kopfform und den Gesichtszügen. Diese Faktoren werden durch Polygene bestimmt, also Gruppen von Genen, die bei fast allen Katzen zusammenwirken und ihre charakteristischen Merkmale hervorrufen. Normalerweise bleiben diese Polygene relativ konstant und die Merkmale, für die sie zuständig sind, verändern sich nicht plötzlich von einer Generation zur nächsten. Sie können natürlich durch die gezielte Zucht über mehrere Generationen verändert werden, wobei bestimmte Faktoren in den Hintergrund treten, während andere stärker hervorgehoben werden.

Es gibt jedoch auch bei dieser Regel Ausnahmen wie zum Beispiel die Mutationen, die die Manx-, die Japanische Bobtail- und die Schottische Faltohrkatze hervorgebracht haben. Darüber hinaus gibt es einen genetischen Irrtum, der gelegentlich dafür sorgt, dass Katzen geboren werden, die mehr als fünf Zehen an jeder Pfote haben. Das sind alles die Folgen eines einzelnen mutierten Gens. Der allgemeine Typ wird jedoch von gruppenweise angeordneten Genen bestimmt, die als einzelne wenig bewirken, zusammen aber für einen bestimmten Köperbau sorgen. In der Regel bleibt der in den Genen der Eltern verankerte und vererbte Körperbau recht gut erhalten. Aus diesem Grund lehnen viele Züchter die Kreuzungszucht rigoros ab, weil durch sie zu viele unbekannte genetische Faktoren ins Spiel kommen. Der Vorschlag, auch Kreuzungsprodukte anzuerkennen, lässt bei Katzenzuchtverbänden in aller Welt stets die Alarmglocken läuten.

DER PLUMPTYP

ES GIBT GRUNDSÄTZLICH ZWEI verschiedene Körperformen bei Katzen. Die eine ist der Plumptyp: Typische Beispiele hierfür sind die Europäische Kurzhaarkatze und der Perser. Der Plumptyp hat einen kompakten, kräftigen

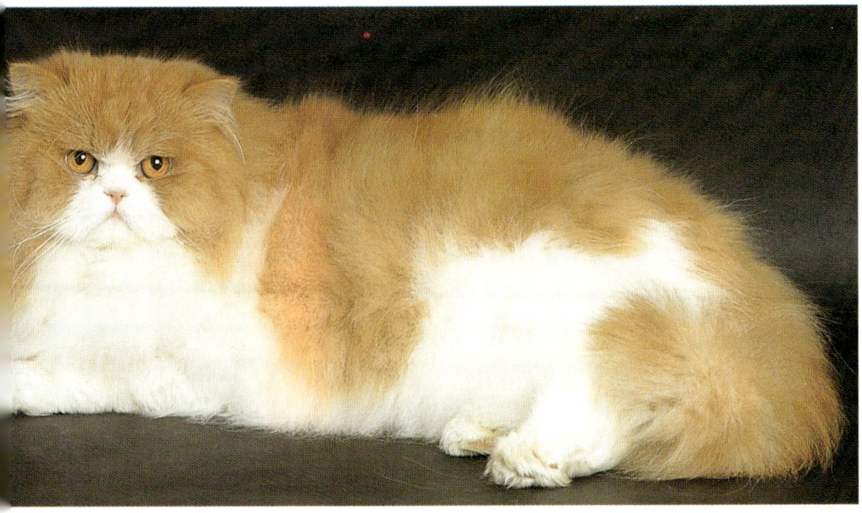

Körper mit einer tiefen Brust, breiten Schultern und breitem Hinterteil; dazu eher kurze Beine, einen kurzen Schwanz und einen kurzen, runden Kopf. Natürlich sind innerhalb dieses Typs auch diverse Variationen möglich. So kann zum Beispiel eine Katze mit einem runden Kopf eine kurze oder mittlere Nase, kleine oder größere Ohren und eng oder weit stehende Augen haben. Die meisten verwilderten Katzen stehen im Plumptyp und auch in Kinderbüchern ist meistens dieser Typ abgebildet.

DER SCHLANKTYP

DAS ANDERE EXTREM, verkörpert zum Beispiel von der Siamkatze, ist der Schlanktyp, der auch Orientale genannt wird, was allerdings keinen geografischen Bezug hat. Der Schlanktyp hat naturgemäß einen schlanken, leichten Körper, einen schmalen, keilförmigen Kopf und lange Beine. Diese Katzen vermitteln den Eindruck von Geschmeidigkeit, fließenden Bewegungen und relativer Leichtigkeit.

Manche Biologen vermuten, dass der Plumptyp aus der Europäischen Wildkatze *Felis silvestris* hervorgegangen ist, während der Vorfahr des Schlanktyps eher die Afrikanische Wildkatze *Felis libyca* gewesen sein dürfte, eventuell vermischt mit der Rohrkatze *Felis chaus* und dem Manul *Otocolobus manul*. Aber das sind Spekulationen. Die typenübergreifende Vermehrung, die in den letzten 5000 Jahren seit der Domestizierung der Katze stattgefunden hat – ganz zu schweigen von der Vermischung der Rassen, zu der es zweifellos schon vorher gekommen ist –, haben ohnehin dafür gesorgt, dass sich die genetischen Pfade der Ursprungsarten schon unzählige Male gekreuzt haben.

ZWEI EXTREME

DIE BEIDEN Extreme, der Plump- und der Schlanktyp, sind am entgegengesetzten Ende einer Skala angesiedelt, auf der unzählige Mischformen existieren. Der Großteil der Rassekatzen gehört zu einer dieser Mischformen und es ist schwierig, einen exakten Rassestandard für sie aufzustellen. Ein wichtiger Unterschied zwi-

WISSENSWERTES
Die nachweislich älteste Hauskatze war ein englischer Tigerkater mit dem einfallsreichen Namen Puss. Er starb einen Tag nach seinem 36. Geburtstag.

Oben
Diese rot-weiße Perserkatze verkörpert mit ihrem runden Gesicht, dem kompakten Körper und den kurzen Beinen den Plumptyp.

Oben rechts
Die schlanke und geschmeidige Siamkatze ist ein typischer Vertreter des Schlanktyps.

Unten
Dieser schildpattfarbene Orientale ist ein Leichtgewicht – auch das ein typisches Merkmal des Schlanktyps.

schen amerikanischen und britischen Züchtern besteht darin, dass die einen großen Wert auf bestimmte Rassemerkmale legen und die anderen nicht. Ob eine bestimmte Rasse eher im Plumptyp steht oder ob sie mehr dem Schlanktyp entspricht, kann dabei ein wichtiges Kriterium sein.

Das bedeutet aber nicht, dass ein Standard besser wäre oder dem Zuchtziel genauer entspricht als der andere; es ist einfach eine Sache des Geschmacks und hängt oft mit der Geschichte einer Rasse im jeweiligen Land zusammen. So bevorzugen die Amerikaner zum Beispiel bei den Perserkatzen einen extrem plumpen Körperbau, während die Briten den leichteren Typ mögen. Diese Vorliebe geht auf die Anfänge der Zucht in den jeweiligen Ländern zurück. Innerhalb einer Rasse und sogar einer Zuchtlinie kommt es gelegentlich zu leichten Variationen in der Körperform, die zum Teil so gering sind, dass sie der normale Katzenfreund nicht einmal wahrnimmt, die die Katze aber trotzdem als Ausstellungs- oder Zuchttier untauglich machen. Aber auch eine Rassekatze, die nicht dem Standard entspricht, ist eine repräsentative Vertreterin ihrer Rasse.

Eine klassische oder typvolle Katze ist eine, die dem für ihre Rasse festgelegten Standard in jeder Hinsicht entspricht. Dabei muss jedoch angemerkt werden, dass diese Standards nicht für die Ewigkeit festgelegt sind. Die „ideale" Siamkatze von 1900 war längst nicht so geschmeidig wie ihre modernen Nachfahren und wäre heute auf einer Ausstellung chancenlos. Der Geschmack hat sich verändert und was die Genetik betrifft, verfügen die Züchter heute über ein ganz anderes Wissen und damit auch Möglichkeiten.

WISSENSWERTES

Ein Schweizer Kätzchen hat es 1950 fertiggebracht, einer Bergsteigergruppe bis auf den Gipfel des Matterhorns in 4478 Metern Höhe zu folgen. Eine unglaubliche Leistung!

DAS FELL

DAS ZWEITWICHTIGSTE MERKMAL zur Unterscheidung der Katzenrassen ist ihr Fell. Generell lässt sich sagen, dass Katzen entweder kurzhaarig wie die Europäische Kurzhaarkatze oder langhaarig wie der Perser sind. Wie schon im Abschnitt über die Vererbung erwähnt, ist die Kurzhaarigkeit der natürliche Zustand. Biologen würden daher sagen: Die „Wildform" hat kurzes Haar. Die Langhaarigkeit ist im Laufe von vielen Jahrhunderten durch ein rezessives Gen entstanden. Sobald eine Katze dieses Gen trägt, kann sich im Laufe mehrerer Generationen das lange Haar als Reaktion auf Umwelteinflüsse entwickeln. So geschah es auch mit dem dicken Pelz der Maine Coon, die den harten Wintern im Nordosten der USA perfekt angepasst ist. Die Länge der Deckhaare variiert zwischen 4,5 Zentimetern bei der Europäischen Kurzhaar und 15 Zentimetern bei der Perserkatze.

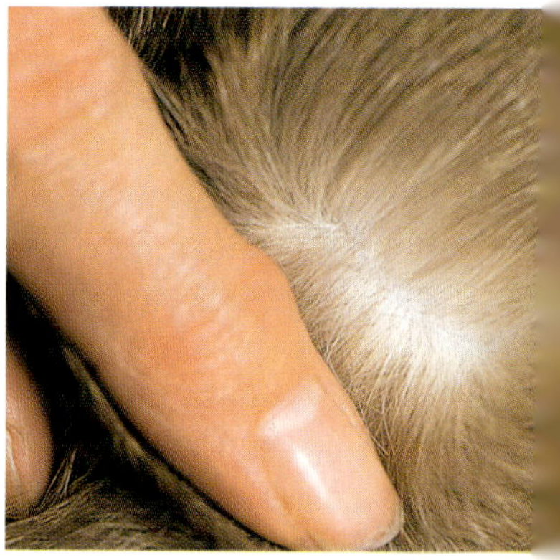

Andere Fellvariationen haben nichts mit der Haarlänge zu tun. Ein Katzenfell besteht aus den langen Leithaaren, den kürzeren Grannenhaaren und den weichen Wollhaaren, die das Unterfell bilden. Die Stärke dieser Haarschichten ist von Rasse zu Rasse verschieden, was sich natürlich auch auf Dichte und Struktur des Fells auswirkt. Beim langen, seidenweichen Fell der Perser zum Beispiel sind die Wollhaare fast genauso lang wie

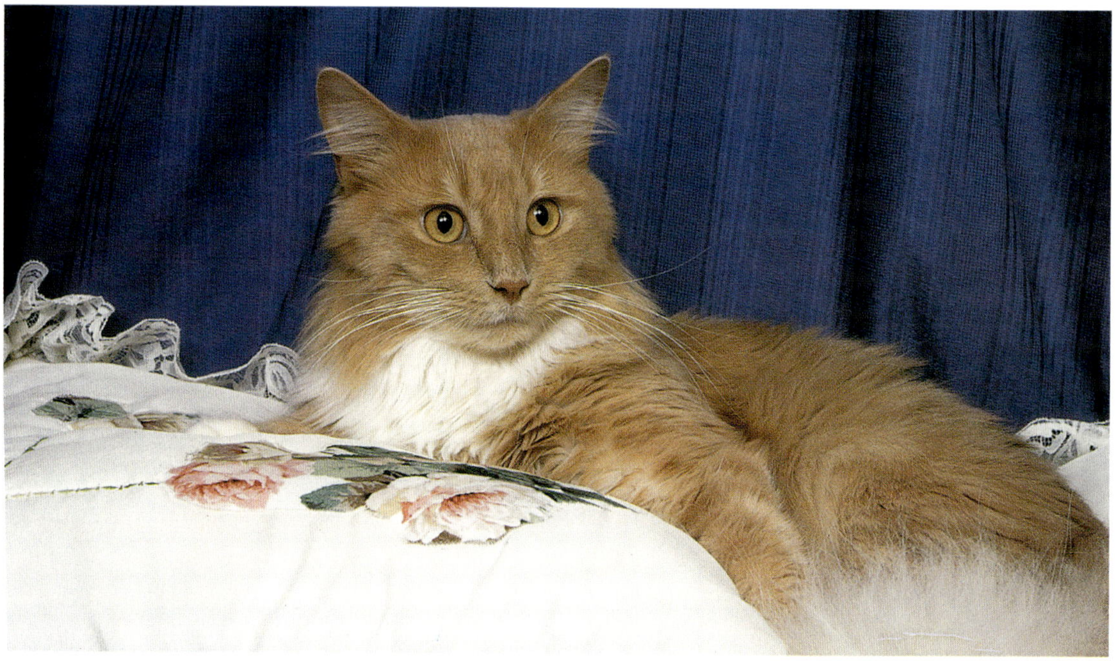

Oben
Bei dieser Kurzhaarkatze werden die Leithaare auseinander gezogen.

Unten
Das dichte Fell der Maine Coon entwickelte sich zum Schutz vor den kalten Wintern in Nordamerika.

die Leithaare, während die Rauheit des Fells der Europäischen Kurzhaarkatze in der Struktur ihrer Leit- und Grannenhaare begründet liegt. Bei der Angorakatze ist das Wollhaar weniger ausgeprägt und das Fell deswegen weniger dicht. Bei der Amerikanisch Drahthaar sind Leit- und Grannenhaare fast gleich lang, aber gekräuselt wie auch die Wollhaare. Im gewellten Fell der Rexkatzen fehlen die Leithaare.

Das im Rassestandard festgelegte „Idealfell" einer bestimmten Rasse ist durch selektive Zucht entstanden, mit der in manchen Fällen schon vor 100 Jahren begonnen wurde. Trotzdem ist selbst bei den beliebtesten Rassen die Zahl der für Ausstellungen geeigneten Exemplare gering, denn es gibt bei jeder Rasse immer viele Nachkommen, deren Fell (oder Körperbau) so individuell ist, dass es von Preisrichtern nicht als repräsentativ und herausragend beurteilt wird.

FELLFARBEN UND -MUSTER

WENN MAN SICH DIE intensive Farbe der Britisch Blau, das zart schattierte Fell des Lilac-Persers oder eine cremefarbene Colourpoint-Langhaarkatze mit dunkleren Abzeichen vorstellt, scheint es kaum möglich, dass die Grundfarbe aller Katzen die braune Tabbyzeichnung ist – unregelmäßige goldbraune Streifen oder Tupfen auf hellerem Fell. Diese Färbung ist eine perfekte Tarnung, die bei Wildtieren häufig zu sehen ist und viele Mitglieder der Katzenfamilie wie etwa den Serval und die Afrikanische Wildkatze kennzeichnet.

Es gibt rund ein Dutzend Gene, die in allen möglichen Kombinationen für die verschiedenen Fellfarben zuständig sind. Die Gene für die Tabby- oder Tigerzeichnung sind zum einen das Agouti-Gen A, benannt nach einem kaninchengroßen Nagetier in Südamerika, und zum anderen eines oder mehrere T-Gene, die die verschiedenen Streifenmuster hervorbringen. Diese Gene sind im Genotyp aller Katzen vorhanden, was bedeutet, dass alle Katzen das Potenzial in sich tragen, getigerten Nachwuchs zu bekommen. Das Agouti-Gen ist dominant und überwiegt somit sein Gegenstück, das durch Mutation entstandene Nicht-Agouti-Gen A, das die Tigerung verhindert.

Aber auch hier gelten die üblichen Regeln der Vererbung: Wenn ein Elternteil ein Tabby ist, werden wegen des dominanten A-Gens auch die Jungtiere Tabbys sein, aber zwei Elterntiere, die nicht getigert sind, können nur ungetigerten Nachwuchs bekommen. Wobei die Unterscheidung zwischen getigert und nicht-getigert nicht immer leicht ist: Sogar einfarbige Kätzchen weisen oft eine zarte Tigerung auf, die manchmal nach einigen Monaten verschwindet oder als kaum erkennbare „Geisterzeichnung" im Fell der ausgewachsenen Katze bestehen bleibt. Es scheint fast so, als bestünden die Katzen entgegen aller genetischen Logik darauf, ihre ursprüngliche und erfolgreiche Tarnung nicht zu verlieren.

WISSENSWERTES
Ein typisches Merkmal aller Katzen ist, dass sie Zehengänger sind. Ihr Mittelfuß berührt im Gegensatz zum Sohlengänger Mensch den Boden nicht, wodurch sie bessere Sprinter sind.

EINFARBIGE KATZEN

SOBALD DAS DOMINIERENDE Agouti-Gen wegfällt, kommen andere Genkombinationen zum Zug, die abhängig von ihrem Zusammenwirken alle nur denkbaren Farben produzieren. Eine der Grundfarben ist Schwarz, das durch das B-Gen entsteht, welches für die Bildung des schwarzen Pigments Melanin in den Haaren zuständig ist. Mutationen des B-Gens bringen Blau (tatsächlich Grau-blau), Chocolate, Cinnamon (hellbraun) und Lilac oder Lavender hervor.

Oben links
Diese Cornish Rex hat keine Leithaare.

Oben rechts
Ein typischer Vertreter des Tabby-Typs.

Mitte
Bei dieser cremefarbenen Europäisch Kurzhaar ist die Geisterzeichnung zu erkennen.

Unten
Beim Fell dieser blauen Kurzhaarkatze erinnert nichts mehr an ihre getigerten Vorfahren.

Das Orange-Gen O bringt Rot und in seiner aufgehellten Version Creme hervor. Allerdings kann sich das Nicht-Agouti-Gen nicht gegen Orange durchsetzen, weshalb das ererbte Tabbymuster immer wieder durchkommt. Das macht die Zucht von einfarbig roten und cremefarbenen Katzen so schwierig. Am Kopf, an den Beinen und am Schwanz tritt häufig die unerwünschte Tigerung auf. Das dominante Weiß-Gen W, eine Mutation, sorgt für ein reines Weiß, aber aus Sicht der Züchter ist es recht unzuverlässig. Eine homozygote W-Paarung bringt zwar einen Wurf weißer Kätzchen hervor, aber die Paarung heterozygoter Tiere einen Wurf, bei dem alle möglichen Farben aus der Vergangenheit der Katzeneltern wieder zum Vorschein kommen. Das Weiß-Gen W ist vom Gen für Weißscheckung S (siehe unten) zu unterscheiden, das im Gegensatz zum W-Gen auch nicht mit Taubheit in Verbindung gebracht wird.

WISSENSWERTES

Katzenmüttern fremde Jungtiere unterzuschieben, ist meistens kein Problem, vorausgesetzt man bestreicht sie mit etwas Vaginalschleim der Mutter, damit sie „richtig" riechen.

Das einfarbige Fell ist jedoch nur ein kleiner Ausschnitt. Andere Gene beeinflussen die Verteilung der Farbe, das Muster, die Farbintensität, die Ausprägung der Points (Gesicht, Ohren, Pfoten und Schwanz) und darüber hinaus das, was man „Spezialeffekte" nennen könnte, worunter Schattierungen und Tipping fallen.

TABBYZEICHNUNG

DIE HÄUFIGSTE TABBYZEICHNUNG ist die gestromte Version mit deutlich abgesetzten, breiten Streifen auf einem helleren, ins Graue gehende Agouti-Grund. Auf Ausstellungen achten die Richter bei dieser Variante auf die gleichmäßigen Zwischenräume zwischen den Ringen an Beinen und Schwanz, auf die von den Streifen an Hals und Brust gebildeten „Halsbänder" und darauf, dass die Streifen auf dem Hinterkopf bis zu denen auf den Schultern reichen. Auf jeder Flanke der Katze sollte sich ein Radmuster aus einem oder mehreren Ringen befinden, dessen Mitte hell ist. Auf der Stirn sollte die Zeichnung wie bei allen Tigerkatzen ein deutlich sichtbares „M" bilden.

Bei getigerten Tabby-Varianten liegen die Streifen dichter beieinander. Sie ziehen sich über die Wirbelsäule, wo sie mit den senkrecht an den Körperseiten verlaufenden zusammentreffen. Wie bei den gestromten Katzen sollen auch bei den getigerten die Beinstreifen

Oben links
Eine einfarbig schwarze Katze.

Oben rechts
Die Farbe dieses Orientalen wird in Großbritannien Lilac genannt und in Nordamerika Lavender.

Unten
Dieser rot gestromte Tabby hat die typischen breiten Streifen im Fell.

Oben
Dieser getigerte Tabby zeigt die typischen, dicht beieinander liegenden Streifen.

Unten links
Dieser Tabby ist silbern getupft und wird in der Fachsprache Spotted Silver genannt.

Unten rechts
Trotz seines jugendlichen Alters ist das „M" auf der Stirn dieses roten Tabby-Katers zu sehen.

WISSENSWERTES
Der Jaguarundi in Südamerika gilt als die am wenigsten „katzenhafte" Katzenart. Er ähnelt einem Marder, kann sehr gut schwimmen und im Regenwald auch behände klettern.

gleichmäßig verteilt sein und zur Körperstreifung passen. Auch hier sind Halsbänder und ein gleichmäßig geringelter Schwanz erwünscht.

VERSCHIEDENE TABBYMUSTER

BEI DEN GETUPFTEN Tabbies haben sich die Tigerstreifen zu kleinen Flecken aufgelöst, die denen des Luchses oder der Pampaskatze ähneln. Getupfte Tabbies sind schwer zu züchten – oft ist der Nachwuchs wieder getigert oder sein Fell weist eine Mischung aus Punkten und Streifen auf. Im Idealfall sind die Tupfen rund und gleichmäßig verteilt, aber bei den meisten getupften Tabbies sind sie von unterschiedlicher Form, Größe und Verteilung. Über den Rücken läuft eine ganze Reihe von Tupfen (manchmal auch ein Streifen) und Beine und Schwanz sind geringelt.

Der so genannte Abessiniertabby (dessen Farbe aber nicht nur bei Abessiniern vorkommt) hat ein reines Agouti-Fell – allerdings sind die Tigerstreifen im Gesicht und manchmal auch an Schwanz und Beinen erhalten. Die Körperhaare sind in der Grund- und der Abzeichenfarbe gebändert.

Die Farbe der Abzeichen aller Tabbies ist genetisch gesehen schwarz, denn das B-Gen ist im Genotyp verankert; allerdings sprechen Züchter grundsätzlich von „Brauntabbies". Aufhellungsgene verändern das Schwarz der Tigerung zu Blau, Schokoladenbraun, Zimt und Lilac. Das Orange-Gen O bringt rote und cremefarbene Tabbies hervor.

SCHILDPATTKATZEN

DAS SCHILDPATTMUSTER, auch Tortoiseshell oder kurz Tortie genannt, setzt sich aus schwarzen und roten Fellpartien zusammen, die manchmal an Puzzleteile erinnern. Wie im Abschnitt über die Vererbung bereits erwähnt, ist das Schildpattmuster geschlechtsgebunden und kommt nur bei Weibchen vor. Als Grundfarbe sind die üblichen Variationen wie Blau,

für diese Katzen von Land zu Land variieren, ist es allgemein erwünscht, dass die Farbe der Points zum Rest des Fells passt; so sollte zum Beispiel eine Blue-Point auch ein bläulich weißes Fell haben.

COLOURPOINTS

DIE SIAMKATZE IST DAS BESTE Beispiel für eine Colourpoint, aber diese Farbvariante kommt auch bei anderen Rassen vor wie etwa bei der Himalayan, einer Siam-Perser-Kreuzung, die in Nordamerika unter dem Namen Colourpoint-Langhaar geführt wird. Der Colourpoint-Effekt steht im Zusammenhang mit der Körpertemperatur der Katze. Die niedrigeren Temperaturen an den Points fördern die Bildung von Pigment. Diese Temperaturempfindlichkeit ist so ausgeprägt, dass Siamkatzen in kalten Gegenden tatsächlich ein dunkleres Fell und damit auch dunklere Points haben als solche aus warmen Regionen. Manchmal sieht man den Effekt auch bei Jungtieren, die in verschiedenen Jahreszeiten geboren wurden, wenn auch die modernen Zentralheizungen mittlerweile für eine ausgeglichene Farbintensität sorgen.

Bei den Katzen mit farbigen Points erscheint schwarz als dunkelbraun, eine Farbe, die von Züchtern seal genannt wird. Siamesen der Seal-Point-Variante stellten die Zuchtgrundlage dar, aus der Blue-, Chocolate- und Lilac-Points entstanden. Inzwischen werden auch rote und -cremefarbene sowie Tabby- und Tortie-Points gezüchtet.

WISSENSWERTES

Die kleinste Katzenrasse trägt den Namen Singapura oder „Rinnsteinkatze". Die ersten Exemplare wogen nur zwei bis drei Kilo, aber auch bei dieser Rasse sind die Kater ein wenig schwerer.

AUGEN

DIE FARBE DER IRIS ist für Katzenzüchter von entscheidender Bedeutung, und auch der normale Katzenfreund unterscheidet zwischen hübschen und weniger ansprechenden Farben. Wenn Kätzchen im Alter von acht bis zehn Tagen die Augen öffnen, sind diese stets blau. Die eigentliche Augenfarbe entwickelt sich erst später. Sie variiert von einem dunklen Orange über verschiedene Schattierungen von Bernstein bis hin zu Grün und Blau. Die Rassestandards schreiben vor, welche Farben akzeptabel sind. Zum Teil unterscheiden sie sich für die einzelnen Varietäten innerhalb einer Rasse, aber bei manchen Rassen sind ganz bestimmte Farben vorgeschrieben. So muss bei den Abessiniern zum Beispiel die Augenfarbe zur Fellfarbe passen, während Siam und Birma immer blaue Augen haben müssen, je intensiver gefärbt, desto besser.

Verschiedenfarbige Augen – ein blaues und ein orangefarbenes – lassen Fremde oft zwei Mal hinsehen, aber so selten kommt dieses Phänomen gar nicht vor, vor allem nicht bei ganz weißen Katzen. Bei weißen Persern kommt es recht häufig vor. Wie bei allen blauäugigen weißen Katzen besteht auch bei ihnen eine Neigung zur Taubheit.

Bei Zuchtkatzen ist nicht nur die Farbe, sondern auch die Form der Augen wichtig. Grundsätzlich sollen Katzen im Plumptyp runde Augen haben und Orientalen mandelförmige. Auch der Abstand zur Nase spielt eine Rolle – bei den schwereren Typen wünscht man sich weit auseinander stehende Augen.

GESICHTSMERKMALE

FORM UND GRÖSSE der Ohren und ihre Position am Kopf sind ebenfalls in den Rassestandards festgelegt. Bei den Abessiniern zum Beispiel sollen die Ohren groß, gespitzt und nach vorne gerichtet sein, um den typisch hellwachen und interessierten Eindruck dieser Katzen zu verstärken. Die Ohren der Perser dagegen wünscht man sich klein, mit abgerundeten Spitzen und etwas nach vorne gerichtet. Zudem sollen sie noch weit auseinander stehen, damit der Kopf die runde Kontur bekommt, die bei den Züchtern so beliebt ist. Die Ohren der Schottischen Faltohrkatze sind einzigartig. Ihre Größe ist variabel, sie

Rechts
Ein Lilac-Point-Siamese. Diese Rasse ist das beste Beispiel für eine Colourpoint-Züchtung.

sind nach vorne geklappt und liegen unterschiedlich fest am Kopf an. Die angelegten Ohren sind ansatzweise schon bei Neugeborenen zu erkennen, entwickeln sich aber erst vollständig, wenn die Katzen ausgewachsen sind.

Größe und Form der Nase sowie die Farbe des Nasenspiegels und der Pfoten sind von Rasse zu Rasse verschieden. Das extremste Beispiel für eine kurze Stupsnase findet sich im amerikanischen Rassestandard für die Perser, in dem ein deutlicher Stopp, also ein Absatz zwischen Nase und Stirn, gefordert ist. Noch extremer ist dies bei der Peke-Face, einer Perservariante mit dem Gesicht eines Pekinesen. Diese Variante ist nicht überall anerkannt, weil die überaus kurze Nase den Tieren nicht nur das Atmen erschwert, sondern auch andere Probleme verursacht.

Das andere Extrem ist die Ägyptische Mau, deren Nase fast nahtlos in die Stirn übergeht und das auffälligste Merkmal ihres Kopfes ist. Den Nasenspiegel wünscht man sich bei fast allen Rassen und Varietäten schwarz, aber es gibt auch einige Ausnahmen. Bei der Orientalisch Kurzhaar zum Beispiel soll er zur Fellfarbe passen, also braun bei den braunen Exemplaren sein, lavendelfarben bei lilac, blau bei blauem Fell und so weiter.

KATZENSCHWÄNZE

DER SCHWANZ WIRD von Katzen als Balancierstange benutzt, ist ein Ausdrucksmittel der Körpersprache und schützt die schlafende Katze außerdem noch vor Zugluft. Er kann lang, dünn und peitschenartig geformt sein wie bei den Siamesen, aber auch buschig behaart wie bei den Maine Coons. Manx und Japanese Bobtail haben entweder gar keinen oder nur einen Stummelschwanz. Dass sie dadurch kaum eingeschränkt sind, ist erstaunlich, wenn man bedenkt, wie stark andere Katzen ihren Schwanz beim Klettern einsetzen. Ein Knickschwanz gilt bei Züchtern auf der ganzen Welt als Fehler. Er kommt bei Siamkatzen besonders häufig vor und obwohl es die abenteuerlichsten Geschichten über die Entstehung dieses Fehlers gibt, ist seine genetische Ursache bis heute nicht geklärt.

PFOTEN

DIE RASSESTANDARDS SCHREIBEN vor, dass die Pfotenballen dieselbe Farbe haben sollen wie der Nasenspiegel, der schwarz oder andersfarbig sein kann (siehe oben). Bei Katzenpfoten sind zwei Anomalien möglich, die durch dominante Gene verursacht werden und bei Ausstellungskatzen nicht toleriert werden. Die Mehrzehigkeit (Polydaktylie) führt zur Ausbildung von sechs oder sieben Zehen, meistens an den Vorderpfoten. Die zweite Anomalie ist der Spaltfuß in einer oder beiden Vorderpfoten, der durch eine Knochendeformation hervorgerufen wird. Die Mehrzehigkeit behindert die Katze nicht, aber Spaltfüße erschweren das Klettern oder machen es sogar unmöglich.

WISSENSWERTES
Die Rostkatze, die im Süden von Indien und in Sri Lanka auf Bäumen lebt, ist mit einer Länge von höchstens 71 Zentimetern die kleinste Wildkatzenart.

Oben
Diese blauäugige Türkisch Angora ist taub, wie die meisten weißen Katzen mit blauen Augen.

Unten
Auch ohne Schwanz ist die Japanese Bobtail ein geschickter Kletterer.

Haus- und Rassekatzen

DIE MEISTEN KATZEN in aller Welt, ganz egal, ob geliebte Kuscheltiere oder Mäusefänger, sind ganz gewöhnliche Hauskatzen. Und auch wenn Züchter oder Preisrichter sie in der Regel keines zweiten Blickes würdigen würden, ist doch jede von ihnen auf ihre Art eine Schönheit.

WISSENSWERTES
Vor allem bei langhaarigen Katzen können die verschluckten Haare im Magen Haarballen verursachen. Fressen sie Gras, so hilft ihnen dies, die Haare zu erbrechen.

Oben rechts
Diese getigerte Schildpattkatze war auf einer britischen Ausstellung Siegerin bei den Hauskatzen.

Oben links
Obwohl Bauernhofkatzen eigentlich zum Mäusefangen gehalten werden, suchen sie den Kontakt zum Menschen und eignen sich auch gut als Haustiere.

Unten
Viele unserer Hauskatzen ähneln dieser Tabby-Katze.

HAUSKATZEN

ALS HAUSTIERE HABEN sie den Vorteil, dass sie gewissermaßen Natur- oder Zufallsprodukte sind, unter deren Vorfahren zweifellos die eine oder andere verwilderte Katze war. Das lässt auf eine robuste Gesundheit schließen, weil schwächliche Exemplare gar nicht erst dazu kamen, sich fortzupflanzen. Die

Hauskatzen sind gewöhnlich weniger launenhaft oder eigenwillig und viel anpassungsfähiger als Rassekatzen. Sie verlangen nicht so stark nach Aufmerksamkeit und sind auch nicht so lebhaft und „gesprächig" wie manche Rassen. Aber auch wenn Sie „nur" eine Hauskatze haben, können Sie mit ihr an manchen Ausstellungen teilnehmen. Die Hauskatzen werden natürlich nicht nach irgendeinem Standard bewertet, sondern bekommen Preise für Gesundheit, Umgänglichkeit und Charme.

MISCHLINGE

ES WIRD GESCHÄTZT, dass mehr als 90 Prozent der Katzen in Europa und Amerika Mischlinge sind. Im Vergleich zur Anzahl der Mischlingshunde wirkt diese Zahl immens, doch man muss bedenken, dass die Zucht von speziellen Hunderassen – Schäferhunden, Jagdhunden, Windhunden, Schoßhunden – schon seit hunderten von Jahren betrieben wird. Das Interesse an der Katzenzucht dagegen ist kaum hundert Jahre alt. Davor war eine Katze einfach eine Katze. Samuel Johnson hat sich bestimmt nie gefragt, welcher Rasse sein geliebter Hodge wohl angehört hat.

ERSTE RASSESTANDARDS

ETWA IN DER MITTE des 19. Jahrhunderts entwickelten die Katzenbesitzer ein gesteigertes Interesse an ihren Lieblingen. 1866 veröffentlichte Gregor Mendel seine Erkenntnisse zur Vererbungslehre, die jedoch erst um 1900 von der Wissenschaft anerkannt wurden. Danach dauerte es noch sehr lange, bis sie zu Allgemeinwissen wurden. Was die Katzenfreunde des

19. Jahrhunderts antrieb, war die Freude an der Klassifizierung; dazu kam noch der wissenschaftliche Geist jener Zeit. Genau dieser Zeitgeist war es, der Charles Darwin auf die Galápagosinseln reisen ließ, wo er seine Evolutionstheorie entwickelte. In der zweiten Hälfte des 19. Jahrhunderts fiel es den Katzenbesitzern zunehmend schwer, eine Katze einfach nur als Katze zu betrachten. Sie wollten wissen, was für eine Art Katze sie besaßen, zumal es ja offensichtlich verschiedene Typen gab. Zur selben Zeit wuchs das Interesse daran, fremdartige Katzen als Statussymbol zu halten – angeregt vermutlich durch die Berichte über die beiden blauen Perser von Königin Viktoria, die den gesamten königlichen Hofstaat in Entzücken versetzten.

SCHÖNHEITSKONKURRENZEN

ES GAB NOCH EINE weitere Erscheinung, die Katzenbesitzer dazu trieb, ihre Tiere in Kategorien einzuteilen. Im 19. Jahrhundert übten Wettbewerbe einen großen Reiz auf die Menschen aus. Auf Jahrmärkten und Landwirtschaftsausstellungen wetteiferten die Menschen in Amerika und Europa darum, wer das gesündeste Vieh, den besten Mais, die schönsten Früchte, die zuverlässigsten Hütehunde, die stärksten Zugpferde und sogar die schönsten Babys besaß. Wen wundert es, dass die Bauern auch wissen wollten, wer die beste Katze hatte? Von etwa 1860 an stellten die Bauern in Neuengland auch ihre Maine Coons – damals eigentlich nur Farmkatzen – auf lokalen Veranstaltungen aus. So gab es zum Beispiel in Skowhegan im Somerset County in Maine jedes Jahr einen Wettbewerb zur Ermittlung des „Coon-Katzen-Champions von ganz Maine".

STUDIENOBJEKT

1881 VERÖFFENTLICHTE der britische Biologe Sir George Mivart das erste umfassende Buch über die Hauskatze. Mivart war ein zwar umstrittener, aber dennoch angesehener Wissenschaftler, der bis auf wenige Details Darwins Evolutionstheorie akzeptierte. Aus diesem Grund exkommunizierte ihn die katholische Kirche, der er ursprünglich angehört hatte. Sein Buch *The Cat* erschien in mehreren Auflagen und beeinflusste Katzenliebhaber beiderseits des Atlantiks, vor allem wohl, weil es ihrem Interesse eine wissenschaftliche Grundlage verschaffte.

1892 erschien ein weniger wissenschaftliches Katzenbuch, das viele Jahre lang die Bibel der Katzenzüchter war: *Our Cats* von Harrison Weir. Dieser hatte 1871 die erste nationale Katzenschau in England organisiert und wurde erster Präsident des nationalen Katzenklubs. Die Themen seines umfassenden Buches waren: Die verschiedenen Katzenrassen, ihre Gewohnheiten, Katzenhaltung und -pflege, die Vorbereitung für eine Ausstellung und die geforderten Schönheitsstandards für die einzelnen Rassen. Harrison gab den Züchtern damit einen Leitfaden, nach dem sie sich richten konnten, und um diese Zeit begannen sie dann auch mit der selektiven Zucht, die sich auf Körperbau, Fell, Farbe und Points richtete.

ANERKANNTE RASSEN

SEIT DEN 1890er Jahren sind die Anforderungen an die einzelnen Rassen immer akkurater ausgearbeitet worden. Erst in den 1950er Jahren hat ein amerikanischer Verband beschlossen,

WISSENSWERTES
Die schwerste bekannte Hauskatze war ein australischer Tigerkater mit Namen „Himmy". Er wog stattliche 21,3 Kilo und starb an Atemnot.

Oben links
So ähnlich wie dieser Blue-Smoke-Perser müssen die Katzen von Königin Viktoria ausgesehen haben.

Oben rechts
Maine-Coon-Katzen wurden in Amerika schon gegen Ende des 19. Jahrhunderts auf Ausstellungen gezeigt.

Unten
Harrison Weir, der Autor des ersten umfassenden Buches für Katzenliebhaber.

WISSENSWERTES
Katzenmütter regen die Ausscheidungen der Jungtiere an, indem sie deren After lecken. Bei verwaisten Kätzchen kann das mit einem feuchten Waschlappen nachgeahmt werden.

Perser und Angora fortan als eigenständige Rassen zu betrachten. In jedem Jahrzehnt sind neue Rassen dazugekommen, entweder durch das Auftauchen von Mutationen wie bei der Schottischen Faltohrkatze oder der Devon Rex oder durch die Einfuhr ausländischer Tiere wie etwa der Türkisch Van, einer Angorakatze aus der Türkei, die 1955 erstmals in Großbritannien vorgestellt wurde.

Während viele der neuen Rassen schnell zu begehrten Ausstellungstieren wurden, hatten andere eine wechselvolle Geschichte. So kam zum Beispiel die Angorakatze, die in Amerika Turkish Angora heißt, um 1900 aus der Mode. Erst in den 1960er Jahren wurden neue Zuchttiere aus der Türkei importiert. Die Maine Coon, der geliebte Hausgenosse vieler Amerikaner, musste in Amerika bis in die 1970er Jahre auf ihre Anerkennung als Rasse warten und in Großbritannien sogar bis 1994.

DIE RASSEKATZE

WAS GENAU IST eigentlich eine Rassekatze? Die Antwort auf diese Frage hängt zum Teil davon ab, in welchem Land die Katze lebt. Wie bereits erwähnt, verfolgen die verschiedenen Katzenzuchtverbände eine unterschiedliche Politik, was die Anerkennung von Katzenrassen betrifft. Aber grundsätzlich lässt sich eine Rassekatze an ihrer rassereinen Ahnentafel erkennen, auf der mindestens vier Generationen ihrer Vorfahren aufgeführt sind. Die Hauptaufgabe der Zuchtverbände ist die Registrierung der Nachzucht, denn zu jeder Rassekatze gehört eine dokumentierte Abstammung.

Die Jungkatzen werden gewöhnlich im Alter von sechs Wochen registriert. Eingetragen werden das Geburtsdatum, die Beschreibung und die Rasse, die erforderliche Anzahl von Vorfahren, die Namen von Züchter und Besitzer und natürlich auch der Name des Kätzchens. Es ist aber niemand verpflichtet, diesen Namen auch für den Hausgebrauch zu verwenden. So könnte zum Beispiel die Katzenzucht Nutwood einen Wurf British Blue hervorbringen, aus dem zwei Kätzchen die Namen Blue Haze und Blue Mist bekommen. Anerkannte Züchter dürfen außerdem ihren Zwingernamen voranstellen, sodass die Kätzchen dann laut Pedigree Nutwood Blue Haze und Nutwood Blue Mist heißen. Ihren neuen Besitzern steht es natürlich frei, sie in Tommy oder Peterle umzutaufen.

NEUE RASSEN

DAMIT ALLES KORREKT ist, muss jeder Besitzerwechsel in das Registrierungszertifikat der Katze eingetragen werden. Ähnlich korrekt gehen die Zuchtverbände vor, wenn es um die Anerkennung einer neuen Rasse oder Varietät geht. Dadurch soll sichergestellt werden, dass die vorgeschlagene Rasse sich wirklich von den vorhandenen Rassen unterscheidet, dass es genügend interessierte Züchter gibt, um übermäßige Inzucht zu vermeiden, und schließlich noch, dass es gelingt, einen Standard zu entwerfen. Die Abläufe sind in fast allen Ländern gleich, nur der Zeitrahmen variiert ein wenig.

Wenn eine neue Rasse

Oben
In Europa ist die Türkisch Van eine relativ junge Rasse.

Unten
Obwohl die Maine Coon in Amerika schon lange sehr beliebt war, wurde sie als Rassekatze erst in den 1970er Jahren anerkannt.

vorgeschlagen und der Vorschlag angenommen wurde, beginnt die Vorbereitung der Anerkennung. Das dauert in den USA etwa fünf Jahre und kann in anderen Ländern länger oder kürzer sein. Ein Standard wird aufgestellt, und auf Vergleichsschauen ohne Konkurrenz wird geprüft, ob der Standard gehalten oder eventuell noch verbessert werden kann. Wenn alles gut geht, erhält die neue Rasse eine vorläufige Anerkennung und behält diesen Status in den Vereinigten Staaten ein Jahr lang, in Großbritannien zwei oder mehr Jahre. In diesem Zeitraum dürfen die Katzen auch auf regulären Ausstellungen gezeigt werden, aber nicht an Championaten teilnehmen. Zeigt sich die Zucht dann weiterhin stabil, folgt die endgültige Anerkennung, und die Katzen haben die Chance, einen Championtitel zu erringen, was in der Katzenwelt mit einer olympischen Goldmedaille gleichzusetzen ist.

RASSEKATEGORIEN

EINIGE AMERIKANISCHE Zuchtverbände haben ein nützliches System zur Klassifizierung der Katzenrassen in verschiedene Kategorien entwickelt. „Natürliche" Rassen sind solche, die wie etwa die Britisch Kurzhaar und Maine Coon der heimischen, natürlichen Katzenpopulation entstammen. Katzen dieser Rassen dürfen nur Vorfahren der gleichen Rasse haben.

„Konsolidiert" sind Rassen, die einer Kreuzung aus zwei oder mehr natürlichen Rassen entstammen, bei denen die Rückkreuzung mit einer der Ausgangsrassen aber nicht erlaubt ist. Beispiele hierfür sind Birma (Siam/Angora-Kreuzung) und Burma (Siam/Orientale).

Die dritte Kategorie ist die der „Hybriden", die ebenfalls aus Kreuzungen entstanden, bei denen die Rückkreuzung zur Verbesserung des Standards jedoch erlaubt ist.

Schließlich gibt es noch die „Mutation", eine Kategorie, zu der die Rexkatzen gehören. Bei ihnen sind Kreuzungen mit der Rasse, bei der die Mutation aufgetreten ist, erlaubt.

Oben
Diese Kurzhaarkatze sieht zwar aus wie eine Rassekatze, ist aber ohne Registrierungszertifikat nur eine gewöhnliche Hauskatze.

Unten rechts
Die Burma ist eine Kreuzung aus Siamese und Orientale und gehört zu den anerkannten Rassen.

Unten links
Eine konsolidierte Rasse wie die Birma ist ein von Menschenhand erschaffenes Zuchtprodukt.

einmal die Mehrzahl. Eine Studie kam zu dem Ergebnis, dass hier nur jedes achte Kätzchen überlebt. Doch trotz der hohen Sterblichkeit ist das Tempo, in dem die Überlebenden die Population anwachsen lassen, beängstigend.

EINE GESCHÜTZTE ART?

Oben links
Diese verwilderten Katzen gehen gemeinsam auf die Jagd.

Oben rechts
Auf diesem Bauernhof werden die Katzen regelmäßig gefüttert, damit sie bleiben und Mäuse fangen.

Unten
Not macht erfinderisch: Viele Stadtkatzen suchen in Mülltonnen nach Futter.

OB DIE ZAHL DER VERWILDERTEN Katzen in Städten verringert werden sollte, wird kontrovers diskutiert. Manche Biologen meinen, dass sie mittlerweile den Status von Wildtieren haben und denselben Schutz genießen sollten wie andere Arten. Und Tierliebhaber reagieren zu Recht empört auf das Einfangen und Vergasen der Katzen, das gelegentlich von aggressiven Stadtverwaltungen oder Schädlingsbekämpfern durchgeführt wird. Dazu kommt, dass diese Razzien gewöhnlich keinen langfristigen Effekt haben, denn sobald ein geeignetes Revier frei wird, zieht eine neue Katzenkolonie dort ein. Es stimmt aber auch, dass Kolonien verwilderter Katzen im günstigsten Fall lästig sind und im schlimmsten Fall eine gesundheitliche Gefährdung darstellen. Einrichtungen wie Mühlen oder Lebensmittelbetriebe, wo früher ein paar verwilderte Katzen toleriert oder sogar willkommen waren, sind heute durch Hygienevorschriften gezwungen, lästige Nager auf andere Art zu beseitigen.

Abgesehen davon, dass man Menschen davon abbringen muss, Katzen oder deren unerwünschten Nachwuchs einfach auszusetzen, scheint Geburtenkontrolle das einzig sinnvolle Mittel zu sein. In Israel, wo es schätzungsweise 250 000 verwilderte Katzen gibt, werden die Tiere schon seit 30 Jahren wöchentlich mit Futter versorgt, dem ein empfängnisverhütendes Medikament, eine Art Antibabypille für Katzen, beigemischt ist. Obwohl natürlich nicht gewährleistet ist, dass die richtigen Katzen regelmäßig zur Fütterung erscheinen, soll das Programm doch erfolgreich sein.

Die Alternative ist das flächendeckende Kastrieren der Katzen, was aber viele Helfer erfordert, denn die Tiere müssen eingefangen, einige Zeit nach der Operation betreut und dann wieder in ihre gewohnten Reviere gebracht werden. Da es aber so viele Katzen gibt, hätte auch diese Lösung nur auf regionaler Ebene einen Effekt. Außerdem müsste zuerst eine Möglichkeit gefunden werden, die bereits kastrierten Katzen dauerhaft zu markieren.

DIE BEDÜRFNISSE DER WILDLINGE

VERWILDERTE KATZEN haben dieselben zwei Grundbedürfnisse, wie jede andere Katze: Futter und Unterschlupf. Verlassene Lagerhäuser und Fabriken, leer stehende Bauernhöfe und Scheunen, alte Gartenschuppen, aufgegebene Bahnhöfe, verlassene Dörfer und leer stehende Häuser bieten Schutz und fast immer auch Nahrung in Gestalt von Mäusen und Vögeln. Aber auch in Innenstädten, wo es viele Restaurants und Mülltonnen gibt, leben verwilderte Katzen. Sie profitieren besonders davon, dass Plastiksäcke vielerorts die Mülltonnen ersetzt haben, denn ein Sack lässt sich leicht mit einem Prankenhieb aufreißen, sodass man mühelos an die Leckereien in seinem Innern gelangt. Ein weiterer Vorteil ist, dass diese Leckereien dank der Zentralheizung heute nicht mehr mit Asche verschmutzt sind, wie das früher oft der Fall war. Die großen Müllcontainer der Restaurants sind zwar

schwieriger auszuräubern, aber oft steht der Deckel ein wenig offen oder lässt sich ohnehin nicht mehr schließen. Dazu kommt, dass die Katzen zwischen den Rädern dieser Container Schutz finden. Abgesehen vom Nahrungsangebot sind rund um diese Container auch häufig leere Kartons zu finden, die von Katzen gern als Behausung genutzt werden.

Eine angenehme Seite des Großstadtlebens ist, dass es dort nachts ein oder zwei Grad wärmer ist als im Umland, was im Winter bereits den Unterschied zwischen Behaglichkeit und Leid ausmachen kann. Einige glückliche Katzenkolonien haben einen Platz in Gebäuden wie Krankenhäusern oder Wohn- und Büroblocks gefunden, schlafen im Keller auf den Rohren der Warmwasserleitung und verpflegen sich aus den draußen stehenden Mülltonnen.

GROSSSTADTKATZEN

DIE UMSTRUKTURIERUNG der Großstädte in den 1960er Jahren und der Rückgang der Kleinindustrie in den 1980er Jahren hat entscheidend zum Anwachsen der verwilderten Katzenpopulationen beigetragen. Familien zogen aus dem Umland in Wohnblocks, wo die Tierhaltung zwar nicht verboten, doch kaum praktikabel war. Viele Betriebe, deren Angestellte die Katzen regelmäßig fütterten, mussten schließen, wodurch Angestellte und Katzen gleichermaßen auf der Straße landeten. Der Niedergang vieler Industriezweige sorgte dafür, dass große innerstädtische Areale ungenutzt brachlagen. Entweder blieben die leeren Fabriken und Hallen stehen oder sie wurden abgerissen, und das Gelände überwucherte. In beiden Fällen entstanden ideale Lebensbedingungen für Katzenkolonien.

Großstadtkatzen haben oft das Privileg, dass sie regelmäßig von freundlichen Menschen gefüttert werden – meistens von älteren Damen, die sie mit Milch und Dosenfutter versorgen. Manchmal ist die Fütterung der Wildlinge sogar bis ins Kleinste durchorganisiert. Die Angestellten des Britischen Museums in London zum Beispiel haben ein Komitee der Katzenliebhaber gegründet und sorgen dafür, dass die auf dem großen Gelände heimischen Katzen gefüttert werden und trockene Schlafplätze haben. Das Reinigungspersonal eines englischen Verlagshauses kommt umschichtig früher zur Arbeit, um die Katzen auf dem Nachbargrundstück zu füttern; die Mitarbeiter fahren sogar am Wochenende in die Stadt, um die Tiere nicht zu enttäuschen.

WISSENSWERTES
Der Gepard gilt als das schnellste Landtier. Seine Geschwindigkeit ist schwer zu messen, aber man geht davon aus, dass er auf Kurzstrecken bis zu 96 km/h erreicht.

Oben links
Diese verwilderte Katze hat einen geschützten Zufluchtsort in einem leer stehenden Haus gefunden.

Oben rechts
Am Britischen Museum in London wird darauf geachtet, dass die verwilderten Katzen Futter bekommen und Schutz finden.

Unten
Diese verwilderte Katze durchstreift ihr Revier.

Die Arbeit der Zuchtverbände

WAS EINE SIAMKATZE ist, weiß jeder Katzenfreund. Doch jede weiter gehende Diskussion über die Rassen wird durch viele Faktoren erschwert. So variiert beispielsweise die von den nationalen Zuchtorganisationen anerkannte Zahl der Rassen. Beim 1. Deutschen Edelkatzenzüchterverband (1. DEKZV), dem einzigen deutschen Mitglied der europäischen Dachorganisation Fédération Internationale Féline (FIFe), sind nur 31 Rassen anerkannt, während der britische Zuchtverband GCCF rund 100 Rassen und Varietäten betreut. In den Vereinigten Staaten sind nur etwa 50 Rassen offiziell registriert.

ANERKANNTE RASSEN

NICHT NUR von Land zu Land variiert die Zahl der anerkannten Rassen – sie verändert sich auch im Laufe der Zeit. „Neue“ Rassen (bei denen es sich meist um Varietäten bereits bekannter Rassen oder um spontane Mutationen wie bei der Sphinx handelt) können jederzeit die Vorbereitung auf die Anerkennung durchlaufen, in der sie nicht an Wettkämpfen teilnehmen dürfen, während andere bereits die vorläufige Anerkennung erhalten haben (also nur an Championaten nicht teilnehmen dürfen), während wieder andere inzwischen voll anerkannt sind und den Championats-Status erreicht haben. Für die volle Anerkennung müssen mindestens 100 Zuchttiere vorhanden sein, die alle dem Standard entsprechen. Auf dieselbe Weise gehen die Zuchtverbände vor, wenn es um die Anerkennung einer neuen Farbvariante geht.

Manche Züchter ärgern sich über diese vermeintlich konservative Haltung der Zuchtverbände, und natürlich kann der langwierige Anerkennungsprozess frustrierend sein, wenn man voller Freude über einen neuen Farbschlag ist und ihn so schnell wie möglich weiterentwickeln will. Aber die lange Bewährungszeit, die sich über mehrere Katzengenerationen erstreckt, soll sicherstellen, dass es sich tatsächlich um eine neue Rasse oder Varietät handelt, dass es genügend interessierte Züchter gibt, dass genügend Jungtiere vorhanden sind, um Inzuchtschäden zu vermeiden, dass zufrieden stellende Standards aufgestellt werden können und vor allem dass es bei den künftigen Generationen nicht zu genetischen Problemen kommt.

Ein weiterer Punkt ist, dass sich die Rassebezeichnungen von Land zu Land und manchmal auch unter den Verbänden desselben Landes unterscheiden. So heißt die Katze, die in Großbritannien

Unten rechts
Die Rassen werden von Land zu Land unterschiedlich bezeichnet. So ist die Türkisch Angora in Großbritannien nur als Angora bekannt.

schwieriger auszuräubern, aber oft steht der Deckel ein wenig offen oder lässt sich ohnehin nicht mehr schließen. Dazu kommt, dass die Katzen zwischen den Rädern dieser Container Schutz finden. Abgesehen vom Nahrungsangebot sind rund um diese Container auch häufig leere Kartons zu finden, die von Katzen gern als Behausung genutzt werden.

Eine angenehme Seite des Großstadtlebens ist, dass es dort nachts ein oder zwei Grad wärmer ist als im Umland, was im Winter bereits den Unterschied zwischen

Behaglichkeit und Leid ausmachen kann. Einige glückliche Katzenkolonien haben einen Platz in Gebäuden wie Krankenhäusern oder Wohn- und Büroblocks gefunden, schlafen im Keller auf den Rohren der Warmwasserleitung und verpflegen sich aus den draußen stehenden Mülltonnen.

GROSSSTADTKATZEN

DIE UMSTRUKTURIERUNG der Großstädte in den 1960er Jahren und der Rückgang der Kleinindustrie in den 1980er Jahren hat entscheidend zum Anwachsen der verwilderten Katzenpopulationen beigetragen. Familien zogen aus dem Umland in Wohnblocks, wo die Tierhaltung zwar nicht verboten, doch kaum praktikabel war. Viele Betriebe, deren Angestellte die Katzen regelmäßig fütterten, mussten schließen, wodurch Angestellte und Katzen gleichermaßen auf der Straße landeten. Der Niedergang vieler Industriezweige sorgte dafür, dass große innerstädtische Areale ungenutzt brachlagen. Entweder blieben die leeren Fabriken und Hallen

stehen oder sie wurden abgerissen, und das Gelände überwucherte. In beiden Fällen entstanden ideale Lebensbedingungen für Katzenkolonien.

Großstadtkatzen haben oft das Privileg, dass sie regelmäßig von freundlichen Menschen gefüttert werden – meistens von älteren Damen, die sie mit Milch und Dosenfutter versorgen. Manchmal ist die Fütterung der Wildlinge sogar bis ins Kleinste durchorganisiert. Die Angestellten des Britischen Museums in London zum Beispiel haben ein Komitee der Katzenliebhaber gegründet und sorgen dafür, dass die auf dem großen Gelände heimischen Katzen gefüttert werden und trockene Schlafplätze haben. Das Reinigungspersonal eines englischen Verlagshauses kommt umschichtig früher zur Arbeit, um die Katzen auf dem Nachbargrundstück zu füttern; die Mitarbeiter fahren sogar am Wochenende in die Stadt, um die Tiere nicht zu enttäuschen.

WISSENSWERTES

Der Gepard gilt als das schnellste Landtier. Seine Geschwindigkeit ist schwer zu messen, aber man geht davon aus, dass er auf Kurzstrecken bis zu 96 km/h erreicht.

Oben links

Diese verwilderte Katze hat einen geschützten Zufluchtsort in einem leer stehenden Haus gefunden.

Oben rechts

Am Britischen Museum in London wird darauf geachtet, dass die verwilderten Katzen Futter bekommen und Schutz finden.

Unten

Diese verwilderte Katze durchstreift ihr Revier.

Neue Rassen

NEUE KATZENRASSEN werden von den Zuchtverbänden nur nach strenger Kontrolle registriert, und die Anerkennung in einem Land ist nicht auf ein anderes übertragbar. Das bedeutet, dass eine Rasse, die zum Beispiel in Amerika anerkannt ist, in Europa dieselbe Prozedur noch einmal durchlaufen muss, und auch dann ist der Erfolg noch nicht garantiert. Selbst die Anerkennung in einem Land ist noch keine Gewähr dafür, dass sich diese Rasse auf Dauer einen Platz in der Schauwelt erobern wird.

Oben
Die Sterblichkeitsrate unter den Neugeborenen ist bei allen Persern hoch, vor allem aber bei der Pekinesen-Perser.

Unten
Die Risiken der Inzucht sind ein Grund dafür, dass die Singapura von der FIFe nicht anerkannt ist.

DIE PEKINESEN-PERSER

DER LEBENDE Beweis dafür ist die Pekinesen-Perser, auch Peke-face genannt. Die Rasse stammt aus den 1930er Jahren, als in den USA erstmals Mutationen der Kopfform bei roten und rot gestromten Persern auftraten. Das auffallendste Merkmal war eine scharfe Einbuchtung zwischen den Augen und der Stupsnase, wodurch die Tiere Pekinesenhündchen ähnelten. Die neue Variante wurde von einer amerikanischen und der kanadischen Zuchtvereinigung anerkannt, jedoch nicht in ganz Nordamerika.

In der Geschichte der Pekinesen-Perser gab es immer wieder Probleme. Die vorstehenden Wangen und die Stupsnase machen den Tieren das Atmen schwer, und durch das faltige Gesicht sind die Tränengänge häufig verstopft. Ober- und Unterkiefer passen nicht zusammen, was die Futteraufnahme erschwert. Sind Perser ohnehin schon schwer zu züchten, so gilt das für die Pekinesen-Perser ganz besonders. Abgesehen von Geburtsschwierigkeiten ist die Sterblichkeitsrate sehr hoch – bis zu 50 Prozent in den ersten sechs Monaten –, was in erster Linie daran liegt, dass die Welpen mit ihren deformierten Mäulchen nicht in der Lage sind, bei der Mutter zu saugen.

Angesichts solcher Probleme ist es kaum zu begreifen, wie sich diese Rasse überhaupt durchsetzen konnte – was heute vermutlich nicht mehr möglich wäre. In Großbritannien wurde sie nie anerkannt, und in Deutschland wird nach der Neufassung des Tierschutzgesetzes vom 1. Juni 1998 ein Verbot der Nachzucht extrem kurznasiger Tiere diskutiert. Mittlerweile verliert die Pekinesen-Perser auch in Amerika an Bedeutung, wohl deshalb, weil es so schwierig ist, genügend Zuchttiere hervorzubringen. In den 1990er Jahren wurden nur noch einzelne Tiere registriert, und es sieht aus, als wären die Tage dieser Rasse gezählt.

PROBLEME BEI NEUEN RASSEN

DIE SCHWIERIGKEITEN bei der Einführung neuer Rassen lassen sich am Beispiel der Singapura verdeutlichen, einer Rasse, die von der FIFe nicht und in Amerika nur teilweise anerkannt ist. Die Singapura, angeblich die kleinste Rasse der Welt, ähnelt in Typ und

Neue Rassen

NEUE KATZENRASSEN werden von den Zuchtverbänden nur nach strenger Kontrolle registriert, und die Anerkennung in einem Land ist nicht auf ein anderes übertragbar. Das bedeutet, dass eine Rasse, die zum Beispiel in Amerika anerkannt ist, in Europa dieselbe Prozedur noch einmal durchlaufen muss, und auch dann ist der Erfolg noch nicht garantiert. Selbst die Anerkennung in einem Land ist noch keine Gewähr dafür, dass sich diese Rasse auf Dauer einen Platz in der Schauwelt erobern wird.

Oben
Die Sterblichkeitsrate unter den Neugeborenen ist bei allen Persern hoch, vor allem aber bei der Pekinesen-Perser.

Unten
Die Risiken der Inzucht sind ein Grund dafür, dass die Singapura von der FIFe nicht anerkannt ist.

DIE PEKINESEN-PERSER

DER LEBENDE Beweis dafür ist die Pekinesen-Perser, auch Peke-face genannt. Die Rasse stammt aus den 1930er Jahren, als in den USA erstmals Mutationen der Kopfform bei roten und rot gestromten Persern auftraten. Das auffallendste Merkmal war eine scharfe Einbuchtung zwischen den Augen und der Stupsnase, wodurch die Tiere Pekinesenhündchen ähnelten. Die neue Variante wurde von einer amerikanischen und der kanadischen Zuchtvereinigung anerkannt, jedoch nicht in ganz Nordamerika.

In der Geschichte der Pekinesen-Perser gab es immer wieder Probleme. Die vorstehenden Wangen und die Stupsnase machen den Tieren das Atmen schwer, und durch das faltige Gesicht sind die Tränengänge häufig verstopft. Ober- und Unterkiefer passen nicht zusammen, was die Futteraufnahme erschwert. Sind Perser ohnehin schon schwer zu züchten, so gilt das für die Pekinesen-Perser ganz besonders. Abgesehen von Geburtsschwierigkeiten ist die Sterblichkeitsrate sehr hoch – bis zu 50 Prozent in den ersten sechs Monaten –, was in erster Linie daran liegt, dass die Welpen mit ihren deformierten Mäulchen nicht in der Lage sind, bei der Mutter zu saugen.

Angesichts solcher Probleme ist es kaum zu begreifen, wie sich diese Rasse überhaupt durchsetzen konnte – was heute vermutlich nicht mehr möglich wäre. In Großbritannien wurde sie nie anerkannt, und in Deutschland wird nach der Neufassung des Tierschutzgesetzes vom 1. Juni 1998 ein Verbot der Nachzucht extrem kurznasiger Tiere diskutiert. Mittlerweile verliert die Pekinesen-Perser auch in Amerika an Bedeutung, wohl deshalb, weil es so schwierig ist, genügend Zuchttiere hervorzubringen. In den 1990er Jahren wurden nur noch einzelne Tiere registriert, und es sieht aus, als wären die Tage dieser Rasse gezählt.

PROBLEME BEI NEUEN RASSEN

DIE SCHWIERIGKEITEN bei der Einführung neuer Rassen lassen sich am Beispiel der Singapura verdeutlichen, einer Rasse, die von der FIFe nicht und in Amerika nur teilweise anerkannt ist. Die Singapura, angeblich die kleinste Rasse der Welt, ähnelt in Typ und

Colourpoint Longhair genannt wird, in Amerika Himalayan und gilt bei uns einfach als Farbschlag der Perser. Als Javanesen bezeichnen viele Verbände alle einfarbigen Balinesen. Dieselbe Rasse läuft bei manchen Organisationen jedoch unter dem Namen Mandarin.

Auch über die Farbbezeichnungen herrscht Uneinigkeit. So nennen die Amerikaner die Farbe Chocolate manchmal Chestnut, und was in Großbritannien Lilac heißt, bezeichnen die Amerikaner als Lavender. Die Standards, nach denen Zucht- und Ausstellungskatzen beurteilt werden, variieren ebenfalls. In den folgenden Kapiteln wird auf die Unterschiede im europäischen und amerikanischen Sprachgebrauch hingewiesen, wo immer es nötig ist.

Die Bestandszahlen der verschiedenen Rassen differieren ebenfalls stark. Manchmal scheint es, als bekäme man auf Ausstellungen nur Siamesen und Perser zu sehen. Rassen wie die Sphinx- oder Rexkatzen dagegen tauchen eher selten auf und sind manchen Katzenfreunden, die weder Ausstellungen besuchen noch Fachzeitschriften lesen, nahezu unbekannt.

Generell sollten Zuchtneulinge für den Einstieg eine der älteren Rassen wählen, von denen es seit langem eine große Zahl an Katzen gibt. Bei solchen Rassen wurden im Laufe der Zeit nahezu alle Probleme weggezüchtet.

Der Standard ist eine detaillierte Beschreibung aller Rassemerkmale einer Katze. 100 Punkte bekommt dabei ein in jeder Hinsicht perfekter Vertreter seiner Rasse. Grundsätzlich ist der Standard für die Zucht wichtiger als auf Ausstellungen, denn obwohl die Richter ihn als Leitlinie nutzen, betrachten sie doch eher das gesamte Tier und entscheiden, ob es ein typvoller Vertreter seiner Rasse ist.

Die Standards der europäischen Fédération Internationale Féline (FIFe) sehen je nach Rasse unterschiedliche Gewichtungen der einzelnen Merkmale vor. So werden für den Kopf maximal 15 bis 40 Punkte vergeben, ein makelloses Fell schlägt bei der Türkisch Angora mit 15, bei Somali und Abessinier hingegen mit insgesamt 50 Punkten zu Buche. Bei der Heiligen Birma wiederum werden die so genannten „Handschuhe“ mit bis zu 20 Punkten gewertet.

Besitzer, die ihre Katze auf Ausstellungen bringen möchten, sollten sich vorher über den Standard informieren, ihn auswendig lernen und die eigenen Tiere immer wieder mit diesem Standard vergleichen. Natürlich kann nicht jede Katze ein Sieger sein, aber es ist sinnlos, eine Katze auf eine Ausstellung mitzunehmen, wenn sie nicht die geringsten Chancen hat.

Natürlich gibt es auch viele Katzenfreunde, die eine Rassekatze besitzen, sie aber weder vorstellen noch mit ihr züchten wollen. Bei vielen Züchtern kann man tadellose Rassekatzen kaufen, die aber aus irgendwelchen Gründen nicht als Ausstellungs- oder Zuchttier geeignet sind. Sie werden oft als „Liebhabertiere“ angeboten.

WISSENSWERTES

Das Streifen- und Fleckenmuster der Tigerkatzen dient der Tarnung, denn es löst die Umrisse der Tiere optisch auf. Waagerecht verlaufende Streifen könnten diese Aufgabe nicht erfüllen.

Oben

Achtung! Nicht alle Katzen mit langem Fell sind Perser – ein wichtiger Aspekt in der Diskussion über Rassen.

Unten

Im Vergleich zu anderen Rassen wie etwa den Persern ist die Bestandszahl bei den Cornish Rex gering.

schwieriger auszuräubern, aber oft steht der Deckel ein wenig offen oder lässt sich ohnehin nicht mehr schließen. Dazu kommt, dass die Katzen zwischen den Rädern dieser Container Schutz finden. Abgesehen vom Nahrungsangebot sind rund um diese Container auch häufig leere Kartons zu finden, die von Katzen gern als Behausung genutzt werden.

Eine angenehme Seite des Großstadtlebens ist, dass es dort nachts ein oder zwei Grad wärmer ist als im Umland, was im Winter bereits den Unterschied zwischen

Behaglichkeit und Leid ausmachen kann. Einige glückliche Katzenkolonien haben einen Platz in Gebäuden wie Krankenhäusern oder Wohn- und Büroblocks gefunden, schlafen im Keller auf den Rohren der Warmwasserleitung und verpflegen sich aus den draußen stehenden Mülltonnen.

GROSSSTADTKATZEN

DIE UMSTRUKTURIERUNG der Großstädte in den 1960er Jahren und der Rückgang der Kleinindustrie in den 1980er Jahren hat entscheidend zum Anwachsen der verwilderten Katzenpopulationen beigetragen. Familien zogen aus dem Umland in Wohnblocks, wo die Tierhaltung zwar nicht verboten, doch kaum praktikabel war. Viele Betriebe, deren Angestellte die Katzen regelmäßig fütterten, mussten schließen, wodurch Angestellte und Katzen gleichermaßen auf der Straße landeten. Der Niedergang vieler Industriezweige sorgte dafür, dass große innerstädtische Areale ungenutzt brachlagen. Entweder blieben die leeren Fabriken und Hallen stehen oder sie wurden abgerissen, und das Gelände überwucherte. In beiden Fällen entstanden ideale Lebensbedingungen für Katzenkolonien.

Großstadtkatzen haben oft das Privileg, dass sie regelmäßig von freundlichen Menschen gefüttert werden – meistens von älteren Damen, die sie mit Milch und Dosenfutter versorgen. Manchmal ist die Fütterung der Wildlinge sogar bis ins Kleinste durchorganisiert. Die Angestellten des Britischen Museums in London zum Beispiel haben ein Komitee der Katzenliebhaber gegründet und sorgen dafür, dass die auf dem großen Gelände heimischen Katzen gefüttert werden und trockene Schlafplätze haben. Das Reinigungspersonal eines englischen Verlagshauses kommt umschichtig früher zur Arbeit, um die Katzen auf dem Nachbargrundstück zu füttern; die Mitarbeiter fahren sogar am Wochenende in die Stadt, um die Tiere nicht zu enttäuschen.

WISSENSWERTES
Der Gepard gilt als das schnellste Landtier. Seine Geschwindigkeit ist schwer zu messen, aber man geht davon aus, dass er auf Kurzstrecken bis zu 96 km/h erreicht.

Oben links
Diese verwilderte Katze hat einen geschützten Zufluchtsort in einem leer stehenden Haus gefunden.

Oben rechts
Am Britischen Museum in London wird darauf geachtet, dass die verwilderten Katzen Futter bekommen und Schutz finden.

Unten
Diese verwilderte Katze durchstreift ihr Revier.

Büroangestellte einer Fabrik in Lancaster, die an schönen Tagen ihr Mittagessen draußen am Kanal verzehrten, mussten irgendwann feststellen, dass sie dabei von sehnsüchtigen Katzenaugen beobachtet wurden. Einige gaben dieser stummen Bitte nach, und es dauerte nicht lange, bis auch diese Katzen regelmäßig ihr Futter bekamen.

FABRIKKATZEN

IN EINEM STAHLWERK in Sheffield tauchten in den Nebengebäuden, in denen die Arbeiter ihre Mahlzeiten einnahmen, regelmäßig zur Essenszeit verwilderte Katzen auf, deren Fütterung schon bald zur Routine wurde. Da im Stahlwerk im Schichtbetrieb rund um die Uhr gearbeitet wurde, konnten die Katzen mit drei kostenlosen Mahlzeiten pro Tag rechnen. In England ist es sogar schon vorgekommen, dass sich Angestellte und Arbeiter vehement für „ihre" Katzen eingesetzt haben, als herauskam, dass die Firmenleitung Maßnahmen gegen die Tiere plante. Es gibt auch extreme Fälle von Betreuung: Manche Behinderteneinrichtungen und Seniorenheime sorgen gut für ihre verwilderten Katzen, weil die Bewohner so viel Freude daran haben, die Tiere zu beobachten.

WISSENSWERTES
Für manche Katzenarten ist der Schwanz von großer Bedeutung. Die Arten, die auf Bäume klettern oder ihre Beute verfolgen, benutzen ihn als Balancierstange oder Steuerruder.

EIN GEFÄHRLICHES LEBEN

DIE MEHRZAHL DER verwilderten Katzen aber muss für sich selbst sorgen, oft in einer feindlichen Umgebung. Die Katzen sind ständig in Gefahr und ihre Lebenserwartung ist viel geringer als die der Hauskatzen. Nur wenige werden älter als zehn Jahre, wobei Katzen gewöhnlich länger leben als Kater. Die meisten verwilderten Katzen sind etwas kleiner und leichter als Hauskatzen vergleichbaren Typs. Das liegt wahrscheinlich weniger am Nahrungsmangel, als daran, dass die Futtersuche bei verwilderten Katzen länger dauert und dass sie im Freien mehr Energie verbrauchen – Energie, die Hauskatzen nicht aufwenden müssen. Die größte Gefahr droht den verwilderten Katzen durch Infektionskrankheiten wie Katzenschnupfen, die ganze Kolonien befallen und eine verheerende Wirkung haben können. Weniger gefährliche, aber trotzdem zehrende Leiden wie Floh- oder Wurmbefall sind unter den Wildlingen weit verbreitet.

Aufgrund ihres Lebenswandels sind verwilderte Katzen auch stark durch den Straßenverkehr und andere Unfallursachen gefährdet. Sie stürzen, nehmen versehentlich Gift auf, bleiben in Abflussrohren stecken und so weiter. Sie haben aber auch menschliche Feinde: Katzenhasser, die mit Luftgewehren auf sie schießen, und Jäger, die sie erlaubterweise bejagen. Ein Jagdaufseher im englischen Dorset brüstete sich damit, in einem Jahr 300 Katzen in Schlagfallen erlegt zu haben, die mit Baldrianpulver präpariert waren. Die Ehefrau eines anderen Jagdaufsehers fertigte aus Katzenfellen Einlagen für Kinderwagen und machte die Beobachtung, dass getigerte Felle sich am besten verkauften.

Heute gehen Stadtverwaltungen oder Hausbesitzer aus Hygienegründen manchmal rigoros gegen verwilderte Katzen vor und lassen sie einfangen und vergasen oder im günstigsten Fall ins nächste Tierheim bringen.

INSELKATZEN

ZU DEN INTERESSANTESTEN Katzenkolonien gehören die auf Inseln, die dort zum Teil schon seit Jahrhunderten leben, ohne dass jemand wüsste, wie sie dorthin kamen.

Oben
Diese Katzen auf Rhodos verlassen sich darauf, dass sie von den Touristen gefüttert werden.

Unten
Eine Straßenkatze auf Malta beim Durchstöbern einer Mülltonne.

Andere wurden erst kürzlich eingeführt. Die Kolonie auf der unbewohnten Hebrideninsel Shillay vor der Nordwestküste von Schottland zum Beispiel lebt dort seit 1942. In diesem Jahr verließen die letzten der dort ansässigen Fischer die Insel. Heute leben die Katzen dort fast das ganze Jahr über ungestört; nur im Sommer kommt gelegentlich ein Fischerboot oder eine Gruppe von Vogelbeobachtern auf die Insel.

Eine andere interessante Inselkolonie lebt auf der winzigen Insel Marion im Süden des Indischen Ozeans, unweit vom Südpolarkreis. Die Insel ist nur 500 Kilometer vom antarktischen Packeis entfernt. Die Durchschnittstemperatur liegt knapp über dem Gefrierpunkt und fast das ganze Jahr über weht ein eisiger Sturm. Die Insel Marion gehört zu Südafrika und 1949 beschloss man, dort fünf Katzen auszusetzen, die gegen die Mäuseplage in der Wetterstation vorgehen sollten. 1974 waren

aus diesen fünf Katzen mindestens 500 geworden. Manchen Schätzungen zufolge sollten es sogar 2000 gewesen sein.

Auch die verstreuten Inseln im Südpazifik sind Heimat diverser Katzenkolonien, von den Galápagosinseln vor der Westküste von Südamerika bis zu den Inseln nördlich von Neuseeland. Auf einigen dieser Inseln wie etwa Galápagos wurden die Katzen absichtlich ausgesetzt, aber bei anderen lässt sich nicht mehr nachvollziehen, wie sie dorthin kamen. Da es sich um Vulkaninseln handelt, bieten die Risse und Spalten den Katzen ausreichend Schutz. In derart isolierten Lebensräumen, wo die Artenvielfalt unter den Kleintieren gering ist, übernehmen die Katzen schnell eine dominante Position und

ernähren sich von den Küken seltener Seevögel und auf Galápagos sogar von jungen Riesenschildkröten. Wenn sie dazu gezwungen sind, brechen diese Katzen sogar ihre Ernährungsregeln und verzehren auch Aas.

MYTHOS ODER REALITÄT?

DIE WEITE VERBREITUNG der wilden Katzenkolonien im Südpazifik ist vielleicht die Lösung eines Rätsels, das die Anthropologen seit vielen Jahren beschäftigt. Obwohl es in Australien ursprünglich keine Katzen gab, wird in Kunst und Folklore der Aborigines eine große Jagdkatze erwähnt. Man weiß, dass die ersten Ureinwohner nach einer Reise entlang der Inseln im Westpazifik vor rund 50 000 Jahren im Norden Australiens landeten. Möglicherweise haben sie von diesen Inseln zufällig oder mit Absicht Katzen mitgebracht. Wenn das stimmt, sind die Tiere entweder aus irgendeinem Grund eingegangen oder es waren nicht genug, um sich fortpflanzen zu können.

WISSENSWERTES

Ein Serval und ein Wüstenluchs, die in einem Zoo zu Anschauungszwecken im gleichen Gehege untergebracht waren, haben sich gepaart und einen Wurf „Serviluchse" hervorgebracht.

Oben links
Verwilderte Katzen können auch kleinere Kaninchen erbeuten.

Oben rechts
Dieser Punkt in der Landschaft ist ein Nachkomme der Katzen, die auf den Galápagosinseln ausgesetzt wurden.

Unten links
Im zerklüfteten Terrain der Galápagosinseln gibt es viele Höhlen, in denen die wilden Katzen Schutz finden.

Unten rechts
Die Ursprünge der australischen Katzen sind unbekannt, denn auf diesem Kontinent gab es ursprünglich keine Katzen.

Die Arbeit der Zuchtverbände

WAS EINE SIAMKATZE ist, weiß jeder Katzenfreund. Doch jede weiter gehende Diskussion über die Rassen wird durch viele Faktoren erschwert. So variiert beispielsweise die von den nationalen Zuchtorganisationen anerkannte Zahl der Rassen. Beim 1. Deutschen Edelkatzenzüchterverband (1. DEKZV), dem einzigen deutschen Mitglied der europäischen Dachorganisation Fédération Internationale Féline (FIFe), sind nur 31 Rassen anerkannt, während der britische Zuchtverband GCCF rund 100 Rassen und Varietäten betreut. In den Vereinigten Staaten sind nur etwa 50 Rassen offiziell registriert.

ANERKANNTE RASSEN

NICHT NUR von Land zu Land variiert die Zahl der anerkannten Rassen – sie verändert sich auch im Laufe der Zeit. „Neue" Rassen (bei denen es sich meist um Varietäten bereits bekannter Rassen oder um spontane Mutationen wie bei der Sphinx handelt) können jederzeit die Vorbereitung auf die Anerkennung durchlaufen, in der sie nicht an Wettkämpfen teilnehmen dürfen, während andere bereits die vorläufige Anerkennung erhalten haben (also nur an Championaten nicht teilnehmen dürfen), während wieder andere inzwischen voll anerkannt sind und den Championats-Status erreicht haben. Für die volle Anerkennung müssen mindestens 100 Zuchttiere vorhanden sein, die alle dem Standard entsprechen. Auf dieselbe Weise gehen die Zuchtverbände vor, wenn es um die Anerkennung einer neuen Farbvariante geht.

Manche Züchter ärgern sich über diese vermeintlich konservative Haltung der Zuchtverbände, und natürlich kann der langwierige Anerkennungsprozess frustrierend sein, wenn man voller Freude über einen neuen Farbschlag ist und ihn so schnell wie möglich weiterentwickeln will. Aber die lange Bewährungszeit, die sich über mehrere Katzengenerationen erstreckt, soll sicherstellen, dass es sich tatsächlich um eine neue Rasse oder Varietät handelt, dass es genügend interessierte Züchter gibt, dass genügend Jungtiere vorhanden sind, um Inzuchtschäden zu vermeiden, dass zufrieden stellende Standards aufgestellt werden können und vor allem dass es bei den künftigen Generationen nicht zu genetischen Problemen kommt.

Ein weiterer Punkt ist, dass sich die Rassebezeichnungen von Land zu Land und manchmal auch unter den Verbänden desselben Landes unterscheiden. So heißt die Katze, die in Großbritannien

Unten rechts
Die Rassen werden von Land zu Land unterschiedlich bezeichnet. So ist die Türkisch Angora in Großbritannien nur als Angora bekannt.

Farbe der Abessinier und soll 1974 unter den Straßenkatzen in Singapur entdeckt worden sein. Sie ist eine hübsche Katze, und so ist es verständlich, dass die Züchter sich ihre Anerkennung wünschen. Aber mittlerweile sind Zweifel aufgekommen, ob die Tiere wirklich aus Singapur stammen oder ob es sich bei den drei 1974 nach Amerika eingeführten Tieren nicht in Wirklichkeit

um re-importierte kleine braune Abessinier handelte. Die Katzenwelt lebt von solchen Gerüchten – mehr soll an dieser Stelle nicht dazu gesagt werden. Da der Genpool dieser Rasse jedoch nur auf drei Tieren beruht, dürfte es schwierig sein, die Rasse ohne starke Inzucht weiterzuentwickeln.

Es wurde schon oft versucht, durch diverse Kreuzungen neue Rassen zu züchten, doch viele dieser Versuche waren zum Scheitern verurteilt, weil neben körperlichen Anomalien starke Gesundheitsprobleme auftraten oder die Nachzucht unfruchtbar war. Solche Fehlschläge mussten viele Züchter hinnehmen, deren Ziel es war, eine Miniatur- oder Zwergkatze zu erschaffen.

Es besteht jedoch kein Zweifel daran, dass der Katzenwelt noch einige Überraschungen bevorstehen. Auch ohne geplante Zuchtversuche wird uns die Natur immer wieder mit Mutationen überraschen, so wie es bei den Rexkatzen und der Scottish Fold (Schottische Faltohrkatze) der Fall war. Diese Mutationen traten spontan auf, und es ist interessierten Katzenfreunden zu verdanken, dass sie bemerkt und weiterentwickelt wurden. Keine dieser Mutationen ist das Ergebnis gezielter Zucht. Ganz

im Gegenteil: Der Vater der ersten Cornish Rex war ein verwilderter Kater, der in einer aufgelassenen Zinnmine lebte, die Mutter war eine Straßenkatze. Die erste Scottish Fold wurde auf einem Bauernhof geboren. Das beweist, dass die interessantesten Entwicklungen der Katzenwelt nicht unbedingt von den Zuchtverbänden ausgehen müssen.

WISSENSWERTES

Milch ist für ausgewachsene Katzen ungeeignet, weil sie Milchzucker nicht verdauen können. Vergorene Milchprodukte wie Jogurt, Kefir oder Buttermilch werden aber meist gut vertragen.

WISSENSWERTES

Angeblich sollen 15 bis 20 Tropfen Gin, die der Katze auf die Zunge geträufelt werden, den Appetit anregen, wenn das Tier das Futter verweigert. Aber wer seine Katze liebt, wird ihr diese Tortur sicher nicht zumuten!

Oben links

Die Singapura stammt von kleinen, braunen Abessiniern ab.

Oben rechts

Natürliche Mutationen können den Grundstock für neue Rassen legen – so geschehen bei den Rexkatzen.

Unten

Auch die Scottish Fold ist das Resultat einer Mutation.

Langhaar- und Semi-Langhaarrassen

DIE ENGLISCHE BEZEICHNUNG Longhair sorgt gelegentlich international für Verwirrung. In Nordamerika dient sie nämlich als Überbegriff für alle Katzenrassen mit längerem Fell. In Großbritannien dagegen gelten nur Perserkatzen als Longhair. In Deutschland unterscheidet man wie in England zwischen Langhaar (Perser) und Halblanghaar oder Semi-Langhaar.

KLASSIFIZIERUNG VON LANGHAARKATZEN

DER BRITISCHE Gebrauch des Begriffs „Longhair" wurde bei der Gründung des Governing Council of the Cat Fancy (GCCF) im Jahr 1910 festgelegt, als jeder Langhaar-Farbschlag eine eigene Rassenummer erhielt. In Nordamerika werden diese Farbschläge im Allgemeinen als Perser-Varietäten gelistet. Verwirrend ist allerdings, dass einzelne Varietäten dort als eigene Rasse gelten, etwa die Himalayan (Colourpoint).

In Nordamerika unterscheidet man nur zwischen den beiden Gruppen Longhair und Shorthair, in die sämtliche Edelkatzen eingeordnet werden. In Großbritannien gibt es dagegen sieben Gruppen: Longhair (Perser), Semi-Longhair, British Shorthair, Foreign, Burmese, Oriental und Siamese. Zu den Semi-Longhair gehören Birma, Türkisch Van, Maine Coon, Ragdoll und Norwegische Waldkatze. Es handelt sich also um eine ziemlich gemischte Gruppe, deren Gemeinsamkeit darin besteht, dass das Fell der Tiere länger als das der Kurzhaar- und kürzer als das der Langhaarkatzen ist. In Deutschland zählen außerdem die Sibirische Waldkatze und die Türkisch Angora zu den Semi-Langhaarkatzen.

In diesem Kapitel werden Langhaarkatzen (Perser) und Semi-Langhaarkatzen gemeinsam beschrieben, im nächsten Kapitel folgen die Kurzhaarkatzen. Zu jeder Gruppe gehören Rassen, die zwar in den USA, nicht aber in Europa anerkannt sind (etwa die halblanghaarige Cymric) und andere, die in den USA als eigenständige Rasse (Himalayan), in Großbritannien aber nur als Farbvarietät einer Rasse gelten (Colourpoint). Die Klassifizierung wird zudem dadurch erschwert, dass nicht alle Farbschläge in allen Ländern anerkannt sind. Auf diese Unterschiede wird in den entsprechenden Rassebeschreibungen hingewiesen.

URSPRUNG DER LANGHAARKATZEN

NORMALERWEISE haben Katzen ein kurzes Fell. Alle drei anerkannten Ahnen der Hauskatze – die Europäische Wildkatze, die Afrikanische Wild- oder Falbkatze und die Dschungelkatze – sind kurzhaarig. Langhaarigkeit ist das Ergebnis einer Genmutation, die in der Entwicklungsge-

Oben
Die Norwegische Waldkatze gehört zur Gruppe der Semi-Langhaarkatzen.

Unten
In Deutschland gelten nur die Perser als Langhaarkatzen, in den USA dagegen alle Katzen mit längerem Fell.

WISSENSWERTES
Edelkatzen werden gelegentlich in zwei Hauptgruppen unterteilt: „künstlich kreierte" und „natürliche" Rassen. Letztere sind reinerbig, die anderen nicht.

schichte jeder langhaarigen Katze weit zurückliegt. Einige Zoologen glauben, dass die langhaarige Perser aus Verpaarungen zwischen einem der Ahnen und der Pallaskatze, auch als Steppenkatze bekannt, hervorgegangen ist. Die Spezies wurde erstmals von dem deutschen Biologen Peter Simon Pallas Ende des 19. Jahrhunderts in einem Gebiet nördlich des Kaspischen Meeres entdeckt. Sie hat ein längeres Fell als andere Wildkatzen, was ihr einen guten Schutz vor dem rauen Klima ihres natürlichen Lebensraums in Zentralasien bietet. Pallas berichtete, dass sie sich häufig mit Hauskatzen verpaare. Aus dieser Beobachtung entstand die Theorie vom Ursprung des Perserfells. Doch dies ist reine Spekulation.

Langhaarkatzen vom Perser- oder Angora-Typ waren in Europa bereits im 16. Jahrhundert bekannt und beim italienischen und französischen Adel sehr beliebt. Die beiden Rassebezeichnungen wurden willkürlich neben anderen wie chinesisch, indisch, russisch und asiatisch benutzt. In wohlhabenden Kreisen waren diese Katzen sehr begehrt, vielleicht weil sie so anders aussahen als die üblichen kurzhaarigen Bauernkatzen und der Besitz eines solchen Tieres implizierte, dass man genug Zeit oder Bedienstete hatte, um sich der aufwändigen Fellpflege zu widmen.

In England wurden sie populär, als bekannt wurde, dass Königin Viktoria und ihr Sohn Bertie, der spätere König Edward VII., Besitzer und Liebhaber von Langhaarkatzen waren. Ungefähr zur gleichen Zeit gelangten Perserkatzen in die USA, wo sie sogar noch mehr Anklang fanden. Die Angorakatzen wurden daraufhin fast völlig verdrängt, bis sie in den 1950er Jahren aus türkischen Beständen (USA) oder künstlich aus anderen Rassen (Großbritannien) wieder gezüchtet wurden.

URSPRÜNGE ANDERER RASSEN

ANDERE SEMI-Langhaarkatzen haben einen völlig anderen genetischen Hintergrund.

Die Maine Coon und die ganz ähnlich aussehende Norwegische Waldkatze verdanken ihr eindrucksvolles dichtes Fell nicht etwa vermeintlichen Verpaarungen in den asiatischen Steppen, sondern den besonderen klimatischen Bedingungen im Nordosten der USA und dem ähnlich rauen Klima Skandinaviens.

Zu den Semi-Langhaarkatzen gehören außerdem die Somali, eine langhaarige Variante der Abessinier (in Großbritannien zählt sie zu den Foreign), die Cymric, ein langhaariger Manx-Typ (in Deutschland und Großbritannien nicht anerkannt), die Türkisch Van und die Birma, die Balinese (zählt in Großbritannien als Siam-Varietät) sowie die Javanese. Der letzte Rassename führt international zu besonderen Verwirrungen. In den USA werden einfarbige Balinesen als Javanesen bezeichnet. Die europäische FIFe hingegen benutzt den Namen Javanese für eine Rasse, die in den USA Oriental Longhair heißt.

Oben links
Die meisten Wildkatzen haben ein kurzes Fell, es gilt als ursprünglicher und natürlicher Felltyp aller Katzen.

Oben rechts
Die Pallaskatze führte angeblich das Langhaar-Gen bei der Hauskatze ein.

Unten
Die Türkisch Angora war im 16. Jahrhundert heiß begehrt und galt als Modekatze.

Türkisch Angora

RASSEMERKMALE	
NAME	Türkisch Angora
ANDERE NAMEN	Angorakatze, Angora
KÖRPERBAU	feiner Knochenbau
FARBSCHLÄGE	alle anerkannten Langhaar-Farbschläge, außer Chocolate, Lilac und Colourpoint (in Großbritannien anerkannt)

GRÖSSE

FELLPFLEGE

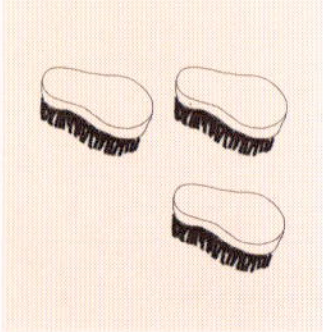

TEMPERAMENT

DIE ANGORA IST eine Rasse, die durch ihre ungewöhnliche Geschichte und ihren Namen schon einiges an Kontroversen und Verwirrung ausgelöst hat. Es gibt (im angloamerikanischen Sprachgebrauch) zwei sehr unterschiedliche Rassen mit dem Namen Angora, die allerdings übereinstimmende Merkmale haben. Aus diesem Grunde werden sie in diesem Kapitel gemeinsam behandelt.

URSPRÜNGE DER RASSE

DIE IN DEN USA als Turkish Angora bezeichnete Rasse wird in Großbritannien nicht anerkannt. Sie ist eine Naturrasse aus der Gegend von Ankara und hat dort in ihrer ursprünglichen Form im Zoo überlebt.

Die British Angora ist eine relativ junge Züchtung und wurde 1977 vorläufig anerkannt. Sie entstand aus einem wissenschaftlichen Zuchtprogramm ohne Rückgriff auf türkische Bestände. In den USA wurde sie 1988 als Javanese oder Oriental Longhair anerkannt. Um die Sache noch komplizierter zu machen, bestehen einige Züchter darauf, dass eine „echte" Turkish Angora unbedingt weiß sein müsse. Und in der Tat werden im Zoo in Ankara nur weiße Exemplare gehalten, um sicherzugehen, dass die ursprüngliche Rasse rein bestehen bleibt. Die Türkisch Van verkompliziert die Angelegenheit zusätzlich. Sie ist eine eigenständige Rasse, hat jedoch eine gewisse Ähnlichkeit mit der Türkisch Angora und wurde früher in Großbritannien als Turkish Cat bezeichnet.

Angoras gehörten zu den ersten Katzen, die aus dem Osten nach Europa gelangten. Im 16. Jahrhundert wurden sie zusammen mit Persern eingeführt und wahllos gekreuzt. Es ist keinesfalls klar, ob Angoras und Perser eine gemeinsame Abstammung teilen oder ob die Angora aus der zufälligen Verpaarung mit Katzen vom Foreign- oder Oriental-Typ entstanden ist.

Oben
Eine Türkisch Angora in Blau-Creme.

Unten
Einige Züchter erkennen als Farbe der Türkisch Angora nur das klassische Weiß an.

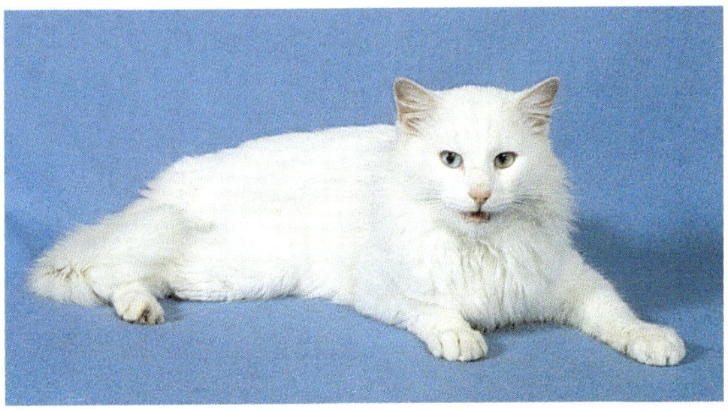

Oben links
Perser und Angora unterscheiden sich in der Gesichtsform.

WIEDERBELEBUNG DER RASSE

ALLMÄHLICH gewannen in Europa die Perserkatzen die Überhand, und jegliche Anzeichen von Angora-Merkmalen bei Persern waren verpönt. Um 1900 fielen die Angoras völlig in Ungnade, sodass die Bestände außerhalb der Türkei verschwindend gering waren. Im Westen gab es zwei Möglichkeiten, die Rasse wieder aufleben zu lassen: entweder Tiere aus den ursprünglichen Beständen in der Türkei zu holen oder, wie in Großbritannien, sie aus Kurzhaarkatzen des Oriental-Typs, die das Langhaar-Gen trugen, nachzuzüchten.

Die amerikanischen Zuchtverbände wählten den direkten Weg. 1962 erhielt ein amerikanischer Züchter ein weißes Angorakatzenpärchen aus dem Zoo von Ankara. 1966 wurde ein zweites Pärchen importiert. Mit diesen Tieren wurde die Zucht in den USA begründet. Zuerst wurden sie als Longhairs klassifiziert, 1968 als eigenständige Rasse registriert und zwei Jahre später von der amerikanischen CFA anerkannt. Obwohl seitdem auch andere Farbschläge gezüchtet wurden, ist Weiß nach wie vor die beliebteste Farbe.

Die künstlich kreierte British Angora wurde 1977 anerkannt. Sie ähnelt der amerikanischen Angora, wirkt jedoch etwas orientalischer, hat einen geschmeidigeren Körper und ein keilförmigeres Gesicht mit größeren Ohren.

In Deutschland wurde die weiße Türkisch Angora 1988 anerkannt, 1994 kamen weitere Farbschläge hinzu.

Mitte
Der orientalische Einfluss ist bei dieser Chocolate Türkisch Angora deutlich sichtbar.

Unten
Perser wie diese blauweiße waren Ende des 19., Anfang des 20. Jahrhunderts die begehrteste Rasse.

WISSENSWERTES
Die Sandkatze ist eine der wenigen Katzen, die sich einen Bau gräbt. In der Wüste, ihrem natürlichen Lebensraum, findet sie sonst kaum Schutz vor der glühend heißen Sonne.

PFLEGE

VON IHREN Besitzern wird die Türkisch Van als liebevolle, intelligente Katze beschrieben, die sich normalerweise eng an eine Bezugsperson anschließt. Für ihre Größe hat sie einen erstaunlichen Appetit. Die Fellpflege ist unaufwändig: zwei- oder dreimal Kämmen pro Woche genügt, höchstens beim Fellwechsel im Frühling und Sommer sollte man häufiger bürsten. Die Türkisch Van ist eine robuste Katze, die sich gern draußen aufhält; ideal ist ein Haus mit Zugang zu einem gesicherten Garten.

Der Begriff „Van" wird manchmal benutzt, um weiße Katzen anderer Rassen zu beschrieben, die ähnliche auf Schwanz und Kopf begrenzte Zeichnungen aufweisen. Dies gilt besonders für die American Shorthair und die Norwegische Waldkatze.

FARBSCHLÄGE

DIE KLASSISCHEN FARBEN der Van sind Weiß mit kastanienroter (Auburn) und cremefarbener Zeichnung an Kopf und Schwanz. Beide Farben dürfen Tabby-Muster aufweisen. Die Augenfarbe kann Blau, Amber, oder odd-eyed (Blau und Amber) sein. In Deutschland sind auch die Farben Black, Blue, Tortie und Torbie anerkannt.

Die Markierungen sind bei Jungtieren von Geburt an vorhanden, doch wie bei der Angora braucht das Fell mehrere Jahre, bis es seine volle Schönheit entwickelt. Vielleicht ist das auffälligste Merkmal der Rasse die bei Katzen seltene Vorliebe für Wasser. In ihrem natürlichen Lebensraum soll die Van es genießen, täglich im See oder in flachen Flüssen zu schwimmen, und sie lässt sich weniger widerwillig baden als andere Katzen.

Oben links
Amber ist die bevorzugte Augenfarbe.

Oben rechts
Die Farbflecken an den Köpfchen dieser drei Kätzchen sind bereits deutlich sichtbar.

Unten
In Deutschland ist bei der Türkisch Van auch die Tortie-Varietät anerkannt.

WISSENSWERTES
Löwinnen jagen oft gemeinsam. Vielleicht sind sie kooperativer als die temperamentvolleren Männchen und weniger auffällig für ihre Beutetiere.

Oben
Im Gegensatz zu den meisten anderen Katzenrassen genießt die Türkisch Van Wasser und ist eine gute Schwimmerin.

Unten
Die freundliche, liebevolle Türkisch Van ist ein ausgezeichnetes Haustier.

Maine Coon

RASSEMERKMALE

NAME	Maine Coon
ANDERE NAMEN	Maine Coon Cat
KÖRPERBAU	muskulös, großformatig
FARBSCHLÄGE	alle außer Pointed, Chocolate, Cinnamon, Lilac und Fawn

GRÖSSE

FELLPFLEGE

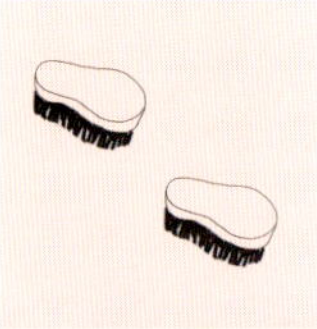

TEMPERAMENT

Sollte es eine typisch amerikanische Katzenart geben, dann ist es die Maine Coon. Um ihre Genese und ihren Namen ranken sich unzählige Legenden, manche davon sind ebenso unwahrscheinlich wie genetisch unmöglich.

URSPRÜNGE DER RASSE

ANGEBLICH SOLLEN die ersten Maine-Coon-Welpen aus der Liaison zwischen Hauskatzen und Waschbären (engl. racoon) hervorgegangen sein. Eine Verpaarung zwischen verschiedenen Spezies ist jedoch nicht möglich. Ähnlich unwahrscheinlich ist die Verpaarung zwischen Hauskatze und dem amerikanischem Rotluchs, *Felis rufus*, der von Südkanada bis Zentralmexiko vorkommt.

Eine weitere Theorie geht davon aus, dass die ersten Maine Coons eigentlich Norwegische Waldkatzen waren, die um etwa 1000 n.Chr. mit den Wikingern nach Nordamerika kamen. Beweise für diese Theorie gibt es nicht, doch es ist recht wahrscheinlich, dass Leif Eriksson oder seine Nachfolger während ihrer Fahrt nach Vinland (wohl das heutige Neufundland) in Maine landeten. Eine andere Geschichte erzählt, dass ein Kapitän zur See namens Coon Anfang des 19. Jahrhunderts Angora- oder Perserkatzen mit nach Amerika gebracht haben soll.

Der Name des Kapitäns mag eine Erfindung sein, doch ansonsten liefert die These die wohl wahrscheinlichste und einfachste Erklärung für die Entstehung der Rasse: die zufällige Verpaarung zwischen den Nachkommen einer von den Siedlern eingeführten Kurzhaarkatze und einer später importierten entlaufenen Langhaarkatze.

ROBUSTE RASSE

LEGENDÄRES WEISS man auch über die Größe der Maine Coon zu berichten. Angeblich gab es schon bis zu 18 Kilogramm schwere Exemplare. Auch dies ist unwahrscheinlich, schon deshalb, weil die harten Lebensbedingungen eines halbwilden Daseins ein so extremes Gewicht, das den Normbereich für diesen Katzentyp derart übersteigt, gar nicht zulassen. Das Durchschnittsgewicht einer Maine Coon liegt bei etwa fünf bis sieben Kilogramm, womit sie immer noch zu den größten Katzenrassen gehört.

Sicher ist jedenfalls, dass die Maine Coon schon Generationen vor ihrer Showkarriere als Farmkatze und Haustier sehr beliebt war. Ihr Ruf als agile, mutige, robuste Katze ist wohlverdient, und ihre Unabhängigkeit und Findigkeit passen gut zum Pioniergeist der Gesellschaft, in der sie entstand. Die Maine Coon wird selbst mit eisigen Wintern fertig. Maine ist der

Links
Einer Legende zufolge sollen Maine Coons die Nachkommen von Hauskatzen und Luchsen sein.

Rechts
Maine Coons sind robuste Katzen, die ein dickes Fell entwickelt haben, um sich vor den harten Wintern zu schützen.

nordöstlichste US-Staat, grenzt an Kanada und verzeichnet durchschnittlich 211 cm Schneefall im Jahr. Mehr als sieben Monate lang kann Frost auftreten, daher ist es kaum verwunderlich, dass die Maine Coon im Laufe von Generationen ein dichtes Fell und einen stämmigen Körperbau entwickelt hat.

Die festen Leithaare auf dem Rücken und an den Flanken bieten eine zusätzliche Isolierung, während die weicheren Haare am Bauch wie eine schützende Decke gegen Schnee und Eis wirken. Die großen Pfoten mit Haarbüscheln zwischen den Zehen helfen der Maine Coon, sich auch auf Eis und Schnee sicher zu bewegen. Die Ohren sind groß, selbst für Katzenverhältnisse ungewöhnlich beweglich und registrieren sogar weit entfernte Beute oder Raubtiere. Maine Coons sind geborene Überlebenskünstler, und wenigstens zwei Jahrhunderte ihrer Entwicklung als halbwilde Katze haben dazu geführt, dass sich nur gesunde und intelligente Tiere fortgepflanzt haben.

SHOWSTARS

DER MAINE COON gebührt ein besonderer Platz in der Geschichte der Katzenzucht in den USA. Auf der ersten Katzenschau im Madison Square Garden in New York im Jahre 1895 wurde nämlich eine Brown Tabby Maine Coon namens Cosie zur Best Cat gekürt. Allerdings wurden Maine Coons schon 40 Jahre zuvor häufig auf Wochenmärkten als Farmkatzen gezeigt. Es gibt Aufzeichnungen von einer solchen Farm Show, die 1861 in Skowhegan in Somerset County in Maine stattfand. Interessanterweise spielte später eine Züchterin aus Skowhegan bei der Wiederbelebung der Rasse in den 1950er Jahren eine führende Rolle, obwohl die Maine Coon inzwischen natürlich auch außerhalb ihres Ursprungsstaates viele Bewunderer hatte. Einer Maine Coon wurde sogar sehr früh eine Erwähnung in einem Buch zuteil. 1861 veröffentlichte ein amerikanischer Katzenfreund, F. R. Pierce aus Maine, sein Werk *Book of the Cat,* in dem er einen schwarz-weißen Maine-Coon-Kater namens Captain Jenks of the Horse Marines beschrieb, der ihm und seinem Bruder gehörte.

Ab 1897 waren Maine Coons drei Jahre hintereinander Best Cat in der jährlich stattfindenden Boston Cat Show. Leider waren diese frühen Showerfolge nicht von Dauer.

Zwar widmete eine frühe amerikanische Züchterin, Frances Simpson, 1903 den Maine Coons in ihrem *Book of the Cat* ein ganzes Kapitel, doch Züchter verfielen schon bald dem Charme der Perser, die in immer größeren Mengen aus Großbritannien eingeführt wurden. 1904 war die Maine Coon aus der amerikanischen Showszene verschwunden.

Natürlich waren Maine Coons weiterhin die ideale Katze für Farmer, die eine robuste Arbeitskatze brauchten, und für Familien, die ein pflegeleichtes Haustier suchten. Doch es lag in der Hand einiger weniger Züchter, das Interesse an dieser Rasse am Leben zu erhalten, und dies war kein leichtes Unterfangen.

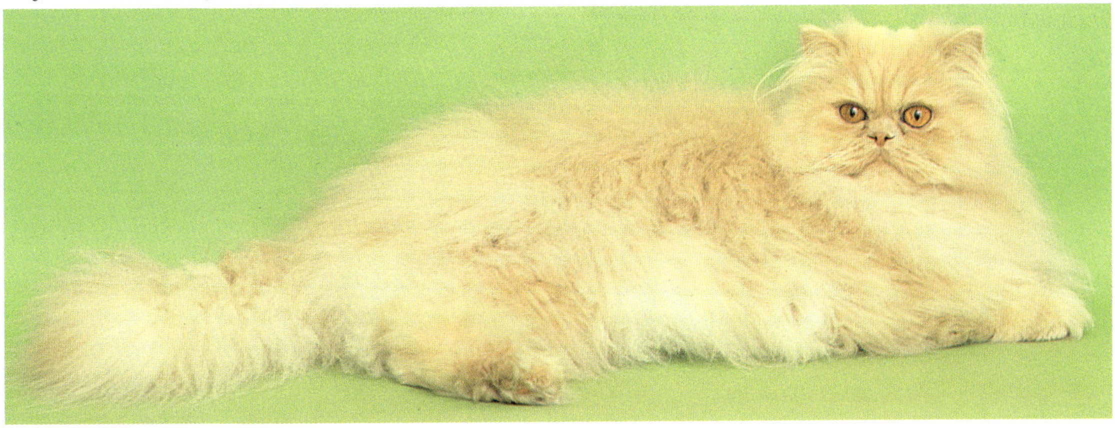

WISSENSWERTES
„Catnapping" nennt man auf Englisch ein kurzes Schläfchen. Katzen sind gewohnheitsmäßige „napper". So sparen sie Energie, während sie auf Beute warten.

Oben links
Die Maine Coon gehört zu den größten Katzenrassen. Inzwischen ist sie sogar die offizielle Staatskatze von Maine.

Oben rechts
Maine-Coon-Kätzchen sind intelligente, gesunde kleine Naturburschen und „very American".

Unten
Anfang des 20. Jahrhunderts wurden Perserkatzen immer beliebter und verdrängten die Maine Coons fast völlig.

ANERKENNUNG ALS RASSE

ERST 1953 WURDE DER Central Maine Coon Cat Club gegründet, der nur Maine Coons zeigte und mit der Erstellung von Stammbäumen begann. Danach erholte sich die Rasse langsam wieder. 1967 wurde sie von den ersten US-Zuchtverbänden anerkannt, doch erst 1976 von der CFA. Obwohl die ersten Maine Coons bereits 1983 nach Großbritannien kamen, wurde die Rasse dort erst 1994 anerkannt. Auch im übrigen Europa fand die Rasse große Zustimmung, besonders in Deutschland, wo sie seit 1982 anerkannt ist und inzwischen zu den beliebtesten Rassekatzen zählt.

Oben links
Ihre offizielle Anerkennung erhielt die robuste Rasse, die von Farmern schon im 19. Jahrhundert ausgestellt wurde, erst 1953.

Oben rechts
Brown (Black) Tabbies sind besonders beliebt.

Unten rechts und links
Typisch für die Maine Coon ist ihr aufmerksamer, intelligenter Blick aus den leicht schräg gesetzten Augen.

MERKMALE

MAINE COONS gibt es in einer überwältigenden Vielfalt von Farbschlägen und Fellmustern. Dies ist kaum verwunderlich bei einer Rasse, die auf eine so lange Geschichte zurückblickt, auch wenn sie zwischendurch lange in Vergessenheit geriet. Sie werden einfarbig, in allen Varianten als Tabby, Tortie, Calico (Tortie mit Weiß), Bicolour, Chinchilla, Cameo und Smoke gezüchtet. Die ursprüngliche und typischste Maine Coon ist wohl die Classic (Blotched) Brown Tabby – in Deutschland meist als Black Tabby bezeichnet –, die auch bei Shows die beliebteste Vertreterin ist. Sie sieht mit ihrer Färbung und dem buschigen Schwanz dem in Nord- und Mittelamerika häufigen Waschbären am ähnlichsten, der für die Bezeichnung der Rasse und den Abstammungsmythos eine so wichtige Rolle gespielt hat.

Die Maine Coon ist eine große, kräftige, robuste, muskulöse Katze. Ihr glattes, zottiges Fell ist schwer, aber von seidiger Textur, kurz an Kopf und Schultern, länger dagegen an Bauch und Hinterbeinen, wo es zu langen „Pluderhosen" ausgebildet ist. Der Körper ist lang gestreckt mit breitem Brustkorb und geradem Rücken. Die Beine sind kräftig, breit gesetzt, die Pfoten groß, rund und gut bebüschelt. Der Schwanz ist lang und buschig. Der Kopf ist mittelbreit, der Hals mittellang und kräftig. Die Schnauze ist kantig und weist ein kräftiges Kinn auf, die Wangenknochen sind hoch angesetzt, und die Nase ist mittellang. Die hoch auf den Kopf gesetzten Ohren sind groß und gut behaart, an der Basis breit und oben spitz zulaufend. Die großen, ausdrucksvollen Augen sollten leicht schräg gestellt und weit auseinander gesetzt sein. Spitze Schnauze oder schwaches Kinn gelten als Fehler.

FARBSCHLÄGE

MAINE COONS GIBT ES in allen Farben und Mustern außer Pointed, Chocolate, Cinnamon, Lilac und Fawn. Die Augen können grün, golden oder kupferfarben sein, wobei Augen- und Fellfarbe unabhängig voneinander sind. Nur weiße Katzen dürfen blaue oder verschiedenfarbene Augen haben. Wie bei den Bicolour-Varietäten anderer Rassen muss nach amerikanischen Standard wenigstens ein Drittel des Körperfells weiß sein, der weniger strenge britische Standard verlangt lediglich, dass Latz, Bauch und die vier Pfoten weiß sein müssen. In Deutschland wird nur gefordert, dass die Farbe vorherrscht.

TEMPERAMENT

MAINE COONS SIND ausgezeichnete Hauskatzen, gutmütig, ruhig, anpassungsfähig und sehr verspielt. Sie wählen sich oft „ihren" Lieblingsmenschen in der Familie. Wie man bei Katzen ihres Kalibers erwarten würde, sind sie hervorragende Jäger und sollten genügend Auslauf haben. Vielleicht liegt es an ihrer halbwilden Vergangenheit, dass sie so oft ungewöhnliche Plätze zum Ruhen und Schlafen wählen. Kälte scheint ihnen relativ wenig auszumachen. Einige Coons sind besonders geschickt mit ihren Pfoten und benutzen sie zum Spielen mit Wasser und sogar zum Fressen.

FELLPFLEGE

DAS FELL DER MAINE-COON-KATZEN ist recht pflegeleicht, doch die langen Haare an Bauch und Brust neigen zu Verfilzungen. Maine Coons sollte man wenigstens einmal pro Woche bürsten und dabei etwaige Knoten sanft entwirren. Kätzinnen werfen meist problemlos – die durchschnittliche Wurfstärke beträgt zwei bis drei Welpen.

Maine-Coon-Junge sind flauschige kleine Fellknäuel und ähneln ganz und gar nicht den bodenständigen Riesen, zu denen sie einmal werden. Als wahre Spätentwickler sind sie erst mit etwa vier Jahren ausgewachsen. Das Babyfell weicht einem schweren, zottigen Fell, der scheinbar unkoordinierte Körper wird immer kompakter, der Brustkorb breit und kräftig. Der typische Maine-Coon-Schwanz ist lang, mit vollem, wehendem Haar. Ausgewachsene Tabbys zeigen ein intensiv gefärbtes Muster.

WISSENSWERTES
Katzenhalsbänder haben meist einen elastischen Teil, sodass sich die Katze befreien kann, wenn sie sich damit in einem Baum verfängt.

Oben
Noch sieht man diesem niedlichen Kätzchen nicht an, wie groß es einmal wird.

Unten
Maine Coons scheinen jedem Wetter zu trotzen.

Perser

RASSEMERKMALE

NAME	Perser
ANDERE NAMEN	Langhaar
KÖRPERBAU	Plumptyp
FARBSCHLÄGE	einfarbig, Tabby, Schildpatt, Bicolour und Tipped

GRÖSSE

FELLPFLEGE

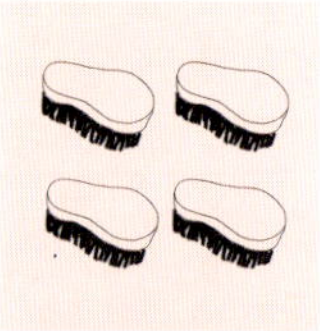

TEMPERAMENT

LANGHAARKATZEN setzen viele Laien gleich mit Persern. Dabei gibt es daneben verschiedene andere Rassen mit mehr oder weniger langhaarigem Fell, etwa die Türkisch Angora, die Maine Coon oder die Heilige Birma, die in Deutschland als Semi-Langhaar bezeichnet werden. Bei Ausstellungen des britischen Verbandes GCCF werden alle Perser als „Langhaarkatzen" und jeder Farbschlag als eigene Rasse behandelt, während die europäische FIFe ebenso wie die amerikanischen Zuchtorganisationen die Farbschläge als Varietäten definieren.

MERKMALE

MIT IHREN KURZEN, STÄMMIGEN Beinen, dem runden Kopf, der kurzen Nase und den großen Augen sind Perser geradezu typische Vertreter des Plumptyps. Der Schwanz ist buschig und das Fell voll und dicht.

EIN PERSER ALS STATUSSYMBOL

FÜR DIE MEISTEN Leute ist der Perser die typische Luxus-Schoßkatze, bei der man sofort an Reichtum und Macht denkt. Das liegt zweifellos daran, dass die ersten Perser, die Reisende vor rund 300 Jahren aus dem Osten mitbrachten, oft wohlhabenden Fürsten zum Geschenk gemacht wurden, sodass der Perser schon bald zur Katze der Aristokraten wurde. Der italienische Reisende Pietro della Valle (1586–1652) verbrachte vier Jahre (1617–1621) in Persien und soll die ersten persischen Katzen nach Europa gebracht haben; allerdings werden schon im Jahr 1520 langhaarige Katzen in Europa erwähnt. In seinem Reisebericht, der erst nach seinem Tod veröffentlicht wird, beschreibt Pietro della Valle das Fell der Perserkatzen als „weich wie Seide und so lang, dass es an manchen Stellen Locken bildet, vor allem unter der Kehle". Die Perserkatze wurde an den Höfen Europas schnell zum Lieblingstier und gelangte von Frankreich aus nach England, wo sie eine Zeitlang als Französische Katze bekannt war.

Es scheint, als hätten die britischen Züchter irgendwann im 19. Jahrhundert bewusst oder unbewusst Angorakatzen eingekreuzt. Obwohl zwischen beiden Rassen gewisse Unterschiede bestehen, wurden sie unter der Rassebezeichnung „Longhair" zusammen ausgestellt und gerichtet. Das führte zum Niedergang der Angora-Rasse, die erst in den 1950er Jahren durch die Einfuhr neuer Zuchttiere aus der Türkei wieder auflebte.

Oben links
Als Chinchilla bezeichnet man Perserkatzen, deren weiße Haare eine feine schwarze Spitze haben.

Unten
Perser verkörpern mit ihren kurzen Beinen und dem kräftigen Körper den reinen Plumptyp.

FRÜHE PERSER

PERSERKATZEN DOMINIERTEN die erste nationale Katzenschau Großbritanniens, die 1871 im Kristallpalast im Süden von London stattfand. Blau war damals die beliebteste Farbe, dicht gefolgt von Schwarz und Weiß. „Orange" (heute Rot genannt) wurde zu Beginn des

20. Jahrhunderts entwickelt, war aber damals wie heute recht selten. Die frühen Perser waren mit den heutigen nicht zu vergleichen, denn sie hatten mit ihnen nur das lange Haar und den allgemeinen Typ gemeinsam. Die Rasse, wie wir sie heute kennen, ist das Ergebnis einer geplanten und selektiven Zucht, angeregt durch die große Nachfrage in aller Welt, vor allem aber in den USA.

Schon bald nach der ersten Ausstellung gelangten Perser in die Vereinigten Staaten und wurden dort

schnell sehr populär. 1903 gab es in Amerika den ersten Standard für die Zucht, und es kristallisierten sich nationale Vorlieben heraus. Die britischen Verbände strebten einen weniger kräftigen Typ an, der dem ursprünglichen Körperbau des Persers ähnelte, während die Amerikaner einen kompakteren Körper bevorzugten und an immer üppigerem Fell arbeiteten. Diese Vorlieben gelten bis heute und sind deutlich zu erkennen, wenn man den britischen und den amerikanischen Standard vergleicht.

Die größte Uneinigkeit herrscht jedoch bei der Kopfform. Die amerikanischen Züchter haben extrem stupsnasige Katzen hervorgebracht, die ihrer Ansicht nach den „modernen Typ" verkörpern. Der europäische Verband FIFe hingegen lehnt in seinen Rassestandards die Stupsnase ausdrücklich ab.

IDEALE SHOW-KATZEN

EIN GRUND DAFÜR, dass Perser so beliebte Ausstellungskatzen sind, ist die Tatsache, dass sie sehr gelassen sind und sich auch durch eine fremde Umgebung oder neue Erfahrungen nicht aus der Ruhe bringen lassen. Das bedeutet, dass auch auf Schauen nicht mit Tempera-

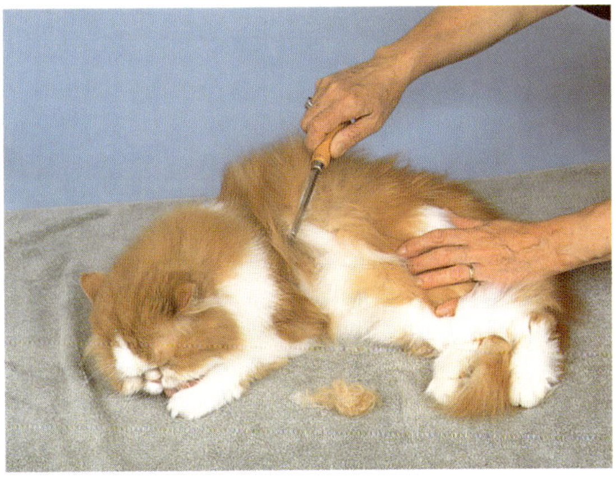

mentsausbrüchen zu rechnen ist. Diese Eigenschaften machen die Perser auch zu perfekten Familienkatzen; allerdings müssen sie jeden Tag sehr ausgiebig gebürstet werden, damit das Fell nicht verfilzt. Außerdem haaren die Katzen extrem stark. Im Fell sammelt sich auch fettiger Hauttalg, der weiße Haare verfärbt. Amerikanische Perser-Besitzer – die anscheinend besonders mutig sind – lösen dieses Problem durch häufiges Baden ihrer Katze, aber es hilft auch, wenn man die betroffenen Partien mit Talkumpuder einstäubt, der natürlich anschließend wieder ausgebürstet werden muss.

WISSENSWERTES

Geparden beenden ihre Jagd, indem sie das Beutetier zum Stürzen bringen. Dann töten sie es, indem sie es so lange in die Luftröhre beißen, bis es erstickt ist.

Oben links
Blaue Perser wie dieses Exemplar waren gegen Ende des 19. Jahrhunderts besonders beliebt.

Unten links
Nationale Vorlieben bestimmen die Perserzucht der einzelnen Länder.

Unten rechts
Perser müssen jeden Tag gekämmt werden, doch Ausstellungskatzen erfordern einen weit höheren Aufwand, damit ihr Fell in Topform bleibt.

Grundsätzlich sollen Perser einen breiten, runden Kopf mit einer kurzen, breiten Nase, vollen Wangen und weit auseinander stehenden kleinen Ohren haben, die tief am Kopf sitzen, gerundete Spitzen haben und mit langen Haarbüscheln versehen sind. In Amerika wünscht man sich außerdem einen ausgeprägten Stopp an der Stelle, an der die Nase in die Stirn übergeht. Die FIFe schreibt vor, der Stopp müsse zwischen den Augen liegen.

Die Augen sollen groß und rund sein und weit auseinander stehen – laut amerikanischem Standard soll die Katze „süß" aussehen; bei den Engländern lautet die entsprechende Formulierung „gewinnend". Der Hals ist kurz und kräftig, der Körper stämmig, massiv und gedrungen, mit tiefer Brust, breiten Schultern und breiter Hinterhand. Die Pfoten sollen relativ groß sein, abgerundet und üppig behaart. Das Fell wünscht man sich lang, seidig und glänzend. Eine üppige Halskrause und ein fülliger Latz zwischen den Vorderbeinen werden besonders hoch bewertet. Der Schwanz ist kurz und soll tief getragen werden.

WISSENSWERTES

1459 wurden in Florenz 20 Löwen freigelassen, um mit wilden Stieren und Wölfen aufzuräumen. Aus dem Spektakel wurde jedoch nichts, weil die Löwen einschliefen.

DER STANDARD

DIE WÜRFE sind bei Persern gewöhnlich klein – nur zwei oder drei Junge –, und obwohl Perserkatzen sich meistens als gute Mütter erweisen, sind die Kätzchen doch sehr anfällig und sollten zumindest in den ersten Wochen genau beobachtet werden. Das seidige Fell entwickelt sich beim Nachwuchs im Alter von sechs bis acht Wochen, ist aber erst im Alter von zwei Jahren voll ausgebildet. Einfarbige Kätzchen zeigen im ersten Fell oft eine „Geisterzeichnung", doch diese angedeutete Tigerstreifung verschwindet mit zunehmendem Alter wieder.

EINFARBIGE PERSER

PERSER GIBT es in mehr als 60 Farben und Mustern, allerdings sind nicht alle davon auf Ausstellungen zugelassen. Die erste Gruppe besteht aus den Einfarbigen in Schwarz,

Oben links
Neugeborene Perser sind sehr empfindlich.

Unten links
Die langen Haarbüschel an den Ohren sind bei diesem Silbertabby besonders gut zu sehen.

Oben und unten rechts
Sowohl Chocolate-Perser (oben rechts) als auch die Lilac-Varietät haben bernsteinfarbene Augen.

Weiß, Blau, Rot, Creme, Chocolate (ein mittleres bis dunkles Braun) und Lilac (ein rosa angehauchtes Taubengrau).

Zu den verschiedenen Fellfarben gehören ganz bestimmte Augenfarben. Zu den meisten einfarbigen Persern wünscht man sich leuchtend kupfer- oder orangefarbene Augen. Bei den weißen Katzen sind aber auch tiefblaue

Augen möglich oder ein blaues und ein orange- oder kupferfarbenes (odd-eyed).

GENETISCHE PROBLEME

WAS DIE FELLFARBEN der Perser angeht, hat sich der Zeitgeschmack öfter gewandelt. Weißen Katzen kamen als Erste nach Europa und waren in Frankreich besonders beliebt. Mit dem Weiß-Gen W verbindet sich jedoch eine Neigung zur Taubheit, die besonders bei blauäugigen Katzen auftritt. Durch eine Deformation im Innenohr sind die Katzen auf einem oder beiden Ohren taub. Das macht sich beim Nachwuchs schon im Alter von vier bis sechs Tagen bemerkbar und ist nicht heilbar, aber wenn man ein wenig dazu beiträgt, dass die Kommunikation mit dem Muttertier aufrechterhalten wird, überleben die Kätzchen meistens und können lernen, ihre Behinderung durch die anderen Sinne auszugleichen. Katzen, die tauben Nachwuchs zur Welt gebracht haben, sollten aus der Zucht genommen werden. Auch mit den tauben Katzen sollte keinesfalls gezüchtet werden, weil sie die Schreie ihrer Jungen nicht hören und sie womöglich vernachlässigen. Taube Kater können das Problem weitervererben.

SCHWARZE PERSER

SCHWARZE Perser gibt es schon fast ebenso so lange wie weiße, und zurzeit sieht es so aus, als wäre die schwarze Varietät in den Zuchtbüchern am häufigsten vertreten. Eine rein schwarze Katze, deren Haare bis zu den Wurzeln tiefschwarz sind, wie es der Standard vorschreibt, wird hoch geschätzt. Die meisten schwarzen Exemplare haben einen leichten Rotstich oder kleine weiße Flecken. Die endgültige Farbe kann jedoch erst bestimmt werden, wenn

WISSENSWERTES

Die „Katzenaugen" an Fahrzeugen, die Scheinwerferlicht reflektieren, wurden den Augen echter Katzen nachempfunden, die ebenfalls im Lichtstrahl aufleuchten.

Oben links
Diese weiße Katze hat verschiedenfarbige Augen.

Oben rechts
Einfarbig schwarze Perser werden besonders geschätzt.

Unten
Weiße Katzen mit blauen Augen sind meistens taub. Da sie ihr Leiden vererben, sollten sie aus der Zucht ausgeschlossen werden.

WISSENSWERTES
Bei den Rassekatzen unterscheidet man zwischen Lang- und Kurzhaarrassen. Von den Ersteren gibt es rund 20, von den Letzteren rund 30.

Oben
Blaue Perser sind noch heute in Großbritannien sehr beliebt.

Unten
Bei diesem Blautabby ist das „M“ auf der Stirn deutlich zu sehen.

die Katze etwa 18 Monate alt ist, denn viele jüngere Tiere mit Rotstich, einzelnen weißen Haaren oder einer Geisterzeichnung entpuppen sich nach dem Fellwechsel als perfekte schwarze Exemplare.

BLAU UND ROT

BLAUE PERSER sind in Großbritannien besonders beliebt und waren es bis etwa 1960 auch in Nordamerika. Sie saßen für viele Gemälde Modell, und blaue Perserkätzchen sind noch heute beliebte Motive für Grußkarten und Kalenderbilder. Sie sind relativ leicht zu züchten, weil die Anpaarung von zwei blauen Katzen immer einen Wurf blauer Kätzchen hervorbringt, deren Tigerzeichnung – wenn überhaupt vorhanden – verschwindet, sobald die Kätzchen ausgewachsen sind.

Rote Perser dagegen sind schwer zu züchten, zumal in Ausstellungsqualität, weil bei ihnen die Tabbyzeichnung nicht verschwindet. Der Standard verlangt aber eine tiefrote (genau genommen eine orangefarbene) Katze ohne Tigerstreifen und weiße Abzeichen. Aus dem Roten Perser ist der umstrittene Pekinesen-Perser hervorgegangen.

ANDERE FARBEN

CREME IST EINE Aufhellung des Rot-Gens O, und die ersten cremefarbenen Perser entstanden durch die versehentliche Kreuzung von roten und blauen Elterntieren. Viele Jahre lang wurden sie in Großbritannien abgelehnt, weil man sie für fehlfarbene rote hielt. So blieb es den Züchtern in Nordamerika überlassen, diese Farbe zu züchten, und bis heute bevorzugt man dort einen helleren Cremeton als in Großbritannien. Um die Farbe zu erhalten, müssen immer wieder andersfarbige Tiere eingekreuzt werden, meistens blaue.

Chocolate und Lilac, warme Farbtöne, gleichmäßig verteilt und ohne jegliche Streifung, Schattierung und weiße Haare, stellen die letzten beiden Varianten der einfarbigen Perser dar. In Amerika werden diese beiden unter dem Namen Himalayan oder Kashmir geführt.

TABBIES

EINE WEITERE GRUPPE bilden die Perser-Tab-

bies, die es als gestromte, getickte, getigerte, getupfte und gescheckte (Tabby-Tortie) Varianten gibt. Ein deutlich erkennbares „M" auf der Stirn ist ein Muss für alle Tabbies. Beim Brauntabby ist die Grundfarbe ein sattes Gold mit tiefschwarzen Streifen. Bei der roten Version kontrastieren leuchtend rote Streifen mit dem cremefarbenen Untergrund. Der besonders hübsche Silvertabby hat schwarze Streifen auf silbernem (hellgrauem) Fell, der Blautabby blaue Streifen auf einem bläulich weißen Grund und die cremefarbenen Tabbies weisen zwei verschiedene Cremetöne auf.

SCHILDPATT-PERSER

DIE SCHILDPATT- ODER Tortoiseshell-Perser (Torties) entstanden ursprünglich durch zufällige Paarungen zwischen Persern und dreifarbigen Hauskatzen und waren

von Anfang an sehr beliebt. Da fast alle Schildpattkatzen weiblich und die wenigen dreifarbigen Kater unfruchtbar sind, sind diese Katzen schwer zu züchten, weil nur zweifarbige Kater eingesetzt werden können. Die Blau-Schildpatt-Variante, in Großbritannien Blue-Cream Longhair genannt, ist eine aufgehellte Form des echten Schildpatt-Farbschlags, der ebenfalls nur bei Weibchen vorkommt. Die Schildpatt-Weiß – wegen ihrer angeblichen Ähnlichkeit mit einem speziellen Baumwollstoff in Nordamerika als Calico und in Großbritannien als Chintz bezeichnet – ist ebenfalls eine rein weibliche Variante. Eine aufgehellte Form, die Blau-Schildpatt-Weiß, kann im selben Wurf auftreten. Bei den Calico-Katzen sind die schwarzen, roten und cremefarbenen Flecken mit gleichmäßig verteilten weißen Flächen und einer cremefarbenen oder weißen Blesse kombiniert. Der amerikanische Standard verlangt, dass sich die Weißzeichnung nur über Beine, Pfoten, Brust und Gesicht erstrecken darf.

ZWEIFARBIGE PERSER

EINE EIGENE GRUPPE stellen die Zweifarbigen, die so genannten Bicolours. Bei ihnen wünscht man sich Weiß an den Pfoten, den Beinen, der Unterseite, der Brust und im Gesicht; dabei soll nicht mehr als die Hälfte und nicht weniger als ein Drittel weiß sein. Weiß und die jeweils andere Farbe sollen symmetrisch verteilt sein. In Europa ist jede Farbe zugelassen, doch in Amerika sind nur Schwarz, Blau, Rot und Creme erlaubt.

SPITZENFÄRBUNG

ZULETZT GIBT es noch die getippten Farbschläge, deren Bezeichnung davon abhängt, wie intensiv die Haarspitzen gefärbt sind. Die dunkelsten sind die Smokes. Sie waren von Anfang an in Großbritannien sehr beliebt – Smokes wurden schon 1893 erwähnt –, doch es erwies sich vor allem während des Zweiten Weltkriegs als schwierig, die Zucht aufrechtzuerhalten. Seit den 1960er Jahren ist der Bestand jedoch wieder angewachsen. In Nordamerika ist die Begeisterung für diesen Farbschlag seit seiner Einführung ungebrochen.

Bei den Smokes sind die Haarspitzen mindestens bis zur Hälfte gefärbt, wobei die Spitzenfärbung mit der darunter liegenden weißen Unterwolle kontrastiert, die bei den besten Exemplaren nur zu sehen ist, wenn sich die Katze bewegt. In der Ruhe sollen die Katzen einfarbig wirken.

Bei der Shaded-Varietät ist etwa ein Viertel jedes Haars auf dem Rücken, den Flanken, den Beinen und dem Schwanz gefärbt.

Besonders zart ist die Spitzenfärbung bei den Chinchillas und Shell-Cameos; sie betrifft nur etwa ein Achtel der Haarlänge. Verbunden mit dem helleren Unterfell verleiht dies dem Fell einen glänzenden, metallischen Schimmer.

Bei der Chinchilla kombinieren sich schwarze Haarspitzen mit reinem Weiß. Bei der Golden Chinchilla sind es dunkles Braun und Creme. Die Shell-Cameo oder Red-Chinchilla hat rote Haarspitzen und ein rein weißes Unterfell. Es gibt außerdem Shell-Tortoiseshell, Blau-Creme-Cameo und Cameo-Tabby, die jeweils mit reinem Weiß verbunden sind.

WISSENSWERTES

Wildkatzen gelten als besonders schwierige Studienobjekte. Das liegt nicht nur an ihrer Nachtaktivität, sondern auch daran, dass viele von ihnen Einzelgänger sind.

Oben
Die Farbe Schildpatt mit Weiß tritt nur bei weiblichen Tieren auf.

Unten
Ein Bicolour-Perser in der Farbe Blau-Weiß.

Colourpoint

RASSEMERKMALE	
NAME	Colourpoint
ANDERE NAMEN	Perser Colourpoint, Longhair Colourpoint
KÖRPERBAU	gedrungen (Cobby)
FARBSCHLÄGE	Seal Point, Blue Point, Chocolate Point, Lilac Point, Red Point, Cream Point, Tortie Point, Blue-Cream Point, Tabby Point, Blue-Cream Tabby Point und Tortie-Tabby Point

GRÖSSE

FELLPFLEGE

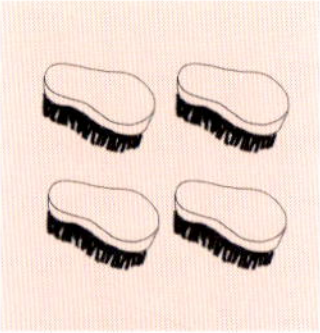

TEMPERAMENT

WISSENSWERTES
Viele Hauskatzen schielen. Wenn dieses Merkmal in freier Natur auftreten würde, hätten die Tiere beim Jagen große Probleme.

COLOURPOINT Longhair ist der britische Name für eine Rasse, die in einigen US-Zuchtverbänden Himalayan (Himmy) heißt. Bis Mitte der 1980er Jahre wurde sie von allen amerikanischen Verbänden aus Showzwecken als eigenständige Rasse angesehen, während sie in Europa als eine Variante der Perser (in England: Longhair) gilt.

KLASSIFIZIERUNG

DIESE PRAXIS SETZT sich inzwischen auch bei den

amerikanischen Verbänden CFA und der ACA durch. Dies bedeutet zweifellos, dass die Tage der Himalayan als eigenständige Rasse gezählt sind, auch wenn Züchter und Besitzer den Begriff weiterhin informell benutzen.

URSPRÜNGE DER RASSE

DIE COLOURPOINT IST eine gezielt vom Menschen gezüchtete Rasse. Kurzhaarige Siamkatzen wurden mit Persern gekreuzt, um einen langhaarigen Siam-Typ zu erhalten. Die ersten Kreuzungen wurden in den 1920er und frühen 1930er Jahren in Schweden und den USA von Wissenschaftlern vorgenommen, die sich eher für theoretische als züchterische Aspekte interessierten. Bei dem amerikanischen Experiment, das an der Harvard Medical School durchgeführt wurde, kreuzte man eine Siamkätzin mit einem schwarzen Perserkater, woraus ein Wurf schwarzer Kurzhaarkatzen resultierte. Bei der Verpaarung eines Siamkaters und einer schwarzen Perserkätzin erhielt man ebenfalls einen kurzhaarigen schwarzen Wurf. Doch die Verpaarung der Tiere aus diesen Würfen ergab schließlich 1935 eine Langhaarkatze mit Colourpoint-Abzeichen. Diese erste Himalayan oder Colourpoint Longhair erhielt den Namen Debutante.

Oben
In vielen Verbänden wird die Colourpoint in der Perserabteilung gezeigt.

Unten
Die ersten Experimente, aus denen die Colourpoint hervorging, wurden mit schwarzen Persern und Siamkatzen durchgeführt.

Nach diesen Experimenten scheinen die Forscher das Interesse verloren zu haben. Europäische und amerikanische Katzenzüchter hatten das Ergebnis jedoch mit Interesse verfolgt. Der Name Himalayan wurde angeblich von den ersten amerikanischen Enthusiasten geprägt, in Anlehnung an die Bezeichnung anderer Tiere wie Ziegen, Kaninchen und Mäusen mit ähnlichen Abzeichen. In den USA, Kanada und Großbritannien wurden experimentelle Zuchtvereine gegründet, doch erst Ende der 1940er Jahre begann man umfassende Zuchtprogramme mit Kreuzungen und Rückkreuzungen (man züchtete zur Erweiterung des Genpools wieder zurück auf einen original schwarzen Perser). Der britische GCCF erkannte die Rasse 1955 als Langhaarvarietät an.

1957 hatte die Himalayan ihr Debüt im kanadischen Calgary, und zwischen 1958 und 1961 wurde die Rasse auch von den anderen nordamerikanischen Verbänden anerkannt. Endgültig in die Katzenwelt aufgenommen wurde die Colourpoint schließlich, als 1958 eine Vertreterin dieser Rasse in London in einer der wichtigsten Ausstellungen zum Best Longhaired Kitten gekürt wurde.

MERKMALE

DIE COLOURPOINT HAT einen gedrungenen Körper und einen runden Kopf mit runden Augen und langen Schnurrhaaren. Das Fell entspricht dem Persertyp, während die Abzeichen von der Siam stammen. Augenfarbe ist immer ein klares Blau. Züchter versuchen, eine möglichst intensive Augenfarbe zu erreichen.

Die Show-Standards variieren in den verschiedenen Ländern leicht, innerhalb der USA sogar zwischen den einzelnen Zuchtverbänden. Doch im Allgemeinen ist ein gleichmäßig weißes oder cremefarbenes Köperfell mit gefärbten Points im Gesicht, an Ohren, Schwanz, Beinen und Pfoten erwünscht. Das Fell sollte lang, weich und

seidig sein und nicht am Körper anliegen. Dazu gehört eine volle Halskrause, die zwischen den Vorderbeinen zu einer tiefen Krause weiterverläuft. Wie bei allen Persertypen erfordert das Fell regelmäßige Pflege. Die Brust sollte breit und tief sein, der Körper wuchtig in Schultern und Hinterteil, mit kurzen, stämmigen Beinen. Die Pfoten sind groß, rund und gut bebüschelt. Der kurze, buschige Schwanz wird tief getragen. Alle Siammerkmale wie graziler Körperbau oder langer Schwanz gelten als Fehler.

Der Hals ist kurz und dick, der Kopf rund und gut ausgewogen. Zwischen der kurzen Nase und der Stirn sollte ein deutlicher Stopp erkennbar sein. Die kleinen, abgerundeten Ohren sind weit auseinander stehend und niedrig am Kopf angesetzt, nach vorne geneigt, mit vollen Haarbüscheln.

FARBSCHLÄGE

DIE FARBPALETTE DER Colourpoint ist sehr umfangreich, unter anderem als Seal Point (Körper cremefarben), Chocolate Point (Körper elfenbeinfarben), Blue Point (Körper bläulich weiß), Lilac Point (Körper magnolienfarben), Red Point (sattes Rot auf apricotfarbenem Körper), Cream Point (Körper cremeweiß), in den verschiedenen Tortie-Farben (die Grundfarben auf den Abzeichen werden durch Rot- und Cremetöne unterbrochen), Blue-Cream Point (Körper gletscherweiß bis cremeweiß), Lilac-Cream Point, sowie in allen Tabby- und Tortie-Tabby-Farben (Tabby Point heißt übrigens in Nordamerika Lynx Point und Tortie Point Tortie Lynx Point).

Colourpoint-Welpen werden mit cremeweißem Fell geboren, das flauschig, aber noch nicht lang ist. Das endgültige Langhaarfell erscheint erst bei der ausgewachsenen Katze, doch die Point-Färbungen zeigen sich schon nach wenigen Tagen.

TEMPERAMENT

COLOURPOINTS BESITZEN anscheinend die guten Eigenschaften der Perser, sie sind ausgeglichen und anpassungsfähig, ganz im Gegensatz zu den Siamkatzen, die dazu neigen, die Aufmerksamkeit „ihres" Menschen nach Belieben einzufordern.

Oben rechts
Dieses Kätzchen zeigt den charakteristischen stämmigen Körperbau der Colourpoint, die zum Cobby-Typ gehört.

Oben links
Die Körperfarbe dieser Rasse sollte Weiß oder Creme sein.

Unten links
Diese Red Point hat blaue Augen. Der Farbton ist für Züchter extrem wichtig.

WISSENSWERTES
Die echte Räude wird von den weiblichen Sarkoptes-Milben verursacht, die unter der Haut Gänge graben, was zu Haarausfall, Juckreiz und Krustenbildung führt – daher der Begriff „räudig".

MERKMALE

DIE BIRMA IST EINE große Katze, allerdings weniger gedrungen als die Perser, mit langem, seidigem Haar, das am Bauch oft gewellt ist und nicht zu Verfilzungen neigt. Sie besitzt einen vollen, schweren Kragen, der bei den in Amerika gezüchteten Katzen besonders ausgeprägt ist. Der Körper ist mittellang, aber stämmig, die Beine sind kräftig und mittellang, die Pfoten rund, fest und sehr groß, mit eng zusammenstehenden Zehen. Der Schwanz sollte mittellang und buschig sein und an einen Federbusch erinnern. Der Schädel ist kräftig, breit und gerundet. Die Ohren sind mittelgroß und weit auseinander gesetzt, mit gerundeten Spitzen. Das Profil ist römisch, die Wangen sind voll. Die Augen sollten tiefblau und leicht oval sein. Die Körperfarbe ist gleichmäßig, die Pointfärbung beschränkt auf Gesicht, Ohren, Beine und Schwanz, und die Handschuhe an den Pfoten sollten symmetrisch sein.

FARBSCHLÄGE

DER URSPRÜNGLICHE Birma-Farbschlag ist Seal Point mit einer Grundfarbe, die an den Flanken in Fawn und an Bauch und Brust in ein blasses Creme übergeht, mit dunkelbraunen Points, abgesehen von den weißen Pfoten. Der Nasenspiegel ist dunkelsealbraun, die Pfotenballen sind rosa. Ideal bei dieser Färbung ist eine leicht goldene Schattierung über dem gesamten Rücken, die bei ausgewachsenen Katern besonders ausgeprägt ist.

Die Blue Point hat eine bläulich-weiße Körperfärbung, an Bauch und Brust wärmer im Ton, mit blaugrauen Points, abgesehen von den Handschuhen. Amerikanische Züchter favorisieren eine kühlere, gletscherweiße Körperfärbung und dunklere Points als die Briten. Die Handschuhe sollten schneeweiß sein. Der Nasenspiegel ist schiefergrau, die Pfotenballen sind rosa.

Chocolate Point und Lilac (Lavender) Point sind ebenfalls anerkannte Farbschläge. Die Chocolate Point hat eine elfenbeinfarbene Grundfärbung mit milchschokoladefarbenen Points und schneeweißen Hand-

Oben links
Amerikanische Birmas haben oft eine ausgeprägtere Halskrause als ihre europäischen Verwandten.

Oben rechts
Die Augen einer Birma sollten leicht oval sein.

Unten rechts
Die Blue Point wird von einigen Züchtern als die einzig echte Birma angesehen.

sich um einen der jungen Priester und zeigten damit, dass er der von Mun-Ha auserkorene Nachfolger war.

Diese Tradition wurde fortgesetzt, doch dann kam die Zeit, als die Priester von Lao-Tsun in Ungnade fielen. Ende des 19. Jahrhunderts wurden sie aus dem Tempel vertrieben. Ein Engländer und ein Franzose, Major Russell-Gordon und der Forschungsreisende Auguste Pavie, halfen den Priestern und deren Katzen bei ihrer Flucht nach Tibet, wo sie einen neuen Tempel errichteten. Einige Jahre später, 1919, wurden zwei Tempelkatzen als Zeichen der Dankbarkeit nach Frankreich geschickt. Der Kater starb auf der Reise. Doch Sita, die trächtige Kätzin, überlebte und begründete die Birmazucht in Europa. Somit ist die Birma, wenn man den Geschichten glaubt, eine Naturrasse.

URSPRÜNGE DER RASSE

EINIGE SKEPTISCHERE ZÜCHTER verwerfen die romantische Geschichte, obwohl sie für eine bloße Legende auffallend detailliert scheint. Ihrer Meinung nach wurde die Birma in den 1920er Jahren in Frankreich künstlich gezüchtet, indem man Siamkatzen mit schwarzweißen Langhaarkatzen kreuzte. Dieser Theorie widerspricht allerdings, dass Birmakatzen reinerbig sind und es in der Geschichte der Rasse keine Hinweise auf Kurzhaarkatzen gibt, wie es bei derartigen Kreuzungen zu erwarten wäre.

Einer weiteren Geschichte zufolge ist die Birma in der Tat die ursprüngliche Tempelkatze, doch die trächtige Kätzin wurde von einem ungetreuen Diener aus dem Tempel geschmuggelt und an einen französischen Besucher verkauft. Wie dem auch sei, Mitte der 1920er Jahre war die Sacre de Birmanie in Frankreich bereits gut etabliert und wurde 1925 in Frankreich und später auch in Deutschland als Rasse anerkannt.

Der damals in Frankreich für die Birma festgelegte Standard hat sich seither kaum verändert, auch wenn die europäischen und amerikanischen Vorlieben leicht variieren. Doch der Zweite Weltkrieg beendete die Katzenzucht in Europa. Nach Kriegsende gab es zumindest in Westeuropa nur noch zwei Birmas. Trotzdem erholte sich die Rasse wieder und gelangte Anfang der 1960er Jahre auch nach Großbritannien.

1959 importierte man aus Frankreich die ersten Birmas in die USA. Später wurde die Rasse durch zwei weitere Katzen gestärkt, die ein amerikanischer Diplomat aus Kambodscha mitbrachte. Auch sie schienen die Legende von der „heiligen Katze" zu belegen, denn sie stammten angeblich aus einem tibetischen Tempel. In Großbritannien wurde die Birma 1966 (als Semi-Langhaar) und in den USA ein Jahr später (als Langhaar) anerkannt. Championship-Showstatus erhielt sie in den USA im selben Jahr im Madison Square Garden.

WISSENSWERTES
Alles für die Katz, Katzenmusik, Katzenjammer, Katzenwäsche, Katerstimmung, Kateridee, katzbuckeln – offensichtlich weckt die Katze in uns auch negative Assoziationen.

SCHNEEWEISSE HANDSCHUHE

DIE BEIDEN TYPISCHEN Merkmale der Heiligen Birma sind ihre tiefblauen Augen (das Saphirblau der Legende) und die schneeweißen „Handschuhe" an allen vier Pfoten. An den Hinterpfoten ziehen sie sich als Sporen in Form eines umgekehrten „V" das Bein hoch, eine Zeichnung, die in Nordamerika als „laces" (engl. Schuhbänder, aber auch Spitzenbesatz) bezeichnet wird. Das Weiß der Vorderpfoten endet in einer geraden Linie über der Pfote. Die Färbung wird verursacht durch das Gen S für Weißscheckung. Abgesehen von den weißen Pfoten entspricht das Fellmuster der Birma dem der Colourpoint (USA: Himalayan).

Oben
Klassisches Rassemerkmal der Birma sind die blauen Augen.

Unten
Da Birmas reinerbig sind, ist es unwahrscheinlich, dass sie von schwarzweißen Persern abstammen.

WISSENSWERTES

Die echte Räude wird von den weiblichen Sarkoptes-Milben verursacht, die unter der Haut Gänge graben, was zu Haarausfall, Juckreiz und Krustenbildung führt – daher der Begriff „räudig“.

MERKMALE

DIE BIRMA IST EINE große Katze, allerdings weniger gedrungen als die Perser, mit langem, seidigem Haar, das am Bauch oft gewellt ist und nicht zu Verfilzungen neigt. Sie besitzt einen vollen, schweren Kragen, der bei den in Amerika gezüchteten Katzen besonders ausgeprägt ist. Der Körper ist mittellang, aber stämmig, die Beine sind kräftig und mittellang, die Pfoten rund, fest und sehr groß, mit eng zusammenstehenden Zehen. Der Schwanz sollte mittellang und buschig sein und an einen Federbusch erinnern. Der Schädel ist kräftig, breit und gerundet. Die Ohren sind mittelgroß und weit auseinander gesetzt, mit gerundeten Spitzen. Das Profil ist römisch, die Wangen sind voll. Die Augen sollten tiefblau und leicht oval sein. Die Körperfarbe ist gleichmäßig, die Pointfärbung beschränkt auf Gesicht, Ohren, Beine und Schwanz, und die Handschuhe an den Pfoten sollten symmetrisch sein.

FARBSCHLÄGE

DER URSPRÜNGLICHE Birma-Farbschlag ist Seal Point mit einer Grundfarbe, die an den Flanken in Fawn und an Bauch und Brust in ein blasses Creme übergeht, mit dunkelbraunen Points, abgesehen von den weißen Pfoten. Der Nasenspiegel ist dunkelsealbraun, die Pfotenballen sind rosa. Ideal bei dieser Färbung ist eine leicht goldene Schattierung über dem gesamten Rücken, die bei ausgewachsenen Katern besonders ausgeprägt ist.

Die Blue Point hat eine bläulich-weiße Körperfärbung, an Bauch und Brust wärmer im Ton, mit blaugrauen Points, abgesehen von den Handschuhen. Amerikanische Züchter favorisieren eine kühlere, gletscherweiße Körperfärbung und dunklere Points als die Briten. Die Handschuhe sollten schneeweiß sein. Der Nasenspiegel ist schiefergrau, die Pfotenballen sind rosa.

Chocolate Point und Lilac (Lavender) Point sind ebenfalls anerkannte Farbschläge. Die Chocolate Point hat eine elfenbeinfarbene Grundfärbung mit milchschokoladefarbenen Points und schneeweißen Hand-

Oben links
Amerikanische Birmas haben oft eine ausgeprägtere Halskrause als ihre europäischen Verwandten.

Oben rechts
Die Augen einer Birma sollten leicht oval sein.

Unten rechts
Die Blue Point wird von einigen Züchtern als die einzig echte Birma angesehen.

Die nordamerikanische CFA und die kanadische CCA definieren die Balinese als hybride Rasse. Dies bedeutet, dass zwar meist Balinesen mit Balinesen verpaart werden, wobei reinerbige Balinese-Welpen fallen, doch zur Typverbesserung immer noch Kreuzungen mit Siamesen erlaubt sind (in Großbritannien, nicht aber in Nordamerika, auch mit Angoras). Da die Balinese als Rasse relativ spät eingeführt wurde, kann man sie noch als „neu“ ansehen, wobei sich voraussichtlich bei der Weiterentwicklung der Zuchtprogramme auch künftig Veränderungen ergeben werden.

Interessant ist beispielsweise die mögliche Entwicklung des Zuchtprogramms, bei dem Balinesen mit Siamesen gekreuzt werden. Wie oben ausgeführt sind miteinander verpaarte Balinesen reinerbig, doch wenn sie mit Siamkatzen gekreuzt werden, fallen Welpen vom Siam-Typ mit flauschigem Fell, das allerdings nicht so lang ist wie das der Balinese. Amerikanische Zuchtvereine verbieten die Registrierung dieser Jungtiere als Siamesen, da diese grundsätzlich nur Siamvorfahren haben dürfen. Diese Katzen werden manchmal als Short-haired Balinese bezeichnet, obwohl die Bezeichnung offiziell nicht anerkannt ist. Bei ihren Würfen fallen wiederum einige langhaarige Balinese-Welpen und einige Kitten mit flauschigem Fell. Es bleibt zu sehen, ob ehrgeizige Züchter sich dieser Mischungen annehmen werden, um eine neue und akzeptable Rasse zu schaffen. Für diesen Fall kann man mit einigem Widerstand aus der Reihe der Siam-Puristen rechnen, von denen viele bereits der Meinung sind, dass die Balinese eine Bedrohung der reinen Siamlinien darstellt.

DIE JAVANESE

GENAU WIE DIE BALINESE hat auch die Javanese keine geografische Verbindung zu der indonesischen Insel, nach der sie benannt ist. Als Javanese werden im Allgemeinen einfarbige Balinesen (ohne Colourpoints) bezeichnet, die aus der Verpaarung von Balinesen mit Orientalisch Kurzhaar hervorgehen – eine Rasse, die in den USA als Oriental Longhair bekannt ist. In Großbritannien erübrigt sich die Unterscheidung zwischen Balinese- und Javanese-Farbschlägen, da nach britischem Standard für die Balinese alle Farbschläge erlaubt sind. Für zusätzliche Verwirrung sorgt die unterschiedliche Namensgebung: Die europäische FIFe spricht von Javanesen, während freie Verbände dieselbe Katzenrasse Mandarin nennen.

Abgesehen von der Farbe entspricht die Javanese in jeder Hinsicht der Balinese, mit demselben Körpertyp, Fell und Temperament, inklusive der Abneigung, allein gelassen zu werden.

WISSENSWERTES
Eine Katze verbringt viel Zeit damit, ihr Fell sauber und in bestem Zustand zu halten. Es schützt sie nämlich nicht nur vor Kälte, sondern dient auch als Tarnung.

Oben
Balinesen sind weniger fordernd als Siamkatzen.

Unten
Als Javanese – hier eine Cinnamon – werden vielfach einfarbige Balinesen bezeichnet.

Cymric

RASSEMERKMALE	
NAME	Cymric
ANDERE NAMEN	Manx Longhair, Longhaired Manx
KÖRPERBAU	abgerundeter Gesamteindruck
FARBSCHLÄGE	Weiß, Schwarz, Blau, Rot, Creme, Chinchilla, Shaded Silver, Black smoke, Blue smoke, Blotched Tabby, Mackerel Tabby, Tortoiseshell, Calico, Dilute Calico, Blue-Cream, Bicolour, außer Pointed, Chocolate oder Lilac

GRÖSSE

FELLPFLEGE

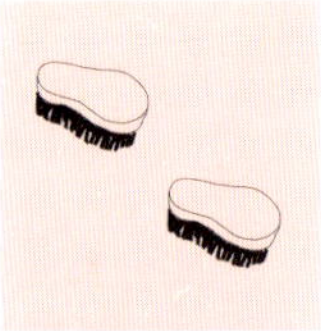

TEMPERAMENT

DIE CYMRIC (die Cs werden wie K ausgesprochen) ist eine relativ seltene langhaarige Variante der Manx und wird nur in Nordamerika anerkannt, wo sie auch Longhaired Manx oder Manx Longhair heißt. Doch selbst dort wird sie nur von der Canadian Cat Association und einigen US-Vereinen anerkannt und ist auch nur für den Show-, nicht aber für den Championship-Status zugelassen. Kätzchen vom Cymric-Typ fallen in Großbritannien immer wieder in Manx-Würfen, doch in Europa wird die Rasse nicht anerkannt.

WISSENSWERTES

Die Zerstörung der Lebensräume hat die Bejagung als Hauptursache für das Verschwinden von Katzenarten abgelöst – vor allem bei Großkatzen, die riesige Territorien benötigen.

URSPRÜNGE DER RASSE

DIE CYMRIC ERHIELT ihren Namen wegen ihrer angeblich keltischen Wurzeln. Tatsächlich besteht die einzige ziemlich dubiose Verbindung darin, dass einige Bewohner der Isle of Man und manche Waliser keltischen Ursprungs sind und die Cymric als Mutation der Manx entfernt mit der Manx verwandt ist. Ihre eigentliche Heimat ist Nordamerika.

Die erste Cymric tauchte Ende der 1960er Jahre in Kanada in einem ansonsten normalen Wurf Manx-Welpen auf. Eine Erklärung gab es nicht, doch die Manx ist genetisch ohnehin hochkompliziert. Bei ihren Nachkommen gibt es immer wieder Defekte und Mutationen, die manchmal Totgeburten oder Skelettanomalien verursachen. Es war bekannt, dass einige Manx-Züchter Mitte des 20. Jahrhunderts Perser in ihre Zuchtprogramme aufgenommen hatten, doch anscheinend entstand die Cymric in dem kanadischen Fall aus einer Verpaarung, die aus sieben oder mehr Generationen reiner kurzhaariger Manxkatzen hervorgegangen war. Das dominante Gen für Schwanzlosigkeit im Manx-Genotyp war anscheinend irgendwie mit dem rezessiven Langhaar-Gen kombiniert.

CYMRIC-ZUCHT

DIE KANADISCHEN ZÜCHTER BEGANNEN, Cymrics miteinander zu verpaaren, was jedoch zu tödlichen genetischen Anomalien führte, sodass es dringend notwendig war, Manxkatzen mit Schwanz oder Stummelschwanz (tailed oder stumpy) ins Zuchtprogramm aufzunehmen, um zu viele Verpaarungen von schwanzlosen Katzen zu vermeiden. Als Resultat werden viele Welpen mit Schwanz oder Stummelschwanz geboren und als Liebhabertiere verkauft. Cymrics müssen für die Show schwanzlos sein.

Die Zucht ist extrem schwierig. Man muss zumindest Katzen mit rudimentären Schwänzen in den Linien behalten, Totgeburten und Tod im Welpenalter sind sehr häufig (ein Viertel aller Cymric-Welpen entwickelt sich erst gar nicht im Uterus), und ein hoher Prozentsatz

Oben rechts
Die Cymric ist eine langhaarige Manx.

Oben links
Die „echte" Cymric muss komplett schwanzlos sein.

Unten
Genetische Anomalien erschweren die Cymric-Zucht.

aller Jungtiere leidet an Spina bifida oder anderen Skelettanomalien. Diese Probleme sind sicher auch der Grund dafür, dass die Rasse von Zuchtverbänden nur sehr zögernd anerkannt wird und einige Tierärzte strikt dagegen sind, die Cymric-Zucht überhaupt weiterzuführen, da sie ihrer Meinung nach nur unnötige Leiden schafft.

MERKMALE

DER SHOWSTANDARD für die Cymric erfordert nicht nur Schwanzlosigkeit, sondern auch den abgerundeten Gesamteindruck der Manx, ähnlich einem Kaninchen, mit langen Hinterbeinen und kurzem Rücken, wobei der Rumpf der stehenden Katze höher ist als die Schultern. Auch der Gang von Cymric und Manx ist kaninchenartig.

Typisch für ihren Körperbau sind tiefe Flanken, muskulöse Hüften und kurze, weit auseinander gesetzte Vorderläufe mit schweren Knochen. Die Pfoten sind rund und fest, mit bebüschelten Zehen. Der Kopf ist groß und rund, der Hals kurz, dick und muskulös. Die Wangenknochen sind ausgeprägt, die Nase ist mittellang, die Augen sind groß, rund und zur Nase hin schräg gesetzt. Die Ohren sind mittelgroß, am Ansatz breit, allmählich zu abgerundeten Spitzen zulaufend, innen gut behaart und leicht nach außen gesetzt. Das doppelte Fell ist mittellang bis lang, mit dicker Unterwolle, die nicht verfilzt, und einem seidigen, glänzenden Oberfell. Höschen und Halskragen sollten gut ausgeprägt sein.

Die ideale Show-Cymric hat eine Delle oder Einbuchtung am Ende der Wirbelsäule, wo eigentlich der Schwanz sitzen sollte. Der Standard lässt auch weniger perfekte Exemplare zu, vielleicht weil die gewünschte Perfektion so schwer zu erreichen ist. Auch eine leichte Rundung an dieser Stelle ist zulässig, solange der Gesamteindruck nicht gestört wird. Das Fehlen der Delle gilt nicht als Fehler, wenn die gewünschte Linie erhalten bleibt.

FARBSCHLÄGE

WENN MAN DIE gravierenden Zuchtprobleme bedenkt, mag es vielleicht erstaunen, dass die Cymric in einer solchen Vielzahl von Farbschlägen vorkommt. Folgende Farbschläge sind in den USA anerkannt: White (Augenfarbe Bernstein, Kupfer oder zweifarbig), Blue, Black, Red, Cream, Chinchilla, Shaded Silver, Black Smoke, Classic (blotched) und Mackerel Tabby in Silver, Red, Blue und Cream, Tortie, Calico, Dilute Calico, Blue-Cream, Bicolour und andere Farben und Muster außer Pointed (Himalayan), Chocolate und Lilac (Lavender). Die Augenfarbe sollte zur dominanten Fellfarbe passen.

PFLEGE

DIE CYMRIC IST eine ruhige, intelligente und liebevolle Katze. Sie neigt dazu, sich auf eine Person zu konzentrieren. Ihr Fell verfilzt nicht leicht und braucht nur einmal pro Woche gekämmt zu werden, um lose Haare zu entfernen. Wie bei der Manx scheint die Kletterfähigkeit durch den fehlenden Schwanz nicht beeinträchtigt zu sein. Die Cymric hält sich gern drinnen auf und zeigt keine große Begeisterung für das Leben draußen, solange man ihr genügend Beschäftigungsmöglichkeiten bietet.

Wie oben erwähnt, ist es sehr schwer, diese Rasse zu züchten, daher sollte diese Aufgabe – wenn überhaupt – nur von erfahrenen Züchtern übernommen werden. Kitten mit Schwänzen verschiedener Länge werden manchmal als Liebhabertiere angeboten, doch man sollte generell alle Cymric-Kätzchen vor dem Kauf genau untersuchen lassen, da die Rasse für inhärente genetische Probleme bekannt ist.

WISSENSWERTES
Geparden halten Beutetiere mit Pfoten und Maul fest, bis sie tot sind. Um dies nach einem Sprint zu schaffen, haben sie vergrößerte Atemwege, die genug Sauerstoff aufnehmen können.

Oben
Bei dieser Katze sind die kräftigen Oberschenkel und runden Pfoten deutlich zu sehen.

Unten
Diese Cymric besitzt die charakteristischen runden Augen und den typischen Kopf der Rasse.

Somali

RASSEMERKMALE	
NAME	Somali
ANDERE NAMEN	keine
KÖRPERBAU	schlank und muskulös
FARBSCHLÄGE	Wildfarben (Großbritannien: Usual) und Sorrel (warmes Kupferrot), Blau, Beige-Fawn, Schwarz-Silber, Blau-Silber, Sorrel-Silber, Beige-Fawn-Silber

GRÖSSE

FELLPFLEGE

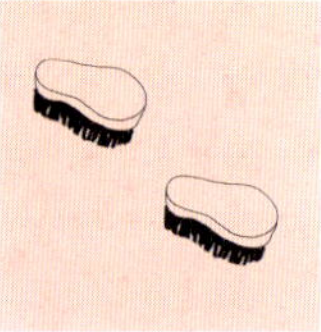

TEMPERAMENT

SOMALIS SIND LANGHAARIGE Abessinier. Wegen ihres Zottelfells und des sehr buschigen Schwanzes werden sie oft als „wild" aussehend beschrieben, doch sie sind sanfte und liebenswerte Tiere. Sie haben das getickte Fell der Abessinier, wobei jedes Haar gebändert ist.

URSPRÜNGE DER RASSE

DIE ENTSTEHUNGSGESCHICHTE der Somali verlief ähnlich wie die der Balinese. Wenn bei Abessiniern gelegentlich langhaarige Welpen fielen, ließen Züchter sie kastrieren und verkauften sie als Liebhabertiere. Zunächst hielt man sie für das Produkt von Kreuzungen mit einer langhaarigen Rasse, doch später stellte sich heraus, dass bestimmte Zuchtlinien der Abessinier seit mehreren Generationen das rezessive Langhaar-Gen trugen. War das Gen bei beiden Eltern vorhanden, fielen langhaarige Kätzchen.

BEGINN DER ZUCHTTÄTIGKEIT

DIE ERSTEN VERSUCHE, die Somali als eigenständige Rasse zu züchten, wurden in Australien gemacht, wo sie 1965 zum ersten Mal gezeigt wurde, sowie in Kanada, wo ungefähr zur selben Zeit eine Zuchtlinie begründet wurde. 1969 begann die Züchterin Evelyn Mague in New Jersey sich für die Rasse zu interessieren. Sie gab der Rasse den Namen Somali. Er soll an die Verbindung zur Abessinier erinnern. Somalia liegt neben Äthiopien (früher Abessinien). Was Ursprung und Entwicklung dieser Katze betrifft, besteht jedoch keine Verbindung zu Afrika.

Die nordamerikanische CFA verlieh der Somali 1978 Championship-Status, die anderen nordamerikanischen Zuchtverbände zogen bald nach. Von der FIFe wird die Somali seit 1982 anerkannt und in der Kurzhaarklasse gerichtet, außerhalb der FIFe gilt sie als Semi-Langhaar.

MERKMALE

DIE SOMALI IST EINE mittelgroße Katze mit einem Körper vom gemäßigten Foreign-Typ. Sie ist schlank und grazil, dabei von kräftiger Muskulatur. Ihr Rücken sollte leicht gewölbt sein. Die Beine sind lang und schlank mit kleinen, ovalen bebüschelten Pfoten. Der Schwanz ist am Ansatz dick, verjüngt sich leicht und ist dicht behaart. Der Kopf hat eine leicht gerundete Keilform und ist an der Stirn breit. Die Konturen sind weich und anmutig. Im Profil zeigt der Kopf eine sanfte Kurve. Die Ohren sind gut auseinander gesetzt zum Hinterkopf hin. Sie sind groß, aufmerksam, breit am Ansatz und an der Spitze leicht abgerundet, kräftige Ohrbüschel sind erwünscht. Die Augen sind mandelförmig, groß, glänzend und ausdrucksvoll. Über jedem Augen befindet sich ein kurzer, dunkler, vertikal verlaufender „Lidstrich", der sich wie eine „Bleistiftlinie" vom oberen Lid zum Ohr fortsetzt. Dies ist der letzte Rest der Tabbyzeichnung.

Erwünschte Augenfarbe ist bei allen Farbschlägen Bernsteinfarben, Grün oder Gelb. Das Fell fühlt sich weich an, ist voll, seidig und fein und sollte so dicht wie möglich sein. Es ist mittellang, außer an den Schultern, wo es etwas kürzer sein kann. Halskrause und Höschen sollten gut entwickelt sein.

Oben rechts
Diese Somali Blau ist das Ergebnis eines natürlichen rezessiven Gens für Langhaar bei der Abessinier.

Oben links und unten
Die Ähnlichkeiten zwischen Abessinier (unten) und Somali (oben) sind deutlich sichtbar.

FARBSCHLÄGE

DIE VERSCHIEDENEN ENGLISCHEN und amerikanischen Bezeichnungen für die Farbschläge der Somali (und Abessinier) können verwirrend sein. Der Farbschlag Wildfarben, der in Großbritannien Usual heißt, wird in Nordamerika Ruddy genannt. Der ehemals als Red bezeichnete Farbschlag heißt inzwischen Sorrel. In Großbritannien haben nur Usual und Sorrel Somali Championstatus. In Nordamerika werden auch Blue und Fawn akzeptiert. In Deutschland sind inzwischen acht Fellfarben anerkannt (siehe Kasten „Rassemerkmale").

Die Körperfarbe der Somali Wildfarben ist ein warmes rötliches Braun, wobei jedes Haar mehrfach gebändert ist (Ticking) und eine schwarze Spitze aufweist. Längs der Wirbelsäule verläuft eine dunklere Schattierung (Aalstrich), die Schwanzspitze ist schwarz. Körperunterseite, Brust und Innenseite der Beine sollten eine gleichmäßige, rötliche Farbe ohne Ticking aufweisen. Die Ohren sind schwarz oder dunkelbraun getippt. Die Haarbüschel an allen Pfoten sind schwarz oder dunkelbraun, an den Hinterbeinen befinden sich Sohlenstreifen. Die Pfotenballen sind schwarz oder braun, der Nasenspiegel ist ziegelrot.

Bei der Sorrel-Varietät ist die Körperfarbe ein warmes, leuchtendes Rot, je tiefer desto besser, mit schokoladenbraunem Ticking. Körperunterseite, Brust und Innenseite der Beine sind rötlich braun ohne Ticking. Die Zehenbüschel sind schokoladenbraun, die Pfotenballen und der Nasenspiegel sind rosa.

Körperfarbe der Blau-Varietät ist ein warmes Blaugrau mit dunklem stahlblaugrauem Ticking und elfenbeinfarbener Grundfarbe. Bei der Fawn-Varietät ist die Körperfarbe ein mattes rötliches Beige mit warmem cremefarbenem Ticking.

PFLEGE

DIE SOMALI SOLLTE NUR gehalten werden, wenn sie während des Sommers nach draußen kann. Im Winter benötigt sie allerdings ein warmes Plätzchen, da sie Kälte nur schlecht verträgt. Sie ist zunächst zurückhaltend, wird aber, sobald sie sich eingelebt hat, sehr umgänglich. Das Fell verfilzt nicht und braucht nur gelegentlich gebürstet zu werden. Die Würfe bestehen meist aus drei bis vier Welpen. Die Kleinen haben zunächst ein sehr dunkles Fell. Das Ticking erscheint erst mit etwa 18 Monaten, wenn die Katze ausgewachsen ist.

WISSENSWERTES

Katzen werden oft zu indirekten Opfern von Pestiziden. Sie nehmen die Giftstoffe auf, wenn sie Beutetiere verzehren, die gespritztes Getreide gefressen haben.

Oben links
Somali Kitten in Sorrel und Blau.

Oben rechts
Obwohl Somalis gelegentlich ein „zu wildes" Aussehen nachgesagt wird, verleihen die orientalischen Gesichtszüge dieser Katze einen majestätischen Ausdruck.

Unten
Eine typische Somali Sorrel.

Norwegische Waldkatze

RASSEMERKMALE

NAME	Norwegische Waldkatze
ANDERE NAMEN	Norsk Skogkatt, Norsk Skaukatt
KÖRPERBAU	groß, kräftig
FARBSCHLÄGE	alle Farben und Muster außer Pointed

GRÖSSE

FELLPFLEGE

TEMPERAMENT

URSPRÜNGE DER RASSE

ZWAR BESTEHT EINE oberflächliche Ähnlichkeit zwischen der Maine Coon und der Norwegischen Waldkatze oder Norsk Skogkatt, worauf sicher auch die Geschichte zurückzuführen ist, die Maine Coon sei von Wikingern nach Nordamerika gebracht worden. Doch die Norwegerin ist eine skandinavische Naturrasse. Die beiden Rassen entwickelten sich völlig unabhängig voneinander, mussten sich aber mit ähnlichen klimatischen Gegebenheiten auseinander setzen und lebten beide lange Zeit als Farmkatzen.

WISSENSWERTES

Großkatzen, besonders Löwen, werden oft für stolz gehalten. Doch sie sind nie zu stolz, um leicht zugängliche Mahlzeiten zu verschmähen, die ein anderes Raubtier zurückgelassen hat.

Oben links
Die aus Skandinavien stammende Norwegische Waldkatze hat sich dem rauen Klima ihrer Heimat hervorragend angepasst.

Unten
Das Fell dieser Rasse schützt die Katze vor den eisigen Wintern.

GUT ANGEPASST

DIE NORWEGISCHE WALDKATZE ist ein großes, starkes Tier mit einem dichten, Wasser abweisenden Allwetterfell, das sogar noch dicker ist als das der Maine Coon. Sie besitzt ein isolierendes wolliges Unterfell, und das mittellange glänzende Oberfell schützt vor Regen und Schnee. Die Waldkatze ist eine ausgezeichnete Jägerin und Kletterin und besitzt stark entwickelte Krallen. Angeblich erklimmt sie sogar steile Felsen.

Intelligenz, Wachsamkeit und Schnelligkeit kombiniert sie mit Vorsicht. Trotz ihrer Robustheit und Zähigkeit hat die Norwegische Waldkatze ein erstaunlich anmutiges Gesicht, ganz anders als die ernster und kantiger wirkende Maine Coon.

In nordischen Märchen und Mythen ist die Waldkatze seit langem bekannt. Sie erscheint in der skandinavischen Version des Gestiefelten Katers, in der ein Troll als Bösewicht auftritt. Die Waldkatze trifft ihn frühmorgens und plaudert so lange mit ihm, bis es dämmert, denn sie weiß, dass Trolle im Sonnenlicht sterben müssen. Andere nordische Geschichten erzählen von einer Zauberkatze mit wunderschönem Gesicht und buschigem Schwanz, die in den Bergen lebt und unglaubliche Kletterkünste vorführt.

BEGINN DER ZUCHTTÄTIGKEIT

DIE WALDKATZE GELANGTE in den 1930er Jahren aus den Wäldern und Bauernhöfen in die norwegischen Catterys, wo ein Zuchtprogramm begonnen wurde. Doch der Zweite Weltkrieg brachte die Entwicklung zum Stillstand. Nach Kriegsende war die Rasse fast ausgestorben und durch eingekreuzte Hauskatzen nicht mehr rein. Anfang der 1970er Jahre begann man in Norwegen, wo die Waldkatze als Teil der kulturellen Tradition und um ihrer selbst willen hoch geschätzt wird, die Rasse wieder aufzubauen, was im Grunde bedeutete, 40 Jahre zurückzugehen und ganz von vorn anzufangen. 1977 sprach die europäische FIFe der Waldkatze Championship-Status zu. Der Züchter, der die nötigen Vorarbeiten geleistet hatte, wurde in Norwegen als Nationalheld gefeiert.

Die Norwegische Waldkatze hatte 1979 ihr Debüt in den USA und wurde dort 1994 von der CFA anerkannt.

Noch haben nicht alle US-Zuchtvereine sie anerkannt, vielleicht weil man nicht möchte, dass sie die Aufmerksamkeit von der Maine Coon ablenkt. In Deutschland erfreut sich die Norwegische Waldkatze jedoch seit längerem großer Beliebtheit.

MERKMALE

DER SHOWSTANDARD fordert eine starke, muskulöse, kräftig gebaute hochbeinige Katze mit einem langen Körper und längeren Hinter- als Vorderbeinen. Die Pfoten sind rund, fest und mit Haarbüscheln ausgestattet, die Vorderpfoten leicht auswärts gerichtet. Der Schwanz soll buschig und wenigstens so lang wie der Körper sein. Der Kopf ist dreieckig, die Nase lang, breit, gerade und ohne Break. Die Wangen sind voll, das Kinn ist gut entwickelt. Die Ohren sind lang, gerade und spitz, hoch auf dem Kopf angesetzt und gut bebüschelt. Die Schnurrhaare sollten lang und ausgeprägt sein, die großen Augen mandelförmig und leicht schräg gestellt. Die Norwegische Waldkatze hat ein Doppelfell aus einem Wasser abweisenden seidigen Oberfell und einem dichten wolligen Unterfell. Der Kragen an Hals und Brust ist im Herbst und Winter ausgeprägt, verschwindet jedoch im Sommer.

FARBSCHLÄGE

DIE ORGANISATIONEN, BEI DENEN die Norwegische Waldkatze anerkannt ist, akzeptieren alle Farbschläge und Muster außer Pointed. Viele Varietäten tragen Weiß auf der Brust und an den Pfoten. Die Augenfarbe sollte zum Fell passen.

TEMPERAMENT

NORWEGISCHE Waldkatzen sind robust, und die Kätzinnen werfen normalerweise völlig problemlos. Die Kätzchen beginnen mit vier bis fünf Monaten, ihr Erwachsenenfell zu entwickeln. Die ausgewachsenen Tiere sind verspielt, anhänglich und extrem aktiv. Sie sollten Auslauf im Freien haben und fühlen sich in einem großen Garten wohl – je naturbelassener, desto besser. Diese Katzen sind intelligent und geschickt und lernen schnell, wie man Türen öffnet. Norwegische Waldkatzen haben im Frühjahr und Sommer einen sehr starken Fellwechsel und müssen dann häufig gebürstet und gekämmt werden, um die Bildung von Haarballen zu verhindern.

Obwohl Maine Coons und Norwegische Waldkatzen einander auf den ersten Blick sehr ähnlich sehen, sind sie vom Typ her ausgesprochen verschieden. Die Waldkatze hat einen buschigeren Schwanz und eine spitzere Schnauze. Ihre Augen sind schräger und die Ohren stehen näher zusammen.

WISSENSWERTES
In den Beinen des Geparden sind Fibula und Tibia zusammengewachsen, was die Sprintfähigkeit steigert. Dafür können sie aber nicht klettern.

Oben links
Die Norwegische Waldkatze sollte muskulös sein und lange Beine haben.

Unten
Fell und Halskrause sind im Sommer weit weniger ausgeprägt.

Britisch und Europäisch Kurzhaar

RASSEMERKMALE	
NAME	Britisch Kurzhaar/Europäisch Kurzhaar
ANDERE NAMEN	British Shorthair
KÖRPERBAU	Plumptyp
FARBSCHLÄGE	einfarbig Schwarz, Blau, Creme, Rot, Lilac, Chocolate und Weiß, Tabby, Schildpatt, Bicolour, Smoke und Tipped

GRÖSSE

FELLPFLEGE

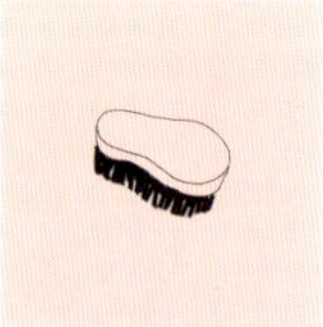

TEMPERAMENT

URSPRÜNGE DER BRITISCH KURZHAAR

AUCH DIE BRITISCH KURZHAAR stammt von westeuropäischen Hauskatzen ab und ist insofern mit Millionen von Stubentigern, Bauernkatzen und verwilderten Streunern verwandt, auch wenn die Züchter dieser edlen Geschöpfe nicht gern daran erinnert werden. Wenn ein Kind eine Katze malt, sieht sie unweigerlich wie eine Britisch oder Europäisch Kurzhaar aus, und manche Züchter anderer Rassen blicken deshalb auf diese Rasse etwas verächtlich herab. In Wahrheit werden diese Tiere allerdings ebenso sorgfältig gezüchtet wie ihre exotischeren Verwandten.

Als die Römer vor rund 2000 Jahren Europa eroberten, brachten sie Katzen mit, die ihre Lebensmittelvorräte bewachten. Es ist belegt, dass römische Siedler die Samtpfoten als Hausgenossen und Mäusejäger hielten. Zweifellos kam es während der 400-jährigen römischen Vorherrschaft zu Kreuzungen zwischen den in ganz Westeuropa heimischen Wildkatzen und ihren zugewanderten Vettern. Man geht davon aus, dass das „klassische" gestromte Tabbymuster, das man bei Katzen mit und ohne Stammbaum gleichermaßen findet, aus einer Mutation des getigerten Wildkatzenmusters hervorging.

Durch zufällige Kreuzungen zwischen römischen Hauskatzen und Wildkatzen entstanden Kurzhaarkatzen, die bereits dem heutigen Typus ähnelten, jedoch schlanker und hochbeiniger waren. Sie wiesen eine große Vielfalt an Farben und Mustern auf. Im 14. Jahrhundert führte Bartholomew Glanvil neben weißen, roten und schwarzen Katzen auch solche auf, die „gesprenkelte" Zeichnungen aufwiesen. Zweifellos gab es bei Haus- und Bauernhofkatzen bereits eine Art selektive Zucht, beispielsweise wenn ein Bauer merkte, dass eine Kätzin eine besonders geschickte Mäusefängerin war und ihre Jagdfertigkeiten an ihren Nachwuchs weitergab, und mit diesem Muttertier eine effiziente Zuchtlinie etablierte. Möglicherweise beruht das gelassene, eher passive Temperament der Britisch Kurzhaar auf der Bevorzugung ruhiger Hausgenossen. Solange es keinen organisierten Zuchtbetrieb und keinen Rassestandard gab, waren diese Ansätze allerdings auf einzelne Züchter beschränkt.

Oben
Viel Zeit wendeten die Züchter darauf, das Exterieur der Britisch Kurzhaar zu verfeinern, mit Erfolg, wie diese Lilac Point beweist.

Unten
Die Streifenzeichnung dieser Tabby kommt gut zur Geltung.

BEGINN DER ZUCHTTÄTIGKEIT

DER VATER DER BRITISCHEN Katzenzucht, Harrison Weir, sorgte praktisch im Alleingang für die Erhebung der gewöhnlichen britischen Hauskatze in den Adelsstand der Edelkatze. Bei der ersten Katzenausstellung Großbritanniens 1871 waren Britisch Kurzhaar die klaren Favoriten, und das blieb auch so bei den darauf folgenden Shows und noch als Weir 1892 sein bahnbrechendes Buch *Our Cats* veröffentlichte. Er engagierte

WISSENSWERTES
Großkatzen können es sich nicht leisten, heikel zu sein. Sie verspeisen alles, was sich bietet – von großen Pflanzenfressern bis zu Eidechsen und Insekten.

sich mit Herz und Seele für das Wohl der Samtpfoten und hoffte, wenn es ihm gelänge, den Charme und die Qualitäten dieser Rasse hervorzuheben, würden die Halter ähnlicher, aber nicht so hoch geschätzter Kurzhaarkatzen besser für ihre Tiere sorgen. Er glaubte, „die vor dem Kaminfeuer sitzende Hauskatze würde dann für ihren Besitzer eine Schönheit und Attraktivität besitzen, die ihm bis dahin entgangen war, einfach weil sie nicht kultiviert wurde".

Weir legte später den Vorsitz des von ihm gegründeten National Cat Club nieder, weil er meinte, den Mitgliedern gehe es weniger um das Wohlergehen der Katzen als um den Wettbewerb, doch zu dieser Zeit hatte er die britischen Kurzhaarkatzen bereits durch die Schaffung des ersten Rassestandards ins Rampenlicht gestellt. Nicht zuletzt war die Britisch Kurzhaar damals die einzige Rasse, von der es genügend Vertreter im Land gab.

WEITERE GESCHICHTE DER RASSE

20 JAHRE SPÄTER HATTE sich die Situation indes völlig verändert. Die Katzenzüchter interessierten sich nun mehr für Perserkatzen, und bereits um die Jahrhundertwende kamen bei Ausstellungen vier Perser auf eine Kurzhaarkatze. Nach einer kurzen Glanzphase musste sich die Britisch Kurzhaar mehrere Jahrzehnte

Oben
Britisch Kurzhaar entwickelte sich aus Kreuzungen zwischen einheimischen Wildkatzen und den von römischen Siedlern gehaltenen Hauskatzen.

Mitte
Colourpoints wie diese Blue Point und andere Farbvarietäten gibt es seit mindestens 500 Jahren.

Unten
Britisch Kurzhaar sind mit Bauernkatzen ebenso eng verwandt wie mit Wildkatzen.

WISSENSWERTES

Wurmbefall ist bei Katzen ein gängiges Übel. Oft werden sie sehr gefräßig, ohne zuzunehmen, und das Fell wird unansehnlich. Sie „fangen" sich die Würmer bei Beutetieren ein.

Oben

Durch ihre zeitweilige Beliebtheit brachten Perserkatzen den Bestand an Britisch Kurzhaar in Gefahr, weil jedermann nur noch Perser züchten wollte.

Unten

Kopf- und Augenform dieser Schildpattkatze verraten, dass ein Anteil Perserblut in ihren Adern fließt.

lang mit einer Nebenrolle begnügen. Obwohl die Rasse inzwischen wieder deutlich an Bedeutung gewonnen hat, konnte sie ihre einstige Vorrangstellung trotz aller Anstrengungen engagierter Züchter nicht zurückerobern.

Infolge des nachlassenden Interesses wurden hochwertige Britisch Kurzhaar für die Erhaltung der Rasse rar. Hinzu kam die Unterbrechung der gezielten Zuchtprogramme durch den Zweiten Weltkrieg. In der Nachkriegszeit sahen sich britische Züchter gezwungen, ihre Bestände mit Perserkatzen zu veredeln, um die Rasse überhaupt zu erhalten. Das wiederum bedingte Probleme bei Ausstellungen, da der GCCF als britischer Dachverband Kreuzungen zwischen Kurzhaar- und Perserkatzen nicht anerkannte. Als Kompromisslösung wurde ein zusätzliches Zuchtbuch für die Kreuzungen gegründet. Von dort wurden Katzen nur dann ins eigentliche Zuchtbuch für Britisch Kurzhaar übernommen, wenn sie eine „Bereinigung" ihrer Abstammung durch mindestens drei Generationen reiner Kurzhaar bzw. -Kreuzungen vorzuweisen hatten. Für die Integrität der Rasse war all dies natürlich nicht sehr zuträglich, und bei genauem Hinsehen erkennt man auch heute noch, dass der Kopf der Britisch Kurzhaar ihre Perser-Ahnen nicht ganz verleugnen kann, während bei der Amerikanisch Kurzhaar, die diese Phase nicht mitgemacht hat, die Kopfform ganz anders aussieht.

In den 1950er Jahren hatte sich die Rasse so weit erholt, dass sie ihren Platz in der Riege der blaublütigen Samtpfoten wieder hoheitsvoll einnehmen konnte und keine Perser mehr zur Veredelung benötigt wurden.

In den USA besteht neben der heimischen Amerikanisch Kurzhaar auch Interesse an ihrer britischen Verwandten, die in den 1950er Jahren dort anlangte. Seit den 1970er Jahren werden die meisten Farbschläge anerkannt.

EUROPÄISCH KURZHAAR

DIE EUROPÄISCH KURZHAAR dagegen wurde vom europäischen Dachverband FIFe erst 1980 als eigenständige Rasse anerkannt. Der Rassestandard unterscheidet sich wesentlich von den Standards für Amerikanisch und Britisch Kurzhaar. Auf Ausstellungen sind sie eher selten vertreten, denn die „Hauskatzen mit Stammbaum" stehen oft ein wenig im Schatten ihrer hochwohlgeborenen Cousinen, auch wenn sie nicht zu verwechseln sind mit der Show-Klasse „Hauskatzen", die gewöhnliche Stubentiger umfasst.

PFLEGE

DIE BRITISCH KURZHAAR ist in aller Regel eine ruhige, ausgeglichene, manchmal geradezu phlegmatische Katze. Sie fügt sich gut in die Familie ein und spielt gern, möchte aber oft auch in Ruhe ihren Gedanken nachhängen. Mit akrobatischen Kunststücken, wie sie etwa Siamkatzen lieben, hat sie nichts im Sinn; auch ihre Stimme ist eher leise. Bekannt ist die Britisch Kurzhaar für ihre Intelligenz und ihre Fähigkeit, sich an Routineabläufe zu gewöhnen. Sie bleibt anstandslos allein, sofern sie zu festen Zeiten mit Futter und Gesellschaft rechnen kann. Die Fellpflege ist im Alltag problemlos, wöchentliches Kämmen reicht völlig aus. Die Kätzinnen haben keinerlei Schwierigkeiten bei Trächtigkeit und Geburt, jedoch ist die Wurfgröße unterschiedlich. Die ein bis vier, manchmal mehr Welpen sind meist gesund und kräftig und zeigen einen enormen Lebenswillen.

EINFARBIGE KATZEN (SELF)

URSPRÜNGLICH GALTEN vor allem die einfarbigen Britisch Kurzhaar als besonders attraktiv, denn zu jener Zeit waren diese Farbschläge bei den anderen Rassen eher rar. Damals (und nach Ansicht vieler Züchter auch heute noch) war vor allem die Farbe Blau (Blue) beliebt, die auch als erste in Nordamerika anerkannt wurde. Es handelt sich eigentlich um ein bläuliches Grau, das die kraftvolle Erscheinung und selbstsichere Art dieser Rasse sehr schön unterstreicht. Der Rassestandard fordert ein helles bis mittleres Blaugrau ohne Weiß, helle Haarspitzen oder Tabbymuster. Bei blauen Welpen sieht man oft noch eine Geisterzeichnung, die aber nach wenigen Monaten wieder verblasst. Nasenspiegel und Pfotenballen sind blau, die Augen leuchtend kupferfarben oder orange.

Oben
Diese robusten Briten sind meist kräftige, gesunde Tiere.

Unten rechts
Der typische Gesichtsausdruck der Britisch Kurzhaar ist ehrlich und hellwach.

MERKMALE

AM TREFFENDSTEN LÄSST sich das Erscheinungsbild der Britisch Kurzhaar wohl als „stabil" bezeichnen. Ihre Stämmigkeit verleiht diesen Katzen ein majestätisches, herablassendes Flair, doch sind sie trotzdem ideale Hausgenossen. Sie sind ausgesprochen stark und aufgrund ihrer an Wind und Wetter gewöhnten Ahnen berühmt für ihre Zähigkeit, Ausdauer und Anpassungsfähigkeit.

Vom Körperbau her gehört die Britisch Kurzhaar zum Plumptyp (Cobby), das heißt, die Tiere sind breitschultrig, muskulös und sehr kräftig. Sie besitzen einen ausladenden Brustkorb, kurze, stämmige Beine und einen ausgewogenen Rücken. Die Pfoten sind dick, rund und fest, der Schwanz ist kurz, am Ansatz dick und am Ende gerundet. Der Kopf sitzt auf einem kurzen, massigen Hals und ist vor allem bei Katern breit und rund. Der Nasenrücken ist kurz, breit und gerade, ohne Stopp, die Wangen sind ausladend. Die kleinen, runden Ohrmuscheln sind tief am Kopf angesetzt, sodass der untere Ansatz mit dem äußeren Augenwinkel eine Linie bildet. Die großen, runden Augen sollen einen gelassenen, intelligenten Ausdruck haben.

WISSENSWERTES
Bei einigen Katzenarten wie dem Luchs und der Pallaskatze fehlen beiderseits die ersten oberen Reißzähne. Sie haben nur 28 statt 30 Zähne.

SCHWARZ (BLACK)

EBENSO EINDRUCKSVOLL und beliebt ist die Britisch Kurzhaar in Schwarz. Das Fell soll glänzend lackschwarz sein und nirgendwo Weiß oder andere Beimengungen aufweisen. Die Jungtiere haben manchmal einen rostroten Schimmer, der aber später verschwindet. Nasenspiegel und Ballen sind schwarz, die Augen leuchtend kupferfarben, orange oder tief goldfarben. Die relativ häufig vorkommenden grünen Augen gelten auf Ausstellungen als Fehler.

WEISS (WHITE)

LAUT STANDARD dürfen weiße Britisch Kurzhaar saphirblaue, goldene, kupfer- oder orangefarbene Augen oder zwei verschiedene Augenfarben (odd-eyed) aufweisen. Die häufigen grünen Augen gelten als Fehler. Blauäugige und „odd-eyed"-Tiere sind oft taub und sollten daher von der Zucht ausgeschlossen werden. Das Fell soll rein weiß ohne Gelbton sein, Nase und Pfotenballen sind rosa.

CREME (CREAM)

BEI DER Britisch Kurzhaar Cream zeigt das Fell einen hellen, gleichmäßigen Cremeton; es dürfen keine weißen Haare oder Tabbymuster vorhanden sein. Nasenspiegel und Ballen sind rosa, die Augen leuchtend kupferfarben oder orange. Dieser Farbschlag ist sehr schwer zu erzielen, weil viele Kitten die Geisterzeichnung behalten oder zu dunkel ausfallen.

TABBYZEICHNUNG

BRITISCH KURZHAAR GIBT es in allen drei Tabby-Grundmustern, also gestromt, getigert und getupft, jeweils in einer Vielzahl von Farben, darunter Braun, Rot, Silber, Blau und Creme. Ein schöner Tabby sollte eine klare Zeichnung mit deutlichen Hell-Dunkel-Kontrasten aufweisen. Wer lediglich die eher verwaschenen Muster normaler Hauskatzen gewöhnt ist, staunt bei Ausstellungen über die brillanten Kontraste bei Edelkatzen, vor allem bei den fantastischen Silbertabbies.

Tabby ist die Grundfarbe der Hauskatze. Alle Katzen haben Tabbies irgendwo in ihrer Ahnenreihe. Die Bedeutung dieses Musters in der Hierarchie der Farbschläge zeigt sich daran, dass oft Elterntiere, in deren Zuchtlinien das Muster konsequent herausgekreuzt wurde, dennoch wieder Jungtiere mit einer Tabbyzeichnung hervorbringen, die manchmal sogar bis ins Erwachsenenalter erhalten bleibt. Wer dagegen Tabbies züchtet, will gerade dieses Muster stärker unterstreichen und von Generation zu Generation Farbe und Kontrast vertiefen.

HERKUNFT DER TABBYZEICHNUNG

DER ENGLISCHE BEGRIFF „Tabby" stammt aus einem Stadtviertel Bagdads, das im 17. Jahrhundert für die Herstellung von Moiréseide berühmt war. Diese wurde als

Oben
Schwarz gehört zu den beliebten Farbschlägen.

Mitte rechts
Diese Tabby weist eine wunderschön getupfte Zeichnung mit geringeltem Schwanz auf.

Seite 253
Bei allen drei Tabby-Varietäten ist das „M" auf der Stirn deutlich zu erkennen.

WISSENSWERTES
Die Ohrmuscheln der Katze fangen Schallwellen genauso auf wie eine Parabolantenne elektromagnetische Wellen. Ihre Beweglichkeit gewährleistet eine optimale Funktion.

„tabbisilk“ nach England exportiert. Schon im Altfranzösischen bezeichnete man Seidentuch als „tabis“, und man kann sich unschwer vorstellen, dass die Zeichnung solcher Katzen die Menschen an die geflammte Seide erinnerte. Kennzeichen aller Tabbies ist das „M“ auf der Stirn, das der Legende nach entstand, als der Prophet Mohammed seine Katze Muezza liebkoste. Neben dem M laufen durchgehende Linien von den äußeren Augenwinkeln aus zum Hals, die Wangen zeigen eine mehr oder weniger spiralförmige Zeichnung.

TABBY GESTROMT (CLASSIC)

BEI GESTROMTEN TABBIES verlaufen senkrechte Streifen über den Hinterkopf und verbreitern sich zu einer Art Schmetterlingsform auf den Schultern, die im Idealfall in der Mitte einen Punkt aufweisen soll. Drei parallele, klar durch die Grundfarbe unterbrochene Bänder ziehen sich den Rücken entlang bis zum Schwanzansatz. Auf den Flanken zeichnen sich beidseits große einfarbige Flecken mit mindestens einem durchgehenden Ring ringsherum ab. An Hals und Brust sollen mehrere ununterbrochene Halsbänder zu sehen sein, eine Doppelreihe runder Punkte oder „Westenknöpfe“ verläuft über Brust und Bauch. Die Beine sollen ein gleichmäßiges Streifenmuster aus schmalen, dunkleren Bändern aufweisen, der Schwanz soll ebenmäßig geringelt sein. Silver Tabby gestromt ist die beliebteste Tabby-Farbe.

TABBY GETIGERT (MACKEREL)

BEI DIESER VARIANTE zieht sich eine durchgehende Linie, der Aalstrich, vom Hinterkopf bis zum Schwanzansatz. An den Flanken verlaufen schmale, klar abgesetzte Bänder im rechten Winkel zum Rückgrat. Die Katze soll mehrere Halsbänder an Hals und Brust und eine doppelte Reihe „Westenknöpfe“ auf Brust und Bauch aufweisen. Die Beine sind gleichmäßig gebändert, wobei die Streifen in die Bänderung am Rumpf übergehen sollen. Der Schwanz ist gleichmäßig geringelt.

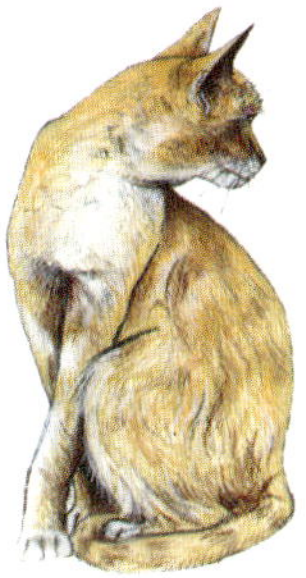

TABBY GETUPFT (SPOTTED)

BEI DIESEM TABBY (auch Spottie genannt) sind die Tupfen unterschiedlich groß. Die Formen variieren zwischen rund, oval und rosettenförmig, sie sollten stets zahlreich und gleichmäßig verteilt sein und nicht etwa zu einem durchgehenden Streifen verlaufen. In den USA bevorzugt man runde Tupfen. Eine Reihe Tupfen zieht sich wie ein Aalstrich über den Rücken, Brust und Bauch sollten eine Doppelreihe Westenknöpfe aufweisen. Beine und Schwanz weisen durchbrochene Ringel auf.

FARB-VARIETÄTEN

TABBIES SIND IN fünf Farbschlägen anerkannt: Braun, Rot, Blau, Creme und Silber. Beim Brauntabby ist die Grundfarbe ein sattes Zobel- oder Kupferbraun mit dichten, tiefschwarzen Markierungen. Die Hinterläufe sollen von Pfote bis Sprunggelenk

Unten rechts
Bei dieser Spotted Tabby sind die Tupfen sehr schön gleichmäßig verteilt.

schwarz sein, ebenso die Pfotenballen. Der Nasenspiegel ist ziegelrot, die Augen orange oder golden. Beim Rottabby ist die Grundfarbe ein kräftiges Rot mit dunkelroter Zeichnung und Rot an den Seiten der Pfoten. Die Ballen sind dunkelrot, der Nasenspiegel ziegelrot. Die Augen sind dunkelorange oder kupferfarben. Der Blautabby weist eine blaue Zeichnung auf einem bräunlichen Blau auf, Ballen und Nasenspiegel sind blau oder rosafarben, die Augen golden oder kupferfarben. Der Cremetabby hat einen hellen Elfenbeinton als Grundfarbe, die Markierungen sind in einem etwas dunkleren Cremeton gehalten, Ballen und Nasenspiegel sind rosa, die Augen golden oder kupferfarben. Beim Silbertabby ist der Kontrast am ausgeprägtesten, er hat tiefschwarze Markierungen auf silbernem Grund. Die Pfotenballen sind schwarz, der Nasenspiegel ist rot oder schwarz. Die Augenfarbe soll Grün oder Haselnussbraun sein.

WISSENSWERTES
Mutterkatzen lecken alle Exkremente ihrer Welpen auf. So bleiben die Kleinen und das Nest stets sauber. Die Ausscheidung erfolgt erst, wenn die Mutter zu lecken beginnt.

SCHILDPATT (TORTOISESHELL/TORTIE)

SCHILDPATTKATZEN SIND bekanntlich schwer zu züchten, da das Gen für diese Farbkombination geschlechtsgebunden ist und fast ausschließlich bei weiblichen Tieren vorkommt. Es gibt zwar einige wenige Tortie-Kater, doch sind sie normalerweise unfruchtbar, auch wenn es Exemplare gibt, die nachweislich Welpen gezeugt haben. Die Weibchen müssen mit einfarbigen Katern verpaart werden, und dennoch ist oft kein einziges Schildpatt-Kitten im Wurf, sodass Zuchtversuche riskant sind.

Die echte Schildpatt weist eine Mischung aus Schwarz, Leuchtendrot und Hellcreme auf, die gleichmäßig ineinander verlaufen sollen, ohne dass die eine oder andere Farbe eine durchgehende Fläche bildet. Eine schmale Flamme im Gesicht ist zulässig. Pfotenballen und Nasenspiegel sind rosa oder schwarz, die Augen dunkelorange oder kupferfarben.

BLAU-CREME (BLUE-CREAM)

DIESE VARIETÄT IST EINE Verdünnung von Schildpatt. Die Farbe ist eine Mischung aus Blau mit Creme ohne Tabbyzeichnung oder weiße Haare. Pfotenballen und Nasenspiegel sind blau oder rosa, die Augen kupferfarben, orange oder golden.

SCHILDPATT MIT WEISS (TORTIE-AND-WHITE)

DIESER AUFFALLEND GEMUSTERTE Farbschlag ist in den USA unter der Bezeichnung Calico bekannt. Die Grundfarbe ist Weiß mit Flecken in Schwarz, Creme und Rot, die ausgewogen verteilt und klar voneinander abgesetzt sein sollen. Das Muster muss sich über Kopf, Rücken, Schwanz, Beine und einen Teil der Flanken ziehen, im Gesicht wird eine Flamme bevorzugt. Am unteren Teil des Körpers soll Weiß dominieren. Pfotenballen und Nasenspiegel sind rosa oder schwarz, die Augen weisen ein leuchtendes Kupfer, Orange oder Gold auf.

BLAU-CREME MIT WEISS

DIESE VARIANTE HEISST IN DEN USA Dilute Calico und ist die Verdünnung von Schildpatt mit Weiß.

Oben
Einfarbig Rot ist als Farbvarietät ebenfalls anerkannt.

Unten
Wird diese Schildpattkatze mit einem einfarbigen Kater verpaart, fällt womöglich kein einziges Kätzchen mit dieser Farbkombination der Mutter.

Sie weist blaue und cremefarbene Stellen auf Weiß auf, das an der Unterseite vorherrschen soll. Pfotenballen und Nasenspiegel sind blau oder rosa, die Augen kupferfarben, orange oder gold.

Neben den genannten Farbschlägen sind in Großbritannien zudem Schildpatt Chocolate und Schildpatt Lilac anerkannt.

BICOLOUR

DIE BRITISCH KURZHAAR BICOLOUR weist gleichmäßig verteilte Farbpartien in Rot, Blau, Schwarz oder Creme auf weißem Grund auf.

Als diese Varietät 1966 erstmals auf britischen Ausstellungen gerichtet wurde, forderte der Rassestandard noch eine absolute Symmetrie der Farbpartien, ein Ideal, das sich bald als allzu hoch gesteckt erwies und bereits fünf Jahre später abgemildert wurde. Heute wird erwartet, dass große Farbpartien gleichmäßig und möglichst symmetrisch auf Kopf, Rumpf und Schwanz verteilt sind. Dabei darf die Katze jedoch zu nicht mehr als zwei Dritteln farbig und zu nicht mehr als die Hälfte weiß sein. Das Gesicht soll eine weiße Flamme haben.

Die Farbpartien des Fells dürfen keinerlei Tabbyzeichnung oder weiße Haare aufweisen. Ballen und Nasenspiegel dürfen rosa oder harmonisch auf die Hauptfarbe abgestimmt sein. Die Augenfarbe ist Kupfer oder Orange, in den USA wird leuchtendes Gold bevorzugt.

SMOKE

BEI SMOKE-VARIETÄTEN SIND die Leithaare nur zu zwei Dritteln pigmentiert, am Ansatz jedoch weiß oder silberfarben, sodass das Fell bei jeder Bewegung der Katze sanft schimmert, ähnlich wie bei der Perser Smoke.

Bei der Britisch Kurzhaar Smoke ist jede dunklere Farbe erlaubt, sogar Schildpatt-Kombinationen sind anerkannt, während in den USA lediglich Schwarz und Blue Smoke zulässig sind. Es darf keine Tabbyzeichnung vorliegen, völlig weiße oder silberne Haare sind nicht statthaft. Pfotenballen und Nasenspiegel sollen zur Fellfarbe passen. Die Augen dürfen kupferfarben, orange oder golden sein.

TIPPING

BEI DIESEN VARIETÄTEN SIND die Leithaare überwiegend weiß und nur im äußersten Drittel in einer der Grundfarben pigmentiert: Schwarz, Blau, Rot, Creme, Chocolate und Lilac. Die Spitzenfärbung soll an Kopf, Rücken, Flanken, Beinen und Schwanz vorliegen, während Kinn, Bauch, Brust und Schwanzunterseite weiß bleiben sollen. Tabbymuster dürfen nicht vorhanden sein, jedoch sind Geisterringel am Schwanz zulässig. Pfotenballen und Nasenspiegel sollen mit der dunkleren Farbe harmonieren. Die Augenfarbe ist bei schwarzer Spitzenfärbung Grün, bei allen übrigen Orange oder Kupfer.

Oben
Auch Smoke-Varietäten wie diese Black Smoke sind in Großbritannien und Europa anerkannt.

Unten
Zweifarbige Katzen, so genannte Bicolour wie diese cremeweiße, wurden 1966 erstmals bei Ausstellungen gezeigt.

Amerikanisch Kurzhaar

RASSEMERKMALE	
NAME	Amerikanisch Kurzhaar
ANDERE NAMEN	American Shorthair
KÖRPERBAU	muskulös, feinknochig
FARBSCHLÄGE	einfarbig (Solid) Schwarz, Blau, Rot, Creme und Weiß, Tabby, Schildpatt, Calico, Tipping, Smoke, Bicolour

GRÖSSE

FELLPFLEGE

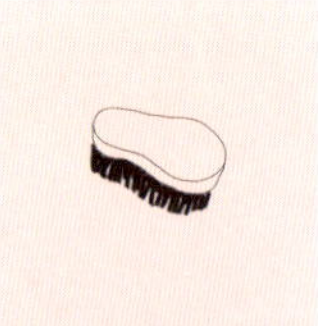

TEMPERAMENT

DIE URSPRÜNGE der Amerikanisch Kurzhaar sind die gleichen wie die ihrer britischen Cousinen. Auch sie stammt von Hauskatzen ab, jedoch mit dem Unterschied, dass in Großbritannien seit mindestens 1000 Jahren Katzen gehalten werden und es dort noch heute zumindest Restbestände der Europäischen Wildkatze gibt, mit denen sich die Hauskatzen teilweise vermischten. In den USA dagegen sind Hauskatzen erst seit maximal 400 Jahren verbreitet.

DIE KATZE ALS NUTZTIER

ES MAG ZWAR eigenartig wirken, dass die indianischen Ureinwohner keine Katzen domestizierten, doch sind die nordamerikanischen Vertreter der Art *Felis* eher groß, und selbst die kleinste von ihnen, der in den Südstaaten der USA heimische Jaguarundi, wiegt immerhin rund 10 kg. Allerdings weiß man, dass die alten Ägypter sogar den doppelt so großen Serval zähmten und bis zu einem gewissen Grad domestizierten. Wahrscheinlich spielte der Ackerbau, mit dem Katzen als Vertilger von Schädlingen für den Menschen erst nützlich wurden, in den indianischen Kulturen Nordamerikas neben Jagd und Fischfang eine untergeordnete Rolle. Außerdem waren Katzen nur schwer mit dem nomadischen Lebensstil der Jäger und Sammler zu vereinbaren. Die Tatsache, dass die indianische Gesellschaft keine Katzen hielt, spricht jedenfalls gegen die These, die Maine Coon sei ein Nachfahre Norwegischer Waldkatzen, die mit den Wikingern in die Neue Welt gelangten. Hätten die Seeleute tatsächlich halb domestizierte Katzen zurückgelassen, wären diese sicher irgendwann in Indianersiedlungen aufgetaucht.

WISSENSWERTES

Katzen werden stets Probleme mit Flöhen haben, weil sie sich gern an Stellen aufhalten, an denen Flöhe nisten. Zudem sind die Plagegeister für das Leben im Katzenfell wie gemacht.

Unten links
Der Serval wurde von den alten Ägyptern domestiziert.

Rechts
Amerikanisch Kurzhaar (unten) und Maine Coon (oben) sind zwei Nachfahren europäischer Katzen, die mit den Siedlern nach Amerika gelangten.

WISSENSWERTES

Kastrierte Kater verhalten sich anders als unkastrierte, weil sie erheblich weniger Testosteron produzieren. Sie streunen nicht mehr und hören in der Regel auch auf, zu spritzen.

So jedoch erreichten die ersten Hauskatzen Nordamerika mit europäischen Siedlern. Später kam immer wieder frisches Blut durch Tiere hinzu, die mit Einwanderern kamen oder von Schiffen flüchteten. Verwilderte Exemplare dieser Kurz- und Langhaarkatzen bildeten den Grundstock für die spätere Rasse Maine Coon.

Kurzhaarkatzen vermehrten sich uneingeschränkt. Die meisten „verdienten" sich ihren Lebensunterhalt damit, dass sie Scheunen und Speicher frei von Ratten und Mäusen hielten, und gelangten so allmählich auch ins Haus. Als die ersten Siedlertrecks nach Westen zogen, nahmen die Pioniere ihre Katzen mit, sodass sie sich allmählich über den ganzen Kontinent verbreiteten. Die Überlebensbedingungen waren vor allem im Winter in den Nordstaaten brutal, doch obwohl ihnen das wärmende Fell der Maine Coons fehlte, erwiesen sich auch die Kurzhaarkatzen als zäh. Aufgrund ihrer exzellenten Jagdfertigkeiten, die noch heute selbst bei Rassekatzen deutlich ausgeprägt sind, mussten sie nie hungern. Ebenso wie in Großbritannien und im kontinentalen Europa gab es auch in den USA neben Haus- und Bauernkatzen verwilderte Tiere, die weiträumige Reviere hatten und sich hemmungslos fortpflanzten. So entstand eine Vielfalt an Farben und Zeichnungen, bei denen jedoch Tabbymuster generell vorherrschen.

BEGINN DER ZUCHTTÄTIGKEIT

NEBEN DER Maine Coon und den prächtigeren und damals noch raren exotischen Rassen spielten Kurzhaarkatzen in der Frühzeit der gezielten Katzenzucht in den USA eine untergeordnete Rolle, auch wenn es bereits bei der allerersten Cat Show 1895 eine eigene Kategorie dafür gab.

Damals war für eine Registrierung kein Abstammungsnachweis erforderlich, und der Zuchtbetrieb war weit offener als heute. Der einstige Geist lässt sich noch heute an der Hauskatzenklasse „Household and Domestic Cat" ablesen, die bei den meisten Shows vertreten ist.

Erst zwei kurzhaarige Briten brachten frischen Wind in den Zuchtbetrieb. Um 1900 kaufte die US-Züchterin Jane Cathcart in Großbritannien einen orangeroten Tabbykater, der eigenartigerweise Belle of Bradford hieß und als erstes Tier von der Cat Fanciers' Association (CFA) eingetragen wurde. Jane Cathcart importierte bald darauf einen weiteren Kater, einen Silbertabby namens Pretty Correct.

Oben
Die Ahnen der Amerikanisch Kurzhaar waren Stubentiger, aber auch Mäusejäger auf Farmen.

Unten
Um die Jahrhundertwende wurde ein roter Tabbykater aus England eingeführt, um die amerikanische Kurzhaarrasse wieder aufzufrischen.

DIE ERSTEN AMERIKANISCH KURZHAAR

WAS DANACH GESCHAH, ist nach wie vor ein Rätsel, doch 1904 ließ Jane Cathcart ihre erste in den USA geborene Kurzhaarkatze ins Zuchtbuch eintragen: Buster Brown, mit dem Vermerk „Abstammung unbekannt". Sie gab damit offenbar einen Weg vor, den die US-Züchter einige Jahrzehnte lang beibehielten und der noch heute bei einigen Zuchtvereinen zulässig ist, nämlich die Registrierung von ausgewachsenen Katzen und Jungtieren ohne Abstammungsnachweis. Diese Praxis wurde 1971 von der CFA abgesegnet, als nämlich eine stammbaumlose Katze zur Best American Shorthair of the Year gekürt wurde. Zu dieser Zeit war die Rasse, die sich bis in die 1950er Jahre hinein nur schleppend entwickelt hatte, bereits der erklärte Star amerikanischer Katzenausstellungen. In Großbritannien ist sie bis heute nicht anerkannt.

In der ersten Zeit herrschte zwischen den Zuchtvereinen Uneinigkeit darüber, wie die neue Rasse benannt werden sollte. Zunächst hieß sie schlicht und einfach „Shorthair", dann verschiedentlich „Domestic Shorthair" oder „American Domestic Shorthair"und ab 1966 schließlich fast einstimmig „American Shorthair".

WISSENSWERTES
Fischkatzen haben meist kleinere Ohren als andere Arten. Für sie ist ein scharfes Gehör nicht so wichtig, weil ihre Beute im Wasser lebt. Zudem können die Katzen so besser schwimmen.

Oben
In den USA dürfen Katzen auch dann als Amerikanisch Kurzhaar eingetragen werden, wenn ihre Abstammung nicht belegt ist.

Mitte
Die Amerikanisch Kurzhaar ist schlanker und kleiner als ihre britischen Vettern.

Unten rechts
Katzen der Rasse Amerikanisch Kurzhaar sind sportlich und zäh.

ABWEICHUNGEN VON DER BRITISCH KURZHAAR

OBWOHL DIE GEZIELTE Zucht mit britischen Tieren begann, entwickelten sich die Vorlieben der US-Züchter für ihre Kurzhaarrasse in eine andere Richtung, was sie durch Einkreuzung einheimischer Katzen unterstützten. Obwohl die amerikanische Rasse eindeutig mit der Britisch und Europäisch Kurzhaar verwandt ist, gibt es einige markante Unterschiede. Vor allem ist die Amerikanisch Kurzhaar leichter gebaut. Sie ist muskulös, hat jedoch einen leichteren Knochenbau und wirkt nicht so stämmig und robust wie ihre Cousinen in der Alten Welt. Das Fell ist kurz und derb, nicht so plüschig wie das der Britin, und im Winter dichter. Der Kopf ist groß, etwas länger als breit, nicht rund wie bei der Britisch Kurzhaar. Der Hals ist schlanker und ausgeprägter, die Ohrmuscheln sind größer. Der Schwanz ist länger und am Ende spitzer als bei der Britin, auch die Beine sind etwas länger.

MERKMALE

DAS GEWICHT DER Amerikanisch Kurzhaar liegt bei rund 6,5 kg für Kater und 4,5 kg für weibliche Tiere. Der Rassestandard der CFA beschreibt sie als kräftige, wohlgestaltete Katze, bei der „kein Teil der Anatomie so übertrieben sein sollte, dass er Schwäche begünstigt". Das Tier sollte „geschmeidig genug sein, um sich an Beute anzuschleichen, jedoch auch stark genug, um sie mühelos zu erlegen". Die Beine sollen „lang genug sein, um auf jedem Terrain zurechtzukommen, und ausreichend schwer und muskulös für hohe Sprünge". Die Betonung von Kraft, Ausdauer und Wendigkeit spiegelt die natürlichen Merkmale, die diese Katzen zu Überlebenskünstlern machten.

Der Körper soll groß bis mittelgroß, schlank, athletisch, sportlich und stark sein, bestens geeignet zum Jagen, Klettern und Springen. Brust und Schultern sollen gut entwickelt sein, die Beine stämmig und mittellang. Die Pfoten sind fest, voll und gerundet mit ausgeprägten Ballen. Der Schwanz ist mittellang, am Ansatz breit und verjüngt sich zu einer stumpfen Spitze.

Der Kopf soll groß und etwas länger als breit sein, die Katze soll ein ansprechendes Gesicht mit vollen Wangen haben. Die Nase ist mittellang und gleichmäßig breit mit einer weichen Einbuchtung im Profil. Die Schnauze ist eckig mit festem, ausgeprägtem Kinn. Der Hals ist mittellang, kräftig und gut bemuskelt. Die Ohren sind mittelgroß, an der Basis nicht zu breit, weit auseinander stehend und am oberen Ende gerundet. Die Augen sind rund und groß, weit auseinander stehend und verleihen dem Gesicht einen pfiffigen Ausdruck. Jede Tendenz zu Plüschfell, Break oder der für Britisch Kurzhaar typischen Untersetztheit gilt als Fehler.

PFLEGE

EBENSO WIE IHRE britische Cousine ist die Amerikanisch Kurzhaar eine ideale Hauskatze. Sie ist robust, intelligent, anhänglich und häuslich. Sie ist unkompliziert und sieht die Dinge gelassen. Ihre Stimme ist leise, ihr Verhalten eher ruhig, außer sie hat ihren „Fünf-Minuten-Koller". Das Fell benötigt nur ein Minimum an Pflege. Einer im Jagen, Klettern und Springen so geschickten Katze sollte man natürlich, wenn irgend möglich, freien Auslauf gönnen. Amerikanisch Kurzhaar pflanzen sich problemlos fort, meist kommen vier Welpen pro Wurf zur Welt. Die Kätzinnen sind als aufmerksame, geduldige Mütter bekannt.

EINFARBIGE KATZEN

ALS „SOLID COLORS" sind bei der Amerikanisch Kurzhaar Schwarz, Blau, Rot, Creme und Weiß zulässig. Die Farbe Black soll ein tiefes, jedes Haar von Ansatz bis Spitze überziehendes Kohlrabenschwarz ohne jeglichen rötlichen Schimmer sein. Die Pfotenballen sollen schwarz oder braun, der Nasenspiegel schwarz und die Augen leuchtend golden sein.

Die Blue soll einen ebenmäßigen Blauton aufweisen, je heller desto besser, wobei die Farbe von Wurzel bis Spitze gleichförmig sein muss. Pfotenballen und Nasenspiegel sollen blau, die Augen leuchtend golden sein.

Amerikanisch Kurzhaar Red soll ein klares, intensives, leuchtendes Rot ohne Tipping, Zeichnung oder Ticking sein. Lippen und Kinn sollen dieselbe Farbe wie das Fell aufweisen, die Pfotenballen und der Nasenspiegel Ziegelrot, die Augen leuchtendes Gold.

Creme (Cream) soll ein gleichmäßiges, sehr helles Gelbbraun ohne Zeichnung sein, das jedes Haar von Wurzel bis Spitze überzieht, wobei hellere Nuancen bevorzugt werden. Pfotenballen und Nasenspiegel sind rosa, die Augen leuchtend golden.

White ist ein reines, strahlendes Weiß mit rosa Pfotenballen und Nasenspiegel. Die Augen dürfen blau, leuchtend golden oder odd-eyed sein (eines blau und eines golden, beide Farben in gleicher Intensität).

WISSENSWERTES
Um einen ausgesprochen aggressiven männlichen Löwen sanftmütiger zu machen, ließ man ihn kastrieren, doch fiel ihm anschließend die Mähne komplett aus.

WISSENSWERTES
Man weiß von mehreren Großkatzen, die aus europäischen Zoos entkamen und selbst in unserem Klima ihr Auskommen fanden. Vor allem Pumas sind echte Überlebenskünstler.

Oben
Bei der amerikanischen Kurzhaarkatze soll der Kopf möglichst länger als breit sein.

Mitte
Bei einfarbig schwarzen Katzen sind leuchtend goldene Augen erwünscht.

TABBYZEICHNUNG

DIE RASSESTANDARDS FÜR TABBY gestromt (Classic) und getigert (Mackerel) sind in den USA identisch mit denen in Großbritannien, jedoch gibt es kein amerikanisches Gegenstück zum britischen/europäischen Muster Tabby getupft.

Oben
Für die Tabbymuster gelten in den USA die gleichen Rassestandards wie in Großbritannien.

Unten rechts
Kätzchen mit Dilute-Calico-Zeichnung in Blau-Creme mit Weiß.

SILVER CLASSIC TABBY

SO WIE DIE BRITISCH KURZHAAR Blau die Königin ihrer Rasse ist, so ist der Tabby Silber gestromt der beliebteste Farbschlag in den USA. Bezeichnenderweise war die zweite Katze, die einst aus England in die USA importiert wurde, eine Silbertabby. Der Standard fordert eine tiefschwarze Zeichnung auf silberfarbenem Grund, Lippen und Kinn sollen ein helles, klares Silber aufweisen. Die Pfotenballen sind schwarz, der Nasenspiegel ziegelrot. Die Augen dürfen grün oder haselnussbraun sein.

WEITERE TABBIES

FÜR DIE ÜBRIGEN anerkannten Farben gelten folgende Anforderungen: Tabby Braun weist eine leuchtend kupferbraune Grundfarbe mit tiefschwarzer Zeichnung auf. Die Rückseiten der Beine sind von Pfote bis Sprunggelenk schwarz, die Pfotenballen schwarz oder braun. Der Nasenspiegel ist ziegelrot, die Augen sollen ein leuchtendes Gold aufweisen. Bei Tabby Rot ist die Grundfarbe Rot, die Zeichnung ein intensives, kräftiges Rot. Pfotenballen und Nasenspiegel sind ziegelrot und die Augen leuchtend golden. Bei Tabby Blau ist die Grundfarbe ein bläulicher Elfenbeinton mit tiefblauer Zeichnung, die deutlich hervortreten soll. Es darf keinerlei rötlicher Schimmer vorhanden sein. Die Pfotenballen sind rosa, der Nasenspiegel ist altrosa, die Augen sind leuchtend golden. Die Grundfarbe für Tabby Creme ist ein sehr helles Creme mit gelbbrauner oder cremefarbener Zeichnung, die einen schönen Kontrast bilden soll. Pfotenballen und Nasenspiegel sind rosa, die Augen leuchtend golden.

Zu den Tabbies gehören noch zwei weitere Farbschläge: Cameo Tabby weist als Grundfarbe Weiß mit roter Spitzenfärbung und roter Zeichnung auf; dazu gehören rosa Pfotenballen und Nasenspiegel und leuchtend goldene Augen. Patched Tabby entspricht dem britischen Tortie-Tabby (Schildpatt mit Tabby); es handelt sich um Tabby gestromt oder getigert in Silber, Braun oder Blau mit roten und/oder cremefarbenen Stellen, wobei das Tabbymuster sich durch die hellen und die dunklen Teile ziehen soll.

SCHILDPATT UND CALICO

DER GRUNDSTANDARD für Schildpatt (Tortoiseshell) verlangt Schwarz mit klar abgesetzter roter und cremefarbener Musterung, die gleichmäßig auf Rumpf, Beine und Schwanz verteilt sein soll. Eine rote oder cremefarbene Flamme im Gesicht ist erwünscht. Pfotenballen

und Nasenspiegel sind ziegelrot und/oder schwarz, die Augen leuchtend golden.

Der Farbschlag Schildpatt mit Weiß, der in Großbritannien als Tortoiseshell and White geführt wird, heißt in Nordamerika Calico. Diese Tiere sind weiß mit ungebänderten, klar abgesetzten roten und schwarzen Flecken. An der Unterseite soll Weiß vorherrschen. Pfotenballen und Nasenspiegel sind rosa, die Augen leuchtend golden. Blau-Creme ist Blau mit klar abgesetzten und gut verteilten cremefarbenen Stellen an Rumpf, Beinen und Schwanz. Pfotenballen und Nasenspiegel sind blau und/oder rosa, die Augen leuchtend golden.

SPITZENFÄRBUNG

EINER DER imposantesten Farbschläge bei der Amerikanisch Kurzhaar ist Chinchilla. Das Unterfell ist rein weiß, jedoch mit schwarzer Spitzenfärbung an Rücken, Flanken, Kopf und Schwanz, die den typischen silbrigen „Glitzereffekt" bewirkt. Auch die Beine dürfen ein leichtes Tipping aufweisen. Kinn, Ohrbüschel, Bauch und Brust sollen rein weiß sein. Die Pfotenballen sind schwarz, der Nasenspiegel ziegelrot. Die Augen dürfen grün oder blaugrün sein.

Shaded Silver (Silber schattiert) ist eine dunklere Ausgabe der Chinchilla, mit weißem Unterfell und Spitzenfärbung an Flanken, Gesicht und Schwanz, wobei das Fell am Rücken fast schwarz ist und nach unten hin immer heller wird; Kinn, Brust, Bauch und Schwanzunterseite sind rein weiß. Die Beine sollen denselben Farbton haben wie das Gesicht.

Bei Shell Cameo ist die Spitzenfärbung ähnlich wie bei der Chinchilla, jedoch rot auf weißem Unterfell. Pfotenballen und Nasenspiegel sind rosa, die Augen leuchtend golden.

Shaded Cameo entspricht Shaded Silver, jedoch mit roter anstatt schwarzer Spitzenfärbung, die ausgeprägter ist als bei der Shell Cameo.

SMOKE

BEI DEN SMOKE-VARIETÄTEN soll die Katze in Ruhe einfarbig im Ton der Spitzenfärbung wirken. Das Unterfell ist jeweils weiß, die Spitzenfärbung umfasst zwei Drittel des einzelnen Haars. Zulässig sind in den USA Schwarz, Blau, Cameo (Red Smoke) und Schildpatt. Pfotenballen und Nasenspiegel sollen jeweils der Spitzenfärbung entsprechen (Ziegelrot oder Schwarz bei der Schildpatt), die Augen sollen golden sein.

ZWEIFARBIGE KATZEN

DER STANDARD für die Bicolour ist weiß mit durchgefärbten Stellen in Schwarz, Blau, Rot oder Creme. Pfotenballen und Nasenspiegel sollen rosa oder harmonisch auf die Farbe abgestimmt sein.

Der Begriff Van Bicolour ist von der Türkisch Van abgeleitet und bezeichnet eine Musterung, bei der die Färbung auf Kopf, Beine und Schwanz beschränkt ist. Pfotenballen und Nasenspiegel dürfen rosa sein oder die zweite Fellfarbe aufweisen. Van Calico weist eine schwarze und rote Scheckung an Kopf, Beinen und Schwanz auf, die Van Blue-Cream Flecken in Blau und Creme.

WISSENSWERTES
Ebenso wie Menschen können Katzen räumlich sehen, doch ist ihr Sichtfeld – vor allem an der Peripherie – erheblich breiter als unseres.

WISSENSWERTES
Nur sieben Katzenarten werden biologisch als „Großkatzen" bezeichnet: Löwe, Tiger, Leopard, Jaguar, Schneeleopard, Nebelparder und Gepard.

Oben
Bei dieser Calico ist der Nasenspiegel blau.

Unten
Diese Cameotabby hat tiefgoldene Augen.

Kartäuser

RASSEMERKMALE

NAME	Kartäuser
ANDERE NAMEN	Chartreux, Chartreuse, Klosterkatze
KÖRPERBAU	Plumptyp (Cobby)
FARBSCHLÄGE	ausschließlich Graublau

GRÖSSE

FELLPFLEGE

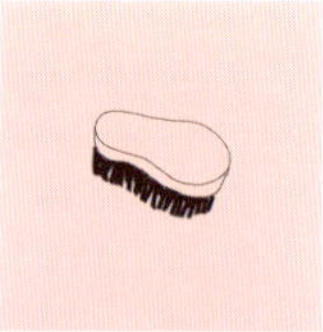

TEMPERAMENT

DIE KARTÄUSERKATZE stammt ursprünglich aus Frankreich. In Großbritannien ist sie nicht anerkannt und gilt sogar bei vielen Züchtern als identisch mit der Britisch Kurzhaar Blau, obwohl es gewisse Unterschiede im Körperbau gibt. In Nordamerika und im übrigen Europa gilt die Kartäuser als eigenständige Rasse.

URSPRÜNGE DER RASSE

BENANNT IST DIE Rasse angeblich nach den Kartäusermönchen, genauer gesagt nach der vom heiligen Bruno von Köln 1084 bei Grenoble in Südostfrankreich gegründeten „Grande Chartreuse". Es heißt, Kreuzritter hätten diese Katzen aus dem Heiligen Land mitgebracht. Einer anderen These zufolge umsegelten Kartäusermönche im 17. Jahrhundert das Kap der Guten Hoffnung und brachten ein Katzenpärchen aus Südafrika mit.

In Wahrheit besteht keinerlei Verbindung zwischen der Rasse und dem Kloster, doch ist der Name bereits seit dem 16. Jahrhundert gängig, als diese Katzen in Frankreich häufig vorkamen. Der Dichter Joachim du Bellay beschrieb sie 1558 in einem Brief, und bereits das erste französische Wörterbuch führte sie 1723 auf. In naturgeschichtlichen Werken des 18. Jahrhundert finden sich immer wieder Hinweise auf Kartäuserkatzen. In jüngerer Zeit berichtete vor allem die 1873 geborene französische Autorin Colette sehr liebevoll von ihrer Kartäuserkatze.

Eine andere Erklärung für den Namen lautet, er beziehe sich auf eine Wollsorte namens Pile de Chartreux, die man einst aus Spanien nach Frankreich importierte und an die das flauschige Fell dieser Katzen erinnerte.

Oben links
In Großbritannien sind Kartäuser nicht anerkannt, sondern gelten als identisch mit Britisch Kurzhaar Blau.

Oben rechts
Blick auf das Kartäuserkloster „La Grande Chartreuse" vor den Toren Grenobles.

Unten
Eine der im Kloster lebenden Kartäuserkatzen.

BEGINN DER ZUCHTTÄTIGKEIT

DIE GESCHICHTE DER KARTÄUSER als Rasse beginnt gegen Ende der 1920er Jahre, als die Schwestern Léger von Paris auf die Insel Belle-Île vor der bretonischen Küste umzogen. Sie fanden dort eine große Population blaugrauer Katzen vor und begannen, einige davon zielstrebig zu züchten. Die erste ihrer Kartäuser gab ihr Show-Debüt 1931 bei einer Pariser Katzenausstellung, und ein Welpe aus der ersten Kreuzung namens Mignonne gewann zwei Jahre später zwei angesehene Preise, den belgischen Challenge Cup und den Pariser Prix d'Esthétique.

Im Zweiten Weltkrieg erging es den Kartäuserkatzen nicht besser als anderen europäischen Rassen. In der Nachkriegszeit waren nicht mehr genügend Tiere vor-

handen, um die Rasse ohne Einkreuzen fremden Blutes weiterführen zu können. Bei den Kartäusern versuchte man es mit Persern, Britisch Kurzhaar Blau und Russisch Blau, jedoch ohne nachhaltigen Erfolg. Letztlich mussten die Züchter die Kartäuserrasse notgedrungen mühsam „rekonstruieren", indem sie die wenigen verbleibenden Exemplare mit blauen Katzen ohne Stammbaum verpaarten. Erst gegen Ende der 1970er Jahre hatte sich die Rasse wieder so weit erholt, dass weitere Einkreuzungen untersagt wurden.

In den USA hatte man 1970 mit zehn aus Frankreich importierten Katzen ein eigenes Zuchtprogramm eingeleitet. Drei davon kamen sogar aus der Léger-Zucht, mit der die beiden Schwestern über 40 Jahre lang ihre Liebe zu dieser Rasse verwirklicht hatten. Die Ähnlichkeit mit der Britisch Kurzhaar Blau machte es US-Züchtern schwer, ihre „Chartreux" als eigenständige Rasse durchzusetzen, doch um 1990 war sie von den meisten US-Organisationen anerkannt.

MERKMALE

DER KÖRPER DER KARTÄUSERKATZE ist groß, wohl proportioniert und stämmig, mit breiten, muskulösen Schultern und ausladender Brust. Der Größenunterschied zwischen Männchen und Weibchen wird noch dadurch betont, dass die Kater massiger wirken. Der Schwanz soll mittellang und am Ende oval abgerundet sein. Das Fell ist etwas länger als bei der Amerikanisch Kurzhaar und bei den Kätzinnen dünner und seidiger als bei den Katern. Es soll doppelt, dicht, weich und ein wenig flauschig sein. Der Kopf ist groß und breit, aber nicht rund, die Nase kurz und gerade, ein leichter Stopp ist zulässig. Die Schnauze soll im Verhältnis zum Kopf schmal sein, ohne spitz zu wirken. Die Wangen sind ausgeprägt und die Kiefer kräftig, der Nacken ist kurz und stark. Die kleinen bis mittelgroßen Ohren sind hoch am Kopf angesetzt und an den Enden gerundet. Die Augen sollen groß, rund und ausdrucksvoll sein; als Augenfarbe wird Hellgold bis Orange, vorzugsweise in dunkleren Nuancen bevorzugt. Das Gesicht soll insgesamt einen „lächelnden" Ausdruck haben.

FARBSCHLÄGE

ALS FELLFARBE IST AUSSCHLIESSLICH jede Art von Graublau zulässig, mit silbrigem Schimmer an den Spitzen. Sehr wichtig ist die Ebenmäßigkeit der Färbung. Die Pfotenballen sind rosa, der Nasenspiegel ist silbergrau.

TEMPERAMENT

KARTÄUSERKATZEN SIND EINDRUCKSVOLLE Persönlichkeiten. Ihren Haltern zufolge benehmen sie sich in vieler Hinsicht wie Hunde. Kartäuser mögen kurze aktive Phasen und verteidigen Herrchen und Frauchen notfalls gegen Feinde. Trotz allem sind sie ruhig, lernwillig und beim Spielen vorsichtig – insbesondere die Kater, sagt man. Die Jungtiere sind robust. Zur Fellpflege ist wöchentliches Kämmen völlig ausreichend.

WISSENSWERTES

Dass Katzen uns so spontan sympathisch sind, beruht ebenso wie bei Affen und Eulen auf der Grundform ihrer Gesichter, nicht zuletzt aber auch auf den großen Babyaugen.

Oben
Der Legende nach segelten Kartäusermönche vor mehr als 300 Jahren nach Südafrika und brachten von dort diese Katzen mit.

Unten
Als Farbe ist jede Schattierung von Graublau anerkannt, solange das Fell gleichmäßig gefärbt ist.

Exotisch Kurzhaar

RASSEMERKMALE	
NAME	Exotisch Kurzhaar
ANDERE NAMEN	Exotic Shorthair
KÖRPERBAU	Plumptyp (Cobby)
FARBSCHLÄGE	alle Farbschläge der Perser Langhaar und der Amerikanisch Kurzhaar

GRÖSSE

FELLPFLEGE

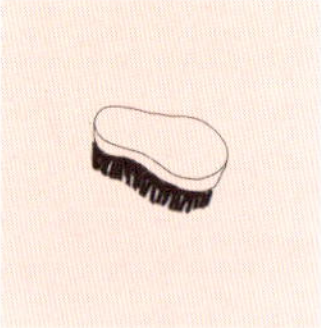

TEMPERAMENT

DIE EXOTISCH KURZHAAR ist eine noch relativ junge amerikanische Rasse, die durch Kreuzung von Amerikanisch Kurzhaar und Perserkatzen entstand. Beabsichtigt war nicht die Schaffung eines neuen Typs, sondern lediglich, den Kurzhaarkatzen ein perserartiges Aussehen zu verleihen. In England liefen in der Nachkriegszeit ähnliche Versuche, als die Züchter angesichts der geringen Zahl echter Britisch Kurzhaar gezwungen waren, Perser einzukreuzen. Sobald der alte Typ jedoch wiederhergestellt war, wurden dort weitere Einkreuzungen untersagt.

URSPRÜNGE DER RASSE

AMERIKANISCHE ZUCHTPROGRAMME verfolgten offenbar zwei Ziele. Zum einen wurde nach Ansicht vieler Züchter bei Katzenausstellungen eindeutig der Perser-Typ bevorzugt, und zum anderen wollte man eine „pflegeleichte" Perserkatze schaffen, die in Schönheit und Charakter der Langhaarkatze gleichkam, jedoch erheblich weniger Pflegeaufwand erforderte.

Diese Zuchtversuche stießen jedoch in den USA auf Widerstand seitens der Kurzhaar-Züchter, die ihre Rasse rein halten wollten und sich Sorgen machten, die Veränderungen könnten den Typus auf Dauer in eine andere Richtung lenken. Einige Züchter stellten Tiere als Amerikanisch Kurzhaar aus, die eindeutig nicht zu dieser Rasse gehörten. Das eigentlich derbe Kurzhaarfell wurde unter dem Persereinfluss flauschiger und die Schnauze kürzer, und die Augen wurden größer und runder. Darüber hinaus bestanden Bedenken, dass einige Züchter Burmakatzen eingekreuzt hatten, die genetisch als problematisch gelten.

WISSENSWERTES

Da sie im Rudel jagen, haben Löwen bessere Chancen, genügend Nahrung zu beschaffen, selbst wenn alle daran teilhaben. Sogar Großsäugern wie Giraffen und Büffeln stellen sie nach.

Oben
Die Exotisch Kurzhaar ist eine Kreuzung aus Amerikanisch Kurzhaar und Perserkatze.

Unten
Die Rasse weist die typischen Perser-Merkmale auf, ohne dasselbe Maß an Fellpflege zu benötigen.

BEGINN DER ZUCHTTÄTIGKEIT

1966 WURDE ENTSCHIEDEN, die Hybriden unter der neuen Rassebezeichnung Exotic Shorthair zusammenzufassen, sodass die Amerikanisch Kurzhaar weiterhin rasserein bleiben konnte. Im folgenden Jahr wurden die ersten Exoten ausgestellt, und 1969 ein Zuchtverein gegründet, der die Anerkennung dieser Rasse betrieb und 1972 auch erlangte. Die Exotisch Kurzhaar ist als einzige Hybridrasse in den USA anerkannt und unterliegt strengen Kontrollen. Als Kreuzungen sind lediglich Perser mit Amerikanisch, Exotisch mit Exotisch oder Perser mit Exotisch Kurzhaar zulässig.

MERKMALE

DIE EXOTISCH KURZHAAR ist im Prinzip eine kurzhaarige Perserkatze, obwohl man damit ihrem einzigartigen Erscheinungsbild kaum gerecht wird. Sie weist den für Perser typischen Plumptyp und Kopf auf, obwohl die Gesichtszüge durch die kurzen, plüschigen Haare so „anders“ aussehen, dass sie die Exoten zu einer eigenständigen Rasse machen. Dies spiegelt sich auch in dem Spitznamen, den sich amerikanische Züchter für diese Katzen haben einfallen lassen: Teddykatze.

Mit Ausnahme der Fellstruktur stimmt der Rassestandard im Wesentlichen mit dem der Perser überein. Das Fell ist etwas länger und fülliger als bei den Kurzhaarrassen und weist die für Perser typische dichte Unterwolle auf. Wichtig ist, dass das Fell gleichmäßig lang ist, keine Halskrause und keine Haarbüschel in den Ohren oder zwischen den Zehen vorhanden sind. Das Haarkleid soll dicht, weich und glänzend sein und vom Körper abstehen. Es gelten alle für die Amerikanisch Kurzhaar und die Perser zulässigen Farbschläge.

Der Körper ist mittelgroß bis groß, massig, mit ausladender Brust und kurzen, dicken, kräftigen Beinen. Die Vorderbeine sollen gerade, die Pfoten groß, rund und fest sein. Schultern und Hinterteil sollen kräftig ausgebildet sein, der Rücken dazwischen gerade. Der Schwanz ist kurz, aber im Verhältnis zum Rumpf gut proportioniert und am Ende gerundet. Er wird gerade und tief getragen.

Der Kopf ist rund und massig auf kurzem, dickem Hals. Das runde Gesicht weist eine kurze, breite Nase mit Perser-Break auf. Wangen und Kinn sind voll und gut entwickelt. Die Ohren stehen weit auseinander und sind niedrig am Kopf angesetzt, aber am Ansatz nicht

übertrieben breit. Die Augen sind groß, rund, strahlend und weit auseinander stehend. Insgesamt soll das Gesicht liebenswert wirken.

TEMPERAMENT

DIE EXOTISCH KURZHAAR ist sanftmütig und zärtlich. Sie spielt gern, ohne aggressiv zu sein, sie ist intelligent, häuslich und der Familie ebenso zugetan wie anderen Haustieren. Katzen dieser Rasse brauchen nicht allzu viel Bewegung und kommen meist ohne freien Auslauf aus. Die Fellpflege ist weit einfacher als bei der Perserkatze, doch müssen lose Haare regelmäßig ausgekämmt werden.

Da das Züchten von Exotisch Kurzhaar sich sehr schwierig gestaltet, findet man nur relativ wenige Exemplare. Um den Typ zu erhalten, werden Exotisch Kurzhaar häufig erneut mit Persern gekreuzt, und etwa zwei der meist vier Welpen umfassenden Würfe sind langhaarig, doch weiß man bis zum Nachwachsen des endgültigen Fells nicht genau, welche von ihnen.

WISSENSWERTES
Mehrere Vertreter der Katzenfamilie haben dunkle Streifen auf den Wangen. Sie zeigen an, wo Duftdrüsen sitzen.

Oben links
Dieses Katzengesicht macht deutlich, warum die Exotisch Kurzhaar in Amerika den Spitznamen „Teddykatze“ trägt.

Unten
Von vier Kätzchen eines Wurfes sind meist zwei langhaarig.

American Wirehair

RASSEMERKMALE	
NAME	American Wirehair
ANDERE NAMEN	Amerikanisch Drahthaar
KÖRPERBAU	Plumptyp (Cobby)
FARBSCHLÄGE	alle Farben der Amerikanisch Kurzhaar

GRÖSSE

FELLPFLEGE

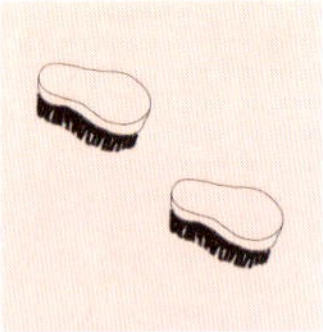

TEMPERAMENT

DIE AMERICAN WIREHAIR ist das Ergebnis einer spontanen Genmutation. 1966 brachte eine Bauernkatze im US-Bundesstaat New York sechs Welpen zur Welt, von denen fünf ein normales Kurzhaarfell aufwiesen. Ein Kater hatte jedoch ungewöhnlich spärliches, krauses rot-weißes Haar. Ein solches Fell ist von keiner einzigen Katzenrasse oder Wildkatzenart weltweit bekannt, sehr wohl aber vom Drahthaarterrier, nach dem die neue Rasse schließlich benannt wurde.

URSPRÜNGE DER RASSE

DER AUSGEFALLENE KATER NAMENS Adam und eine Wurfschwester namens Tip-Toe wurden an eine Züchterin verkauft, die sie später miteinander verpaarte.

Aus dieser Verbindung ging im Juli 1967 ein Wurf von vier Kätzchen hervor, von denen zwei Weibchen das rot-weiße Drahthaarfell aufwiesen. Nur eines davon überlebte, doch diese Amy hatte später eine Vielzahl von Nachkommen, darunter auch diverse drahthaarige Exemplare. Von Geburt an erkennt man sie an den gekräuselten Schnurr- und Gesichtshaaren, die sie struppig wirken lassen.

Adam zeugte zwei weitere Würfe mit seinen drahthaarigen Nachkommen und einen weiteren Wurf mit einer nicht verwandten Kurzhaarkatze aus der Nachbarschaft, in dem auch drei drahthaarige Jungtiere waren, sodass Adams mutiertes Gen eindeutig dominant sein musste. Dieses als „Wh" bezeichnete Gen ist nicht geschlechtsgebunden.

EINZIGARTIGES FELL

DIE ERSTE ZÜCHTERIN INTERESSIERTE sich eigentlich für Rex-Katzen und hielt die drahthaarigen Welpen lediglich für eine vergleichbare Mutation. Erst als sie Fellproben von Adam zu genetischen Untersuchungen nach England schickte, wurde klar, dass es sich um eine bis dato unbekannte Besonderheit handelte. Der Effekt entsteht durch die Leithaare, die nicht weich und spitz zulaufend, sondern komplett wellig sind und am Ende eine Art Widerhaken aufweisen. Auch die Unterwolle ist kraus. Anders als bei den Rex-Katzen fühlt sich das Drahthaar der American Wirehair rau und federnd an – wie bei einem Drahthaarterrier.

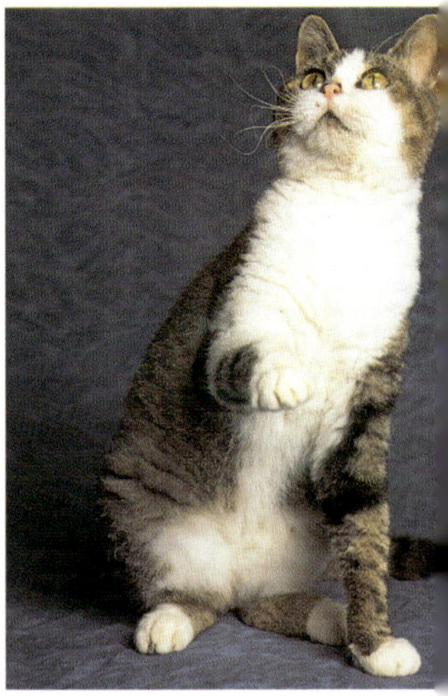

Oben links
Diese Rasse ist erst rund 30 Jahre alt und basiert auf einer spontanen Mutation.

Oben rechts
Drahthaarkatzen haben von Geburt an gekräuselte Schnurrhaare.

Unten
Das Fell ähnelt dem von Drahthaarterriern.

BEGINN DER ZUCHTTÄTIGKEIT

DIE WENIGEN DRAHTHAARKATZEN, die es heute gibt, stammen alle von Kater Adam ab. Das Zuchtprogramm begann in den USA, doch auch in Kanada und Deutschland interessierten sich Züchter für die neue Rasse. Das bei den ersten Welpen noch spärliche Haarkleid wurde weiterentwickelt, sodass es mittlerweile Schafwolle ähnelt. Durch Selektion wurden zudem die als unattraktiv und allzu weit von der Amerikanisch Kurzhaar entfernt geltenden längeren Beine und höheren Ohrmuscheln der frühen Wirehairs herausgezüchtet. Da das Gen für Drahthaarigkeit dominant ist, war es kein großes Problem, Drahthaarkatzen mit Kurzhaarkatzen zu kreuzen, ohne die speziellen Felleigenschaften zu verlieren. Zu Beginn des Zuchtprogramms wiesen die Würfe unterschiedlich stark gewelltes und raues Fell auf, sodass sich die Züchter auf die Konsolidierung des Typs konzentrierten, um die Anerkennung für ihre Rasse zu erhalten. Von der CFA wurden American Wirehairs 1977 zugelassen, und auch die amerikanische TICA erkennt die Rasse an; die europäischen Verbände zeigen sich bis heute zurückhaltend.

Nach dem Rassestandard sind der Drahthaareffekt insgesamt und die raue, federnde Qualität des Fells wichtiger als die Struktur des einzelnen Haars. Das mittellange Fell soll eher dicht gekräuselt als wellig sein. Schnurrhaare und andere Haare wie beispielsweise in den Ohrmuscheln sollen gekräuselt, am Ende eingerollt oder geknickt sein, sodass das Tier „strubbelig“ aussieht. Die Farbschläge entsprechen denen der Amerikanisch Kurzhaar.

MERKMALE

DER KÖRPER IST mittelgroß bis groß, der Rücken gerade, Schultern und Kruppe sind gleich breit. Die Beine sind mittellang, jedoch muskulös und gut proportioniert. Die Pfoten sind oval und kompakt, der Schwanz soll am Ende gerundet sein. Der Kopf soll rund sein, vorstehende Wangenknochen und eine gut entwickelte Schnauze mit prägnantem Kinn und leichter Einbuchtung hinter den Schnurrhaarkissen aufweisen. Die Nase soll sanft konkav sein, die Augen groß, rund, klar und strahlend, die äußeren Winkel leicht zu den Ohren hin ansteigend und weit auseinander stehend. Die Ohren sind mittelgroß, in weitem Abstand voneinander angesetzt und gerundet.

TEMPERAMENT

DER KINDLICHE Charme der American Wirehair macht einen guten Teil ihres Reizes aus. Sie gehört zu den Katzen, die jede Gelegenheit nutzen, um Unsinn anzustellen. Vor wenigen Generationen lebten ihre Vorfahren auf Bauernhöfen – vielleicht haben die Drahthaarkatzen deshalb noch einen stark ausgeprägten Jagdtrieb und Sinn für Unabhängigkeit. Im Idealfall sollten sie Auslauf haben. Im Haushalt wissen sie ihre Wünsche sehr wohl durchzusetzen und zeigen sich manchmal anderen Katzen oder Kindern gegenüber recht unduldsam. Das Fell benötigt nur wenig Pflege.

Die Kätzinnen sind gute Mütter, die ihre drei bis vier Jungen pro Wurf aufmerksam versorgen. Diese haben von Geburt an ihr krauses Fell, die Schnurr- und Gesichtshaare wirken zerknittert. Die Kätzchen sind robust und gesund, doch kommen gelegentlich Welpen mit Atemstörungen oder anderen Problemen zur Welt, wenn Wirehair untereinander gekreuzt werden.

WISSENSWERTES

Zibet- und Ginsterkatzen sind die nächsten lebenden Verwandten unserer Hauskatze. Den einzigen Unterschied bilden die längeren Schnauzen, in denen ein umfangreiches Gebiss Platz findet.

Oben
Die Rasse lässt sich relativ einfach züchten, da das Gen für Drahthaarigkeit dominant ist.

Unten
Die American Wirehair soll große, runde Augen und mittelgroße Ohren besitzen.

Manx

RASSEMERKMALE	
NAME	Manx
ANDERE NAMEN	Mankatze, Manxkatze
KÖRPERBAU	stämmig, nicht zu groß
FARBSCHLÄGE	Zulässig sind alle Farbschläge mit Ausnahme von Siam-Abzeichen.

GRÖSSE

FELLPFLEGE

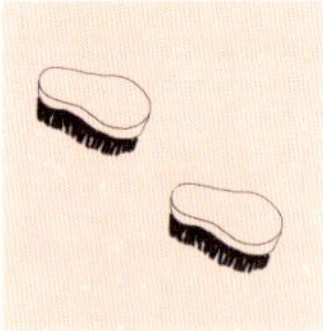

TEMPERAMENT

DIE SCHWANZLOSE Manxkatze ist Gegenstand zahlreicher Legenden. Eine davon besagt, bei der Flucht der spanischen Armada vor der siegreichen englischen Flotte sei 1588 eine spanische Galeone vor der Isle of Man gesunken. Einige der an Bord befindlichen Katzen seien an Land geschwommen und hätten sich dort vermehrt. Geschichtlich ist allerdings weder ein Schiffbruch vor der Insel noch die Existenz schwanzloser spanischer Katzen belegt.

Links
Zur Erklärung für den fehlenden Schwanz der Manx gibt es zahllose Legenden.

Rechts
Die Schwanzlosigkeit beruht auf einer Genmutation, die vor mindestens 150 Jahren spontan auftrat.

URSPRÜNGE DER RASSE

EINER ANDEREN LEGENDE zufolge sollen Wikingerkrieger, die die Insel im Frühmittelalter eroberten, Katzen den Schwanz abgeschnitten und als Helmschmuck verwendet haben. Daraufhin bissen angeblich die Kätzinnen all ihren Jungen die Schwänze ab, um ihnen dieses Schicksal zu ersparen. Wieder eine andere Geschichte führt die Manxkatze auf phönizische Händler zurück, die vor 3000 Jahren die britischen Inseln umsegelten.

Behauptet wird auch, die vor den Wikingern auf der Insel ansässigen Kelten glaubten, wer einer Katze auf den Schwanz trete, werde von einer Schlange gebissen. Um die Kelten auf der Insel Man davor zu behüten, heißt es, habe das Schicksal dafür gesorgt, dass die Katzen dort praktischerweise gleich ohne Schwanz auf die Welt kamen.

Eine weitere, biologisch unhaltbare These besagt, die ersten Manxkatzen seien eine Kreuzung aus Katzen und Kaninchen. Dies beruht wahrscheinlich auf dem seltsam kaninchenhaften Hoppelgang vieler Tiere dieser Rasse. Faszinierend ist auch die „biblische“ Erklärung der Manx: Beim Ablegen der Arche ließen sich die Katzen – wie üblich – nicht aus der Ruhe bringen. Als Noah die Türen schloss, klemmte er den Katzen deshalb in seiner Hast die Schwänze ab.

BEGINN DER ZUCHTTÄTIGKEIT

AUS GENETISCHER SICHT verlief die Geschichte der Manx weit weniger abenteuerlich. Sie beruht auf der spontanen Mutation eines dominanten Gens, die vermutlich schon vor Jahrhunderten auf der Isle of Man stattfand. Aufgrund der abgeschiedenen Lage der Insel, die erst Ende des 19. Jahrhunderts zu einem beliebten Urlaubsziel wurde, blieben ihre zwei- und vierbeinigen Bewohner weitgehend unter sich. Schwanzlose Katzen

WISSENSWERTES
Löwen arbeiten bei der Jagd zusammen. Einige Tiere kreisen die Beute ein und treiben sie auf die anderen zu, die auf der Lauer liegen.

sind dort mindestens seit 1820 belegt. Ende des 19. Jahrhunderts wurden die Manxkatzen von Züchtern „entdeckt". Schon 1901 entstand in England der erste Zuchtverein.

Edward VII. von England hielt selbst Manxkatzen und bestärkte damit vermutlich das Interesse an dieser Rasse. Amerikanische Züchter wurden in den 1930er Jahren auf die Manx aufmerksam, und schon bald stieg die Nachfrage nach Zuchttieren derart an, dass die Regierung der Insel um die Zukunft der Rasse in ihrer Heimat zu fürchten begann und 1960 schließlich eine staatliche Zuchtstelle einrichtete. Sie ist noch heute in Betrieb, wenn auch inzwischen privatisiert. Auf der Insel sind die Katzen zu einer Art Wahrzeichen geworden, das auf Münzen und Briefmarken ebenso häufig abgebildet ist wie auf Souvenirs für Touristen. Allerdings hat die Isle of Man kein Monopol auf schwanzlose Kurzhaarkatzen, denn solche Exemplare kommen bei Hauskatzen gar nicht selten vor, gelegentlich sogar bei Wildkatzen.

Berichte von Entdeckern wie Marco Polo im 13. Jahrhundert bis hin zu den wissenschaftlich weit zuverlässigeren Beschreibungen Charles Darwins im 19. Jahrhundert erzählen von schwanzlosen Katzen in Südostasien. Zudem gibt es eine Rasse schwanzloser Langhaarkatzen, die Cymric. Doch die Manx als Zuchtrasse stammt ausschließlich von den auf der Insel heimischen Katzen ab.

In den USA fand die Manx bereits in den 1930er Jahren viel Anklang, und schon 1951 wurde dort der erste Grand Champion gekürt, allerdings weicht der Rassestandard leicht vom britischen ab. In Deutschland ist die Manx nur selten zu finden, nicht zuletzt wegen der anhaltenden Diskussion über Qualzuchten, zu denen Kritiker die Manx zählen.

BESONDERHEITEN BEI DER MANX-ZUCHT

DAS FÜR DIE Schwanzlosigkeit zuständige dominante Gen M ist instabil und unvorhersehbar und das Züchten von Manxkatzen deshalb bekanntermaßen schwierig. Bei gleicherbigen Paarungen, also zwischen zwei Trägern des M-Gens, sterben alle Nachkommen schon früh während der Trächtigkeit ab. Deshalb können Manxkatzen nie „rasserein" gezüchtet werden, sondern es sind immer wieder Einkreuzungen von Kurzhaarkatzen mit normalem Schwanz beziehungsweise von Manxkatzen mit Schwanz erforderlich, um die Rasse überhaupt zu erhalten. Selbst bei mischerbigen Elterntieren, von denen nur eines Träger des M-Gens ist, kommt es ungewöhnlich häufig zu Totgeburten und zu Deformationen bis hin zu Spina bifida.

Manxkatzen sind bis heute bei Katzenliebhabern umstritten. Sie haben zwar eine eifrige Lobby, aber berufen

Oben
Schwanzlose Langhaarkatzen werden als Cymric bezeichnet.

sich auch viele Kritiker auf die tierärztliche Einschätzung, die genetischen Probleme seien so schwer wiegend, dass die Rasse heute gar nicht mehr anerkannt würde. Das mag durchaus stimmen, doch haben diese Katzen auf der Insel Man schon lange vor dem Zutun irgendwelcher Züchter gelebt und sich vermutlich immer wieder mit normalschwänzigen Kurzhaarkatzen fortgepflanzt. Sie sind keineswegs eine Erfindung des Menschen.

MANX-SCHWÄNZE

SELBST WENN ES ZÜCHTERN gelingt, lebensfähige, gesunde Kätzchen zu produzieren, stehen sie vor einem weiteren Problem. In vielen Würfen sind nämlich auch Jungtiere mit Resten eines Schwanzansatzes unterschiedlicher Länge oder sogar ganz normalen Schwänzen dabei. Man unterscheidet mehrere Gruppen. Die echte Manx wird als Rumpy bezeichnet und hat eine Einbuchtung, wo üblicherweise der Schwanz wäre. Ein Rumpy Riser ist eine Katze mit einigen wenigen Schwanzwirbeln, die man sehen oder fühlen kann. Stumpy (in den USA Stubby) heißt eine Manx mit einem ganz kurzen, oft verkrümmten Stummelschwanz. Eine Manx Longy hat einen mittellangen, im Verhältnis zum Körper jedoch recht kurzen Schwanz.

Daneben gibt es auch Manx mit normal langem Schwanz (Manx Tailed). In Großbritannien sind nur Rumpies zu Ausstellungen zugelassen, während Stumpies und Rumpy Risers lediglich registriert und zu Zuchtzwecken eingesetzt werden. Das Auftreten der Schwanzvarianten folgt keinem festen Schema. Man schätzt, dass ein Drittel der Jungtiere selbst von zwei Rumpy-Elterntieren einen wie auch immer gearteten Schwanzansatz aufweisen, und verpaart man Rumpy mit Tailed, steigt der Anteil sogar auf die Hälfte, sodass man sich vorstellen kann, vor welchen Schwierigkeiten die Züchter stehen.

Oben links
Ein Rumpy Riser wie diese Katze besitzt einige wenige Wirbel am Schwanzansatz.

Oben rechts
Zu Ausstellungen sind nur Manxkatzen ohne Schwanzansatz zugelassen.

Unten
Bei Manxkatzen sind sämtliche Farbschläge und Muster mit Ausnahme von Siam-Abzeichen erlaubt.

MERKMALE

HAUPTMERKMAL DER RUMPY Manx ist natürlich das Fehlen des Schwanzes. Davon abgesehen sollte sie einen mittelgroßen Körper mit rundem, kurzem Rücken aufweisen, die Hinterhand soll höher stehen als die Vorderhand. Die Flanken sollen tief und der Rücken von der Schulter bis zur Kruppe gewölbt sein. Die Oberschenkel sind muskulös. Der Kopf soll groß und rund sein, vorstehende Wangenknochen, volle Wangen und ein kräftiges Kinn aufweisen. Die Nase ist mittellang. Die Schnurrhaarkissen sind ausgeprägt, die Ohren offen, am Ansatz weit und leicht spitz zulaufend, hoch am Kopf angesetzt. Die Augen sind groß, rund und leicht schräg gestellt, sodass die äußeren Augenwinkel etwas höher sind als die inneren. Die Augenfarbe soll mit der Fellfarbe harmonieren.

DAS FELL

DIE MANX BESITZT ein doppeltes Fell: eine weiche, dicke Unterwolle und glänzendes, derbes, nicht zu langes Deckhaar. Insgesamt soll die Katze „gut gepolstert“ wirken. Zulässig sind alle Farben und Muster, außer in den USA, wo etwa Siam-Abzeichen, Chocolate und Lilac nicht anerkannt sind.

TEMPERAMENT

ANGESICHTS DIESER Tatsachen ist klar, dass man mit Schwierigkeiten rechnen muss, wenn man sich für ein Manxkätzchen entscheidet. Am besten wendet man sich an einen erfahrenen Tierarzt. Die Manx soll einen hoppelnden „Kaninchengang“ aufweisen, aber in der Lage sein, normal zu laufen und zu stehen, ohne sich wie ein Kaninchen auf die Hinterläufe zu hocken. Manxkatzen ohne Deformationen, aber mit sicht-

barem Schwanz oder Schwanzansatz sind zwar nicht zu Ausstellungen zugelassen, erweisen sich aber als ausgesprochen angenehme Hausgenossen.

PFLEGE

MANX SIND anhänglich und liebevoll. Sie haben eine leise Stimme und äußern ihre Wünsche nicht durch Miauen, sondern durch Gurren. Fremden gegenüber sind sie reserviert und werden leicht nervös, wenn es ihnen zu laut ist oder man sie ungeschickt behandelt. Manxkatzen sind lernfähig, vor allem wenn sie eine feste Bezugsperson haben, und verteidigen diesen Menschen sogar gegen Feinde. Sie fügen sich gut in die Familie ein und lieben Gesellschaft, sind also für allein stehende, berufstätige Halter nicht zu empfehlen.

Obwohl der Schwanz im Allgemeinen für Bewegung und Gleichgewicht einer Katze eine wichtige Rolle spielt, hindert sein Fehlen Manxkatzen erstaunlicherweise nicht am Klettern und Jagen, im Gegenteil: Sie sind ebenso begeisterte wie geschickte Mäusefänger und sollten deshalb nach Möglichkeit freien Auslauf haben.

Die Würfe von Manxkatzen sind typischerweise klein. Meist fallen nur zwei bis vier Welpen mit unterschiedlich langen Schwänzen. Die Kätzchen sind zart und müssen vorsichtig entwöhnt werden. Nicht wenige scheinbar gesunde Jungtiere sterben in den ersten Lebenswochen. Die überlebenden Welpen sind sehr verspielt und behalten diesen Zug auch als ausgewachsene Tiere bei.

WISSENSWERTES
Einige Katzenrassen wurden aus verfehltem Perfektionismus so deformiert, dass sie schwere Atemstörungen oder Augenprobleme haben.

Oben
Eine Manx fügt sich besonders dann gut in eine Familie ein, wenn jemand den größten Teil des Tages für sie da ist.

Unten links
Manx sind clevere Jäger und sollten deshalb möglichst freien Auslauf haben.

Unten rechts
Die lebensfähigen, gesunden Welpen sind ausgesprochen verspielt und charmant.

Japanese Bobtail

RASSEMERKMALE

NAME	Japanese Bobtail
ANDERE NAMEN	Japanische Stummelschwanzkatze
KÖRPBERBAU	Schlanktyp
FARBSCHLÄGE	Zulässig sind alle Farbschläge mit Ausnahme von Siam-Abzeichen und Ticking.

GRÖSSE

FELLPFLEGE

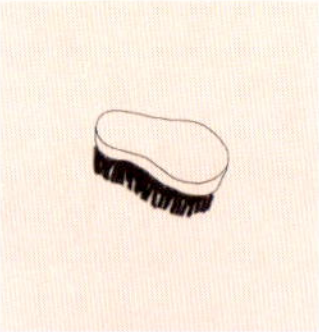

TEMPERAMENT

JAPANESE BOBTAILS WERDEN in Japan, Korea und China seit mindestens 1000 Jahren als Hauskatzen gehalten. In der japanischen Literatur werden sie erstmals in einem Manuskript erwähnt, das ein Lehrer des Kaisers um das Jahr 1000 verfasste. Bobtails sind auf zahllosen japanischen Gemälden und anderen Kunstgegenständen abgebildet, und an der Fassade des Tokioter Gotokuji-Tempels gibt es eine Plastik einer solchen Katze mit erhobener Pfote, einer als Glück bringend geltenden Geste.

Oben und unten
Japanese Bobtail ist eine jahrhundertealte Rasse.

Unten
Erst in den 1960er Jahren wurden Bobtails von den USA aus weltweit bekannt.

URSPRÜNGE DER RASSE

AUFFALLENDSTE BESONDERHEIT DER oft wunderschön gezeichneten Bobtails ist der seltsam geformte Schwanz, dem sie ihren Namen verdanken. Es handelt sich jedoch nicht um eine Hybridform oder Mutation, sondern um ein natürliches Rassemerkmal. Der verkürzte, bewegungsunfähige Schwanz wird durch ein rezessives Gen festgelegt und nur dann weitervererbt, wenn beide Elternteile Bobtails sind. In Europa ist die Rasse sehr selten anzutreffen. Sie ist derzeit zwar von der FIFe, nicht aber vom britischen GCCF anerkannt.

In Japan sind Bobtail-Katzen ein gängiger Anblick. Besonders bevorzugt wird die Farbstellung Weiß mit Rot und Schwarz, die bei uns als Schildpatt mit Weiß bezeichnet wird. In Japan heißt sie Mi-Ke, was soviel wie „drei Felle" bedeutet. Der Legende nach waren die ersten Katzen, die vom südostasiatischen Festland nach Japan kamen, schwarz, ihnen folgten weiße, dann orangefarbene (rote). Bei den japanischen Hofdamen soll die Mi-Ke einst derart in Mode gewesen sein, dass der Seidenindustrie Schwierigkeiten drohten, weil nicht mehr genügend Hauskatzen die Mäuse in Schach hielten. Folglich mussten 1602 auf Befehl des Kaisers alle Hofkatzen auf die Farmen zurückgeschickt werden. Bilder und Figuren von Mi-Ke sind weit verbreitet und vielfach in Schaufenstern und Läden als Willkommenssymbol aufgestellt.

Wie alle Schildpattkatzen sind auch die Mi-Ke überwiegend weiblichen Geschlechts. Die männlichen Bobtails sind meist weiß mit zufällig verteilten roten oder schwarzen Flecken, doch gibt es mittlerweile auch andere Farbschläge.

BEGINN DER ZUCHTTÄTIGKEIT

AUSSERHALB JAPANS wurde die Rasse bekannt, als US-Besatzungssoldaten sie nach dem Zweiten Weltkrieg mit nach Hause nahmen und dort zu züchten begannen. 1963 waren amerikanische Züchter bei einer japanischen Katzenausstellung sehr beeindruckt von der für sie neuen und exotischen Rasse, und fünf Jahre später wurden die ersten Bobtails – eine Mi-Ke namens Madame Butterfly und ein rot-weißer Kater namens Richard – in die USA importiert. Von ihren Nachkommen stammen sämtliche amerikanischen Bobtails ab. Die Rasse wurde 1969 anerkannt und kann seit 1976 den Championship-Status erlangen.

MERKMALE

DER STUMMELSCHWANZ MISST rund 5 cm, wäre jedoch ausgestreckt etwa doppelt so lang. Die Krümmung sieht man nicht, weil das abstehende Fell den Stummel wie eine Puderquaste wirken lässt.
Der Rassestandard verlangt, dass der Körper mittelgroß, lang und schlank, jedoch wohl gestaltet und muskulös sein soll. Die Schultern sollen so breit wie die Hinterhand und die Beine lang, schlank und hoch, aber nicht staksig sein. Die Hinterläufe sind länger als die Vorderläufe, jedoch in Ruhe eingeknickt, sodass die Katze einen geraden Rücken aufweist. Der Schwanz wird aufrecht getragen. Der Kopf soll ein gleichseitiges Dreieck zwischen Ohrspitzen und Kinn bilden, dabei sind die Wangen sanft gerundet und die Wangenknochen hoch. Es sollen Einbuchtungen hinter den Schnurrhaarkissen vorhanden sein. Die Ohren sind groß und ausdrucksvoll, weit auseinander gesetzt und zeigen leicht nach vorn. Die Augen sind groß, oval und schräg weit auseinander stehend, der Blick ist aufmerksam.

Das Fell der Japanese Bobtail ist mittellang, weich und seidig, ohne Unterwolle, und am Schwanz etwas länger. Bevorzugt wird das traditionelle Mi-Ke-Muster, das heißt große schwarze und rote Stellen auf vorherrschendem Weiß, doch ist jeder andere Farbschlag mit Ausnahme von Siam-Abzeichen und Ticking ebenfalls zulässig. Neben der kurzhaarigen Japanese Bobtail existiert auch eine langhaarige Varietät dieser Rasse.

TEMPERAMENT

DA DIE NATÜRLICHE RASSE auf eine lange Geschichte zurückblickt, ist die Bobtail eine zähe, gesunde Katze. Sie verfügt über eine leise Stimme, setzt sie jedoch in vielfältiger Weise von Gurren bis Miauen wirkungsvoll ein. Bobtails sind sehr anhängliche Hausgenossen, die tatsächlich oft eine Pfote wie zum Gruß hochheben. Sie benötigen Platz und unbedingt freien Auslauf, wenn möglich sogar mit Badegelegenheit, denn sie schwimmen gern. Züchter erzählen, dass sich Bobtails zwar mit anderen Katzen verstehen, jedoch die Gesellschaft ihrer eigenen Rasse vorziehen. Die Fellpflege ist problemlos, da keine Unterwolle verfilzen kann. Die Würfe umfassen meist vier Kätzchen, die in der Regel gesund sind und sich rascher entwickeln als bei anderen Rassen.

Oben
Bobtails sollen eine lange Nase und hoch angesetzte Wangenknochen haben.

Unten
Eingeringelt ist der Stummelschwanz nicht mehr als 5 cm lang, die volle Länge betrüge 10 cm.

Scottish Fold

RASSEMERKMALE

NAME	Scottish Fold
ANDERE NAMEN	Schottische Faltohrkatze
KÖRPERBAU	Plumptyp (Cobby)
FARBSCHLÄGE	alle Farbschläge außer Siam-Abzeichen, Lilac und Chocolate

GRÖSSE

FELLPFLEGE

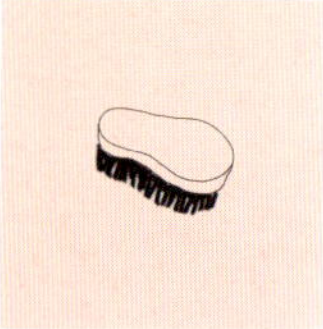

TEMPERAMENT

DIE FALTOHREN, denen diese Katze ihren Namen verdankt, sind das Ergebnis einer spontanen Mutation. Im 19. Jahrhundert kursierten Geschichten über eine Katze mit angelegten Ohren, die angeblich von einem Matrosen aus China mit nach Europa gebracht wurde; Näheres ist darüber aber nicht bekannt. Die Schottische Faltohr-Mutation hat damit offenbar nichts zu tun.

URSPRÜNGE DER RASSE

1961 FIEL EINEM HIRTEN im schottischen Tayside auf dem Bauernhof, wo er arbeitete, ein Kätzchen auf, dessen Ohren nicht aufrecht standen, sondern wie bei einem Hündchen nach vorn geklappt waren. Wie bei Bauernhofkatzen üblich, wusste niemand, woher Susie kam, und abgesehen von den Ohren war das weiße Kätzchen völlig normal. Zwei Jahre später brachte Susie einen Wurf zur Welt, in dem wiederum zwei faltohrige Kätzchen waren. Der Hirte, ein Mann namens William Ross, kaufte eines davon, nannte es Snooks und ließ es ins Zuchtregister eintragen. Zusammen mit seiner Frau Mollie legte er damit den Grundstein für die Rasse Scottish Fold.

Versuchsweise Paarungen zeigten, dass das für die Faltohren zuständige Gen Fd dominant ist. Das bedeutet, dass nur ein Elternteil Träger dieses Gens sein muss, damit sich die Faltohren weitervererben.

Leider geriet das Zuchtprogramm bald in Schwierigkeiten. Es stellte sich heraus, dass bei Paarungen zweier faltohriger Elternteile unverhältnismäßig viele Nachkommen verdickte Gliedmaßen und Schwänze aufwiesen. Zunächst waren diese Merkmale als rassetypisch erwünscht, doch später erkannte man, dass es sich um Skelettdeformationen handelte, die den Katzen Probleme beim Bewegen bereiteten. Angesichts dieser Schwierigkeiten und einer Neigung zu Taubheit sowie gewisser Bedenken, wie man Faltohren sauber halten könne (was nach fester Überzeugung der Züchter gar kein Problem darstellt), wurde das Zuchtprogramm beinahe eingestellt. Dann jedoch merkte man, dass bei Kreuzung von Faltohrkatzen mit Britisch Kurzhaar die Hälfte der Jungtiere pro Wurf mit Faltohren, ansonsten jedoch völlig gesund zur Welt kam.

Oben
Die Ahnen der Faltohrkatze waren normale Bauernhofkatzen.

Unten
In den USA und Kanada dürfen Scottish Fold mit Amerikanisch Kurzhaar gekreuzt werden, um die Rasse gesund zu erhalten.

BEGINN DER ZUCHTTÄTIGKEIT

ALLERDINGS hatten diese Probleme britische Katzenliebhaber bereits in Alarmbereitschaft versetzt, und Anfang der 1970er Jahre beschloss der GCCF, keine Scottish Folds mehr zu registrieren, womit Faltohrkatzen automatisch nicht mehr zu Ausstellungen zugelassen waren. Inzwischen werden sie von einem konkurrierenden Verband anerkannt. Einige der ursprünglichen Scottish Fold wurden in die USA exportiert und ab 1974 weiter gezüchtet. Ein Fold-Weibchen wurde mit einem Exotic-Shorthair-Kater ver-

paart und brachte drei Junge zur Welt. Eines davon – Jed Callant – hatte Faltohren und wurde als erste Scottish Fold in den USA registriert und ausgestellt. Heute sind ausschließlich Einkreuzungen von Amerikanisch Kurzhaar zulässig, und in dieser Form wurde die Rasse 1976 aner-

kannt. Wegen genetischer Probleme homozygoter Tiere ist die Scottish Fold in Europa nicht anerkannt.

MERKMALE

DER KÖRPER DER SCOTTISH Fold ist mittelgroß, rund und stämmig mit breiten Schultern und ausladendem Brustkorb. Die Katze soll kraftvoll und kompakt sein. Der Schwanz ist nicht so beweglich wie bei anderen Rassen, sollte jedoch mittellang und am Ansatz dick sein. Der massige, runde Kopf sitzt auf einem kurzen, dicken Hals. Die Ohren sollten weit auseinander stehen und einen klaren Falz aufweisen. Die Ohrmuschel darf unterschiedlich eng am Kopf anliegen, jedoch bevorzugt der US-Rassestandard eine möglichst flache, kappenartige Form, die die Schädelrundung unterstreicht. Die Spitzen der Ohren sollen ebenfalls gerundet sein. Die Nase ist kurz und breit, mit sanftem Break. Die Wangen sind voll, die Schnurrhaarkissen gut gerundet. Das Kinn ist voll und fest. Die Augen sind rund und weit auseinander stehend angesetzt. Das Fell soll dick, dicht, kurz und weich sein.

FARBSCHLÄGE

DORT, WO DIE Rasse überhaupt anerkannt ist, werden alle Farbschläge und Muster mit Ausnahme von Chocolate, Lilac und Siam-Abzeichen akzeptiert. Die Augenfarbe soll mit dem Fell harmonieren.

TEMPERAMENT

OFFENSICHTLICH AUFGRUND IHRER Abstammung von „Arbeitskatzen" ist die Scottish Fold bekannt für ihre robuste Gesundheit. Faltohrkatzen sind eifrige Jäger und sollten auch genügend Auslauf bekommen. Als Haustiere schließen sie sich meist nur einer Bezugsperson an.

PFLEGE

WÖCHENTLICHES KÄMMEN REICHT völlig aus, allerdings müssen die Ohren regelmäßig auf Milbenbefall untersucht werden. Ein sicheres Anzeichen ist dunkelbraunes Ohrenschmalz, oft begleitet von anhaltendem Kratzen. Gerade bei Faltohren sollte dringend ein Tierarzt zu Rate gezogen werden.

Die Würfe der Scottish Fold umfassen meist drei bis vier Welpen. Die faltohrigen Jungtiere unterscheiden sich zunächst nicht von normalen Welpen. Erst nach drei bis vier Wochen sind die Faltohren zu erkennen und werden mit zunehmendem Alter ausgeprägter.

WISSENSWERTES

Löwen leben meist in Rudeln von drei bis vier Tieren, doch ist in Ostafrika eine Gruppe aus zwei Männchen, zehn Weibchen und 24 Jungtieren bekannt.

Oben rechts
Die Scottish Fold ist ein klarer Vertreter des Plumptyps mit stämmigem, rundlichem Körper.

Mitte links
Auch Schildpattkatzen sind in den USA zu Ausstellungen zugelassen.

Unten
Scottish Folds sind geschickte Mäusejäger und lieben freien Auslauf.

Abessinier

RASSEMERKMALE	
NAME	Abessinier
ANDERE NAMEN	Ticked Cat, Bunny Cat, Abyssinian
KÖRPERBAU	schlank, muskulös
FARBSCHLÄGE	Wildfarben (Usual/ Ruddy), Sorrel/ Rot, Blau, Beige Fawn.
Darüber hinaus weitere Farbschläge bei einigen Verbänden	

GRÖSSE

FELLPFLEGE

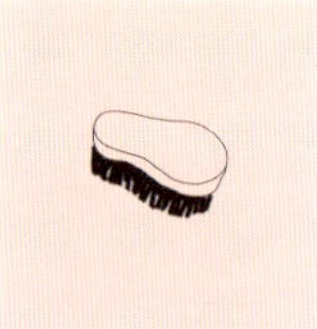

TEMPERAMENT

DIE DANK IHRES gebänderten Fellmusters unverkennbaren Abessinier gehören zu den beliebtesten Edelkatzen überhaupt, bei Züchtern ebenso wie als Haustier. Es handelt sich um eine natürliche Rasse, die ihr ausgefallenes Fell einem einzigen dominanten Gen Ta verdankt. Es bewirkt eine zwei- oder vorzugsweise sogar dreifache dunkle Bänderung jedes einzelnen Haars, Agouti genannt. Erwünscht ist, dass der körperferne Teil des Haars dunkel ist. Als einzige weitere Rasse weist die langhaarige Somalikatze das Ta-Gen auf.

URSPRÜNGE DER RASSE

WOHER DIE ABESSINIER LETZTLICH kommt, ist schwer zu sagen. Sie weist eine gewisse Ähnlichkeit mit den auf altägyptischen Kunstwerken abgebildeten Katzen auf, sodass sie über ihre ägyptischen Vorfahren möglicherweise tatsächlich von der afrikanischen Falbkatze *Felis libyca* oder der Rohrkatze *Felis chaus* abstammt. Dies wird gestützt durch die historische Verknüpfung zwischen Ägypten und Abessinien (dem heutigen Äthiopien), die beide am Nil lagen und über lange Phasen ihrer Geschichte extensiv durch Handel und Politik miteinander verbunden waren.

Oben links
Wie bei der Abessinier ist auch bei der Somali jedes Haar zwei- oder dreimal gebändert.

Oben rechts
Abessinierkatzen sind von Natur aus scheu und fühlen sich im Ausstellungsrummel gar nicht wohl.

Unten
Die Katze auf dieser altägyptischen Wandmalerei ähnelt einer Abessinier.

Anderen Quellen zufolge soll die moderne Abessinier dagegen das Ergebnis einer selektiven Zucht von Britisch Kurzhaarkatzen sein. Es stimmt, dass die Abessinierzeichnung eine Variante des Tabbymusters darstellt, das bei Ausstellungskatzen nicht mehr zu erkennen ist, sich jedoch bei weniger perfekten Exemplaren noch als Bänderung von Beinen, Schwanz und Körper findet. Das typische „M“ der Tabbies ist jedenfalls, wenn auch schwach ausgeprägt, auf der Stirn vorhanden.

Fest steht, dass 1868 ein britischer Soldat eine Katze namens Zula aus Abessinien mit nach Hause nahm. Soweit bekannt ist, gab die Rasse damit ihr Debüt in Europa, aber danach verläuft die Spur im Sande. Zwischen Zula und der 1882 erstmals in England als „Abyssinian“ registrierten Rasse scheint es keine Verbindung zu geben. Die neue Rasse wurde unter verschiedenen

Namen geführt, darunter Russische, Hasen- oder Kaninchenkatze, Bunny Cat, Cunny und British Ticked, wobei Letzterer sich 1900 für lange Zeit als offizieller Name der Rasse durchsetzte. Sicher ist, dass diese Tiere keineswegs „Katzen der Götter" waren, wie besonders lyrisch veranlagte Autoren sie zuvor bezeichnet hatten, sondern so englisch wie der Londoner Tower, auch wenn Einzelheiten nicht mehr bekannt sind.

BEGINN DER ZUCHTTÄTIGKEIT

TROTZ DES VERDACHTS auf frühe Einkreuzungen gilt die Abessinier bei Züchtern als Naturrasse, und deshalb sind bis heute Paarungen mit anderen Rassen nicht erlaubt. Namen wie „Hasenkatze" oder „Kaninchenkatze" beziehen sich lediglich auf die Wildtieren ähnliche Fellzeichnung, die in der Grundfarbe bezeichnenderweise im Deutschen „wildfarben" genannt wird.

1909 gelangten die ersten Abessinierkatzen von Großbritannien aus in die USA und wurden bei der Boston Cat Show ausgestellt. Es handelte sich um einen Kater namens Aluminium II und ein Weibchen namens Salt, was vermuten lässt, dass beide silberfarben waren. Die US-Züchter waren nicht sehr beeindruckt, und erst 1934 begann eine systematische Zucht mit zwei neuen Importen aus England: Anthony und Ena.

Die erste gebürtige US-Abessinier hieß Addis Abeba und kam 1935 zur Welt. Schon bald schlug das anfängliche Desinteresse in Begeisterung um, und Abessinier wurden rasch zur beliebtesten Rasse in den USA, was wohl auch damit zu tun hat, dass sie für Züchter eine echte Herausforderung darstellen. Die Zeichnung entwickelt sich erst spät, die Würfe sind klein und die Fruchtbarkeit eher gering. Da die Katzen Fremden gegenüber scheu sind, eignen sie sich nicht gut für Ausstellungen. In England starb die Rasse aufgrund der Lebensmittelknappheit während des Zweiten Weltkriegs beinahe aus, und 1947 waren nur noch vier Abessinier beim GCCF registriert. Als die Rasse gerade etwas aufgeholt hatte, folgte in den 1960er und 1970er Jahren der nächste Schicksalsschlag in Form einer Leukose-Epidemie, die um ein Haar den gesamten Bestand ausgelöscht hätte. Dass sich die Rasse danach wieder erholte, ist ihrer Beliebtheit ebenso zu verdanken wie der Beharrlichkeit der Züchter.

Die Rasse ist von den großen Zuchtverbänden GCCF, FIFe, CFA und TICA anerkannt.

WISSENSWERTES
Die Schnurrhaare einer Katze bilden ein ganz individuelles Muster, eine Art „Fingerabdruck", anhand dessen sich jedes Tier identifizieren lässt.

Oben
Da das Fell der Abessinier dem eines Kaninchens ähnelt, wird sie im Scherz auch Bunny Cat genannt – Kaninchenkatze.

Unten
Woher die Abessinier letztlich stammt, ist ungewiss. Manche Züchter vermuten, dass Britisch-Kurzhaar-Tabbies im Spiel waren.

MERKMALE

DIE ABESSINIER IST mittelgroß, grazil und geschmeidig, dabei aber kräftig und muskulös, ohne den für Orientalen wie die Siam typischen überschlanken Körperbau.

Die ausgewachsene Katze wirkt geradezu königlich in ihrer Haltung. Die Kätzinnen sind gewöhnlich etwas aktiver als die Kater. Die Beine sind schlank und feingliedrig, die kleinen Pfoten oval. Die typische Haltung der Abessinier im Stehen wirkt, als stünde sie auf Zehenspitzen. Der Schwanz ist am Ansatz dick, läuft aber spitz zu. Bei den Anforderungen für den Kopf unterscheiden sich die Rassestandards für die USA und Europa, denn in Nordamerika wird ein runderes Profil bevorzugt. Die Ohren sind groß und aufmerksam gespitzt, am Ansatz breit und mit kräftigen Haarbüscheln versehen. Die mandelförmigen, schräg gestellten Augen stehen weit auseinander. Das Fell ist kurz, aber lang genug, dass jedes Haar zwei- bis dreimal gebändert sein kann. Es fühlt sich fein und weich an, ist dabei aber dicht und federnd. Das Ticking soll möglichst gleichmäßig sein.

Oben links
Obwohl die Abessinier schlank und geschmeidig ist, wirkt sie nicht wie eine Orientalin.

Mitte rechts und unten
Typisch für diese Rasse sind die großen Ohrmuscheln.

FARBSCHLÄGE

BEI DEN ZULÄSSIGEN Farbschlägen für die Abessinier gibt es einige Unterschiede in den einzelnen Ländern oder sogar den Verbänden eines Landes. Anerkannt sind generell Wildfarben (in Großbritannien Usual, in den USA Ruddy genannt), Sorrel (in Großbritannien ebenfalls Sorrel, in den USA Red), Blau (Blue) und Fawn-Beige (Fawn).

Das wildfarbene Fell weist ein kräftiges Braunorange mit schwarzer oder dunkelbrauner Bänderung und hellerer Unterwolle auf. Entlang des Rückgrats ist die Farbe etwas dunkler, jedoch soll die Unterseite des Körpers, also Brust, Bauch und Innenseite der Oberschenkel, keinerlei Ticking oder sonstiges Muster zeigen. Die Pfotenballen sind schwarz (in den USA dunkelbraun), wobei sich die dunkle Färbung an der Rückseite der Hinterläufe bis zum Sprunggelenk ziehen soll. Ohren und Schwanz sollen etwas dunkler schattiert sein. Der Nasenspiegel ist ziegelrot, die Augen dürfen golden, grün oder haselnussbraun sein, wobei die Farbe möglichst intensiv sein soll.

Die Farbe Sorrel ist ein warmes Rot mit schokoladenbrauner Bänderung und hell kupferroter Unterwolle. Die Pfotenballen sind rosa mit Schokoladenbraun zwischen den Zehen und an der Rückseite der Hinterläufe, der Nasenspiegel ist rosa.

Blau ist ein warmes, weiches Blaugrau mit dunklerer Bänderung, Brust, Bauch und Innenseite der Oberschenkel sind cremefarben. Der Schwanz weist ein dunkleres blaues Ticking auf. Die Pfotenballen sind blau mit dunklerem Blau zwischen den Zehen und an der Rückseite der Beine. Der Nasenspiegel ist dunkelrosa.

Der US-Standard für Fawn-Beige schreibt ein warmes rosiges Gelbbraun mit dunklerem Ticking auf beigem Unterfell vor, während dieser Farbschlag in Europa ein warmes Rosa-beige mit hellkakaobraunem Ticking aufweisen soll. Die Pfotenballen sind rosa mit hellem Kakaobraun (in den USA rosig gelbbraun) zwischen den Zehen. Der Nasenspiegel ist rosa.

ANERKENNUNG DER FARBSCHLÄGE

LILAC (EIN HELLER, ROSA überhauchter Elfenbeinton) und Creme (helles Creme mit Ticking in dunklerem

WISSENSWERTES
Um 1900 starben allein in Indien pro Jahr rund 800 bis 900 Menschen durch Großkatzen. In prähistorischer Zeit muss diese Zahl angesichts der Vielzahl großer katzenartiger Raubtiere noch erheblich höher gewesen sein.

Creme) und Chocolate sowie Schildpatt sind Farbschläge, die nicht überall endgültig anerkannt sind. Das allein deutet bereits darauf hin, dass die Rasse noch in der Entwicklung steht, und obwohl einige Puristen nach wie vor meinen, die wahre Abessinier sei lediglich die wildfarbene (Usual), ist davon auszugehen, dass die übrigen Farbschläge sich nach und nach durchsetzen werden. Die Farbe Silber mit Ticking in allen übrigen Farben bietet eine Reihe attraktiver Farbvarianten, die sicher noch erweitert werden wird.

TEMPERAMENT

TROTZ IHRER „KÖNIGLICHEN" Haltung und ihrer Scheu vor Fremden sind Abessinier ausgesprochen angenehme, zutrauliche Hausgenossen. Im Gegensatz zu den meisten Katzen lassen sie sich gut abrichten und haben Spaß am Apportieren oder Spielen, vorausgesetzt, man behandelt sie als gleichwertige Partner. Sie gehen bereitwillig an der Leine, was sie in nordamerikanischen Städten, wo frei laufende Katzen geradezu verpönt sind, zu beliebten Haustieren macht.

PFLEGE

ABESSINIER BESITZEN HELLE, leise Stimmen und schier unerschöpfliche Energie. Allerdings fordern sie nicht wenig Aufmerksamkeit und können recht aufdringlich werden, wenn sie sich vernachlässigt fühlen. Viele scheinen die Gesellschaft von Menschen ihren eigenen Artgenossen vorzuziehen, vielleicht mit Ausnahme von Wurfgeschwistern, und sollten deshalb tunlichst nicht regelmäßig längere Zeit allein gelassen werden. Die Fellpflege ist einfach, sollte aber relativ häufig, mindestens einmal pro Woche erfolgen.

Die Kätzinnen sind während der Rolligkeit nicht so unruhig wie andere Rassen. Die Würfe umfassen meist vier Welpen, die in der Regel recht groß sind. Aufgrund der auffallend großen Köpfe der Jungtiere gibt es gelegentlich Probleme bei der Geburt. Abessinier-Kätzinnen sind zwar hingebungsvolle Mütter, doch sollte man die Kleinen sorgfältig beobachten, denn sie sind eher still und machen sich manchmal nicht bemerkbar, wenn sie sich verlaufen. Die Jungen entwickeln sich rasch und sind schon früh unternehmungslustig. Das endgültige Fell entwickelt sich jedoch erst mit rund 18 Monaten.

Oben
Manche Züchter würden diese silberblaue Abessinier nicht akzeptieren, da sie nicht die geforderte Wildfarbe aufweist.

Unten
Abessinier-Jungtiere haben auffallend große Köpfe. Wie diese zwei Rabauken sind sie meist sehr verspielt und aktiv.

Ägyptische Mau

RASSEMERKMALE	
NAME	Ägyptische Mau
ANDERE NAMEN	Egyptian Mau
KÖRPBERBAU	Plumptyp, aber lang gestreckt
FARBSCHLÄGE	Silber, Bronze, Smoke und Zinn (Pewter)

GRÖSSE

FELLPFLEGE

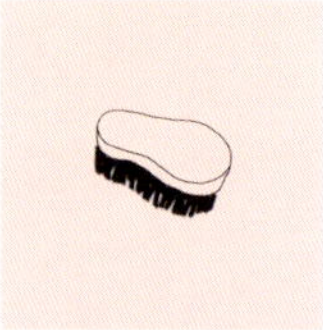

TEMPERAMENT

DIE GETUPFTE ÄGYPTISCHE Mau weist nicht nur den Körperbau der Abessinier auf, sondern stammt offenbar auch von denselben heiligen Katzen der ägyptischen Antike ab. Bei der Mau kann man dessen sogar ziemlich sicher sein, da sie als einzige natürliche Hauskatzenrasse Tupfen hat. Wandmalereien in den um 1400 v. Chr. erbauten Tempeln von Theben zeigen getupfte Katzen bei der Entenjagd, und man vermutet, dass die Katzen die Aufgabe hatten, die Vögel aus ihren Verstecken im Ried aufzuscheuchen oder, was weniger wahrscheinlich ist, erlegte Enten zu apportieren.

URSPRÜNGE DER RASSE

EIN NOCH ÄLTERES thebanisches Grab aus der Zeit zwischen 1850 und 1650 v. Chr. enthielt die glasierte Tonstatuette einer Katze. Das Ägyptische Totenbuch, eine um 1100 v. Chr. verfasste Sammlung von „Zaubersprüchen", die den Toten den Weg ins Jenseits erleichtern sollten, umfasst mehrere Papyrusrollen mit Abbildungen von getupften Katzen, die eine Schlange töten. Die Katze hält dabei die Schlange mit einer Pfote fest und schwingt mit der anderen ein Messer.

Andere Fellzeichnungen, vor allem das Tigermuster, finden sich ebenfalls häufig in der ägyptischen Kunst, doch taucht das Tupfenmuster so häufig auf, dass es als weit verbreitet unterstellt werden kann. Da auch die afrikanische Falbkatze gelegentlich solche Tupfen aufweist, kann man davon ausgehen, dass die Mau zumindest teilweise auf *Felis libyca* zurückgeht. Nach Meinung der Fachleute wurden Katzen irgendwann in dem durch die genannten Kunstwerke eingegrenzten Zeitraum in Ägypten endgültig als Nutz- und Haustiere domestiziert. Von da an spielten sie auch eine religiöse Rolle in Gestalt der Katzengöttin Bastet. Die Urahnen der Mau-Rasse lassen sich insofern tatsächlich rund 3500 Jahre zurückverfolgen.

Das ägyptische Wort „Mau" bedeutet schlicht „Katze"

WISSENSWERTES

In einigen Ländern dürfen Großkatzen heute wieder wegen ihrer Pelze gejagt werden – allerdings gegen einen saftigen Obolus, der dann ausgerechnet dem Tierschutz zugute kommt.

Oben links
Mythen zufolge half die Mau den alten Ägyptern bei der Jagd auf Wildvögel.

Oben rechts
Wegen des getupften Fells soll die Mau ursprünglich von der Falbkatze Felis libyca *abstammen.*

und bezeichnet heute eine Hauskatzenrasse, die in ganz Nordostafrika heimisch und selbst in Kairo noch häufig anzutreffen ist. Im Abendland allerdings wurde sie erst 1953 bekannt. Die russische Prinzessin Nathalie Trubetzkoy, die als Emigrantin und Katzenzüchterin in Italien lebte, sah zwei Mau – ein kastriertes silbernes Weibchen und einen smokefarbenen Kater namens Geppo – als Hauskatzen in der ägyptischen Botschaft in Rom und war begeistert. Durch Vermittlung des italienischen Botschafters in Kairo konnte sie ein silbernes Mau-Kätzchen namens Baba erwerben, mit dem sie in Rom ihre Zuchtlinie begann. Baba wurde erstmals 1955 bei einer internationalen Ausstellung gezeigt und im selben Jahr mit Geppo verpaart. Sie brachte einen Wurf von zwei Katern zur Welt, von denen der eine – Jude – starb. Der andere namens Jo-Jo überlebte, wurde später wieder mit seiner Mutter verpaart und zeugte unter anderem ein Weibchen namens Lisa.

1956 nahm die Prinzessin Jo-Jo, Lisa und Baba mit in die USA und begründete damit die amerikanische Zuchtlinie. Später wurden keine Mau mehr importiert, sodass alle US-Mau von diesen drei Tieren abstammen. Dieselbe Zuchtlinie lieferte den Grundstock für die Zucht in Kanada. Damals begann das zähe Ringen um die Anerkennung der Rasse, die 1977 in den USA auch bei der CFA Championship-Status erlangte.

BEGINN DER ZUCHTTÄTIGKEIT

IN GROSSBRITANNIEN VERLIEF DIE Geschichte der Rasse völlig anders. Die erste Mau langte dort 1978 direkt aus Ägypten an, doch ist die Rasse in England – im Gegensatz zum europäischen Verband FIFe – noch immer nicht anerkannt. Stattdessen findet man dort eine sehr ähnliche Rasse, die zunächst ebenfalls Egyptian Mau genannt wurde, jedoch seit 1978 als Oriental Spotted Tabby anerkannt ist. Diese Rasse wirkt eher wie eine Siamkatze und ist ein reines Zuchtprodukt, während die echte Mau eine Naturrasse ist. In Großbritannien scheinen diese Orientalen jedoch inzwischen wieder aus der Mode gekommen zu sein.

Weil die Entwicklung der Mau in den USA und Kanada auf nur drei Tieren beruhte, waren umfangreiche Einkreuzungen erforderlich, um einen ausreichenden Genpool zu schaffen, doch wurde dabei der Typ verwässert. Obwohl die Egyptian Mau als natürliche Rasse gilt, bestehen deutliche Unterschiede zu den Katzen, von denen sie abstammt. So war den Züchtern besonders daran gelegen, die Original-Mau zu zähmen, denn sie war wild und launenhaft, anderen Katzen gegenüber aggressiv und in fremder Umgebung völlig unberechenbar, sodass sie sich für Ausstellungen überhaupt nicht eignete. Die heutigen Mau reagieren zwar noch immer gereizt auf Fremde und Veränderungen, sind jedoch im Großen und Ganzen umgänglicher als früher.

WISSENSWERTES

Alle Katzen besitzen ein Jakobson'sches Organ im Oberkiefer, mit dem sie „Flehmen", also Sexualduftstoffe (Pheromone) aufnehmen.

Oben
Eine Illustration zum Katzenfest in Kairo. In Ägypten werden Katzen bereits seit rund 3500 Jahren als Haustiere gehalten.

Unten
Maukatzen sind Fremden gegenüber meist scheu und eignen sich deshalb nicht für Ausstellungen.

MERKMALE

DAS HAUPTMERKMAL DER Mau ist das getupfte Fell, dessen Zeichnung kräftig mit der hellen Grundfarbe kontrastiert. Die dunklen Tupfen sollen idealerweise rund und gleichmäßig angeordnet sein, sind jedoch oft zufällig verteilt und verlaufen zu unregelmäßigen Streifen. Beine und Schwanz sind dunkel gebändert.

Vom Körperbau her ist die Mau ein Plumptyp, jedoch lang gestreckt, mittelgroß, grazil und muskulös, ähnlich wie die Abessinier. Der Gesamteindruck ist der einer hellwachen, quicklebendigen Katze mit viel Persönlichkeit. Die Hinterläufe sind länger als die Vorderbeine, die Pfoten sind klein und zierlich, rund bis oval. Der mittellange Schwanz ist am Ansatz dick und zum Ende hin etwas zugespitzt. Der Kopf weist eine leicht modifizierte Keilform auf, Brauen, Wangen und Profil sind ebenfalls sanft gerundet. Die Ohren sind groß und wachsam aufgestellt, weit auseinander stehend, an der Basis breit und nicht allzu spitz. Die Augen sind groß, mandelförmig und leicht schräg gestellt. Die bevorzugte Augenfarbe ist Stachelbeergrün, doch wird auch Bernstein akzeptiert. Das Fell soll glänzend, seidig und fein sein, sich aber voll und fedrig anfühlen. Es soll mittellang sein, jedoch lang genug, um mindestens zwei Bänderungen aufzuweisen.

Der Standard fordert eine starke Kontrastwirkung zwischen Tupfen und Grundfarbe. Das „M" auf der Stirn, nach dem Glückssymbol der alten Ägypter bei diesen Katzen auch „Skarabäus" genannt, soll deutlich hervortreten. Weitere Linien erstrecken sich zwischen den Ohren und vom Nacken aus das Rückgrat entlang, wo sie möglichst in längliche Flecken übergehen sollen. An den Hüften sollen sie wieder zu einem Streifen verlaufen, der sich bis zur Schwanzspitze erstreckt. An Hals und Brust sollen mehrere Halsbänder vorhanden sein, an den Schultern sind Streifen oder Tupfen und an den Vorderläufen eine kräftige Bänderung erwünscht. Die Beine sollen gestreift, die Oberschenkel jedoch getupft sein. Brust und Bauch sollen „Westenknöpfe" aufweisen.

WISSENSWERTES

Gepardenwelpen sind zunächst durch ein Tarnfell mit langem grauem Leithaar geschützt. Sie sehen dadurch wie ein aggressiver Honigdachs aus und werden von potenziellen Fressfeinden gemieden.

Oben rechts

Ohren und Augen der Mau sollen groß sein. Dieses Exemplar weist die bevorzugte Augenfarbe „Stachelbeergrün" auf.

Unten links

Die dunklen Tupfen sollen bei der Mau rund und gleichmäßig verteilt sein.

FARBSCHLÄGE

FÜR DIE MAU gelten vier Farbschläge: Silber, Bronze, Smoke und Zinn (Pewter).

Bei der Mau Silber sind die Markierungen an Kopf, Schultern, der Außenseite der Beine, Rücken und Schwanz anthrazitgrau auf blasssilbernem Grund. Die Rückseite der Ohren ist graurosa mit schwarzen Spitzen. Kehle, Kinn und Nüsterngegend sollen sehr hellsilbern sein. Der Nasenspiegel ist ziegelrot, die Pfotenballen sind schwarz, ebenso die Rückseite der Hinterbeine.

Bei der Mau Bronze sind die Markierungen dunkelbraun auf hellbronzefarbenem Untergrund, der an den Flanken in Gelbbraun und an der Unterseite in cremefarbenes Elfenbein übergeht. Kehle, Kinn und Nüstern sind in hellem Cremeweiß. Der Nasenspiegel ist ziegelrot, die Pfotenballen sind schwarz oder dunkelbraun, die-selbe Farbe findet sich an der Rückseite der Hinterläufe.

Bei der Smoke ist die Zeichnung schwarz auf silbrig weißem Untergrund, der an Kehle, Kinn und im Nüsternbereich am hellsten ist. Nasenspiegel und Pfotenballen sind schwarz.

Die Mau Zinn (Pewter) hat eine schwarze Spitzenfärbung auf eine helle gelbbraune Grundfarbe, wobei dieser Effekt durch eine hellsilberne, beigefarbene und schwarze Bänderung jedes einzelnen Haars entsteht. Die Grundfarbe ist an der Körperunterseite, am Hals, Kinn und um die Nase herum ein helles Creme. Die Zeichnung ist anthrazitgrau oder dunkelbraun. Der Nasenspiegel ist ziegelrot, die Pfotenballen sind anthrazitfarben bis dunkelbraun, je nach Zeichnung.

TEMPERAMENT

DIE MAU IST eine extrem aktive, dynamische Katze, die unbedingt Bewegung braucht und nur ungern allein bleibt. Im Idealfall sollte sie einen überdachten Gartenauslauf haben, in dem sie vor Sonne und Regen geschützt ist. Alternativ kann man ihr beibringen, an der Leine zu gehen, was sie bereitwillig tut. Auf keinen Fall sollten Mau ausschließlich im Haus gehalten werden. Sie sind sehr intelligent und haben ein gutes Gedächtnis. Mühelos lernen sie Tricks, etwa wie man verriegelte Türen und Fenster aufbekommt. Ägyptische Mau binden sich meist nur an einen Menschen, sie sind oft besitzergreifend und Fremden gegenüber sehr misstrauisch. Ihre Stimme ist leise, meist äußern sie sich eher durch Gurren.

PFLEGE

DIE MAU KOMMT mit wenig Fellpflege aus, nur lose Haare sollten gelegentlich ausgekämmt werden. Dennoch macht es Spaß, ein so schönes Tier in Topform zu halten, außerdem stehen diese Katzen ausgesprochen gern im Mittelpunkt. Es heißt, dass die Kater genauso erpicht darauf sind wie die Kätzinnen, mit ihren Kindern zu spielen und ihnen etwas beizubringen. Das getupfte Fell haben die Jungtiere übrigens von Geburt an.

WISSENSWERTES
Die künstliche Befruchtung hat sich für gefährdete Großkatzenarten als sinnvolles Mittel erwiesen, um wenigstens die Bestände in den Schutzgebieten weltweit zu erhalten.

Oben
Bei dieser Mau Bronze sieht man gut das goldbraune Unterfell.

Unten
Bei dieser Mau Smoke sind die Tupfen nicht so deutlich sichtbar wie bei helleren Varietäten.

Ocicat

RASSEMERKMALE

NAME	Ocicat
ANDERE NAMEN	keine
KÖRPERBAU	kräftig, muskulös
FARBSCHLÄGE	Schwarz, Chocolate, Cinnamon, Blau, Lilac und Fawn auf sehr warmem Grundton sowie alle diese Farben auf Silber

GRÖSSE

FELLPFLEGE

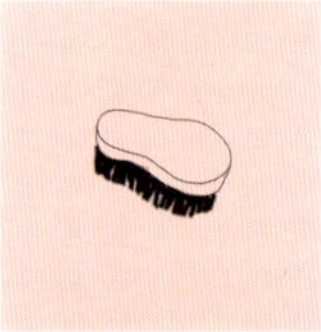

TEMPERAMENT

OCICATS WEISEN zwar äußerlich eine gewisse Ähnlichkeit mit Ägyptisch Mau auf, sind jedoch eine große, langbeinige Hybridrasse, die von einer einzelnen Züchterin namens Virginia Daly erstmals 1965 in den USA vorgestellt wurde.

URSPRÜNGE DER RASSE

ZUNÄCHST WURDE ein Abessinierkater in Wildfarben (Usual) mit einer Siamkatze Seal Point verpaart. Ein weibliches Jungtier aus diesem Wurf zeugte mit einem Siamkater Chocolate Point große Welpen mit elfenbeinfarbenem Fell und leuchtend goldenen Tupfen. Diese

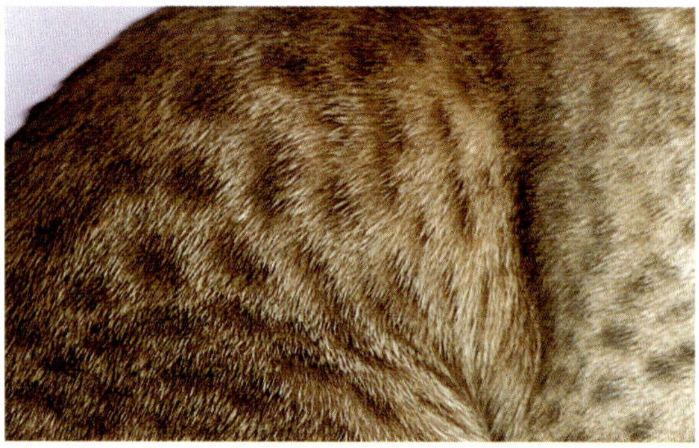

erste Ocicat erhielt den Namen Tonga. Im selben Jahr war in einem anderen Wurf von Tongas Eltern wiederum eine Ocicat. Bis zur Mitte der 1990er Jahre waren Einkreuzungen von Amerikanisch Kurzhaar, Abessiniern und Siamkatzen zulässig.

Die Ocicat soll Ähnlichkeit mit den Katzen Altägyptens aufwiesen, doch ist jede Verwandtschaft ausgeschlossen und die Rasse ein reines Zufallsprodukt züchterischer Experimente. Schon die Bezeichnung Ocicat ist irreführend, denn auch der Ozelot *(Felis pardalis)* hat genetisch nicht das Geringste mit dieser Rasse zu tun. Lediglich die oberflächliche Ähnlichkeit mit dem getupften Ozelotpelz brachte die amerikanische Züchterin auf diesen Namen.

BEGINN DER ZUCHTTÄTIGKEIT

ENTWICKELT WURDE DIE RASSE im Alleingang von Virginia Daly. Sie hatte 1966 gehofft, vom amerikanischen Zuchtverband CFA eine vorläufige Anerkennung zu bekommen, musste dann jedoch aus persönlichen Gründen das Zuchtprogramm unterbrechen, sodass die Rasse erst 1986 anerkannt wurde. Aufgrund ihrer eindrucksvollen Erscheinung war die Ocicat bei Katzenfreunden in den USA sofort ein Hit. Innerhalb von vier Jahren wurden über 1750 Exemplare registriert. In Großbritannien wurde sie erst zu Beginn der 1990er Jahre bekannt, ist aber noch sehr selten. Anerkannt ist die Rasse zwar von der europäischen FIFe, nicht aber vom britischen GCCF.

In Deutschland gibt es eine eigenständige Zuchtlinie, die auf den 1984 geborenen Kater Nadir zurückgeht.

MERKMALE

DIE OCICAT IST eine große, sportliche, grundsätzlich mit Tupfenfell gezüchtete Rasse. Der stämmige, lang gestreckte Körper ist kräftig und muskulös. Im Haus wirkt die Katze ein wenig deplaziert, als sei ihre Heimat der Dschungel. Sie darf allerdings nicht dick sein und soll insgesamt wohl gestaltet aussehen. Voll ausgewachsene Weibchen wiegen bis zu 5,5 kg, die Kater bis 7 kg. Die Beine sind lang, die Hinterläufe etwas höher als die Vorderläufe. Der Schwanz ist lang und schmal zulaufend, die Spitze ist dunkel gefärbt. Der Kopf weist eine modifizierte Keilform auf, die Schnauze ist breit und das Kinn ausgeprägt. Die Augen sind groß und mandelförmig, zu den Ohren hin leicht aufsteigend. Sie sollen weit auseinander gesetzt sein, sodass mehr als eine Augenbreite Zwischenraum besteht. Die Ohren sind groß, aufrecht, am Ansatz breit und an der Spitze gerundet.

Oben links
Wie bei der Mau müssen die Tupfen auch bei der Ocicat rund sein. Lang gestreckte Flecken sind nicht zulässig.

Oben rechts
Die Ocicat ähnelt ein wenig der Ägyptischen Mau, wirkt jedoch insgesamt gedrungener.

Das Fell der Ocicat ist glatt und glänzend, eng anliegend und seidig. Es soll kurz, aber lang genug für das rassetypische Ticking sein. Jedes Haar ist mehrfach hell und dunkel gebändert. Die großen Tupfen sollen wie dunkle Daumenabdrücke auf der hellen Grundfarbe wirken, gleichmäßig verteilt und klar abgegrenzt sein.

FARBSCHLÄGE

DIE URSPRÜNGLICHEN FARBEN waren kastanienbraune und helle schokoladenfarbene Tupfen auf cremefarbenem Untergrund, dazu goldgelbe Augen, doch kamen später weitere Farbschläge hinzu: Blau mit schiefergrauen Tupfen, Gold mit zimtfarbenen Tupfen, Bronze mit mattgoldenen Tupfen, Lavender mit dunklen lavendelfarbenen Tupfen und Silber mit schwarzen Tupfen. Die Flecken dürfen nicht zu einem Tabbymuster verlaufen, jedoch an Beinen und Schwanz Ringe bilden. Als Augenfarben sind Kupfer, Grün, Gelb, Haselnussbraun und Blaugrün, nicht jedoch Blau zulässig.

TEMPERAMENT

NACH MEINUNG VON Ocicat-Haltern erfreuen sich diese Katzen ausgezeichneter Gesundheit, sie sind intelligent und verspielt und haben ein sanftes Wesen. Die Ocicat ist extrem gesellig und läuft „ihren" Menschen nach wie ein Hündchen. Sie möchte gefallen und apportiert, geht problemlos an der Leine und lässt sich abrichten. Eine Ocicat bleibt nicht gern allein und sollte möglichst viel beschäftigt werden. Diese stämmigen Katzen brauchen viel Bewegung und sollten deshalb wenn irgend möglich Auslauf bekommen.

PFLEGE

DIE FELLPFLEGE IST EINFACH, meist genügt gelegentliches Bürsten. Die Abessinier, Siamkatzen und Amerikanisch Kurzhaar in ihrer Ahnenreihe kann die Ocicat bis heute nicht völlig verleugnen, und so kommt es vor, dass die Würfe auch nicht getupfte Welpen umfassen. Die Jungtiere sind robust und schon früh sehr lebhaft.

Oben
Bei der Ocicat Silber sind die Tupfen schwarz.

Unten links
Die Augen sollen groß, mandelförmig und leicht schräg gestellt sein.

Unten rechts
Dieses vier Monate alte Jungtier ist schon recht unternehmungslustig.

WISSENSWERTES
Die Eckzähne dienen bei Katzen dazu, Fell, Haut und Fleisch zu durchstoßen und zwischen den Nackenwirbeln einzudringen, um dem Beutetier das Genick zu brechen.

Russisch Blau

RASSEMERKMALE	
NAME	Russisch Blau
ANDERE NAMEN	Malteserkatze, Malteser Blau, Russisch Kurzhaar u.a.
KÖRPERBAU	mittelgroß, orientalisch
FARBSCHLÄGE	Blau, Schwarz und Weiß

GRÖSSE

FELLPFLEGE

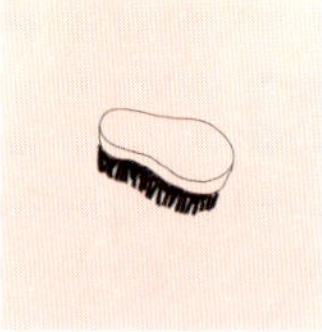

TEMPERAMENT

DIE RUSSISCH BLAU ist eine interessante natürliche Rasse, bei der ein orientalischer Köperbau mit einem dichten, plüschigen, silbern überhauchten dunklen Fell kombiniert ist.

URSPRÜNGE DER RASSE

ES HEISST, die Rasse stamme aus der Gegend um den Hafen von Archangelsk in Norden Russlands, kaum 200 km vom Polarkreis entfernt, was sicherlich das dichte, wärmende Fell erklären würde. Seeleute, die in der lebhaften Hafenstadt am Weißen Meer anlegten, sollen solche Katzen nach Europa mitgebracht haben. Allerdings datieren diese Erzählungen von den Wikingern bis in die 1860er Jahre. Die erste Russisch Blau, die 1880 bei einer britischen Katzenausstellung zu sehen war, wurde dort neben anderen Rassen einfach als „Kurzhaar Blau" klassifiziert. In dieser Zeit wurde die Rasse unter verschiedenen Namen geführt, etwa Archangelsk-Katze, Malteserkatze, Spanisch Blau oder Amerikanisch Blau.

BEGINN DER ZUCHTTÄTIGKEIT

ERSTE ZUCHTBEMÜHUNGEN begannen in Großbritannien. Dort wurden im Jahr 1900 zwei blaue Jungtiere namens Yula und Bayard aus Archangelsk importiert. 1912 einigten sich die britischen Züchter auf eine Unterscheidung zwischen Britisch Kurzhaar Blau und den so genannten Foreign Shorthair, zu denen auch die Russisch Blau zählte. Die Bezeichnung hielt sich bis 1939. Von da wurde die Rasse offiziell als Russian Blue geführt, jedoch weiterhin in der Klasse Foreign Shorthair gerichtet.

Wie allen britischen Rassen erging es auch der Russisch Blau während des Zweiten Weltkriegs nicht gut. In der Nachkriegszeit begannen die englischen Züchter, Britisch Kurzhaar Blau mit Siamkatzen zu kreuzen, sodass der Standard für die Russisch Blau sich völlig veränderte. Puristen wandten sich jedoch so vehement gegen diese Praxis, dass man 1966 zum ursprünglichen Typus zurückkehrte und der Siam-Einfluss fortan als unerwünscht galt. Inzwischen hatten Züchter in Schweden begonnen, blaue finnische Katzen mit Siam Blue Point zu kreuzen und so eine deutlich dunklere Färbung erzielt. All dies beeinflusste die Entwicklung der Rasse in England und auf dem europäischen Kontinent, sodass die Rassestandards in Europa und Amerika sich in mehreren Aspekten deutlich unterscheiden.

ANERKENNUNG IN DEN USA

DIE ERSTEN RUSSISCH BLAU, SEINERZEIT noch Malteserkatzen genannt, trafen um 1900 in den USA ein, doch wurden die Züchter erst in den 1940er Jahren wirklich auf sie aufmerksam. Zu dieser Zeit wurde die amerikanische Variante in Russian Blue unbenannt und ein eigener Standard entwickelt. Es dauerte eine Weile, bis sich die US-Züchter der Unterschiede zwischen dieser Rasse und anderen blauen Katzen bewusst wurden (Amerikanisch, Britisch und Exotisch Kurzhaar, Korat und so weiter). Erst 1960 wurde diese Trennung offiziell vollzogen.

Oben links
Die orientalisch wirkende Russisch Blau besitzt ein dichtes Fell, das ihr in strengen russischen Wintern gute Dienste leistete.

Rechts
Eine allzu große Ähnlichkeit mit Siamkatzen gilt bei Russisch Blau bei Ausstellungen als Fehler.

MERKMALE

FÜR DAS HERAUSRAGENDE Rassemerkmal, das blaue Fell, gelten allerdings in Nordamerika und Europa dieselben Anforderungen. Es soll doppelt, sehr kurz und plüschig, seidenweich und vom Körper abstehend sein. Das silberne Tipping der Leithaare verleiht dem Fell samtigen Glanz. Im natürlichen Lebensraum der Russisch Blau wärmte das dichte Unterfell, während die Leithaare Wasser abweisend waren.

Insgesamt favorisiert der europäische Standard eher den orientalischen Einschlag in Form eines schlanken, eleganten Körpers mit mittlerem Knochenbau, langen Beinen und kleinen, ovalen Pfoten, während er in den USA einen feingliederigen Knochenbau und runde Pfoten fordert. Die europäische Version hat hoch am Kopf angesetzte Ohren, während dies in den USA als Fehler gilt. Auch bei der Farbe weichen die Standards voneinander ab, denn in Europa werden dunklere Nuancen bevorzugt. Nasenspiegel und Pfotenballen sollen in Europa schieferblau sein, die Ballen in Nordamerika jedoch lavendelrosa. Feinheiten wie diese spiegeln die unterschiedliche Geschichte der Rasse auf beiden Kontinenten. Beiden Standards gemeinsam ist die Anforderung, dass der Schwanz lang und spitz zulaufend, jedoch am Ansatz dick sein soll; die Ohren sollen groß, an der Basis weit und fast durchsichtig sein; es dürfen keine Pinsel vorhanden sein. Die Augen sollen leuchtend grün sein, die Schnurrhaarkissen sind stark betont.

FARBSCHLÄGE

ANGESICHTS DES ungemein attraktiven Fells der Russisch Blau überrascht es nicht, dass die Züchter versucht haben, diese Rasse auch in anderen Farbschlägen zu produzieren. Es gibt Russisch Schwarz und Russisch Weiß, insbesondere in Australien und Neuseeland, jedoch steht bis auf England die endgültige Anerkennung in Europa noch aus.

PFLEGE

DIE RUSSISCH BLAU IST EINE liebevolle Katze, die ihre Stimme nur selten einsetzt und auch dann nie laut wird. Die Katzen sind enorm widerstandsfähig, leicht zu bürsten und verspielt, sodass sie in einigermaßen ruhigen Familien ideale Hausgenossen abgeben. Wer weiß, vielleicht erinnert sie sich ja an das harte Leben am Polarkreis, denn nichts mag sie lieber als Wärme und kommt deshalb auch ohne Auslauf aus. Die Würfe umfassen in der Regel vier Welpen. Bei der Geburt haben sie ein flauschiges Fell mit Geisterzeichnung, die später wieder verschwindet. Die Kätzinnen sind sehr liebevolle Mütter.

WISSENSWERTES

1957 kamen bei Bauarbeiten in London die Überreste eines Höhlenlöwen zu Tage. Er lebte und starb, kurz bevor die erste kleine Siedlung an der Themse entstand.

Mitte links

Diese beiden Russisch Blau demonstrieren den liebevollen Umgang mit Artgenossen und vor allem mit Jungtieren.

Unten

Europäische Züchter bevorzugen dunklere Fellfarben und einen schiefergrauen Nasenspiegel, in Nordamerika mag man die Russisch Blau heller.

Korat

RASSEMERKMALE

NAME	Korat
ANDERE NAMEN	keine
KÖRPERBAU	zwischen Plump- und Schlanktyp
FARBSCHLÄGE	Silberblau

GRÖSSE

FELLPFLEGE

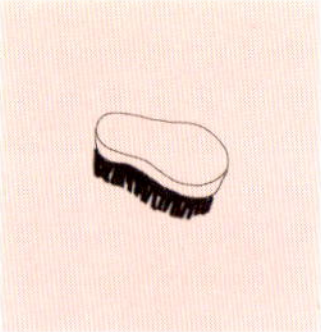

TEMPERAMENT

WIE DIE RUSSISCH BLAU blickt die Korat auf eine lange, von Mythen durchzogene Geschichte zurück. Die Naturrasse gibt es ausschließlich in Silberblau.

URSPRÜNGE DER RASSE

SIE STAMMT AUS der thailändischen Provinz Korat an der Grenze zu Laos. In der Landessprache heißt die Rasse Si-Sawat, und unter diesem Namen erscheint sie im *Buch der Katzengedichte,* einer Thai-Handschrift aus dem 13. Jahrhundert (Nationalbibliothek Bangkok). Der Dichter preist die Haare der Katze, die „glatt mit Wurzeln wie Wolken und Spitzen wie Silber" seien, und ihre Augen, die „wie Tautropfen auf einem Lotusblatt glitzern". Dank ihres silbrig schimmernden Körpers und der strahlend grünen Augen galten die Korats als Glücksbringer und wurden oft Bräuten geschenkt, um ihnen eine glückliche Ehe zu bescheren. Sie wurden auch in die Reisfelder geholt, damit sie für Regen und gute Ernten sorgten, denn die Augen der ausgewachsenen Korat haben, so heißt es, die Farbe von Reisschößlingen.

Chulalongkorn, der von 1868 bis 1910 König von Siam war, liebte Katzen und soll der Korat ihren Namen gegeben haben, als er von der Herkunft eines besonders schönen Tieres erfuhr. Korat sind zwar auch in Thailand eher selten, jedoch nicht nur auf die östlichste Provinz beschränkt.

BEGINN DER ZUCHTTÄTIGKEIT

IM ABENDLAND WIRD die Korat erstmals 1896 bei der National Cat Show in London erwähnt, wo sie von einem Reisenden, der sie in Thailand gekauft hatte, ausgestellt wurde. Bei der Show wurde sie als Siamkatze bezeichnet – und prompt disqualifiziert, weil sie die „falsche" Farbe hatte. Danach blieb es still um die Korat, bis 1959 ein Pärchen namens Nara und Darra direkt von Thailand aus in die USA importiert wurde. Dort interessierte man sich zunehmend für die Rasse, doch musste der Genpool neben den importierten Katzen zunächst mit Siam Blue Point vergrößert werden (was inzwischen nicht mehr zulässig ist).

1964 gab die Korat in den USA ihr Debüt bei der Empire Cat Club Show und hatte schon im folgenden Jahr reichlich Bewunderer, die mit einem eigenen Zuchtverein die Anerkennung der Rasse verfolgten. Innerhalb von fünf Jahren gelang dies bei allen Zuchtverbänden in den USA, Kanada, Südafrika und Australien. In Großbritannien kamen die ersten Korat 1972 an, sie wurden 1975 in der „Foreign"-Klasse anerkannt.

Die Zuchtkontrollen zur Reinhaltung der Rasse sind bei der Korat ungewöhnlich streng. Es dürfen keinerlei Einkreuzungen erfolgen, die Ahnenreihe jeder einzelnen Korat muss sich bis nach Thailand zurückverfolgen lassen, und jedes importierte Tier muss vollständige Papiere vorweisen können.

WISSENSWERTES

In Indien und Afrika werden Großkatzen vom Elefantenrücken aus beobachtet oder gejagt, die als einzige Landtiere keine Angst vor Löwen und Tigern zeigen.

Oben

Den orientalischen Katzentyp gibt es seit mindestens 600 Jahren.

Unten

Die Augen der Korat glitzern, so der Dichter, „wie Tautropfen auf einem Lotusblatt".

MERKMALE

DIE KORAT IST eine mittelgroße, relativ kräftige Katze, dabei aber geschmeidig und muskulös, mit gerundetem Rücken. Die Vorderläufe sind etwas kürzer als die Hinterläufe, die Pfoten oval. Die Kater sollen kräftig, die Kätzinnen etwas kleiner und zierlicher wirken. Der Schwanz ist mittellang, schmaler werdend und mit abgerundeter Spitze. Das Gesicht ist herzförmig mit Breite zwischen und über den Augen, die Augenbrauen bilden die oberen Kurven des Herzens, die beiden Seiten des Gesichts fallen sanft zum Kinn hin ab. Die Schnauze ist weder zu spitz noch zu kantig. Kinn und Kiefer sind kräftig. Es ist ein leichter Stopp vorhanden, die Nasenspitze soll sich direkt über dem Spiegel leicht abwärts krümmen. Die Ohren sind groß, gerundet, hoch am Kopf angesetzt und aufmerksam gespitzt. Sie sollen an der Basis offen und innen nur schwach behaart sein. Die leuchtend grünen Augen sollen groß und strahlend sein und weit auseinander stehen. Geöffnet sollen sie ganz rund, geschlossen jedoch leicht schräg gestellt sein.

Das Fell der Korat ist ohne Unterwolle, kurz bis mittellang. Es soll glänzend, fein und eng anliegend sein. Die silbrigen Haarspitzen sollen keinerlei Schattierung, Markierung oder Weiß aufweisen. Das Tipping soll dort am intensivsten sein, wo die Haare am kürzesten sind, vor allem an der Rückseite der Ohren, an der Nase und den Pfoten. Pfotenballen und Nasenspiegel dürfen dunkelblau oder lavendelfarben sein.

TEMPERAMENT

KORATS SIND freundliche Haustiere, die gern schmusen und spielen. Gleichzeitig sind sie ruhig und sanft, ihre Bewegungen gemächlich und vorsichtig. Katzen dieser Rasse hassen plötzliche laute Geräusche.

PFLEGE

DIE FELLPFLEGE KOMMT mit minimalem Aufwand aus. Korats sind außergewöhnlich anfällig für Katzenschnupfen. Die Würfe umfassen meist drei bis vier, manchmal aber auch bis zu neun Kätzchen. Die Jungtiere kommen mit Strubbelfell zur Welt und haben oft in den ersten Wochen noch bernsteingelbe Augen.

Es kann zwei bis vier Jahre dauern, bis eine junge Korat ein perfektes Fell und die geforderten leuchtend grünen Augen aufweist.

WISSENSWERTES
Anders als beim Menschen sind die Augäpfel bei Katzen nicht vollständig von Knochen umgeben. Bei geschlossenem Maul ragen die oberen Enden der Unterkiefer bis hinter die Augen.

Oben
Das Fell der Korat soll an den Haarspitzen silbrig gefärbt sein und ganz glatt anliegen.

Unten
Korats brauchen zwei bis vier Jahre, bis sich das Fell und die bernsteinfarbenen Augen voll herausbilden.

Burma

RASSEMERKMALE	
NAME	Burma
ANDERE NAMEN	Burmese
KÖRPERBAU	Schlanktyp, muskulös
FARBSCHLÄGE	Braun bzw. Zobel (US: Sepia), Blau, Chocolate (US: Champagne), Lilac (US: Platinum), Rot, Creme, verschiedene Schildpatt-Kombinationen

GRÖSSE

FELLPFLEGE

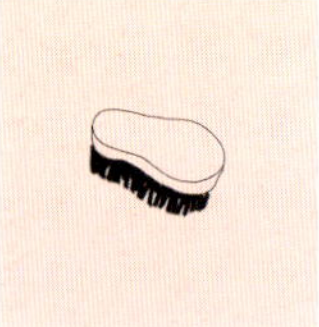

TEMPERAMENT

Oben
Als die ersten Burma in den USA ausgestellt wurden, bezeichnete man sie zunächst als „misslungene Siamkatzen“.

Unten links und rechts
Diese beiden Prachtexemplare zeigen die typischen hellwachen, leuchtend goldgelben Augen der Burma.

DAFÜR, DASS DIESE Katzen einst als „misslungene Siamkatzen“ verhöhnt wurden, hat sich die Burma enorm herausgemacht, obwohl die Zucht auch weiterhin nicht unumstritten ist. Eine im Aussehen der modernen Burma ähnliche Katze soll im Spätmittelalter in Südostasien heimisch gewesen sein. Die Geschichte der Rasse, mit der wir es hier zu tun haben, beginnt jedoch erst 1930.

URSPRÜNGE DER RASSE

IM JAHR 1930 nämlich ging ein Psychiater der US Navy in den Ruhestand. Bei seiner Rückkehr aus Burma (dem heutigen Myanmar) brachte eben dieser Dr. Joseph Thompson eine walnussbraune Kätzin namens Wong Mau mit nach San Francisco, die ihm in Burma Gesellschaft geleistet hatte. Wong Mau war eine hübsche Katze, doch als Dr. Thompson behauptete, sie stelle eine neue Rasse dar, lachten die US-Züchter ihn aus. Ihrer Meinung nach handelte es sich lediglich um eine misslungene Siamkatze, die keinen Pfifferling wert sei, außer vielleicht als Haustier.

Unverzagt nahm Dr. Thompson sein Zuchtprogramm in Angriff. Natürlich gab es keine zweite Burma, mit der er Wong Mau hätte verpaaren können. So brachte er sie mit einem Siamkater Seal Point zusammen, der ihm noch am ehesten geeignet schien.

Später ließ er Wong Mau von einem ihrer Söhne decken. Die Zucht entwickelte sich für den pensionierten Psychiater zu einem Hobby, für das er einige weitere Züchter und Forscher begeistern konnte. Das Ergebnis war, dass die Burma nicht nur die erste vollständig in den USA entwickelte Edelkatzenrasse wurde, sondern auch als erste Gegenstand eingehender genetischer Studien war. Nach mehreren Generationen zeigte sich, dass ein Teil von Wong Maus Nachkommen ihre einheitlich dunkelbraune Färbung geerbt hatten. Die übrigen wiesen entweder Siam-Abzeichen (helle Körper mit dunklen Points) oder eine dunkle Färbung mit noch dunkleren Points auf. (Letztere Farbkombination wurde später als Tonkanese weitergezüchtet.)

BEGINN DER ZUCHTTÄTIGKEIT

1934 BEANTRAGTE Dr. Thompson die Anerkennung der Burma als neue Rasse, jedoch zunächst wiederum ohne Erfolg. Zwei Jahre später wurde die Burma zwar registriert, doch kam es bei einer Ausstellung in San Francisco

1938 zu so heftigen Protesten seitens einiger Siam-Züchter, die seinerzeit eine mächtige Lobby innerhalb des Katzenzuchtbetriebs in den USA bildeten, dass er die Anmeldung zurückzog. Doch das war noch nicht alles. 1947 wurde von der Cat Fanciers' Association (CFA), dem größten US-Verband, die Anerkennung der Burma ausgesetzt, weil mehrfach Einkreuzungen von Siamkatzen erforderlich gewesen waren, um die Rasse zu erhalten. Nach Meinung des Verbands bedeutete das nämlich, dass die Rasse nicht reinerbig war. Burma-Züchter hielten dagegen, die Einkreuzungen seien nötig, weil es nur so wenige echte Burma gebe und die einzige Alternative exzessive Inzucht sei.

Da andere Zuchtverbände in den USA die Burma weiterhin registrierten, arbeiteten die Züchter daran, „reine" Burma zu produzieren, deren Vorfahren in mindestens drei Generationen ausschließlich Burma waren (heute gibt es Tiere, die auf fünf und mehr Generationen zurückblicken). Das Programm bedingte weitere Importe aus Burma, die sich jedoch bezahlt machten, denn 1957 setzte die CFA die Registrierung wieder in Kraft, zunächst nur für den Farbschlag Sepia (dt. Zobel, in Großbritannien: Brown). Mittlerweile waren 1947 die ersten braunen Burma von den USA aus nach England exportiert und dort 1952 anerkannt worden.

EINE BELIEBTE RASSE

BURMAKATZEN FANDEN AUCH auf dem europäischen Kontinent bald Freunde, vor allem aber in Australien und Neuseeland. Bis heute allerdings flammen immer wieder Streitigkeiten rings um diese Rasse auf. Manche Züchter halten die ursprüngliche zobelfarbene Varietät für die einzige „wahre" Burma, während in Europa und Australien schon früh auch andere Farbschläge akzeptiert wurden. So registrieren die europäischen Verbände GCCF und FIFe insgesamt zehn Farben.

Die erste nicht zobelfarbene Katze dieser Rasse war die Burma Blau, die 1955 in Großbritannien ausgestellt wurde, gefolgt von Lilac, Creme, Rot, Chocolate und Schildpatt, die jeweils nicht überall anerkannt sind. In den 1970er und 1980er Jahren wurden Burma Chocolate (USA: Champagne), Blau und Lilac (USA: Platinum) von der CFA als „Malayan" registriert, obwohl andere Verbände in den USA (und anderen Ländern) sie sehr wohl als Burma einstuften. Um die Verwirrung vollständig zu machen, bildeten sich in den USA nebeneinander ein „traditioneller" und ein „moderner" Burma-Typus heraus. Letzerer hat eine kürzere Nase und ein insgesamt flacheres Gesicht, das eher an Perser erinnert und vorstehende Augen hat.

WISSENSWERTES
Alle Burmakatzen stammen von einer einzigen Ahnmutter ab, die in den 1930er Jahren aus Südostasien in die USA gelangte. Mit ihr wurde ein gezieltes Zuchtprogramm eingeleitet.

Oben und Mitte
Auch wenn manche Züchter die Burma nach wie vor nur im ursprünglichen braunen Farbschlag akzeptieren, gehört Blau mittlerweile zu den beliebtesten „neuen" Farben.

Unten
Diese Burma weist den „modernen" Typus auf, das heißt, das Gesicht ist flacher, und die Augen stehen etwas stärker vor, ähnlich wie bei Persern.

MERKMALE

DER BRITISCHE STANDARD beschreibt die Burma als mittelgroße Katze mit muskulösem Körperbau. Sie soll schwerer sein, als ihr Aussehen vermuten lässt. Ausgewachsene Kater wiegen bis zu 5,4 kg, die Kätzinnen rund 3,6 kg. Die Beine sind lang und schlank, die Hinterläufe etwas länger als die Vorderläufe, mit ovalen Pfoten. Der Kopf zeigt eine mäßig stumpfe Keilform mit hohen Wangenkochen. In den USA soll der Körperbau runder sein und eher dem Plumptyp entsprechen, mit geradem Rücken und runden Pfoten. Der Kopf soll zur kurzen, prägnanten Schnauze hin schmaler werden. Die Ohren sind mittelgroß, aufmerksam gespitzt und leicht nach vorn geneigt. Die Spitzen sollen etwas abgerundet und die Ohrmuscheln am Ansatz breit sein. In den USA bevorzugt man runde Augen, während in Großbritannien die obere Linie etwas orientalisch gewölbt sein soll und die FIFe fordert, die obere Augenlinie solle gerade zur Nase verlaufen. Bei allen Farbschlägen (mit Ausnahme von Blau, siehe unten) sollen die Augen der Burma gemäß allen Standards tiefgelb oder golden sein.

FARBSCHLÄGE

IN DEN USA ERKENNEN die meisten Verbände für Ausstellungszwecke lediglich Sepia (GB: Brown, D: Zobel), Blue, Champagne (GB: Chocolate) und Platinum (GB: Lilac) an, obwohl TICA auch Cinnamon (warmes Honiggelb bis Orange), Fawn (warmes Beige), Red und vier Schildpattvarietäten akzeptiert. Die CFA dagegen richtet Red, Cream und Schildpatt als eigenständige Rasse: Foreign Burmese. Außerhalb der USA werden generell alle diese Farbschläge akzeptiert.

Bei der ursprünglichen zobelbraunen Spielart zeigt das Fell einen warmen, intensiven Braunton, der an der Unterseite etwas heller ist. Nasenspiegel und Pfotenballen sind braun. Die Farbe Blau ist ein sanftes silbriges Grau, das an der Unterseite heller wird. Ohren, Gesicht und Füße sollen silbrig wirken. Der Nasenspiegel ist dunkelgrau, die Ballen rosig grau. Als einzige Varietät darf die Burma Blau eine Spur von Grün in den ansonsten stets gelben oder goldenen Augen aufweisen. Bei allen Farbschlägen ist das Fell fein, glatt, glänzend, kurz und liegt eng am Körper an.

Chocolate (USA: Champagne) ist ein warmes Milchschokoladenbraun, das im US-Standard als „warmes Beige" bezeichnet wird, wiederum an der Unterseite des Körpers heller. In England darf die Katze an den Points ein wenig dunkler sein. Der Nasenspiegel ist braun, wobei in England ein dunklerer Ton bevorzugt wird, die Pfotenballen sind rosa bis schokoladenbraun.

Die Lilac (USA: Platinum) weist ein helles Taubengrau mit rosigem Hauch auf. Ohren und Maske sind etwas dunkler, Nasenspiegel und Pfotenballen sind lavendelrosa.

Die übrigen Farbschläge sind Rot (ein helles Mandarinorange), Creme (kräftiges Cremebeige), Schildpatt Braun (braune und rote Flecken), Schildpatt Blau (blaue

Oben links
Die Burma ist eine mittelgroße Katze mit schwerem Körperbau, die jedoch optisch viel leichter wirkt.

Oben rechts
Burma in Blau mit grünen Augen und eine „traditionelle" braune Burma mit goldgelben Augen.

Unten rechts
Einige Züchter stufen die Burma Schildpatt als eigenständige Rasse ein.

Oben
Burmakatzen sind durchweg liebenswert und anpassungsfähig.

Unten
Bei der Geburt ist das Fell der Burma hell und wird mit fortschreitendem Alter dunkler. Dieser Effekt lässt sich generell bei hellen Katzen feststellen, die im Alter „nachdunkeln".

und cremefarbene Flecken), Schildpatt Chocolate (schokoladenbraune und rote Flecken) sowie Schildpatt Lilac (Flecken in Lilac und Creme). Bei Rot und Creme sind Nasenspiegel und Pfotenballen rosa, bei den Torties sollen sie jeweils mit den dunkleren Farben harmonieren.

TEMPERAMENT

DIE BURMA IST EINE ausgesprochen sanftmütige Katze und für ihre Gelenkigkeit bekannt. Sie fühlt sich in der Stadt ebenso wohl wie auf dem Land und fügt sich rasch in eine neue Umgebung ein. Allerdings sind Katzen dieser Rasse extrem gesellig und bleiben gar nicht gern allein. Zum Glück mögen sie andere Katzen und können stundenlang wie kleine Kätzchen miteinander spielen. Wer also längere Zeit am Tag außer Haus ist, sollte mindestens zwei Burmakatzen halten. Sie kommen gut mit Kindern und Hunden aus, doch auch das kann Probleme bereiten, denn sie sind sehr eifersüchtig und können böse werden, wenn sie das Gefühl haben, man vernachlässige sie. Beim Umgang mit anderen Haustieren ist deshalb ein wenig Feingefühl erforderlich.

PFLEGE

DIE FELLPFLEGE STELLT keine großen Anforderungen, wöchentliches Kämmen reicht völlig aus. Burma sind berühmt für ihre Langlebigkeit, und selbst 20 Jahre alte Tiere sind keine Seltenheit.

Burmakatzen sind vorbildliche Eltern. Meist fallen pro Wurf fünf, gelegentlich aber auch bis zu zehn Jungtiere, die eine sehr starke Bindung entwickeln. Sogar die Kater nehmen oft an der Aufzucht der Welpen teil. Die Jungen beginnen früh, zu spielen. Ihr Fell ist hell, oft fast weiß, und lässt erst nach mehreren Wochen allmählich die spätere Farbe erkennen. In Europa sind die Welpen in der Regel gesund, in den USA zeigen manche Zuchtlinien allerdings eine Neigung zu Skelettdeformationen bis hin zum Zwergenwuchs. Aufgrund der Bemühungen um den „modernen" Typus ist zudem eine erschreckende Zahl von Gaumenspalten, Schädel- und Augendeformationen sowie eine Ablösung der Nickhaut mit offenem Tränengang zu beobachten, wobei nur diese letzte Erscheinung bei ansonsten gesunden Welpen operativ behoben werden kann.

Mit zunehmendem Alter wird das Fell heller Burmakatzen aufgrund der sich ändernden Durchblutung immer dunkler. Das Hauptproblem solcher Senioren ist allerdings die Gewichtszunahme, da sie sich weniger bewegen als jüngere Tiere, sodass in Abstimmung mit dem Tierarzt die Ernährung umgestellt werden muss. Das darf allerdings nur ganz allmählich erfolgen, denn ebenso wie alte Menschen haben auch alte Katzen einen eher konservativen Geschmack.

WISSENSWERTES
Weil immer mehr Katzenarten durch Zerstörung der Lebensräume vom Aussterben bedroht sind, lagern Forscher bereits Gewebeproben ein, aus denen notfalls Erbgut gewonnen werden könnte.

Bombay

RASSEMERKMALE

NAME	Bombay
ANDERE NAMEN	keine
KÖRPERBAU	schlank, muskulös
FARBSCHLÄGE	Schwarz

GRÖSSE

FELLPFLEGE

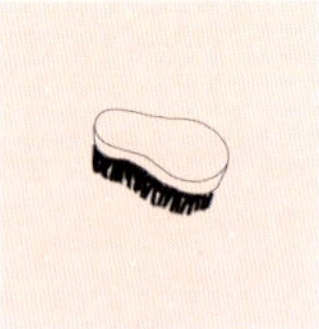

TEMPERAMENT

DIE BOMBAY IST eine außerordentlich schöne Kurzhaarrasse, die 1958 in den USA aus einer Kreuzung zwischen Amerikanisch Kurzhaar Schwarz und Burma Zobel hervorging. Alle Jungtiere des Wurfs waren schwarz, wiesen jedoch das feine, seidig glänzende Burmafell auf.

URSPRÜNGE DER RASSE

DIE „ERFINDUNG" der Bombay basierte darauf, dass Burma-Züchter in den 1950er Jahren Körperbau und Farbschläge ihrer Katzen verbessern wollten. Dazu kreuzten sie regelwidrig ihre Burma mit schwarzen Amerikanisch Kurzhaar. Nachkommen dieser Paarungen wurden später in einer der beiden Klassen ausgestellt – und prämiert. Solche Machenschaften wurden von anderen Züchtern heftig kritisiert, obwohl die prämierten Tiere durchweg wunderschöne Katzen waren. Die Züchterin Nikki Horner aus Kentucky setzte schließlich gezielt ein Zuchtprogramm in Gang, bei dem sie Burma und Amerikanisch Kurzhaar verpaarte, und zwar für die erste Generation jeweils Grand Champions beider Rassen. Ihr Ziel war die Schaffung einer neuen Rasse und zugleich die Lösung der Verwirrung um die „unzulässigen" Kreuzungen.

DIE PANTHERKATZE

IMMER WIEDER vergleichen Autoren das Fell der Bombaykatze mit Lackleder und ihre Augen mit glänzenden Kupfermünzen. Der Name Bombay wurde in Anlehnung daran gewählt, dass die Katze wie eine Miniaturausgabe des im westlichen Indien heimischen schwarzen Panthers aussieht (der eigentlich ein extrem dunkelbrauner Leopard ist). Die manchmal auch als „Mini-Panther" bezeichneten Katzen tragen den Namen Bombay nicht zu Unrecht, denn sie stammen tatsächlich von asiatischen Katzen ab. Mit ihrem schwarz glänzenden Fell und den im Idealfall kupferfarbenen Augen wirken sie in jedem Fall ungemein eindrucksvoll.

BEGINN DER ZUCHTTÄTIGKEIT

DIE RASSE ENTWICKELTE sich rasch, da Bombay reinerbig sind, das heißt, wenn zwei Bombay miteinander verpaart werden, sind sämtliche Nachkommen Träger des dominanten schwarzen Gens B, auch wenn gelegentlich „braune Bombay" vorkommen. Sie stellen insofern ein Problem dar, als sie auf Ausstellungen nicht als Bombay gezeigt werden können. Die meisten Zuchtverbände in den USA haben sich darauf geeinigt, dass diese braunen Tiere trotzdem als Bombay registriert und in der Zucht eingesetzt werden sollen, wobei TICA allerdings braune Bombay als Burma ausstellen lässt. Die schwierige Situation geht darauf zurück, dass Kreuzungen von Bombay mit Amerikanisch Kurzhaar oder Burma zur Verbesserung der Bestände noch immer gestattet sind.

WISSENSWERTES

Der Tüpfelbeutelmarder aus Neuguinea und der Tasmanische Beutelteufel sind zwei Vertreter der Familie Beutler, die sich in Australasien anstelle echter Katzen entwickelten.

Oben
Die Bombay besitzt ein besonders attraktives Fell, das glatt und seidig am Körper anliegen soll.

Unten links
Schwarze Panther wie dieses eindrucksvolle Tier dienten als Vorbilder für Typ und Farbe der Bombay.

1976 erlangten Bombaykatzen bei der CFA Championstatus, und etwa zur gleichen Zeit setzte sich die Rasse auch in Kanada durch. In Europa steht die Anerkennung noch aus.

MERKMALE

BEI DER BEURTEILUNG der Bombay steht das Fell im Vordergrund, andere Aspekte spielen eine untergeordnete Rolle. Es soll sehr kurz und eng anliegend sein und eine satinartige Struktur aufweisen. Der an Lackleder erinnernde Glanz wird durch „Polieren" mit einem Tuch aus Seide oder Wildleder verstärkt. Bei der ausgewachsenen Katze muss jedes Haar von der Wurzel bis zur Spitze pechschwarz sein, es dürfen keinerlei weiße Haare vorliegen. Der Körper ist mittelgroß, weder cobby noch allzu zierlich, wobei die Kater etwas massiver als die grazileren Kätzinnen sein sollen. Beine und Schwanz sind mittellang, der Schwanz ist gerade. Der Kopf soll von allen Seiten schön gerundet sein, das Gesicht voll und zwischen den Augen breit. Die Schnauze soll kurz und ausgeprägt sein, die Nase soll einen deutlichen Break aufweisen. Die Ohren sind mittelgroß, am Ansatz breit, an den Spitzen gerundet, weit auseinander gesetzt und leicht nach vorn geneigt. Die Augen sind rund, weit auseinander stehend und golden, vorzugsweise kupferfarben. Grüne Augen gelten als Fehler. Nasenspiegel und Pfotenballen sind schwarz.

TEMPERAMENT

BOMBAYKATZEN VEREINIGEN in sich alle Vorzüge der Burma und der Amerikanisch Kurzhaar. Sie sind robust, liebevoll und eher ruhig. Allerdings fehlt ihnen die für Burma typische Neigung, ihre Halter als ihr Eigentum zu betrachten und auf andere Haustiere und Kinder eifersüchtig zu sein. Sie sind nicht allzu aktiv und mit einem Leben im Haus zufrieden, sollten allerdings nicht allzu lange allein gelassen werden. Bombaykatzen gehen auch gern an der Leine. Sie scheinen ein besonders gut ausgebildetes Gehör zu besitzen. Beim geringsten Geräusch spitzen sie die Ohren und reagieren sehr heftig auf plötzlichen Lärm.

PFLEGE

MINDESTENS EINMAL PRO Woche sollte die Bombaykatze mit einem feinzinkigen Kamm gekämmt werden. Pro Wurf fallen meist vier bis fünf in der Regel gesunde Kätzchen, die einen kräftigen Appetit entwickeln. Das Fell der Welpen weist oft noch einen leichten Rostton auf, der später völlig verschwindet.

WISSENSWERTES

Die wie kleine Widerhaken geformten Papillen sind je nach Katzenart unterschiedlich auf der Zunge angeordnet. Sie ersetzen die fehlenden flachen Backenzähne.

Oben
Bei Ausstellungen soll das Fell der Bombay wie schwarzes Lackleder wirken.

Unten
Diese Katze hat die für Bombay typische kupferne Augenfarbe.

Siam

RASSEMERKMALE	
NAME	Siam
ANDERE NAMEN	Siamese
KÖRPERBAU	orientalisch
FARBSCHLÄGE	Seal, Blue, Chocolate, Lilac (US: Frost), Red, Tabby, Cinnamon, Caramel und Fawn Point. In den USA sind bis auf die ersten vier alle als Colorpoint Shorthair anerkannt.

GRÖSSE

FELLPFLEGE

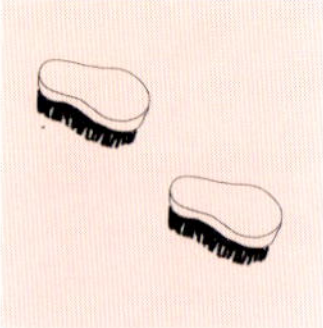

TEMPERAMENT

DIE WOHL beliebteste Katzenrasse Großbritanniens und vielleicht sogar weltweit ist auf den ersten Blick unverkennbar. Ursprünglich war die Siam eine Naturrasse, die allerdings mehr als jede andere zum Gegenstand züchterischer Bemühungen wurde. Es gibt allerdings auch nicht wenige Menschen, die den sehnigen, feinknochigen Körperbau der Siam als unschön oder sogar „gespenstisch" empfinden und nicht verstehen, was andere an dieser Rasse so fasziniert. Selbst eingefleischte Siam-Fans räumen ein, dass diese Tiere höchst anspruchsvoll und eifersüchtig sind und als Hausgenossen recht heikel sein können.

URSPRÜNGE DER RASSE

WIE BEI VIELEN asiatischen Rassen gibt es auch in der Geschichte der Siam neben einigen Fakten eine Menge Halbwahrheiten und Märchen. Einst waren sie die legendären Königskatzen des alten Siam (des heutigen Thailand), die im Palast lebten und ihn angeblich sogar bewachten, indem sie sich von Mauern herab auf Eindringlinge stürzten. Zudem wurden sie als Tempelkatzen verehrt. Illuminierte Handschriften aus der alten Hauptstadt Siams, Ayutthaya, deren Blütezeit auf die Spanne zwischen 1351 und 1767 datiert wird, zeigen verschiedene Katzen, darunter auch helle Exemplare mit dunklen Abzeichen. Man vermutet, dass sie wegen ihrer Schönheit sorgfältig gezüchtet wurden. Zugleich ist nachgewiesen, dass weniger edle Katzen vom Siamtypus schon im 14. Jahrhundert die Straßen Siams durchstreiften und sich ungehemmt mit anderen Haus- und Wildkatzen verpaarten. Im 18. Jahrhundert sah der deutsche Naturforscher Peter Simon Pallas solche Katzen frei lebend in Zentralrussland. Ob die russischen Siamkatzen importiert waren oder durch eine eigene Mutation zustande kamen, ist ungeklärt.

BEGINN DER ZUCHTTÄTIGKEIT

DIE GESCHICHTE DER modernen Siamkatze beginnt 1871, als die Rasse bei der ersten British National Cat Show im Londoner Kristallpalast nicht nur ausgestellt, sondern auch im Katalog abgebildet wurde. Was dann geschah, weiß man nicht, denn das nächste entscheidende Ereignis in der Geschichte der Rasse kam erst 1884, als der britische Vizekonsul in Bangkok, Edward Blencowe Gould, ein Pärchen Siam Seal Point nach Hause sandte. Er hatte die Tiere vom König von Siam, Rama V. Chulalongkorn geschenkt bekommen, sodass sie möglicher-

Oben
Katzen wie diese Siam Seal Point sind bereits in illuminierten Handschriften des 14. Jahrhunderts abgebildet.

Unten rechts
Ein Knick im Schwanz der Siam war einst erwünscht, gilt aber heute als Fehler.

Unten links
Die Siam gehört weltweit zu den beliebtesten Edelkatzen.

weise als Abkömmlinge der königlichen Zuchtlinie edler waren als die 1871 vorgestellte Katze. König Chulalongkorn, der von 1868 bis 1910 über Siam herrschte, scheint gern gesehenen Gästen des Öfteren Katzen aus der hofeigenen Zucht geschenkt zu haben. Ob die Geschichte der Gould-Katzen stimmt, weiß man nicht, jedenfalls stieg die Beliebtheit der Siamkatzen im Abendland Mitte der 1880er Jahre sprunghaft an, und schon 1892 stand der Rassestandard fest.

Dieser ist unter drei Gesichtspunkten interessant. Zum einen verwendet er den Begriff „svelte", was so viel wie grazil, elegant bedeutet, und diese Adjektive sind bis heute die Hauptmerkmale der Siam. Zweitens legte der Standard Wert darauf, dass die Siam vom Aussehen her das genaue Gegenteil von einer Hauskatze darstellen sollte. Und drittens wurden der bei vielen Siam vorhandene Knickschwanz und der Silberblick, die heute als Fehler gelten, als besonders erwünscht herausgestellt. Es gab sogar romantische (und völlig absurde) Erklärungen für Knick und Schielen: Die Hofdamen Siams, so heißt es, streiften nachts ihre Ringe auf die Katzenschwänze, und durch den Knick konnten sie nicht verloren gehen. Der Silberblick soll daher stammen, dass die als Tempelwächter eingesetzten Katzen die Heiligtümer so lange anstarrten, bis sie zu schielen begannen.

Auf Fotos von Ausstellungen des frühen 20. Jahrhunderts sieht man kräftig gebaute Siamkatzen mit eher apfelförmigen und runderen Köpfen, als die heutigen Siam sie haben. Es kann sein, dass es sich dabei um Kreuzungen zwischen echten Siam und Hauskatzen handelte und die Tiere, die seinerzeit als Siam geführt wurden, eher die typischen Abzeichen als die übrigen Rassemerkmale aufwiesen.

DIE ERSTEN SIAMKATZEN IN ENGLAND

DIE ERSTE BRITISCHE Siam mit Championstatus (mit Knickschwanz) hieß Wankee, stammte aus Hongkong und wurde 1896 ausgestellt. Bereits 1902 wurde der Siamese Cat Club of England gegründet. Die Rasse wurde ausschließlich als Seal Point gezüchtet (hell cremefarbener Körper mit sealbraunen Abzeichen). Als 1896 bei einer britischen Ausstellung eine so genannte Blue Point (vermutlich eine Korat) als Siamkatze auftauchte, wurde sie vom Präsidenten des National Cat Club (NCC), dem Künstler Louis Wain, prompt disqualifiziert. Noch heute gibt es Züchter beiderseits des Atlantiks, die Seal Point für die einzige „echte" Siam halten, und der Farbschlag kann sicherlich inoffiziell als „klassische" Siamfarbe bezeichnet werden.

WISSENSWERTES

Katzen zeigen ein ausgeprägtes Revierverhalten. In einem typischen Revier können mehrere Weibchen leben, jedoch jeweils nur ein Kater.

Oben

Manche Züchter empfinden das Aussehen und vor allem das anspruchsvolle Wesen der Siam als eigentümlich oder gar bedrohlich.

Links

Eine Siam Blue Point unterscheidet sich in Körperbau und Fellfarbe von der Burma.

WISSENSWERTES
Was mit „Katzenmusik" oder einem „Katzenkonzert" gemeint ist, kann sich jeder vorstellen, der schon einmal rolligen Kätzinnen und balzenden Katern beim Liebesspiel gelauscht hat.

Oben links
Die Siamese Cat Society of America wurde 1909 gegründet und trug erheblich zur Beliebtheit der Rasse bei.

Oben rechts
Diese Siam Lilac Tabby Point entstand durch Einkreuzung anderer Rassen.

Unten
Abzeichen in Chocolate gehören zu den natürlichen Farbschlägen der Siam-Rasse.

DIE ERSTEN SIAMKATZEN IN DEN USA

IN DEN VEREINIGTEN Staaten sind die ersten Siam 1879 belegt. Die ersten US-Siam stammten offenbar direkt aus Siam, teilweise als Geschenke des großzügigen Königs Chulalongkorn an amerikanische Besucher. Zu Beginn des 20. Jahrhunderts importierte die renommierte US-Züchterin Jane Cathcart jedoch Exemplare aus Frankreich und Großbritannien und begründete damit eine Zuchtlinie, die Siamkatzen in den USA erst richtig bekannt machte. 1909 wurde die Siamese Cat Society of America gegründet, und in den 1920er Jahren galt es bereits als Statussymbol, eine Siamkatze zu halten. Die Rasse drohte, zu einem Modeaccessoire zu verkommen. Die starke Nachfrage führte zu einer regelrechten Massenproduktion, die für einige Jahre eine Verwässerung des Typs bedingte.

ANERKANNTE FARBSCHLÄGE

DAS MONOPOL DER Siam Seal Point wurde erst in den 1920er Jahren ernsthaft in Frage gestellt. In dieser Zeit kamen Blue Point mit bläulich weißem Fell und dunkler blauen Abzeichen in Mode. In den USA wurden sie 1932 von der CFA anerkannt, einige Jahre später auch vom britischen GCCF. Chocolate Point (elfenbeinfarbener Körper und milchschokoladenbraunen Abzeichen) tauchten in den 1930er Jahren erstmals auf, wurden aber erst 1950 in England und 1951 in den USA anerkannt. Als vierter Farbschlag kam Lilac Point (in den USA teilweise Frost Point) hinzu, die aus einer Kombination der Gene für Blau und Chocolate entsteht. Bei der Lilac Point ist der Körper reinweiß mit zartrosig grauen Abzeichen. Anerkannt wurde dieser Farbschlag in den USA Mitte der 1950er Jahre, in Großbritannien erst 1960.

KLASSISCHE SIAM-FARBSCHLÄGE

DIE GENE FÜR die vier klassischen Siam-Farben Seal, Blue, Chocolate und Lilac Point werden in der reinen Siam-Zuchtlinie weitervererbt. Um Siamkatzen in anderen Farbschlägen zu erzielen, müssen Siam mit anderen Rassen wie Britisch oder Amerikanisch Kurzhaar gekreuzt und anschließend wieder mit Siam zurückgekreuzt werden, damit der Himalajafaktor und der Körperbau der Siam erhalten bleiben. In diesem Punkt weichen die britischen und amerikanischen Zuchtverbände voneinander ab. In Europa akzeptiert man Points in Rot, Creme, Schildpatt und Tabby (in den USA Lynx) in der Siamklasse, während die meisten US-Organisationen diese Varietäten separat als Colorpoint Shorthair einstufen.

SIAM RED POINT

DIE SIAM RED Point entsteht durch Kreuzung von Siam Seal Point mit Britisch Kurzhaar Tabby Rot. Erstmals wurde ein Exemplar 1930 in England ausgestellt, doch erst Ende der 1940er Jahre begannen Züchter ernsthaft mit der Weiterentwicklung dieser Varietät. Die Katze hat einen cremeweißen Körper mit Abzeichen in einem warmen Orangerot. Der Standard sieht zwar keine Tabbymusterung für die Abzeichen vor, doch ist es sehr schwer, sie ganz ohne eine schwache Zeichnung zu züchten (das gleiche gilt auch für Creme Point).

Die Anerkennung der Red Point als Siamkatze erfolgte in Großbritannien 1966, nachdem in den USA die CFA bereits 1964 nach ausgiebigen

Diskussionen alle Farbschläge mit Ausnahme der vier klassischen Kombinationen als Colorpoint Shorthair zusammengefasst hatte. Wie bei vielen anderen Rassen war auch der Fortbestand der Siam in den 1960er und 1970er Jahren durch eine Leukose-Epidemie gefährdet, doch zum Glück erholte sich die Rasse danach wieder.

TABBY POINTS

TABBY POINTS SOLLEN erstmals versuchsweise in den 1920er Jahren in Schweden gezüchtet worden sein, doch wurde nie bekannt, was dabei herauskam. Offiziell wurde das Spektrum der Siam beziehungsweise der Colorpoint Shorthair 1961 mit der Einführung der Seal Tabby Point (in den USA Lynx Point) in Großbritannien erweitert. Sie war zustande gekommen durch die Kreuzung einer Siam Seal Point mit einer getigerten Hauskatze. Eine Tabbykatze aus diesem Wurf wurde wiederum mit einer Seal Point verpaart, mit dem Ergebnis, dass von den sechs Jungtieren dieses Wurfs vier Seal Tabby Points waren. Eines davon wurde 1961 ausgestellt. Später folgten Tabby Points in den drei anderen Siam-Farbschlägen sowie Tortie Points. Als jüngste Varietät wurden 1994 in Großbritannien die Cinnamon Point (mit milchschokoladenbraunen Abzeichen), Caramel Point (mit milchkaffeebraunen Abzeichen) und Fawn Point eingeführt.

Damit war die Palette der offiziell als Siam beziehungsweise Colorpoint Shorthair anerkannten Farbschläge komplett, doch sind begeisterte Siam-Züchter nach wie vor auf der Suche nach weiteren – bisher nicht anerkannten – Varietäten, darunter Silver Tabby Point und Sorten mit Spitzenfärbung, die in den USA als Smoke Point und in England als Shadow Point geführt werden.

MERKMALE

AN DEN KÖRPERBAU DER SIAM stellen die Rassestandards überall die gleichen Anforderungen. Sie soll mittelgroß, zierlich, lang gestreckt und elegant, muskulös, dabei jedoch feinknochig sein. Schultern und

WISSENSWERTES

Selbst wenn zwei Katzen einander sehr ähnlich sehen, was etwa bei Wurfgeschwistern häufig der Fall ist, erkennt man bei näherem Hinsehen deutliche Unterschiede in Fellstruktur und -färbung.

Oben
Siam Red Point in Ausstellungsqualität zu züchten ist extrem schwierig.

Unten
Tabby Points sind erst seit 1960 gemäß Siam-Rassestandard zugelassen.

Farbe der Abzeichen (Maske, Ohren, Füße und Schwanz) bestimmt, die sich klar gegen die hellere, aber harmonisch abgestimmte Grundfarbe absetzen sollen. Die Grundfarbe darf an Rücken und Flanken leicht schattiert sein. Die Maske soll das ganze Gesicht bedecken, jedoch nicht bis zum Hinterkopf reichen. Das Gen für den Himalajafaktor ist wärmeempfindlich und produziert bei kühleren Temperaturen mehr Pigment. Deshalb sind die dunkleren Farben an den kühlsten Stellen des Körpers zu finden. Zugleich bedeutet es aber auch, dass Siamkatzen in kühleren Klimazonen insgesamt dunkler sind.

WISSENSWERTES

Man vermutet, dass das Schnurren Katzen dazu dient, sich selbst zu trösten, denn während sie „den Motor laufen lassen", können sie nicht gut hören und folglich ihre Umwelt ausblenden.

Hüften sollen gleich breit sein. Die Hinterläufe sind etwas länger als die Vorderläufe. Der Hals ist lang und schlank, die Pfoten sind klein, zierlich und oval. Der Schwanz soll lang und peitschenartig dünn sein und zu einer feinen Spitze zulaufen. Ein Knick im Schwanz gilt als Fehler.

Der mittelgroße Kopf weist eine lange, spitz zulaufende Keilform auf. Ohrspitzen und Nase bilden ein akkurates Dreieck. Es dürfen keine Einbuchtungen hinter den Schnurrhaarkissen und kein Stopp vorhanden sein. Die Ohren sind sehr groß, spitz und am Ansatz breit und setzen die Keilform fort. Die mittelgroßen, mandelförmigen Augen sollen zur Nase hin schräg gestellt und bei allen Farbschlägen leuchtend blau sein. Das einst als typisches Siam-Merkmal erwünschte Schielen gilt heute als Fehler.

Das Fell der Siam ist kurz, fein und eng anliegend mit natürlichem Glanz. Die Farbschläge sind durch die

Oben links und rechts
Die typische Siamkatze soll einen schlanken, geschmeidigen Körper haben, einen peitschenartigen Schwanz und einen dünnen Hals.

Unten
Siamkatzen sind sehr lebhaft und aktiv.

RASSESTANDARD FÜR DIE FARBEN

FÜR DIE SIAM Seal Point ist als Grundfarbe ein warmer Cremeton vorgeschrieben, der an Rücken und Flanken dunkler sein darf als an Brust und Bauch. Abzeichen, Nasenspiegel und Pfotenballen sind intensiv sealbraun. Chocolate Point weist einen elfenbeinfarbenen Grundton auf, die Points sind milchschokoladenfarben. Nasenspiegel und Pfotenballen sind zimtfarben bis rosa. Blue Point ist bläulich weiß mit einem wärmeren Farbton an Brust und Bauch. Abzeichen, Nasenspiegel und Ballen sind schieferblau.

Der Körper der Lilac Point soll in Großbritannien magnolienfarben sein, in den USA jedoch schneeweiß. Abzeichen, Nasenspiegel und Pfotenballen sind rosig grau.

Die übrigen Siam-Varietäten (bzw. Colorpoint Shorthair) sind: Red Point (orangerote Abzeichen auf Weiß), Creme Point (hellgelb bis hellrosacreme auf Weiß, die Schildpattfarben Seal, Chocolate, Blue und Lilac Tortie Point (die Abzeichen sind rot und/oder creme gesprenkelt); Blue Cream und Lilac Cream Point (die Abzeichen sind creme gesprenkelt); Seal, Chocolate, Blue, Lilac, Red, Cream und Blue Cream Tabby Point (Tabbyzeichnung innerhalb der Abzeichen) und Torbie Point (Rot und/oder Creme in unregelmäßigen Flecken über der Tabbyzeichnung der Abzeichen).

TEMPERAMENT

EINE SIAMKATZE KOMMT nur dann als Hausgenossin in Frage, wenn man bereit ist, ihr viel Zeit und Aufmerksamkeit zu widmen. Siam-

PFLEGE

ZWEIMAL IN DER WOCHE

Bürsten und gelegentliches Abreiben mit einem weichen Leder hält das Fell der Siam gesund und glänzend.

Siamkatzen sind sehr fruchtbar – und die Weibchen werden oft schon mit fünf Monaten geschlechtsreif, sollten allerdings frühestens mit neun Monaten erstmals gedeckt werden. Die Rolligkeit geht bei ihnen mit besonders durchdringendem, anhaltendem Geschrei einher. Die Würfe sind meist recht groß, die bis zu sechs Jungtiere sind gesund und kräftig. Sie entwickeln schon früh einen eigenen Kopf, sind jedoch Menschen gegenüber noch scheu. Die Welpen werden fast ohne Abzeichen geboren. In den ersten Lebenswochen sind ihre Augen ebenso hellblau wie bei allen übrigen Katzen, denn das leuchtende Siam-Blau entwickelt sich erst mit ungefähr acht Wochen. Die Abzeichen treten ab dem Alter von drei Wochen allmählich hervor, benötigen dann jedoch oft noch rund ein Jahr, bis sie voll ausgebildet sind. Nach drei Jahren beginnen Körper und Abzeichen allmählich nachzudunkeln, und wenn Siamkatzen im höheren Alter ruhiger und behäbiger werden, neigen sie nicht nur zur Gewichtszunahme, sondern dunkeln aufgrund der höheren Körpertemperatur auch weiter nach. Viele Siamkatzen werden 15 Jahre und älter.

katzen sind lebhaft und hochintelligent, und beides zusammen macht sie manchmal etwas anstrengend. Siam beherrschen eine hoch entwickelte Sprache, die unterschiedliche Schreie und Rufe für jede Gelegenheit umfasst und die sie sehr gezielt einsetzen, um Aufmerksamkeit zu erregen. Trotz ihrer eigenen gellenden Stimme hassen sie laute Geräusche von anderen. Ein Nachteil ist, dass die Siam sich eng an eine einzige Person bindet und eifersüchtig reagiert, wenn diese Person sich mit anderen – Menschen und Tieren – beschäftigt. Siamkatzen bleiben höchst ungern allein und fühlen sich schnell vernachlässigt. Sie neigen zu launischem Verhalten und sind oft unberechenbar. Fremden gegenüber sind Siamkatzen sehr misstrauisch. Trotz alledem sind sie sehr anhängliche Tiere, die sich gut abrichten lassen und sogar problemlos an der Leine gehen.

WISSENSWERTES
Das Volumen seiner Mähne zeigt die soziale Stellung eines Löwen im Rudel an. So können zwei Männchen anhand der Mähne abschätzen, wie ihre Chancen bei einem Kampf stünden.

Oben
Siamkatzen sind ausgesprochen fruchtbar. Diese Kätzin demonstriert ihre Rolligkeit durch heftiges Wälzen.

Unten
Bei Siam-Welpen wie diesen beiden werden die dunkleren Abzeichen erst mit etwa drei Wochen sichtbar.

Tonkanese

RASSEMERKMALE	
NAME	Tonkanese
ANDERE NAMEN	Tonkinese, Tonk
KÖRPERBAU	schlank, muskulös
FARBSCHLÄGE	Natural Mink, Champagne Mink, Blue Mink und Platinum Mink. Einige Verbände akzeptieren auch Honey Mink.

GRÖSSE

FELLPFLEGE

TEMPERAMENT

DIE TONKANESE, EINE KREUZUNG von Siamkatzen und Burma, wird oft liebevoll „Tonk" genannt. Sie stammte als erste Edelkatzenrasse aus Kanada, denn ihr Werdegang begann 1965 in Ontario. Katzen dieses Typs entstanden schon in den 1930er Jahren aus ähnlichen Kreuzungen, mit denen Dr. Joseph Thompson letztlich seine Burma entwickelte, doch waren sie damals lediglich Nebenprodukte, die er nicht weiterverfolgte.

BEGINN DER ZUCHTTÄTIGKEIT

DIE KANADISCHE Züchterin Margaret Conroy begann 1965 mit ihren Experimenten, ohne Dr. Thompsons Arbeiten zu kennen. Zu ihr gesellten sich bald einige US-Züchter, und 1974 waren ihre Katzen bereits von der Canadian Cat Association anerkannt. Die Cat Fanciers' Association (CFA) in den USA folgte vier Jahre später, Championstatus wurde 1984 erteilt. In Europa ist die Tonkanese bis jetzt weder von der GCCF noch von der FIFe anerkannt.

Die ersten Tonkanesen entstanden durch Kreuzung einer Siam Seal Point mit einer Burma Zobel. Alle Jungtiere dieses Wurfs hatten das dunkle Fell der Burma kombiniert mit den noch dunkleren Siamabzeichen. Verpaart man allerdings Tonkanesen untereinander, wie inzwischen üblich, kommen in der Regel zwei Jungtiere vom Tonkanese-Typ auf eines vom Siam- oder Burmatyp. Seit der Anerkennung der Tonkanese haben die Züchter mit so gut wie allen übrigen Siam-Farbschlägen experimentiert.

MERKMALE

DIE RASSE BESITZT zwei herausragende Merkmale. Das eine ist die Fellmusterung mit den dunklen Abzeichen, die nicht so klar hervortreten wie bei der Siamkatze, und einer helleren Grundfarbe. Das zweite ist die faszinierende Augenfarbe. Die Palette reicht von Aquamarin bis Türkis und ist für sämtliche Farbschläge verbindlich.

Die Tonkanese gehört zu den orientalischen Katzen, das heißt, sie ist mittelgroß und muskulös, mit langen, schlanken Beinen, wobei die Hinterläufe ein wenig länger als die Vorderläufe sein sollen. Die Pfoten sind oval und zierlich, der Schwanz lang und am Ansatz dick, jedoch in eine dünne Spitze auslaufend. Der Kopf weist eine modifizierte Keilform auf mit kantiger Schnauze und leichtem Stopp. Die Ohren sind mittelgroß mit weich gerundeten Spitzen, aufmerksam nach vorn zeigend und weit auseinander gesetzt. Die Augen sind mandelförmig, leicht orientalisch und ebenfalls weit auseinander stehend.

WISSENSWERTES
Aufgrund der gezielten Zusammenarbeit bei der Jagd erlegt ein Löwenrudel oft mehrere Beutetiere, die in ihrer Panik den wartenden Großkatzen sozusagen in die Arme laufen.

Oben
Typisches Erkennungszeichen der Tonkanese sind die dunklen Points, die jedoch mit dunklerem Grundfell kombiniert sind als bei der Siamkatze.

Unten
Bei Tonkanesen sind mehrere Augenfarben zulässig.

Das Fell soll weich, dicht anliegend und glänzend sein und an einen Nerz (engl.: mink) erinnern, woraus sich die englischen Farbbezeichnungen erklären. Bei der ausgewachsenen Katze weist das Fell eine kräftige, gleichmäßige Grundfarbe auf, die an der Unterseite ein wenig heller sein darf.

FARBSCHLÄGE

ALLE US-Organisationen erkennen vier Farbschläge an: Natural Mink (dt. auch Naturnerz) als ursprüngliche Farbe, Champagne oder Lilac Mink (Champagnernerz), Blue Mink (Blauer Nerz) und Platinum Mink (Platinnerz). Naturnerz wird als kräftiges, warmes Braun mit dunklen schokoladenbraunen Abzeichen beschrieben, Nasenspiegel und Pfotenballen sind braun. Champagnernerz hat ein warmes, weiches Creme als Grundfarbe mit hellbraunen Abzeichen, Nasenspiegel und Pfotenballen sind zimtfarben. Blauer Nerz ist ein bläuliches Blau mit blau- bis schiefergrauen Abzeichen, Nasenspiegel und Pfotenballen sind blaugrau. Platinnerz weist eine hellsilberne Grundfarbe mit kräftiger silberfarbenen Abzeichen und rosa Nasenspiegel und Pfotenballen auf.

Die meisten amerikanischen und europäischen Verbände akzeptieren darüber hinaus Honey Mink (Honignerz): Die Grundfarbe ist ein warmes Rotbraun mit schokoladenbraunen Abzeichen; Nasenspiegel und Pfotenballen sind mittelbraun.

Manche Verbände erkennen sogar einfarbige Tonkanese in Natural (Braun), Blue, Champagne und Platinum sowie stärker ausgeprägte Abzeichen in diesen Farben an.

TEMPERAMENT

DAS BEMERKENSWERTESTE an der Tonkanese ist ihre Unternehmungslust. Sie gehört zu den Katzen, die ständig ihre Nase irgendwo hineinstecken müssen. Im Idealfall sollte eine Tonkanese viel Trubel um sich haben, um beschäftigt zu sein und ihr Köpfchen einsetzen zu können. Katzen dieser Rasse sind zudem äußerst neugierig, sodass man ihnen etwa im Hinblick auf Vögel oder Hamster nicht über den Weg trauen sollte, selbst wenn diese in Käfigen untergebracht sind. Nach Meinung von Tonkanese-Besitzern empfiehlt es sich, immer zwei dieser sehr aktiven Katzen zu halten, damit sie wechselseitig für Beschäftigung sorgen, doch selbst dann eignet sich diese Rasse nicht für Haushalte, in denen Wert auf den makellosen Zustand von Möbeln und Polstern gelegt wird. Die Tonkanese hat keinerlei Probleme bei Ausstellungen, benötigt aber ständig Gesellschaft, sodass sie sich als Haustier eher für Familien als für Singles eignet.

PFLEGE

GELEGENTLICHES BÜRSTEN REICHT völlig aus. Pro Wurf fallen meist vier Welpen, die heller sind als ihre Eltern und erst später nachdunkeln.

WISSENSWERTES

Bei Studien in der tansanischen Serengeti stellte sich heraus, dass 81 Prozent der von Löwen zurückgelassenen Kadaver Tiere waren, die sie Hyänen abgejagt hatten.

Oben
Ohren und Augenform der Tonkanese lassen den orientalischen Einfluss erkennen.

Mitte
Lilac gehört zu den beliebtesten Farbschlägen bei der Tonkanese.

Unten
Tonkanesen sind aktive, neugierige Katzen, die auf Ausstellungen in ihrem Element sind.

Havana

RASSEMERKMALE	
NAME	Havana
ANDERE NAMEN	Havana Brown
KÖRPERBAU	orientalisch
FARBSCHLÄGE	Kastanienbraun

GRÖSSE

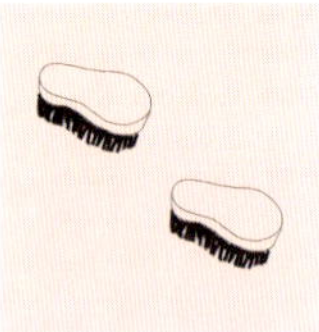
FELLPFLEGE

TEMPERAMENT

Oben und unten links
Dass die Havana Brown (oben) von der Siamkatze (unten) abstammt, zeigt sich deutlich in Körperbau und Gesichtszügen.

Unten rechts
Amerikanische und britische Havana haben glatt anliegendes, mahagonibraunes Fell.

DIE HAVANA STAMMT NICHT, wie man vermuten könnte, aus Kuba. Ihr Name bezieht sich auf die tabakbraune Farbe, die an Havanna-Zigarren erinnert – oder, wie andere Quellen sagen, an eine braune Kaninchenrasse.

URSPRÜNGE DER RASSE

NACH BEGINN des Zuchtprogramms in den 1950er Jahren verlief die Entwicklung der Rasse dies- und jenseits des Atlantiks völlig unterschiedlich, sodass es heute zwei nur oberflächlich ähnliche Havana-Katzen gibt. In Nordamerika wird die „Havana Brown" als eigenständige Rasse anerkannt, die britische Version dagegen dort in der Klasse Foreign Shorthair geführt. Von der FIFe ist die Havana nicht anerkannt.

Zu Beginn der 1950er Jahre begannen zwei britische Züchter damit, aus Siam Seal Point und einer schwarzen Kurzhaarkatze mit Seal-Point-Vorfahren eine braune Katze zu entwickeln. Beide Elterntiere besaßen im Genotyp eine Anlage für Chocolate Point. Das Ergebnis war ein einfarbig braunes Jungtier, das 1953 erstmals ausgestellt wurde. Ähnliche Experimente fanden in den USA statt, wo das erste braune Havana-Jungtier im selben Jahr zur Welt kam. Die amerikanische Linie wurde später durch Importe aus England konsolidiert.

Allerdings gibt es Belege dafür, dass braune Katzen vom Siam-Typ bereits 1888 bei britischen Ausstellungen gezeigt wurden. 1894 wurde ein als Schweizer Bergkatze bezeichnetes braunes Tier ausgestellt, und 1930 eine weitere braune Katze, die einfach als Brown Cat geführt wurde. Diese frühen Vorläufer der späteren Havana waren vermutlich das Ergebnis von Kreuzungen zwischen Siam und anderen Kurzhaarkatzen, die zufällig die Anlage für schokoladenbraune Farbe besaßen, doch ist über das weitere Schicksal dieser Einzelfälle nichts bekannt.

BEGINN DER ZUCHTTÄTIGKEIT

IN IHRER NEUEN Version wurde die Rasse in Großbritannien 1958 anerkannt (ursprünglich als Chestnut Brown Foreign, später Havana), in den USA 1964 als Havana Brown. Von da an schieden sich die Wege der Rasse auf den beiden Kontinenten. Während in Großbritannien weiterhin Havana mit Siam gekreuzt werden durfte, um den erwünschten orientalischen Charakter zu erhalten, verboten die US-Verbände Einkreuzungen von Siamkatzen und entwickelten die Rasse allein mit Havana Brown-Exemplaren weiter, allerdings mit der Folge, dass der amerikanische Genpool eher klein blieb. Beiden Havana-Versionen gemeinsam ist das wunderbar leuchtende, glänzende mahagonibraune Fell mit braunen Schnurrhaaren und ovalen hellgrünen Augen.

MERKMALE

DER BRITISCHE Standard für Havana entspricht dem für Orientalisch Kurzhaar. Die Katze gehört zum Siam-Typ mit langem, schlankem, muskulösem Körper und langem, dünnem, peitschenförmigem Schwanz. Das Fell soll kurz, eng anliegend, glänzend und fein sein. Jedes Haar muss von der Wurzel bis zur Spitze durchgefärbt sein, es dürfen keine Tabbyzeichnung oder weißen Haare vorliegen. Nasenspiegel und Pfotenballen sind rosig braun und die Augen grün, mandelförmig

und orientalisch schräg. Schultern und Hüften sind gleich breit, die Beine sind lang, die Hinterläufe etwas höher als die Vorderläufe. Die Pfoten sind klein, zierlich und oval. Der Kopf ist lang, keilförmig und ohne Whisker- oder Nasen-Break. Die Schnauze ist fein ausgebildet, die Ohren sind groß und spitz, an der Basis breit. Der Hals ist lang und schlank.

Nach dem US-Standard ähnelt die Havana Brown mehr der Russisch Blau mit einem Körperbau, der eher leicht cobby als muskulös sein soll, und einem kürzeren Kopf. Die Nase soll einen deutlichen Break aufweisen, und auch hinter den Schnurrhaarkissen sind Einbuchtungen erwünscht. Die Ohren sind groß und zeigen nach vorn, die Spitzen sind gerundet. Der Schwanz ist mittellang, fester und muskulöser als bei der britischen Havana.

Die meisten US-Verbände erkennen auch die Havana Lavender an, die durch Kreuzung von Siam Chocolate Point mit Russisch Blau entsteht.

Bei der Lavender ist das Fell rosig grau und wie bei der Brown einheitlich durchgefärbt. Nasenspiegel und Pfotenballen sind rosa, die Augen hellgrün.

TEMPERAMENT

BEIDE VERSIONEN der Havana sind sanfte, liebevolle Katzen mit leiser Stimme. Die Havana Brown ist bekannt für ihre unermüdliche Munterkeit und sollte daher, wenn sie im Haus gehalten wird, eine große Auswahl an Spielzeug haben. Interessanterweise untersucht sie unbekannte Gegenstände eher mit den Pfoten als mit der Nase, wie es eigentlich für Katzen typisch wäre. Die britische Havana ist ein wenig gesprächiger als ihre amerikanische Cousine. Bei beiden Rassen haben die Welpen schon bei der Geburt ihre endgültige Farbe. Aufgrund ihrer überdimensionalen Ohren wirken die Jungtiere zunächst wenig ansprechend, was sich aber ändert, sobald die Proportionen wieder stimmen. Jungtiere in Lavender weisen manchmal eine Geisterzeichnung auf, die mit der Zeit verschwindet.

PFLEGE

BEIDE RASSEN sollten zweimal pro Woche gekämmt werden. Abreiben mit einem weichen Ledertuch hält das Fell glänzend.

WISSENSWERTES
Wildkatzen leben stets in der Nähe von Wasser. Sie müssen regelmäßig trinken, da ihre Nahrung sehr salzhaltig ist und verdünnt werden muss.

Oben
Die US-Havana Brown ähnelt in ihrem Körperbau eher der Russisch Blau und ist stämmiger als ihre britische Namensschwester.

Mitte
In Nordamerika ist für Havana auch der Farbschlag Lavender zulässig.

Unten
Diese Jungtiere haben bereits die endgültige Farbe. Mit ihren riesigen Ohrmuscheln erinnern die meisten kleinen Havanas ein wenig an Fledermäuse.

Orientalisch Kurzhaar

RASSEMERKMALE	
NAME	Orientalisch Kurzhaar
ANDERE NAMEN	Oriental Shorthair, Oriental, Orientale
KÖRPERBAU	orientalisch lang gestreckt, elegant
FARBSCHLÄGE	wie die Siamkatze, jedoch ohne Abzeichen

GRÖSSE

FELLPFLEGE

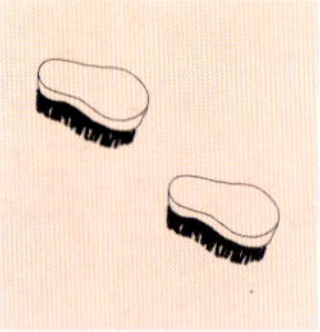

TEMPERAMENT

ORIENTALISCH KURZHAAR sind im Prinzip nichts anderes als Siamkatzen ohne die typischen kontrastfarbenen Abzeichen. Es gibt sie stattdessen ein- oder zweifarbig (Self/Solid oder Bicolour), mit Schildpatt- oder Tabbymuster oder mit Spitzenfärbung. Obwohl man vergleichbare Katzen in Thailand als Ergebnis zufälliger Paarungen zwischen Straßenkatzen findet, ist die Orientalisch Kurzhaar ganz klar durch gezielte Zuchtprogramme entstanden. Man findet eine Vielzahl von Farben und Mustern, die nicht alle von jedem Verband weltweit anerkannt sind. Die Geschichte der Rasse ist eng mit der Politik der Zuchtverbände verknüpft.

URSPRÜNGE DER RASSE

IN DEN 1920ER JAHREN SORGTE sich der Siamese Cat Club of Britain um die Reinerhaltung der Siam-Rasse, da viele Züchter versuchten, durch Einkreuzen anderer Rassen weitere Farben und Muster zu erzielen. Bei solchen Experimenten waren unter anderem einfarbige Katzen vom Siamtyp mit gelben oder grünen Augen zustande gekommen. Aus Furcht, solche Abweichungen würden die „echte" Siam verwässern, entschied der Siamese Cat Club Ende der 1920er Jahre, künftig nur noch blauäugige Siamkatzen anzuerkennen. Alle Katzen vom Siamtyp mit gelben oder grünen Augen fielen damit durch die Maschen des Ausstellungsbetriebs.

Diese neuen Katzen wurden unter der Bezeichnung Foreign Shorthair zusammengefasst und laufen auch heute noch in einigen europäischen Ländern unter diesem Namen. Allerdings waren sie insgesamt weit weniger beliebt als die „echten" Siamkatzen, wenn auch die blaue und schwarze Varietät vor dem Zweiten Weltkrieg in Deutschland in Maßen populär war. In anderen Ländern verschwanden die Foreign bis 1962 regelrecht von der Bildfläche. In der Kriegs- und Nachkriegszeit hatten die Züchter genügend Probleme, die beliebteren Rassen zu erhalten, als dass sie sich mit den weniger begehrten abgaben.

BEGINN DER ZUCHTTÄTIGKEIT

1962 ALLERDINGS WURDEN IN Großbritannien zunächst vereinzelt, später aber in größerem Rahmen weiße, blauäugige Katzen vom Siamtypus entwickelt und ab Mitte der 1960er Jahre ausgestellt. Vollen Championstatus erteilte der GCCF der als Foreign White bezeichneten neuen Rasse erst 1977. Schon bei ihrem ersten Auftauchen bei

Oben
Die Orientalisch Kurzhaar ist vom Körperbau her eine Siam, jedoch ohne Abzeichen.

Unten links
Die Augenfarbe dieser Orientalisch Kurzhaar Lilac unterscheidet sich vom typischen Siamesen-Blau.

Unten rechts
Orientalisch Kurzhaar sind keineswegs immer einfarbig, wie dieser Ticked Tabby beweist.

einer Ausstellung 1965 wurden diese Tiere sehr bewundert, zumal sie im Gegensatz zu vielen anderen weißen Katzen keine Neigung zur Taubheit aufwiesen.

In einigen Würfen dieses Zuchtprogramms waren inzwischen auch andersfarbige Jungtiere aufgetaucht, darunter die ersten britischen Havana, die zunächst als Chestnut Brown Foreign registriert wurden, und einfarbige Lilac, die in England 1977 als Foreign Lilac anerkannt wurden. Seither haben auch andere Farbschläge ihre Liebhaber gefunden, darunter Foreign Black, Foreign Cinnamon und die milchkaffeebraune Foreign Caramel.

FRÜHE FARBSCHLÄGE

SPÄTER BEGANNEN SICH EINIGE Foreign-Züchter für Tabbymuster zu interessieren, und diese Farbschläge wurden 1978 als Oriental Spotted Tabbies anerkannt. Wegen des deutlichen „Skarabäus" auf der Stirn wurden sie in Großbritannien ursprünglich sogar als Egyptian Mau geführt, doch später wieder umbenannt, um Verwechslungen mit der genetisch völlig verschiedenen echten Mau zu verhüten. Als nach der zufälligen Kreuzung einer Perser Chinchilla mit einer Siam Chocolate Point im Wurf zwei Jungtiere Silver Shaded auftraten, kamen andere Züchter auf die Idee, eine Palette von Spitzenfärbungen zu produzieren. Da sich dies jedoch als schwierig erwies, sind die Fortschritte eher gering.

In England entschied der GCCF, einfarbige Kurzhaarkatzen vom Siamtyp weiterhin als Foreign Shorthair zu bezeichnen, die gemusterten Varietäten jedoch als Oriental Shorthair abzutrennen. Inzwischen passen sich britische Züchter jedoch immer öfter der US-Gepflogenheit an, sämtliche Farbschläge als Oriental Shorthair zu bezeichnen.

Oben
Die Foreign White besitzen eindrucksvolle blaue Augen.

Unten
Orientalisch Kurzhaar wie diese Tabby getupft in Chocolate wurden Ende der 1970er Jahre gezüchtet, als man ausgefallene Farbschläge favorisierte.

In die USA gelangten die ersten Oriental Shorthair in den 1970er Jahren von England und den Niederlanden aus. Die CFA erteilte 1977 Championstatus. Man kann sagen, dass die Oriental die US-Züchter auf Anhieb begeisterte. 1978 gingen an Oriental Shorthair sieben Grand-Champion-Titel, und die meisten „Best in Show"-Auszeichnungen und Nominierungen von allen „Top-Twenty"-Katzen der CFA.

WISSENSWERTES
Großkatzen können sich bis zu 100 Mal pro Tag paaren. So stellt das Männchen sicher, dass die reifen Eizellen des Weibchens nur von ihm befruchtet werden.

MERKMALE

ORIENTAL SHORTHAIR SIND vom Typ her Siamkatzen, und so gelten für sie die gleichen Standards bezüglich Fell, Körper, Kopf, Schwanz und Augen. Bei der Augenfarbe allerdings sind gewisse Abweichungen zulässig.

Oben
Diese Jungtiere sind Wurfgeschwister, zeigen aber die Palette an Farbschlägen der Orientalisch Kurzhaar.

Unten rechts
Orientalisch Kurzhaar Blau stammt entweder von einer Havana oder einer Orientalisch Kurzhaar Lilac ab.

Unten links
Hier zeigen Nasenspiegel und Pfotenballen die ideale Farbe.

Oriental Shorthair gibt es in erstaunlicher Vielfalt. Bekannt sind über 50 Farbschläge, von denen die meisten in Großbritannien und den USA zumindest vorläufig anerkannt sind. Allerdings besteht noch einige Verwirrung, da in Großbritannien jeder Farbschlag als eigenständige Rasse geführt wird, während die verschiedenen Farben in den USA allesamt in derselben Klasse ausgestellt und gerichtet werden. In Deutschland laufen sie sämtlich unter „Orientalisch Kurzhaar". Der Platz hier reicht bei weitem nicht aus, um sämtliche Farbschläge zu beschreiben, deshalb nur die Wichtigsten.

FARBSCHLÄGE

DIE HERKUNFT der Orientalisch Kurzhaar Weiß (Foreign White) wurde oben bereits erwähnt. Sie muss von Kopf bis Fuß rein weiß sein und einen „Porzellaneffekt" aufweisen. Schwarze Haare dürfen nirgendwo vorhanden sein. Der Nasenspiegel ist hellrosa, die Pfotenballen weisen ein dunkleres Rosa auf. Die Augen dürfen in England leuchtend saphir- bis kobaltblau sein, in den USA grün oder blau. Zwei verschiedene Augenfarben sind nicht zulässig.

Bei der Orientalisch Kurzhaar Schwarz (Oriental Black/Ebony) muss jedes Haar von der Wurzel bis zur Spitze rabenschwarz durchgefärbt sein, das Fell darf keinerlei rötlichen Schimmer zeigen. Der Nasenspiegel ist schwarz, die Pfotenballen sind schwarz oder braun, die Augen smaragdgrün.

Orientalisch Kurzhaar Blau kommt in Würfen von Havana Brown und Lilac vor. Das Fell ist hell- bis mittelblau und darf keine weißen Haare oder gar Flecken aufweisen. Nasenspiegel und Pfotenballen sind blau, die Augen grün.

Die Orientalisch Kurzhaar Rot hat ein tiefrotes Fell ohne jede Tabbyzeichnung, zu der dieser Farbschlag allerdings neigt. Die Augen dürfen kupferfarben oder besser noch grün sein.

Die übrigen einfarbigen Varietäten sind Creme, Chocolate, Caramel, Lilac, Cinnamon und Fawn (Rehfarben).

SPITZENFÄRBUNGEN

DURCH KREUZUNG VON Siamkatzen und Perser Chinchilla entstand eine enorme Vielfalt von Farbschlägen mit Spitzenfärbung (Tipped, Shaded und Smoke), die als Orientalisch Kurzhaar geführt werden. Der Standard für diese Exemplare sieht vor, dass das Unterfell am ganzen Körper rein weiß sein soll; ebenso sollen Brust und Bauch, Kopf, Rücken, Flanken und Schwanz eine leichte Spitzenfärbung aufweisen, sodass die Kontrastfarbe einen glitzernden Schimmer bewirkt.

Bei den schattierten Varietäten soll die Spitzenfärbung etwas ausgeprägter sein und insgesamt wie ein Mantel über dem weißen Unterfell liegen. Bei der Smoke ist das Tipping noch stärker, die Katze soll im Prinzip in der Kontrastfarbe erscheinen; die helle Unterwolle darf nur sichtbar sein, wenn die Katze sich bewegt. Bei allen Tipping-Varietäten werden grüne Augen bevorzugt.

SCHILDPATT

SCHILDPATT (TORTIE) ist generell in vier Varietäten anerkannt. In der Regel handelt es sich um ein schwarzes Fell mit klar abgesetzten roten und cremefarbenen Stellen an Kopf, Körper, Schwanz und Beinen. Tortie Blue (USA: Blue Cream) ist blau mit cremefarbenen Flecken, Tortie Chocolate weist rote und cremefarbene Flecken auf Schokoladenbraun auf, und Tortie Lilac (USA: Lavender Cream) ist lilac-grau mit cremefarbenen Flecken. Auch bei den Schildpattfarben werden durchweg grüne Augen bevorzugt.

TABBYZEICHNUNG

TABBY GESTROMT, getigert, getupft und getickt werden allesamt als Orientalisch Kurzhaar anerkannt. Dazu gehört auch Tabby Braun (USA: Ebony Tabby) mit prägnanter schwarzer Zeichnung auf warmem kupferrotem Untergrund, Tabby Blau (hell- bis mittelblaue Zeichnung auf Beige), Tabby Chocolate (USA: Chestnut Tabby) mit schokoladenbrauner Zeichnung auf Bronze, Tabby Lilac (USA: Lavender Tabby) mit dunkel-lilac-grauer Zeichnung auf Beige, Tabby Rot mit tiefroter Zeichnung auf hellem Apricot, Tabby Creme mit dunkel-cremefarbener Zeichnung auf sehr hellem Creme, Tabby Silber mit schwarzer Zeichnung auf Silber sowie der Tabby Cameo mit roter Zeichnung auf gebrochenem Weiß. Bei allen Varietäten sind in den USA grüne Augen bevorzugt, während in Großbritannien bei Tabby Rot und Creme Nuancen von Kupfer bis Grün zulässig sind.

TEMPERAMENT

ORIENTALISCH KURZHAAR sind extrem aktive Tiere und vor allem begeisterte Kletterkünstler, die mit Gardinen und Polstermöbeln nicht immer rücksichtsvoll umgehen. Ebenso wie die Siam fordern sie vom Halter eine Menge Zeit und Aufmerksamkeit, allerdings sind sie nicht ganz so aufdringlich und gesprächig. Ihre unbändige Energie macht sie oft zu regelrechten Schelmen. Im Idealfall sollten sie einen überdachten Auslauf zur Verfügung haben. Wie die Siam bleiben auch die Orientalen sehr ungern allein, doch reicht es meist schon, zwei Katzen anzuschaffen, die einander dann wechselseitig auf Trab halten.

PFLEGE

ZUR FELLPFLEGE REICHT gelegentliches Kämmen und Abreiben mit einem Leder oder Seidentuch völlig aus. Orientalisch Kurzhaar sind frühreif, sollten aber dennoch nicht vor Ablauf des ersten Lebensjahrs zur Zucht eingesetzt werden. Die Würfe sind groß, bis zu neun Jungtiere sind keine Seltenheit. Anders als bei den Siam, deren Jungtiere erst allmählich die dunklen Abzeichen entwickeln, haben Orientalen bei der Geburt bereits ihre endgültige Farbe.

WISSENSWERTES

Stehen zwei männliche Löwen mit annähernd gleich großen Mähnen einander gegenüber, kommt es oft zum Kampf, wobei die Mähne den Hals vor Zähnen und Krallen des Gegners schützt.

Oben
Orientalisch Kurzhaar Rot ist in Großbritannien mehrfach mit höchsten Preisen ausgezeichnet worden. Um ihr Fell für Ausstellungen in Topform zu bringen, reibt man es mit einem weichen Leder ab.

Unten
Diese beiden Jungtiere weisen von Geburt an bereits ihre endgültige Farbe auf: Tabby Lilac und Tabby Chocolate.

Rexkatzen

RASSEMERKMALE	
NAME	verschiedene Rex-Rassen
ANDERE NAMEN	German Rex, Cornish Rex, Devon Rex, Si-Rex, Ohio Rex, Oregon Rex
KÖRPERBAU	muskulös, ansonsten je nach Rasse unterschiedlich
FARBSCHLÄGE	alle Farbschläge wie Britisch Kurzhaar bzw. Europäisch Kurzhaar

GRÖSSE

FELLPFLEGE

TEMPERAMENT

ALLE REXKATZEN HABEN EIN lockiges Fell. Das ist so ziemlich das Einzige, was Devon, Cornish und German Rex gemeinsam haben. Die Anomalie wird durch Mutation zweier verschiedener Gene verursacht, beide Erbanlagen sind rezessiv. Vom „Drahthaar" der American Wirehair wiederum unterscheidet sich das Lockenfell der Rex ebenfalls deutlich.

WISSENSWERTES
Katzen benötigen große Jagdreviere, um genügend Pflanzenfresser als Beutetiere zu finden, denn diese benötigen ihrerseits größere Flächen zum Grasen.

Oben
Die Vorfahren dieser Cornish Rex Rot waren Bauernhofkatzen im englischen Cornwall.

Rechts
Diese junge Cornish Rex Schwarz beweist ihr angeborenes Geschick im Jagen und Erlegen von Beutetieren.

GERMAN REX

LOCKIGE KATZEN HAT es zweifellos immer wieder einmal gegeben, belegt sind sie jedoch erstmals 1946 in Berlin, wo eine verwilderte schwarze Katze in den Ruinen eines ausgebombten Krankenhauses gefunden und gerettet wurde. Das liebevoll „Lämmchen" genannte Tier wurde zur Stammmutter der Rasse, die auf dem europäischen Kontinent als German Rex bekannt ist. Offenbar lebte Lämmchen unbehelligt als Hauskatze, bis ein Züchter sie 1951 entdeckte und ins Rampenlicht rückte. Aus einer Paarung mit ihrem Sohn Fridolin entstand ein Wurf mit mehreren lockigen Welpen, von denen zwei 1960 in die USA exportiert wurden. Inzwischen hatten allerdings auch anderswo lockige Katzen Aufmerksamkeit erregt.

CORNISH REX

1950 WURDE AUF EINEM Bauernhof in Bodmin Moor im südenglischen Cornwall ein lockiges Kätzchen geboren und Kallibunker genannt. Die Eltern waren eine kurzhaarige Hauskatze in Schildpatt mit Weiß und ein gewöhnlicher roter Kater. Beide hatten normales Fell, ebenso wie die übrigen vier Jungtiere des Wurfs. Kallibunkers Besitzerin Nina Ennismore züchtete Kaninchen und war von daher mit lockigem Fell als Kaninchenmutante vertraut. Sie erkannte, dass bei Kallibunker eine ähnliche Genmutation vorliegen musste, und nannte diese Variante nach der lockigen Kaninchenrasse Rex. Sie interessierte sich immerhin so sehr für das eigentümliche Fell ihrer Katze, dass sie einen mit der Vererbungslehre vertrauten Kaninchenzüchter darauf ansprach. Die Folge war, dass Kallibunker später mit seiner Mutter verpaart wurde und wiederum ein Jungtier mit lockigem Fell zeugte, einen blauen Tabbykater namens Poldhu.

CORNISH REX IN DEN USA

DIE ERSTEN CORNISH REX, die 1957 in die USA gelangten, waren zwei Abkömmlinge von Kallibunker, ein blaues Weibchen und ein roter Tabbykater. Die Kätzin wurde mit Poldhu verpaart und brachte bald nach ihrer Ankunft in Amerika einen Wurf zur Welt, der unter anderem zwei blau-weiße lockige Welpen umfasste. Sie begründeten die Cornish Rex in den USA. Mit später

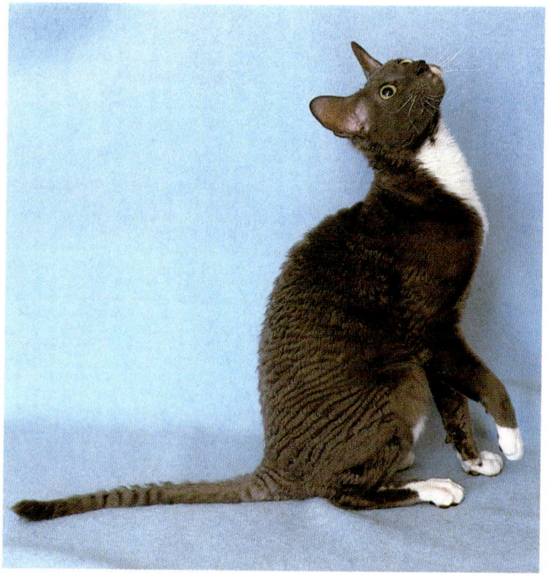

importierten German Rexkatzen wurde ein gemeinsames Zuchtprogramm German-Cornish Rex begonnen, das zeigte, dass die beiden Rassen genetisch identisch sind und gemeinsam wiederum lockige Welpen hervorbrachten.

Inzwischen war in den USA eine weitere Rex-Rasse aufgetaucht. 1959 hatte ein Züchter in Oregon in einem ansonsten normalen Wurf ein lockiges schwarzweißes Kätzchen entdeckt. Diese Kätzin, die nach einer in den 1930er Jahren populären Lockenfrisur „Kinky Marcella" genannt wurde, war genetisch identisch mit Cornish und German Rex, gehörte jedoch offenbar nicht zu dem erwähnten Zuchtprogramm. Was aus ihr wurde, ist nicht bekannt. Die heutigen Rexkatzen in den USA stammen sämtlich von den 1957 importierten Tieren ab.

DEVON REX

DIE DEVON REX entstand 1960 als separate und, wie man heute weiß, genetisch anders geartete Genmutation in der Nähe von Buckfastleigh in der englischen Grafschaft Devon. Sie war ein Abkömmling einer streunenden „Glückskatze" (Schildpatt mit Weiß) und eines lockigen verwilderten Katers, die in einer aufgelassenen Zinnmine aufgegriffen wurden und ein neues Zuhause fanden. Der kleine Kater mit dem Lockenfell wurde Kirlee genannt und später mit einer Cornish Rex verpaart, in dem Glauben, die beiden passten genetisch zueinander. Das allerdings stellte sich als Irrtum heraus, denn sämtliche Welpen des Wurfs waren normal kurzhaarig. Von da an wurde die Devon Rex als eigenständige Rasse weiterentwickelt, deren Stammvater Kirlee war.

BEGINN DER ZUCHTTÄTIGKEIT

DAS SPONTANE AUFTRETEN solcher Lockenkatzen weckte bei Züchtern großes Interesse. 1962 wurde ein internationaler Verein gegründet, in dem sie gemeinsam die neuen Rassen (die man seinerzeit noch für ein und dieselbe Rasse hielt) weiterentwickeln wollten. Der erste deutsche Rex-Zuchtverein entstand 1967, im Jahr darauf folgte eine vergleichbare Gesellschaft in den USA.

Cornish und Devon Rex erhielten bereits 1967 in Großbritannien als separate Rassen Championstatus, in den USA erst 1979 (durch die CFA), als man die beiden Rex-Rassen erstmals unterschied, nachdem sie zuvor in einem gemeinsamen Zuchtbuch geführt worden waren. In Europa sind beide Rasse anerkannt. Die ebenfalls von der FIFe anerkannte German Rex ist genetisch mit der Cornish Rex identisch.

SI-REX

SI-REX IST KEINE Rasse, sondern der inoffizielle Name für Devon oder Cornish Rex mit Siamabzeichen, um sie von anderen Farbschlägen zu unterscheiden. In den USA heißen Si-Rex – ebenfalls inoffiziell – Seal Point Rex. Bei diesen Varietäten dürfen die Augen ausschließlich blau wie bei Siamkatzen sein.

NEUE MUTATIONEN

ZWEI INTERESSANTE Neuentwicklungen in Bezug auf Rexkatzen waren später dies- und jenseits des Atlantiks zu beobachten. In den 1980er Jahren gab es in den Niederlanden eine Rex-Mutation, die ein recht grobes, struppiges Lockenfell aufwies, das

Oben
Anders als Devon Rex besitzen Cornish Rex wie diese keine Leithaare.

Unten links
Diese Devon Rex Rot-Silber stammt aus einer anderen Zuchtlinie als die Cornish Rex.

Unten rechts
„Si-Rex" ist der inoffizielle Name von Devon oder Cornish Rex mit Siamabzeichen.

WISSENSWERTES

Das Fell junger Löwen ist oft getupft oder gestreift – vielleicht ein Hinweis auf ihre Verwandtschaft mit Tigern und Leoparden, denn reines Beige wäre als Tarnfarbe besser geeignet.

Seltene Rassen

DIE IN DIESEM KAPITEL vorgestellten Rassen sind entweder Neuzüchtungen – zum Teil so neu, dass sie sich noch nicht einmal auf den langen und steinigen Weg zur Anerkennung gemacht haben – oder sie sind so selten, dass man sie höchstens auf speziellen Ausstellungen oder bei ihren Züchtern zu Gesicht bekommt. Bei manchen handelt es sich um Experimentalzüchtungen, die ihre Funktionalität und ihre Gesundheit noch unter Beweis stellen müssen. Einige Kritiker betrachten die Arbeit der Experimentalzüchter mit Misstrauen und behaupten, ihnen wäre nur an der Erschaffung von Novitäten gelegen, nicht aber an den Interessen der Katzen selbst. Natürlich resultieren viele dieser Zuchtexperimente in Nachwuchs, der den Erwartungen nicht entspricht und der dann auf dem ohnehin schon überfüllten Haustiermarkt landet. Aber andererseits haben sich einige der neueren Zuchtprodukte als robuste und attraktive Rassen erwiesen.

LANGHAARKATZEN

Nebelung

RASSEMERKMALE

NAME	Nebelung
ANDERE NAMEN	Nebelung Blue
KÖRPERBAU	Plumptyp
FARBSCHLÄGE	Blaugrau

GRÖSSE

FELLPFLEGE

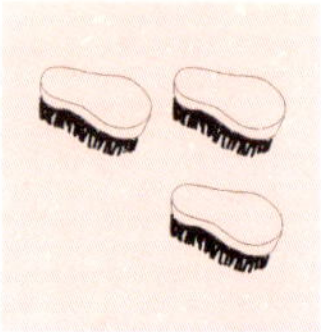

TEMPERAMENT

DIE ENTSTEHUNG DER RASSE

DIE NEBELUNG WIRD MANCHMAL auch Nebelung Blue oder Langhaarige Russisch Blau genannt, was ihr Äußeres recht gut beschreibt. Aber auch wenn inzwischen Russisch Blau eingekreuzt wird, entstand die Rasse ursprünglich 1984 in Denver aus der Paarung zweier Hauskatzen, einem blauen Kater und einer schwarzen Katze. Der Erstgeborene bekam den Namen Siegfried, und eine Zeitlang schien es, als wäre er ein Zufallsprodukt, eine Laune der Natur. Doch dann ging aus derselben Anpaarung ein weiteres blaues Kätzchen hervor, diesmal ein Weibchen, und eine neue Rasse war geboren. Das Blau-Gen, eine Aufhellung von Schwarz, ist rezessiv, was bedeutet, dass eine Verpaarung von zwei Nebelungs immer reine Nebelung-Nachkommen ergibt.

Unten rechts
Die Einkreuzung der Russisch Blau ist mittlerweile erlaubt, um Inzucht zu vermeiden.

MERKMALE

DIE NEBELUNG, EINE BILDHÜBSCHE Katze, wirkt immer hellwach und aktiv. Sie hat einen langen, schlanken Körper und trägt ihren buschigen Schwanz hoch erhoben. Der Kopf hat eine leichte Keilform, die am Ansatz breiten Ohren stehen weit auseinander, sind gespitzt und mit Haarbüscheln versehen. Die großen, weit auseinander stehenden Augen sind leicht oval. Das Fell ist mittellang mit dichter Unterwolle, die Farbe ähnelt der Russisch Blau. Die Augenfarbe ist grün. Merkwürdigerweise verfärben sich die blauen Augen der Kätzchen erst gelb, bevor sie schließlich grün werden. Nebelungs gelten als robust und aktiv und sind im Vergleich zu anderen Langhaarrassen relativ pflegeleicht.

RASSEMERKMALE	
NAME	American Bobtail
ANDERE NAMEN	keine
KÖRPERBAU	kräftig
FARBSCHLÄGE	einfarbig (Solid) Schwarz, Blau, Rot, Creme und Weiß, Tabby, Schildpatt, Schildpatt mit Weiß, Tipped, Smoke und Bicolour

American Bobtail

DIE AMERICAN BOBTAIL ist nicht mit der Japanischen Bobtail verwandt, und für ihren Stummelschwanz, der ganz anders aussieht als das pomponartige Anhängsel der Japanischen Bobtail, scheint das Manx-Gen verantwortlich zu sein.

DIE ENTSTEHUNG DER RASSE

DIE GESCHICHTE DER AMERICAN BOBTAIL begann mit einem halbwilden Katerchen mit Stummelschwanz, das der Farmer John Sanders aus Iowa und seine Frau Anfang der 1970er Jahre auf dem Parkplatz eines Motels entdeckten. Angeblich stammte es aus der Paarung zwischen einem Rotluchs und einer Hauskatze, doch das ist unwahrscheinlich, wenn nicht sogar unmöglich. Die Sanders nahmen den Brauntabby mit und nannten ihn Yodie. Zu Hause paarte er sich mit ihrer Seal-Point-Siamkatze Mishi. Es kam zu mehreren Würfen, unter denen neben vielen normalschwänzigen auch einige stummelschwänzige Junge waren. Sie lebten in der Scheune und paarten sich dort mit einem Scheunenkater mit weißen siamähnlichen Abzeichen. Einige der daraus entstehenden Kätzchen hatten nicht nur Stummelschwänze, sondern auch weiße Abzeichen an Kopf, Beinen und Schwanz.

In diesem Stadium begannen sich ein oder zwei der örtlichen Züchter für die Katzen zu interessieren und fingen an, mit Himalayan- und Birma-Einkreuzungen zu experimentieren. Daraus entstanden verschiedene Fell-Längen, und jetzt variiert das Fell der American Bobtail von halblangem bis zu mittelkurzem Haar.

MERKMALE

1990 AKZEPTIERTEN zwei amerikanische Zuchtverbände die American Bobtail in all ihren Farbschlägen zur Anerkennung, und es ist anzunehmen, dass man in Zukunft noch mehr von dieser hübschen und faszinierenden Rasse hören wird. In Europa ist sie noch nicht anerkannt. Die American Bobtail wird als stämmige Langhaarkatze mit geduckter Körperhaltung beschrieben. Der Schwanzstummel ist im Idealfall 2,5 bis 10 cm lang und kann nach oben oder zur Seite gebogen sein. Der Kopf ist rund mit vollen Wangen und weit auseinander stehenden Ohren. Die Augen wünscht man sich ebenfalls rund, voll und mit wachem Blick. Das Manx-Gen ist bekanntermaßen unzuverlässig, und so werden viele American Bobtails mit normalen Schwänzen oder ganz ohne Schwanz geboren. Die Kätzchen sind von Anfang an sehr verspielt und wachsen zu geselligen Katzen heran, die den Kontakt zum Menschen suchen. Die semilanghaarige Variante muss zwei- bis dreimal pro Woche gebürstet werden.

GRÖSSE

FELLPFLEGE

TEMPERAMENT

Unten rechts und links
Die American Bobtail ist eine Semi-Langhaarkatze und sollte zwei- bis dreimal pro Woche gebürstet werden.

Ragdoll

RASSEMERKMALE	
NAME	Ragdoll
ANDERE NAMEN	keine
KÖRPERBAU	kräftig
FARBSCHLÄGE	Seal Point, Chocolate Point, Blue Point, Lilac Point, Bicolour und mit weißen Pfoten

GRÖSSE

FELLPFLEGE

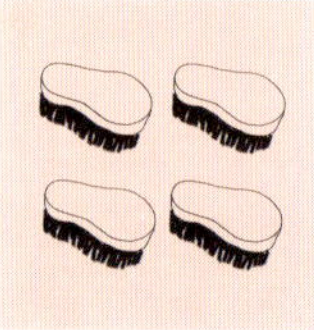

TEMPERAMENT

DIE RAGDOLL VERDANKT ihren Namen der Tatsache, dass sie sich schlaff wie eine Lumpenpuppe hängen lässt, wenn man sie hochnimmt. Für eine Rasse mit so kurzer Geschichte – seit 1965 – haben sich schon erstaunlich viele Mythen und Kontroversen um sie gebildet. Dazu gehört zum Beispiel ihr Name: Alle Katzen, die sich geliebt und sicher fühlen, entspannen sich vollkommen auf dem Arm ihres Besitzers – also keineswegs nur die Ragdoll. Besonders zweifelhaft ist aber die Geschichte über den Ursprung dieser Rasse.

DIE ENTSTEHUNG DER RASSE

DIE VERMEINTLICHE „SCHLAFFHEIT", die als charakteristisch für die Rasse gilt, soll die Auswirkung eines Verkehrsunfalls sein, den die Mutter der ersten Ragdoll, eine weiße Perserkatze, erlitt und an ihre Jungen weitergab. Das ist natürlich Unsinn. Keine Mutation – falls es sich um eine solche gehandelt hat – kann auf diesem Weg vererbt werden. Aber angeblich war dies auch die Ursache für die anderen Merkmale der Ragdoll, wie etwa das geringe Schmerzempfinden, die Furchtlosigkeit, das scheinbare Fehlen eines Überlebensinstinkts und ein überaus gutmütiges Wesen. Es ist sehr wahrscheinlich, dass diese Charaktereigenschaften das Ergebnis starker Selektion sind. Aber was immer auch zutreffen mag, begründet wurde die Rasse von drei Nachkommen des weißen Unfallopfers Josephine. Eines ihrer Jungen, Daddy War Bucks, paarte sich mit einer Birmakatze und wurde zum Stammvater der Rasse.

MERKMALE

DIE RAGDOLL wurde in den 1960er Jahren von der kalifornischen Züchterin Ann Baker entwickelt. Trotz ihres sanften Naturells ist sie eine große und eindrucksvolle Katze, schwer gebaut und mit kräftigen Knochen. Die Kater werden bis zu 45 cm hoch und erreichen ausgestreckt eine Länge von über 90 cm.

Generell ähneln die Ragdolls Birmakatzen, die, wie oben erwähnt, zu ihren Vorfahren zählen. Sie haben eine tiefe Brust, breite Schultern und eine breite Hinterhand. Die Beine sind mittellang und kräftig, die Pfoten groß, rund und fest mit Haarbüscheln zwischen den Zehen. Der lange buschige Schwanz ist am Ansatz von mittlerer Dicke und verjüngt sich zum Ende hin. Der Kopf ist groß mit vollen Wangen und einer runden Nasenpartie. Er sitzt auf einem kurzen, dicken

Oben rechts
Die Ragdoll ist eine große Langhaarkatze mit einem buschigen Schwanz.

Oben links
Ragdolls stammen zwar von einer weißen Perserkatze ab, doch die meisten ähneln eher Birmakatzen.

Hals. Die Ohren sind mittelgroß, am Ansatz breit, mit runden Spitzen, nach vorn gerichtet und mit deutlichen Haarbüscheln versehen. Die weit auseinander stehenden Augen sind groß und oval. Das halblange Fell ist voll und seidig und an der Halskrause sowie an Brust und Bauch besonders gut ausgeprägt.

Die Ragdoll ist seit den 1970er Jahren von fast allen amerikanischen Zuchtverbänden anerkannt und bekam inzwischen auch vom GCCF und von der FIFe die Anerkennung.

TEMPERAMENT

EIN ASPEKT IM Wesen der Ragdoll ist die Tatsache, dass sie nicht kämpft oder sich wehrt, sondern sich nur duckt oder versteckt. Das macht sie zu einer guten Kinderkatze – allerdings sollte man den Kindern nahe legen, die unendliche Geduld der Katze nicht auszunutzen. Aufgrund ihrer geringen Kampfbereitschaft sollte die Ragdoll im Haus gehalten werden. Ihre Fellpflege ist allerdings sehr aufwändig, vor allem im Sommer, wenn sie stark haart. Ihr dichtes Fell neigt zum Verfilzen und muss täglich gekämmt und gebürstet werden. Die Jungtiere werden weiß geboren und erlangen ihre endgültige Farbe (und Größe) erst im Alter von zwei bis drei Jahren.

FARBSCHLÄGE

RAGDOLLS WERDEN in vier Colourpoint-Farben, aber auch zweifarbig und mit weißen Pfoten gezüchtet. Bei der Seal Point sollte das Fell auf der Körperoberseite hellbraun und auf der Unterseite hellcremefarben sein. Die Points sind von einem dunklen Braun. Der Nasenspiegel muss ebenfalls dunkelbraun sein, die Pfotenballen werden dunkelbraun oder schwarz gewünscht. Die Chocolate Point hat ein elfenbeinfarbenes Fell, und die Points haben die Farbe von Milchschokolade. Nasenspiegel und Pfotenballen sind rosa. Bei der Blue Point ist die Körperfarbe graublau, an der Unterseite aufgehellt. Die Points sind von einem dunklen Graublau, ebenso der Nasenspiegel und die Pfotenballen. Die Lilac Point ist milchweiß und hat graurosafarbene Points, einen fliederfarbenen Nasenspiegel und rosa Ballen.

Die Variante mit weißen Pfoten gilt bei manchen Züchtern als ursprüngliche und einzig akzeptable Farbe. Das Weiß erstreckt sich über Brust, Latz und Kinn, mit einem weißen Streifen, der zwischen den Vorderbeinen hindurch bis zum Schwanzansatz führt. An den Vorderpfoten trägt die Katze weiße „Handschuhe" und an den Hinterpfoten weiße „Stiefel". Bei der zweifarbigen Variante erstreckt sich das Weiß über Brust, Bauch und Beine. Auf der Nase bildet die Weißzeichnung ein auf dem Kopf stehendes „V", das in das Weiß an der Brust übergeht.

WISSENSWERTES

Alle neugeborenen Katzen sind Nesthocker. Sie werden mit geschlossenen Augen geboren und sind darauf angewiesen, dass ihre Mutter sie ernährt und in einem sicheren Versteck unterbringt.

Oben links
Die Ragdoll mit den weißen Pfoten ist der klassische Typ. Auffällig sind die großen Augen, die mittelgroßen Ohren und der runde Kopf.

Oben rechts
Die Bicolour-Variante, hier blau und weiß, ist einer der vielen erlaubten Farbschläge.

KURZHAARRASSEN

American Curl

RASSEMERKMALE	
NAME	American Curl
ANDERE NAMEN	keine
KÖRPERBAU	mittel
FARBSCHLÄGE	alle Farben, einschließlich Colourpoint

GRÖSSE

FELLPFLEGE

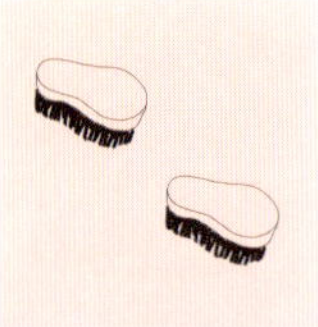

TEMPERAMENT

DAS WORT „CURL“ (gekräuselt) im Namen dieser Rasse bezieht sich auf die Ohren, deren Spitzen sich durch eine dominante Mutation nach hinten biegen.

DIE ENTSTEHUNG DER RASSE

DIE GESCHICHTE begann 1981. Damals wanderte ein herrenloses schwarzes Kätzchen, das merkwürdig geformte Ohren hatte und später den Namen Shulamith bekommen sollte, von der Straße direkt ins Haus der kalifornischen Katzenfreundin Grace Ruga. Noch im selben Jahr brachte Shulamith vier Junge zur Welt, von denen zwei gekräuselte Ohren entwickelten. Weitere Würfe erbrachten ähnliche Resultate, und die Entstehung einer neuen Rasse nahm ihren Lauf. Shulamith und einige ihrer Nachkommen wurden im Oktober 1983 erstmals auf einer Ausstellung im kalifornischen Palm Springs gezeigt. Seit Anfang der 1990er Jahre ist die Rasse von CFA und TICA anerkannt, von den europäischen Verbänden GCCF und FIFe jeoch bisher noch nicht.

MERKMALE

ABGESEHEN VON den Ohren ist gesundes Mittelmaß der Schlüssel zum Körperbau der American Curl. Kopf und Körper sind mittelgroß, und der Schwanz muss zum Körper passen. Die Nasenpartie ist weder spitz noch übermäßig stumpf. Die Augen sind mittelgroß, oval und stehen geringfügig schräg. Das Fell ist mittellang und liegt durch die fehlende Unterwolle dicht an. Eine üppige Halskrause ist nicht erwünscht.

TEMPERAMENT

AMERICAN CURLS gelten als verspielt und anpassungsfähig, und ihr Temperament ist ebenso ausgewogen wie ihr Körperbau. Die Katzen sind relativ pflegeleicht. Bei der Geburt haben die Kätzchen normale Ohren, die sich aber nach wenigen Tagen zu kräuseln beginnen. Im Alter von sechs Wochen sind die Ohren extrem gekräuselt, lockern sich dann aber wieder und haben mit vier bis sechs Monaten ihre endgültige Form, die von Tier zu Tier ein wenig variieren kann.

Oben links
Die gekräuselten Ohren sind die Folge einer Genmutation. Die Stärke der Kräuselung ist von Tier zu Tier verschieden.

Oben rechts
Diese American Curl hat das für die Rasse typische mittellange Fell.

RASSEMERKMALE	
NAME	Burmilla
ANDERE NAMEN	keine
KÖRPERBAU	geschmeidig und muskulös
FARBSCHLÄGE	alle Tipping-Farben außer Zimt und Beige

Burmilla

GRÖSSE

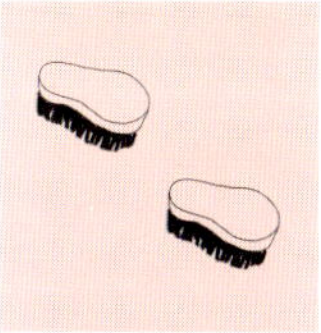

FELLPFLEGE

TEMPERAMENT

DIE BURMILLA IST EIN Burma-Typ mit Spitzenfärbung (Tipping). Sie entstand 1981 aus der Kreuzung eines Chinchilla-Katers und einer lilacfarbenen Burmakatze. Die Kätzchen sahen zunächst enttäuschend aus, doch sie entwickelten sich zu bildschönen schwarz oder braun getippten Katzen mit silbernem Fell.

DIE ENTSTEHUNG DER RASSE

DIE ZUCHTPRODUKTE erhielten ihren Namen, und 1985 wurde ein Züchterklub gegründet. In Großbritannien wurde die Rasse 1990 vorläufig anerkannt und in die mittlerweile gebildete Asiaten-Burmilla-Gruppe eingeordnet. Von der FIFe ist die Burmilla seit 1996 anerkannt.

MERKMALE

DIE BURMILLA ENTSPRICHT dem halborientalischen Typ. Ihr Körper ist mittellang und -breit. Sie ist fest bemuskelt und hat einen geraden Rücken. Der Schwanz ist von mittlerer Länge und Dicke und läuft in eine runde Spitze aus. Der kurze Keilkopf mit der vorstehenden Nase ist oben sanft gerundet. Die leicht nach vorn geneigten Ohren sind mittelgroß bis groß, stehen – ebenso wie die Augen – weit auseinander und haben runde Spitzen.

Das Fell der Burmilla ist kurz und fein und liegt dicht am Körper an. Die Färbung der Haarspitzen soll entlang der Wirbelsäule und des Schwanzes am intensivsten sein. An den Flanken wird sie schwächer und verschwindet unter dem Bauch. Die getippten Partien sollten möglichst keine Tigerzeichnung aufweisen, doch an Kopf, Beinen und Schwanz tritt diese Zeichnung häufig auf. Bei den Shell- oder Shaded-Varianten sind alle Farben außer Zimt (Cinnamon) und Beige (Fawn) erlaubt.

TEMPERAMENT

BURMILLAS SIND überaus elegante und schöne Katzen, die schon viele begeisterte Anhänger haben. Von der Burma haben sie die Anhänglichkeit geerbt, aber auch die Abneigung gegen das Alleinsein. Ihr Fell sollte mindestens zweimal pro Woche gebürstet werden. Die Burmillas werden mit blassem Fell geboren; das Tipping stellt sich erst beim Heranwachsen ein.

Oben rechts
Die Grundfarbe der Burmilla ist Silber – der Farbeffekt entsteht durch die Färbung der Haarspitzen.

Oben links
Hier sind die Haarspitzen im Farbton Chocolate gefärbt.

Links
Das Fell dieser schwarz getippten Burmilla ist kurz und fein.

California Spangled

RASSEMERKMALE	
NAME	California Spangled (Cat)
ANDERE NAMEN	keine
KÖRPERBAU	muskulös
FARBSCHLÄGE	Silber, Dunkelgrau, Bronze, Gold, Rot, Blau, Braun und Schwarz

GRÖSSE

FELLPFLEGE

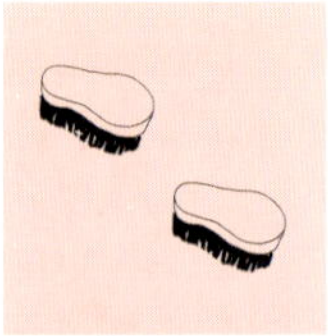

TEMPERAMENT

DAS EXKLUSIVE amerikanische Kaufhaus Neiman-Marcus ist berühmt für seine Neuheiten, die alljährlich im Weihnachtskatalog angeboten werden und die von zweimotorigen Flugzeugen bis hin zu Katzen reichen. Das Weihnachtsangebot von 1986 war die California Spangled, eine Katze im „Leopardenlook", entworfen für Amerikas obere Zehntausend.

DIE ENTSTEHUNG DER RASSE

DIE CALIFORNIA WAR das Ergebnis eines zehnjährigen Zuchtprogramms, mit dem der Drehbuchautor Paul Casey aus Hollywood ab 1971 eine Hauskatze mit allen Merkmalen einer Wildkatze schaffen wollte. Er verwendete für seine Zucht Angoras, Siamesen, Manx und diverse Hauskatzen. Caseys Motivation war unter anderem der Wunsch, den unzähligen Wildkatzen in aller Welt, die wegen ihres Pelzes getötet wurden, ein lebendes Denkmal zu setzen. Die Katzen, die für 1400 Dollar vermarktet wurden, fanden bei wohlhabenden Katzenfreunden reißenden Absatz, sind aber bisher von keinem Zuchtverband anerkannt.

MERKMALE

DIE CALIFORNIA Spangled ist eine Katze mit einem langen, aber gut bemuskelten Körper und kräftigen Beinen. Der Schwanz läuft stumpf aus. Der Kopf ist mittelgroß und breit, die Stirn leicht gerundet; Maul- und Nasenpartie sind stark ausgeprägt. Die Ohren sind mittelgroß und sitzen oben auf dem Kopf, und die weit auseinander stehenden Augen sind ebenfalls mittelgroß und mandelförmig. Das Fell ist kurz und samtig; Tupfen bedecken den Rücken und die Flanken. An den Beinen werden aus den Tupfen Streifen, und auch der Schwanz sollte mindestens einen dunklen Ring zeigen.

California Spangled werden in Silber, Dunkelgrau, Bronze, Gold, Rot, Blau, Braun und Schwarz gezüchtet. Reiche Katzenliebhaber, die eine solche Katze besitzen, berichten, dass die Tiere hochintelligent seien und ein ausgeglichenes Wesen hätten. Es wird empfohlen, die Katzen zweimal wöchentlich zu bürsten. Die Kätzchen werden schwarz geboren und entwickeln die Tupfenzeichnung erst beim Heranwachsen.

Oben rechts
Diese silberfarbene California Spangled verkörpert das Zuchtziel -- eine möglichst große Ähnlichkeit mit Wildkatzen.

Oben links
Die goldfarbene Tupfenkatze hat die angestrebte stumpfe Schwanzspitze.

Unten
Die Kätzchen werden schwarz geboren; auch diese braune Katze hat ihr Tupfenkleid erst beim Heranwachsen entwickelt.

RASSEMERKMALE

NAME	Singapura
ANDERE NAMEN	keine
KÖRPERBAU	Klein und muskulös
FARBSCHLÄGE	Elfenbein mit braunen Haarspitzen oder Weiß/Tabby Bicolour

Singapura

DIE SINGAPURA soll die kleinste Hauskatzenrasse der Welt sein, und es ist schade, dass eine so hübsche Katze zu erbitterten Kontroversen unter den amerikanischen Zuchtverbänden geführt hat.

DIE ENTSTEHUNG DER RASSE

ANFANGS BEHAUPTETEN die ersten Züchter, dass sie 1974 drei Singapuras in Singapur auf der Straße gefunden hätten, wo die kleinen Katzen angeblich in Massen herumstreunen – eine Behauptung, die sie später zurücknahmen. Zweifler waren schon länger der Ansicht, dass die Katzen aus Houston, Texas, stammen. Aber die Singapura ist eine so außergewöhnliche und bezaubernde Katze, dass all das keine Rolle spielt.

Ob sie nun aus Singapur kommen oder aus Houston, die Singapuras sind mittlerweile allgemein akzeptiert. 1988 wurden sie in Amerika anerkannt, und nachdem 1989 die ersten Katzen nach Großbritannien exportiert wurden, gelang es ihnen 1997, auch dort die vorläufige Anerkennung zu bekommen. Die FIFe erkennt die Singapura bis jetzt nicht an.

MERKMALE

SINGAPURAS sind klein, haben auffällig kleine Ohren und ein niedliches Gesicht. Sie wiegen 1,8 bis 2,7 kg, doch in Großbritannien ist die Selektion auf Zwergwuchs verpönt, weil er zu Komplikationen bei der Geburt führen kann. Der Körper ist mittelkräftig und muskulös, der Rücken leicht aufwärts gebogen, die Beine sind mittellang und die Pfoten klein. Der Schwanz ist von mittlerer Länge und hat eine stumpfe Spitze. Am runden Kopf fällt vor allem die deutlich vorstehende, leicht viereckige Oberkieferpartie auf.

Die Ohren sind groß, breit am Ansatz und tief gewölbt. Die großen Augen haben Mandelform und stehen etwas schräg.

Das Fell ist außergewöhnlich kurz und liegt dicht an. Auf dem Rücken, den Flanken und dem Hinterkopf ist es elfenbeinfarben und auf der Unterseite cremeweiß. Die dunkleren Fellpartien sollen mindestens ein doppeltes dunkelbraunes Ticking auf dem elfenbeinfarbigen Grund aufweisen. Die Haarspitzen sind dunkel, der Ansatz hell. Einige Beinstreifen sind erlaubt. Der Nasenspiegel ist rot, die Fußballen sind dunkelbraun. Die Augen können haselnussbraun, grün oder golden sein.

Die Vorfahren der Singapura sind eindeutig Wildkatzen – ob aus Asien oder Nordamerika –, und diese Abstammung verleiht den Katzen ihre Robustheit.

TEMPERAMENT

SINGAPURAS GELTEN als freundlich, neugierig und lebhaft und sind ideale Haustiere, auch wenn sie etwas Zeit brauchen, um sich an ein neues Heim und neue Besitzer zu gewöhnen. Sie sollten im Haus gehalten werden, brauchen dann aber viel Beschäftigung.

GRÖSSE

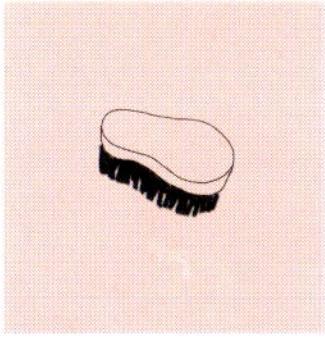

FELLPFLEGE

TEMPERAMENT

Oben
Über die Herkunft der Singapura herrscht Uneinigkeit; manche halten sie für eine Straßenkatze aus Singapur, andere vermuten, dass sie aus Houston stammt.

Mitte
Die Singapura ist die kleinste Katzenrasse.

Unten
Diese jungen Singapuras sind neugierig und verspielt.

Snowshoe

RASSEMERKMALE	
NAME	Snowshoe
ANDERE NAMEN	Silver Laces, Schneeschuhkatze
KÖRPERBAU	muskulös und kräftig
FARBSCHLÄGE	Seal Point und Blue Point

GRÖSSE

FELLPFLEGE

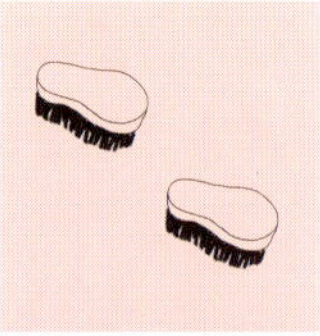

TEMPERAMENT

DIE SNOWSHOE (Schneeschuhkatze), auch bekannt als Silver Laces, ist eine Kurzhaarkatze im Birmatyp, die Ende der 1960er Jahre von einigen wenigen amerikanischen Züchtern entwickelt wurde.

DIE ENTSTEHUNG DER RASSE

DIE ZUCHT BASIERT AUF KREUZUNGEN zwischen Siamesen und zweifarbigen American Shorthairs. Das Ergebnis ist eine Colourpoint-Katze mit weißen „Strümpfen", die bis zur Höhe der „Laces" (Schnürsenkel) reichen, was der Katze ihren zweiten Namen einbrachte. Ein amerikanischer Zuchtverband begann 1974 mit der Registrierung der Zuchttiere und erteilte ihr 1983 auch den Championats-Status, aber bei den anderen Verbänden ist die Snowshoe bisher nicht anerkannt.

Die Snowshoe ist eine mittlere bis große Katze, muskulös und kraftvoll, mit einem langen Rücken und einem schweren Körper. Die Beine sind lang und stämmig, die Pfoten rund. Der Schwanz ist mittellang und läuft mittelspitz zu. Der Kopf sollte nicht zu orientalisch aussehen. Erwünscht ist eine mittlere Keilform mit einem deutlichen Stopp. Die Ohren sollen am Ansatz breit, groß und gespitzt sein. Die leuchtend blauen Augen sind groß, mandelförmig und verlaufen von der Nase in Richtung Ohr schräg aufwärts. Das kurze Fell liegt dicht an und soll einen schimmernden Glanz haben. Bei den eingetragenen Tieren sind nur die Farben Seal Point und Blue Point erlaubt, aber dort, wo die Tiere nicht anerkannt sind, werden auch andere Farben gezüchtet. Die Snowshoe hat viel vom Temperament der Siamkatze und ist ebenso „gesprächig" und anhänglich wie sie. Sie wird am besten im Haus gehalten, verträgt längeres Alleinsein aber nur schlecht.

Malayan

GRÖSSE

FELLPFLEGE

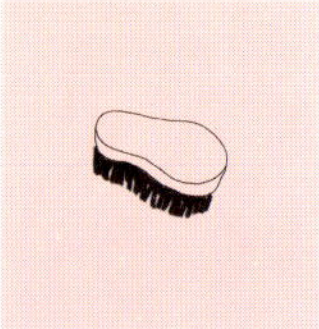

TEMPERAMENT

MALAYAN NANNTE DIE amerikanische Cat Fanciers Association (CFA) von 1960 an Burmakatzen in den Farbschlägen Chocolate, Platinum (Lilac) und Blau, weil sie sie für eine separate Rasse hielt. Mittlerweile hat sich die CFA jedoch den anderen Organisationen angepasst und akzeptiert sie als Burmakatzen.

RASSEMERKMALE	
NAME	Munchkin
ANDERE NAMEN	keine
KÖRPERBAU	Miniatur
FARBSCHLÄGE	Rasse noch nicht vollständig entwickelt

Munchkin

DIE MUNCHKIN IST EINE relativ neue Rasse – erst rund zehn Jahre alt –, und ihre Zucht erscheint ein wenig fragwürdig.

DIE ENTSTEHUNG DER RASSE

DAS AUFFALLENDSTE SIND die ungewöhnlich kurzen Beine der Munchkin, durch die sie wie eine Miniaturkatze wirkt – ein Effekt, der nicht ohne Reiz ist. Da die Munchkin bisher von jedem Zuchtverband, an den sich ihre Züchter gewendet haben, abgelehnt wurde, gibt es noch keinen Rassestandard.

Die Zuchtverbände hatten zwei Gründe für ihre Ablehnung. Zum einen fürchten sie, dass die Munchkin mit ihren kurzen Beinen nicht rennen, springen und klettern kann wie eine normalwüchsige Katze, und zum anderen besteht die Gefahr, dass mit der Kurzbeinigkeit weitere genetische Defekte verbunden sind, die bei intensiver Züchtung zu Tage treten würden.

GRÖSSE

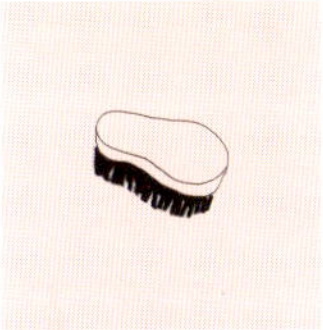
FELLPFLEGE

TEMPERAMENT

Seite 324 unten
Bei der CFA wurde die Burma eine Zeitlang unter dem Namen Malayan geführt.

Links
Ihre kurzen Beine könnten die Munchkin beim Springen und Klettern behindern.

Sphinx

RASSEMERKMALE	
NAME	Sphinx
ANDERE NAMEN	Nacktkatze, Canadian Hairless Cat, Sphynx
KÖRPERBAU	elegant und muskulös
FARBSCHLÄGE	alle Farben

GRÖSSE

FELLPFLEGE

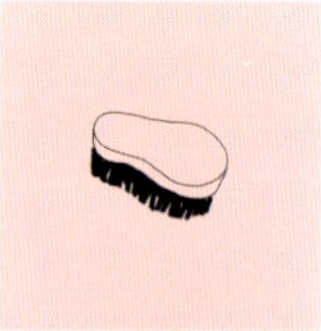

TEMPERAMENT

DIE SO GENANNTE Nacktkatze, auch Canadian Hairless Cat genannt, ist eine spontane Mutation, die 1966 im kanadischen Ontario erstmals auftrat. Für die meisten Menschen fehlt der haarlosen Katze alles, was eine Katze ausmacht, was auch erklärt, warum die Sphinx so wenige Liebhaber hat.

DIE ENTSTEHUNG DER RASSE

INTERESSANT IST, dass schon bei den mexikanischen Azteken haarlose Katzen erwähnt werden, denen im Winter etwas Fell auf dem Rücken und dem Schwanz wuchs. Dasselbe Phänomen zeigt sich auch bei einigen der modernen Sphinxkatzen. Wenn man bedenkt, dass die moderne Sphinx in Kanada auftauchte und dass die Besiedelung Amerikas von Norden nach Süden erfolgte, ist es vielleicht nicht abwegig zu glauben, dass die Sphinx als Relikt der Frühzeit wieder aus dem unerschöpflichen Genpool aufgetaucht ist.

Oben
Mit ihrem ungewöhnlichen Körperbau sieht die Sphinx nicht aus wie eine normale Katze. Sie hat keine Schnurrhaare und riesige Ohren.

Seite 327 oben
Eine Kreuzung aus Hauskatze und der wilden Kleinfleckkatze.

Seite 327 unten
Diese Bengalkätzchen sind das Ergebnis einer Kreuzung von Hauskatze und Bengalkatze.

Die erste Sphinx war die einzige haarlose Katze in einem Wurf normaler Hauskatzen. Ihre Mutter hatte schwarz-weißes Fell, der Vater war unbekannt. Die Haarlosigkeit – die so genannte Haarlosigkeit, weil die Sphinx ein sehr kurzes Daunenfell hat, das schwer zu sehen oder zu fühlen ist, wenngleich ihr Augenbrauen und Schnurrhaare fehlen – wird durch ein rezessives Gen verursacht. Durch die Mutation hat sich nicht nur die Haarlänge verändert, sondern auch der Körperbau, sodass die Sphinx nicht aussieht wie eine normale Hauskatze ohne Fell, sondern wie eine ganz andere Art. Bei normalen Katzen reguliert das Fell die Körpertemperatur, doch die haarlose Sphinx schwitzt und fühlt sich immer warm an. Die einzigen Stellen, an denen etwas feines Haar zu erkennen ist, sind die Points und die Hoden.

MERKMALE

DIE SPHINX HAT einen langen, eleganten und muskulösen Körper, eine tiefe Brust, lange, schlanke Beine und ovale Pfoten mit langen Zehen. Der Schwanz ist lang, dünn und hart. Auch der Hals ist lang und trägt einen Kopf, der etwas länger als breit ist. Die Ohren wirken unverhältnismäßig groß, sind am Ansatz sehr breit und haben runde Spitzen. Die Augen liegen tief und verlaufen schräg. Es sind diverse Farben erlaubt, doch manche werden von bestimmten Zuchtverbänden ausgeschlossen. In Amerika ist die Sphinx nur von einem Verband anerkannt. Die einstige Anerkennung in Kanada ist zurückgezogen worden, in den Niederlanden und in Frankreich sind die Katzen anerkannt, nicht aber vom europäischen Dachverband FIFe. Im Zuge der Novellierung des deutschen Tierschutzgesetzes wird über ein Verbot der Sphinx-Zucht diskutiert, weil den Tieren die Tasthaare fehlen.

TEMPERAMENT

SPHINXKATZEN gelten als große Schnurrer, aber sie lassen sich nicht gern streicheln. Sie leben auch nicht gern mit anderen Katzen oder sonstigen Haustieren zusammen und eignen sich deshalb nur für einen Ein-Katzen-Haushalt. Weil ihnen kein Fell Schutz vor Wind und Wetter bietet, sollten sie im Haus gehalten werden. Ihre Körpertemperatur liegt ein bis zwei Grad über der normaler Katzen, und weil sie ständig den Wärmeverlust ausgleichen müssen, haben sie einen gewaltigen Futterbedarf. Im Stehen nehmen Sphinxkatzen eine charakteristische Haltung ein, bei der sie ein Vorderbein anheben.

Die Jungtiere werden mit einem feinen Daunenfell geboren, das aber beim Heranwachsen wieder verschwindet.

Safari Cat

RASSEMERKMALE	
NAME	Safari Cat
ANDERE NAMEN	keine
KÖRPERBAU	groß und kräftig
FARBSCHLÄGE	Rasse noch nicht vollständig entwickelt

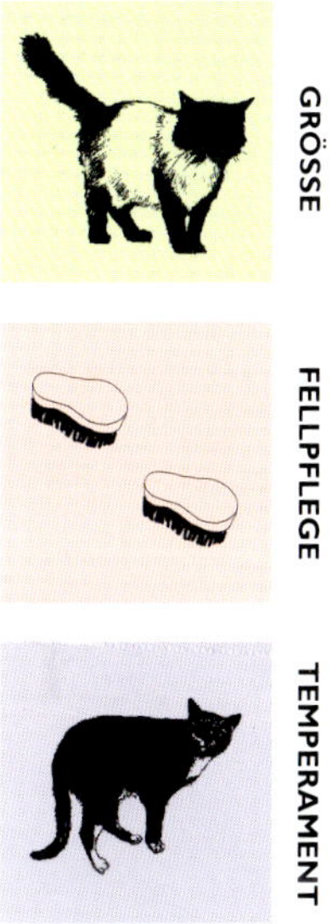

VON ZEIT zu Zeit experimentieren Züchter mit der Einkreuzung von Wildkatzen. Das ergibt einen gewissen Sinn, denn schließlich stammen alle Hauskatzen von Wildkatzen ab; meistens enden diese Experimente aber in einer Sackgasse.

DIE ENTSTEHUNG DER RASSE

EIN VERSUCH, der einen gewissen Erfolg hatte, war die Einkreuzung der in Südamerika heimischen Geoffroykatze (*Felis geoffroyi*, früher *Oncifelis geoffroyi*). Die Nachzucht hat das hübsche, ringförmig gemusterte Fell des wilden Elternteils geerbt – eine Zeichnung, die es bei reinen Hauskatzen nicht gibt. Die Safari Cat ist jedoch nirgends anerkannt und bleibt eine seltene und bemerkenswerte Neuheit.

Bengal

RASSEMERKMALE	
NAME	Bengal
ANDERE NAMEN	keine
KÖRPERBAU	lang und muskulös
FARBSCHLÄGE	alle Farben

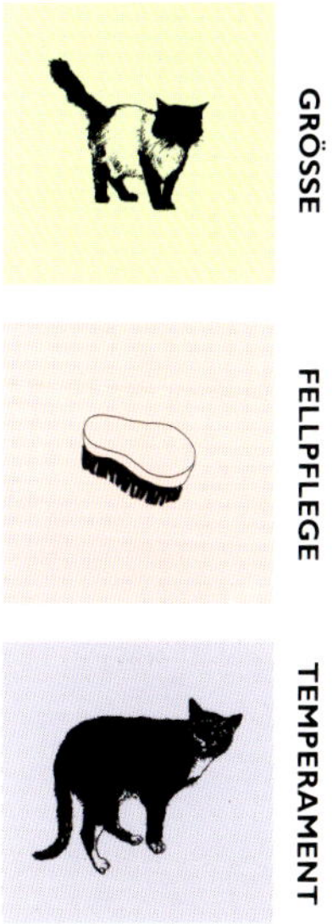

DIE BENGAL, EINE weitere Wildkatzenkreuzung, entstammt aus der Paarung von Ägyptischer Mau mit der Leopardkatze (*Felis bengalensis*, früher *Prionailurus bengalensis*).

DIE ENTSTEHUNG DER RASSE

DIE BENGAL WURDE gegen Ende der 1970er Jahre in den Vereinigten Staaten entwickelt. Der Körperbau ist durch den langen muskulösen Körper und den relativ kleinen Kopf recht typisch. Die Zucht ist schwierig, weil die männlichen Nachkommen oft nicht zeugungsfähig sind. 1997 erhielten die Bengalen die vorläufige Anerkennung in Großbritannien.

Hauskatzen ohne Stammbaum

AUCH WENN MAN an einer schönen Rassekatze viel Freude haben kann, gibt es unzählige begeisterte Katzenfreunde, die nie in ihrem Leben eine Rassekatze hatten und auch niemals eine haben wollten. Unzählige wunderschöne, interessant gemusterte und freundliche Katzen, die dekorative und geliebte Hausgenossen abgeben, verdanken ihre Ausstrahlung und ihre Persönlichkeit einer zufälligen Paarung und nicht dem Geschick irgendeines Züchters, und ihren Besitzern sind sie fast immer genauso lieb und teuer wie jede Rassekatze mit einem ellenlangen Stammbaum.

Oben links
Die getigerte Schildpattkatze ist ein perfekter Spielgefährte für das Perserkätzchen.

Oben rechts
Diese schöne cremefarbene Langhaarkatze unbekannter Abstammung könnte auf einer Ausstellung vorgestellt werden.

HAUSKATZEN AUSSTELLEN

AUCH DIE STOLZEN Besitzer einer Hauskatze müssen nicht auf die Teilnahme an Ausstellungen verzichten, weil viele von ihnen auch Haustierklassen anbieten, bei denen die Katzen nicht nach einem bestimmten Standard beurteilt werden, sondern nach allgemeinen Kriterien. Das bedeutet für ihre Besitzer, dass sie auf den Ausstellungen genauso viel Spaß haben und ebenso viel lernen können wie die Züchter von Rassekatzen. Und wenn die Kinder dann noch bei den Vorbereitungen helfen dürfen, werden sie vielleicht eines Tages selbst Katzen züchten wollen.

NEUN LEBEN

ALLGEMEIN WIRD ANGENOMMEN, dass Hauskatzen gesünder wären als Rassekatzen. Der Grund dafür ist, dass die Inzucht bei Rassekatzen weit verbreitet ist und dass genetische Mängel dadurch verstärkt werden können. Tatsächlich aber gibt es kaum Beweise dafür, obwohl die Widerstandskraft gegen Krankheit und die Lebenserwartung natürlich variieren. Aber in der Praxis richten Seuchen unter Katzen immer verheerende Schäden an, ob diese Katzen nun in Vorortgärten herumstreifen oder auf der Anlage eines Züchters leben, und Gendefekte können bei jeder Paarung auftreten, bei der „wilden" ebenso wie bei einer geplanten.

Dagegen spricht allerdings, dass es sich bei den Berichten über besonders alte Katzen fast immer um Hauskatzen handelt, wie etwa die 31 Jahre alte Smokey, eine schwarz-weiße Katze (mit nur noch einem einzigen Zahn, aber ohne sonstige Gesundheitsprobleme), die in Gloucestershire lebte und 1998 zu Großbritanniens ältester Katze erklärt wurde. Aber die vermeintlich unverwüstliche Gesundheit der Hauskatzen sollte niemanden dazu verleiten, auf die zugegeben nicht ganz billige Impfung gegen die häufigsten Katzenkrankheiten zu verzichten. Auch auf die Behauptung, Hauskatzen seien widerstandsfähiger, darf man sich nicht vorbehaltlos verlassen. Wer seine Katze hinauslässt, muss immer dafür sorgen, dass sie eine warme und trockene Zuflucht findet, falls es ihr nicht möglich ist, durch ein Katzentürchen ins Haus zurückzukehren, wann immer sie will.

ABSTAMMUNG UNBEKANNT

ES IST FAST UNMÖGLICH, die Abstammung einer Hauskatze zweifelsfrei zu ermitteln, und deshalb ist die Anschaffung einer solchen Katze immer mit einem gewissen Risiko verbunden. Wer aber bei der Auswahl die allgemeinen Regeln befolgt, dürfte eigentlich keine Probleme bekommen. Der Vorteil der Hauskatzen ist, dass sie wenig kosten oder man sie sogar geschenkt bekommt.

Ganz wichtig ist, dass Katzen, mit denen nicht gezüchtet werden soll (und es ist sinnlos, Hauskatzen zu züchten, weil es ohnehin schon zu viele gibt, die einem ungewissen Schicksal entgegensehen), frühzeitig kastriert werden. Für Hauskatzen, die auf Ausstellungen gezeigt werden sollen, ist dies sogar vorgeschrieben, weil dort nur kastrierte Tiere gezeigt werden dürfen.

Es gibt einen Kompromiss zwischen dem Risiko, eine Katze mit unbekannter Abstammung zu sich zu nehmen, und der Verantwortung, die der Besitz einer Rassekatze mit sich bringt. Alle Züchter haben von Zeit zu Zeit Kätzchen zu verkaufen, die zwar eine tadellose Ahnentafel besitzen, aus dem einen oder anderen Grund aber für die Zucht oder für Ausstellungen nicht geeignet sind. Die Tatsache, dass sie gelegentlich als „fehlerhaft“ beschrieben werden, sollte niemanden abschrecken. Der Ausdruck wird nur im Sinne des Zuchtfortschritts gebraucht und bedeutet lediglich, dass das Kätzchen vielleicht die falsche Farbe, nicht die richtige Fellqualität oder einen nicht ganz idealen Körperbau hat. Er bedeutet nicht, dass es lebensschwach, krank oder auf andere Weise mangelhaft wäre – wenn man nicht gerade ein Züchter mit hohen Ansprüchen ist. Solche Kätzchen werden oft relativ günstig ohne Papiere abgegeben (und sind damit streng genommen auch „nur“ Hauskatzen), und meistens muss sich der neue Besitzer verpflichten, sie kastrieren zu lassen, falls das noch nicht geschehen ist.

WISSENSWERTES
Die dreieckigen Ohrmuscheln der Katze werden Pinnae genannt. Die dichte Behaarung im Ohrinnern verhindert, dass Fremdkörper in den Gehörgang eindringen.

Oben
Hauskatzen leben meistens länger als Rassekatzen.

Unten
Auch Hauskatzen mit Auslauf müssen Zugang zu einem geschützten Platz haben und dürfen nicht gezwungen werden, draußen zu leben.

Seite 328 unten
Wenn Hauskatzen auf Ausstellungen gezeigt werden sollen, müssen sie kastriert sein.

Wildkatzen

WILDE ARTEN DER Katzenfamilie haben fast alle Lebensräume der Erde erobert, sie fehlen lediglich in Australien und Ozeanien, in der Antarktis sowie auf einigen Inseln wie den Westindischen Inseln, Island, Grönland, den Falkland-Inseln, Madagaskar und Neu-Guinea. Die 36 Arten der Felidae (einschließlich der Hauskatze, *Felis catus*) variieren in ihrer Größe von der winzigen Rostkatze, die etwa ein bis zwei Kilogramm wiegt, bis zum 320 kg schweren Tiger.

MERKMALE

UNABHÄNGIG VON der Körpergröße haben alle Katzenarten etliche gemeinsame Charakteristika. Sie sind ausschließlich Fleischfresser mit einem stark ausgeprägten Jagdinstinkt, der bald nach der Geburt von der Mutter entsprechend trainiert wird. Katzen stehen sicher auf ihren Beinen, können gut das Gleichgewicht halten und haben ein scharfes Sehvermögen. Fast alle sind von Natur aus nachtaktiv, und alle haben eine reflektierende Struktur, das *Tapetum lucidum,* auf der Retina, die den bekannten „Katzenaugen"-Effekt hervorruft und das Sehvermögen bei Nacht verstärkt. Katzen tragen ein Fell, das sie in ihrem natürlichen Lebensraum hervorragend tarnt, teils zu ihrem eigenen Schutz, hauptsächlich aber, um sich vor ihrer Beute zu verbergen. Bis auf zwei Ausnahmen, den Gepard *(Acinonyx jubatus)* und die Fischkatze *(Felis viverrina,* früher *Prionailurus viverrinus),* haben alle Katzen einziehbare Krallen. Eine elastische Sehne in der Pfote ermöglicht es der Katze, die Krallen einzuziehen, wenn sie sich an ihre Beute heranpirscht, wenn sie schnell läuft oder sich ausruht, und sie auszufahren, wenn sie die Beute packt oder klettert.

Oben
Dieser Nebelparder hat wie alle Katzen ein exzellentes Nachtsehvermögen.

Unten rechts
Sowohl Haus- als auch Wildkatzen sind Fleischfresser und werden rasch erwachsen.

Unten links
Der Schneeleopard ist nur eine der 36 Arten der Familie Felidae.

JAGDINSTINKT

HINSICHTLICH des Jagdstils ist wiederum der Gepard die große Ausnahme. Nur er hetzt seine Beute und nutzt dabei seine nicht einziehbaren Krallen; bei seinen oft mehrere 100 Meter langen Sprints erreicht er Geschwindigkeiten von bis zu 100 km/h und ist damit bei weitem das schnellste Landtier. Die meisten anderen Katzenarten jagen heimlich, wobei sie ihre Opfer beobachten, sich langsam anschleichen, den richtigen Augenblick abwarten und sich plötzlich auf sie werfen. Sie können aber auch versteckt liegen und auf vorbeilaufende Beutetiere warten.

Nur Hauskatzen jagen anscheinend aus Spaß. Vermutlich wurde ihr natürlicher Instinkt abgestumpft, weil ihre Besitzer sie mit Nahrung versorgen. Wildkatzen jagen im Allgemeinen nur, wenn sie Nahrung benötigen. Nachdem sie ein Tier getötet haben, stopfen sie sich voll und fressen manchmal bis zu einem Drittel ihres eigenen Gewichts. Das reicht dann für etliche Tage aus, und sie können sich einen sicheren und bequemen Platz zum Schlafen suchen. Alle Katzen schlafen gern und lange: Sie verbringen bis zu 18 Stunden am Tag damit.

WISSENSWERTES

Auch wenn es für Menschen mit ihren relativ schwachen Sinnen absolut nicht ersichtlich ist: Eine Katze kann die Fährte einer anderen Katze eindeutig identifizieren.

EIN LEBEN ALS EINZELGÄNGER

DIE MEISTEN KATZENARTEN – bis auf die Löwen – sind von Natur aus einsiedlerisch: Männchen und Weibchen kommen nur zur Paarung zusammen. Wiederum mit der Ausnahme des Löwen verlassen die Männchen die Weibchen nach der Paarung (bzw. werden von diesen verjagt), und die Pflege der Jungen bleibt voll und ganz den Weibchen überlassen. Die Tragzeit bei Wildkatzen dauert zwischen neun und sechzehn Wochen. Sie werfen, wie beispielsweise der Ozelot, ein oder zwei Junge, andere Katzenarten einschließlich der Großkatzen bekommen bis zu sechs Junge.

VIELFALT DER ARTEN

DIE 36 KATZENARTEN werden zoologisch in fünf Gattungen (Genera) unterteilt. Zum einen gibt es die fünf Großkatzen, die zur Gattung *Panthera* gehören. Der Gepard bildet eine eigene Gattung *(Acinonyx)*, ebenso der Nebelparder *(Neofelis)*. Weiter gibt es die vier Luchsarten *(Lynx)* und die 25 Arten, die – wie auch unsere Hauskatze – zu den Kleinkatzen *(Felis)* gehören.

Bestimmte Arten der *Felidae* stehen auf der offiziellen Liste für gefährdete Tiere der Vereinten Nationen. In Zentralafrika und Indien haben im 19. und im frühen 20. Jahrhundert Jäger viele tausend Tiere geschossen – teils als „Sport", teils der wertvollen Pelze wegen. Viele der größeren Wildkatzen in Nordamerika litten auf die gleiche Art und Weise. Trotz einer verbesserten Naturschutzgesetzgebung werden immer noch Katzen gejagt, allerdings liegt heute in der Zerstörung des natürlichen Lebensraums der Katzen eine größere Gefahr: Immer mehr Land wird gerodet, und immer mehr Städte werden gebaut. Das zwingt die Wildkatzen dazu, auf ständig kleiner werdenden Flächen mit anderen Fleischfressern um Nahrung zu kämpfen. Dort können sie für größere und mächtigere Rivalen angreifbar werden. Selbst der Gepard hat natürliche Feinde. Ein Jungtier hat nur eine Chance von 1:20, erwachsen zu werden, weil Löwen und Hyänen oft Gepardenhöhlen angreifen.

In Südamerika gefährdet die Zerstörung des tropischen Regenwaldes am Amazonas gleichermaßen das Überleben solcher Baumkatzen wie des Margay oder der Nachtkatze, die sich nicht so leicht wie beispielsweise die Afrikanische Wildkatze an neue Lebensbedingungen anpassen können.

Oben links
Die Fischkatze verbringt die meiste Zeit ihres Erwachsenenlebens allein. Hier versucht sie, Fische zu fangen.

Oben rechts
Der bengalische Königstiger ist einer der schwersten Vertreter der Katzenfamilie.

Unten
Der Löwe ist insofern eine Ausnahme unter den Katzen, als er im Rudel jagt.

Die Großkatzen

FÜNF GROSSKATZEN – der Jaguar, der Löwe, der Leopard, der Schneeleopard und der Tiger – bilden die Gattung *Panthera,* wohingegen der Nebelparder zur Gattung *Neofelis* gehört. Ihre kräftige Stimme, mit der sie laut brüllen können, verdanken sie einer vibrierenden Sehne am Zungenbein; die kleineren und leiseren Arten haben an dieser Stelle einen Knochen. Daneben gibt es zwei weitere Unterschiede zwischen den Arten der Gattung *Panthera* und anderen Katzenarten.

DIE GROSSKATZEN liegen mit nach vorn ausgestreckten Vorderbeinen, während die anderen Katzen sie unter ihrem Körper einschlagen. Auch vergraben oder verstecken sie ihre Exkremente nicht, wie es die Kleinkatzen tun. Alle Großkatzen sind mächtige Tiere, die außer dem Menschen und anderen Angehörigen ihrer Gattung keine wirklichen Gegner im Tierreich haben. Mit diesen konkurrieren sie um Nahrung oder aber – bei Männchen der gleichen Art – um Weibchen. Zwei Großkatzen – Tiger und Schneeleopard – stehen auf der Roten Liste, der Nebelparder ist ebenfalls gefährdet.

Ganze Seite
Die fünf Großkatzen: Tiger (rechts oben), Leopard (rechts Mitte), Schneeleopard (rechts unten), Jaguar (links oben) und Löwe (links unten).

LEBENSRAUM

DER JAGUAR, der auch Panther genannt wird, lebt heute in tropischen Wäldern und in offenem Gelände vom südlichen Mexiko im Norden bis nach Argentinien im Süden. Bis in die 1940er Jahre gab es noch kleine Kolonien in den südwestlichen Bundesstaaten der USA, Texas und Arizona. Der Jaguar ist ein guter Schwimmer und bevorzugt wasserreiche Gegenden. Er wiegt in der Regel zwischen 40 und 135 kg.

Jaguar

DER JAGUAR *(Panthera onca)* ist die einzige Großkatze, die auf dem amerikanischen Doppelkontinent zu Hause ist. Aufgrund seiner überlegenen Kraft, seiner Geschicklichkeit im Jagen und seiner verborgenen Lebensweise hat er keine natürlichen Feinde. Dank seiner Eigenschaften wurde der Jaguar in vielen Kulturen verehrt: Sowohl die mexikanischen Azteken als auch einige südamerikanische Indianerstämme benutzten Felle und Bilder des Jaguars in ihren Kulten.

WISSENSWERTES

Säbelzähne entwickelten sich unabhängig voneinander in vier verschiedenen Tiergruppen. Das Aussterben dieser Tiere lässt vermuten, dass sie zu stark spezialisiert waren, um sich an andere Bedingungen anzupassen.

MERKMALE

DAS FELL des Jaguars ist gewöhnlich gelb oder gelbbraun und hat dunkle Flecken, die auf dem Schwanz die Form von Rosetten oder Ringen haben; Melanismus (Schwarzfärbung) kommt relativ häufig vor. Der Kopf ist groß, der Körper gedrungen, die Beine sind kurz und kräftig. Jaguare jagen große Beutetiere wie Tapire, Wasserschweine oder Pferde und sind sogar für das Töten von Schlangen bekannt. Die Panzer erbeuteter Schildkröten zerbrechen sie mit ihren starken Eckzähnen.

Nach der Paarung baut sich das Weibchen in Wassernähe eine Höhle, wo es in der Regel vier Junge zur Welt bringt. Bei der Geburt ist das Fell voll entwickelt, die Färbung des erwachsenen Tieres bildet sich aber erst mit etwa sieben Monaten heraus.

Oben
Dieser fast erwachsene Jaguar im brasilianischen Amazonasgebiet schärft seine Krallen an einem Baumstamm.

Mitte
Jaguare lieben das Wasser. Dieses ausgewachsene Tier ist ein geschickter Schwimmer.

Löwe

DER LÖWE *(Panthera leo)* gilt gemeinhin als der „König des Dschungels", dabei liegt sein natürlicher Lebensraum im offenen Land und in der Savanne; hier leben seine bevorzugten Beutetiere – Zebras, Giraffen und Antilopen – und hier ist er durch sein fahlbraunes Fell sehr gut getarnt. Der Löwe wird etwa 135 bis 225 kg schwer, einzelne Tiere sollen bis zu 340 kg erreicht haben. Viele männliche Löwen, jedoch nicht alle, tragen eine Mähne. Damit ist der Löwe die einzige Katze, bei der sich Männchen und Weibchen im Aussehen unterscheiden. Löwen – sowohl Männchen als auch Weibchen – tragen auch als einzige Katzenart einen Quast an der Schwanzspitze.

WISSENSWERTES

Auch wenn oft von Säbelzahntigern die Rede ist: Tiger waren es nicht. Alle heute noch lebenden Katzenarten einschließlich der Tiger stammen von einer völlig anderen Linie ab.

Oben
Anders als andere Katzen leben und jagen Löwen im Rudel, das bis zu 30 Angehörige haben kann.

Unten
Dieser erwachsene Löwe ist der König des Dschungels.

LEBEN IM RUDEL

LÖWEN SIND einzigartig unter allen wild lebenden Katzenarten, da sie als einzige in stabilen sozialen Gruppen, so genannten Rudeln, leben. Ein Rudel wird im Regelfall von einem dominanten Männchen angeführt, das sich als einziges mit den Weibchen paaren darf. Zu einem Rudel gehören zwischen sechs und 30 Tiere, darunter einige geschlechtsreife Weibchen sowie junge Männchen und Weibchen. Wenn die jungen Männchen mit etwa zwei Jahren geschlechtsreif werden, kämpfen sie um die Führerschaft im Rudel und werden – wenn sie unterliegen – davongejagt. Dann suchen sie sich ein neues Revier und bilden ihr eigenes Rudel oder aber kämpfen wiederum um die Führerschaft in einem bereits bestehenden.

Die Autorität des männlichen Löwen wirkt sich auf das gesamte Rudel aus. Wenn das Männchen schwach ist und es nicht schafft, Überfälle anderer Rudel abzuwehren oder für Jungtiere gefährliche Räuber wie Hyänen oder Leoparden zu vertreiben, nehmen Unsicherheit und Spannung unter den Weibchen zu. Das kann dazu führen, dass sie ihre Jungen vernachlässigen, was zu einer höheren Sterblichkeitsrate unter diesen führt. Ein starkes Männchen, das die Angreifer vertreibt, sorgt dafür, dass im Rudel Sicherheit herrscht und die Weibchen sich entspannen und gegenseitig auf ihre Jungen aufpassen können.

NATÜRLICHE JÄGER

WENN ES ALLERDINGS um die Jagd nach Nahrung geht, übernehmen die Weibchen die Führung. Gejagt wird für gewöhnlich am frühen Abend und stets in Gruppen. Meist sammeln sich die Jäger in einem Kreis um eine Herde Antilopen oder Zebras, bevor sie angreifen. Dabei wählen sie ein junges oder krankes Tier als Opfer aus, isolieren es von seiner Herde und treiben es den anderen Angehörigen des Rudels, die versteckt warten, zu. Normalerweise wird das Opfer durch einen Hieb mit der Vorderpfote auf den Nacken getötet. Der Löwe kann aber auch auf den Rücken des Opfers springen und ihm das Genick brechen. Das ganze Rudel teilt sich dann

die Beute, jedoch nicht, wie allgemein vermutet, in streng hierarchischer Ordnung – Männchen, Weibchen und zum Schluss die Jungen. Manchmal geht zwar das Männchen zuerst an den Kadaver und sucht sich seine Lieblingsstücke aus, dann aber können die Weibchen und Jungen mitfressen. Für die Jungen ist das Kämpfen um die Nahrung über dem Körper des Opfers ein wichtiges Training. Das Teilen der Nahrung ist ein weiteres Beispiel für das Sozialverhalten bei Löwen, bei anderen Katzenarten kommt das nicht vor.

Die Nahrungsansprüche eines Löwenrudels bringen es mit sich, dass sie ein großes Territorium benötigen. Und nur durch die Zusammenarbeit aller Rudelmitglieder können sie diesen Anforderungen auch nachkommen. In schlechten Zeiten ernähren sich Löwen auch einmal von Aas oder Kleintieren. Unglücklicherweise bietet sich dort, wo Farm- und Ackerland an das Löwenterritorium grenzt, das Vieh als leichte Beute an. Das führt meist dazu, dass die Löwen von den Bauern erschossen werden.

FORTPFLANZUNG

LÖWEN SOLLEN zu großen sexuellen Leistungen fähig sein. Ein Beobachter behauptete, zwischen einem Löwen und einer einzigen Löwin in 55 Stunden über 100 Paarungen erlebt zu haben. Nach einer Tragzeit von 15 bis 16 Wochen wirft die Löwin bis zu vier, selten auch bis zu sieben Junge. Das Weibchen trennt sich dann vom Rudel, um in einer eigenen Höhle in Wassernähe zu gebären. Sobald die Jungen – etwa im Alter von drei Wochen – laufen können, kehrt sie zum Rudel zurück. Alle säugenden Weibchen im Rudel kümmern sich dann ohne Unterschied um die Fütterung der Jungen und ihre Jagdausbildung. Wie bei den meisten Großkatzen ist die Sterblichkeitsrate der Jungtiere sehr hoch.

LEBENSRAUM

WÄHREND DER LÖWE in prähistorischer Zeit in Südeuropa, Afrika und Südasien weit verbreitet war, gibt es heute nur noch in Afrika südlich der Sahara größere Bestände. Eine Unterart kommt mit wahrscheinlich etwa 250 Tieren im Girwald in Nordwestindien vor, wo 1966 ein Reservat eingerichtet wurde, nachdem der indische Löwe durch Bauern und „Sportjäger" fast völlig ausgerottet worden war. Lord Curzon, von 1898 bis 1905 Vizekönig von Indien, ist es zu verdanken, dass das Reservat im Girwald, wo nur noch etwa ein Dutzend Tiere lebten, durch Importe aus Afrika und durch ein Jagdverbot gerettet wurde.

Anderswo haben Löwen solchen Schutz nicht genossen. Der letzte Barbarylöwe, eine besonders schöne, an der nordafrikanischen Küste lebende Unterart mit einer Mähne bei den Männchen, die fast den gesamten Körper bedeckte, soll 1922 erschossen worden sein. Erst in jüngster Zeit, im Jahre 1991, wurde eine Kolonie von Löwen, die an der namibischen Atlantikküste lebte, vollständig ausgerottet.

Obwohl Löwen nach allgemeiner Ansicht als furchtlos und wild gelten, zeigen sie sich normalerweise eher phlegmatisch und führen ein ruhiges Leben inmitten eines riesigen Nahrungsangebots. Wird dieses eingeschränkt, werden sie kühner, aber den Menschen gehen sie für gewöhnlich aus dem Wege.

Oben
Die Weibchen sind bei der Jagd dominanter als die Männchen. Trotzdem teilt sich das ganze Rudel die Beute.

Unten
Löwen durchstreifen große Gebiete, um ausreichend Nahrung zu finden.

WISSENSWERTES
Der Höhlenlöwe war vermutlich eine Unterart des heutigen Löwen, jedoch viel größer. Angepasst an ein nördlicheres, europäisches Klima, lebte er bis vor 9000 Jahren noch auf dem Balkan.

Leopard

DER LEOPARD *(Panthera pardus)* ist die am weitesten verbreitete Großkatze.

LEBENSRAUM

DER LEOPARD ist in den meisten Teilen Afrikas südlich der Sahara über Kleinasien bis nach Südasien zu finden. Für gewöhnlich lebt er in Wäldern und Savannen, aber auch in Halbwüsten und Sumpfgebieten kommt er vor: ein Zeichen dafür, dass sich der Leopard an unterschiedlichste Lebensbedingungen und Beutetiere anpassen kann.

MERKMALE

DER LEOPARD hat ein fahlbraunes Fell mit weißen Schattierungen und rosettenartigen Flecken. Leoparden, die an Wüstenrändern leben, sind leichter und haben ein heller gefärbtes Fell. Der schwarze Leopard, als farbliche Varietät eher dunkelbraun, lebt im westlichen Indien und wird häufig auch Panther genannt. Die charakteristischen dunkleren Rosetten im Fell sind nur unter bestimmten Lichtbedingungen schwach zu sehen.

Genetisch ist der schwarze Leopard mit dem normal gefärbten identisch, nur das rezessive Gen für schwarze Färbung kommt hinzu.

Mit seinem langen, geschmeidigen Körper und seinen kurzen, aber kräftigen Beinen ist der Leopard die schnellste der Großkatzen. Er erklimmt ohne Mühe Baumstämme und lagert den Rest seiner Beute in Baumästen, wenn er vollgefressen ist. Die eng beieinander liegenden Augen garantieren ein perfektes Sehvermögen – entscheidend für die Jagd.

DIE JAGD

DER LEOPARD schläft den Tag über und geht vom frühen Abend bis zum Morgengrauen auf Jagd. Sein Beutespektrum reicht von Antilopen bis zu kleinen Nagetieren. Seine Technik besteht darin, sich so nah wie möglich an sein Opfer heranzuschleichen, auf den Überraschungseffekt zu vertrauen und mit einem Sprung zu töten. Leoparden können Säugetiere töten, die dreimal schwerer sind als sie selbst. Nachdem sie ein Tier erbeutet haben, gehen sie mit großer Bedächtigkeit an ihr Mahl: Sie tragen den Kadaver an einen sicheren Ort, wo sie ihn, ohne gestört zu werden, genüsslich auffressen können. Wenn sie in Wassernähe Beute gemacht haben, trinken sie zwischen den einzelnen Gängen etwas Wasser. Wenn nicht, ziehen sie weiter, um Wasser zu suchen, bevor sie sich auf einen Baum schlafen legen.

Der Leopard ist bis auf die Zeit nach der Paarung ein Einzelgänger. Nach der Geburt der Jungen bleiben Männchen und Weibchen bis zu einem Jahr oder auch manchmal länger zusammen. Leoparden werfen zwischen einem und sechs Junge, aber viele sterben bereits nach ein paar Tagen und werden dann von ihrer Mutter aufgefressen. Das Männchen bringt dem Weibchen und den Jungen Nahrung, bis diese alt genug sind, um in der Jagd ausgebildet zu werden. Dann vertreibt das Weibchen das Männchen und führt die Ausbildung allein fort.

Oben
Der Leopard verfügt über ein perfektes Sehvermögen, um seine Beute auszumachen.

Oben
Leoparden sind geschickte Kletterer, die ihre Beute vor Aasfressern in Bäumen verbergen.

Unten rechts
Dieser schwarze Leopard aus Asien ist mit dem heller gefleckten genetisch identisch.

Schneeleopard

DER LANGHAARIGE Schneeleopard *(Panthera uncia)*, auch unter dem Namen Irbis bekannt, ist eine weitere stark gefährdete Art. Weltweit wird seine Population auf etwa 5000 Tiere geschätzt. Er wiegt etwa 45 bis 70 kg.

LEBENSRAUM

DER SCHNEELEOPARD LEBT im felsigen Himalaja und in den Bergen Zentralasiens, wo er im Sommer auf Schneefeldern und Gletschern bis in 5000 m Höhe bleibt, während er sich im Winter in tiefere Lagen unterhalb der Schneegrenze zurückzieht. In diesem Lebensraum mangelt es häufig an Nahrung, weshalb der Schneeleopard von einer großen Vielfalt an Beutetieren lebt. Dazu gehören Fasane, Rebhühner, wilde Bergschafe und -ziegen, Steinböcke, Moschustiere und sogar kleine Nagetiere, wenn es keine andere Beute gibt. Obwohl der Schneeleopard menschliche Siedlungen meidet, kann es durchaus vorkommen, dass er das Vieh eines Bergbauern oder einer Nomadenfamilie überfällt.

MERKMALE

DAS DICHTE FELL DES Schneeleoparden ist auf dem Rücken hellgrau, an den Flanken gelb, am Unterkörper weiß und zeigt kräftige dunkle Punkte am Kopf, auf dem Nacken und an den Beinen sowie dunkle Rosetten am ganzen Körper. Die dicken Haarbüschel zwischen den Zehen lassen den Schneeleoparden wie auf Schneeschuhen über die gefrorene Landschaft laufen. Seine extrem kräftigen Hinterbeine mit großen Pfoten ermöglichen es ihm, weite Sprünge zu machen. Wenn der Schneeleopard schläft, wickelt er seinen langen dicken Schwanz, der eine schwarze Spitze hat, um seinen Körper und erhöht dadurch den Wärmeschutz. Im Winter wird das Fell des Schneeleoparden dicker, sodass er gegen die Kälte besser gefeit ist. Leider war dieses Winterfell in früheren Zeiten bei Jägern sehr begehrt.

Die Jungen werden im Sommer geboren, wenn die Überlebenschancen am größten sind. Ihr Fell ist bei der Geburt schon voll entwickelt, und im Alter von etwa drei Monaten können sie ihrer Mutter bereits für den Winter in tiefer liegende Gebiete folgen. Wenn sie im Frühjahr in die Berge zurückkehren, sind sie bereit, selbstständig zu werden.

Nebelparder

DER NEBELPARDER *(Neofelis nebulosa)* ist mit seinen relativ kurzen, aber kräftig gebauten Beinen und seinem Gewicht von 18 bis 22 kg kleiner als der Schneeleopard. Den westlichen Zoologen ist er erst seit dem 19. Jahrhundert bekannt, und seit den ersten Tagen unserer Geschichtsschreibung kennt man nur kleine Populationen. In freier Natur wurde er bisher noch nicht erforscht, und alles, was wir über ihn wissen, stammt aus Beobachtungen von gefangenen Tieren.

LEBENSRAUM

DER NEBELPARDER LEBT in den Wäldern, Savannen und Mangrovensümpfen Süd- und Südostasiens. Er jagt in Bäumen und lauert seiner Beute von Ästen aus auf. Für gewöhnlich frisst er Tiere unterschiedlicher Art: von Kaninchen bis zu jungen Büffeln. Wegen seiner Jagdgewohnheiten wurde er im 19. Jahrhundert auch Baumtiger genannt. Anders als andere Katzen scheint er nicht besonders nachtaktiv zu sein, er jagt am Tag oder in der Nacht, je nachdem, wann er hungrig ist.

MERKMALE

DAS FELL DES Nebelparders ist fahlbraun mit großen graubraunen Flecken, die oft schwarz umrandet sind. Er unterscheidet sich von den anderen Großkatzen auf zweierlei Art: durch die ungewöhnlich langen oberen Eckzähne, die an den prähistorischen Säbelzahntiger erinnern und die zum Festhalten der Beute und zum Abreißen des Fleisches von den Knochen dienen, und durch die Tatsache, dass er – wie der Gepard – nicht brüllen kann.

Die zunehmende Abholzung der Wälder stellt eine große Gefahr für den Nebelparder dar, und man geht davon aus, dass er auf Taiwan ausgestorben ist. Die Population auf Sumatra, wo vier Fünftel der Wälder seit dem Beginn des 20. Jahrhunderts zerstört wurden, ist ebenfalls bedroht.

Unten links
Dieser Schneeleopard brüllt und zeigt seine langen Eckzähne, mit denen er Fleisch aus seiner Beute reißt.

Unten rechts
Anders als andere Großkatzen kann der Nebelparder nicht brüllen.

WISSENSWERTES

Nachgewiesen ist, dass Katzen ihren Schwanz nutzen, um beim Klettern, Springen und Rennen das Gleichgewicht halten zu können. Luchse dagegen scheinen sehr gut ohne Schwanz auszukommen.

Tiger

DER TIGER *(Panthera tigris)* wiegt etwa 110 bis 225 kg, kann aber auch bis zu 320 kg Gewicht erreichen. Damit kommt er dem Löwen nahe und übertrifft ihn sogar häufig in der Größe. Er bewohnt Wälder und Dschungel in Südostasien, Nordostchina und Sibirien. Mit seinem orange-braun und schwarz gestreiften Fell ist der Tiger im Dschungel optimal getarnt. Er ist auch die einzige gestreifte wilde Katzenart. Extrem selten sind weiße Tiger mit blauen Augen, einem weißen Unterfell und hellbraunen Streifen.

Oben
Der Tiger kann bis zu 320 kg wiegen. Damit ist er einer der schwersten Großkatzen.

Unten
Der Tiger, hier ein weißer bengalischer Königstiger, ist die einzige Wildkatze, die gestreift ist.

LEBENSRAUM

DER TIGER JAGT als Einzelgänger für gewöhnlich in der Nacht. Es wird angenommen, dass die kalten Gebiete in Sibirien und Nordchina sein ursprünglicher Lebensraum waren; dies könnte erklären, warum er, obwohl er sich an den tropischen Dschungel angepasst hat, keine große Hitze mag und sich in den heißen Stunden des Tages an schattigen Orten ausruht. Zu seiner bevorzugten Beute zählen Wölfe, Luchse, jungen Elefanten, Büffel und Wildschweine, wobei er auf einmal bis zu 27 kg Fleisch fressen kann. Tiere der nördlicheren Unterart werden größer, haben ein längeres Fell und fressen sich eine isolierende Fettschicht von bis zu fünf Zentimetern an. Tiger sind hervorragende Schwimmer und nehmen gern ein Bad, um sich abzukühlen. Auf Bäume klettern sie dagegen nur ungern.

Die einzelnen Territorien werden von Männchen dominiert, sie lassen zwar Weibchen, jedoch keine anderen Männchen hinein. Trotzdem wechseln Tiger ihre Gebiete in der Regel relativ häufig. Dass der Tiger in Gefangenschaft in seiner Einzäunung umherstreift, spiegelt sein Verhalten in der Wildnis wider. Dort legt er manchmal hunderte von Kilometern zurück, ehe er beginnt, sein Gebiet zu markieren und sich dort niederzulassen. Ein Tiger, der mit einem Funkmelder versehen war, legte in 22 Tagen 965 km zurück.

FORTPFLANZUNG

UM DAS PAARUNGSBEREITE Weibchen geht meist ein Kampf zwischen zwei oder mehr Männchen voraus, der hin und wieder mit dem Tod eines Rivalen endet. Nur der Sieger wird vom Weibchen angenommen. Nach der Paarung jedoch wird das Männchen vertrieben. Oft verletzt ihn das Weibchen sogar, wenn er sich nicht schnell genug entfernt. Die Tigerin wirft zwei oder drei, selten

WISSENSWERTES
Katzen haben gummiartige Polster an den Pfoten. Damit können sie weich und leise auftreten und sich unbemerkt an wachsame Beutetiere anschleichen.

bis zu sieben Junge, die mit drei Jahren geschlechtsreif werden. Die Tigerin ist eine fürsorgliche Mutter und lehrt ihre Jungen alles, was sie zum Überleben in der Wildnis brauchen, bis sie mit etwa 18 Monaten für sich selbst sorgen können. In freier Wildbahn können Tiger 20 bis 25 Jahre alt werden.

EINE GEFÄHRDETE ART

DIE VERGANGENEN 100 Jahre waren für die Tigerpopulation auf der ganzen Welt verheerend. Um 1900 gab es schätzungsweise noch mehr als 100 000 Tiger. Bis Anfang der 1990er Jahre sank ihre Anzahl auf gerade mal 5000 Tiere, und die Beobachtungen in freier Wildbahn nahmen rapide ab. Auf Bali wurde der letzte Tiger um 1940 beobachtet, auf Java etwa 1980. Auf Sumatra sollen lediglich 500 Tiere überlebt haben.

In ganz Südchina gibt es nur noch etwa 50 Tiger, in Sibirien nicht mehr als 500. Der Kaspi-Tiger in Zentralasien wurde etwa um 1970 ausgerottet. Sportjagden, regelrechte Schlachtfeste, um für traditionelle Heilmethoden Grundstoffe zu erhalten, die Abholzung des natürlichen Lebensraumes, das Städtewachstum und der Einsatz von Insektiziden haben zum Rückgang des Tigers beigetragen. In Bangladesch konnten Tiger in den 1930er Jahren noch einige Kilometer von den Bevölkerungszentren entfernt gesichtet werden, aber die rasche Ausbreitung der Städte hat sie nach Süden in die Sumpfländer des Gangesdeltas vertrieben, wo nach Schätzungen nur noch 400 Tiere übrig sein sollen.

Nur aus Nordwestindien und aus Nepal gibt es Gutes zu vermelden. Während hier zu Beginn des 20. Jahrhunderts noch etwa 4000 Tiger lebten, waren es um 1970 weniger als 2000. Bei ihnen handelt es sich um bengalische Königstiger, die der Zahl nach weltweit größte Unterart des Tigers. Im Jahre 1972 wurde das Schutzprogramm „Project Tiger“ gestartet, und bis 1998 hat sich die Population wieder auf etwa 4600 Tiere vergrößert. Dennoch sind sie weiterhin von Wilderern bedroht, und es kommt gelegentlich zu Jagden durch Dorfbewohner, die an der Grenze zu den Schutzgebieten wohnen und von Tigern angegriffen werden.

Oben
Der bengalische Königstiger ist ein exzellenter Schwimmer.

Unten
Tiger wurden in einigen Teilen der Welt bis zu ihrer Ausrottung gejagt.

Gepard

DER GEPARD *(Acinonyx jubatus)* ist die einzige Art einer eigenen Gattung, die sich durch ständig ausgefahrene Krallen auszeichnet. Er ist auch in anderer Hinsicht einmalig. Andere Katzen, groß oder klein, sind Ansatzjäger, die sich verbergen und ihre Beute mit einem überraschenden Sprung töten. Der Gepard dagegen kann über relativ lange Strecken Tiere verfolgen und dabei sogar die schnelle Gazelle überholen. Die ständig ausgefahrenen Krallen, die langen Beine und der lange, schmale Körper ermöglichen es dem Geparden, hohe Geschwindigkeiten zu erzielen und schnelle Haken zu schlagen. Diese Jagdmethode wirkt sich auf das gesamte Wesen des Geparden aus. Da er auf schnelle Verfolgungsjagden und schnelles Töten ausgerichtet ist, hat er nicht die Geduld anderer Großkatzen, auf seine Beute zu lauern und sich leise anzuschleichen. Mit zunehmendem Alter lässt die Schnelligkeit jedoch nach, und er kann nur mehr unter großen Schwierigkeiten Beute schlagen. Deshalb wird der Gepard in freier Wildbahn nur fünf bis sieben Jahre alt, während andere Großkatzen neun bis zehn Jahre alt werden und Geparden in Gefangenschaft es sogar auf 13 Jahre bringen.

EINE ERSTAUNLICHE KATZENART

DER GEPARD hat eine gelblich braune Färbung mit dunklen Flecken und wiegt etwa 30 bis 50 kg. Einst war er von Afrika über den Nahen Osten bis nach Südasien verbreitet, heute jedoch ist seine Population stark geschrumpft. Nur etwa 100 000 Tiere leben noch in Afrika, einige davon in Nationalparks, während im Nahen Osten und Asien nicht mehr als 100 zu finden sind. Gepardenjunge werden oft noch in ihrer Höhle von Hyänen und Löwen getötet, und das Schrumpfen seines natürlichen Lebensraumes durch zunehmenden Ackerbau und Viehzucht beraubte den Gepard seiner Beutetiere. Sein bevorzugtes Territorium ist die Savanne, wo seine liebsten Beutetiere – Grasfresser wie die Thompson-Gazelle – zu finden sind. Seine Geschwindigkeit ermöglicht es ihm, seinen Anteil an Nahrung im Wettstreit mit den langsameren, aber methodischeren Löwen und Leoparden zu bekommen.

Ein Gepard wurde über eine 91-Meter-Strecke mit einer Geschwindigkeit von ca. 112 km/h gemessen; dies ist jedoch eine Ausnahme. Üblich sind etwa 80 km/h, und auch solche Geschwindigkeiten können nur über eine kurze Distanz erreicht werden. Aber selbst damit kann der Gepard die schnellste Gazelle einholen. In zwei Sekunden beschleunigt der Gepard von null auf 64 km/h, womit er jeden Sportwagen ausstechen könnte.

Oben
Geparden laufen mit einer durchschnittlichen Geschwindigkeit von 80 km/h. Damit sind sie die schnellsten Tiere der Welt.

Unten links
Geparden verbringen die meiste Zeit mit Schlafen oder Dösen; insbesondere während der heißesten Stunden des Tages suchen sie nach schattigen Orten.

Unten rechts
Die Kraft des Geparden ermöglicht es ihm, die Beute zu seinen Jungen zu tragen.

Oben links
Diese Geparden in Namibia fressen einen Springbock, während einer nach Hyänen und Löwen Ausschau hält.

Oben rechts
Es ist unwahrscheinlich, dass beide Gepardenjunge überleben werden.

Unten
Eine Mutter lehrt eines ihrer Jungen an einer Thompson-Gazelle wichtige Jagdtechniken.

> **WISSENSWERTES**
> Die gebräuchlichen Namen von Wildkatzen können oft in die Irre führen. Der Berglöwe beispielsweise ist kein Löwe und der Schneeleopard ist kein Leopard.

LEBENSRAUM

GEPARDEN kehren die üblichen territorialen Gewohnheiten in der Katzenwelt um. Die Weibchen leben in großen, häufig bis zu 1300 km² großen Territorien, während sich die Männchen mit etwa 80 km² bescheiden. Wenn die Jungen erst einmal die Höhle verlassen haben, bleibt das Weibchen allein und geht anderen Weibchen aus dem Weg. Männchen dagegen formen oft Gruppen von zwei bis fünf Tieren, die für immer zusammen bleiben. Wenn Männchen und Weibchen aufeinander treffen, entsteht eine sehr aggressive Stimmung, und die Männchen greifen die Weibchen und deren Jungen an.

FORTPFLANZUNG

GEPARDEN WERFEN für gewöhnlich zwischen drei und fünf Junge. Die Sterblichkeit ist hoch, weil sie durch Löwen und Hyänen angegriffen werden, während die Mutter in der Dämmerung auf Nahrungssuche ist. Nur etwa eines von 20 Jungen erreicht überhaupt die Geschlechtsreife. Die ersten 12 bis 15 Monate sind eine Zeit intensiven Lernens. Die Mutter zeigt den Jungen erst, wie man tötet, später dann, wie man jagt. Sobald die Jungen etwa 15 Monate alt sind, zerbricht die Familie.

JAGDFERTIGKEITEN

DIE JAGDFERTIGKEITEN DES Geparden brachten ihn in eine enge Verbindung mit den Menschen, die von der Antike bis in die jüngste Geschichte andauert. Die alten Ägypter zähmten und trainierten den Geparden für die Jagd. Das Tier wurde in einem Karren mit flachen Seitenrändern ins Jagdfeld mitgenommen. Es hatte eine Kappe auf und wurde an einer Leine geführt. Hunde scheuchten die Beutetiere auf, und sobald sie nah genug waren, wurde der Gepard losgelassen, um sie mit einigen gigantischen Sprüngen zu fangen und zu töten. Die Tradition des Jagens mit Geparden ging zunächst auf Persien, später auch auf Indien über, wo sie bis weit ins 20. Jahrhundert beibehalten wurde. Geparden waren einst auch als königliche Haustiere hoch geschätzt. Sowohl Dschingis Khan als auch Karl der Große hielten sie auf dem Palastgelände, und noch in den 1930er Jahren wurde der äthiopische Kaiser Haile Selassie I. häufig mit einem angeketteten Geparden fotografiert.

Jaguarundi

DER JAGUARUNDI *(Felis yagouarondi,* früher *Herpailurus yagouarondi)* lebt in den Ebenen von Südtexas über Mittelamerika bis nach Paraguay und Brasilien.

Oben
Das Fell eines Jaguarundi ist rot oder grau, immer jedoch gleichmäßig gefärbt.

Rechts
Das Gesicht des Jaguarundi ähnelt dem eines Wiesels. Seine kurzen Beine befähigen ihn, sich geschickt an seine Beute anzuschleichen.

MERKMALE

DER JAGUARUNDI wiegt etwa 5,5 bis 10 kg und hat am ganzen Rumpf bis auf den Unterkörper ein glattes Fell. Einige Tiere sind bräunlich grau, andere eher rötlich, manchmal sogar tiefrot gefärbt. Manche Zoologen meinen, dass diese Färbungen in verschiedenen Lebensphasen des erwachsenen Tieres auftreten, andere wiederum sagen, dass die verschiedenen Färbungen zufällig sind und dass selbst innerhalb eines Wurfes eine Vielzahl unterschiedlich gefärbter Jungen vorkommen kann. Im 19. Jahrhundert, als der Jaguarundi zum ersten Mal beobachtet wurde, glaubte man, dass die graue und die rote Varietät zwei unterschiedliche Arten seien. Die graue wurde Jaguarundi, die rote Eyra genannt. Erst in den 1920er Jahren erkannte man, dass der Unterschied nur in der Farbe des Fells besteht. Das Fell weist keine Flecken oder anderen Markierungen auf.

Der Kopf des Jaguarundi ist ungewöhnlich klein und abgeflacht und erinnert eher an ein Wiesel oder einen Otter. Deshalb nennt man ihn auch Wieselkatze. Der Rumpf ist lang, aber kompakt und kräftig. Seine kurzen Beine machen ihn zu einem ausgezeichneten Anschleicher, der sich dicht am Boden hält, bevor er zuschlägt.

JAGDINSTINKT

SELBST NACH KATZENSTANDARDS ist der Jaguarundi ein ausgesprochen effektiver Jäger, der still und leise durch dichtes Unterholz schleicht und perfekt Stellung bezieht, um schnell zu töten. Er jagt tags wie nachts und ist meist ständig unterwegs. Es scheint, dass er kein klar umgrenztes Territorium besitzt, sondern seinen Jagdgrund gern mit anderen teilt. Daher liegt die Vermutung nahe, dass der Pirschinstinkt bei ihm dominant ist. Er ernährt sich hauptsächlich von kleinen Nagern, Kaninchen, jungen Rehen und Meerschweinchen, lässt sich aber auch schnell entmutigen und betreibt keine langen Verfolgungsjagden. Er überfällt aber auch Gehöfte und Dörfer, wobei ihm Geflügel als leichte Beute dient. Obwohl der Jaguarundi im Grunde ein Bodenbewohner ist, zieht er sich bei Verfolgung auch auf Bäume zurück und zeigt dort eine bewundernswerte Geschicklichkeit, wenn er von Ast zu Ast springt. Im Durchschnitt wirft ein Jaguarundi zwei oder drei Junge.

In Südamerika haben die Jaguarundis eine ähnliche Beziehung zum Menschen entwickelt wie die Katzen im alten Ägypten. Einige haben sich domestizieren lassen und gehen in Ställen und Getreidespeichern auf die Jagd nach Mäusen.

Margay

DER MARGAY oder Baumozelot *(Felis wiedii,* früher *Leopardus wiedii),* auch als Langschwanzkatze bekannt, siedelt in den tropischen Wäldern und Buschgebieten Mittel- und Südamerikas.

MERKMALE

ER IST GENAUSO attraktiv wie sein naher Verwandter, der Ozelot, aber mit etwa 3 bis 5 kg Gewicht kleiner als dieser. Das Fell ist kurz, weich und hat eine gelbbraune Färbung. Unterkörper, Brust und Genick sind weiß. Dunkle Markierungen, die denen des Ozelots ähneln, befinden sich auf dem Rücken und den Flanken, der Schwanz ist ringförmig gefärbt. Die dunkle Rückseite der Ohren hat helle Flecken. Beine und Schwanz sind lang.

EIN BAUMBEWOHNER

DER MARGAY verbringt die meiste Zeit seines Lebens in Bäumen, wo er Vögeln und Eidechsen nachstellt. Er klettert aber auch auf den Boden, um dort Nagetiere, junge Rehe und Hausgeflügel zu erbeuten. Der Margay versteckt sich gern und ist nicht leicht zu fassen, da er sich gut in den Baumspitzen zusammenkauern kann und erst mitten in der Nacht weit auf Jagd geht. An das Leben in den Bäumen ist er hervorragend angepasst: Als einzige Katze kann er einen Baum kopfunter hinabsteigen, was er seinen ungewöhnlich flexiblen Hinterbeinen verdankt, die sich nach innen beugen und so einen festen Griff am Baumstamm ermöglichen. Diese Fähigkeit erweitert die Auswahl der Beutetiere für den Margay in erheblichem Maße. Der lange Schwanz hilft ihm auch beim Abstieg.

Andenkatze

DIE HÄNGE DER ANDEN von Südperu bis nach Nordwestargentinien sind die Heimat der Andenkatze *(Felis jacobita),* einer 3,5 bis 7 kg schweren Langhaarkatze, auch Bergkatze genannt. Sie ist eine seltene Katzenart, über die Zoologen bisher nur wenig wissen. Anatomische Befunde lassen vermuten, dass es sich bei ihr um eine überlebende Art aus einer frühen Phase der Entwicklung der Gattung *Felis* handelt, denn sie scheint einen doppelten Schädel zu haben, der durch eine dünne Membran getrennt wird. Ihr Fell ist bräunlich grau und hat wahllos braune oder orangefarbene Flecken und Ringe auf dem Schwanz. Der Unterkörper ist weiß.

EINE WENIG BEKANNTE ART

DIE ANDENKATZE LEBT an der Schneegrenze, in einer Höhe von etwa 3000 bis 5000 Metern, in einem baumlosen, felsigen Gelände unter unwirtlichen klimatischen Bedingungen. Sie jagt hauptsächlich kleine Nagetiere. Die Andenkatze ist eine eigene Art, der Name wird aber häufig auch für den Rotluchs, den Luchs oder den Puma verwendet.

WISSENSWERTES
Höhlenlöwen kennt man von prähistorischen Zeichnungen aus dem Paläolithikum. Die Menschen spielten ohne Zweifel eine Rolle bei ihrer vollständigen Ausrottung.

Oben links
Dieser venezolanische Margay verbringt die meiste Zeit seines Lebens auf Bäumen.

Rechts
Der Luchs wird häufig fälschlicherweise Berg- oder Andenkatze genannt, die jedoch eine eigene Art bildet.

Unten links
Das hübsche Fell des Margays hat immer wieder Züchter angeregt, ihn zu domestizieren.

Asiatische Kleinkatzen

DIE ASIATISCHEN Kleinkatzen beinhalten Arten, die überall auf dem riesigen Kontinent zu finden sind, aber auch solche, deren Lebensraum stark begrenzt ist – im Falle der Iriomotekatze auf eine kleine pazifische Insel. Beweise für einige solcher Arten, beispielsweise für die Chinesische Wüstenkatze, existieren nur auf Zeichnungen von Naturforschern aus – in einigen Fällen – dem 19. Jahrhundert, und es ist nicht bekannt, ob irgendwelche Tiere dieser Arten überlebt haben.

KLEINKATZEN WERDEN NICHT so stark bewundert und erhalten deshalb nicht so viel Aufmerksamkeit von Naturschützern wie die Großkatzen. Viele der kleineren Katzen bewohnen Lebensräume, die für Menschen fast unzugänglich sind.

Einige asiatische Katzenarten werden in anderen Kapiteln beschrieben. Das Territorium des Wüstenluchses beispielsweise geht von Afrika über Arabien bis nach Nordindien. Die Afrikanische Wildkatze oder Falbkatze ist auch in Südasien anzutreffen. Die Mitteleuropäische Wildkatze lebt auch östlich des Urals, und die Saharakatze, die für gewöhnlich mit Nordafrika assoziiert wird, bewohnt auch Kleinasien und den Kaukasus.

Oben
Die Leopardkatze ist ein nachtaktiver Jäger. Dieses Tier ist auf der Suche nach Beute aus seiner Höhle gekommen.

Unten links
Die Rohrkatze hat sich an unterschiedlichste Lebensräume angepasst. Dank ihrer Fellfärbung ist sie im indischen Dschungel gut getarnt.

Leopardkatze

DIE LEOPARDKATZE *(Felis bengalensis,* früher *Prionailurus bengalensis)* ist eine weit verbreitete asiatische Katzenart. Fossilien von Leopardkatzen mit einem Alter von einer Million Jahren wurden an mehreren Orten in Indonesien gefunden.

LEBENSRAUM

DIE LEOPARDKATZE bevorzugt Wälder und Buschregionen, wo sie meist in Wassernähe anzutreffen ist. Da sie äußerst anpassungsfähig ist, kommt sie auch in der Nähe menschlicher Siedlungen vor, wo Hühner, Lämmer und Zicklein eine leichte Beute darstellen. In freier Wildbahn sind Hasen, kleine Nager, Reptilien, Rehkitze, Fledermäuse und Eichhörnchen ihre Beutetiere. Bei Bedarf klettert sie zur Jagd auch auf Bäume. Am Tage zieht sie sich in hohle Bäume oder Felsenhöhlen zurück und kommt erst nachts zur Jagd heraus.

Leopardkatzen sind Einzelgänger, nur zur Paarung kommen sie zusammen. Sie werfen meist zwei oder drei Junge, die die ersten vier Wochen in der Höhle bleiben.

Noch zählt die Leopardkatze zu den häufigeren Arten; es gibt jedoch Anlass zur Sorge, weil aufgrund von Restriktionen, andere Katzen zu jagen, ihr Fell für Pelzjäger immer attraktiver wird. Es wird geschätzt, dass in den 1980ern innerhalb von drei Jahren in China fast zwei Millionen Leopardkatzen getötet wurden. Darüber hinaus werden Leopardkatzen, die in der Nähe von menschlichen Siedlungen leben, oft getötet, weil sie das Vieh überfallen.

MERKMALE

DIESE KLEINE GEFLECKTE Katze, auch als Bengalkatze bekannt, wiegt etwa 3 bis 4 kg und ist insbesondere in Süd- und Südostasien, von Indien bis nach China, Japan und die Philippinen, verbreitet. Die Katzen in den südlichen Gebieten sind tendenziell kleiner. Die Grundfarbe des Fells variiert beträchtlich von Hellgrau bis Sandbraun. Darauf befinden sich dunklere Flecken, die auf Rumpf und Beinen reihenartig angeordnet sind und manchmal zu Streifen zusammenfließen. Um die Augen herum gibt es weiße Muster, und auch der Unterkörper ist weiß.

Rohrkatze

DIE ROHRKATZE *(Felis chaus)* wird mit den Funden mumifizierter Überreste in Ägypten und dem Ursprung der Hauskatze assoziiert, aber ihr tatsächlicher Lebensraum ist Süd- und Südostasien, westlich davon bis zum Kaukasus und zur östlichen Mittelmeerküste und nördlich bis nach Turkestan und Usbekistan. Im Osten überlappt sich ihr Verbreitungsgebiet mit dem der Falbkatze.

DIE ROHRKATZE IST AUCH unter den Namen Dschungelkatze und Sumpfluchs bekannt, aber ihre Namen geben keine Auskunft über ihren Lebensraum, da sie sich an unterschiedlichste Bedingungen anpassen kann. Als Opportunistin lebt sie sogar oft in der Nähe menschlicher Siedlungen und sucht dort nach leichter Beute. Sie vereint Furchtlosigkeit, listige und schnelle Bewegungen und ähnelt darin einem Fuchs.

MERKMALE

DIE ROHRKATZE wiegt etwa 9 bis 16 kg. Tiere aus Zentralasien sind eher schwerer, solche aus Südostasien eher leichter. Sie hat lange Beine, einen kurzen Schwanz und lange luchsartige Ohren mit schwarzen Rändern. Das Fell ist sandbraun, manchmal mit einem Stich ins Graue oder Rote, manchmal auch mit einer sehr undeutlichen Tigerung auf Rumpf, Beinen und Kopf. Der Schwanz hat ringförmige Markierungen und eine abgerundete schwarze Spitze. Hin und wieder werden auch schwarze Rohrkatzen beobachtet.

Naturschützer vermuten, dass die Rohrkatze ursprünglich in den Sümpfen und Morasten der Flussdeltas im Nahen Osten beheimatet war, wo sie ihre Beute im Dickicht von Flüssen und Bächen gefunden hat. Dann vergrößerte sie ihren Lebensraum weiter nach Osten. Dabei wurden neue Standorte wie dichte Wälder oder hoch gelegene Graslandschaften erschlossen. In Indien bevorzugt sie Zuckerplantagen.

JAGDINSTINKT

KANINCHEN, RATTEN, MÄUSEN, Vögeln und Reptilien stellt die Rohrkatze nach. Beim Heranpirschen an die Beute geht sie geduldig vor und wartet den günstigsten Moment ab, ehe sie ihr Opfer anspringt und packt. In ihrem Revier kann sie mehrere Höhlen okkupieren, die sie oft von anderen Tieren wie Füchsen oder Stachelschweinen übernimmt. Sie ist weniger nachtaktiv als viele andere Katzen und jagt lieber in der Dämmerung.

Die Rohrkatze wirft zwischen drei und sieben Junge, die mit einem deutlich getigerten Fell geboren werden. Die Streifen „bleichen aus", wenn das Erwachsenenfell wächst. Im Alter von fünf Monaten verlassen die Jungen die Mutter; es dauert aber noch ein Jahr, bis sie geschlechtsreif werden.

Als besonders widerstandsfähige Art gehört die Rohrkatze zu den am weitesten verbreiteten Kleinkatzen.

WISSENSWERTES
Die Säbelzahnkatzen umfassten mehrere Arten. Eine weitere Gruppe, die kleinere Eckzähne hatte, wird Krummsäbelzahnkatzen genannt.

Oben links
Die weißen Kreise um die Augen dieser Leopardkatze sind deutlich sichtbar.

Oben rechts
Diese Rohrkatze ist sandbraun gefärbt. Ihr bevorzugter Lebensraum sind Zuckerplantagen.

Unten
Diese Leopardkatze aus Russland hat sich gut an das kalte Klima angepasst.

Fischkatze

SÜD- UND SÜDOSTASIEN ist die Heimat der Fischkatze *(Felis viverrina,* früher *Prionailurus viverrinus).* Ihre Größe und ihr Gewicht können stark variieren. Normalerweise wiegt sie etwa 7 kg, manchmal aber auch bis zu 12 kg. Die Fischkatze nutzt für gewöhnlich Sümpfe, Moore und Schilfbeete als Lebensraum.

MERKMALE

OBWOHL VIELE KATZEN, insbesondere die Türkisch Van unter den Hauskatzen und der Tiger unter den Großkatzen, bei Gelegenheit auch ins Wasser gehen und Fische fangen, zeigt allein die Fischkatze spezielle Anpassungen an diese Lebensweise. Ihre Vorderpfoten haben kleine Schwimmhäute, die sie beim Schwimmen unterstützen. Die Krallen, die nicht vollständig eingezogen werden

können, nutzt sie, um Fische aufzuspießen und an Land zu ziehen; außerdem sorgen sie im schlammigen Uferwasser für einen guten Griff. Sie hat wie ein Angler eine unendliche Geduld und wartet meist an einem höher gelegenen Standort, etwa einer Uferböschung oder einem Felsvorsprung, von wo aus sie das Wasser überblicken kann, bis ihre Beute auftaucht. Zur Not wagt sie sich dafür auch ins flache Wasser. Wenn ausreichend Nahrung vorhanden ist, lebt sie ausschließlich von Fischen, aber sie jagt auch Reptilien, Frösche, kleine Säugetiere und Vögel. In der ländlichen Volksmythologie Indiens und Bangladeschs steht sie in dem Ruf, Säuglinge zu rauben, und in einigen Fällen ist dies tatsächlich geschehen.

Die Fischkatze ist kräftig gebaut, hat einen kurzen, breiten Kopf, einen langen Rumpf, lange Beine und einen ziemlich kurzen Schwanz. Ihr Fell ist hellbraun, manchmal mit grauen Streifen versehen, und hat dunkle Flecken, die reihenartig auf dem Körper angeordnet sind. Dunkle Linien verlaufen über den oberen Teil des Kopfes hinunter bis zum Genick. Der Unterkörper ist weiß.

Trächtige Weibchen bauen in Schilfbeeten eine Geburtshöhle. Nach einer Tragzeit von etwa acht Wochen werfen sie zwei oder drei Junge, die mit neun Monaten ausgewachsen sind. Fischkatzen werden in Indien und Pakistan wegen ihres Fells getötet, und in Teilen Indiens leiden sie unter der industriellen Verseuchung der Flüsse.

Oben rechts
Diese graue Fischkatze nutzt ihre Krallen als Angelhaken, um Fische aufzuspießen.

Links Mitte und oben
Diese drei Fischkatzen jagen in einem Sumpf in Thailand nach Beute.

Unten rechts
Junge Fischkatze.

Manul

DER MANUL *(Felis manul,* früher *Otocolobus manul)* war in prähistorischer Zeit in ganz Asien und Osteuropa verbreitet. Heute lebt er nur noch in einem begrenzten Gebiet, das sich vom Kaspischen Meer über das zentralasiatische Hochland bis zur Inneren Mongolei erstreckt.

MERKMALE

DER MANUL zeichnet sich unter den asiatischen Wildkatzen durch einen breiten, flachen Kopf, eine niedrige Stirn, riesige Augen und tief liegende Ohren aus, was ihm ein eulenartiges Aussehen gibt. Er hat sehr gut ausgebildete „dritte Augenlider" oder Nickhäute, die ihn vermutlich gegen Sandstürme schützen.

Der Manul hat einen runden kräftigen Rumpf, der auf kurzen, stämmigen Beinen ruht. Das Fell ist kurz und dicht, insbesondere am Unterkörper. Der Schwanz ist lang, ziemlich buschig und hat vor der schwarzen Spitze noch vier dunkle Ringe. Das Fell ist für gewöhnlich orangefarben und grau, mit schwarzen und weißen Markierungen am Kopf; abhängig vom Lebensraum kann die Grundfarbe von gelblich grau bis gelblich braun variieren. Die Schnurrhaare haben weiße Spitzen, wodurch sie silbrig aussehen. Auf den Wangen und manchmal auch an den Beinen gibt es markante dunkle Flecken.

EINZELGÄNGER VON NATUR AUS

DER MANUL WIEGT etwa 3 bis 5 kg. Der Einzelgänger ist nachtaktiv und zeigt sich den Menschen selten. Er lebt in vegetationsarmer Landschaft in Felsspalten und Höhlen. Seine hoch ansetzenden Augen und tief liegenden Ohren ermöglichen es ihm, von einer Position hinter einem Felsen aus seine Beute zu beobachten, ohne selbst gesehen zu werden, und den günstigsten Augenblick zum Zuschlagen abzuwarten. In offenem Gelände duckt er sich nah auf den Boden und hält inne, wenn er ein mögliches Opfer sieht, um es dann zu erbeuten. Wegen der Unwirtlichkeit der Landschaft und des geringen Beuteangebots ist der Manul ständig auf Nahrungssuche.

Der Manul kann ungewöhnliche Laute hervorbringen, beispielsweise ein schrilles Jaulen, wenn er sich in Gefahr wähnt, oder ein hundeartiges Heulen, wenn er sich paaren will. Der Wurf eines Manuls besteht aus vier bis sechs Jungen.

UNGEWÖHNLICH DICKES FELL

DER MANUL IST auch unter dem Namen Pallaskatze bekannt. Dieser Name erinnert an einen der großen Pioniere der Naturforschung. Peter Simon Pallas war ein deutscher Arzt, der 1768 an die Kaiserliche Akademie der Wissenschaften in St. Petersburg berufen wurde. In den folgenden 25 Jahren bereiste er Süd- und Ostasien, um auf Anordnung von Katharina der Großen die Flora und Fauna des Russischen Reiches zu kartieren. Auf einer dieser Expeditionen identifizierte er auch den Manul. Er brachte auch als erster die Nachricht von der Existenz der Siamkatze nach Europa, die er in Zentralrussland fand.

Es wurde vermutet, dass der Manul das Langhaar-Gen unter die Urahnen der Hauskatze eingebracht hat, aber Zoologen haben diese Vermutung als Spekulation zurückgewiesen. Tatsache ist, dass der Manul unter Wildkatzen ein einzigartig dickes Fell besitzt, insbesondere am Unterkörper, das vor allem für ausreichenden Wärmeschutz sorgt, wenn er auf dem gefrorenen Boden Zentralasiens kriecht oder liegt.

WISSENSWERTES
Die Evolution der Katzen aufzuzeichnen ist schwer. Das liegt teilweise daran, dass diese in bewaldeten Gebieten lebten, wodurch sich kaum fossile Überreste erhalten haben.

Unten
Der Manul wird wegen seiner großen Augen und tief liegenden Ohren oft mit einer Eule verglichen.

Rostkatze

DIE ROSTKATZE *(Felis rubiginosa,* früher *Prionailurus rubiginosus)* ist mit 1–2 kg die kleinste Katzenart.

Unten
Die Rostkatze stammt aus den Wäldern von Sri Lanka.

MERKMALE

DIE ROSTKATZE hat ein rostrot gefärbtes Fell mit einigen braunen Fleckenschatten auf Rücken und Beinen sowie einem weißen Unterkörper, auf dem sich schwarze Flecken befinden. Im Gesicht hat sie weiße und dunkle Markierungen, und vier dunkle Linien verlaufen vom oberen Teil des Kopfes bis zum Nacken.

Die Rostkatze hat sich eine Vielzahl an Lebensräumen erobert: Sie kommt in Steppen, baumbewachsenen Gebieten, Wäldern und in Wassernähe vor. Den größten Bestand findet man in Südindien und auf Sri Lanka, kleinere isolierte Kolonien existieren auch in Nordindien.

Wenn in ihren natürlichen Lebensraum eingegriffen wird, verschmäht die Rostkatze auch die Nähe menschlicher Siedlungen nicht, wo sie sich von Nagetieren ernährt. Es wird berichtet, dass Katzenjunge leicht domestiziert werden können und verspielte, putzige Haustiere werden.

Marmorkatze

DIE MARMORKATZE *(Felis marmorata,* früher *Pardofelis marmorata)* ist eine seltene Waldkatze, die von Nepal über Burma, Thailand und Malaysia bis nach Indonesien verbreitet ist. Die meiste Zeit ihres Lebens verbringt sie auf Bäumen, wo sie auch ihre Beute – Vögel, Reptilien und Eichhörnchen – findet.

MERKMALE

DIE MARMORKATZE IST ungewöhnlich gefärbt: Sie hat auf einer hellbraunen Grundfarbe unregelmäßige dunkle Flecken und Streifen am Rumpf und an den Beinen bis hinunter zum Schwanz. Dieser ist schwarz gebändert. Diese „Marmorierung" ist viel deutlicher als das Muster, das von Katzenliebhabern bei verschiedenen Rassen als „marmoriert" beschrieben wird.

Die Marmorkatze hat einen kurzen, runden Kopf mit für Katzen ungewöhnlich tief liegenden Augen. Der Körper ist kompakt und kräftig, mit dichtem Fell und einem langen, dicken Schwanz mit abgerundeter Spitze. Körperbau und Haltung erinnern, besonders wenn sie sich ausruht, stark an einen Leoparden, obwohl die Marmorkatze natürlich viel kleiner ist. Sie hat ein weiches dickes Fell, besonders am Unterkörper. Ihr typisches Gewicht liegt bei 5,5 kg.

Marmorkatzen werfen drei oder vier Junge. Diese werden ohne das marmorierte Fell geboren, erst im Alter von etwa vier Monaten hat es sich voll ausgebildet.

Borneokatze

DIE BORNEOKATZE *(Felis badia,* früher *Profelis badia)* kommt nur in Steppengebieten der indonesischen Insel Borneo vor.

MERKMALE

DIE KLEINE BORNEOKATZE mit 2 bis 3 kg Gewicht hat ein gleichmäßig rötlich braunes Fell wie ein Fuchs, das am Unterkörper rötlich weiß ist. Ihr Gesicht zeigt weiße Markierungen, und der lange peitschenartige Schwanz hat auf der Unterseite eine weiße Linie, die sich bis zur Spitze hin ausdehnt. Über ihren bevorzugten Lebensraum ist so gut wie nichts bekannt, weil sie nur sehr selten beobachtet wurde. Wahrscheinlich bevorzugt sie sumpfige und waldige Gegenden, wo Nagetiere und Nestlinge zu ihren Beutetieren zählen.

WISSENSWERTES
Wenn eine Katze statt elliptischer oder schlitzartiger Pupillen runde besitzt, ist sie eher am Tage aktiv, und ihre Augen sind nicht so lichtempfindlich.

Iriomotekatze

DIE KLEINE, BERGIGE, zu Japan gehörende Insel Iriomote liegt im Pazifik, etwa 200 km vor der Ostküste von Taiwan am südlichen Ende der Ryukyu-Inseln. Die Iriomotekatze *(Felis iriomotensis,* früher *Mayailurus iriomotensis)* wurde erstmals 1965 beschrieben. Damals wurden weniger als 100 Tiere gezählt. Ihr Status als eigene Art wurde zuerst bezweifelt, aber Fossilien, die auf benachbarten Inseln gefunden wurden, lassen vermuten, dass die Iriomotekatze seit mehr als zwei Millionen Jahren existiert.

MERKMALE

GRÖSSE UND GEWICHT der etwa 5,5 kg schweren Iriomotekatze entsprechen unseren Hauskatzen. Ihr lang gestreckter Körper mit kurzem, geringeltem Schwanz wird von kurzen, stämmigen Beinen getragen. Das Fell ist mittelbraun und zeigt dunkle Flecken, weshalb es sich um eine Unterart der Leopardkatze handeln könnte. Andere Experten sehen eine Ähnlichkeit mit der südamerikanischen Nachtkatze, was zu Spekulationen über entwicklungsgeschichtliche Verbindungen geführt hat. Bei der Iriomotekatze sind Kopf und Nacken mit breiten dunklen Streifen gebändert.

WISSENSWERTES
Katzen haben oft deutlich sichtbare Schwanzspitzen. Sie helfen den Jungtieren, beim Durchstreifen von Unterholz oder hohem Gras die Mutter nicht zu verlieren.

Links
Diese malaysische Marmorkatze ähnelt stark einem kleinen Leoparden.

Links unten
Die Asiatische Goldkatze ist wegen ihrer Aggressivität und Furchtlosigkeit berüchtigt.

Rechts Mitte
Die seltene Flachkopfkatze lebt zurückgezogen und ist in freier Wildbahn nur selten zu sehen.

Rechts unten
Diese malaysische Flachkopfkatze hat ein dickes Fell.

Asiatische Goldkatze

DIE ASIATISCHE GOLDKATZE *(Felis temminckii,* früher *Profelis temminckii)* kommt in den Bergen und Wäldern des östlichen Himalaja bis nach Südchina vor. Sie wurde auch auf der indonesischen Insel Sumatra gefunden.

LEBENSRAUM

DIE ASIATISCHE GOLDKATZE bevorzugt feuchte Gebiete. Sie ist wild und furchtlos und überfällt größere Beutetiere wie kleine Rehe, Schafe, Ziegen und sogar kleine Wasserbüffel. In verschiedenen Sprachen hat sie unterschiedliche Namen erhalten: In China ist sie als Felsenkatze oder Gelber Leopard, in Myanmar (früher Burma) als Feuerkatze und in verschiedenen Teilen Südostasiens als Tigerkatze bekannt. Obwohl sie anscheinend mit der Afrikanischen Goldkatze verwandt ist, hat sie sich in Asien zu einer eigenständigen Art entwickelt, die größer als ihr afrikanischer Verwandter wird.

MERKMALE

DIE AUSSERORDENTLICH hübsche, langbeinige und langschwänzige Katze hat ein dickes Fell von einer gleichmäßigen dunklen goldbraunen Färbung, die manchmal ins Dunkelgraue übergeht, und weiße Gesichtsmarkierungen mit dunklen Rändern. Ihre kurzen runden Ohren sind auf der Rückseite schwarz und haben graue Flecken. Eine Unterart, die in Myanmar und Tibet beheimatet ist, hat auf dem Rumpf ein dunkleres Flecken- oder Streifenmuster, und auch schwarze Exemplare wurden beobachtet.

In der Vergangenheit wurde die Asiatische Goldkatze stark bejagt; heute stellen großflächige Abholzungen, insbesondere in Nepal und auf Sumatra, eine weit größere Gefahr für sie dar.

Die Asiatische Goldkatze wiegt etwa 12 bis 14 kg. Einige Experten behaupten, dass sie zu den Urahnen der Siamkatze gehört; trotz ihres orientalischen Aussehens wurde diese Theorie bis heute nicht bewiesen.

Conrad Temminck (1778–1858), an den der wissenschaftliche Name der Art erinnert, war ein holländischer Naturforscher, der eine der ersten umfassenden ornithologischen Abhandlungen schrieb. Er verbrachte seine frühen Lebensjahre auf Sumatra (damals Teil von Niederländisch-Indien), wo er erstmals die Asiatische Goldkatze identifizierte.

Flachkopfkatze

DIE FLACHKOPFKATZE *(Felis planiceps,* früher *Prionailurus planiceps* und *Ictailurus planiceps)* ist eine weitere Seltenheit, die nur in Thailand, Malaysia, auf Borneo und Sumatra zu finden ist.

MERKMALE

DIE FLACHKOPFKATZE hat einen flachen Kopf mit abstehenden Ohren und einem spitzen Maul. Ihr langer, niedriger Rumpf ruht auf kurzen Beinen, der Schwanz ist kurz und dick. Sie wiegt etwa 5,5 bis 8 kg und hat ein dickes, langes, rötlich braunes Fell, das manchmal grau oder silberweiß getippt ist. Auf dem Gesicht finden sich schwarze Markierungen, der Unterkörper ist braun gefleckt.

Die Flachkopfkatze bevorzugt Gebiete in Wassernähe, wo sie sich hauptsächlich von Fischen, aber auch von Fröschen und Wasservögeln ernährt.

Ihre Krallen können nicht so weit ausgefahren werden wie die der Fischkatze, aber auch nicht völlig eingezogen werden. Die Spitzen sind somit immer sichtbar.

Da ihr Lebensraum eng begrenzt und schwer zugänglich ist, wissen wir nur wenig über ihr Leben in freier Wildbahn.

Graukatze

HENRI, PRINZ VON ORLÉANS und Mitglied der Familie, die Anspruch auf den französischen Thron erhob, startete im Jahre 1889 eine Expedition durch Sibirien und Tibet nach Siam (heute Thailand). Die tibetanischen Behörden verweigerten ihm die Einreise-Erlaubnis, und so musste er einen Umweg über die Berge machen, um in die chinesische Provinz Szetschuan im Jangtsebecken zu gelangen. Dort wurden Prinz Henri die Felle zweier Graukatzen *(Felis bieti)* gezeigt. Auf der Grundlage dieser Felle und nach Berichten von Einheimischen erstellte Henri zusammen mit Wissenschaftlern aus der Expeditionsgruppe eine Beschreibung der Katzenart. Fast alles, was heute über die Graukatze bekannt ist, geht auf diese Beschreibung zurück.

LEBENSRAUM

DIE GRAUKATZE BEWOHNT allem Anschein nach ein relativ kleines Gebiet in den Bergen Westchinas bis zu einer Höhe von etwa 3000 Metern. Sie wiegt etwa 5,5 kg.

MERKMALE

BESCHREIBUNGEN IHRES FELLS variieren von bräunlich rot bis gelblich grau. Da sie in den Bergen lebt, ist es wahrscheinlich, dass sich ihre Fellfärbung entsprechend den Jahreszeiten ändert. Dunkle Flecken laufen in unterbrochenen Streifen die Flanken hinab, ähnliche Muster finden sich auf den Wangen. Der Schwanz hat schwarze Ringe und eine schwarze Spitze. Die Pfoten sind stark gepolstert, und die Ohrspitzen sind mit Pinseln versehen.

WISSENSWERTES

Das Zungenbein, ein kleiner Knochen im Kehlkopf, ist bei Kleinkatzen verknöchert und starr, bei Großkatzen nur teilweise verknöchert. Dadurch können sie laut brüllen.

Unten
Diese zornige Graukatze entblößt ihre langen Eckzähne.

Afrikanische Kleinkatzen

Sandkatze

IN AFRIKA FEHLT DIE reiche Vielfalt an Kleinkatzen, die es in Südamerika und Südostasien gibt. Eigentlich sollte man annehmen, dass der tropische Regenwald ähnlich günstige Lebensräume für Baumkatzen bietet. Die Antwort liegt wohl in der Konkurrenz anderer Fleischfresser, vor allem des Leoparden und der Hyäne. Während die typische Kleinkatze in Südamerika und Südostasien ein Baumjäger ist, können die Arten in Afrika nur am Rand der Wüste überleben – einem Gebiet, das größere Arten verschmähen.

DAS VERBREITUNGSGEBIET der Sandkatze *(Felis margarita)* sieht wie ein Flickenteppich aus. Die größte Population findet man in der westlichen Sahara, kleinere Gruppen leben in Ägypten, im südlichen Teil Arabiens und in Turkestan, und die kleinste, stark gefährdete Gruppe kommt in Westpakistan vor. Allen Gebieten ist gemeinsam, dass es sich jeweils um trockene Sand- oder Felsregionen handelt.

Linker Rand
Die Existenz des Leoparden hat die Ausbreitung kleinerer Katzenarten auf dem afrikanischen Kontinent verhindert.

Unten
Die kleine Sandkatze hat ein weiches, dickes, gelbbraunes Fell.

MERKMALE

DIE SANDKATZE, AUCH Sahara- oder Wüstenkatze genannt, ist klein und wiegt nur etwa 2 kg. Sie hat ein weiches, dickes Fell in gelblich brauner oder graubrauner Färbung. Der Rücken ist etwas dunkler, der Unterkörper fast weiß. Die Beine tragen dunklere Markierungen, und der Schwanz hat vor der schwarzen Spitze drei dunkle Ringe. Der fast rechteckige Kopf ist unproportional groß für den Körper. Auffällig sind die Barthaare und die markanten, tief liegenden Ohren mit ungewöhnlich breiten Ohrläppchen und einem vergrößerten Gehörapparat. Man vermutet, dass die Sandkatze dank dieser Anpassungen selbst leiseste Töne anderer Wüstentiere noch wahrnehmen kann, die ihr als Beute dienen. Ein anderes ungewöhnliches Merkmal ist das starke Haarwachstum an den Pfoten. Diese bis zu zwei Zentimeter langen „Matten" schützen die Pfoten vor der sengenden Hitze des Wüstensandes und verhindern, dass sie in den losen Sand einsinken.

Sandkatzen graben sich in den Wüstensand ein, um sich am Tag vor der heißen Sonne zu schützen, und

FORTPFLANZUNG

DAS TRÄCHTIGE WEIBCHEN gräbt eine Höhle in den Sand, wo sie im Durchschnitt vier, manchmal bis zu acht Junge zur Welt bringt. Diese wiegen bei der Geburt nur etwa 40 g; mit fünf Wochen sind sie schon bereit, das Gebiet um die Höhle herum zu erforschen, und beginnen, das für ihre Art instinktive Grabeverhalten zu zeigen. Das Fell der Jungen hat eine schwache Tigerung, die aber mit dem Erwachsenenfell verschwindet. Im Alter von etwa vier Monaten verlassen die Jungtiere die Höhle und leben von nun an selbstständig.

EINE WIDERSTANDSFÄHIGE ART

DIE SANDKATZE ist eines der bemerkenswertesten Beispiele für die Fähigkeit der Katzenfamilie, auch unter schwierigsten Bedingungen zu überleben. Sie wird in ein unwirtliches Klima mit äußerst geringen Nahrungsressourcen hineingeboren. Sie muss in offenem Gelände leben, ohne sich verstecken zu können, und ist ständig der Gefahr ausgesetzt, von Wölfen, Schlangen oder Geiern überfallen zu werden. Trotz des geringen Nahrungsangebots in der Wüste muss die Mutter immer etwas zum Fressen für ihre vielen Jungen besorgen, die, betrachtet man das phänomenale Wachstum in den ersten Wochen, äußerst gefräßig sein müssen.

Der wissenschaftliche Name der Sandkatze, *Felis margarita,* erinnert an Jean Auguste Margueritte, einen französischen General aus dem 19. Jahrhundert.

kommen erst in der Dämmerung zum Jagen heraus. Ihre tief liegenden Ohren ermöglichen es ihnen, ihre Beute auszuspionieren, während sie selbst in versteckloser Landschaft unauffällig bleiben können. Sandkatzen jagen hauptsächlich Nagetiere wie Wüstenspringmäuse, sie fressen aber auch Vögel, Eidechsen und Heuschrecken. Ihr Verdauungssystem ist an den trockenen Lebensraum angepasst: Die benötigte Flüssigkeit ziehen sie aus ihrer Beute heraus und speichern sie in ihrem Harnsystem.

WISSENSWERTES

Bis auf zwei haben alle 41 Katzenarten – einschließlich der Hauskatze – 30 Zähne. Die Jungtiere haben 26 Milchzähne.

Oben

Die Sandkatze, die in trockenen Gebieten wie der Sahara heimisch ist, verbringt die heißeste Zeit des Tages eingegraben im Sand.

Unten

Die Sandkatze kann Wölfen und Schlangen zum Opfer fallen.

Karakal

DIE GRÖSSTE unter den afrikanischen Kleinkatzenarten ist der Karakal *(Felis caracal,* früher *Caracal caracal),* der auch als Wüstenluchs bekannt ist, obwohl er nicht in der Wüste lebt. Er wiegt etwa 16 bis 20 kg, wobei der Größenunterschied zwischen Männchen und Weibchen beträchtlich ist.

Oben rechts
Die rötlich braune Fellfärbung und der weiße Unterkörper sind bei diesem südafrikanischen Karakal sichtbar.

Unten links
Die spitzen Ohren dieses Karakals sind äußerst markant.

Unten rechts
Der Karakal, der für sein ungestümes Temperament berüchtigt ist, tötet wahllos.

LEBENSRAUM

DER KARAKAL hat wie der Luchs einen kurzen Schwanz und spitze Pinselohren. Er ist weit verbreitet in den Savannen Afrikas, insbesondere in Südafrika und Uganda, kommt aber auch in Arabien, Afghanistan und Nordwestindien vor. Man findet ihn in Halbwüsten und bergigem Gebiet, aber nicht in Wüsten oder im Regenwald.

MERKMALE

DAS KURZE FELL des Karakals ist am ganzen Körper rötlich braun, nur das Kinn, der Hals und der Unterkörper sind weiß. Am Maul hat er dunkle Markierungen. Es finden sich jedoch keine Flecken auf dem Fell. Die extrem muskulöse Katze ist äußerst schnell und hat eine ausgeprägte Sprung- und Kletterfähigkeit. Außer in der Paarungszeit ist der Karakal ein Einzelgänger in einem klar begrenzten Jagdrevier, in dem er sich nachts bewegt und tagsüber jagt. Der notorische Räuber tötet mehr Beutetiere, als er zum Leben braucht, anscheinend aus Spaß am Töten. So kann er auch auf Gehöften ganze Viehbestände vernichten. Ein solches Verhalten, das für Wölfe und Füchse weitaus typischer ist, gilt in der Katzenwelt als unüblich. Die meisten Katzen jagen nur so viel Beute, wie sie für ihre unmittelbaren Bedürfnisse benötigen.

In freier Wildbahn überfällt der Karakal Eidechsen, Kaninchen, Vögel, Antilopen und Ziegen, er soll sogar schon Adler erbeutet haben, wobei er sie – wie andere Vögel auch – vor dem Abflug anspringt und mit den Pfoten packt. Der Karakal ist sowohl in den Bäumen als auch auf dem Erdboden zu Hause, und wie der Leopard zieht er seine Beute auf einen Baum, um sie dort in aller Ruhe zu verspeisen.

FORTPFLANZUNG

OBWOHL DER KARAKAL anders als der Löwe nicht in Familiengruppen lebt, scheint er eine gewisse soziale Struktur entwickelt zu haben, zumindest in der Paarungszeit, die über das ganze Jahr hinweg eintreten kann. Ein brünstiges Weibchen zieht mehrere Männchen an, in ihr Territorium zu kommen, und diese paaren sich entsprechend ihrer Hierarchie nacheinander mit dem Weibchen. Danach ziehen sie los, um weitere brünstige Weibchen zu finden. Das trächtige Weibchen sucht sich in einer Felsenhöhle ein Versteck, wo es nach einer etwa elfwöchigen Tragzeit üblicherweise zwei oder drei, manchmal auch bis zu fünf Junge zur Welt bringt.

Die Jugend des Karakals ist äußerst kurz und verläuft – für Katzen untypisch – nomadenhaft. Wenn die Jungen etwa vier Wochen alt sind, verlässt die Mutter mit ihnen die Geburtshöhle und führt ein Wanderleben. Jeden Tag ziehen sie weiter und suchen sich anderswo in hohem Gras und Dickicht eine neue Zuflucht. Mit etwa sechs Monaten verlassen die Jungen die Mutter und erobern sich ein eigenes Jagdrevier. Der Karakal lebt in freier Wildbahn neun bis zehn Jahre.

Falbkatze

DIE AM WEITESTEN verbreitete afrikanische Wildkatzenart ist die Falbkatze *(Felis libyca)*, auch Afrikanische Wildkatze genannt. Ob es sich bei ihr um eine eigene Art oder um eine Verwandte der Mitteleuropäischen Wildkatze *(Felis sylvestris)* handelt, wurde unter Naturforschern lange heiß diskutiert. Heute favorisiert man die Klassifizierung als eigene Art. Im Allgemeinen ist die Europäische Wildkatze schwerer, und ihr Fell ist getigerter und dunkler, was vermutlich mit dem Lebensraum zusammenhängt. Das Verbreitungsmuster und – ein wesentliches Argument – das Temperament der beiden Arten sind sehr unterschiedlich ausgeprägt. Die europäische Form lebt zurückgezogener und vermeidet, falls sie keinen extremen Hunger hat, den Kontakt mit Menschen, während die Falbkatze menschliche Siedlungen, wenn auch nur wegen der sich dort bietenden Futtermöglichkeiten, regelmäßig aufsucht. Sicher ist jedoch, dass beide Arten zum Stammbaum der Hauskatze gehören.

LEBENSRAUM

DIE FALBKATZE KOMMT fast überall in Afrika vor. Nur in einem schmalen Streifen in Westafrika, der etwa mit dem Gebiet um die Flüsse Kongo und Niger übereinstimmt, ist sie nicht zu finden. Sie ist auch in Südasien, von Arabien bis Indien und, in einer leichten Variation, auf einigen Mittelmeerinseln und entlang der nördlichen Mittelmeerküste anzutreffen.

MERKMALE

DIE FALBKATZE WIEGT 5 bis 6 kg, hat einen mageren, muskulösen Körper mit langen Beinen und einem dünnen Schwanz mit trotzdem dichtem Fell. Der Schwanz besitzt drei ringförmige Markierungen und eine schwarze Spitze. Die abgerundeten Ohren haben keine Fellbüschel; wenn die Katze umherstreift, sind die Ohren, die auf maximale Effektivität ausgerichtet sind, angelegt. Die Fellfärbung variiert von Fahlgrau bis Graubraun, wobei ein fahles Sandbraun am häufigsten ist. Die Tigerung des Körpers ist an den Beinen, wo sie ringförmig aussieht, noch markanter.

ALS HAUSKATZE GEEIGNET

IN IHREM NATÜRLICHEN Lebensraum jagt die Falbkatze eine große Vielfalt kleinerer Tiere, darunter Nagetiere, Schlangen, Eidechsen, Vögel und sogar Insekten. Als sie entdeckte, dass die Siedlungen im alten Ägypten mit ihren Feldern und Getreidespeichern reiche Ausbeute an kleinen Nagetieren versprachen, entwickelte sich eine dauerhafte Beziehung zum Menschen, die auf gegenseitiger Wertschätzung beruhte. Die Afrikanische Wildkatze lebt nicht so zurückgezogen wie ihre europäische Verwandte und ist gegen Menschen nicht so abweisend. Während die Jungen der Mitteleuropäischen Wildkatze wild und unzähmbar geboren werden und auch so bleiben, können die der afrikanischen Art leicht domestiziert werden. Heute lebt die Falbkatze in vielen ägyptischen Siedlungen harmonisch mit den Bauern zusammen.

Die Tragzeit der Falbkatze beträgt mindestens acht Wochen. Dann wirft sie in der Regel drei oder vier Junge, die mit einem Jahr geschlechtsreif sind.

WISSENSWERTES
Die prähistorische Säbelzahnkatze wird auch *Smilodon* genannt. Sie ist uns durch etwa 2000 fossile Skelette bekannt, weil sie Tiere jagte, die in Teergruben festsaßen.

Oben
Dieses Falbkatzenjunge verteidigt sein Nest, kann aber gezähmt werden.

Unten
Die Falbkatze hat einen mageren, muskulösen Körper.

Serval

DER SERVAL *(Felis serval,* früher *Leptailurus serval)* ist außer in den Wüsten überall in Afrika anzutreffen, am häufigsten in Zentralafrika. Man vermutet, dass seine Population im Abnehmen begriffen ist, besonders in Nordafrika, wo er als gefährdet angesehen wird.

MERKMALE

DER 13 BIS 18 KG schwere Serval bevorzugt Lebensräume in Wäldern in der Nähe von Flüssen, wo er in dichtem Unterholz liegend auf Antilopen und Vögel wie Perlhühner wartet. Er hat sich jedoch auch an das Leben in der Nähe von menschlichen Siedlungen angepasst, wo er gern Geflügelfarmen und Gehöfte überfällt. Teils aus diesem Grund, teils wegen seines attraktiven Fells wird der Serval ausgiebig gejagt.

Er ist ein graziles, elegantes Tier mit einem schlanken, schnellen Körper, langen Beinen, einem kurzen Schwanz und großen Ohren, die aufmerksam nach vorn gerichtet sind. Die vorderen Beine sind länger als die hinteren. Diese Eigenschaft, die ihn einzigartig unter den Katzen macht, ermöglicht ihm beim Rennen seine charakteristischen hohen Sprünge. Sein Fell ist für gewöhnlich orange-braun mit weißem Unterkörper; Servale, die in größeren Höhen leben, haben eher ein helleres, gelblich lederfarbenes Fell. Dieser Farbunterschied ist so stark ausgeprägt, dass die Tiere mit der helleren Färbung von Naturforschern als eine eigene Art angesehen wurden, die sie Servaline nannten. Diese Theorie ist heute jedoch überholt. Die Grundfarbe aller Servale ist mit schwarzen Markierungen überlagert.

Servale in bewaldeten Gebieten haben kleinere, voneinander getrennte schwarze Flecken, während in der Savanne lebende Tiere Markierungen haben, die sich auf Nacken, Rücken und Flanken zu Streifen verbinden. An den Beinen finden sich Ringe oder kurze Streifen; auf dem Schwanz, der eine schwarze Spitze hat, wiederum Ringe. Auch ganz oder partiell schwarze Tiere wurden schon angetroffen, besonders in gemäßigten, feuchteren Gebieten wie dem Hochland von Kenia.

JAGDINSTINKT

DER SERVAL KANN SICH an seine Beute anschleichen, ihr aber auch aus dem Hinterhalt auflauern. Beide Methoden nutzt er ausgiebig. Mit seinen scharfen Ohren kann er eine Wüstenmaus unter der Erde hören und ausgraben. Servale haben die Angewohnheit, still zu stehen, ihre Ohren auf eine mögliche Nahrungsquelle auszurichten und intensiv zu lauschen. Zu ihrer Beute zählen Vögel, junge Antilopen, Eidechsen und Frösche. Der Serval bevorzugt die Abenddämmerung für die Jagd, am frühen Morgen und besonders um die Mittagszeit schläft er ausgiebig.

Servale stehen in dem Ruf, besonders bösartig zu sein, aber vielleicht war das nur ein Vorwand für die Jagd nach ihnen. Sicher ist, dass sie sehr laut werden können und zischen und spucken, wenn sie in die Enge getrieben werden. Andererseits gibt es auch Berichte darüber, dass sie erfolgreich domestiziert wurden.

Oben rechts
Diese Servale tarnen sich im hohen Gras und warten auf ihre Beute.

Oben links
Der Serval ist ein graziles Tier mit einem schlanken Körper.

Unten
Ein typisches Verhalten des Servals ist es, sitzend nach Beute zu lauschen.

verdoppeln innerhalb von zehn bis elf Tagen ihr Geburtsgewicht. Im Alter von einem Jahr verlassen sie die Mutter, um sich ein eigenes Revier zu suchen. Wenn sie nicht von selbst gehen, werden sie von der Mutter aus dem Nest gejagt. Das ist eine Probezeit für die jungen Servale, die häufig mehrere Anläufe nehmen müssen, ehe sie ein eigenes Revier haben, wo sie auf keinen Rivalen stoßen. Ihr Revier ist nicht besonders groß, doch verteidigen sie es grimmig.

Der Serval ist ein hervorragender Athlet. Er soll bis zu drei Meter hoch in Bäume springen können. Über kurze Distanzen ist er sehr schnell, er kann klettern und, wenn nötig, auch schwimmen. Sein Hauptfeind ist neben dem Menschen der Leopard, dem er, wenn er nicht überrascht wird, für gewöhnlich schnell entkommen kann.

FORTPFLANZUNG

SERVALMÄNNCHEN UND -WEIBCHEN kommen nur zur Paarungszeit zwischen Februar und April zusammen. Das trächtige Weibchen sucht sich die Höhle eines anderen Tieres und vertreibt dieses, wenn nötig, mit Gewalt. Sie kann aber auch ein eigenes Nest aus trockenem Laub am Fuße eines Baumes bauen. Normalerweise wirft sie zwei oder drei Junge, die klein, aber plump sind. Diese

WISSENSWERTES

Löwen, Tiger, Leoparden und Jaguare haben runde Pupillen. Sie jagen sowohl am Tage als auch in der Nacht nach jeder sich bietenden Beute.

Oben
Dieser Serval zischt – eine seiner typischen Reaktionen auf Gefahr.

Unten
Diese zwei Servale bleiben bei der Mutter, bis sie ein Jahr alt sind; dann suchen sie sich ein eigenes Revier.

Afrikanische Goldkatze

DIE AFRIKANISCHE GOLDKATZE *(Felis aurata,* früher *Profelis aurata)* lebt im westlichen und zentralen Äquatorialafrika von der senegalesischen Westküste bis zu den Wäldern Kenias. Sie ist ein äußerst schönes Tier, gewöhnlich goldbraun gefärbt und ähnlich einer hübschen Kurzhaarhauskatze, jedoch in doppelter Größe. In der Mythologie der Stämme, die in ihrem Lebensraum siedeln, hat sie einen festen Platz gefunden. Ihr Fell wurde früher für die Kleidung der Stammeshäuptlinge genutzt, und ihr Schwanz wurde in Kamerun von Pygmäenstämmen als Amulett getragen, um sich Glück bei der Elefantenjagd zu sichern.

Oben
Der kleine Kopf verleiht der Afrikanischen Goldkatze ein liebenswertes Aussehen.

Unten rechts
Dieses schöne Tier ist Teil der Volksmythologie Zentralafrikas.

Unten links
Die Afrikanische Goldkatze hat den gleichen Lebensraum wie der Leopard, dadurch stehen sie in direkter Nahrungskonkurrenz.

LEBENSRAUM

DIE AFRIKANISCHE Goldkatze ist eng mit der Asiatischen Goldkatze *(Felis temminckii)* verwandt, obwohl ihre Lebensräume sehr weit voneinander entfernt liegen. Vielleicht bildeten sie vor einer Million Jahren oder früher noch eine gemeinsame Art, die in Afrika und Asien einen Streifen entlang des Äquators besiedelt hatte. Mögliche Klimaveränderungen könnten dann für trockene Bedingungen im Nahen Osten gesorgt und die Katzengebiete getrennt haben. Sicher ist, dass beide Arten ähnliche Waldgebiete bevorzugen.

MERKMALE

DIE 5 BIS 12 KG schwere Afrikanische Goldkatze weist sowohl in der Grundfarbe als auch in den Markierungen auf dem Fell große Variationen auf. Einige Tiere haben – außer an den Beinen und am Schwanz – kaum sichtbare Markierungen, während andere auf dem gesamten Körper dicht gefleckt sind. Bei einigen verläuft eine dunkle Linie über Rücken und Schwanz, während andere ringförmige Markierungen am Schwanz haben.

Die Grundfarbe reicht von Rotgold bis zu Silbergrau. Die Afrikanische Goldkatze ist kompakt und vermittelt den Eindruck von Stärke und Muskelkraft. Sie hat lange Beine mit großen Pfoten. Ihr Kopf ist relativ klein und hat abgerundete Ohren.

JAGDINSTINKT

DER LEBENSRAUM der Afrikanischen Goldkatze überschneidet sich teilweise mit dem des Leoparden. Der Kampf um Beute kann zwischen beiden zu heftigen Konfrontationen führen. Dabei jagt die Afrikanische Goldkatze nur gelegentlich junge Antilopen, ihre Hauptbeute sind Nagetiere und Vögel, manchmal überfällt sie auch Gehöfte, um Hühner zu rauben.

Die einzelgängerische und zurückgezogen lebende Afrikanische Goldkatze wurde in freier Wildbahn bisher nur wenig erforscht. Sie hat eine relativ lange Tragzeit von bis zu elf Wochen, nach der sie ein oder zwei Junge zur Welt bringt. Diese entwickeln sich schnell und beginnen im Alter von drei Wochen mit Jagdspielen. Geschlechtsreif sind sie mit etwa 18 Monaten.

Schwarzfußkatze

DIE SCHWARZFUSSKATZE (*Felis nigripes*) ist die kleinste afrikanische Katzenart. Die Männchen wiegen typischerweise weniger als 2 kg, die Weibchen nicht mehr als 1,5 kg. Die Schwarzfußkatze ist nur in Halbwüsten und Steppen Südwestafrikas anzutreffen, vornehmlich in der Kalahari.

MERKMALE

DIE SCHWARZFUSSKATZE HAT ihren Namen von den kurzstreifigen Markierungen an ihren Beinen, die bis zu den Pfoten schwärzer werden. Auf der hellen gelblich braunen Grundfarbe sind dunkle Punkte reihenförmig angeordnet, die an Nacken und Schulter zu langen Streifen verschmelzen und an den Beinen kurze Streifen bilden. Der Schwanz hat ringförmige Markierungen und eine schwarze Spitze.

Die in offenem Gelände lebende Schwarzfußkatze muss sich vor Fressfeinden schützen. Bei Bedrohung stellt sie ihre Missachtung zur Schau, umgeht jedoch lieber die Gefahr, indem sie sich in sicheren Höhlen anderer Tiere verkriecht. Die Höhlen von Sprunghasen und sogar Termitenbauten werden für diesen Zweck übernommen.

FORTPFLANZUNG

WÄHREND DER 36-stündigen Brunst sind die Weibchen nur für fünf bis zehn Stunden paarungswillig (Hauskatzen sechs bis zehn Tage, Geparden bis zu 14 Tage), was bedeutet, dass ein Männchen ganz in der Nähe sein muss. Die Weibchen sind deshalb in der Brunst sehr laut, und ihre Schreie sollen auch über große Entfernungen gehört werden können. Wie bei den meisten Katzen verschwindet das Männchen nach der Paarung, und etwa neun Wochen später werden ein oder zwei winzige Junge geboren. Jetzt ist die Gefahr durch Räuber am größten, und beide Generationen stehen in dieser Zeit unter erheblichem Druck. Die Mutter holt ihre Jungen so bald wie möglich aus dem Nest und nimmt sie auf ihre Raubzüge mit, wobei sie sie im hohen Gras oder im Dickicht versteckt. Die Jungen können von Geburt an schnurren. Wenn sie und ihre Mutter dies tun, ist das ein Zeichen dafür, dass alles in Ordnung ist. Droht bei Abwesenheit der Mutter Gefahr, halten die Jungen mit dem Schnurren inne, bis sie das Schnurren der Mutter wieder sicher macht. Mit sechs Wochen beginnen sie, selbst zu jagen und ihre eigene Nahrung heranzuschaffen, aber erst relativ spät verlassen sie die Mutter und sorgen für sich selbst.

EINE LEGENDÄRE ART

UM DIE SCHWARZFUSSKATZE ranken sich viele merkwürdige, teils unglaubliche Geschichten, die sich aus den Berichten eines einzigen Beobachters ableiten, des südafrikanischen Regierungsbeamten in Botswana, E. E. Cronje Wilmot. Danach soll die Katze Schafe überfallen haben, indem sie auf deren Rücken gesprungen sei, sich an ihrem Genick festgekrallt und solange dort gehangen habe, bis die Halsader des Schafs geplatzt sei. Schon das ist unwahrscheinlich, aber Wilmot überlieferte auch Berichte einheimischer Stämme, wonach Schwarzfußkatzen Giraffen auf dieselbe Weise getötet hätten.

WISSENSWERTES
Die Katze war in den letzten 300 Jahren für die Ausrottung vieler Kleinsäuger und Vögel verantwortlich, aber nur, weil der Mensch sie in fremden Gebieten ausgesetzt hat.

WISSENSWERTES
Die Katzenweibchen ernähren wie andere Säugetiere ihre Jungen mit Milch aus ihren Zitzen. Einige Arten haben zwei, andere vier Paar Zitzen.

Unten rechts
Hier sieht man deutlich die schwarzen Markierungen an den Beinen, nach denen die Schwarzfußkatze benannt wurde.

Unten links
Die Schwarzfußkatze bewohnt halbtrockene Gebiete am Rande der Kalahariwüste.

Wichtige Adressen für Katzenfreunde

VERBÄNDE

INTERNATIONALE ORGANISATIONEN

Fédération Internationale Féline (FIFe)
Kontakt: Penelope Bydlinsky
Little Dene
Lenham Heath, Maidstone
Kent ME17 2BS
Großbritannien
Telefon: +44 1622 850931
Fax: +44 1622 850908
www.fifeweb.org
penbyd@penric.co.uk

Cat Fanciers' Association Inc. (CFA)
P.O. Box 1005
Manasquan, NJ 08736-0805
USA
Telefon: +1 732 5289797
Fax: +1 732 5287391
www.cfainc.org
cfa@cfainc.org

Governing Council of the Cat Fancy (GCCF)
4-6 Penel Orlieu
Bridgwater, Somerset
TA6 3PG
Großbritannien
Telefon: +44 1278 427575
www.gccfcats.org
GCCF_CATS@compuserve.com

The International Cat Association (TICA)
P.O. Box 2684
Harlingen, TX 78551
USA
Telefon: +1 956 4288046
Fax: +1 956 4288047
www.tica.org
ticaeo@xanadu2.net

DEUTSCHLAND

Allgemeine Katzenfreunde Rhein-Main e.V. (AKRM e.V.)
Kontakt: Gisela Breitenberger
Golfstraße 11
65207 Wiesbaden
Telefon: +49 6122 2189
Fax: +49 6122 939822
www.akrm-ev.de
gisela.breitenberger@gmx.de

Bavarian e.V.
Cat Fanciers Association
Geschäftsstelle:
Breite Gasse 27
90402 Nürnberg
Telefon: +49 911 2448107
Fax: +49 911 2448108
www.bavarian-cfa.de
BavariaCFA@aol.com

Berliner Edelkatzen-Club e.V. (BEC e.V.)
Kontakt: Edda Delank
Waldemar-Bonsels-Weg 24
22926 Ahrensburg
Telefon: +49 4102 53796
Fax: +49 4102 1791
www.berliner-edelkatzen-club.de
bec@berliner-edelkatzen-club.de

Berliner Pro-Kat
Verein für Katzenfreunde e.V.
Wernerwerkdamm 26
13629 Berlin
Telefon: +49 30 38309033
Fax: +49 30 38309034
www.berliner-pro-kat.de
rolf.hahn@berliner-pro-kat.de

Cat Friends of Germany e.V.
Kontakt: Chris Braun
Klingerstraße 23
51143 Köln
Telefon: +49 2203 53685
Fax: +49 2203 536856
www.catfriends.de
chris-braun@catfriends.de

CATS – Verein der Katzenfreunde e.V.
Kontakt: Günther Pfalzgraf
Birkenstraße 15
61203 Reichelsheim
Telefon: +49 6035 920480
Fax: +49 6035 920481
www.catsverein.de
Pfalzgraf_Cats@t-online.de

1. Deutscher Edelkatzenzüchter-verband e.V. (1. DEKZV e.V.)
(Mitglied der FIFe)
Kontakt: Waltraut Sattler
Berliner Straße 13
35614 Aßlar
Telefon: +49 6441 8479
Fax: +49 6441 87413
www.dekzv.de
dekzv@t-online.de

Der Katzen Klub e.V. (DKK e.V.)
Kontakt: Georg Bär
Bogenstraße 37
90559 Burgthann
Telefon: +49 9183 1546
Fax: +49 9183 968918
www.der-katzen-klub.de
dkk-sekreteriat@t-online.de

Deutsche Edelkatze e.V. (DE e.V.)
Kontakt: Anneliese Hackmann
Geisbergstraße 2
45139 Essen
Telefon: +49 201 550755
oder +49 201 555724
Fax: +49 201 552747
www.deutsche-edelkatze.de
edelkatze@aol.com

Deutsche Rassekatzen-Union e.V. (DRU e.V.)
Sitz Köln
Kontakt: Hanns Ulrich
Hauptstraße 56
56814 Landkern
Telefon: +49 2653 6207
Fax: +49 2653 7371
www.dru.de
DRUeV@aol.com

European Group Cat Association e.V.
Kontakt: Jürgen F. Stein
Harnackstraße 49
44139 Dortmund
Telefon: +49 231 105567
Fax: +49 231 105688
www.int-rcc.de
praesident@int-rcc.de

Hannoverscher Katzen-Klub e.V. (HKC e.V.)
Kontakt: Ole-Peter Bona
An der Gronau 7
25479 Ellerau
Telefon: +49 4106 71661
Fax: +49 4106 71661
www.hkcev.de
hkcev@hkcev.de

IG Aby & Somali im 1. DEKZV e.V.
Kontakt: Petra Schütz
Inbrück 7
41836 Hückelhoven
www.ig-aby-somali.de
treffpunkt@ig-aby-somali.de

1. Internationaler Maine Coon Cat Club e.V. (1. IMCCC e.V.)
Geschäftsstelle:
Tegeler Straße 16
40789 Monheim
Telefon: +49 2173 56236
Fax: +49 2173 57081
www.1-imccc.de
vorstand@1-imccc.de

International Royal Cat Club e.V.
Kontakt: Jürgen F. Stein
Harnackstraße 49
44139 Dortmund
Telefon: +49 231 105567
Fax: +49 231 105688
www.int-rcc.de
praesident@int-rcc.de

Katzen-Freunde-Germania e.V. (KFG e.V.)
Andreas Kretschmer, Geschäftsstelle KFG
Im Rauschen 4
56305 Döttesfeld
Tel. +49 2685 988094
Fax: +49 2685 988093
www.kfg.de
geschaeftsstelle@kfg.de

Koschka e.V.
Verein für Russische Katzenrassen
Geschäftsstelle:
Ohlwiese 40
58840 Plettenberg
Telefon: +49 2391 790052
Fax: +49 2391 790053
www.koschka-ev.de
info@koschka-ev.de

Niederrheinische Hobbykatzen e.V. (NHK e.V.)
Kontakt: Sonja Miller
Eschenrath 1
41366 Schwalmtal
Telefon: +49 2163 49454
Fax: +49 2163 49454
www.nhkev.co/
nhkev@web.de

Regional-Verband Deutscher Edelkatzenzüchter e.V.
Geschäftsstelle:
Sprengerteich 10
24220 Flintbek
Telefon: +49 4347 3916
Fax: +49 4347 9767
www.rvde.de
info@rvde.de

Solitaire Internationale Katzenfreunde e.V.
Geschäftsstelle:
Hauptstraße 54
67125 Dannstadt
Telefon: +49 6231 930-0
Fax: +49 6231 930-151
www.solitaire-e-v.de
info@solitaire-e-v.de

Süddeutscher Rassekatzen Verband e.V. (SDRV e.V.)
Kontakt: Werner Wick
Fallrohrstraße 30
90480 Nürnberg
Telefon: +49 911 4010607
Fax: +49 911 4010378
www.sdrv.de
Werner.Wick@t-online.de

Verband Deutscher Katzenfreunde e.V. (VDK e.V.)
Geschäftsstelle des VDK
Sabine Müller
Postfach 1456
57537 Wissen
Fax: 0700 33783538
www.dervdkev.de
vdkev@t-online.de

ÖSTERREICH

Klub der Katzenfreunde Österreichs (KKÖ)
Castellezgasse 8
1020 Wien
Telefon: +43 1 2147860
Fax: +43 1 2120697
www.kkoe.org
office@kkoe.org

Österreichischer Verband für die Zucht und Haltung von Edelkatzen (ÖVEK)
(Mitglied der FIFe)
Liechtensteinstraße 126
1090 Wien
Telefon: +43 1 3196423
Fax: +43 1 3106540
www.oevek.at
herbert.steinhauser@chello.at

SCHWEIZ

Fédération Féline Helvétique (FFH)
(Mitglied der FIFe)
Kontakt: Denise Kölz
Solothurnerstraße 83
4053 Basel
Fax: +41 61 3639092
www.ffh.ch
dkoelz@gmx.ch

LIECHTENSTEIN

Aristocat
Verein der Katzenzüchter Liechtensteins
Box 343
9495 Triesen
Telefon: +42 3 3921838
Fax: +42 3 3923454
www.aristocat.li
vorstand@aristocat.li

KATZENMUSEEN

DEUTSCHLAND

Förderkreis Katzenmuseum e.V.
Kontakt: Lotte Lorz
Breslauer Straße 15
60598 Frankfurt am Main
Telefon: +49 69 637786
www.katzenmuseum.de
katzenmuseum@t-online.de

Kleines Katzenmuseum in Lichterfelde
Helmut Glantz
Luisenstraße 38
nahe Kranoldplatz
12209 Berlin
Telefon: +49 30 7725149
www.steglitz.de/katzenmuseum/

SCHWEIZ

Katzenmuseum
Baselstraße 101
4125 Riehen/Basel

Literatur

Auf diesen Seiten finden Sie eine Auswahl an Büchern über Katzen. Einige der Titel sind im Buchhandel bereits vergriffen, können aber über die Fernleihe öffentlicher Bibliotheken bestellt werden.

KATZEN UND KATZENRASSEN

Alderton, David: *Katzenrassen.* BLV Verlagsgesellschaft, München 1996.

Behrend, Katrin/Wegler, Monika: *Katzen. Der große GU Ratgeber.* Gräfe und Unzer Verlag, München 1990.

Bessant, Claire: *Knaurs Katzenbuch.* Verlag Droemer-Knaur, München 2000.

Cutts, Paddy: *DuMont's großes Katzenbuch.* DuMont Verlag, Köln 1993.

Das große illustrierte Katzenbuch. Verlag Das Beste GmbH, Stuttgart 1997.

Fogle, Bruce: *Katzen. Die neue Enzyklopädie.* Verlag Dorling Kindersley, Starnberg 2002.

Herrscher/Theilig: *Der Kosmos Katzenführer.* Franckh-Kosmos Verlag, Stuttgart 1994.

Morris, Desmond: *Rassekatzen. Die 100 Katzenrassen. Welche Katze passt zu welchem Menschen?* Verlag Wilhelm Heyne, München 1999.

Rixon, Angela: *Katzen der Welt.* Könemann Verlag, Köln 1996.

Taylor, David: *Das Heyne Katzenbuch.* Wilhelm Heyne Verlag, München 1990.

Thies, Dagmar: *Rassekatzen züchten. Vererbung, Partnerwahl, Rassen der Welt.* Franckh-Kosmos Verlag, Stuttgart 1997.

VERHALTEN UND PSYCHOLOGIE

Dodman, Nicholas: *Katzen, die zu viel kratzen. Vom Umgang mit eigenwilligen Katzen.* Ullstein Taschenbuchverlag, Berlin 1999.

Fogle, Bruce: *Katzen kennen und verstehen. Körpersprache und Verhalten.* BLV Verlagsgesellschaft, München 1992.

Hofmann, Helga/Wegler, Monika: *Katzen verstehen.* Orbis Verlag, München 2003.

Jansen-Nöllenburg, Sabine: *Wie Katzen mit uns reden. Ratgeber rund um die Katze.* Müller Rüschlikon Verlags AG, Cham 2001.

Johnson, Pam: *Katzenpsychologie. Ratschläge und Erfahrungen einer Katzentherapeutin.* Franckh-Kosmos Verlag, Stuttgart 1999.

Klinka, Christine: *Unsere Katze spinnt. Ratgeber rund um die Katze.* Müller Rüschlikon Verlags AG, Cham 2002.

Morris, Desmond: *Catwatching. Die Körpersprache der Katzen.* Verlag Wilhelm Heyne, München 2000.

Glossar

Abzeichen
Dunkle Färbung an den Extremitäten (siehe Points).
Acinonyx
Gattung der Felidae mit nur einer Art, dem Geparden *(Acinonyx jubatus)*.
Agouti
Abwechselnd dunkle und helle Bänderung jedes einzelnen Haars (siehe Ticking).
Albino
Tier mit weißem Fell und roten Augen als Folge von vollkommenem Pigmentmangel.
Allele
Genpaar, das gemeinsam ein körperliches Merkmal bewirkt (z.B. Gene für langes bzw. kurzes Haar). Siehe auch Gen.
Aminosäuren
Karbonsäuren mit einer oder mehreren Aminogruppen ($-NH_2$) im Molekül, aus denen Eiweiß (Protein) aufgebaut ist.
Antikörper
Von besonderen Zellen des Immunsystems gebildete Eiweißkörper (Immunglobuline), die Bakterien und andere in den Körper eingedrungene Fremdsubstanzen ausschalten und so Infektionen verhüten.
Bakterien
Einzellige Mikroorganismen ohne echten Zellkern (Prokaryonten); mehrere tausend Arten, von denen einige gefährliche Krankheiten auslösen können.
Baldrian
(Valeriana officinalis)
Pflanze, deren Geruch Katzen als angenehm empfinden.
Bicolour
Zweifarbiges Fell mit farbigen Flächen (½ bis ⅔ der Körperoberfläche) und Weiß.
Biss
Stellung der Zähne von Ober- und Unterkiefer bei geschlossenem Maul.
Blotched tabby
Siehe Classic tabby.
Break
Einbuchtung zwischen Stirn und Nasenansatz, in ausgeprägter Form auch Stopp genannt.
Calico
US-amerikanische Bezeichnung für „Schwarz Schildpatt mit Weiß".
CFA
Abkürzung für Cat Fanciers' Association; größter Dachverband der Katzenzüchter, hauptsächlich in den USA vertreten.
Chinchilla (tipped)
Art der Spitzenzeichnung (Tipping), bei der nur die äußersten Spitzen des Haars dunkler sind als der Rest.
Cholesterin
Im Körper vorhandene chemische Verbindung, die unter anderem Bestandteil der Zellmembran ist und unter Einfluss von Sonnenlicht den Aufbau von Vitamin D fördert.
Chromosomen
Im Zellkern vorhandene, fadenförmige Strukturen, Träger der Erbinformation (DNA).
Chromosomenabschnitte
Gruppen von Genen, die gemeinsam bestimmte Erbanlagen beinhalten.
Cobby
Körperbautyp bestimmter Katzenrassen (Plumptyp).
Colourpointing – Colourpoints
Dunklere Fellfärbung an Schnauze, Ohren, Schwanz und Beinen bei Langhaarkatzen (siehe Points).
Dinictis
Prähistorischer Fleischfresser, gilt als möglicher Vorfahr der *Felidae*.
DNA
Abkürzung für *Desoxyribonucleic Acid* (Desoxyribonukleinsäure, DNS). Diese Nukleinsäure ist in den Chromosomen enthalten und als Träger der Erbinformation verantwortlich für die Weitergabe der Merkmale von einer Generation zur nächsten.
Dominanz
Fähigkeit eines Allels, den Einfluss eines anderen Allels, das sich auf dem selben Locus befindet, zu unterdrücken und somit die Ausprägung eines Merkmals allein zu bestimmen.
Dünndarm
Teil des Verdauungstrakts, in dem die Nahrung in

resorbierbare Nährstoffe und unverdauliche Schlacken aufgespalten wird.

Eckzähne
Scharfe, spitze Augenzähne, die je zweimal im Ober- und Unterkiefer vorhanden sind.

Eisprung
Bildung eines befruchtungsfähigen Eies während der Rolligkeit.

Eiweiß (Protein)
Chemische Verbindung aus Aminosäuren, unerlässlich für den Stoffwechsel des Körpers (Aufbau von Zellen, Gewebe und Organen; Bereitstellung von Energie).

Fadenpilz *(Tinea)*
Pilzerkrankung mit kreisförmigen, entzündeten und abschilfernden Hautstellen.

Falbkatze
(Felis sylvestris Libyca)
Afrikanische Wildkatze, aus der vermutlich die Hauskatze hervorging.

Federbusch
„Fedrige", mäßig buschige Schwanzform bestimmter Semi-Langhaarrassen.

***Felidae* (Echte Katzen)**
Säugetierfamilie, zu der unter anderem die Gattungen *Panthera* (Löwe, Tiger, Jaguar, Leopard), *Acinonyx* (Gepard), *Lynx* (Luchs), *Neofelis* (Nebelparder) und *Felis* (Wildkatze, Hauskatze) zählen.

Feline Infektiöse Peritonitis (FIP)
Durch ein Coronavirus ausgelöste Infektion, die bei 10% der Virusträger ausbricht und dann immer tödlich verläuft. Kann heute durch entsprechende Impfung verhütet werden.

Felis
Gattung der Kleinkatzen.

Fettschwanz
Durch zu stark sekretierende Talgdrüsen verursachte fettige Talgansammlung am Schwanzansatz.

FIFe (Fédération Internationale Féline)
Dachorganisation der Katzenzüchterverbände in Europa.

Flamme
Abzeichen in der Mitte der Stirn.

Flanken
Seitliche Partien des Körpers.

Flehmen
Verhaltensweise, bei der die Katze eine „Grimasse" zu schneiden scheint. In Wirklichkeit prüft sie mit dem Jacobson'schen Organ Geruchsmoleküle in der Luft.

Follikel
Hautzelle, aus der ein Haar wächst.

Foreign
Feingliedriger, eleganter Körperbautyp wie bei Orientalisch Kurzhaar (Schlanktyp).

Gallensaft
In der Leber gebildete Flüssigkeit, die in der Gallenblase gespeichert und zur Aufspaltung von Fetten in den Darm abgegeben wird.

GCCF (Governing Council of the Cat Fancy)
Dachorganisation der Katzenzüchterverbände in Großbritannien.

Geisterzeichnung
Andeutungsweise sichtbare Tabbyzeichnung bei einfarbigen Katzen. Oft ist sie nur bei Jungtieren zu erkennen und verschwindet mit zunehmendem Alter.

Gen
Grundeinheit des Erbguts, lokalisiert an einer bestimmten Stelle *(Locus)* eines Chromosoms; jedes Gen kann in einer oder mehreren Formen (Allele) vorliegen und eines oder mehrere Merkmale bestimmen.

Genotyp
Sämtliche von beiden Elternteilen erhaltenen Erbanlagen.

Genpool
Gesamtheit genetischer Varianten in einer bestimmten Gruppe von Katzen, insbesondere einer einzelnen Rasse.

Geschlechtsgebundene Merkmale
Bestimmte Merkmale, die bei einem Geschlecht erheblich häufiger auftreten als beim anderen, z.B. der Farbschlag Schildpatt bei Weibchen.

Glückskatze
Volkstümliche Bezeichnung für die Farbstellung Schildpatt mit Weiß (siehe Calico).

Grannenhaar
Das „Oberfell" der Katze besteht aus kräftigen Haaren mit verdickten Enden.

Haarballen
Verdichtete verschluckte Haare.

Haarwechsel
Jahreszeitlich bedingtes Abwerfen und Nachwachsen von Haaren.

Semi-Langhaar (Semi-Longhair)
Bezeichnung für Katzen mit Haar, das länger als bei Kurzhaarrassen, jedoch kürzer als bei „echten" Langhaarrassen ist.

Halsband
Um den Hals verlaufender Streifen beim Tabby-Muster.

Halskrause
Langes Haar an Hals und Brustkorb (Ruff oder Frill).

Handschuhe
Weiße (pigmentlose) Abzeichen an den Pfoten (auch „mitted").

Hauskatze
Katze, deren Eltern beide unbekannt oder nicht registriert sind; bei Ausstellungen eine eigene Bewertungskategorie.

Heim erster Ordnung
Der innere Kernbereich des Katzenreviers.

Hertz (Hz)
Physikalische Einheit der Frequenz von Schwingungen, insbesondere von Schallwellen; ein Kilohertz sind 1000 Hz.

Heterozygot (verschiedenerbig)
Vorhandensein zweier verschiedener Allele für ein bestimmtes Merkmal aus der Elterngeneration.

Himalajafaktor
Bestimmte Farbstellung, z.B. bei Siamesen (siehe Points).

Homozygot (gleicherbig)
Vorhandensein zweier identischer Allele für ein bestimmtes Merkmal aus der Elterngeneration.

Hybridrasse
Rasse, die ursprünglich durch Kreuzung zweier verschiedener Rassen entstand.

Impfung (Auffrischungsimpfung)
Regelmäßige Injektion von Impfstoffen zum Schutz vor bestimmten Krankheiten.

Infektionskrankheiten
Zu ihnen gehören Katzenseuche (Panleukopenie), Katzenschnupfen, FIP, Leukose, Tollwut und Aujeszkysche Krankheit.

Inzucht (Inbreeding)
Verpaarung von Elterntieren mit ihrem Nachwuchs oder eigenen Geschwistern.

Jacobson'sches Organ
Riechepithel, das im Mundhöhlendach zur Nase hin verläuft und auf Duftmoleküle in der Luft reagiert. Die Katze nimmt den Reiz zugleich als Geruch und als Geschmack wahr.

Jagdrevier
Der äußere Bereich des Reviers, in dem die Katze jagt, aber keine Schlafplätze benutzt.

Kastration
Unfruchtbarmachen durch Entfernung der Keimdrüsen (Hoden bzw. Eierstöcke). Siehe auch Sterilisation.

Katzenminze *(Nepeta cataria)*
Gartenpflanze, deren Geruch Katzen sehr anziehend finden.

Katzenpension
Katzenzwinger, in dem Katzenbesitzer ihre Tiere während des Urlaubs versorgen lassen können.

Katzenschnupfen
Laienhafte Bezeichnung für Viruserkrankungen der oberen Atemwege durch Herpes- oder Caliciviren.

Katzenseuche
Verbreitete Viruserkrankung bei Katzen, auch Panleukopenie genannt; kann durch entsprechende Impfung verhütet werden.

Katzenstreu
Körniges Material zum Füllen einer Katzentoilette; dient dazu, dass Tiere ohne freien Auslauf im Haus Blase und Darm entleeren können.

Kätzin
Züchterbegriff für die zur Zucht verwendete weibliche Katze; auch Queen genannt.

Kitten
Züchterbegriff für neugeborene Kätzchen.

Kleinhirn
Teil des Gehirns, der Bewegungen und Gleichgewichtssinn steuert.

Knickerbocker
Langes Haar an der Rückseite der Oberschenkel; auch „Höschen" genannt.

Körperbautyp
Körperbau, Größe und Gesamtbild.

Körpersprache
Bewegungen, mit denen Stimmungen und dergleichen ausgedrückt werden.

Krallenziehen
In Deutschland verbotene, in den USA aber viel praktizierte operative Entfernung der Krallen an den Vorderpfoten (Declawing).

Kreuzung
Verpaarung von zwei Tieren unterschiedlicher Rassen.

Leithaare
Längste der drei Haarsorten der Katze; bilden zusammen mit den Grannenhaaren das „äußere" Fell.

Leukose
Auch Katzen-Leukämie genannt, durch das feline Leukämie-Virus (feLV) ausgelöste Tumorerkrankung, die durch entsprechende Impfung verhütet werden kann.

Lilac
Rosa angehauchtes Hellgrau, in den USA als „Frost" bezeichnet.

Lynx
US-amerikanischer Name für Tabby-Points; außerdem Gattungsname für den Luchs.

Maske
Teil der Abzeichen (Points), dunkle Färbung des vorderen Gesichtsabschnitts einschließlich Nase und Augen.

Mehrzehigkeit
Missbildung in Form überzähliger Zehen, gilt bei Ausstellungen als Disqualifikationsgrund.

Melanin
Pigment, das die Färbung von Haaren und Haut bewirkt.
Membran
Dünne Schicht Körpergewebe.
Miacidae
Auf Bäumen lebende prähistorische Vorfahren der Katze.
Mikrochip
Ein etwa reiskorngroßer Chip, der ins Gewebe der Katze implantiert wird. Die gespeicherten Daten lassen sich mit einem Lesegerät abrufen und ermöglichen eine eindeutige Identifizierung.
Muskulös
Bezeichnung für den Körperbau von Rassen wie z.B. Rex, deren Körpertyp zwischen stämmig und schlank angesiedelt ist.
Mutation
(Spontane) Veränderung eines Gens, die eine Änderung der Erbmerkmale in der folgenden Generation bewirkt.
Nachtaktiv
Besonders nachts in Aktion befindlich.
Nährstoff
Substanz, die für Wachstum, Entwicklung und Fortbestand jedes Lebewesens notwendig ist.
Nasenspiegel
Der ledrige, unbehaarte Teil der Nase.
Naturrasse
Rasse, die sich ohne menschliche Eingriffe von selbst entwickelt hat.
Nickhaut
Das dritte Augenlid der Katze.
Odd-eyed
So nennt man Katzen, deren Augen unterschiedliche Farben aufweisen.
Orientalisch
Siehe Foreign.
Paarungsbereitschaft
Die typische Haltung der paarungsbereiten Kätzin ist das Kauern mit durchgedrücktem Rücken und erhobenem Schwanz, dabei „trippelt" sie.
Panthera
Gattung der *Felidae* mit sechs Großkatzenarten.
Parasit
Lebewesen, das in oder auf einem anderen lebt und sich von dessen Körpergewebe ernährt (Endoparasiten wie Toxoplasmen, Band- und Rundwürmer im Körper; Ektoparasiten wie Milben, Flöhe, Haarlinge und Zecken außen auf dem Körper).
Patched Tabby
In den USA gebräuchliches Wort für Torbie (Tortie-Tabby, Schildpatt mit Tabbymuster).
Pinch
Siehe Whisker Break.
Plazenta
„Mutterkuchen", der die ungeborenen Welpen im Innern der Gebärmutter mit dem Organismus der Mutter verbindet und mit Sauerstoff und Nährstoffen versorgt. Wird als Nachgeburt ausgetrieben.
Points
Dunkle Abzeichen an Kopf, Beinen und Schwanz.
Quarantänezwinger
Katzenpensionen in bestimmten Ländern, die für Haustiere vor der Einreise eine bestimmte Quarantänezeit vorschreiben, um sicherzustellen, dass sie frei von Tollwut und anderen ansteckenden Krankheiten sind.
Rasse
Gruppe von Katzen gleicher Abstammung und mit ähnlichen Körpermerkmalen.
Rassestandard
Gesamtheit aller für eine bestimmte Rasse vorgeschriebenen Merkmale des jeweiligen Idealtyps.
Raubtiere
Tiere, die zur Nahrungsaufnahme andere Tiere jagen und erlegen.
Reflexhandlung
Automatische Reaktion auf einen Reiz, z.B. Schnurren.
Reißzähne
Seitlich im Kiefer sitzende Zähne zum Zerteilen von Nahrung.
Rezeptor
Nervenendigung, die Informationen von Sinnesorganen erhält und an das Gehirn weiterleitet.
Rezessivität
Die phänotypischen Auswirkungen eines Allels werden durch ein anderes, auf dem selben *Locus* liegendes Allel unterdrückt (siehe Dominanz).
Ring-spotted
Fellzeichnung mit kreisförmig angeordneten Tupfen.
Rolligkeit
Zeitraum, in dem eine Kätzin erfolgreich mit einem Kater verpaart werden kann.
Rosette
In Kreisen angeordnete Tupfen beim gestromten Tabby (Blotched Tabby).
Rückkreuzung
Verpaarung einer Katze mit einem Elternteil.
Rudeltier
Tier, das in einer Sozialgruppe mit einem Anführer lebt.
Rudiment
Nicht funktionsfähiger Rest eines Organs.
Säbelzahntiger *(Smilodon)*
Prähistorisches Raubtier, das durch seine langen, gebogenen oberen Eckzähne gekennzeichnet war.
Schattierung
Fellfärbung, bei der das Pigment entweder nur an der Haarspitze vorhanden ist oder dort konzentrierter auftritt als auf dem restlichen Haar.

Schildpatt
Farbstellung mit gemustertem Fell in Schwarz und Rot-Orange, unter dem englischen Begriff Tortoiseshell oder Tortie auch in anderen Mischungen.

Schleimhaut
Mit Flüssigkeit benetzte Hautmembran, die alle Teile im Körperinnern auskleidet, die mit Luft in Berührung kommen.

Schneidezähne
Die Zähne zwischen den Eckzähnen, je sechs in Ober- und Unterkiefer.

Schnurrhaare
Lange Tasthaare in so genannten Schnurrhaarkissen im Bereich der Schnauze. Weitere Tasthaare finden sich über den Augen und in den Wangen.

Schock
Zusammenbruch infolge von Kreislaufversagen oder plötzlichem Absinken des Blutdrucks.

Self
Auch bei deutschen Züchtern übliche englische Bezeichnung für einfarbig, wird in den USA „solid" genannt.

Shaded (schattiert)
Form der Spitzenzeichnung (siehe Tipping), bei der die Haarspitzen bis etwa zur Hälfte dunkler sind.

Smoke (rauchfarben)
Art der Spitzenfärbung (Tipping), bei der das Haar zu etwa zwei Dritteln dunkler, der Haaransatz jedoch heller gefärbt ist.

Sorrel
Zimtbraun mit leichtem Rotschimmer bei Abessinier- und Somalikatzen; entspricht der Pferdefarbe Fuchs.

Spaltfuß
Auseinanderklaffen einer Vorderpfote infolge einer Knochendeformation.

Spina bifida
Angeborene Missbildung der Wirbelsäule, die Lähmungen zur Folge hat.

Sporen
Weiße Abzeichen an den Hinterbeinen, von den Pfoten bis knapp unterhalb der Sprunggelenke.

Sprunggelenk
Gelenk an den Hinterbeinen der Katze, entspricht dem Knöchel des Menschen.

Stammbaum (Pedigree)
Von einer Zuchtbuchstelle ausgestellter Abstammungsnachweis für Edelkatzen.

Stammbuch
Die Eröffnung eines Stammbuchs bedeutet die Anerkennung einer Rasse oder eines Farbschlags durch einen Zuchtverband.

Sterilisation
Unfruchtbarmachen durch Abbinden oder Durchtrennen von Ei- bzw. Samenleiter.

Stoffwechsel
Die chemischen Prozesse in einem Organismus, die Wachstum und Funktionen steuern.

Stopp
Deutliche Einbuchtung zwischen Stirn und Nasenansatz, bei manchen Rassen sehr ausgeprägt. Siehe auch Break.

Tabby
Oberbegriff für diverse Fellzeichnungen mit

Hell-Dunkel-Kontrasten. Man unterscheidet getigert (Mackerel), gestromt (classic oder blotched) und getupft (spotted).

Tabby, gestromt (Classic/Blotched Tabby)
Katze mit ausgeprägter dunkler Bänderung auf dem Rücken und konzentrischen Kreisen an den Flanken.

Tabby, getickt (Ticked tabby)
„Wildfarbe", bei der jedes Haar in sich gebändert ist. Gesicht, Beine und Schwanz zeigen ein Tabbymuster.

Tabby, getigert
Auch als „Mackerel Tabby" bezeichneter Farbschlag, bei dem Rücken und Flanken mit schmalen Streifen überzogen (geringelt) sind.

Tabby, getupft
Tabbyzeichnung, bei der die Streifen aus kleinen Tupfen zusammengesetzt sind; in den USA auch Spottie (Spotted Tabby) genannt.

Talgdrüsen
Hautorgane, die eine ölige Substanz (Talg) sekretieren, mit deren Hilfe die Haare geschmeidig bleiben und die Haut vor bakteriellen Infekten geschützt wird.

Tapetum lucidum
Reflektierende Schicht auf der Rückseite des Katzenauges. Sie verstärkt die Sehkraft im Dunkeln.

Tätowierung
Kennzeichnung einer Katze durch eine in die Ohren tätowierte Zahlenkombination, die jedoch mit den Jahren unleserlich wird. Statt dessen verwendet man heute zunehmend Mikrochips.

TICA
Abkürzung für The International Cat Association; Zuchtverband in den USA, dem sich auch Kanada und Japan angeschlossen haben.

Ticking (Agouti)
Bänderung jedes einzelnen Haars, typisch etwa bei Wildfarben und bestimmten Tabbyzeichnungen.